# 노인 돌봄과 노인복지

남영희 저

도서출판 진영사

# 노인 돌봄과 노인복지

남영희 저

2025년 2월 24일 초판 인쇄
2025년 2월 28일 초판 발행

발행인 박 진 영

발행처 도서출판 진영사
인천광역시 부평구 주부토로 236 인천테크노밸리 U1 지식산업센터 B동 1507호
전화 : 032)505-4207
팩스 : 032)505-4206
E-mail : 0183734207@hanmail.net
등록 : 제2007-000001호

ISBN 978-89-6541-700-2 93330
값 27,000원

# 머리말

언제부터였을까. '노인 돌봄'이라는 말이 내 일상 속에 자연스레 스며든 지 꽤 오래된 것 같다. 한때는 낯선 개념이었지만, 지금은 우리 사회 어디에서든 흔히 들리고 쓰이는 단어가 되었다. 사람들은 65세를 전후하여 '돌봄'을 받아야 할 시기라고 생각하고, 누구도 질병이나 노쇠로부터 완전히 자유롭지 않으니 스스로 건강을 돌보는 일이 더욱 중요해졌음을 체감한다. 특히 평균수명은 점점 길어지는데, 자녀 세대가 부모 세대의 모든 부양을 온전히 책임지기엔 현대 가족구조나 경제 여건이 예전 같지 않은 것도 사실이다.

이런 흐름 속에서 노인 돌봄의 부담이 개인과 가족을 넘어 국가·사회 차원에서 논의되고, 자연스레 "요양보호사"라는 전문 직종이 탄생했다. 하지만 여전히 곳곳에서 고령자 돌봄 체계의 허점이 드러난다. 예컨대 내 어머니(93세)는 비교적 건강하신 편이지만, 개인 위생이나 가사 활동이 점차 힘들어지면서 돌봄 필요성이 커졌다. 그런데도 아직 '집에서, 혼자' 살아가려는 고집이 강하셔서, 자녀인 내가 설득을 해봐도 "다 내려놓는다"는 마음이 쉽게 생기지 않으시는 듯하다. 한편 나는 부모를 모시는 문제를 그저 '가족의 몫'으로만 방치하기엔 부담이 너무 크다고 느꼈고, 전문 요양보호사 혹은 장기요양서비스의 도움을 받아야 한다고 결심하게 되었다.

그 과정에서 우연히 사회복지 전문가인 가족으로서 내가 먼저 요양보호사 시험에 도전하게 되었다. "나중에 어머니가 더 편찮아지실 때를 대비해 전문 지식이나 기술을 알아두자"라는 생각에서다. 국비 또는 개인 사비로 요양보호사 교육을 듣는 사람들이 생각보다 많았는데, 30대에서 70대까지 연령대가 다양했다. 특히 60~70대가 교육생 중 상당수를 차지했다는 게 흥미로웠다. 그만큼 노인 돌봄이 더 이상 남 일이나 특수 직업이 아니라, 모든 세대가 미리 대비해야 할 새로운 생애과제라는 현실을 보여주는 것 같았다.

사실 노인 돌봄에 관한 국가정책도 2008년 노인장기요양보험의 도입으로 비약적으로 발전했다. 요양보호사가 전문 직종으로 자리 잡게 된 결정적 계기 역시 이 제도 덕분이다. 하지만 아직도 "부모는 자녀가 모시는 게 당연하다"라는 과거 사고방식이 남아 있거나, 노인 스스로도 외부인의 돌봄을 낯설게 여기는 경우가 많다. 치매예방 놀이활동이나 동네 경로당 방문, 반려식물을 통한 정서적 안정 등 다양한 프로그램이 나와 있어도, 어르신이 이에 적응하지 못해 중도에 그만두거나 집에서 고립되는 사례가 적잖다. 재가서비스를 거부하고 두 달 만에 헛되이 끝난 어르신 사례처럼, 제공자와 이용자 사이의 이해관계가 맞지 않으면 돌봄이 제대로 이뤄지지 않는다.

그럼에도 돌봄 전문성이 있는 요양보호사 제도가 있어, 적절히 활용할 수만 있다면 노인과 가족이 모두 부담을 줄이고 만족도 높은 노후 생활을 보장받을 수 있다. 그러나 그 '적절한 활용'을 이끌어내기까지 필요한 것은 단순 기술 습득만이 아니다. 가족이나 노인, 요양보호사, 지역사회가 서로 소통하고 협력하며, 노인 스스로 "함께 살아가는 것"을 자연스럽게 받아들일 수 있는 사회문화적 환경을 조성하는 것이 중요하다. 혼자 모든 것을 떠맡으려 애쓰던 내 어머니도, 최근에는 치매예방 컬러링북이나 반려식물 돌보기에 흥미를 붙이면서 조금씩 마음을 여시고 있다.

'고령사회와 노인'이라는 커다란 변화를 배경으로, 이 책은 전문 요양보호사가 제공하는 노인 돌봄과 복지서비스가 왜 필요하며 어떻게 실천되는지를 다양한 각도에서 조명한다. 물론 이론과 실제는 다를 수 있고, 현장에서는 가족과 노인이 각각 다른 생활패턴과 감정을 지니고 있어서 갈등도 생긴다. 그래도 장기요양보험이라는 국가제도와 돌봄인력 양성 시스템이 갖춰진 지금, 옛날처럼 '집안일'이나 '효도' 수준에 머무르는 돌봄이 아니라, 사회 전체가 '함께 살아가고 책임지는' 돌봄으로 나아가는 발판이 마련되었다. 개인이 요양보호사 자격을 갖출 수도 있고, 기관을 통해 전문가를 부를 수도 있으며, 기술 발전으로 재가서비스나 스마트 돌봄을 결합할 수도 있는 등 선택지도 다양해졌다.

앞서 보았듯, 중증 치매나 장기 케어가 필요한 어르신은 시설입소가 불가피할 때도 있지만, 대부분은 가족과 지역사회 속에서 최대한 오래 건강히 지내길 원한다. 그 과정에서 요양보호사와 가족, 나아가 지역 복지기관의 연계가 중요해진다. 본격적으로 요양보호사 자격시험을 준비하면서 깨달은 것은, 단지 '간호나 일상 지원'만 배우는 것이 아니고, 인권, 윤리, 의사소통 기술 등 노인 맞춤 복지 전반에 대한 이해가 필요하다는 점이었다.

이 책은 바로 이러한 이해의 토대 위에서, 노인 돌봄을 둘러싼 제도와 현장 실천 사례를 폭넓게 다룬다. "노인이라면 누구나 돌봄이 필요할 수 있다"는 당연하면서도 커다란 전제 아래, 독자들이 요양보호사 제도의 의의와 구체적 역할을 알 수 있도록 안내한다. 노인장기요양보험의 도입 배경부터 요양보호사 자격시험, 실무 현장의 사례, 치매예방과 재가 돌봄, 그리고 시설 입소 선택까지 다양한 주제를 통합적으로 보여주는 것이 이 책의 특징이다.

나 역시 '부모 부양은 자녀 책임'이라 여겼던 과거 사고를 넘어, 사회적 연대와 전문돌봄이 얼마나 큰 도움을 주는지를 깨닫고 있다. 우리 어머니도 머지않아 본격적인 케어가 필요한 시점이 오면, 이미 자격을 갖춘 '가족 내 요양보호사'인 내가 기본을 담당하고, 추가 지원이 필요하면 장기요양보험과 재가서비스를 적극 활용할 생각이다. 기회가 된다면 부모님은 물론 이웃 어르신들에게도 작은 도움이나마 주고 싶다.

바로 이러한 다층적 돌봄이 노인복지의 핵심이다. 책을 펼치며 독자 여러분이 "고령사회와 노인 돌봄"이라는 방대한 주제 속에서, 요양보호사 역할이 왜 중요한지, 국가정책과 개인의 준비는 어떻게 맞물려야 하는지를 함께 고민해보길 희망한다. "언제든 노인 돌봄은 낯설지 않다"라는 인식이 우리 모두에게 자리 잡는다면, 고령사회는 더 이상 두렵거나 힘든 시대가 아니라, 서로를 돌보며 살아가는 사회가 될 수 있을 것이다.

이 책의 전개는 다음과 같은 흐름을 따른다. 먼저 노인 인구가 늘어나는 고령사회의 배경과 노인 개념, 인구학적 현황을 살펴봄으로써 노인 돌봄이 왜 시대적 과제인지 이해한다(Chapter 1). 이어 노인복지의 개념과 역사적 변천을 살펴보되, 특히 '돌봄 윤리'와 '사회적 연대'를 강조한다(Chapter 2). 이를 통해 "노인 돌봄은 한 가정의 문제가 아니라 사회 전체가 함께 책임져야 하는 일"임을 다시금 상기하게 될 것이다.

이후 노화의 과정과 그 결과(Chapter 3), 그리고 인구 고령화가 불러온 사회·경제적 영향(Chapter 4)을 분석한다. 이를 통해 노인 돌봄이 단순 신체 지원을 넘어 심리적·사회적 지원, 나아가 정책적 대책과 맞물린 복합적 영역이라는 사실을 깨닫게 된다. 실제로 부모님이 "내가 왜 남의 손을 빌려야 하냐"며 돌봄을 거부하거나, 요양보호사와 이용자 간 갈등이 생기는 사례들도 인지해보며 '사전 이해관계 조정'이 얼마나 중요한지 알 수 있다.

그 다음으로 노인의 소득보상, 의료보상, 고용정책, 주거복지 등 노인복지 핵심 영역을 차례대로 조망한다(Chapters 5~9). 정부가 기초연금으로 노인의 생활을 어느 정도 안정화하고, 장기요양보험으로 재가나 시설 요양을 보장하는 이유와 과정이 구체적으로 설명되며, 노인의 경제활동과 노인일자리사업, 안전한 주거환경 마련 등이 어떻게 돌봄 욕구와 연결되는지도 다룬다. 요컨대, 노인 돌봄은 결코 한 가정의 노력만으로 실현되지 않고, 공적제도와 지역사회 복지 인프라가 함께 작동해야만 지속 가능하다는 점이 부각된다.

그리고 노인복지관, 경로당, 주간보호센터 등 실제 현장에서 일하는 전문가들의 사례를 살펴보면서, 장기요양보험과 요양보호사 제도가 도입된 지 십수 년 만에 얼마나 많은 변화가 있었는지를 확인한다. 물론 아직도 열악한 처우와 높은 이직률 등의 문제도 숨길 수 없다. 그러나 장기요양보험 인정자가 꾸준히 늘어 사회적 돌봄 수요가 증대되는 만큼, 전문 요양보호인력의 역할은 더욱 중요한 시대가 되었다.

마지막으로, '함께하는 돌봄 문화'와 '노인 맞춤 돌봄 정책'의 미래 방향을 전망한다. 여기서는 각국의 돌봄 선진 사례와 디지털·스마트 돌봄 기술 도입, 지역사회 통합케어 등 혁신 흐름을 소개하며, 우리나라 노인 돌봄이 지향해야 할 비전을 제시한다. 예컨대 경로당 문화 프로그램 등 다양한 일상 활동이 어르신들에게 즐거움을 주고 건전한 노후를 도와준다는 사실을 확인할 수 있다.

돌아보면, 나 역시 부모님 돌봄과 관련해 고민하고 시행착오를 겪으며 요양보호사 자격증에 도전했지만, 그 과정에서 깨달은 바가 크다. "나중에 누가 내 손을 잡아줄까?"라는 생각도 들었고, 가족을 둘러싼 돌봄 책임이 더 이상 '개인 또는 딸·며느리'에게만 국한되지 않고 국가와 사회가 함께 해결해야 한다는 사실을 재확인했다. 앞으로 어머니가 자발적으로 재가서비스나 센터 프로그램을 더 잘 받아들이길 바라며, 내 작은 경험이 다른 분들에게도 조금이나마 도움이 되길 바란다.

이 책이 전해주는 메시지는 분명하다. 고령사회에서 노인 돌봄은 "낯설지 않은, 그러나 반드시 체계적으로 준비해야 할 과제"라는 것이다. 누구나 나이가 들면 돌봄을 필요로 할 수 있지만, 자녀가 있어도 돌봄여력이 부족하거나, 노인 스스로 외부 지원을 거부하는 사례들이 존재한다. 반대로 요양보호사 제도가 잘 활용되면 가족과 노인 모두의 삶의 질을 높일 수 있다. 국가와 지역사회, 그리고 개인의 노력이 어우러져 "혼자가 아니라 함께" 살아가는 분위기를 만들어야 한다. 본서를 통해 독자 여러분이 '노인 돌봄'에 대한 이해를 넓히고, 장기요양보험과 요양보호사 제도가 왜 필요한지, 어떤 고민과 개선이 필요한지를 함께 생각해볼 수 있으리라 믿는다.

모쪼록 책의 내용이, 언젠가 내 부모님과 내가 겪을 돌봄 상황에 대비하는 길잡이가 되길 소망한다. 또한 이 시대를 사는 모든 이가 '돌봄을 주는 이'이자 '돌봄을 받는 이'가 될 수 있다는 사실을 인식하고, 상호 배려와 연대로 한층 성숙한 고령사회를 열어나가길 기대한다. 노인 돌봄을 둘러싼 배우자·자녀·친구·요양보호사·이웃·사회가 서로 얽혀 "함께 살아가는" 아름다운 이야기가 더욱 풍성해지기를 바란다.

2024. 9　친정집에서 새벽 3시

# 목 차


Chapter 1. 고령사회와 노인 ··· 11

1. 노인의 개념 및 관련용어 ··· 12
2. 인구 고령화의 개념과 주요 지표 ··· 21

Chapter 2. 노인복지의 개관 ··· 39

1. 노인복지의 개념과 목적 ··· 40
2. 노인복지의 이념과 원칙 ··· 51
3. 노인복지의 역사와 변천 ··· 74

Chapter 3. 노화의 과정과 결과 ··· 83

1. 노화의 다차원적 이해 ··· 84
2. 생물학적 노화이론 ··· 86
3. 심리적 노화이론 ··· 91
4. 사회적 노화이론 ··· 97
5. 노년기 정신건강과 감정적 안정 ··· 108

Chapter 4. 고령사회에서의 노화 ··· 119

1. 노화의 사회적 영향과 대응 ··· 120
2. 성공적 노화 개념 및 모델 ··· 125
3. 연령통합 사회와 정책적 대응 ··· 131

Chapter 5. 노인소득보장정책 ··· 139

Chapter 6. 노인의료보장 ··· 153

Chapter 7. 노인고용정책 ··· 161

Chapter 8. 노인주거복지 ··· 177

Chapter 9. 노인 복지서비스와 사회참여지원서비스 ······ 187
1. 재가노인복지서비스 및 시설입소 서비스 ······ 188
2. 사회참여지원서비스 ······ 194

Chapter 10. 노인돌봄정책 ······ 201
1. 노인수발보장제도 ······ 202
2. 노인돌봄 정책의 효과와 성과 ······ 207

Chapter 11. 고령친화산업 ······ 213

Chapter 12. 독거노인복지 ······ 225

Chapter 13. 농촌 노인복지 ······ 233
1. 농촌 지역 노인 복지의 현황과 과제 ······ 234

Chapter 14. 노인복지 전달체계 ······ 245

Chapter 15. 노인복지시설 ······ 255
1. 노인복지시설 ······ 256
2. 복지시설의 평가와 관리 ······ 267

Chapter 16. 노인복지인력 ······ 273
1. 노인복지 전문인력 ······ 274

Chapter 17. 사례관리와 상담 ······ 295
1. 노인사례관리와 노인상담 ······ 296

Chapter 18. 지역사회통합돌봄 ······ 309
1. 재가 서비스와 시설 서비스의 연계: 통합 돌봄 ······ 310
2. 사회적 경제를 활용한 노인 돌봄 ······ 315
3. 북유럽의 사회적 돌봄 모델 ······ 319

Chapter 19. 노인의 사회적 관계망 ······ 325
1. 노인의 사회적 관계망: 가족·친구 관계 변화와 삶의 질, 사회적 고립 ······ 326
2. 사회적 관계망이 삶의 질에 미치는 영향 ······ 330
3. 사회적 고립과 대응 ······ 335

Chapter 20. 노년기의 여가와 교육 ······ 343
1. 노년기의 여가와 교육 ······ 344

Chapter 21. 노인의 성과 인권, 학대 예방 ······ 355
1. 노년기의 성과 인권: 사회적 편견, 현실, 학대 예방과 성적 자기결정권 ······ 356
2. 노인 학대 예방과 노인인권 ······ 361

Chapter 22. 고령사회와 치매 ······ 371

Chapter 23. 노년기의 죽음과 웰다잉 ······ 385
1. 노년기의 죽음과 웰다잉 ······ 386

Chapter 24. 최신 기술 및 디지털 포용 ······ 397
1. 노인의 디지털 소외 문제와 해결책 ······ 398

Chapter 25. 다학제적 접근과 협력 ······ 407
1. 다학제적 접근과 협력 ······ 408

참고문헌 ······ 414

Chapter 1

# 고령사회와 노인

1. 노인의 개념 및 관련용어
2. 인구 고령화의 개념과 주요 지표

## 1. 노인의 개념 및 관련 용어

### (1) 국제적 노인 연령 기준

세계적으로 노인을 구분하는 연령 기준은 관습적으로 만 65세 이상을 사용하는 경우가 가장 일반적이다. 예를 들어, 유엔(UN)은 인구통계 자료에서 1564세를 생산연령인구로 보고 65세 이상을 노년인구로 정의해 왔다. 다만 UN은 회원국 중 일부 개발도상국에서 고령화 수준이 낮은 점을 감안하여 60세 이상 인구 통계도 함께 제시하고 있다. OECD와 EU(유럽연합) 역시 각종 지표(노인인구 비율, 노년부양비, 장기요양 수요 등)를 산출할 때 일반적으로 65세 이상을 노인 인구로 규정한다. 이는 국제적으로 65세가 오랜 기간 노인 연령의 표준처럼 쓰이고 있음을 보여준다. 한편, 최근 소셜미디어 등을 통해 "UN이 새로운 연령 구분을 발표했다"며 65~79세를 중년으로 보고 80세 이상을 노인으로 구분했다는 풍문이 돌았으나, 이는 공식 근거가 없는 정보로 UN이나 WHO가 그런 분류를 채택한 적은 없다. 현재까지 UN이나 WHO의 공식 통계에서 65세 기준의 노인 정의는 유지되고 있다.

국제기구뿐 아니라 각국의 통계에서도 통상 65세를 노인의 기준으로 삼지만, 노년층의 세분화에 대한 논의도 나타난다. 예를 들어 국제사회에서는 노인층을 일률적으로 보지 않고 하위 집단으로 구분하는 개념이 활용된다. 흔히 "young-old"(젊은 노인)와 "old-old"(늙은 노인) 등의 용어로 65~74세와 75세 이상을 구분하거나, "oldest-old"로 85세 이상 초고령자를 별도 범주로 다루기도 한다. 이러한 구분은 평균수명이 늘어나면서 65세 노인이라 해도 건강 상태나 사회활동 능력이 과거와 크게 달라졌기 때문이다. 실제로 일본의 사례를 보면, 일본노년학회와 노인의학회 공동위원회가 노인의 정의를 75세 이상으로 상향할 것을 2017년 제안하면서 65~74세는 "준노년"(pre-old)으로, 75~89세는 "노년"(old), 90세 이상은 "초고령(슈퍼 노인)"으로 분류하자고 권고했다. 이처럼 국제적으로도 노인 개념의 세분화와 재정의에 대한 학술적 논의가 진행 중이며, 각국의 정책에 조금씩 반영되고 있다.

**표1. 국제기구 및 주요 국가의 노인 연령 기준 비교**

| 구분 | 노인 연령 기준 | 비고 및 출처 |
|---|---|---|
| UN (국제연합) | 만 65세 이상 (일부 통계는 60세 이상도 활용) | 65+를 노인 인구로 정의 |
| OECD/EU | 만 65세 이상 | 노년부양비 등 지표에 65+ 적용 |
| WHO | 만 65세 이상 (전통적 기준) | 액티브 에이징등 정책 담론에서는 건강 상태 고려 |
| 대한민국 | 만 65세 이상 | 노인복지법 등 법정 노인 기준 |
| 대한민국 (고용부문) | 만 55세 이상 (고령자)<br>50~54세 (준고령자) | 고용상 연령차별금지법 적용<br>근로계약기간 중 만 55세가 된 근로자는 2년 초과 근무 시 고령자로 간주 |
| 일본 | 만 65세 이상 (전통적 기준)<br>※ 학술제안: 75세 이상 | 65~74세 "준노년", 75세+ "노인" 제안 |
| 미국 | 만 65세 정도 (전통적 기준)<br>※ 연금 수급 연령 66~67세 | 연방의료보험 Medicare 기준 65세<br>사회보장 연금 만 67세 (1960년생 이후) |

### (2) 한국의 노인 연령 기준과 법적 정의

한국에서는 법률적으로 65세 이상을 노인으로 보는 전통이 확고하다. 현행 「노인복지법」에서 국가와 지자체는 65세 이상인 사람을 대상으로 경로우대, 복지서비스를 제공하도록 규정하고 있다. 이 법에서 처음 65세를 노인의 기준으로 정한 1981년 이래 한 번도 변경된 적이 없다. 이 법정 기준에 따라 기초연금 수급 연령, 노인장기요양보험 인정 연령, 지하철 무임승차와 같은 경로우대 혜택 등이 모두 65세로 맞춰져 있다. 그 결과 한국 사회에서는 65세 = 노인이라는 인식이 제도적으로 굳어져 왔다.

다만, 고용 분야에서는 65세보다 낮은 기준도 활용되어 왔다. 과거 산업현장에서는 정년이 주로 55세 전후였던 전통 때문에, 「고용상 연령차별금지 및 고령자고용촉진에 관한 법률」에서는 55세 이상인 사람을 "고령자"로 정의하고 50~54세를 "준고령자"로 구분해왔다. 이는 기업에 55세 이상 고령자를 고용하도록 장려하고, 50대 중반부터는 고령자 취업 지원정책의 대상으로 보기 위한 기준이었다. 다만 이 법령에서의 용어 사용은 2010년대에 일부 변화가 있었다. 2018년 정년 60세 의무화가 도입된 이후 법령상 "고령자"라는 용어를 "장년"으로 변경하여 55세 이상 근로자를 가리키도록 한 바 있다. 그러나 편의상 여기서는 고용 분야에서 55세 이상을 고령자로 보는 전통적 기준을 설명한다. 요컨대, 한국의 법정 노인 연령은 대부분 65세이며, 고용정책상 고령 인력 기준은 55세로 운용되어 왔다.

한편, 한국에는 노인 관련 연령을 정한 다양한 개별 법령과 제도가 존재하며, 일부 서비스는 60세 이상을 대상으로 하기도 한다. 예를 들어 경로우대 할인 중 철도·고궁 할인은 65세부터이지만, 노인 일자리사업 중 일부는 60세 이상도 참여 가능하고, 노인복지주택 입주 자격은 60세 이상으로 정한 경우도 있다. 하지만 노인복지의 기본법령상 기준은 65세로 통일되어 있으며, 통계청의 고령자 통계 역시 65세 인구를 기준으로 고령화 지표를 산출한다.

### (3) 노인 개념의 변화와 사회적 의미 확장

과거에는 노인이라 하면 신체적으로 약하고 경제활동에서 은퇴한 의존적 연령층이라는 이미지가 강했다. 특히 법정 노인 연령이 도입된 20세기 중후반에는 사람들의 기대수명이 지금보다 짧았기 때문에, 65세는 곧 생을 마감할 말년에 가까운 연령대로 여겨졌다. 그러나 현대에 들어 의료 기술의 발전과 생활 수준 향상으로 65세 전후의 건강상태가 크게 개선되었고, 많은 이들이 훨씬 더 왕성한 활동을 이어가게 되었다. 이에 따라 노인에 대한 개념도 변화하여, 더 이상 노인을 일률적으로 비활동적·의존적 집단으로 보지 않고 다양한 역할을 수행할 수 있는 사회구성원으로 인식하게 되었다.

이러한 변화를 반영한 대표적인 개념이 "액티브 에이징(Active Ageing)", 즉 활동적 노화이다. 세계보건기구(WHO)는 2002년 정책 보고서에서 "활동적 노화란 사람들이 나이를 들어가면서도 건강, 참여, 그리고 안전에 대한 기회를 최적화함으로써 삶의 질을 향상시키는 과정"이라고 정의하였다. 즉 노인을 사회의 부담이 아닌 능동적 참여자로 보고, 건강 유지와 사회참여, 안전망 보장을 통해 노년기에도 생산적이고 의미 있는 역할을 할 수 있도록 하자는 취지이다. 이는 노인을 바라보는 패러다임 전환으로, 국제적으로 활동적 노인상 또는 생산적 노화(productive ageing), 성공적 노화(successful ageing) 등의 담론을 발전시켰다. 예컨대, UN이 2002년 채택한 마드리드 국제고령화 행동계획에서도 노인에 대한 참여적 접근을 강조하여, 노인이 사회에 기여하고 참여할 권리와 기회를 보장하는 것이 핵심으로 담겼다.

또한 노년층 내의 이질성 증가로 인해 노인 개념이 세분화되고 있다. 앞서 언급한 "젊은 노인"과 "고령 노인"의 구분처럼, 신체적 건강과 사회활동 능력에 따라 노년기를 단계별로 보는 시각이 확산되고 있다. 한국 사회에서도 "활기찬 노년", "액티브 시니어" 등의 용어가 등장하여, 60대는 물론 70대까지도 자기계발이나 사회공헌에 적극적인 새로운 노년상을 가리키고 있다. 예를 들어, 60대를 신중년으로 부르며 중·장년과 노년의 과도기 세대로 재정의하려는 움직임도 있다. 실제 인식 조사에서도 변화가 뚜렷한

데, 보건복지부의 〈2023년 노인실태조사〉 결과 65세 이상 노인들이 생각하는 '노인'의 기준 연령은 평균 71.6세로 나타났다. 이는 불과 3년 전인 2020년 조사 때의 70.5세보다도 높아진 것으로, 당사자들조차 스스로를 예전보다 젊다고 인식하게 되었음을 보여준다. 이렇게 노인의 사회적 의미가 달라짐에 따라 노인을 대하는 사회문화적 태도도 변화하고 있다. 경로석 양보나 호칭 문제 등에서 일률적 배려 대신 존중과 참여를 중시하는 분위기가 생겨나고, 노인을 '어르신'으로만 보기보다 한 사람의 시민으로서 역할에 주목하려는 담론이 늘고 있다.

### (4) 평균수명 변화와 노인 연령 기준 재설정 논의

노인 기준 연령을 재검토해야 한다는 주장은 전 세계적으로 인구 고령화와 평균수명 연장에 따른 자연스러운 흐름이다. 국제 통계를 보면 인류의 평균수명이 지난 세기 중반 이후 비약적으로 늘어났다. 유엔 추계에 따르면 전 세계 평균 기대수명(출생 시)은 1950년 약 45.7세에서 2019년 72.6세로 무려 27년 가까이 증가했다. 한국은 특히 빠르게 향상되어 1981년 국민 기대수명이 66.7세였으나 2024년에는 84.3세로 높아졌다. 게다가 단순 수명 연장뿐 아니라 의학의 발달로 건강수명(아픈 기간을 제외한 건강하게 생활하는 수명)도 향상되었다. WHO 자료에 따르면 한국인의 건강수명은 2000년 66.6세에서 2020년 72.5세로 늘어났는데, 이는 평균적으로 70대 초반까지는 대체로 건강하게 활동할 수 있는 사람이 많아졌음을 의미한다.

이러한 변화는 노인의 연령 기준을 그대로 둘 것인지에 대한 정책 논쟁으로 이어지고 있다. 65세 기준이 과연 합리적인가에 대한 논의가 학계와 정책당국에서 꾸준히 제기되어 왔다. 한국의 경우 2015년 대한노인회에서 공식적으로 "노인연령을 70세로 올리자"는 안건을 채택하면서 본격적인 사회적 논쟁이 촉발되었다. 이후 정부 차원에서도 몇 차례 검토가 이루어져, 박근혜 정부 시절 제3차 저출산·고령사회기본계획(2016~2020)에 노인 기준 연령 상향 논의가 포함되었다, 2019년에는 보건복지부 장관이 노인 연령을 70세로 단계적으로 상향하자고 제안하기도 했다. 가장 최근인 2024년 10월에는 대한노인회장이 노인 기준을 75세까지 올리자고 정부에 건의하여 언론의 주목을 받았다. 이렇듯 노인 연령 상향 조정에 대한 의견은 계속해서 나오고 있으며, 실제 정책으로 연결하기 위한 사회적 합의도 모색되고 있다.

하지만 노인 연령을 올리는 문제가 간단하지만은 않다. 기준 변경이 가져올 파급효과가 크기 때문이다. 법정 노인 연령을 높이면, 앞서 언급한 모든 노인복지 혜택의 적용 연령도 따라서 상향 조정되어야 한다. 이를테면 지하철 무임승차, 버스요금 할인, 공원 무료입장 등 지금까지 65세부터 누리던 혜택을 70세나 75세부터로 늦추면 해당 연령대의 국민 반발이나 형평성 논란이 생길 수 있다. 또한 기초연금이나 장기요양보험 같은 연금·보험 제도의 재정계획도 달라져서, 수급 개시 연령을 늦추거나 지급 기간을 줄이는 방향의 개편이 불가피하다. 이러한 연쇄 효과 때문에 노인연령 상향은 단순한 연령 숫자 변경 이상의 사회적 선택을 요구한다.

국제적으로도 각국 상황에 따라 다양한 접근이 나타난다. 일본은 아직 공식 기준은 65세이지만, 앞서 언급한 학술적 논의(노인 75세 이상)처럼 사회 분위기상 노인 개념을 늦추는 경향이 강하다. 반면 유럽 대부분 국가에서는 법정 연금 수급연령을 65세에서 67세 혹은 그 이상으로 높이는 추세가 두드러진다. 또한 핀란드, 덴마크, 이탈리아 등 일부 국가들은 아예 기대수명에 연동하여 미래에는 자동으로 노인연령(정년 또는 연금연령)이 더 올라가도록 제도화하고 있다. 이처럼 평균수명이 늘어나는 한 노인 기준도 상향 조정될 것이라는 방향성에는 국제사회가 크게 공감하지만, 그 속도와 방식에서는 나라별로 차별화된 전략을 택하고 있다. 다만 유엔 등 국제기구 차원에서 공식 기준을 65세에서 변경한 사례는 아직 없으며, 각국의 상황에 맞게 자율적으로 결정하는 사안으로 남아 있다.

### (5) 주요국의 노인 개념과 정책 비교

세계 각국은 인구 고령화 속도와 사회문화적 배경에 따라 노인의 개념을 받아들이고 정책적으로 대응하는 방식에서 차이를 보인다. 몇몇 주요 국가와 지역별 특징을 살펴보면 다음과 같다.

- 한국: 한국은 법적으로 65세 이상을 노인으로 규정한 이후 빠른 고령화에 직면한 나라이다. 2023년 현재 65세 이상 인구 비율이 사상 처음으로 20%를 넘어 초고령사회에 진입했고, 이에 따라 노인 기준연령 상향 논의가 활발하다. 복지정책상 대부분 기준이 65세로 고정돼 있으며, 노인복지 전달체계가 이 연령을 중심으로 구축되어 있다. 동시에 55세 전후에 은퇴하는 관행과 낮은 연금소득으로 인해 노인빈곤율(한국 65세 이상 빈곤율 약 40~45% 수준)은 OECD 최고 수준인 심각한 사회 문제이다. 한국 정부는 이러한 상황에 대응하여 정년 60세 의무화, 기초연금 도입, 노인일자리 창출 사업 등을 펼쳐왔고, 최근에는 정년연장 검토와 함께 노인연령 기준 상향을 종합적으로 논의하고 있다. 사회적으로도 베이비붐 세대의 대량 은퇴가 시작되어, 이들을 어떻게 생산적으로 참여시킬지 고민이 깊어지고 있다.
- 일본: 일본은 세계에서 가장 높은 고령화 수준(65세 이상 인구 비율 28% 이상)을

보이며, 노인의 개념 변화에 선도적인 움직임을 보인다. 전통적으로 65세를 노인으로 보았으나, 정년연장과 계속고용제도를 통해 많은 사람이 70세 가까이까지 일할 수 있도록 유도하고 있다. 실제 2020년대 들어 65~69세 인구의 취업률이 크게 높아졌고, 65세 이상도 약 11%가 노동력으로 참여하고 있다. 여론조사에서도 노년층의 70% 가까이가 65세 이후에도 일하기를 희망한다고 나타났다. 이에 따라 일본 정부는 기업에 65세까지 재고용을 의무화하고 나아가 70세까지 고용연장을 권고하고 있다. 노인 의료제도에서도 75세 이상 후기고령자 의료제도를 별도로 두어 75세를 중요한 정책 분기점으로 다룬다. 요컨대 일본은 "65세는 더 이상 진짜 노인이 아니다"라는 사회 분위기 속에, 건강한 노년층을 오래 일하고 사회공헌하도록 장려하며, 정말 도움이 필요한 75세 이상 초고령층에 복지를 집중하는 이원화된 접근을 보인다.

- 유럽 주요국: 유럽국가들은 비교적 오래 전부터 복지국가 체계를 통해 노인을 지원해왔기 때문에 공적연금 개시연령 등이 노인 기준의 역할을 해왔다. 전통적으론 대부분 65세였던 연금 수급 연령을 재정 지속가능성 문제로 점진적으로 상향하는 추세이다. 독일, 프랑스, 영국 등은 현재 65~67세로 연금 수급 연령이 정해져 있고, 영국은 향후 이를 68세로 올릴 계획이며 덴마크는 인구고령화 추이에 따라 미래엔 70대 중반까지 높아질 것으로 전망된다. 다만 유럽은 노인복지 수준이 높아 연령 기준 변화가 곧바로 생활수준 하락으로 이어지지 않도록 완충장치를 두는 경우가 많다. 또한 에이지즘(연령차별)에 대한 경각심이 높아 고용 연령차별 금지와 정년 폐지(또는 연령 제한 완화)를 통해 노인의 경제활동 참여를 장려한다. EU 차원에서 활동적 노화 지수를 개발하여 각국의 노인의 사회 참여 정도를 평가하고 정책에 반영하도록 권고하는 등, 노인의 사회적 통합을 중요한 이슈로 다루고 있다. 유럽에서는 전반적으로 노인을 사회의 동등한 구성원으로 대우하며, 연령 기준보다 노인의 능력과 욕구에 따른 맞춤형 정책을 중시하는 방향으로 나아가고 있다.
- 미국: 미국은 연방 차원에서 통일된 노인 연령 기준은 없지만, 주요 사회보장 제도가 사실상 기준 역할을 한다. Medicare(연방 노인 의료보험)가 만 65세 이상을 대상으로 하고 있고, 사회보장연금의 정상 수급연령(Full Retirement Age)이 과거 65세에서 현재는 순차적으로 올라 1960년 이후 출생자는 67세가 되었다. 조기 수령은 62세부터 가능하나 65~67세를 사실상 노년 진입 시기로 보는 셈이다. 미국 사회에서는 65세 정년 개념이 법으로 강제되지는 않으며(일부 예외 직종 제외), 1967년 제정된 고용 연령차별금지법(ADEA)에 따라 40세 이상에 대한 연령차별을

금지하고 있어 오히려 40대부터 "노년층"으로 간주하는 아이러니도 있다. 그러나 일반적인 사회 인식으로는 은퇴 연령대인 60대 중반을 시니어(senior)로 여기며, AARP와 같은 단체 회원 자격을 50세부터 부여하는 등 폭넓게 중·장년을 포괄하기도 한다. 미국의 노인 정책은 연령 기준보다는 소득 수준과 건강 상태에 따른 지원 위주이며, 은퇴 이후에도 일하거나 새로운 커리어에 도전하는 사례가 늘어나는 등 자발적 노년기 활동이 강조되고 있다.

### (6) 노인의 사회적 역할 변화와 정책적 대응

인구 고령화에 대응하여 노인의 사회적 역할을 재정립하고 지원하려는 정책들이 각국에서 전개되고 있다. 과거에는 노인을 돌봐야 할 대상으로만 여겨 복지급여나 요양서비스 제공에 초점을 맞췄다면, 이제는 노인을 잠재적 인적자원으로 인식하여 일자리, 자원봉사, 세대 통합 등 다양한 측면에서 능동적 참여를 장려하는 방향으로 정책 패러다임이 이동하고 있다.

고령자 고용 및 일자리 정책: 많은 나라에서 정년 연장 또는 폐지를 통해 노인의 경제활동 참여를 높이고 있다. 한국도 2020년부터 모든 기업에 정년 60세 이상을 의무화하였고, 향후 정년을 65세 이상으로 추가 연장하거나 아예 계속고용제를 도입하는 방안을 검토 중이다. 일본은 앞서 언급했듯이 계속고용 의무를 65세까지 시행하고 70세까지 자발적으로 추진하도록 하고 있다. 유럽 여러 국가는 법으로 연령차별을 금지하여 별도의 정년 없이 능력만 되면 나이와 무관하게 일할 수 있도록 하였다. 이런 제도적 변화와 함께, 정부 차원에서 노인 일자리 창출 사업도 활발히 운영되고 있다. 한국의 경우 노인사회활동지원 사업으로 연간 약 90만 개 이상의 노인 일자리를 제공하는데, 이는 소일거리형부터 전문봉사형까지 다양하며 노인의 소득 보충과 사회참여를 동시에 도모한다. 미국에서도 시니어직업프로그램 등을 통해 저소득 노인의 취업훈련과 고용을 지원하고 있다. 이러한 정책적 노력은 노년층이 경제적으로 자립하고 자존감을 유지하도록 돕는 동시에, 사회 전체적으로도 생산가능인구 감소를 완화하는 효과를 기대할 수 있다. 다만 고령자의 취업 활성화는 세대 간 일자리 경쟁 이슈를 동반하기에, 청년층 일자리 대책과 병행하여 전 연령대의 조화로운 고용전략을 마련하는 것이 중요하다.

- 세대통합과 사회참여: 노인이 늘어나는 시대에는 세대 간 공존과 연대를 강화하는 세대통합 전략이 핵심 과제가 된다. 과거처럼 노인만의 세계에 머무르지 않고 다른 세대와 교류하며 함께 살아갈 수 있도록 돕는 정책과 프로그램이 각국에서 시행되

고 있다. 예를 들어, 세대공간 공유 프로그램은 어린이집과 경로당을 한 건물에 두어 아이들과 노인이 일상적으로 교류하게 한다든지, 대학생에게 노인가구의 빈방을 저렴하게 임대하고 그 대신 말벗이 되어주는 주거공유 모델 등이 실험되고 있다. 교육 현장에서도 노인 멘토와 청년 멘티를 연결하는 세대교류 멘토링, 또는 초등학교에 시니어 자원봉사를 참여시키는 등의 프로그램이 운영된다. 이러한 노력들은 젊은 세대에게는 노인의 지혜와 경험을 배울 기회를 주고, 노인세대에게는 사회적 유대감과 자기효능감을 높여주는 상호 이익이 있다.

- 노인의 사회공헌과 돌봄 역할: 오늘날 많은 노인들은 더 이상 수혜자에 머물지 않고 주체적인 사회공헌자로 활동하고 있다. 건강한 노년층은 지역사회 자원봉사, 시민단체 활동, 정치 참여 등 다양한 방식으로 자신의 역할을 찾는다. 특히 손자녀를 돌보는 조부모 돌봄은 가정에서 중요한 역할로 인정받고 있고, 팬데믹 시기에도 손주 돌봄에 적극 참여한 조부모들이 가계 노동공급에 기여한 바 있다. 한편 돌봄 제공자로서의 노인 역할도 주목되는데, 70대 전후 비교적 건강한 노인이 90대 노부모나 배우자를 부양하는 "노노(老老)부양" 사례가 늘면서, 이들을 지원하기 위한 정책(노인 부양자를 위한 상담, 교육 등)도 대두되고 있다.
- 건강증진과 평생교육: 노인의 역할을 확대하려면 건강 유지가 기본 전제이다. 각국 정부는 노인 건강증진 프로그램(예방접종, 정기검진, 운동 프로그램)을 강화하고, WHO의 나이친화적 환경 조성 가이드라인에 맞춰 도시 인프라를 개선하고 있다. 한국도 노인건강진단 사업과 만성질환 관리, 치매 조기검진 등의 보건 정책을 운영하며, 평균수명보다 건강수명을 늘리는 것을 목표로 하고 있다. 또한 평생교육 기회를 늘려 노인의 자기계발과 사회활동 참여를 돕고 있다. 예를 들어 각 지자체의 노인복지관이나 평생학습관에서는 컴퓨터 활용, 외국어, 예술 등 다양한 노인 대상 강좌를 제공하여 노인들이 계속 배우고 사회와 소통할 수 있도록 지원한다. 이러한 교육 참여는 노인의 인지능력 유지와 사회적 고립 완화에도 긍정적 영향을 주는 것으로 연구되고 있다.
- 연금·복지 제도 조정: 노인의 역할 변화에 따라 복지 제도도 재설계되고 있다. 경제활동을 더 오래 하게 되면 연금 수급 개시 시기를 늦추거나 연금 지급 방식을 유연화하는 논의가 이뤄진다. 여러 국가에서 공적연금 개시연령을 상향하거나 부분연금 제도로 일정 연령 이후 노동시간을 줄이며 연금도 일부 받는 방식을 도입하고 있다. 또한 노인빈곤 문제가 심각한 나라들은 노인 기준이 높아지더라도 취약계층 노인에 대한 소득지원은 놓치지 않도록 기초연금 등의 보완장치를 병행하려 한

다. 예컨대 한국은 65세 기준 유지 여부와 별개로 기초연금 대상을 확대하거나 지급액을 인상하는 방안을 검토하고 있다. 한편 장기요양보험 등의 돌봄제도는 초고령 인구 증가에 대비해 재원 확보와 서비스 확충이 주요 과제로 대두된다. 노인 연령을 재설정하더라도 돌봄 필요성은 연령 후반기에 집중되므로, 80대 이상 초고령층에 대한 의료·요양 지원 강화를 통해 세대 내 형평성을 도모하는 정책이 요구된다.

### (7) 지속가능한 고령사회 구축을 위한 과제

국제적 동향과 국내 논의를 종합해보면, 노인의 개념과 연령 기준은 고정불변한 것이 아니라 인구 구조와 사회 발전 수준에 따라 변화해왔음을 알 수 있다. 21세기 들어 인류가 전반적으로 장수하게 되면서, 과거 65세에 일률적으로 노인으로 간주하던 관행은 재고의 대상이 되고 있다. 대신 건강하고 역동적인 노년을 어떻게 정의하고 지원할지에 대한 담론이 부각되고 있다. 한국 역시 머지않아 노인 인구 비중이 30%에 육박할 것으로 예측되는 가운데, 노인을 단순 부양대상이 아닌 사회 구성원으로 통합하기 위한 정책 전환이 절실하다. 이를 위해 연령 기준의 탄력적 조정, 노년층 역량 강화, 세대 간 상생협력이라는 세 가지 축에서 정책 혁신이 필요할 것이다.

노인 연령 기준을 현실에 맞게 상향 조정하는 문제는 국민 연금개혁, 복지재정 계획, 노동시장 정책 등과 밀접히 연관된 거시적 의제이다. 충분한 사회적 합의와 준비 없이 졸속으로 추진할 경우 세대 갈등이나 취약노인에 대한 돌봄공백 등 부작용이 발생할 수 있다. 따라서 연령기준 조정은 단계적으로 이루되, 그 과정에서 정년 연장과 노인소득 보장 대책을 함께 마련하는 패키지 접근이 바람직하다. 또한 노인의 주관적 인식과 삶의 질을 고려하여, 연령 이상의 다차원적 기준(건강, 기능, 욕구 수준 등)을 노인정책 대상 선정에 반영하는 유연성이 요구된다.

노인의 개념 변화는 고령사회를 위협이 아닌 기회로 전환할 열쇠가 된다. 노인을 사회적으로 고립시키지 않고 세대 통합적인 공동체를 만들 때, 축적된 경험과 지식을 가진 노년층은 사회 발전에 크게 기여할 수 있다. 이를 뒷받침하려면 연령차별 없는 문화 조성, 평생학습과 일자리 지원, 돌봄 서비스 확충, 세대연대의식 함양 등 전방위적인 정책 노력이 병행되어야 한다. 국제사회 역시 UN을 중심으로 모두를 포용하는 지속가능한 고령사회(Leave No One Behind in an Ageing World)를 비전으로 제시하고 있다. 한국도 이러한 흐름에 발맞추어, 노인의 사회적 지위와 역할을 재정의하고, 법과 제도를 정비하며, 세대 모두가 더불어 잘 사는 미래를 준비해야 할 것이다.

## 2. 인구 고령화의 개념과 주요 지표

### (1) 인구 고령화의 정의 및 단계 구분

인구 고령화의 개념: 인구 고령화란 한 사회의 총인구 중 노인층(일반적으로 만 65세 이상)이 차지하는 비중이 점차 증가하는 현상을 말한다. 이는 출산율 저하와 평균수명 연장에 기인하며, 전 세계적으로 나타나는 인구구조 변화이다. 예를 들어 전 세계 65세 이상 인구 비중은 1974년 5.5%에서 2024년에는 10.3%로 거의 두 배로 증가했으며, 2074년에는 약 20.7%에 이를 것으로 전망된다. 이러한 추세는 선진국뿐 아니라 일부 개발도상국에서도 나타나고 있으며, 고령인구 증가로 인한 사회경제적 영향에 대비해야 할 필요성이 대두되고 있다.

고령화 단계 구분 (UN/WHO 기준): 국제기구인 UN과 WHO에서는 한 사회의 고령화 수준을 노인인구 비율에 따라 단계별로 분류하고 있다. 일반적으로 인구의 65세 이상 인구 비율이 7%를 넘으면 "고령화사회", 14%를 넘으면 "고령사회", 20%를 넘으면 "초고령사회"로 정의한다. WHO 역시 인구 65세 이상이 20%를 넘는 사회를 "초고령사회(super-aged society)"로 규정하고 있다. 이러한 기준에 따라 국가들의 고령화 단계를 살펴보면 다음과 같다.

- 고령화사회: 노인 비율 7%를 막 넘긴 단계로, 인구 고령화가 시작된 사회를 의미한다. 예를 들어 인도가 약 6% 수준으로 아직 7%에 못 미쳐 고령화사회 진입 직전에 있으며, 브라질 등 신흥국들도 7% 내외의 노인비율을 보이며 고령화사회 단계에 있다. 한국은 2000년에 65세 이상 인구 비중이 7.2%에 도달하면서 고령화사회에 진입하였다.

- 고령사회: 노인 비율 14% 이상인 단계로, 인구 7명 중 1명 이상이 노인인 사회이다. 미국의 경우 2020년경 16% 수준으로 고령사회에 해당하며, 캐나다와 영국 등 다수의 선진국들이 현재 이 범주에 있다. 한국은 2017년에 노인인구 비율이 14%를 넘기며 고령사회로 진입하였다.

- 초고령사회: 노인 비율 20% 이상인 사회로, 매우 높은 수준의 고령화를 의미한다. 일본은 2006년에 이미 노인비율 20%를 돌파하여 세계 최초의 초고령사회가 되었

고, 2013년에는 25%를 넘기는 등 현재 약 28%로 세계 최고 수준이다. 이탈리아와 포르투갈, 핀란드 등 유럽 일부 국가들도 노인 비율이 20%를 넘어 초고령사회에 속하며, 이들 국가는 일본 다음으로 높은 고령화 수준(노인비율 약 22~23%)을 보인다. 독일과 스웨덴 등도 최근 20% 안팎으로 초고령사회 대열에 합류하였다. 한국은 2022년 노인비율이 약 17.5%였고, 2024년 말에 약 20%를 기록하여 공식적으로 초고령사회에 진입하였다. 이는 한국이 불과 7년 만에 고령사회(14%)에서 초고령사회(20%)로 이행했음을 의미한다.

이처럼 국가별로 고령화 단계와 수준에는 차이가 있다. 전통적인 이민국가인 미국은 현재 고령사회(16%) 수준에 머물러 비교적 젊은 인구구조를 유지하고 있는 반면, 일본이나 이탈리아는 초고령사회로서 세계에서 가장 높은 고령화 수준을 보인다. 한편 인도나 인도네시아와 같은 개발도상국은 아직 노인인구 비중이 한 자릿수에 불과하여 본격적인 고령화사회 단계에 이르지 않았다. 이러한 국가별 사례는 각 나라의 경제발전 단계, 출산율과 사망률의 변화, 이민 흐름 등에 따라 고령화 속도가 다르게 진행되었음을 보여준다. 특히 고령화 단계로의 이행 속도에도 큰 차이가 있다.

### (2) 인구 고령화 지표의 해설

인구 고령화 수준을 파악하기 위해 여러 가지 인구학적 지표가 사용된다. 대표적으로 노인인구비율, 노령화지수, 노년부양비, 총부양비 등이 있으며, 각각 고령화의 다른 측면을 보여준다. 아래에서는 각 지표의 개념과 산출 방법, 그리고 국가별 비교를 설명한다.

- 노인인구비율: 총인구 중 만 65세 이상 노인인구가 차지하는 비율을 말한다. 계산식은 (65세 이상 인구 / 총인구) × 100이며, 한 사회의 전반적인 고령화 정도를 가장 직접적으로 나타낸다. 예를 들어 2020년 현재 일본의 노인인구비율은 약 28%로 세계에서 가장 높고, 이탈리아는 약 23%, 핀란드·포르투갈·그리스 등이 22% 수준으로 그 뒤를 잇는다. 독일과 프랑스는 약 20~21% 내외로 초고령사회에 근접해 있고, 미국은 약 16%, 중국 12%, 브라질 8.5%, 인도 6% 수준으로 국가별 편차가 크다. 노인인구비율은 시간이 지남에 따라 대부분의 국가에서 상승 추세이며, 특히 한국은 2000년 7.2%에서 2022년 17.5%로 급등하여 세계에서 유례없이 빠른 증가를 보였다. 노인인구비율이 높아진다는 것은 그 사회에서 부양해야 할 노인 인구가 많아짐을 의미하며, 복지·의료 서비스 수요 증대와 경제활동인구 대비

부담 증가로 이어질 수 있다.

- 노령화지수: 유소년인구 대비 노인인구의 비율을 뜻한다. 즉 0~14세 인구 100명당 65세 이상 인구가 몇 명인지를 나타내는 지표로, 공식은 (65세 이상 인구 / 0~14세 인구) × 100이다. 노령화지수가 100이면 노인 인구와 유소년 인구의 규모가 같음을 의미하고, 100을 넘으면 노인 인구가 유소년 인구보다 많다는 뜻이다. 이 지표는 저출산과 고령화의 균형 관계를 보여주며, 인구 구조의 세대 구성 변화를 파악하는 데 유용하다.

예를 들어 한국의 노령화지수는 1980년대까지 10 미만의 낮은 수준이었으나, 1990년 20.0, 2000년 34.3, 2010년 67.2로 꾸준히 상승했고 베이비붐 세대의 고령층 편입과 저출산 지속으로 2025년 약 199.9명에 이를 것으로 전망된다. 이는 0~14세 인구 1명당 65세 이상 인구가 2명에 달하는 구조로, 불과 50여 년 만에 세대 구성비가 급격히 역전된 것이다. 노령화지수 상승은 생산연령으로 진입하는 청년층 인구 감소와 은퇴 연령층의 급증이 동시에 일어난 결과이며, 한국의 노령화지수 수준은 이미 이탈리아, 일본 등과 비슷한 수준에 도달해 있다. 한편 일본의 노령화지수는 2020년 현재 약 200%를 넘겨(유소년 1명당 노인 2명 이상) 세계 최고 수준이고, 유럽 대부분의 국가도 100%를 넘어서 노인 인구가 유소년 인구보다 많은 상황이다. 반대로 아프리카 여러 나라는 출산율이 높고 기대수명이 낮아 노령화지수가 10~20 수준으로 매우 낮으며, 이는 젊은 층이 압도적으로 많은 피라미드형 인구 구조를 반영한다. 노령화지수는 사회 부양체계의 세대별 부담 전환을 보여주는 지표로, 급격한 노령화지수 증가는 미래 세대(현재 청년층)에 대한 부양 부담이 한층 가중됨을 시사한다.

- 노년부양비: 생산가능인구(일반적으로 15~64세) 100명당 노인인구(65세 이상)가 몇 명인지를 나타내는 비율이다. 공식적으로는 (65세 이상 인구 / 15~64세 인구) × 100으로 산출하며, 흔히 "노인부양비"라고도 부른다. 이 지표는 경제활동 인구에 대한 고령 부양 부담을 가늠하는 척도로 사용된다. 노년부양비가 30이라면, 일할 수 있는 인구 100명이 30명의 노인을 부양하는 셈이다.

현재 노년부양비가 가장 높은 나라는 일본으로, 2021년 기준 약 56으로 집계되어 "노인 1명당 15~64세 인구 2명", 즉 2명의 생산인구가 노인 1명을 부양하는 수준이다. 실제로 일본은 2021년에 노년부양비 50%를 넘어서 세계 최고치를 기록했는데, 이는 앞서 언급한 노인인구비율(약 28%)과 생산가능인구 비중(약 56%)으로부터 도출되는 수치이다. 그 다음으로 이탈리아와 핀란드 등이 약 37%로 뒤를 잇고 있어, 대략 생산인구 3명당 노인 1명을 부양하는 수준이다. 한국의 노년부양비는 2022년 현재 약 24.6으로, 15~64세 인구 100명당 노인인구 약 24~25명인 셈이다. 이는 OECD 평균(약 20 내외)을 약간 웃도는 수치로, 향후 한국은 노년부양비가 가장 빠르게 상승하여 2070년에 약 100에 이를 것으로 전망된다. 즉 불과 수십 년 후에는 생산인구 1명이 노인 1명을 부양해야 할 정도로 인구 구조가 역전될 것이라는 예측이다. 한편 세계 평균 노년부양비는 약 15 수준으로, 전 지구적으로는 15~64세 인구 6~7명이 노인 1명을 부양하는 구조라 할 수 있다. 노년부양비가 낮은 사회일수록 젊은 인구가 많고 노인인구가 상대적으로 적음을 의미하며, 높아질수록 연금, 의료, 복지 등의 재정 부담이 가중될 수 있다. 다만 노년부양비는 노인 모두가 부양을 필요로 하는 것은 아니라는 점과, 노인층의 경제활동 참여 정도에 따라 실제 부양 부담이 달라질 수 있음을 감안해야 한다.

- 총부양비: 전체 비경제활동 인구(부양인구)가 생산가능인구에 대비해 얼마나 되는지를 보여주는 지표로, 15세 미만 인구 + 65세 이상 인구를 합한 인구를 15~64세 인구로 나눈 비율이다. 즉 총부양비 = ((0~14세 인구 + 65세 이상 인구) / 15~64세 인구) × 100으로 계산된다. 총부양비는 한 사회의 전반적인 부양 부담 수준을 파악하는 데 쓰이는데, 노년부양비와 유소년부양비(15~64세 인구 100명당 0~14세 인구 수)를 합한 값이기도 하다. 총부양비가 높다는 것은 경제활동 인구에 비해 부양해야 할 비경제활동 인구(어린이와 노인)가 많다는 뜻이며, 교육·복지 등 사회적 부담이 크게 나타날 수 있다.

산업화 초기 단계에서는 출산율이 높아 유소년부양비가 매우 높고 노년부양비는 낮기 때문에 총부양비가 높다. 예컨대 1960년대 한국의 총부양비는 82.6(1960년)으로 매우 높았는데, 이는 당시 어린이 인구 비중이 크기 때문이었다. 이후 출산율 급감으로 유소년부양비가 급격히 떨어지면서 한국의 총부양비는 1990년 44.3으로 감소했고, 2020년대 초반 현재 약 44 수준을 보인다. 이는 과거에 비해 부양 부담이 일시적으로 경감된 것처럼 보이나, 향후 고령인구 폭증으로 총부양비는 다시 상승세로 전환될 전망이다. 한국의 총부양비는 2058년경 100%를 넘어서(부양인구가 생산인구보다 많아짐) 이후 OECD 국가 중 가장 높은 수준에 달할 것으로 예측된다. 한편 선진국의 총부양비는 저출산으로 유소년부양비가 낮아진 덕분에 현재는 대체로 50~60 수준으로 개도

국보다 낮은 편이다. 그러나 고령화가 심화됨에 따라 선진국도 총부양비가 다시 높아지는 추세이며, 특히 일본은 유소년층 감소 폭보다 노년층 증가 폭이 커지면서 총부양비가 상승 국면에 있다. 아프리카 일부 국가는 여전히 유소년층 비중이 크고 노년층은 적어 총부양비가 80~90을 상회하는 경우도 있다. 이렇듯 총부양비는 한 사회의 전 생애 부양 부담을 통합적으로 보여주는 지표로, 저출산-고령화가 함께 진행될 때 초기에는 유소년 부양 부담 감소로 총부양비가 낮아졌다가, 나중에는 노년 부양 부담 증가로 다시 높아지는 U자형 변화를 겪게 된다.

상기의 지표들은 각기 다른 측면에서 인구 고령화의 정도와 함의를 제공한다. 노인인구비율과 노령화지수는 인구 구성의 변화 자체를 보여주며, 노년부양비와 총부양비는 이러한 인구 변화가 경제적 부양 부담으로 어떻게 이어질지를 시사한다. 국가별로 이 지표들의 값과 추이는 상이하며, 특히 저출산 현상이 두드러진 동아시아와 유럽 국가들은 노령화지수와 노년부양비가 급증하고 있다. 반면 출산율이 여전히 높은 개발도상국들은 노인인구 비중이 낮아 당분간은 부양 부담의 상당 부분이 유소년층에 집중된다. 결국 이러한 지표들은 인구정책 수립의 근거로 활용되며, 각국이 처한 고령화의 양상을 수치로 파악하여 대비책을 마련하는 데 기여한다.

### (3) 한국의 급속한 고령화와 세계적 비교

한국의 고령화 속도: 한국은 전 세계에서 가장 빠른 속도로 고령화가 진행된 국가 중 하나로 꼽힌다. 한국이 고령화사회(노인비율 7%)에 진입한 시점은 2000년으로 비교적 최근인데, 불과 17년 만인 2017년에 고령사회(14%)가 되었고 2024년에 초고령사회(20%)에 도달하였다. 이는 다른 주요국과 비교하면 유례없는 속도이다. 예를 들어 프랑스는 노인비율이 7%에서 14%로 높아지는 데 115년이 걸렸고, 미국은 71년이 소요되었다. 일본의 경우 같은 변화를 24년 만에 이루어냈으며(1970년 약 7% → 1994년 14%), 이때까지는 일본이 가장 빠른 사례로 언급되었다. 그러나 한국은 7%에서 14%까지 불과 18~19년밖에 걸리지 않아 일본을 뛰어넘는 속도를 보였다. 더구나 고령사회에서 초고령사회(14%→20%)로의 이행도 한국은 예상치로 7~8년에 불과해, 일본(12년)이나 미국(15년), 프랑스(41년)보다 훨씬 가파른 변화다. 이처럼 급격한 고령화 속도로 인해 한국 사회는 짧은 기간에 고령층 인구비율이 급증하면서 이에 대한 대비 시간이 상대적으로 부족했다는 평가를 받는다.

한국의 고령화 속도가 유난히 빠른 원인으로는 무엇보다 초저출산 현상과 급격한 출산율 감소가 꼽힌다. 한국의 합계출산율(TFR)은 1960년대엔 여성 한 명당 6명에 육박할 정도로 높았으나, 산아제한 정책과 경제사회적 변화의 영향으로 급속히 떨어졌다. 1970년대 초반까지만 해도 출산율이 4.5명 이상이었으나, 1980년대에 이미 2명 이하로 떨어졌고 2000년대 중반 이후로는 1명대 미만의 '초저출산' 상태가 지속되고 있다. 2010년경 출산율은 1.1명으로 세계 최저 수준까지 내려갔으며, 2022년에는 약 0.78명으로 OECD 회원국 중 가장 낮은 수준을 기록했다. 1960년대 약 6명이던 출산율이 한 세대만에 1 미만으로 급감한 사례는 전례가 없을 정도로 극단적이며, 그 결과 유소년 인구가 크게 줄어들어 전체 인구에서 노인 비중이 높아지는 효과가 가속화되었다. 또한 평균 수명의 획기적 증가도 고령화에 기여한 주요 요인이다. 한국인 기대수명은 1960년대 초반 52세 수준에서 1990년대 말 75세를 넘겼고, 2020년에는 83.8세로 세계 최고 수준에 근접했다. 2000년생 기준으로 남성은 약 75.9세, 여성이 82.7세 살 것으로 예상되었으나 20년 사이 각각 8년 가량 연장되어 현재는 남성 80세, 여성 86세에 이르고 있다. 이처럼 출산율 저하와 기대수명 연장이라는 인구학적 변화가 맞물리면서 한국의 고령화는 폭발적으로 진행되었다.

또 하나의 요인으로, 베이비붐 세대의 고령층 진입을 들 수 있다. 한국의 베이비붐 세대(1955~1963년 출생)는 인구 규모가 크고 현재 60대 중후반에 해당한다. 이 세대가 2020년대에 대거 65세 이상이 되면서 65세 이상 인구가 급증하고 있다. 실제로 2020년에 첫 베이비붐 세대가 65세에 도달한 이후, 매년 대량의 인구가 노년층으로 편입됨에 따라 향후 10년간 한국의 고령인구 증가는 더욱 가속화될 전망이다.

이러한 배경으로 한국은 세계에서 가장 빠르게 고령화하는 국가로 지목되고 있다. UN 추계에 따르면 2045년경 한국은 노인비율에서 일본을 추월하여 세계 최고 수준이 될 것으로 예측되고, 2067년경에는 인구의 46.5%가 65세 이상인 초고령사회가 될 것이라는 전망도 있다. 이는 인구 절반이 노년층인 사상 유례없는 인구 구조로, 한국 사회에 큰 도전으로 다가올 것이다.

급속한 고령화의 사회·경제적 영향: 한국의 급격한 고령화는 다양한 사회경제적 영향을 초래하고 있다. 우선 노년층 부양부담의 증가가 뚜렷하다. 생산연령인구 한 사람이 부양해야 할 노년인구의 비율(노년부양비)이 지속적으로 상승하여, 연금 수급자와 의료서비스 수요가 급증하고 있다. 국민연금의 경우 고령화로 인해 향후 재정 부담이 커지고 기금 고갈 시기가 앞당겨질 우려가 제기된다. 의료 측면에서도 고령 환자가 늘어나 건강보험 재정에 압박이 가중되고 있다. 예컨대 2020년 기준으로 한국의 건강보험 지출 중 상당 부분이 65세 이상 진료비로 사용되고 있으며, 만성질환 관리나 요양 수요가 증가하면서 의료재정의 지속가능성에 대한 논의가 활발하다.

또한 노인 빈곤과 사회복지 이슈가 두드러진다. 한국은 공적 연금제도의 성숙도가 낮고(1988년 도입) 과거 고속성장기에 은퇴한 현세대 노인들의 충분한 소득 보장이 이루어지지 않아, 노인 빈곤율이 매우 높다. OECD 통계에 따르면 한국의 65세 이상 인구 중 약 절반가량(50%)이 상대적 빈곤 상태로, 이는 OECD 평균(13%)의 4배에 달하며 회원국 중 가장 높은 수치이다. 노후 소득이 부족한 많은 한국 노인들은 생활비를 마련하기 위해 계속 일할 수밖에 없거나, 정부의 기초연금 등 보조에 의존하고 있다. 도시의 거리에서 폐지를 줍거나 택배 상하차와 같은 육체노동에 종사하는 고령층이 적지 않은데, 이는 급속한 고령화에 대비한 사회안전망 구축이 미흡했음을 단적으로 보여준다. 정부는 2008년부터 기초노령연금(현재의 기초연금)을 도입해 소득 하위 70% 노인에게 매월 일정 금액을 지급하고 있으나, 여전히 다수의 노인이 빈곤에 노출되어 있는 실정이다.

경제 전반으로 보면, 생산가능인구 감소에 따른 경제성장 둔화와 노동력 부족 문제가 대두된다. 젊은 연령층 인구가 줄어들고 고령 은퇴인구가 늘면서 노동 공급이 위축되고, 이는 잠재성장률 하락으로 이어질 수 있다. 기업들은 숙련된 고령 인력을 더 오랫동안 활용하기 위한 방안을 모색하고 있지만, 동시에 청년층 노동력의 감소로 일부 산업은 인력 부족을 겪고 있다. 이민 노동자 유입이나 자동화 등의 대응이 논의되나, 인구 구조 변화가 워낙 급격하여 단기적으로는 성장률 하향 압력이 불가피하다는 전망이 나온다. 또한 세대 간 부양부담의 불균형은 사회통합에 새로운 과제를 던지고 있다. 상대적으로 수가 적은 경제활동세대(청년·장년층)가 많은 노년세대를 부양해야 하는 구조에서는 세대 간 갈등이 발생할 소지가 있으며, 복지 지출 확대에 따른 조세 부담 증대 등도 사회적 논쟁거리가 되고 있다.

한국의 급속한 고령화는 인구구조의 급변으로 인한 연금·의료·복지 시스템의 부담 증가, 노인 빈곤과 일자리 문제, 경제 활력 약화 등의 파급효과를 낳고 있다. 이러한 도전에 대응하기 위해 한국 정부는 다양한 정책을 시행 중이다.

### (4) 국가별 정책 대응 차이

인구 고령화에 대응하기 위해 각국 정부는 자국의 사회제도와 상황에 맞는 다양한 정책을 시행하고 있다. 특히 연금제도, 노인복지 정책, 장기요양제도, 고령자 노동참여 촉진 등은 고령화 대응의 핵심 분야이다. 여기서는 한국, 일본, 독일, 스웨덴의 정책 사례를 중심으로 국가별 대응의 차이를 살펴본다.

1) 한국

- 연금제도: 한국은 1988년에서야 국민연금(공적 연금)을 도입한 연금 후발국으로, 현재 국민연금, 공무원연금 등 직역 연금, 그리고 기초연금으로 구성된 다층연금체계를 갖추고 있다. 국민연금은 가입 당시 젊었던 세대가 지금은 아직 은퇴 전이어서 제도가 완전히 성숙하지 않았고, 과거 연금 사각지대도 많았다. 그 결과 현 노인 세대의 상당수는 국민연금 수급액이 매우 적거나 아예 수급 자격이 없는 경우가 많아 노후소득 보장 수준이 낮다. 이를 보완하기 위해 정부는 2008년부터 기초노령연금(현 기초연금)을 도입하여 소득 하위 70% 노인에게 매월 정액의 연금을 지급하고 있으며, 현재는 최대 월 30만원 가량을 지원하고 있다. 또한 국민연금의 재정 안정을 위해 1998년과 2007년에 급여율 인하, 보험료 인상 등 개혁을 거쳤으며, 향후 인구구조 변화에 맞춰 연금 개혁 논의가 진행 중이다. 그러나 여전히 한국의 노인 빈곤율이 높은 것은 연금제도 성숙도 미흡과 연계되므로, 연금 사각지대 축소와 급여 수준 개선이 중요한 정책 과제로 남아 있다.

- 노인복지 정책: 한국의 전통적 가족부양 문화는 빠르게 약화되고 있으며, 정부와 사회의 노인복지 책임이 증대되었다. 이에 따라 정부는 다양한 노인복지사업을 추진하고 있다. 전국에 노인복지관, 경로당 등을 설치하여 노인의 여가·사회활동을 지원하고 있고, 65세 이상 모든 국민에게 기초연금을 지급하여 최소한의 소득을 보장하고 있다. 저소득층 노인에게는 생계비와 의료비를 지원하는 기초생활보장제도가 시행되고 있으며, 지방자치단체 차원의 경로우대(대중교통 요금 할인 등)도 제공된다. 그러나 복지 지출 대비 고령화 속도가 빨라 여전히 노인빈곤과 독거노인 돌봄 문제가 심각하므로, 정부는 커뮤니티 케어, 독거노인 생활관리사 파견 등 취약 노인 보호대책을 강화하고 있다. 또 한 가지 특색은 노인일자리 사업으로, 저소득 노인에게 공공일자리(예: 공원 관리, 어린이 등·하교 도우미 등)를 제공하여 사회참여 기회를 주고 약간의 소득을 지원하는 프로그램을 확대하고 있다. 이러한 노인복지 정책들은 빠른 고령화로 인한 사회적 위험을 경감하려는 노력의 일환이다.

- 장기요양제도: 가족 부양에 크게 의존해오던 한국은 2008년 7월에 노인장기요양보험을 도입하여 공적 장기요양제도를 시행하고 있다. 이 제도는 65세 이상 노인이

나 노인성 질병을 가진 자에게 신체활동 지원, 간호, 목욕서비스 등 일상생활 보조 서비스를 제공하는 사회보험 방식이다. 장기요양보험 재원은 건강보험 가입자의 장기요양보험료와 국가·지자체 부담으로 마련되며, 이용자는 소득에 따라 약 15% 정도의 본인부담금을 낸다. 한국의 장기요양보험 도입은 일본과 독일의 선례를 참고한 것으로, 독일(1995년)이 세계 최초로 공적 LTC 보험을 도입했고 일본이 2000년에 시행한 데 이어 한국이 아시아에서 두 번째로 도입한 사례이다. 도입 초창기에는 이용자가 제한적이었으나 현재 65세 이상 노인 중 약 7% 미만(6.8%)이 공적 장기요양 서비스를 이용하고 있으며, 서비스 인프라도 급속히 확충되었다. 다만 이는 일본의 이용률(18.2%)에 비하면 아직 낮은 수준인데, 한국은 가족 부양문화의 영향으로 가족이 돌보는 비공식 부양이 여전히 많고, 제도 도입 역사도 짧아 활용도가 제한적이기 때문이다. 정부는 장기요양 시설 확충, 방문요양 등 재가서비스 강화로 보다 많은 노인이 적절한 요양서비스를 받도록 노력하고 있다. 또한 치매전담형 시설, 커뮤니티 케어 등 새로운 서비스 모델도 도입하여 늘어나는 노인부양 수요에 대응 중이다.

- 고령자 노동참여: 한국은 전통적으로 정년퇴직 연령이 이른 편이었으나(과거 정년 55세 관행), 고령화에 대응하여 2016년부터 법정 정년을 만 60세로 연장하였다. 그러나 국민연금 수급 개시 연령(현재 62세→향후 65세)이 정년보다 높아지는 추세이고, 퇴직 후 생활을 위한 소득 필요로 인해 많은 노인이 정년 이후에도 일을 계속하고 있다. 실제로 한국의 65~69세 고령층 고용률은 약 45%로, 경제협력개발기구(OECD) 평균보다 훨씬 높다. 이는 상당수 노인이 생계 또는 보충소득을 위해 농업, 영세자영업, 일용직 등에 종사하고 있음을 반영한다. 정부 차원에서도 고령자 고용촉진 정책을 펴고 있다. 기업에게 정년연장 또는 재고용을 장려하고, 일정 연령 이상 근로자에 대한 고용장려금 제도를 운용한다. 또한 노인적합형 일자리(예: 경비원, 택배 분류 등)를 개발하고 인력을 알선하는 등의 지원책도 시행 중이다. 그 결과 한국의 55~64세 고용률은 2022년 기준 66.3%로 OECD 상위권이며, 65세 이상도 지속적인 경제활동 참여가 이루어지고 있다. 다만 많은 경우 저임금 단순노동이나 비공식 부문에 몰려 있어 양질의 일자리 확보가 과제로 남아 있다. 전반적으로 한국은 급속한 고령화로 인한 노동력 축소를 완화하기 위해 고령자의 취업 기회를 늘리고 정년 이후에도 일할 수 있는 사회 분위기를 조성하는 데 주력하고 있다.

2) 일본

- 연금제도: 일본은 1961년 국민개년금(기초연금)과 후생연금(직장인 대상의 소득비례 연금)을 포괄하는 전 국민 연금제도를 확립하여 일찍부터 연금체계를 갖추었다. 기초연금인 국민연금은 20세 이상 전 국민이 가입하는 보편적 제도이며, 후생연금은 회사원 등의 급여생활자를 대상으로 하는 사회보험 방식 공적연금이다. 일본 연금제도는 오랜 기간 축적되어 현재 노년층의 수급권이 비교적 잘 형성되어 있지만, 고령화로 인한 재정 압박이 커지면서 여러 차례 개혁을 단행했다. 2004년 도입된 마크로 경제 슬라이드는 연금 급여액을 자동 조정하여 보험료 납부자와 수급자 간의 부담을 조정하는 장치이고, 연금 수급 개시 연령도 점진적으로 60세에서 65세로 상향 조정되고 있다. 남성의 공적연금 수급 개시연령은 2013~2025년 사이에 60→65세로, 여성은 2018~2030년 사이에 60→65세로 단계적으로 인상 중이다. 이러한 개혁으로 연금 재정의 지속가능성을 높이려 하고 있으며, 동시에 개인연금이나 기업 연금 등의 사적 대비도 장려하고 있다. 일본은 연금제도 개혁을 통해 세대 간 형평성 확보와 재정 안정화를 꾀하면서도 현재 고령층의 기본 생활을 지탱하는 연금 급여를 유지하려는 노력을 지속하고 있다.

- 노인복지 정책: 일본은 "노인은 가능한 한 가족이 부양한다"는 전통 관념이 있었지만 핵가족화와 여성의 사회진출 등으로 가족부양 역량이 감소하면서, 정부와 지자체의 노인복지 서비스 공급을 꾸준히 확대해 왔다. 노인의료지원제도가 오래전부터 있었고(70세 이상 진료비 10% 본인부담 등, 최근 일부 조정), 개호보험(장기요양보험) 도입 이후에는 요양서비스 측면의 복지지출도 크게 늘었다. 일본 정부는 지역사회에서 노인이 계속 살아갈 수 있도록 "지역포괄케어 시스템"을 추진하여 주거, 의료, 개호, 예방, 생활지원이 통합된 서비스를 지향하고 있다. 또한 고령자 주거복지에도 신경 써서, 지자체나 공공기관이 운영하는 저렴한 노인임대주택, 노인복지주택 등을 공급하고 있다. 한편 노인을 존중하는 문화적 전통에 따라 매년 경로의 날(경로사랑의 날)을 제정해 노인 공경을 장려하고, 100세 인 생일에 총리가 축하장을 보내는 등의 상징적 정책도 유지하고 있다. 사회복지 면에서는 독거노인에 대한 생활지원사 파견, 치매 노인 실종 방지 시스템 구축 등 세심한 정책들이 시행 중이다. 요약하면 일본은 세계 최고 수준의 고령사회에서 요구되는 의료·요양·생활지원 서비스를 국가와 지자체가 광범위하게 제공하며, "노후의 돌봄은 사회의 책임"이라는 기치를 내걸고 복지체계를 갖춰왔다. 그럼에도 초고령사회 진전에

따라 이러한 복지 지출이 지속가능한지에 대한 고민이 있으며, 2020년대 들어서는 복지 대상 연령의 재검토(예: 노인 기준 연령 상향) 등도 논의되는 추세다.

- 장기요양제도: 일본은 2000년 4월에 공적 장기요양보험(개호보험)을 실시하여, 고령자의 요양 돌봄을 가족이 아닌 사회적 서비스로 제공하기 시작했다. 만 40세 이상 국민은 장기요양보험에 의무 가입하여 보험료를 납부하고, 65세 이상이 되어 개호가 필요할 때 등급 판정을 거쳐 시설 또는 재가서비스를 이용한다. 일본 개호보험의 재원은 절반은 정부의 세금, 절반은 40세 이상 가입자의 보험료로 충당되며, 서비스 이용 시 본인부담은 소득에 따라 10~30%로 설정되어 있다. 예를 들어 저소득 노인은 요양서비스 비용의 10%만 내고, 나머지 90%는 보험이 부담한다. 이용자는 각 지역에 배정된 개호지원전문원(케어 매니저)를 통해 적절한 서비스 계획을 수립하며, 최대 월 한도액까지 필요한 방문간호, 데이서비스, 시설입소 등의 서비스를 선택해 받을 수 있다. 또한 가족이 직접 돌봐야 할 상황을 줄이고자, 근로자가 가족의 간호를 위해 최대 93일의 휴직을 할 수 있는 개호휴업제도도 법적으로 보장되어 있다. 일본은 이 제도의 시행으로 가족부담을 크게 덜었으며, 65세 이상 인구의 약 18%가 공적 개호서비스를 이용할 정도로 제도가 뿌리내렸다. 이는 한국의 7% 미만과 대비되는 수치로, 일본이 공적 요양 돌봄의 보편화를 이룩했음을 보여준다. 2020년 기준 일본은 GDP의 2.0%를 장기요양에 지출하고 있어, 고령화에 대응한 사회적 비용 부담도 상당하다. 최근 일본 정부는 개호보험 재정 안정을 위해 이용자 본인부담 상향(20%→30% 대상 확대) 등 조정을 하고, 시설보다는 재가복지 서비스 위주로 전환을 유도하고 있다. 전반적으로 일본의 장기요양 제도는 독일 모델을 참고하면서도 일본 특유의 행정체계와 문화에 맞게 설계되어, "가족 대신 사회가 돌본다"는 패러다임 전환을 성공적으로 이뤄낸 사례로 평가받는다.

- 고령자 노동참여: 일본은 노인 고용률이 매우 높은 나라로, 고령층의 경제활동을 적극 장려해왔다. 일본 기업들은 오랫동안 정년을 55세 또는 60세로 운영해왔으나, 고령화와 노동력 부족에 대응하여 2000년대 이후 정년연장 정책이 추진되었다. 2013년 고령자고용안정법 개정으로 기업은 정년을 최소 65세까지 보장하거나, 정년퇴직 후 희망자에 대해 65세까지 재고용하는 제도를 의무화하였다. 그 결과 현재 다수의 일본 기업이 60세 정년 + 재고용 형태로 근로자가 희망할 경우 65세

까지 일할 수 있게 하고 있다. 더 나아가 2021년 법 개정을 통해 기업에게 70세까지의 취업 기회 확보 노력을 권고하고 있어, 사실상 70세 정년 시대를 대비하고 있다. 이러한 제도적 노력과 더불어, 일본의 고령층은 비교적 건강수준이 높고 일에 대한 의지도 강한 편이다. 2023년 기준 일본의 60~64세 고용률은 74.0%, 65~69세 고용률은 52.0%에 달하며, 70세 이상도 18% 정도가 취업 상태다. 이는 선진국 중에서도 가장 높은 수준으로, 일본의 많은 노인이 퇴직 후에도 파트타임이나 계약직 형태로 계속 일하거나, 농업·자영업 등에서 활동하고 있음을 의미한다. 일본 기업들은 임금피크제(일정 연령 이후 임금을 낮추는 대신 고용 연장) 등을 통해 고령 근로자를 유지하고 있으며, 정부도 계속고용 보조금 등 인센티브를 제공한다. 이처럼 일본은 "정년 이후 10년"을 추가로 활용하는 고용문화가 정착되어, 고령화로 인한 노동력 감소 충격을 완화하고 있다. 다만 고령자 취업의 질적 측면에서는 낮은 임금과 직무 수준 문제가 제기되며, 세대 간 일자리 배분 문제도 있다. 전반적으로 일본은 세계에서 가장 빠르게 고령사회에 진입한 만큼, 고령자도 생산인구로 적극 활용하는 방향의 정책을 일찍부터 시행해왔다고 평가된다.

3) 독일

- 연금제도: 독일은 전통적인 비스마르크형 사회보험 연금체계의 대표적인 나라로, 1889년 세계 최초로 공적연금을 도입한 이후 오랜 기간 성숙한 제도를 운영해왔다. 독일의 법정연금보험은 피고용인과 사용자로부터 보험료를 거두어 세대 간 부조(pay-as-you-go) 방식으로 현재 노인세대에게 연금을 지급하는 구조이며, 급여수준이 과거 소득의 일정 비율(대략 50~70%)을 대체하는 소득비례연금이다. 그러나 출산율 저하와 수명 연장으로 연금 부양비(보험료를 내는 현역 대비 연금수급자 비율)가 악화되면서, 1990년대 후반부터 연금 개혁이 추진되었다. 2001년에는 추가적인 사적연금을 장려하는 리이스터 연금(Riester-Rente)이 도입되어 국가가 보조금을 지급하며 개인연금 가입을 유도했고, 2004년에는 연금 급여 산정에 지속가능성 인자를 도입하여 인구구조 변화에 따라 연금액이 자동 조정되도록 했다. 또한 법정 정년(연금 수급 개시 연령)을 65세에서 67세로 단계적 상향하기로 결정하여, 2012년부터 매년 1~2개월씩 정년을 늦춰 2029년까지 67세에 도달하도록 일정이 진행 중이다. 이러한 조치들은 연금 재정의 장기 지속가능성을 확보하기 위한 것으로, 독일은 비교적 일찍부터 인구 고령화 추세를 반영한 개혁을 실시한 셈이다. 그럼에도 불구하고 급속한 고령화로 미래 세대의 보험료 부담이 늘어날

것이 예상되므로, 최근에는 연금 지급개시 연령을 69세까지 올리는 방안이나 이민자 노동력 활용을 통한 기여자 확충 등 추가 대책도 논의되고 있다. 요약하면 독일 연금제도는 높은 소득대체율로 노후소득을 보장하면서도, 고령화에 대응해 정년 연장과 민영연금 보완 등을 통해 재정을 관리해가는 중이다.

- 노인복지 정책: 독일은 비교적 튼튼한 사회보장 시스템을 갖추고 있어, 기본적인 노인복지가 사회보험과 조세를 통해 충당된다. 의료보험의 경우 전 국민 건강보험 체계 안에서 65세 이상 노인은 별도의 추가 본인부담 없이 동일한 의료 서비스를 받으며, 소득이 없는 연금생활자도 건강보험료의 상당 부분을 연금공단이 대납해 준다. 생활이 어려운 노인을 위해서는 기초보장연금(Grundsicherung im Alter)이라고 불리는 공공부조를 제공하여 최저생계비를 지원하고, 주택수당 등을 통해 주거 비용도 보조한다. 독일은 가족주의 문화가 강하지 않아 노부모를 자녀가 모시는 경우가 드물기 때문에, 요양원, 양로원 등 시설복지가 발달해 있다. 국가 및 자선단체가 운영하는 노인요양시설이 전국에 분포하며, 중산층 이상 노인들도 노후에 시설 입소를 자연스럽게 받아들인다. 또한 재가에서 생활하는 노인에게는 가정도우미 파견, 식사 배달, 방문간호 같은 서비스를 각 지방자치단체와 비영리단체가 연계하여 제공한다. 이렇듯 독일의 노인복지는 공적연금과 장기요양보험을 중심축으로, 여기에 더해 생활보장과 돌봄 서비스를 포함한 포괄적 체계라 할 수 있다. 다만 최근 독일에서도 고령화 심화로 노인빈곤층 문제가 조금씩 대두되고 있다. 과거 연금보험에 충분히 기여하지 못한 이민자 출신 노동자나 단절 여성 등의 경우, 연금수령액이 낮아 빈곤 위험이 있다. 이를 보완하기 위해 2021년 기초연금제도(Grundrente)를 도입하여 33년 이상 보험료를 납부했지만 연금액이 낮은 저연금 수급자의 급여를 추가로 보전해주는 정책을 시행하였다. 이처럼 독일은 비교적 촘촘한 사회복지망을 가지고 있으나, 새로운 인구 상황에 맞추어 지속적인 제도 보완을 해 나가고 있다.

- 장기요양제도: 독일은 세계 최초로 공적 장기요양보험(Pflegeversicherung)을 도입한 나라이다. 1995년부터 시행된 이 제도는 질병보험과 별도로 운영되며, 전 국민(피고용인과 연금생활자 등)이 보험료를 부담하고 일정 조건에 해당하면 현금 또는 현물로 요양 급여를 받는다. 구체적으로, 노인 또는 상병으로 도움이 필요한 사람이 등급 판정을 받으면 재가간호 서비스, 주간보호, 보조기기 지원 등을 받거나,

원하면 가족이 간병할 경우 간병수당(현금급여)을 받을 수도 있다. 이러한 현금급여 제도는 가족이 직접 돌보는 전통을 일정 부분 존중한 것으로, 수급자 중 절반 이상이 현금급여를 선택하여 가족부양에 활용하고 있다. 재원은 사용자와 근로자가 절반씩 부담하는 보험료(각 임금의 1.525%, 자녀 없는 경우 0.25%p 추가)로 충당되며, 재정부담이 커지면서 2022년에 보험료율을 인상하는 등 조정이 이루어졌다. 독일의 65세 이상 인구 중 공적 요양보험 혜택을 받는 비율은 약 12% 정도로 알려져 있는데, 이는 일본보다는 낮지만 한국보다는 높은 수준이다. 독일은 또한 노인요양시설의 질 관리에 힘쓰고 있는데, 연방 차원에서 요양서비스 평가지표를 만들어 정기적으로 공표하고 이용자 선택을 돕는다. 전체적으로 독일의 장기요양제도는 사회보험방식의 보편적 요양보장을 이룬 선구적인 모델로 평가된다. 최근에는 요양인력 부족과 재정 부담 증가가 문제로 떠올라, 요양인력의 이민(해외 간호인력 채용)과 로봇 등 기술 활용을 통한 효율화 등의 대안이 논의되고 있다. 그러나 가족의 전담에서 사회 연대책임으로 돌봄을 이전한 기본 방향은 굳건하며, 고령화에 대응한 핵심 제도로서 자리잡고 있다.

- 고령자 노동참여: 독일은 한때 조기퇴직을 장려하던 시기가 있었으나, 2000년대 들어 고령자 고용률을 크게 끌어올린 사례로 주목받는다. 1990년대까지만 해도 독일에서는 55세 이상 근로자의 상당수가 일찍 퇴직하여 55~64세 고용률이 40% 미만에 그쳤다. 정부는 청년실업 해소를 이유로 조기연금, 조기퇴직 장려금 등을 시행하기도 했으나, 인구 고령화로 노동력 부족과 연금 부담 문제가 커지자 이러한 정책을 폐기했다. 대신 2000년대 중반 하르츠 개혁 등을 통해 노동시장 유연성을 높이고, 고령층의 근로 유인을 강화하였다. 대표적으로 연금 수급개시 연령을 늦추는 동시에, 연금액 삭감 없이 더 오래 일할 경우 연금액을 증액하는 인센티브를 부여했다. 또한 기업들도 고령친화적 인사관리(예: 탄력적 근무시간, 직무재배치)를 도입하여 숙련된 시니어 인력을 유지하려는 노력을 기울였다. 그 결과 독일의 55~64세 고용률은 2003년 39%에서 2023년 75% 내외로 크게 상승하여, 이제는 주요 선진국 중 상위권에 속한다. 특히 60~64세 연령대 고용률이 20년 전 20%대에서 현재 60%대로 높아져, 정년연장 효과가 나타나고 있다. 독일의 법정 정년은 65세(향후 67세)이나, 실제 평균 퇴직연령은 그보다 조금 이른 64세 정도로 집계된다. 현재도 65세 이후 고용은 법적으로 의무는 아니나, 전문직을 중심으로 65세를 넘겨 일하는 사례도 늘고 있다. 정부는 연령차별 금지법 등을 통해 고

용상 연령차별을 금하고 있고, 고령 근로자의 직무교육을 지원하는 정책도 실시한다. 다만 독일은 한국·일본보다 고령층 자체의 경제활동 필요성이 낮은 편이어서(연금 등이 비교적 충분), 65세 이상 고용률은 10% 내외로 아주 높지는 않다. 요약하면 독일은 정년 연장과 노동시장 개혁을 통해 고령층의 노동참여를 늘림으로써, 고령화에 따른 생산인구 감소 충격을 완화하고 연금 재정부담을 줄이는 효과를 거둔 사례라 할 수 있다.

4) 스웨덴

- 연금제도: 스웨덴은 복지국가를 선도한 나라로, 고령화 대응을 위해 연금제도를 과감히 개혁한 것으로 유명하다. 1990년대 이전까지는 소득비례 공적연금과 최저보장연금이 있었으나 재정 부담이 커지자, 1999년 새로운 노터널 정의기여연금(NDC, Notional Defined Contribution) 체계를 도입하였다. NDC는 개인별 가상 계좌에 평생 보험료 납입 기록을 적립하고, 그 계좌잔액을 기대여명으로 나누어 연금을 계산하는 방식으로, 인구 고령화로 기대수명이 늘어나면 자동적으로 연금액이 삭감되는 자동안정화 장치가 내재되어 있다. 동시에 일정 소득 이하 노인에게는 보장연금(Guarantee Pension)을 지급하여 최저 생활을 보장한다. 이러한 구조 개혁 덕분에 스웨덴의 공적연금은 인구변동에 비교적 유연하게 대처할 수 있게 되었고, 재정 지속가능성이 높다는 평가를 받는다. 또한 스웨덴은 연금수급 개시 연령을 고정하지 않고 유연한 선택이 가능하도록 했다. 대체로 62세(과거 61세)부터 연금을 조기수령할 수 있으나 이 경우 삭감률이 적용되고, 66세 이후로 연기하면 연금액이 증가한다. 사실상 공식적 정년이 없으며 개인이 원한다면 67세 이후까지 일할 수 있다. 2020년대에 들어 수급 가능 최소연령을 64세로 높이고, 정년 권고연령을 69세로 올리는 등 제도를 현실에 맞게 조정하고 있다. 그러나 기본철학은 "더 일하면 더 받는다"이므로, 스웨덴의 고령 근로자들은 연금액 증액을 위해 가능한 늦게 은퇴하려는 경향이 있다. 이러한 연금제도 덕분에 스웨덴 노년층의 상대적 빈곤율은 낮으며, 인구고령화로 인한 연금 재정위험도 비교적 잘 관리되고 있다.

- 노인복지 정책: 스웨덴은 흔히 "요람에서 무덤까지" 보편적 복지로 유명하며, 노인복지 역시 국가와 지방자치단체의 책임 하에 두고 있다. 모든 국민은 보편적 의료보험에 의해 의료 서비스를 거의 무상에 가깝게 이용할 수 있고, 노인이 되어 소

득이 줄어도 의료 접근에 장애가 없다. 또 주거 면에서는 주택보조금을 통해 저소득 노인의 임대료를 지원하거나, 서비스주택이라 불리는 노인전용 아파트를 운영하여 독립생활이 어려운 노인에게 제공한다. 독거노인의 경우 지방자치단체 소속 돌봄 직원이 정기적으로 방문하여 안부를 확인하고 가사지원을 하는 제도가 있으며, 치매노인에 대해서는 전문 요양시설뿐 아니라 그룹홈 형태로 소규모 보호를 하는 프로그램도 발달해 있다. 이러한 서비스는 공공 재정으로 운용되며, 이용자는 소득에 따라 일정 금액의 수수료만 부담한다. 스웨덴은 가족 부양의무가 법적으로 없다는 점이 특징인데, 이는 국가가 노인 돌봄을 전담하는 대신 조세 부담이 높다는 의미이기도 하다. 실제로 스웨덴은 노인복지 및 요양서비스에 GDP의 3% 이상을 지출하며, 이는 전 세계 최고 수준 중 하나다. 예를 들어 스웨덴, 노르웨이, 덴마크 등 북유럽 국가들은 공공지출을 통해 장기요양 서비스를 포괄적으로 제공하고 있고, 이는 미국이나 남유럽 국가들보다 훨씬 높은 지출 규모이다. 그 결과 스웨덴에서는 비공식 부양(가족 돌봄)의 비중이 낮고 대부분의 돌봄이 공식 서비스로 이루어진다. 노인복지 분야에서 스웨덴은 국가책임주의 모델의 전형이라 할 수 있으며, 이러한 접근은 노인 빈곤을 낮추고 노년의 삶의 질을 높였다는 긍정적 평가를 받는다. 다만 최근 고령인구 급증으로 재정 부담이 가중되자, 노인복지 지출 효율화와 서비스 질 유지 사이에서 고민이 크다.

- 장기요양제도: 스웨덴은 별도의 장기요양보험이 없지만, 사실상 전액 세금으로 운영되는 공공요양제도를 갖추고 있다. 노인장기요양은 각 지방자치단체(코뮌)의 책임으로, 지자체는 지역 내 거주 노인의 요양 필요를 평가하여 적합한 서비스를 제공한다. 서비스 형태로는 재가(Home care) 서비스와 시설(Institutional care) 서비스로 양분되는데, 경증 수준의 도움을 필요로 하는 노인에겐 보조원 파견, 목욕 및 식사 지원, 간호 방문 등의 재가서비스를 제공하고, 중증 요양이 필요한 노인은 요양원이나 양로원에 입소시킨다. 스웨덴은 재가서비스를 선호하는 정책 기조를 가지고 있어, 가능한 한 노인이 자신의 집에서 살면서 필요한 지원을 받도록 장려한다. 2021년 기준 스웨덴의 65세 이상 인구 1,000명당 요양시설 병상 수가 매우 높고, 또한 인구 100명당 요양인력 수가 11.7명에 이르는 등 요양 서비스 공급역량이 세계 최고 수준이다. 이는 공공 부문 일자리의 상당 부분이 요양 및 돌봄 인력으로 구성되어 있음을 뜻하며, 그만큼 정부 지출도 크다. 이용자 본인 부담금은 소득에 따라 정해지며 상한액이 설정되어 있어, 아무리 많은 서비스를 받아

도 월별 본인부담이 일정 금액을 넘지 않도록 보호한다. 결과적으로 스웨덴에서는 경제적 능력과 무관하게 모든 노인이 필요 시 양질의 돌봄을 받을 수 있다. 이러한 제도는 가족 부담을 최소화한다는 장점이 있지만, 고령화 심화로 지방정부 재정에 큰 부담이 되는 측면도 있다. 2020년대에 들어 스웨덴도 장기요양 수요 증가에 대응하여 재정 확충과 서비스 효율화 방안을 모색 중이며, 민간 부문의 참여를 늘려 경쟁을 도입하는 등의 변화도 시도하고 있다. 그럼에도 스웨덴의 장기요양은 여전히 국가/지자체 주도하에 이루어지고 있으며, 북유럽 특유의 포괄적 복지철학을 반영한 시스템으로 평가된다.

- 고령자 노동참여: 스웨덴은 노인 경제활동참여율이 높은 국가 중 하나로, 이는 연공서열형 임금체계가 약하고 정년 후 재고용 등이 활성화된 덕분이다. 스웨덴은 법적으로 차별금지 원칙에 따라 정년을 획일적으로 정하지 않으며, 67세까지는 원하면 계속 일할 수 있고(과거에는 고용주가 67세에 퇴직시킬 수 있었으나, 최근 그 연령을 69세로 상향 조정함), 이후에도 근로자와 고용주 합의가 있으면 일할 수 있다. 사실상 노동시장에서 연령에 따른 진입·퇴출 장벽이 낮은 편이라서, 기업은 성과와 의사에 따라 고령자를 유연하게 활용한다. 또한 부분은퇴(partial retirement) 제도가 있어서, 일정 연령 이상이 되면 근로시간을 줄이면서 부분 연금수령을 병행할 수 있다. 이를 통해 완전은퇴 전에 노동 시간을 단계적으로 감소시켜 연착륙하도록 돕는다. 스웨덴의 55~64세 고용률은 약 78%로 OECD 최고 수준이며, 65~69세 고용률도 20% 내외로 유럽 평균보다 높다. 특히 여성 고령자의 경제활동참여가 활발하여, 성별 격차 없이 모두 오래 일하는 특징이 있다. 스웨덴의 높은 고령자 고용은 연금제도 인센티브와 노동시장 정책이 맞물린 결과로 볼 수 있다. 연금 수급액이 늦게까지 일할수록 증가하므로 노동계속 유인이 크고, 기업 입장에서도 인건비 부담이 연령에 따라 폭증하지 않으므로(연공급 완만) 고령직원을 유지하기 용이하다. 또한 고령 근로자 대상으로 계속교육 및 직업훈련 지원이 잘 되어있어, 숙련을 계속 향상시키며 생산성을 유지한다. 다만 스웨덴 내에서도 육체노동직 종사자 등은 비교적 이른 은퇴를 택하는 경향이 있어, 직종 간 격차가 존재한다. 종합하면, 스웨덴은 법·제도적 유연성과 경제적 유인 구조를 통해 고령자들이 일할 의사와 능력이 있을 경우 오래도록 경제활동을 지속할 수 있는 환경을 조성하였다. 이는 고령화 사회의 경제 활력 유지와 노후소득 보장에 기여한 중요한 정책 성과이다.

국제적으로 고령화에 대응하는 정책에서 공통점과 차이점을 보인다. 공통적으로 연금개혁(지속가능성 확보), 장기요양 마련, 고령자 고용장려 등을 시행하고 있으나, 정책의 범위와 방식은 그 나라의 사회모델에 따라 다르게 나타났다. 예를 들어 한국과 일본이 사회보험 중심의 점진적 대응을 하는 반면, 스웨덴은 보편복지 모델로 대대적인 공공개입을 통해 대응해왔다. 독일은 이 둘의 중간 정도로서 전통 보험방식을 유지하면서 필요한 개혁을 도입하였다. 또한 가족의 역할에 대해서, 동아시아의 한국·일본은 여전히 가족부양이 일부 중요하게 간주되어 정책에서도 이를 보완적으로 고려하지만, 서구의 독일·스웨덴은 가족 부양의무를 크게 묻지 않고 국가가 직접 책임지는 구조를 발전시켰다. 이러한 차이는 역사적·문화적 배경에 기인하지만, 서로의 경험은 귀중한 참고가 된다. 결국 어떠한 접근이든 목표는 동일하다: 고령화로 인한 개인과 사회의 부담을 완화하고, 노후 삶의 질을 보장하면서 세대 간 균형을 유지하는 것이다. 각국은 자신의 처지에 맞는 최적의 해법을 모색 중이며, 앞으로도 고령화 추세에 대응하여 연금, 복지, 노동 등 제도를 계속 조정해 나갈 것으로 예상된다.

### (5) 결론

인구 고령화는 21세기 전 세계가 직면한 거대한 변화로, 이에 대한 이해와 대비는 국가 경쟁력과 국민 삶의 질에 직결되는 과제이다. 고령화 시대의 도전은 결코 가볍지 않으나, 역사상 유례없이 길어진 수명과 풍부해진 사회경험을 갖춘 고령층은 사회·경제적으로 새로운 기회를 제공하기도 한다. 따라서 각국은 고령화의 부정적 영향을 완화함과 동시에 이점을 극대화하는 전략을 모색한다. 건강수명의 연장, 연금·복지 제도의 안정적 재원 확보, 고령자 노동참여 활성화, 돌봄 인력과 인프라 확충은 필수적 과제이다. 특히 한국은 고령화 속도가 매우 빠른 만큼, 재정 지속가능성과 세대 간 형평성 확보에 우선순위를 두어야 하며, 저출산 극복과 동시에 고령인구 증가에 대응할 수 있는 다층적 제도 설계를 서둘러야 한다.

고령화는 현대 사회의 불가피한 흐름인 동시에 새로운 사회상을 예견하게 하는 중요한 신호이다. 고령사회를 넘어 초고령사회로 빠르게 진입 중인 국가들은 서로의 경험과 성과를 참고하여, 연금과 복지, 노동, 보건의료 영역에서 종합적 대응을 추진해야 한다. 이는 향후 세대가 안정되고 지속 가능한 미래를 누릴 수 있도록 하는 핵심 조건이다.

# Chapter 2
# 노인복지의 개관

1. 노인복지의 개념과 목적
2. 노인복지의 이념과 원칙
3. 노인복지의 역사와 변천

## 1. 노인복지의 개념과 목적

현대 사회에서 인구 고령화는 전 세계적인 현상이며, 특히 한국은 가장 빠른 속도로 고령사회에 진입하고 있다. 한국은 2000년에 고령화사회(65세 이상 인구 7% 이상)에 진입한 이후 2017년 고령사회(14% 이상)에 도달했고, 2025년에는 65세 이상 인구 비율이 20%를 넘어 초고령사회에 들어설 것으로 전망된다. 이러한 급속한 인구구조의 변화는 노인세대의 생활 안정과 복지에 대한 사회적 요구를 크게 증가시키고 있다. 그러나 한국의 노인들은 심각한 경제적 취약성을 겪고 있는데, 2020년 기준 한국의 65세 이상 노인 상대적 빈곤율은 40.4%로 OECD 회원국 중 가장 높았으며, OECD 평균 14.2%의 거의 3배에 달한다. 이는 많은 한국 노인들이 충분한 소득보장 없이 빈곤 위험에 처해 있음을 의미한다. 따라서 고령 인구의 삶의 질을 보장하고 사회적 안정망을 확충하기 위한 노인복지의 중요성이 그 어느 때보다 크다고 하겠다.

노인복지란 노인이 인간다운 생활을 영위하면서 가족과 사회에 적응하고 통합될 수 있도록 필요한 자원과 서비스를 제공하는 공공 및 민간의 조직적 활동을 말한다. 즉, 노년기의 경제적 안정과 신체적·정신적 건강, 그리고 사회적 참여를 지원하여 노인들의 삶의 질을 향상시키는 모든 제도와 프로그램을 포괄하는 개념이다. 협의의 노인복지는 생활이 어려운 취약 노인을 대상으로 한 보호나 돌봄 서비스에 초점을 두지만, 광의의 노인복지는 전체 노인을 대상으로 소득보장, 의료 및 요양, 주거, 여가 및 사회활동 지원까지 아우르는 광범위한 영역을 포함한다. 노인복지는 다학제적 접근을 필요로 하는 분야로서, 사회복지 정책뿐 아니라 보건의료, 주거계획, 고용 및 연금제도 등 다양한 분야의 협력이 요구된다. 이를 체계화한 개념도를 그려보면, 노인복지 체계는 크게 소득보장, 보건의료 및 장기요양, 사회서비스 및 참여지원의 세 축으로 구성되어 있으며, 이들 각각이 다시 세부 영역으로 나뉘어 노인의 욕구를 충족시키는 역할을 한다. 이 책에서는 한국의 노인복지 체계를 이러한 범주에 따라 살펴본다.

### (1) 한국의 노인복지 현황

#### 1) 소득보장 정책

한국의 노후소득 보장은 공적연금과 공공부조, 그리고 가족 부양과 노인일자리 등의 요소로 이루어져 있다. 국민연금은 1988년 도입된 대표적인 사회보험 방식의 공적연금으로, 본격적인 고령사회 대비를 위해 시행되었다. 국민연금은 가입자의 경제활동 시

납입한 보험료를 기반으로 노후에 연금급여를 지급하는 제도로, 1999년부터 전국민을 대상으로 확대 시행되었고 수급 연령도 단계적으로 상향 조정되고 있다. 국민연금 도입 초기에는 상당수 현역세대가 가입하지 못하였기에 현재 고령층의 연금 수급률은 완전하지 않은 상태이다. 2020년 기준 65세 이상 인구 중 국민연금을 매월 받고 있는 비율은 약 37.5%에 불과하며, 향후 베이비붐 세대의 고령화에 따라 2030년경에는 50%를 넘길 것으로 전망되고 있다. 이는 아직도 많은 현 노인층이 국민연금의 혜택을 받지 못하고 있다는 뜻이며, 이들의 상당수는 과거 연금제도 미비로 인해 무연금 상태로 생활하거나, 불충분한 연금액으로 빈곤을 겪고 있다.

이러한 연금 사각지대를 보완하기 위해 정부는 기초연금 제도를 시행하고 있다. 기초연금은 소득과 자산이 일정 수준 이하인 만 65세 이상 노인 대다수에게 매월 현금급여를 지급하는 공적부조 성격의 급여이다. 2014년 기초연금법 제정으로 기존의 기초노령연금이 확대·개편되어 도입되었으며, 현재 소득 하위 70%에 해당하는 노인에게 정액급여를 제공한다. 2018년에는 급여액을 월 25만 원으로 인상하였고, 2021년부터는 모든 기초연금 수급자(소득 하위 70%)에게 월 30만 원까지 지급하도록 인상되어 노후소득 보장 수준을 높였다. 2022년 기준 기초연금 단독 가구 최대 지급액은 물가상승률을 반영하여 307,500원으로 상향되었으며, 정부는 향후 재정여건을 감안해 급여액을 단계적으로 추가 인상하는 방안을 검토하고 있다. 기초연금은 국민연금 수급 여부와 관계없이 대상자의 소득인정액에 따라 지급되므로, 국민연금을 받지 못하거나 매우 적은 연금을 받는 저소득 노인층의 중요한 소득원으로 자리잡고 있다.

이 밖에도 생활이 어려운 노인을 위해 국민기초생활보장제도를 통한 생계급여 및 주거급여 지원이 이루어지고 있으며, 저소득 노인들의 의료비 부담을 덜어주는 의료급여 제도도 운영된다. 한편, 한국은 전통적으로 가족 부양의 역할이 강조되어 왔으나 산업화와 핵가족화로 가족 부양 역량이 약화되면서 공공 부문의 책임이 증대되었다. 그럼에도 아직까지 많은 노인들이 경제적으로 어려움을 겪어 취로사업이나 노인일자리사업에 참여하여 소득을 보충하고 있다. 실제로 한국 노인의 경제활동참여율은 OECD 국가 중 가장 높은 수준으로, 2023년 기준 65세 이상 고령자 취업률이 약 38%에 이른다. 그러나 이러한 높은 취업률에도 불구하고 앞서 언급한 바와 같이 노인 빈곤율이 매우 높은 역설적인 상황이 나타나고 있는데, 이는 상당수 노인이 저임금의 비공식적 일자리나 단순 노무직에 종사하여 충분한 소득을 확보하지 못하기 때문으로 분석된다. 결국 공적연금의 보장성을 강화하고 기초연금 등의 안전망을 확충하여 노후소득 보장체계를 탄탄히 하는 것이 한국 노인복지의 최우선 과제로 대두되고 있다.

2) 보건의료 및 장기요양

고령화에 따라 증가하는 의료 수요와 만성질환 관리, 그리고 노화로 인한 일상생활 수행능력 저하 문제는 노인복지 정책에서 보건의료 및 장기요양 부문의 중요성을 부각시켰다. 한국은 1989년 전국민의료보험을 완성하여 모든 국민, 물론 노인들도 국민건강보험을 통해 기본적인 의료 서비스를 보장받을 수 있게 되었다. 건강보험 도입 이후 노인들의 의료 이용은 크게 향상되었지만, 고령환자의 만성질환 관리나 장기 입원에 따른 의료비 증가 등이 새로운 사회적 부담으로 떠올랐다. 특히 치매나 중풍 등의 노인성 질환으로 인해 장기간 보호와 간병이 필요한 노인 인구가 늘어나면서, 과거에는 이러한 노인 부양의 부담이 전적으로 가족에게 맡겨져 큰 어려움을 야기하였다.

이러한 배경에서 도입된 것이 노인장기요양보험 제도이다. 노인장기요양보험은 고령이나 노인성 질환으로 혼자 일상생활을 수행하기 어려운 노인에게 필요한 돌봄 서비스를 제공하기 위해 2008년 7월부터 시행된 사회보험 제도이다. 이 제도의 도입으로 전에는 가정의 몫으로 남겨져 있던 치매, 중풍 등 노인 요양 문제가 국가와 사회의 공동책임으로 전환되었으며, 이를 통해 한국 노인복지 수준에 획기적인 향상을 가져올 전기가 마련되었다. 노인장기요양보험의 운영 원리는 건강보험과 유사하게 보험료를 부과하고 등급 판정을 통해 서비스를 제공하는 방식이다. 65세 이상 노인 또는 65세 미만이라도 노인성 질환을 가진 자가 거동 불편 등의 이유로 장기요양 등급을 인정받으면, 재가급여와 시설급여를 국가가 지원한다. 재가급여에는 방문요양, 방문목욕, 방문간호 등의 재가서비스가 포함되어, 장기요양요원이 가정을 방문해 식사, 목욕, 배설 도움이나 간호, 집안일 보조 등을 제공한다. 또한 주야간보호센터 이용이나 단기보호서비스도 받아 가족의 부양부담을 줄일 수 있다. 시설급여의 경우 전문 요양시설에 입소하여 24시간 돌봄을 받도록 지원한다. 이러한 장기요양보험 서비스를 이용할 때 소득 수준에 따라 본인부담금이 일부 있는데, 재가서비스는 15%, 시설서비스는 20%를 본인이 부담하며 저소득층은 경감 또는 면제 혜택을 받는다.

노인장기요양보험의 도입은 가족에 의존하던 전통적 부양 모델에서 사회적 돌봄 체계로 전환했다는 점에서 큰 의의를 지닌다. 현재 장기요양보험을 통해 인정자를 판정받은 노인은 100만 명을 넘어서고 있으며, 요양보호사 등의 돌봄 인력도 크게 늘어나 노인 돌봄의 전문성과 접근성이 향상되었다. 다만 급속한 고령화로 돌봄 수요가 폭발적으로 증가하고 있어 재정 지출과 인력 수급의 안정성이 중요한 과제로 떠오르고 있다. 정부는 장기요양보험의 지속가능성을 위해 등급 관리의 엄격화, 예방적 서비스 강화, 가족돌봄지원 서비스 등 다양한 개선 방안을 추진하고 있다. 또한 의료와 요양의 연계를 강화하여 노인이 병원 입원보다 지역사회에서 필요한 돌봄을 받으며 지낼 수 있도록 커뮤니티 케어 정책도 시범 도입되었다. 이러한 통합적 접근은 일본 등 해외 선진 사례를 참고한 것으로, 의료·요양·주거를 연계한 지역사회 통합돌봄 체계를 구축하려는 노력의 일환이다.

3) 노인복지 서비스 및 사회참여 지원

노인복지에서 사회서비스 부문은 소득이나 건강 이외에 노인의 삶의 질을 증진시키는 다양한 프로그램과 시설을 포함한다. 한국의 노인복지법은 노인복지시설을 여러 유형으로 구분하고 있는데, 대표적으로 노인의 주거안정을 위한 노인주거복지시설(양로시설 등), 일상 생활보조와 간병을 위한 노인의료복지시설(요양시설 등), 노인의 여가 선용과 사회활동을 지원하는 노인여가복지시설(경로당, 노인복지관 등), 재가 노인들을 돕는 재가노인복지시설(방문목욕, 가정봉사원 파견 등), 그리고 학대피해 노인을 보호하는 노인보호전문기관 등이 있다. 이처럼 다양한 복지시설과 서비스를 통해 노인의 개별적 필요에 맞는 지원을 제공하고자 한다.

한국 전역의 읍면동에는 전통적인 경로당이 마을단위로 설치되어 있어 노인들이 모여 교류하고 휴식을 취할 수 있는 공간을 제공한다. 또한 도시와 농촌에는 노인복지관이 설립되어 노인 대상 교양강좌, 취미활동, 상담서비스, 재활운동 프로그램 등을 운영함으로써 노인의 활기찬 노후와 사회적 교류를 돕고 있다. 최근에는 정보격차 해소를 위한 컴퓨터 교실이나 스마트폰 활용 교육 등 디지털 포용 프로그램도 진행되어 시대에 맞는 복지서비스가 확대되고 있다.

한편, 독거노인이나 거동이 불편한 노인을 위한 재가복지서비스도 중요하게 시행되고 있다. 예를 들어, 생활지원사가 정기적으로 독거노인 가정을 방문하여 안부를 확인하고 일상 생활을 도와주는 노인맞춤돌봄서비스가 전국적으로 제공된다. 이를 통해 고령의 독거노인이 사회적으로 고립되거나 위기 상황에 빠지는 것을 예방하고, 필요 시 신속히 돌봄 서비스를 연계해 주고 있다. 또한 각 지방자치단체는 노인식사 배달(도시락), 밑반찬 지원 같은 영양지원 서비스, 저소득 노인의 난방비·전기료를 보조하는 에너지 지원, 경로우대를 통한 교통비 할인 등 다각적인 지원책을 시행하고 있다.

노인의 사회참여와 활동 지원도 노인복지의 일환으로 강조된다. 고령이라 하더라도 능력과 의지가 있는 노인들이 사회에 기여하고 자아실현을 이어갈 수 있도록, 보건복지부와 지자체는 다양한 노인일자리와 사회활동 지원사업을 운영한다. 예를 들어, 공공시설 봉사나 취약계층 지원 활동에 노인이 참여하면 소정의 활동비를 지급하는 공익활동형 일자리, 경력과 전문성을 살려 취업하는 민간형 일자리 등이 있다. 이러한 노인일자리사업은 노인에게 경제적 도움을 줄 뿐 아니라 사회적 역할과 보람을 제공하여 정신적 건강에도 긍정적인 효과를 준다. 2004년 시작된 노인일자리사업은 2024년 현재 20주년을 맞이하여 연간 수십만 개의 일자리를 창출하는 규모로 성장했다. 다만 앞서 언급한 대로 일자리의 질적 수준 향상과 적절한 보수 지급이 병행되어야 노인빈곤 해소에 실질적인 도움이 될 것이다.

4) 주요 국가의 노인복지 비교

한국과 함께 고령화에 대응하고 있는 여러 국가들은 역사적·사회적 배경에 따라 다양한 노인복지 모델을 발전시켜 왔다. 특히 미국, 일본, 스웨덴은 각각 상이한 복지체계를 가지고 있어 한국에 유용한 비교 대상이 된다. 아래 표는 한국을 비롯한 주요국의 노인복지 체계의 특징을 소득보장, 의료/요양, 사회서비스 측면에서 비교하였다.

**표2. 주요 국가의 노인복지 체계의 특징**

| 구분 | 한국 (Korea) | 미국 (USA) | 일본 (Japan) | 스웨덴 (Sweden) |
|---|---|---|---|---|
| 인구 고령화 수준 | - 2022년 65세 이상 17.5% (2025년 초고령사회 도달 예상)<br>- 노인빈곤율 OECD 최고(40%대) | 2020년 65세 이상 약 16% (고령화 진행 중)<br>노인빈곤율 약 20% 초반(OECD 평균 수준) | - 2020년대 65세 이상 약 28% (세계 최고 수준 고령화)<br>- 노인빈곤율 약 20% 내외 (중간 수준) | - 2020년대 65세 이상 약 20% (조금씩 증가 추세)<br>- 노인빈곤율 매우 낮음 (10% 미만) |
| 노후소득 보장 | - 국민연금 (사회보험 방식, 불완전하지만 확대 중)<br>- 기초연금 (소득하위 70%에 월 30만원)<br>- 기초생활보장(빈곤노인 생계지원)<br>자녀 부양의무 전통은 약화 | 사회보장연금 Social Security (전 국민 대상 공적연금이나 소득대체율 낮음)<br>퇴직연금·개인연금 등 사적 준비 중요<br>SSI 등 저소득 노인 소득보조 프로그램<br>가족 부양 의무 법적으로 없음 (개인책임 강조) | - 국민연금에 해당하는 공적연금 (기초연금+후생연금으로 전국민 가입)<br>- 대부분 노인이 연금수급권 보유<br>- 생활보호제도로 저소득 노인 지원<br>- 전통적으로 가족부양 중시했으나 법적 의무는 약함 | - 보편적 공적연금 체계 (전 국민 커버하는 소득비례연금+최저보장연금)<br>- 높은 연금 수급률과 비교적 낮은 빈곤율<br>- 고세율로 연금 및 복지재정 확보<br>- 가족부양 책임 거의 없고 국가 책임 강조 |
| 의료보장 | - 국민건강보험 (전 | - Medicare (65세 | - 국민건강보험 유사 | - 국가보건서비스에 |

| 구분 | 한국 (Korea) | 미국 (USA) | 일본 (Japan) | 스웨덴 (Sweden) |
|---|---|---|---|---|
| 체계 | 국민 의료보장, 본인부담 일부)<br>- 노인정액제 등 노인진료비 경감제도<br>- 노인장기요양보험 (2008년 도입, 65+ 및 일부 40+ 장기요양 서비스) | 이상 노인 대상 공적건강보험, 입원 · 일부 외래 보장)<br>- Medicaid (저소득 노인 의료보조) 사적 의료보험 및<br>- 본인부담 상당함 장기요양은 공적보험 없고 Medicaid나 사설요양에 의존 | 제도로 전국민 의료보장<br>- 의료비 본인부담 있지만 노인 감면 제도 있음<br>- 노인장기요양보험 (2000년 도입, 40세 이상 보험료 납부, 65세부터 이용)<br>- 요양서비스 필요시 소득에 관계없이 이용 가능 | 가까운 보편적 의료제도 (세금 재원, 무상의료 수준 높음)<br>- 노인에게 의료 및 간병 대부분 저렴하거나 무료 제공<br>- 장기요양도 보편적 공공서비스로 제공<br>- 노인요양 지출 GDP 대비 3.6% (OECD 최고 수준) |
| 돌봄/요양 서비스 | - 가족+시장+공공 혼합. 장기요양보험 통해 재가/시설서비스 제공 (공적 재원 85%+)<br>- 노인요양시설 확충 중이나 수요 급증으로 부족<br>- 재가서비스 발전 (방문요양, 주야간보호 등) | - 가족 및 사적시장 중심.<br>- 공립 요양시설 적고 민간시설 다양 (고급 실버타운 등 선택지 많음)<br>- 공공재정 통한 요양지원은 Medicaid로 제한적 (저소득층 대상)<br>- 중산층은 사설 요양보험이나 본인부담 필요 | - 사회보험 방식 LTCI 운영.<br>- 재택요양 선호 높아 방문간호·홈헬퍼 발달<br>- 시설요양원도 확대, 필요시 24시간 케어<br>- 지역에 노인종합지원센터 설치, 정보제공·상담 등 통합서비스 | - 지방자치단체가 노인돌봄 책임.<br>- 재가서비스 이용률 매우 높음 (65+의 약 11%가 재가돌봄 이용)<br>- 시설 수용률도 높음 (65+의 5%가 요양시설 거주)<br>- 공공요양원 중심이며 가족의 care giving 부담 적음 |
| 노인복지 서비스 | - 경로당 (전국 6만여 개, 교류공간)<br>- 노인복지관 (여가·교육·상담 제공)<br>- 재가노인서비스 (생활지원, 도시락 배달 등)<br>- 노인일자리사업 (연 90만 개 내외 참여기회 제공) | - 지역사회 노인센터 (senior center)에서 식사 · 여가 제공<br>- 비영리단체의 Meals on Wheels(식사배달) 등 활발<br>- 퇴직자 자원봉사, 커뮤니티 활동 흔함 | - 은퇴자 클럽 및 교양강좌 등 지자체 문화센터에서 운영<br>- 커뮤니티 자원봉사 (노인상담, 안부확인 등) 활성화 고령자용 주택공급 및 개조 지원 (버리어프리 주택)<br>- 경로우대는 비교적 | - 노인주거복지 발달 (노인전용 아파트에 돌봄 연계)<br>- 방문간호사, 공공간병인 제도화 (가족 부담 경감)<br>- 노인대학 등 평생교육 참여율 높음<br>- 국가가 노인의 사회활동 지원 (동아 |

| 구분 | 한국 (Korea) | 미국 (USA) | 일본 (Japan) | 스웨덴 (Sweden) |
|---|---|---|---|---|
| | - 법정 경로우대 (교통·문화시설 할인 등) | - 연방 차원의 노인복지법(OAA) 통해 일부 프로그램 지원<br>- 노인학대 방지 등 권익보호 시스템 존재 | 적지만 지역사회 통합돌봄 전략 추진<br>- 노인학대 방지법 마련, 전문기관 운영 | 리 활동 보조금 등)<br>- 노인권익옹호 체계 확립 (옴부즈만 운영) |

주: 각국 수치는 최신 가용 자료에 따름. 노인빈곤율은 중위소득 50% 기준 상대적 빈곤율.

5) 미국: 개인 책임 중심의 노후보장 모델

미국의 노인복지 체계는 전반적으로 시장과 개인 책임을 강조하는 자유주의적 복지 모델의 특징을 보인다. 미국에는 연방 정부 차원의 사회보장연금(Social Security)이 있어 소득이 있는 근로자가 납부한 세금으로 은퇴 후 연금을 받는 구조를 갖추고 있다. 사회보장연금은 거의 모든 미국 노인에게 지급되는 보편적 제도이지만, 급여 수준은 생애 소득에 비례하여 정해지므로 중상위 소득 계층의 생활을 유지하기에는 부족한 경우가 많다. 따라서 많은 미국인들은 사적 연금(기업연금, 개인연금)이나 저축을 통해 추가적인 노후 소득을 마련하며, 이러한 3층 연금체계가 미국 노후소득보장의 기반을 이룬다. 한편 소득이 매우 낮은 빈곤 노인층을 위해서는 생활보조금(SSI) 제도가 마련되어 있으나 대상이 제한적이고 지원 수준도 낮은 편이다.

미국의 의료보장 측면에서는, 65세 이상 노인은 연방 정부가 운영하는 메디케어(Medicare)에 가입할 자격을 얻는다. 메디케어는 병원진료 및 일정 수준의 의료서비스를 보장하지만 장기요양이나 생활지원 서비스는 포함하지 않으며, 의료비의 전액을 부담하지 않기 때문에 민간 보충보험을 추가로 가입하거나 본인이 부담해야 하는 부분이 상당하다. 저소득 노인의 경우에는 별도로 메디케이드(Medicaid)를 통해 의료비 지원을 받을 수 있는데, 이 제도는 연방-주정부 공동재원으로 운영되며 재산과 소득 요건을 충족해야 한다. 요컨대, 미국은 기초적인 의료와 소득보장은 공공부문에서 최소한으로 제공하되, 추가적 필요는 개인과 시장이 책임지는 구조이다. 이러한 구조 하에서 경제적 여력이 부족한 노인은 의료비나 요양비 부담으로 어려움을 겪기 쉽고, 가족 또한 공식적 부양의무는 없지만 실질적으로는 부모 부양을 위해 경제적으로나 물리적으로 노력해야 하는 경우가 많다.

노인복지 서비스 측면에서, 미국 연방 차원에는 노인복지법(OAA: Older Americans Act)에 근거하여 지역사회 노인센터 운영, 식사 배달 서비스(Meals on Wheels), 교통

지원, 노인학대 예방 프로그램 등 한정된 영역의 지원이 이루어지고 있다. 이들 서비스는 주로 지역 비영리단체나 카운티 정부를 통해 제공되며, 연방 보조금이 일부 지원되는 형태이다. 예를 들어, 지역 노인센터에서는 점심 식사를 무료 또는 저가로 제공하고 여가·운동 프로그램을 운영하며, 이동이 어려운 노인에겐 자원봉사자를 통한 재가서비스(말벗, 장보기 대행 등)가 지원된다. 그러나 이러한 서비스는 국가적 차원의 통일된 제도라기보다는 지역사회 복지의 일부로 자리잡고 있어, 서비스의 범위와 질은 거주 지역에 따라 차이가 크다. 전반적으로 미국의 노인복지는 개인준비와 민간부문의 역할 비중이 높기 때문에, 노후 대비를 잘 하지 못한 계층에게는 “최악은 아니지만 최선도 아닌” 안전망만 제공된다는 평가가 있다. 그 결과 미국의 노인빈곤율은 OECD 평균을 다소 웃도는 수준으로 남아 있으며, 의료 파산이나 요양비 부담과 같은 문제가 사회적 이슈로 지속되고 있다.

6) 일본: 급속한 고령화에 대응한 사회보험 중심 모델

일본은 세계에서 가장 인구 고령화가 심각한 나라 중 하나로, 한국과 유사한 문화적 배경을 지녔지만 미국과는 대비되는 사회보험 중심의 공공부문 주도 노인복지 모델을 발전시켰다. 일본은 일찍이 1960년대에 전 국민 의료보험과 연금보험을 완비하여 노인 소득보장과 의료보장에 있어 비교적 포괄적인 틀을 마련했다. 일본의 공적연금은 기초연금(국민연금)과 직역연금(두꺼운 후생연금 등)으로 구성되어 거의 모든 노인이 연금 수급권을 가지고 있다. 다만 인구 고령화와 저출산으로 연금 재정 압박이 커지면서 연금지급개시 연령을 순차적으로 65세로 늦추고 급여 수준을 조정하는 개혁을 실시했다. 빈곤 노인을 대상으로는 생활보호제도를 통해 생계비를 지원하지만, 국민연금 자체가 보편적 기본연금 역할을 하므로 생활보호까지 필요한 노인의 비율은 상대적으로 낮다. 사회문화적으로 일본은 한국처럼 전통적으로 자녀가 부모를 부양한다는 윤리가 강했으나, 현대에는 가족부양 의식이 약해지고 법적으로도 성년 자녀의 부모 부양의무를 강제하지 않는다. 대신 지역 사회보장을 강화하여, 가족 대신 국가와 지방자치단체가 노인을 돌보는 시스템을 확립하는 추세다.

특히 주목할 것은 일본의 장기요양보험제도(介護保険)이다. 일본은 의료보험의 남용과 가족돌봄 한계에 직면하여, 2000년 세계 최초로 공적 장기요양보험(LTCI)을 도입하였다. 만 40세 이상 국민이 장기요양보험료를 의무적으로 납부하고, 만 65세 이후에 노인이 되어 요양이 필요할 때 소득 수준과 관계없이 공적 서비스를 받을 수 있도록 한 제도다. 이 보험을 통해 전달체계를 갖춤으로써, 세금 기반으로 저소득층만 지원하던

이전의 복지모델에서 벗어나 사회 전체가 보험방식으로 장기요양 재원을 마련하게 되었다. 현재 일본의 노인들은 장기요양 인정 등급을 받으면 지방자치단체를 통해 민간 또는 공공 제공자의 다양한 서비스를 이용할 수 있다. 재택 요양을 선호하는 경향에 맞추어 방문介護(홈헬퍼)에 의한 가사지원, 방문간호, 주야간 보호센터 이용 등이 활발하며, 상태가 중증인 경우에는 특별양호노인홈과 같은 시설에 입소하여 전문 요양을 받는다. 1인당 이용 가능한 서비스량에는 등급별 한도가 있지만, 필요한 사람은 소득에 관계없이 적시에 서비스를 누릴 수 있다는 점에서 큰 호응을 얻고 있다. 또한 각 지역에 지역포괄지원센터를 설치하여 노인복지, 보건, 의료 정보를 원스톱으로 제공하고 상담을 수행하며, 치매노인과 가족 지원, 학대 예방 등까지 통합 지원한다. 이는 우리나라의 노인맞춤돌봄서비스나 치매안심센터와 유사한 개념으로, 커뮤니티 케어의 일환이라 볼 수 있다.

일본의 경험은 공공부문이 적극적으로 고령사회의 돌봄을 책임지는 모델로서 한국에 시사점을 준다. 공적연금과 의료보험, 요양보험이 삼위일체로 작동하여 기본적인 소득·의료·돌봄 보장을 달성하고자 하나, 급속한 고령화로 인한 재정부담 증가가 지속적인 도전 과제다. 일본 정부는 재정 지속가능성을 확보하기 위해 이용자 본인부담금을 인상하거나 서비스 효율화를 추진하는 등 개혁을 모색하고 있다. 예컨대, 2015년 이후 소득이 높은 노인의 장기요양 서비스 본인부담을 20%로 상향하고(일반 노인은 10%), 경증 노인에 대한 지원을 지역사회 예방서비스로 전환하는 등 정책적 조정이 이루어졌다. 그럼에도 일본의 노인복지 시스템은 전문적 돌봄 인력의 양성, 지역사회 기반의 통합서비스, 보험방식의 안정적 재원조달 측면에서 국제적으로 성공적인 모형으로 평가받고 있다. 이는 초고령화 사회를 눈앞에 둔 한국이 노인복지를 계획함에 있어 유익한 교훈을 제공해 준다.

### (2) 스웨덴: 보편적 복지국가의 전인적 노인복지

스웨덴은 북유럽의 대표적인 복지국가로서, 국가가 모든 노인을 책임지는 보편적 노인복지 체계를 발전시켜 왔다. 스웨덴은 일찍부터 조세를 기반으로 한 사회복지정책을 시행하여 국민의 평등한 복지권을 보장해왔는데, 노인복지 분야도 예외가 아니다. 소득보장 측면에서, 스웨덴은 20세기 중엽에 이미 국민연금제도를 구축하여 전국민에게 기본연금을 제공했고, 현재는 소득비례연금과 기초보장연금을 결합한 다층연금 체계를 운영하고 있다. 사실상 모든 노인이 공적연금을 수급하며, 연금만으로도 기본적인 생활을 영위할 수 있도록 높은 급여 수준을 유지하고 있다. 그 결과 스웨덴의 노인빈곤율은 매우 낮아 OECD 국가 중에서도 최저 수준에 속한다. 예컨대, 앞서 언급한 상대적 빈곤율(중위소득 50% 기준)을 보면 스웨덴은 한 자릿수에 불과하여 한국이나 미국에 비해 현격히 낮음을 알 수 있다. 이는 포용적 소득분배 정책과 보편적 연금제도의 효과를 보여준다.

의료 및 장기요양 분야에서, 스웨덴은 국가가 노인의 건강과 돌봄을 전인적으로 책임지는 모델을 구현하고 있다. 세금으로 운영되는 국민보건서비스 체계 하에서 모든 노인은 필요시 거의 무료에 가까운 의료서비스를 받을 권리가 있다. 또한 1980년대 제정된 사회서비스법과 보건의료서비스법을 통해, 모든 고령자가 자신의 욕구에 따라 공공부문의 돌봄 서비스를 청구할 수 있는 권리를 명문화하였다. 구체적으로, 각 기초 지자체(코뮌)가 지역 노인의 장기요양 서비스 제공 책임을 지는데, 필요한 재원은 대부분 지방자치단체의 세금으로 충당되고 중앙정부 교부금과 이용자 본인부담이 일부 보조한다. 노인들은 거주 지역의 시청에 장기요양 서비스를 신청하면 표준화된 욕구사정을 거쳐 가정에서 받는 도움(home-help)부터 시설 입소까지 본인에게 적합한 서비스를 배정받는다.

스웨덴 노인복지의 큰 특징은 재가서비스의 발달이다. 대다수 노인은 가능한 한 오랫동안 자신이 살던 집에서 생활하기를 희망하며, 스웨덴의 복지제도는 이를 적극 뒷받침한다. 예를 들어, 65세 이상 인구의 약 11%가 공식적인 재가 돌봄 서비스를 받고 있으며, 이는 OECD 평균을 크게 상회하는 높은 수준이다. 또한 노인의 약 5%는 요양원이나 그룹홈 같은 특별 주거시설에서 생활하며 24시간 간병을 받고 있는데, 이 또한 OECD 국가 중 가장 높은 비율이다. 이처럼 많은 고령자가 공적 돌봄서비스를 이용함에도, 가족의 부담은 상대적으로 적다. 배우자나 자녀 등 비공식적 돌봄 제공자의 역할이 제한적이며, 노인의 일상 생활지원은 주로 공공 고용된 홈헬퍼(home help)나 공공간병인이 맡는다. 가족이 희망할 경우 일정 정도 돌봄휴가나 수당을 받을 수 있으나, 기본적으로는 가족에게 지나친 희생을 요구하지 않는 정책 철학을 견지하고 있다.

서비스의 질 향상을 위해 스웨덴은 오랫동안 노력해왔으며, 인력 대비 이용자 비율이나 시설환경 면에서 세계 최고 수준을 유지하고 있다. 2010년 기준 스웨덴은 65세 이상 인구 100명당 요양보호 인력 13명에 달해 OECD 국가 중 가장 높은 공식 돌봄인력 밀도를 보였다. 또한 65세 이상 1,000명당 요양시설 병상이 78개에 달해 공급 면에서도 매우 충분한 편이다. 이러한 체계 유지를 위해 스웨덴은 GDP 대비 3.6%를 노인장기요양에 지출하고 있는데, 이는 OECD 국가 중 두 번째로 높은 수준이다. 물론 이렇게 높은 복지 수준을 위해 스웨덴 국민들은 소득의 상당 부분을 세금으로 납부하며, 25%에 달하는 부가가치세 등 높은 조세부담률을 받아들이고 있다. 따라서 일각에서는 높은 복지혜택의 반대 급부로 사회 전체의 부담이 크다는 점을 단점으로 지적하기도 한다. 그럼에도 스웨덴 국민들은 세금에 대한 신뢰와 복지에 대한 만족도가 높아, 세대 간 연대에 기반한 보편적 복지국가 모델이 안정적으로 유지되고 있다.

스웨덴의 노인복지 서비스에는 노인주거 정책과 사회참여 지원도 포함된다. 고령자가 살던 집에서 불편 없이 지낼 수 있도록 주택 개조 지원이나 주거 보조금 제도가 있고, 더 나아가 노인공동주택이나 서비스 주택(주거와 돌봄이 결합된 형태)을 다양하게 제공하여 선택지를 넓히고 있다. 또한 노인들을 위한 평생교육, 취미활동 모임, 지역사회 자원봉사 참여 기회가 활발하여, 비록 정년퇴직을 해도 사회에서 소외되지 않고 지속적으로 역할을 수행할 수 있도록 돕는다. 예를 들어 각 지방자치단체는 노인대학이나 문화프로그램 운영에 예산을 지원하고, 노인단체 활동에 장소나 행사를 제공함으로써 활기찬 노년을 장려한다.

### (3) 결론: 지속가능한 노인복지를 향하여

지금까지 살펴본 바와 같이, 한국의 노인복지는 빠른 고령화와 높은 노인빈곤율이라는 도전에 직면하여 소득보장, 의료 및 요양, 사회서비스 측면에서 다각적인 정책 노력을 기울이고 있다. 국민연금과 기초연금을 통한 다층 노후소득 보장체계를 확립하고, 건강보험과 장기요양보험으로 보건의료 돌봄체계를 강화해 온 결과, 과거에 비해 노인의 삶은 상당히 개선되었다. 그럼에도 불구하고 여전히 상당수의 노인이 빈곤과 돌봄 공백을 경험하고 있고, 가족 부양에만 의존하기 어려운 사회 환경으로 변모하고 있어, 향후 보다 포괄적이고 촘촘한 노인복지망을 구축하는 과제가 남아 있다.

해외 사례와의 비교는 한국 노인복지의 발전 방향에 몇 가지 시사점을 준다. 미국의 경우 개인 준비와 시장 기능을 강조한 모델로서, 한국에서는 이미 한계가 드러난 가족 부양·개인책임 중심 접근의 보완 필요성을 다시금 인식하게 한다. 반면 일본의 사회보험 중심 체계와 스웨덴의 보편적 복지 모델은 노인복지에서 공공의 역할 확대와 권리 기반 지원이 가져오는 긍정적 효과를 보여준다. 일본처럼 장기요양보험을 성공적으로 정착시킨 경험은 한국의 장기요양 제도를 성숙시키는 데 참고가 되며, 스웨덴처럼 노인의 돌봄을 국가와 지방정부가 책임지고 가족의 부담을 덜어주는 정책 철학은 초고령사회 한국이 지향해야 할 바람직한 가치라 할 수 있다. 물론 각국의 제도는 사회문화적 맥락과 재정여건이 달라 일률적으로 모방할 수는 없지만, 노인복지의 목표는 어디까지나 노인의 존엄성과 삶의 질 보장이라는 공통점을 갖는다. 이러한 목표를 달성하기 위해 한국은 경제발전 수준에 걸맞게 노인복지 지출을 지속적으로 확대하고, 서비스의 질을 높이며, 제도의 사각지대를 메우는 노력을 경주해야 할 것이다. 동시에, 세대 간 연대와 사회적 합의를 바탕으로 재정의 지속가능성을 담보하여 젊은 세대도 노인복지를 지지할 수 있는 환경을 조성해야 한다.

## 2. 노인복지의 이념과 원칙

노인복지는 고령자들이 인간다운 삶을 누릴 수 있도록 사회가 보장하는 제도와 서비스를 의미하며, 그 근간에는 다양한 이념과 가치가 자리 잡고 있다. 이러한 가치들은 노인복지 정책의 방향을 결정하고 현장에서의 실천을 이끈다. 또한 노인복지 실천에서는 윤리적 원칙들이 중요하게 고려되어야 하며, 이는 노인에 대한 권리 보장과 직결된다. 본 장에서는 노인복지의 주요 가치와 윤리 원칙, 노인의 권리와 지원체계, 그리고 복지 선진국의 노인복지 이념을 비교하여 살펴본다.

### (1) 노인복지의 주요 가치

노인복지의 이념적 가치란 노인에 대한 사회적 지원을 정당화하고 방향을 제시하는 근본 철학이다. 인본주의, 평등, 자립, 보편주의와 선별주의, 세대 간 연대, 사회적 연대와 책임 분담, 공정성 등의 가치들이 대표적이다. 이러한 가치들은 서로 조화를 이루어 노인복지 정책과 프로그램에 반영되며, 노인의 삶의 질 향상을 목표로 한다.

그림1. 노인복지 가치와 원칙의 관계

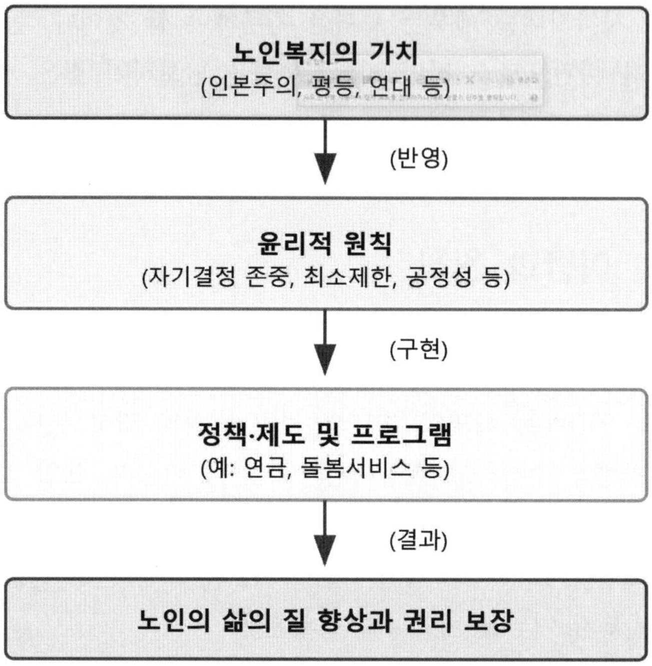


1) 인본주의와 인간존엄성

인본주의(Humanism)는 인간을 수단이 아닌 목적으로 존중하고, 모든 사람이 천부적인 인간존엄성을 지닌다는 믿음에 기반한 가치이다. 노인복지에서 인본주의는 노인을 사회의 부양대상이나 부담이 아닌 존엄한 주체로 바라보는 관점을 뜻한다. 이는 노인들이 과거에 후손 양육과 국가 발전에 기여해왔다는 점을 인정하고 존경하는 태도로 나타난다. 실제로 한국의 노인복지법 제2조는 “노인은 후손의 양육과 국가발전에 기여하여 온 자로서 존경받으며 건전하고 안정된 생활을 영위할 수 있도록 한다”라고 명시하여, 노인에 대한 존엄과 존중의 가치를 기본이념으로 삼고 있다. 이러한 인본주의적 이념 아래, 노인복지 정책은 노인의 삶의 질과 자아실현을 높이는 방향으로 설계된다. 예를 들어, 노인학대 방지정책이나 노인인권 헌장은 노인을 폭력과 학대로부터 보호하고 존엄성을 지키기 위해 존재한다. 또한 말기 환자인 노인에게 호스피스 완화의료를 제공하여 품위 있는 죽음을 맞이하도록 돕는 서비스에서도 인간존엄의 가치가 구현된다. 인본주의는 근대 인권사상과 철학적 맥락을 같이하며(칸트의 인간존엄성 존중 등), 노인복지에서는 노인이 시혜적 대상이 아닌 권리의 주체임을 강조하는 사상적 토대가 된다.

### 2) 평등과 사회적 형평성

평등(Equality)은 모든 개인이 동등한 권리를 가지며, 기회와 대우에서 차별받지 않아야 한다는 가치이다. 노인복지 분야에서 평등은 노인이 신체적 노화나 경제적 어려움으로 인해 불이익을 받지 않고, 동등한 복지 혜택을 누릴 수 있어야 함을 의미한다. 이를 위해 국가와 사회는 고령자를 위한 보편적 제도를 마련하고 차별을 금지한다. 예컨대, 고용상 연령차별금지 및 고령자고용촉진법은 연령을 이유로 한 채용 차별을 금지하고 기업의 고령자 고용을 장려함으로써, 노인들도 평등하게 일할 권리를 보장한다. 의료 영역에서도 전 국민 건강보험 제도를 통해 모든 노인이 빈부나 직업과 상관없이 의료 서비스를 이용할 수 있도록 하고 있다. 이러한 평등의 가치는 복지 정책 설계 시 수평적 형평성(같은 필요에는 같은 지원)과 수직적 형평성(다른 필요에는 다른 지원) 개념으로 구현된다. 즉, 도움이 필요한 노인이라면 누구나 차별 없이 지원을 받아야 한다는 것이며, 특히 취약한 노인에게는 보다 집중적인 지원을 제공함으로써 실질적 평등을 추구한다. 철학적으로는 롤즈(John Rawls)의 정의론 중 차등의 원칙(더 어려운 상황에 있는 사람에게 더 큰 혜택을 주어야 사회 정의에 부합한다는 원칙) 등이 노인복지의 평등 가치와 통한다. 이러한 관점에서, 한국의 기초연금이나 기초생활보장제도가 저소득 노인에게 더 많은 혜택을 제공하는 것은 사회적 평등과 정의의 구현이라 볼 수 있다.

### 3) 자립과 자기효능감

자립(Self-reliance)은 노인 스스로 가능한 한 자신의 삶을 영위하고 결정할 수 있도록 하는 가치를 말한다. 이는 노인이 의존적 존재로만 간주되지 않고, 능동적인 생활자로 존중받아야 함을 강조한다. 노년기에도 자신의 능력과 자원을 활용하여 사회에 기여하거나 일상생활을 영위할 수 있도록 돕는 정책들이 자립의 가치를 구현한다. 예를 들어, 한국에서는 활기찬 노년을 위해 노인일자리 사업을 운영하고 있다. 이는 건강한 노인들이 지역사회에서 일정한 일이나 봉사활동에 참여하여 소득을 얻고 사회적 역할을 수행하게 함으로써 경제적 자립심과 자기효능감을 높이도록 돕는 정책이다. 또한 지역사회의 노인복지관에서는 취미·여가활동, 평생교육 프로그램을 제공하여 노인들이 신체적·정신적으로 활력을 유지하고 독립적 생활을 지속할 수 있도록 지원한다. 주거 분야에서도 노인주거복지 정책으로서 노인이 살던 곳에서 최대한 오래 거주하며 자립적으로 생활하도록 돕는 재가복지 서비스(방문간호, 가사지원 등)가 강화되고 있다. 이러한 노력은 모두 노인의 자기결정과 잔존능력을 존중하고, 가능한 한 자기 힘으로 생활하도록 지원한다는 자립의 이념에 뿌리를 두고 있다. 다만 자립의 가치가 강조되더라도, 그

것이 방임으로 이어져서는 안 되며, 노인이 자립하기 어려운 부분에서는 적절한 사회적 도움이 결합되어야 한다. 궁극적으로 자립은 "필요한 도움을 받으면서 자신의 삶을 스스로 꾸려나가는 것"을 의미하며, 이는 현대 노인복지 실천의 중요한 목표이다.

4) 보편주의 vs. 선별주의

보편주의(Universalism)와 선별주의(Selectivism)는 복지 혜택을 누가 받을 자격이 있는가에 대한 상반된 접근 원칙이다. 보편주의는 복지급여나 서비스가 사회적 권리로서 모든 사람(혹은 모든 노인)에게 제공되어야 한다는 관점이며, 선별주의는 선별된 필요 대상자에게 한정된 자원을 집중해야 한다는 관점이다. 이 둘은 사회복지 정책의 대상 선정 기준에 관한 핵심 쟁점으로, 노인복지 분야에서도 중요한 가치 판단을 포함한다.

- 보편주의: 보편주의적 관점에서는 노인복지 혜택을 노인이면 누구나 누릴 수 있는 보편적 권리로 본다. 이는 복지 서비스 이용 시 낙인감이나 수치심을 느끼지 않도록, 부유층이든 빈곤층이든 모두 같은 제도를 이용하게 함으로써 인간 존엄성과 사회통합을 추구한다. 예를 들어, 기초연금을 모든 노인에게 지급하는 방안이 보편주의적 노인소득보장의 예라 할 수 있다(현재 한국의 기초연금은 소득 하위 70% 노인에게 선별 지급되고 있으나, 이를 모든 노인에게 확대 지급하자는 논의도 존재한다). 보편주의의 장점은 복지를 사회권적 권리로 인식시켜 사회 연대감을 높이고, 행정적으로 복잡한 자산조사 없이 모두에게 제공하므로 서비스 전달이 단순하고 행정비용이 적게 든다는 점이다. 스웨덴 등의 복지국가는 이러한 보편주의 전통 아래, 노인 의료와 요양서비스를 국가의 책임으로 모두에게 제공하고 있다. 예컨대 스웨덴은 의료·요양 돌봄서비스를 필요로 하는 모든 노인에게 정부가 질 높은 서비스를 제공하며, 이를 사회적 연대의 산물로 여긴다.

- 선별주의: 선별주의는 제한된 복지 자원을 가장 필요한 사람에게 우선 투입해야 한다는 논리로, 수급 대상자를 선별하는 것이다. 즉, 욕구나 소득에 대한 조사를 통해 일정 기준 이하의 취약한 노인만을 대상으로 지원을 제공한다. 예를 들어, 한국의 기초생활보장제도는 소득과 재산이 최저생계비 이하인 빈곤 노인에게만 생계급여나 의료급여를 제공하는 전형적인 선별적 복지이다. 또 다른 예로 현재 시행되는 기초연금 역시 완전 보편이 아닌, 상대적으로 가난한 약 70%의 노인에게만 지급되므로 선별주의 요소를 띤다. 선별주의의 장점은 제한된 재원을 효율적으로 사용

하여, 도움이 절실한 노인에게 집중함으로써 비용효과성을 높일 수 있다는 점이다. 그러나 단점으로는 수급대상자를 선별하는 과정에서 낙인효과가 발생할 수 있고, 자산조사 등의 행정비용과 절차가 추가로 든다는 점이 있다. 또한 경계선상에 있는 사람들의 형평성 논란(예: 소득인정액이 약간 높아 지원을 못 받는 72% 지점 노인 vs 간신히 기준에 든 70% 지점 노인)이 생길 수 있다.

보편주의와 선별주의는 대립적인 원리처럼 보이지만 상호보완적으로 활용될 수도 있다. 실제 정책에서는 완전한 보편 또는 선별만을 고집하기보다, 혼합형 전략을 취하는 경우가 많다. 예컨대, 기초연금은 선별적이지만 국민연금이나 건강보험은 거의 전 국민 보편제도로 운영하는 식의 조합이다. 보편주의 혜택 위에 선별주의적 추가혜택을 얹어 두 체계를 결합하기도 한다. 궁극적으로 중요한 것은 이러한 선정 원리가 지향하는 가치—즉 사회연대와 권리로서의 복지(보편주의) 대 취약계층 우선 보호와 자원효율성(선별주의)—간 균형을 이루어, 노인복지의 보편성 속의 적정 타겟팅을 달성하는 것이다. 한국에서도 2010년대에 무상보육, 무상급식 등을 둘러싸고 보편 대 선별 복지 논쟁이 있었으며, 이는 노인복지 영역의 연금 및 의료보장 정책에도 시사점을 준다.

5) 세대 연대와 사회적 연대성

세대 연대(Intergenerational Solidarity)는 서로 다른 세대 간의 부양과 지원에 대한 연대 의식을 의미한다. 전통적으로 동아시아 문화권에서는 효(孝) 사상에 근거하여 자녀 세대가 부모 세대를 부양하는 것을 중요한 덕목으로 삼았다. 이러한 가족부양 전통은 노인부양을 가족 내부의 연대로 해결해왔으며, 한국의 경우 과거에는 노부모를 부양할 법적 부양의무가 가족에게 있다고 간주되어 왔다. 그러나 핵가족화와 장수시대의 도래로 가족만으로 노인을 부양하기 어려워지면서, 사회적 부양의 중요성이 부각되었다. 현대 노인복지에서 세대 연대는 가족 내 세대 간 연대와 사회 전체의 세대 연대 두 차원으로 볼 수 있다.

- 가족 내 세대 연대: 부모와 자녀 세대 간의 상호부조를 말한다. 여전히 많은 한국의 노인들이 자녀의 경제적 도움이나 돌봄 지원을 받고 있으며, 조부모가 손자녀 돌봄을 돕는 역방향 지원도 존재한다. 가족은 노인 돌봄의 1차적 책임 주체로 인식되는 경향이 남아 있다. 이를 지원하기 위해 국가가 가족부담을 덜어주는 정책을 펴는 것도 세대연대 강화를 위한 노력이다. 예를 들어 장기요양보험제도의 도입은 가족이 전적으로

감당하던 노인 수발 부담을 사회화함으로써, 가족 세대간 갈등을 줄이고 연대를 지원한 제도이다. 이처럼 제도적 지원을 통해 가족 내 부양 기능을 보완함으로써, 가족 구성원 간의 연대를 유지하도록 돕는다.

- 사회적 세대 연대: 사회 전체적으로 볼 때, 현재의 생산연령층(청장년 세대)이 조세나 사회보험료를 통해 노년층을 부양하고, 향후 그들이 노인이 되었을 때 다음 세대가 다시 부양을 이어가는 세대 간 계약의 개념이다. 연금제도가 대표적으로 이러한 세대 연대에 기반한 제도이다. 한국의 국민연금은 부분적 기금방식이지만 실질적으로 현 세대 노동자가 납부한 기여금이 곧바로 기성 노년층 연금 지급에 사용되는 구조(부과방식 요소)를 갖고 있어, 세대 간 소득이전이 일어난다. 이는 일종의 사회적 세대 연대 계약으로, 젊은 세대는 현재 노인 세대를 부양하고, 대신 본인이 노년이 되었을 때 미래 세대에게 부양받을 권리를 갖게 되는 순환 구조이다. 이러한 연대는 인구구조 변화에 따라 도전받기도 하는데, 예컨대 저출산·고령화로 부양비(working population 대비 노인 인구 비율)가 급격히 높아지면 젊은 층의 부담이 커져 세대 연대에 균열이 생길 수 있다. 따라서 연금 개혁 논의에서 세대 간 형평성이 중요하게 고려된다. 즉 현재 노인과 미래 노인(현재 청년) 사이의 부담과 혜택의 공정한 분배가 필요하다는 것이다. 세대 연대의 가치는 노인복지정책 뿐 아니라 전 연령을 아우르는 사회보장제도 설계에서 핵심 원리 중 하나이며, 이를 통해 사회통합을 도모할 수 있다.

6) 사회적 연대와 책임의 분담

연대성(Solidarity)은 사회 구성원들이 서로의 복지에 관심을 가지고 공동체로서 책임을 분담하는 가치를 의미한다. 노인복지에서 연대성은 앞서 언급한 세대 간 연대를 포함하여, 동세대 내의 연대와 전체 사회의 연대까지 포괄하는 개념이다. 즉, 건강하고 경제력 있는 사람이 아프고 가난한 사람을 돕고, 국가와 지역사회가 취약한 노인을 함께 돌보는 사회 분위기와 제도적 체계를 가리킨다. 연대의 가치 아래에서는 노인복지를 개인이나 특정 집단의 문제가 아니라 사회 공동의 책무로 인식한다. 이를테면 "모든 노인은 우리의 부모와 같다"라는 인식은 연대적 책임 의식을 함축하고 있다. 이러한 연대성은 구체적으로 공적 재정 부담의 분담으로 구현된다.

예를 들어, 장기요양보험제도 도입 이전에는 노인의 요양 돌봄에 드는 비용과 수고를 오롯이 가족이 떠안았지만, 제도 도입 이후에는 사회보험 방식으로 모든 국민이 보험료를 조금씩 분담하게 되었다. 이를 통해 개인과 가족의 부담을 사회가 함께 나누고 있다. 다시 말해, 요양의 사회화는 연대성과 책임 분담의 가치를 잘 보여주는 사례이다. 또한 노인빈곤 문제 해결을 위해 고소득층에 대한 과세를 통해 재원을 마련, 저소득 노인들에게 연금이나 수당을 지급하는 것도 사회적 연대의 표현이다. 현대 복지국가는 이러한 위험의 공유(risk pooling)와 책임 분담을 통해 공동체 구성원 모두의 삶을 안정시키고자 한다. 철학적으로 연대는 상부상조와 공동선(common good)에 대한 신념에 기반하며, 기독교 사회사상에서는 보조성의 원리(subsidiarity)와 함께 연대성이 강조되어 왔다. 특히 독일 등 보수적 복지체제에서는 국가, 시장, 가족, 시민사회가 분담하여 책임지는 전통이 있는데, 이를 통해 가족부양의 압력을 줄이고 사회 전체의 참여를 유도한다. 한국에서도 지역사회 차원에서 이웃 돌봄이나 자원봉사를 장려하여 노인을 돕도록 하는 것은 연대성 가치의 실천이라 할 수 있다. 예컨대, 지역 자원봉사자가 독거노인에게 밑반찬을 만들어 나누거나 안부전화를 하는 봉사활동은, 주민들이 고령 이웃의 삶에 연대의 책임을 느끼고 행동한다는 점에서 의미가 있다. 이렇듯 연대성과 책임 분담의 가치는 노인복지를 사회 공동책임으로 인식하게 함으로써, 보다 폭넓은 지지 기반과 재원 확보를 가능케 한다.

#### 7) 공정성과 정의

공정성(Fairness)과 정의(Justice)는 노인복지 자원과 기회의 배분이 합리적이고 올바르게 이루어져야 함을 뜻하는 가치이다. 이는 누구에게 얼마나 지원을 할 것인가에서 공평한 기준이 적용되고, 노인에 대한 대우에서 부당한 차별이나 특혜가 없어야 한다는 것이다. 노인복지에서 공정성과 정의를 논할 때 주로 분배적 정의(distributive justice)와 절차적 정의(procedural justice)가 거론된다. 분배적 정의는 제한된 복지자원을 어떻게 나눌 것인가의 문제이며, 절차적 정의는 그 나누는 과정이 투명하고 공정한가의 문제이다.

예를 들어, 요양시설 입소 순위를 정할 때 긴급성과 필요도가 높은 노인에게 우선권을 주는 것은 분배의 공정성 원칙에 부합한다. 반면, 연고나 경제적 능력에 따라 입소 순서가 결정된다면 부정의한 일이 될 것이다. 마찬가지로, 한정된 예산으로 노인주택을 공급할 때 정말 주거 취약계층인 노인에게 혜택이 돌아가도록 기준을 세우는 것이 정의롭다. 공정성을 위해서는 명확한 자격기준과 평가도구가 사용되어야 하고, 의사결정 과정에서 투명성과 책임성이 담보되어야 한다. 또한 세대 간 정의도 중요한 이슈인데, 예컨대 지금 노인복지에 너무 많은 재원을 쏟아 미래세대에 과도한 부담을 지운다면 세대 간 형평성에 어긋날 수 있다. 그래서 연금제도의 개혁이나 노인복지 예산 결정 시 미래 세대와 현재 노인 세대 간 부담과 급여의 형평이 고려된다.

공정성과 정의의 가치는 사회계약론 등 정치철학의 영향을 받는다. 로크나 루소의 사회계약사상은 국가가 시민의 복지를 증진하고 공정한 사회를 만들 책임이 있음을 설파했으며, 근대에는 롤즈(John Rawls)의 정의론이 복지국가 정책의 철학적 근거로 자주 인용된다. 롤즈는 사회적 최소혜택자에게 최대 이익이 돌아가야 정의로운 사회라고 했는데, 이는 빈곤 노인에 대한 국가책임을 정당화하는 논리로 쓰일 수 있다. 노인복지 현장에서는 이러한 공정성의 가치가 사회복지사의 실천원칙으로도 이어진다. 예를 들어, 서비스 제공의 공평성을 위해 특정 클라이언트와 사적 친분을 이유로 더 많은 혜택을 준다든지 하는 행동을 경계한다. 또한 도시와 농촌, 지역 간에도 노인복지 서비스 격차가 크지 않도록 지역균형 발전을 도모하는 것 역시 정책 차원의 공정성 확보 노력이라 할 수 있다.

## (2) 노인복지 정책 및 실천에서의 윤리적 원칙

노인복지 실천 현장에서는 앞서 살펴본 가치들이 실제 사례에 적용될 때 윤리적 딜레마나 갈등 상황이 자주 발생한다. 이에 대처하기 위해 사회복지사, 노인요양보호사, 상담가 등 전문직 실무자들은 몇 가지 핵심 윤리 원칙을 준수하며 의사결정을 내린다. 자기결정권 존중, 최소한의 제한, 익명성과 비밀보장, 공정성과 정의의 구현, 전인적 접근, 전문성과 책임성 등은 노인복지 실천에서 지켜야 할 대표적인 윤리 원칙들이다. 이러한 원칙들은 서로 연관되어 있으며, 노인 대상 서비스의 질과 윤리적 수준을 결정짓는 기준이 된다.

### 1) 자기결정권 존중

자기결정권(Self-determination)은 개인이 자신의 삶과 문제에 대해 스스로 결정할 권리를 의미한다. 이는 사회복지 실천의 가장 기본적인 윤리 원칙 중 하나로, 노인이라고 해서 예외가 될 수 없다. 노인복지 실천에서 자기결정권 존중이란, 노인이 자신의 필요와 선호에 따라 서비스나 생활방식을 선택하도록 최대한 돕고 그 결정을 받아들이는 것을 뜻한다. 예를 들어, 어떤 노인이 요양시설에 입소할지 집에서 계속 살지를 결정할 때, 본인의 의사를 최우선으로 고려해야 한다. 또 치료나 돌봄 방법을 선택함에 있어서도 노인의 의견과 동의(informed consent)가 중심이 되어야 한다. 이는 노인을 수동적인 수혜자가 아닌 자신 삶의 적극적 주체로 대우하는 윤리적 자세다.

그러나 현실에서는 노인의 자기결정권이 제약되는 상황이 적지 않다. 특히 치매나 중증질환으로 의사결정 능력이 저하된 노인의 경우, 본인의 의사를 명확히 표현하지 못하거나 부적절한 결정을 내릴 위험이 있어, 가족이나 전문가가 대신 결정하게 되는 일이 많다. 실제로 "치매로 진단을 받는 순간 노인의 자기결정권은 크게 제한받는다. 치매라는 질환에 '치료 불가능, 무능, 할 수 없음, 의존'이라는 의미가 부여되기 때문"이라는 지적이 있다. 치매 진단과 함께 사회는 그 노인을 보호와 관리의 대상으로만 바라보고, 어디서 어떻게 살고 싶은지에 대해 묻지 않는 사례가 흔하다는 것이다. 이러한 상황은 노인의 남아있는 잔존능력과 개별성을 무시할 위험이 있다.

윤리적으로는 온정적 간섭주의(paternalism)와 자기결정 존중 사이의 갈등이 문제된다. 예를 들어, 가벼운 치매가 있는 A노인은 혼자 지낼 수 있다고 믿고 집에서 살기를 원하지만, 가족과 사회복지사는 안전을 이유로 시설입소를 권유하는 상황을 생각해보자. 여기서 A노인의 의사(자기결정)와 안전 확보(보호)가 충돌한다. 이 갈등을 해결하기 위해 적용되는 것이 다음에 설명할 최소한의 제한 원칙 등이다. 기본적으로는 A노인의 의사를 최대한 존중하되, 위험을 최소화할 수 있는 대안을 함께 모색해야 한다. 예컨대 시설 대신 방문요양 서비스나 주간보호센터를 이용하면서 집에 거주하도록 하는 중재안이 있을 수 있다. 또한 노인의 결정능력이 확실히 저하되었다면 후견인 제도나 가족회의 등을 통해 노인의 최선의 이익(best interest)을 대변하는 결정을 내리도록 한다. 이때도 가능한 한 노인의 옛 의지와 가치관을 반영하려 노력한다(예를 들어 평생 자신 집에서 살기를 원했던 분이라면, 최대한 재가서비스를 확대하고 시설 입소는 최후의 수단으로 고려).

자기결정권 존중 원칙의 구현은 충분한 정보제공과 동의과정을 전제로 한다. 사회복지사는 노인이 각 선택으로 인해 발생할 수 있는 결과(혜택과 위험)에 대해 충분히 설명해야 하며, 노인이 이해하고 숙고하여 결정할 시간을 준다. 그리고 그 결정을 문서화(동의서 등)하여 존중한다. 이러한 과정이 지켜질 때 노인은 비로소 자신의 삶에 대한 주체성을 유지할 수 있으며, 이는 노인복지의 윤리적 실천에 필수적이다.

2) 최소한의 제한 원칙

최소한의 제한 원칙(Least restrictive principle)은 노인의 안전이나 복지를 위해 외부에서 개입해야 할 경우에도, 노인의 자유와 권리를 가능한 한 침해하지 않는 최소 수준에서 개입해야 한다는 원칙이다. 이는 앞서 언급한 자기결정권 존중과 맥락을 같이 하며, 특히 치매 노인이나 정신적 제약이 있는 노인의 보호를 고려할 때 중요하게 적용된다. 예를 들어, 치매 노인이 배회하다 길을 잃는 일이 잦다고 해서, 편의를 위해 침대에 묶어두는 것은 자유에 대한 심각한 제한이며 윤리적으로 부당하다. 최소 제한 원칙에 따르면, 배회를 막기 위한 다른 방법들(예: 전자팔찌를 채워 위치를 확인하거나, 보호자가 동행하는 산책 프로그램 제공 등)을 우선 고려하고, 신체적 구속은 정말 불가피한 최후의 수단으로만 사용해야 한다. 또 다른 사례로, 노인이 본인의 재산을 비합리적으로 탕진하려는 상황에서 후견인이 재산 관리를 대리하는 것은 필요할 수 있다. 그러나 이때도 후견인은 노인이 자신의 재산에 대해 일정 범위에서 결정할 수 있는 여지를 남겨두어야 하며, 과도한 통제를 행사하지 않아야 한다.

이 원칙은 법률적으로도 강조되는데, 노인장기요양 시설이나 정신건강시설 등에서 강제격리나 제한행위는 엄격한 절차와 요건 하에서만 허용되며, 남용을 방지하고 있다. 예컨대, 노인복지시설 운영 기준에서 생활인의 행동을 제한할 때는 사전에 전문가회의를 거쳐 필요 최소한의 범위에서만 일시적으로 시행하도록 규정한다.

최소제한의 원칙은 또한 서비스 계획 수립 시에도 적용된다. 사회복지사가 클라이언트 노인을 돕고자 할 때, 노인의 생활방식을 전면적으로 바꾸는 개입(예: 집을 아예 처분하고 요양원으로 옮김)보다는, 현재 생활을 유지하면서 필요한 부분만 지원하는 재가서비스 연계처럼 덜 제한적인 대안을 우선 고려해야 한다. 이러한 접근은 노인의 자율성과 생활연속성을 보장하는 데 도움이 된다.

궁극적으로 최소한의 제한 원칙은 "노인의 자유와 안전 간 균형"을 추구한다. 노인의 안전과 복지를 위해 개입은 필요하지만, 그것이 노인의 존엄성과 자기결정을 과도하게 침해하지 않도록 늘 경계해야 한다. 이 원칙을 지키는 것은 노인복지 실천자가 윤리적 딜레마 상황에서 온정적 간섭을 정당화할 한계를 설정하는 역할을 하며, 노인의 권익을 보호하는 장치가 된다.

### 3) 익명성과 비밀보장

익명성(Anonymity)과 비밀보장(Confidentiality)은 클라이언트의 개인정보와 사적인 내용이 보호받아야 한다는 윤리 원칙이다. 노인복지 실천에서도 마찬가지로, 서비스 이용 노인의 신원이나 상담 내용, 의료·재정 정보 등은 당사자의 동의 없이 외부에 공개되지 않도록 철저히 지켜져야 한다.

익명성이란 서비스 이용자가 원하면 자신의 신분을 드러내지 않고도 서비스를 받을 수 있는 권리이다. 예를 들어, 노인이 경제적 곤란으로 복지관에 식사 지원을 받으러 올 때, 다른 사람들 앞에서 이름이나 사연이 노출되지 않도록 배려하는 것이다. 이는 노인의 자존심과 프라이버시를 지켜주는 조치이며, 노인복지 분야에서 특히 중요하다. 많은 노인들이 낙인을 우려하여 도움 요청을 꺼리는 경우가 있는데, 익명성이 보장되면 그런 심리적 장벽을 낮출 수 있다.

비밀보장은 사회복지사나 간호사 등이 업무 수행 중 알게 된 클라이언트의 사적 정보를 본인의 허락 없이 누설하지 않는 것을 말한다. 노인과 상담을 하다 보면 가정사, 건강 상태, 경제적 어려움, 심지어 유산 문제나 가족 갈등 같은 민감한 내용들을 접하게 된다. 이러한 정보가 외부에 알려지면 노인의 명예나 사생활이 침해될 수 있으므로, 실무자는 이를 엄격히 비밀로 지켜야 한다. 사례관리 회의 등에서 다른 전문가와 정보를 공유해야 할 때도, 꼭 필요한 범위 내에서 최소한으로 공유하고 외부인에게는 개인정보를 가린다.

한편, 비밀보장 원칙에도 예외 상황이 있다. 바로 노인 학대나 자살 위험처럼 중대한 위험이 감지될 때이다. 예컨대, 한 노인이 가정에서 학대를 당하고 있다고 사회복지사에게 털어놓으면서 "비밀을 지켜달라"고 당부했을 수 있다. 그러나 한국의 법률(노인복지법 등)상 노인학대는 반드시 신고해야 할 의무가 있으며, 이 경우 사회복지사는 비밀유지 의무보다 노인 보호 의무를 우선해야 한다. 이런 상황은 윤리적 갈등을 초래하지만, 대체로 클라이언트나 타인의 생명·안전이 걸린 문제라면 전문직의 비밀보장 의무는 제한적으로 면제된다. 사회복지사는 이러한 예외에 대해 노인에게 사전에 설명하고 이해를 구하는 것이 바람직하다. 가능한 한 노인의 의견도 반영하여 안전한 해결책을 모색한다.

익명성과 비밀보장은 노인에 대한 신뢰 구축의 기반이다. 노인이 사생활 노출에 대한 두려움 없이 안심하고 서비스를 이용하고 자신의 문제를 터놓을 수 있어야 효과적인 개입이 가능하다. 이를 위해 기관 차원에서도 개인정보보호 시스템을 갖추고 직원들에게 윤리교육을 실시하여, 모든 정보가 안전하게 관리되도록 해야 한다. 노인복지시설의 종사자 윤리강령에도 "이용자의 사생활과 비밀을 보호한다"는 내용이 명시되어 있으며, 위반 시 법적·행정적 처분을 받는다. 이러한 원칙 준수는 노인의 존엄과 권리를 지켜주는 동시에, 전문가로서의 신뢰성을 유지하는 필수 조건이다.

#### 4) 공정성과 정의의 원칙

앞서 가치 차원에서 설명한 공정성과 정의는 실천 윤리 원칙으로도 이어진다. 공정성의 원칙은 사회복지사가 노인 클라이언트를 대할 때 공평무사하게 행동해야 함을 뜻한다. 즉, 개인적 호오나 편견에 치우치지 않고 모든 노인을 동등한 존엄을 가진 존재로 대우해야 한다. 예를 들어, 경제적으로 풍요로운 노인보다 가난한 노인을 더 동정하여 특별대우한다거나, 반대로 "이 분은 돈도 있는데 왜 지원을 받으려 하나"라고 여겨 소홀히 대하는 것은 모두 공정성 원칙에 어긋난다. 서비스 제공 기준과 내용은 공식적 지침과 클라이언트의 욕구 평가에 근거해야 하며, 사회복지사의 주관적 판단이나 차별이 개입되어선 안 된다.

정의의 원칙은 노인복지 실천에서 옳은 행동을 하고 부당한 일을 시정하려는 자세와 관련된다. 예컨대, 만약 요양시설 내에서 일부 직원이 특정 노인에게만 친절하고 다른 노인에게는 냉대한다면, 이는 내부 고발이나 시정조치를 통해 정의를 실현해야 할 사안이다. 또, 재가복지센터에서 서비스 시간을 부당하게 줄여 제공하거나 하는 경우 사회복지사는 그것이 부정행위임을 인지하고 시정해야 한다. 이러한 태도는 궁극적으로 노인들의 권리를 보호하고, 복지 시스템의 공신력을 지키는 일이다.

윤리적 딜레마로서의 공정성은, 예를 들어 자원 배분의 딜레마에서 두드러진다. 상담현장에서 한정된 예산으로 두 명의 노인 중 누구를 도울 것인가를 결정해야 할 때, 사회복지사는 욕구의 긴급성, 대상자의 상황, 다른 지원 가능성 등을 고려하여 최대한 객관적이고 타당한 기준으로 판단해야 한다. 친구이기 때문에, 또는 불쌍해 보여서 등의 사유로 선택하면 비윤리적이다. 이러한 결정을 돕기 위해 기관 차원에서 사례선정위원회를 두어 다수의 의견과 전문적 관점을 모아 판단하기도 한다.

또 다른 예로, 노인학대 사건을 접수받은 사회복지사가 가해자가 자신의 동료 직원이거나 친분이 있는 사람이면 딜레마가 생길 수 있다. 그러나 정의의 원칙상, 개인적 관계를 떠나 공정하게 사실을 조사하고 보고하여 노인 보호에 나서야 한다. 이처럼 공정성과 정의의 원칙은 전문직업윤리와도 연결되며, 클라이언트의 권익을 최우선하는 가치지향을 요구한다.

노인복지 현장에서 공정성과 정의를 실천하려면 스스로의 편견을 경계하고, 조직의 규정과 사회 정의 기준에 따라 행동해야 한다. 특히 우리 사회에 뿌리깊은 연고주의나 연령에 따른 서열의식 등이 전문직 판단을 흐리지 않도록 해야 한다. 공정하고 정의로운 실천은 노인에 대한 신뢰와 안전감을 주며, 복지 서비스에 대한 사회적 지지를 얻는 기반이 된다.

#### 5) 전인적 접근

전인적 접근(Whole-person Approach)은 노인을 신체적, 정신적, 사회적, 정서적, 영적 측면을 모두 통합한 하나의 전체로 보고 지원하는 원칙이다. 이는 인간을 여러 조

각난 문제들의 집합이 아니라 복합적 욕구를 가진 전체적인 존재로 이해하는 사회복지의 기본 관점에서 비롯된다. 노인들은 노화로 인해 건강, 경제, 대인관계, 심리 등 여러 분야에서 어려움을 겪을 수 있는데, 이러한 문제들은 서로 영향을 주고받는다. 따라서 한 분야의 문제만 떼어서 보기보다는 포괄적인 시각으로 노인의 삶을 조망하고 개입해야 효과적이다.

예를 들어, 경제적으로 빈곤한 노인이 있다고 하자. 단순히 소득 지원만 해서는 충분하지 않을 수 있다. 빈곤은 영양결핍 -〉 건강악화 -〉 의료비 지출 증가 -〉 다시 빈곤심화 같은 악순환을 일으킬 수 있다. 또한 빈곤으로 인한 우울감이나 사회적 고립 문제가 병존할 가능성도 높다. 전인적 접근을 한다면, 이 노인에게 경제적 지원(기초연금 신청이나 생활보장제도 연계)과 함께, 건강검진 및 의료 지원, 심리 상담이나 우울 프로그램 참여, 이웃과 교류할 수 있는 지역사회 활동 연계 등 다각도의 지원계획을 수립하게 된다. 실제로 사례관리 기법은 이러한 전인적 접근을 대표하는 실천 방법으로, 사례관리자는 노인의 주거, 의료, 정서, 가족관계 등 모든 측면을 평가하고, 필요한 서비스를 종합적으로 연계하여 제공한다.

노인장기요양보험에서도 전인적 접근을 추구하는데, 장기요양 신청 시 심신상태 평가를 통해 신체기능은 물론 인지상태, 행동변화, 간병인력 유무 등 전반을 고려하여 등급을 판정하고 서비스 처방을 내린다. 그리고 서비스 제공 시에도 요양보호사, 간호사, 사회복지사 등이 팀을 이루어 신체돌봄과 정서지원, 잔존기능 훈련 등을 통합적으로 수행한다.

전인적 접근 원칙은 노인의 존재를 전체적으로 존중한다는 윤리적 의미도 있다. 노인을 그저 환자나 수급자로만 보는 것이 아니라, 한 인간의 삶의 이야기를 가진 주체로 보는 것이다. 이를 위해 실천현장에서는 노인의 생활사 기록을 남기거나, 개인별 케어플랜을 통해 다양한 영역의 목표(신체건강, 정신건강, 사회참여 등)를 설정한다.

물론 전인적 접근을 실제로 구현하는 데에는 자원과 인력의 한계라는 현실적 어려움이 따르지만, 최소한 이러한 관점을 갖고 노인을 이해하는 것이 중요하다. 이는 혹시 간과되는 욕구가 없는지 살피게 하며, 필요하면 다학제적 팀(의사, 간호사, 사회복지사, 물리치료사 등 여러 전문가의 협력)을 구축하도록 한다. 전인적 접근은 노인복지 실천의 품질을 높이고, 노인의 총체적 안녕(well-being)을 추구하는 윤리적 원칙이라 할 수 있다.

6) 전문성과 책임성

노인복지 실천에서 전문성(Professionalism)과 책임성(Accountability)은 실무자가 반드시 갖춰야 할 윤리적 속성이다. 전문성이란 관련 지식과 기술, 자격을 갖추고 지속적으로 발전시키는 것을 뜻하며, 책임성은 자신이 맡은 역할에 대해 도덕적·법적 책임을 다하고, 행위의 결과에 대해 설명하고자 하는 태도를 의미한다.

먼저, 노인과 직접 대면하여 서비스를 제공하는 사회복지사, 요양보호사, 간호사 등은 전문적인 훈련과 자격을 요구한다. 이들은 노인의 신체적 변화, 심리적 특성, 노인질환 및 약물, 복지제도 등에 대한 충분한 지식을 갖춰야 한다. 또한 상담기법, 간호기술, 재활운동 지도 등 업무별 전문기술을 익혀야 양질의 서비스를 제공할 수 있다. 전문성의 윤리적 측면은 무지에 의한 피해를 노인에게 끼쳐서는 안 된다는 것이다. 만약 요양보호사가 치매환자 대응법을 몰라서 문제행동을 악화시킨다거나, 사회복지사가 최신 복지제도 변화를 몰라 클라이언트가 받을 수 있는 혜택을 놓치는 일은 비전문적 실천으로 윤리적 책임 문제가 된다. 따라서 전문가들은 항상 계속교육과 훈련을 통해 자신의 역량을 개발해야 한다. 전문직 협회나 정부에서도 주기적인 보수교육, 자격 갱신제 등을 통해 실무자의 전문성 유지를 돕고 있다.

책임성은 두 가지 측면이 있다. 하나는 도덕적 책임감으로, 노인의 복리를 증진시키고 해를 끼치지 않겠다는 실천가의 윤리의식이다(의료 분야의 "Do No Harm" 원칙처럼). 다른 하나는 설명책임으로, 자신의 업무 수행과 결정에 대해 대상자, 기관, 사회에 설명하고 정당화할 수 있어야 한다는 것이다. 예를 들어, 사회복지사가 노인 가정을 방문해야 할 시간을 임의로 빼먹고도 기록만 한 것처럼 꾸민다면 이는 책임성의 심각한 결여이다. 반면에, 방문 시 집에 아무도 없어 돌려보낸 경우 정확히 사유를 남기고 보고하는 것은 책임 있는 태도다. 또한 노인과의 약속을 지키지 못할 사정이 생겼다면 사전에 양해를 구하고 대안을 마련해야 하며, 실수로 문제가 발생했다면 즉시 상급자에게 보고하고 대상자에게 사과 및 보완조치를 취해야 한다. 이러한 행위들이 모두 책임성의 일환이다.

노인복지 시설이나 기관 차원에서도 책임 윤리를 다하기 위해 노력하는데, 인권침해나 의료사고 등이 발생하면 진상조사와 재발방지 대책을 세우고 유관 기관에 보고한다. 또 정기적으로 회계를 투명하게 공개하고 프로그램 효과성을 평가하여 대외적 책임을 진다. 이러한 투명성과 책무성은 기관에 대한 사회적 신뢰를 확보하는 데 필수적이다.

전문성과 책임성 원칙은 전문직 윤리강령에서도 핵심으로 강조된다. 한국사회복지사협회의 윤리강령을 보면, 전문적 지식과 기술을 연마하고 클라이언트에게 최선을 다할 것, 그리고 직무 태만이나 부당이득을 취하지 않을 것 등이 명시되어 있다. 노인복지 분야에서도 마찬가지다. 특히 노인들은 취약한 위치에 있으므로, 전문직의 비윤리적 행위가 쉽게 인권침해로 이어질 수 있다. 그러므로 실천 현장에서 항상 자신의 행동이 윤리적으로 그리고 전문적으로 타당한지 성찰하고, 클라이언트와 사회 앞에 책임지는 자세를 견지해야 할 것이다.

### (3) 노인의 권리 보장과 사회적 지원체계

노인의 권리는 인간으로서 그리고 한 사회의 시민으로서 노인이 누려야 할 기본적인 권리를 의미한다. 현대 복지국가에서는 노인이 경제적·신체적 능력이 약화되더라도 인간다운 생활을 할 권리를 국가와 사회가 보장해야 한다는 원칙을 인정한다. 이러한 권리 개념은 복지권, 사회권과 연결된다. 영국의 사회학자 T.H.마샬은 시민의 권리를 시민적 권리(법 앞의 평등 등), 정치적 권리, 사회적 권리로 구분하며, 이 중 사회적 권리는 사회보장과 교육, 복지 등을 포함하는 개념이라고 설명했다. 노인의 권리는 바로 이 사회적 권리에 해당하며, 소득보장권, 건강권, 주거권, 돌봄 받을 권리 등으로 구체화된다. 대한민국 헌법도 이러한 노인 복지권을 천명하고 있는데, 헌법 제34조 제1항에서 "모든 국민은 인간다운 생활을 할 권리를 가진다"라고 규정하고, 제34조 제4항에서 "국가는 노인과 청소년의 복지향상을 위한 정책을 실시할 의무를 진다"고 명시하여, 노인복지가 국가의 책무임을 분명히 하고 있다.

노인의 사회적 기본권을 보장하기 위한 법률과 제도가 각국에 마련되어 있으며, 한국도 노인복지 관련 여러 법제를 두고 있다. 중요한 법으로는 노인복지법, 국민연금법, 기초연금법, 노인장기요양보험법 등이 있다. 이들 법률은 노인의 소득·건강·주거·돌봄 등을 지원하는 구체적인 제도들을 규정하고 있다. 이제 한국 노인복지의 주요 법과 사회적 지원체계를 살펴보고, 그것이 어떻게 노인의 권리를 실현하고 있는지 알아본다. 아울러 그림 2를 통해 한국 노인복지 서비스의 전달체계를 개략적으로 제시한다.

노인복지법은 1981년 제정된 이래 노인복지 전반에 대한 기본 법률로서 기능하고 있다. 이 법은 노인의 정의(만 65세 이상)를 명시하고, 국가와 지방자치단체의 책임, 노인복지시설과 서비스, 노인학대 예방, 경로우대에 관한 사항 등을 규정한다. 예를 들어, 노인복지법에 따라 노인복지시설(양로시설, 요양시설, 노인복지관, 경로당 등)의 설치·운영 기준이 정해지고, 노인주거복지시설이나 재가노인복지서비스의 제공 근거가 마련되어 있다. 또한 매년 10월 2일을 노인의 날로 정한 것도 이 법이며, 65세 이상 노인에게 지하철 무임승차 등의 경로우대 혜택을 주는 내용도 포함되어 있다. 2000년대 이후로는 노인학대 방지 조항이 추가되어, 노인학대 발생 시 신고의무자와 전문기관을 통한 개입체계가 구축되었다. 이처럼 노인복지법은 노인 권리보장의 기본 틀을 형성하며, 정책의 방향성을 "노인의 안정된 생활 보장과 복지 증진"에 두고 있다.

국민연금법은 노후 소득보장의 핵심 제도인 국민연금을 다루는 법으로, 1988년 처음 시행되었다. 국민연금은 사회보험 방식으로 운영되어, 경제활동 인구가 보험료를 납부하고 60세 이후 연금을 받는 구조이다. 이 법의 목적은 "국민의 노령, 장애, 사망 등에 대비하여 소득을 보장함으로써 국민복지 향상에 이바지"하는 것이다. 사회권 측면에서 국민연금은 노인의 소득보장권 실현에 핵심적인 역할을 한다. 국민연금 도입 이전 세대의 노인들은 주로 가족이나 개인저축에 의존해야 했으나, 현 세대부터는 국민연금 수급을 통해 퇴직 후 소득을 일정 부분 확보할 수 있게 되었다. 다만 국민연금은 기여한 사람에게만 권리가 발생하고, 납부 기간과 소득에 비례하여 연금액이 산정되는 공적연금이다. 전업주부나 비정규 취약계층처럼 기여이력이 부족한 노인들은 충분한 급여를 받지 못할 수 있다. 이를 보완하기 위해 등장한 것이 기초연금이다.

기초연금법은 2014년부터 시행된 법으로, 일정 연령 이상의 모든 노인에게 최소한의 소득 기반을 마련해주기 위한 복지급여를 규정한다. 기초연금은 만 65세 이상 노인 중 소득인정액(소득과 재산을 반영한 금액)이 하위 70% 이하인 경우에 정부가 매월 일정 금액을 지급하는 제도다. 이 법의 제1조 목적조항은 "노인에게 기초연금을 지급하여 안정적인 소득기반을 제공함으로써 노인의 생활안정을 지원하고 복지 증진에 이바지함"이라고 밝히고 있다. 즉, 노인의 소득보장권을 국가가 책임지고자 하는 의지가 반영된 것이다. 2021년 현재 기초연금은 대상 노인 1인당 최대 약 30만원 수준으로 지급되고 있으며, 물가나 재정 상황에 따라 금액이 조정된다. 기초연금은 무연금자나 저연금자 노인의 빈곤을 예방하는 데 큰 역할을 하고 있다. 한국의 노인빈곤율이 OECD 최고 수준이라는 지적에 따라(약 40% 내외), 정부는 기초연금 급여 수준을 꾸준히 인상해왔다. 실제로 기초연금 도입 후 노인의 상대적 빈곤율이 다소 감소하였다는 평가가 있으며, 노인 삶의 만족도 향상에도 기여한 것으로 나타난다.

노인장기요양보험법은 2008년부터 시행된 장기요양보험제도의 근거 법령이다. 이 법은 고령이나 노인성 질병으로 일상생활이 어려운 노인에게 장기요양급여를 제공하여, 노후의 건강증진 및 생활안정을 도모하고 그 가족의 부담을 경감하는 것을 목적으로 한다. 쉽게 말해, 거동이 불편하거나 치매 등의 이유로 일상생활 수행에 어려움이 있는 노인을 사회가 요양서비스로 지원해 주는 사회보험 제도이다. 노인장기요양보험은 건강보험공단이 운영하며, 65세 이상 노인이나 65세 미만이라도 치매, 뇌혈관성 질환 등이 있는 사람을 대상으로 장기요양등급을 인정하여 서비스를 제공한다. 서비스에는 시설급여(요양원 입소), 재가급여(방문요양, 주야간보호센터 이용, 방문목욕 등), 특별현금급여(부득이한 경우 가족요양비) 등이 있다. 이 법의 시행으로 노인들은 돌봄 받을 권리의 사회적 보장을 크게 확대받았다. 가족의 경제력이나 헌신 여부와 상관없이, 객관적인 욕구 기준에 따라 필요한 돌봄을 제공받을 수 있게 되었기 때문이다. 장기요양보험은 사회적 연대원리에 기반하여 운영되며, 2025년 현재 가입자들이 내는 건강보험료 중 약 12%가 장기요양보험료로 부과되어 재원을 마련한다. 초기에는 돌봄 필요 노인의 4% 정도가 혜택을 받았으나, 현재는 10%가 넘는 노인 인구가 이용할 정도로 제도가 확대되었다. 이 제도는 노인의 건강권과 돌봄권을 제도적으로 뒷받침함과 동시에, 가족의 부양 부담을 사회로 분담케 했다는 점에서 앞서 논의한 연대 가치의 실현이기도 하다.

이 밖에도 노인복지와 관련된 여러 법제도가 있다. 의료급여제도(의료보호)는 빈곤한 노인에게 의료비를 지원하여 건강권을 보장하는 공공부조제도이고, 고용상 연령차별금지법은 노인의 일할 권리를 보호하며, 고령자고용촉진법은 기업이 일정 비율 이상 고령자를 고용하도록 유도하고 정년을 연장하도록 권고한다. 주택법과 공공주택특별법 등에는 저소득 노인에게 임대주택을 우선 공급하는 조항도 있다. 또, 노인복지기금을 설치하여 노인복지사업 재원을 적립하도록 한 법적 근거도 존재한다.

이러한 법률 및 제도들로 구성된 사회적 지원체계는 노인의 권리를 실질적으로 보장하는 수단이다. 한국의 노인복지 전달체계는 중앙정부에서 지방정부, 그리고 다시 현장기관으로 이어지는 다층적 구조를 가지고 있으며, 민간 부문과의 협력도 특징적이다.

그림2. 노인복지 서비스 전달체계 개요

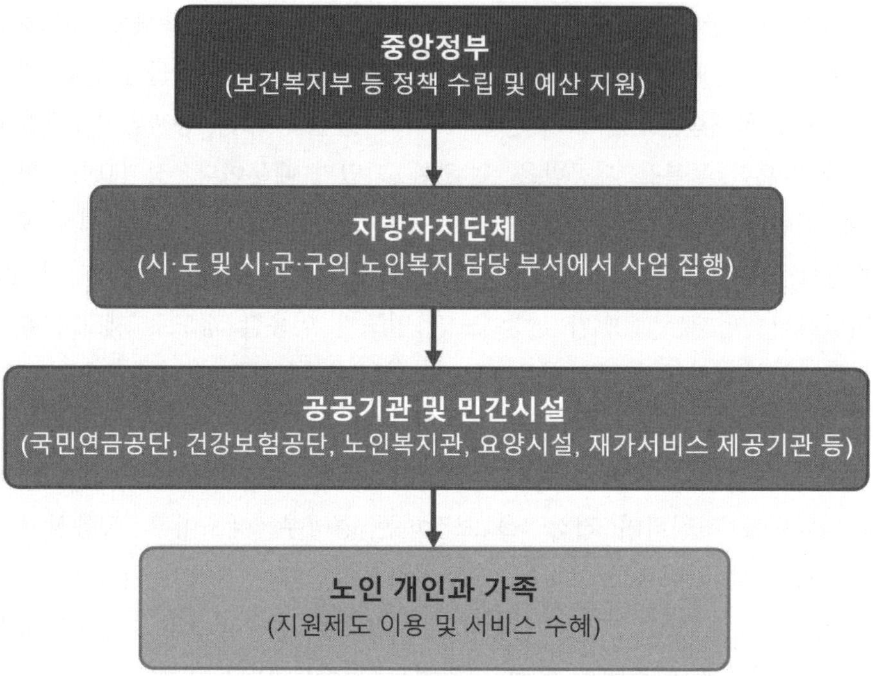


중앙정부는 국회에서 법률을 제정하고 예산을 확보하여 보건복지부를 중심으로 노인복지정책의 큰 그림을 그린다. 여기에는 연금제도 운영, 장기요양보험 운영, 기초연금 지급, 노인일자리사업, 노인여가복지지원 등이 포함된다. 각 부처와 공단(국민연금공단, 국민건강보험공단 등)이 실무 집행을 담당하기도 한다.

지방자치단체는 중앙정부의 보조금과 자체 재원을 활용하여 지역 단위의 노인복지사업을 추진한다. 특별시·광역시·도에는 노인복지과(또는 어르신복지과) 등이 설치되어 광역차원의 조정을 하고, 시·군·구에는 노인복지 담당 부서가 직접 주민인 노인들에게 서비스를 제공하거나 관내 시설을 지도·감독한다. 예를 들어, 한 기초자치단체(구청)가 관내 경로당 운영비를 지원하고 경로식당을 운영하며, 독거노인 생활관리사를 파견하는 등의 서비스를 책임진다.

공공기관 및 민간 복지시설들은 실제 서비스 전달의 일선이다. 국민연금공단 지사는 국민연금 가입 및 급여 지급 업무를 수행하고, 건강보험공단의 장기요양센터는 등급판정과 장기요양서비스 관리 업무를 한다. 한편, 노인복지관(사회복지법인이나 지자체 직영), 노인주간보호센터, 노인요양시설(요양원), 방문요양 제공기관 등은 대부분 민간(비영리 또는 영리)이 운영하지만, 정부로부터 운영비나 수가 형태의 재정지원을 받아 공적 서비스를 제공한다. 이러한 기관에서 노인들은 각종 상담, 재활서비스, 문화활동, 급식, 요양 등을 이용한다.

마지막으로 노인 개인과 가족이 이러한 지원체계의 이용자로서 존재한다. 최근에는 노인 돌봄의 주체를 다변화하여, 노인 스스로 또는 가족, 이웃, 자원봉사자까지 참여하는 지역사회 돌봄 모델을 추진하고 있다. 예컨대, "커뮤니티 케어" 또는 "지역사회 통합돌봄" 시범사업에서는 돌봄이 필요한 노인이 지역사회에서 여러 주체의 협력으로 살 수 있도록 지원하였다. 이는 제도권 내 공식서비스와 비공식 지원망을 모두 포괄하는 접근으로, 노인의 권리를 더욱 두텁게 보장하려는 시도라 할 수 있다.

이러한 지원체계의 실제 작동을 하나의 사례로 보면 이해가 쉬울 것이다. 예를 들어, 만 75세의 김 OO 어르신은 기초연금으로 매달 30만원 가량을 수령하고(국민연금은 받지 못함), 지역 복지관의 밑반찬 배달 서비스를 이용하며, 건강이 안 좋아지자 장기요양등급 2등급을 받아 방문요양보호사가 하루 3시간씩 집에 와서 돌봐준다. 의료비는 건강보험 노인본인부담 경감 혜택으로 입원 시 10%만 부담하고 있으며, 동 주민센터의 노인맞춤돌봄서비스 담당 생활지원사가 정기적으로 안부전화를 한다. 만약 거동이 더 불편해지면 노인전용 임대아파트 단지 내 공립 요양원으로의 입소도 고려하고 있다. 이 사례는 현재 한국의 노인복지제도가 소득→의료→요양→생활지원에 이르는 다층적 안전망으로 구성되어 있음을 보여준다. 물론 여전히 사각지대나 급여 수준의 한계는 존재하지만, 과거에 비하면 노인의 기본 생활권 보장 수준이 크게 향상된 상태이다.

노인의 소득보장권은 국민연금과 기초연금, 기초생활보장 등을 통해, 건강권은 국민건강보험과 의료급여, 장기요양보험 등을 통해, 주거권은 공공임대주택과 주거급여 등을 통해, 그리고 돌봄·사회참여 권리는 노인복지법에 따른 각종 서비스(재가서비스, 복지시설, 노인일자리 등)를 통해 실현되고 있다. 국가와 지자체, 민간이 협력하는 혼합복지체계로 운영되며, 그 근본에는 헌법상 인간다운 생활을 할 권리 보장이라는 명제가 있다.

### (4) 복지 선진국의 노인복지 이념 비교

노인복지의 이념과 제도는 각 나라의 역사적, 문화적, 철학적 배경에 따라 다양하게 발전해왔다. 복지 선진국들은 모두 고령사회에 직면하여 각자의 방식으로 노인복지를 발전시켰으며, 그 이념과 정책에는 차이가 존재한다. 여기서는 대표적으로 스웨덴, 독일, 미국, 한국의 노인복지 이념과 정책을 비교해보고, 시사점을 살펴본다. 이들 나라는 각각 사회민주주의적 모델, 보수적 사회보험 모델, 자유주의적 모델, 그리고 혼합적 발전모델의 성격을 띠고 있어 상호 대비가 된다.

**표3. 주요 국가별 노인복지 이념 및 정책 비교**

| 국가 | 노인복지 이념 및 철학 | 주요 노인복지 정책 및 제도 |
|---|---|---|
| 스웨덴 | • 사회민주주의 이념: 보편주의, 평등, 연대 강조<br>• 국가가 포괄적 복지 책임 | • 전 국민 대상 기초연금(1913년 세계 최초의 보편적 연금 도입)<br>• 지방정부 주도의 보편적 장기요양서비스(세금재원으로 재가·시설 돌봄 제공)<br>• 의료 무상에 가까운 국민의료제도 운영 |
| 독일 | • 보수적 조합주의 이념: 사회보험 원리, 가족 부양의 보조적 역할<br>연대와 부담분담 + 기여에 따른 급여 | • 연금보험 (비스마르크식 사회보험 1889년 시작, 소득비례 연금)<br>• 장기요양보험 (1995년 세계 최초로 도입된 전 국민 요양보험, 가족 돌봄 지원)<br>• 의료보험 (법정 건강보험과 사보험 이원화) |
| 미국 | • 자유주의 이념: 개인주의, 선별주의 성향<br>• 국가 개입 최소화, 사적 대비 중시 | • 사회보장연금 (1935년 도입된 연방 차원의 공적연금이지만 기여자 대상)<br>• Medicare (65세 이상 노인 대상 공공의료보험이나 본인부담 존재)<br>• Medicaid (저소득층에 한정된 의료·요양 지원, 보편적 장기요양제도는 없음)<br>• 퇴직연금·개인연금 등 민간부문 역할 중요 |
| 한국 | • 혼합 이념: 전통적 가족주의 + 복지국가 지향<br>• 단계적 보편주의 확대와 선별주의 병행 | • 국민연금 (독일식 사회보험 모델 차용, 1988년 도입)<br>• 기초연금 (선별적 사회수당으로 노인소득 보장 보완, 2014년 시작)<br>• 장기요양보험 (일본·독일 모델 참고, 2008년 도입하여 가족부담 경감)<br>• 건강보험 (전 국민 의료보장 1989년 달성) |

스웨덴은 북유럽을 대표하는 사회민주주의 복지국가로, 노인복지에서도 평등과 보편주의를 핵심 이념으로 삼는다. 국가와 지방정부가 노인에 대한 포괄적 부양 책임을 지며, 노인은 소득 수준에 상관없이 필요한 복지 서비스를 공적으로 보장받는다. 스웨덴은 20세기 중엽 복지국가 완성기에 모든 국민을 대상으로 한 연금, 의료, 돌봄 시스템을 확립했고, 현재까지도 그 보편주의적 성격을 유지하고 있다. 예를 들어 스웨덴은 이미 1913년에 세계 최초로 전 국민 연금제도를 도입하였고, 1950년대부터 공공 노인돌봄 서비스를 제도화하여 집에서 생활이 어려운 노인에게는 시정부가 요양주택이나 방

문간호를 제공해왔다. 이러한 정책들은 사회적 연대를 기반으로 재원은 주로 일반 조세로 충당되며, 노인복지 지출 규모도 매우 크다. 그 결과 스웨덴 노인들은 비교적 빈곤율이 낮고, 건강과 생활만족도가 높은 편이다. 스웨덴의 철학적 기반은 평등주의와 인간존엄으로, "누구도 궁핍이나 돌봄 공백으로 인해 비참한 처지에 놓여서는 안 된다"는 사회적 합의가 강하다. 이러한 이념 덕에 정치적 성향을 막론하고 노인복지에 대한 투자에 큰 이견이 없고, 가족들도 국가에 대한 신뢰 속에 개인 생활과 부양의무를 조화시키고 있다. 스웨덴 모델의 시사점은 높은 조세부담과 강한 국가 개입이 있더라도 사회적 합의 하에 노인복지를 통한 삶의 질 향상이 가능하다는 것이며, 보편주의 복지가 노인들로 하여금 낙인 없이 당당히 권리를 누리게 한다는 점이다.

독일은 보수적 복지체제의 전형으로 꼽히며, 전통적으로는 가족과 직능단체의 책임을 중시하는 한편 국가가 이를 사회보험 형태로 지원하는 모델을 발전시켜왔다. 노인복지의 철학은 자조와 연대의 조화라고 할 수 있다. 독일은 노동자 보험을 근간으로 하는 비스마르크식 연금과 의료 제도를 19세기 말에 세계 최초로 도입하였는데, 이는 기여에 따른 권리라는 사회보험 원리를 확립한 것이었다. 따라서 연금이나 건강보험 혜택은 자신의 직업적 지위와 납부기여에 비례하여 주어지며, 이는 사회적 계층 간 차등을 어느 정도 용인하는 모델이다. 그 대신 최저 보장은 별도의 공공부조로 마련하여 보충하는 이중구조를 갖고 있다. 노인소득보장에서 독일은 공적연금 이외에 기업연금과 사적연금의 3층 연금제도를 운영하며, 결과적으로 중산층 이상은 비교적 안정된 노후소득을 누리나, 소득이 없던 주부 등은 낮은 연금을 받거나 사회부조에 의존하기도 한다. 한편 독일은 1995년에 사회적 장기요양보험을 도입함으로써, 가족만이 담당하던 노인 돌봄을 사회화하는 큰 전기를 마련했다. 이 역시 보험방식으로 운영되어 모든 시민이 보험료를 부담하고 필요시 급여를 받는 방식이다. 다만 급여 수준이 실제 돌봄 비용의 일부만 커버하므로, 가족의 시간적·금전적 부담이 여전히 요구되지만, 현금수당 제도 등을 통해 가족을 지원하고 존중하는 절충안을 두고 있다. 독일 노인복지의 또 다른 특징은 보조성의 원리(subsidiarity)로, 국가가 모든 서비스를 직접 제공하기보다는 민간 비영리단체(예: 교회나 자선단체)가 서비스 제공을 맡고 국가가 보조하는 형태를 취해왔다. 이는 민간의 자율성과 책임을 중시하는 독일 사회 철학의 반영이다. 독일의 노인복지 이념은 가족의 역할을 존중하면서도 사회 전체가 연대 책임을 나누는 것이다. 실제로 독일은 성인 자녀에게 부모부양의무가 법제화되어 있긴 하지만, 일정 소득 이상 고소득자가 아닌 한 부모의 요양비에 자녀가 비용 부담을 지지 않도록 제도를 운용한다. 이는 부양능력이 적은 자녀 세대에게는 국가가 개입하여 해결하겠다는 의미로, 가족부양에 대한 국가의 보완적 역할을 명확히 한 것이다. 독일 사례의 시사점은 한국처럼 사회보험 중심으로 노인복지를 설계한 나라에 유용하다. 특히 장기요양보험을 한국이 독일·일본 모델을 참고하여 성공적으로 도입한 것처럼, 보험방식의 장점(안정적 재원 확보와 권리 자격의 명확성)을 살리면서 가족 지원책을 병행하는 접근은 인구고령화 속에서도 비교적 지속가능한 노인복지체계로 평가된다.

미국은 잔여적 복지체제 또는 자유주의 복지국가의 전형으로 불리며, 노인복지 역시 그 맥락에서 발전해왔다. 미국 사회에서는 개인과 시장의 역할을 중시하고, 국가복지는 최소한의 안전망만 제공한다는 철학이 강하다. 이러한 이념 아래, 보편적 사회보험이 유럽보다 빈약하고, 대신 민간 부문의 연금·보험·저축이 노후준비의 큰 부분을 차지한다. 미국의 공적 노인소득보장제도는 사회보장연금(Social Security)인데, 이는 국민 누구나 대상이 아니라 근로소득이 있는 국민만 기여하여 받는 연금이다. 일종의 준보편제도로서 미국 노동인구 대다수를 포괄하고 있으며, 노인 인구의 상당수가 사회보장연금에 의존한다. 그러나 급여수준이 높지 않고, 사적 연금이 없는 저소득 노인은 이 연금만으로 빈곤에서 벗어나기 어렵다. 그런 경우를 위해 생활보조금(SSI)라는 연방 공공부조가 있지만, 자산이 거의 없어야 받을 수 있는 선별적 제도다. 의료 측면에서, 65세 이상 모든 노인에게 매디케어(Medicare)를 제공하나 이것도 부분적 보장(입원, 제한적 의료만 무료)이고 장기요양은 포함하지 않는다. 메디케이드(Medicaid)가 장기요양비를 대주긴 하지만, 이것 역시 재산을 다 써버린 빈곤 노인만 이용 가능하다. 즉, 미국에는 독일·한국처럼 전 국민적 장기요양보험이 없고, 많은 중산층 노인은 장기요양 비용을 개인저축이나 민간보험에 의존하거나, 재산을 탕진한 후에야 Medicaid 지원을 받는다. 미국의 노인복지 정책은 전반적으로 보편주의보다는 선별주의, 공공보다는 민간이 두드러진다. 철학적 배경에는 19세기 이래의 자유방임주의와 정부 불신 경향, 그리고 복지는 필요한 사람에게만 한정해야 한다는 개인 책임 윤리가 자리한다. 그 결과 미국 노인층은 부의 격차가 커서, 충분한 연금과 자산을 가진 노인은 안정적 생활을 하나, 상당수 노인이 빈곤과 의료비 부담에 직면해왔다. 최근에는 이러한 문제의식으로, 오바마 행정부 때 노인 의료보장 강화(Medicare 보장성 확대)나 일부 주에서 공적 LTC 보험 도입 논의 등이 있었지만, 전통적 이념의 벽을 넘지 못하고 있다. 미국 사례는 한국에게, 경제성장 수준에 비해 취약한 공공복지를 갖고 있을 경우 노인빈곤이 얼마나 심각해질 수 있는지를 경고해준다. 실제 한국의 노인상대빈곤율(OECD 1위 수준)이 미국보다도 높다는 점에서, 한국은 미국식 모델의 한계를 반면교사로 삼을 필요가 있다. 또한, 가족주의 문화가 비교적 약한 미국은 노인의 생활을 오롯이 개인의 책임으로 보는 경향이 있어, 한국 같은 동아시아 국가와는 사정이 다르지만, 급속한 가족주의 약화라는 공통 현상이 진행 중이므로 시사점을 준다. 즉, 전통 가족부양이 약해지는 사회에서는 공공부문의 역할을 강화하지 않으면 노인층의 삶이 크게 악화될 수 있다.

한국은 위에서 상세히 논의해왔듯이, 복지 선진국들에 비해 복지국가로의 진입이 늦은 후발주자다. 1960~70년대 고도성장기에는 "잘 살게 되면 복지도 자연히 좋아질 것"이라는 인식으로 공공부조 외에는 눈에 띄는 노인복지 정책이 없었다. 전통적 가족부양이 사실상 유일한 노인부양 기둥이었다. 1980년대 이후 경제성장과 민주화가 이루어지면서 국민연금(1988), 노인복지법 정비, 기초생활보장(2000) 등 사회보장제도가 본격 도입되었고, 2000년대에 와서 노인인구 급증에 대응해 기초노령연금(2008, 현 기초연금)과 장기요양보험(2008) 등을 시행하며 복지인프라를 확충해왔다. 한국의 노인복지 이념은 선진국의 것을 혼합적으로 수용하여 발전시켜온 모습이다. 기본적으로 경제정책은 시장중심(미국식)으로 운영하면서, 사회정책은 필요에 따라 유럽식 모델을 도입하는 실용주의적 접근을 취했다. 예컨대, 연금과 의료는 독일·일본 모델의 사회보험 방식을, 기초연금과 기초생활보장은 영국·미국식 선별복지 요소를, 또 노인일자리나 경로당 활성화 등은 동아시아적 가족·지역공동체 전통과 결합했다. 이러한 혼합 이념은 장점과 단점을 모두 가진다. 장점은 각 분야별로 적합한 외국 사례를 벤치마킹하여 비교적 짧은 시간에 제도를 마련할 수 있었고, 재정여건에 맞추어 점진적 확대를 도모했다는 것이다. 그러나 단점은 철학의 일관성 부족과 제도 간 비복합적인 운영으로 인해 사각지대나 중복이 발생하기 쉽다는 점이다. 예를 들어, 국민연금은 기여한 사람만 충분히 받고 그렇지 못한 사람은 거의 못 받기에, 기초연금으로 메워야 하는 이원체계가 되었다. 또, 가족부양 기능을 전제로 복지급여 수준을 낮게 책정한 측면이 있어, 현실에서 가족부양이 약화되자 노인빈곤 문제가 심화되는 부작용이 생겼다. 이는 한국이 전통 가족주의 이념(부모 부양은 자녀의 의무)과 현대 복지국가 이념(노후보장은 국가·사회 책임)을 명확히 통합하지 못한 과도기적 현상으로 볼 수 있다. 다행히도 현재는 노인복지의 중요성에 대한 사회적 인식이 높아지며, 보편주의 확대 방향으로 정책이 개선되고 있다. 예컨대, 과거 경로연금이 65세 이상 빈곤노인 극빈층에게 소액 지급되던 것에서, 지금은 기초연금으로 대상과 금액을 대폭 늘려 사실상 전국민적 제도로 자리잡았고, 향후 보편지급 요구도 꾸준히 나오고 있다. 의료에서도 치매국가책임제 시행 등으로 요양서비스의 공공책임을 강화하고 있다.

이상 네 국가의 비교를 통해 얻을 수 있는 시사점은 다음과 같다. 첫째, 보편주의 복지 체계(스웨덴)는 노인빈곤과 돌봄 공백을 최소화하면서 사회 연대를 높이는 효과가 있지만, 높은 조세부담과 국가책임의 지속성 확보가 과제다. 둘째, 사회보험 중심 체계(독일)는 비교적 지속가능한 재정구조와 가족·민간부문의 참여를 끌어내는 장점이 있으나, 사각지대(비기여자) 문제와 계층 간 격차를 완화하는 장치를 병행해야 한다. 셋째, 자유주의 모델(미국)은 낮은 공공지출로 재정부담은 적지만, 노인 격차와 빈곤이 심화되고 결과적으로 사회 전체의 비용이 커질 수 있다. 넷째, 한국과 같은 후발 혼합모델은 빠른 제도 도입의 성과가 있으나, 이제는 축적된 경험을 토대로 일관된 철학 정립과 권리성 강화가 필요하다. 특히 한국은 세계에서 유례없이 빠른 속도로 초고령사회에 진입하고 있어, 각국의 모델을 교훈 삼아 한국형 노인복지 모델을 정립해야 할 시점이다. 스웨덴의 보편적 돌봄, 독일의 사회보험 장점, 미국의 민간 활력을 모두 참고하되, 한국 사회문화(가족주의의 변화, 공동체의식 등)에 맞는 이념적 접목이 요구된다.

## 3. 노인복지의 역사와 변천

### 1) 전통사회에서의 노인부양

전통 농경사회에서는 가족이 노인부양의 핵심 역할을 담당하였다. 유교 문화권의 효(孝) 사상에 따라 자녀가 연로한 부모를 봉양하는 것이 도덕적 의무로 여겨졌다. 대가족 제도하에서 부모와 성인 자녀가 한 지붕 아래 거주하며 자연스럽게 노인을 부양하였고, 멀티제너레이션(3세대) 가족구조는 상호부조를 용이하게 하였다. 지역사회 차원에서도 친족, 이웃 간 품앗이와 계모임 같은 상부상조 전통이 있어 가정이 어려운 노인을 돕곤 하였다. 예컨대 조선시대 일부 지역에서는 마을 단위로 경로잔치를 열어 70세 이상 노인들에게 음식을 대접하고, 고을의 남은 쌀과 베를 모아 지원 기금을 마련하기도 하였다. 국가 차원에서도 기로연(耆老宴)처럼 임금이나 관청에서 노령 신하나 지역 노인들을 예우하는 행사가 있었다. 다만 이러한 경로 정책은 상징적 예우 성격이 강했고, 실질적인 생계보장으로 이어지지는 못하였다. 조선의 기로연은 70세 이상 고위 관료만을 대상으로 한 제한적인 잔치였고, 일반 서민 노인의 생활은 전적으로 가족 부양에 의존하였다.

**표4. 전통 부양 vs. 산업화 이후 부양 비교**

| 전통사회 | 산업화 이후 현대사회 |
|---|---|
| 대가족 중심의 거주 형태<br>(부모·자식 동거) | 핵가족화로 인한 별거 증가<br>(노인 1인/노인부부 가구 증가) |
| 효 사상에 기반한 자녀의 부모 봉양 | 여성의 경제활동 등으로 자녀 부양능력 약화 |
| 마을 공동체의 상부상조<br>(경로잔치 등) | 도시화로 공동체 약화, 이웃 간 지원 감소 |
| 국가의 노인 예우는 제한적<br>(예: 기로연) | 국가의 제도적 부양 필요성 증대 |

전통사회에서는 가족주의적 부양체계가 지배적이었다. 그러나 산업화와 도시화로 가족 구조가 핵가족화되고, 자녀세대의 경제적·지리적 분리가 늘어나면서 노인을 돌볼 수 있는 비공식 부양망이 약화되었다. 이에 따라 전통사회에서 암묵적으로 유지되던 노인부양 방식은 한계를 드러내기 시작하였고, 가족 외에 공적 지원의 필요성이 대두되었다.

2) 현대적 노인복지의 태동

산업화와 도시화가 진행된 20세기 중후반, 전통적인 가족부양 체계가 약화되면서 노인 문제는 사회적 이슈로 떠올랐다. 한국전쟁 이후 도시로의 인구이동과 핵가족화로 과거처럼 부모와 동거하지 않는 노인이 늘었고, 가족부양 공백으로 빈곤한 노인들이 등장하였다. 이러한 배경에서 서구 선진국들을 참고한 국가 개입이 시작되었다.

서구에서는 비교적 이른 시기부터 공적 노인소득보장 제도를 도입하였는데, 독일이 1889년 세계 최초로 근로자 대상 연금보험을 시행한 것이 대표적이다. 이후 영국도 1908년 비기여방식의 노령연금을 도입하고 1946년 국민보험법으로 보편적 기초연금 체계를 마련하는 등 복지국가 기반을 갖추었다. 이러한 국제적 흐름 속에서, 한국도 초기에는 극빈 노인 보호를 위한 잔여적 복지를 도모하였다. 1961년 「생활보호법」이 제정되어 국가가 부양능력이 없는 빈곤층(65세 이상 무능력 노인 등)을 보호할 근거가 마련되었다. 이 법은 "노령·질병 기타 근로능력 상실로 생활유지가 불능한 자는 국가의 보호를 받는다"는 헌법 조항에 따라 제정된 것으로, 가족 부양이 어려운 영세노인을 국가가 최저생계 수준에서 부양하도록 한 것이었다. 그러나 생활보호법에 의한 지원은 매우 한정적이고 선별적(빈곤노인 대상)인 조치에 머물렀다. 실제 1960년대에는 노인 문제가 심각한 사회문제로 인식되지 않아, 1969년 국회에 발의된 「노인복지법」 제정안도 "아직 노인문제가 크지 않다"는 이유로 폐기되기도 하였다.

1970년대에 들어 고령인구가 증가 추세를 보이고 노인복지 필요성이 제기되자, 마침내 1981년에 「노인복지법」이 제정되었다. 이 법은 한국 최초의 노인복지 종합법으로서, 노인복지시설의 설치·운영과 노인 상담, 여가시설 지원 등을 규정하였다. 다만 재정 한계로 법 제정 당시에는 주로 생활이 어려운 노인을 대상으로 한 잔여적 복지에 머물렀다. 실제 연구에 따르면 1981년 노인복지법은 시행 초기 빈곤 노인층 위주로 혜택이 집중되어, 전체 노인 인구보다는 생활보호대상자 등 취약노인 위주의 지원체계였다. 이는 당시 한국의 복지 수준이 전반적으로 낮고(2016년 기준 공공사회지출 GDP 대비 10.4%로 OECD 평균 절반 수준), 가족 부양을 보완하는 최소한의 공적 개입 단계였음을 보여준다.

1980년대 후반은 한국 노인복지의 전환점이었다. 1987년 국민복지 증진을 위한 노력을 기치로 국민연금제도 도입이 결정되고, 1988년 1월부터 국민연금이 시행되었다. 초기에는 사업장 근로자(상시 10인 이상 사업장)만 가입대상인 제한적 제도였으나, 1995년 농어촌 자영업자, 1999년 도시 자영자까지 단계적으로 확대되어 전국민 연금체계의 기틀을 마련하였다. 국민연금 도입으로 공적 소득보장의 틀이 생긴 것은 고무적이었으나, 시행 당시 은퇴 노인의 대부분은 과거 연금 가입경력이 없어 혜택을 받지 못하였다. 2002년 기준으로도 60세 이상 노인의 국민연금 수급률이 6.5%에 불과하고, 전체 노인의 약 20%만 어떤 형태로든 연금을 받고 있어 노인층의 상대적 빈곤율이 OECD 최고 수준(노인층 절반가량 빈곤)으로 남았다. 이러한 초기 연금 사각지대를 보완하기 위해 1990년대에 정부는 사회복지관, 노인복지관 등을 통해 경로식당, 무료돌봄서비스 같은 노인복지사업을 늘리고, 재가노인복지 시범사업도 시작하였다. 예컨대 1989년 노인복지법 전면개정을 통해 경로우대제도(지하철 무임승차 등)와 각종 노인여가시설 지원 근거가 마련되었고, 1993년부터 재가복지 서비스가 본격 추진되어 거동불편 노인에게 가정봉사원 파견, 도시락 배달 등의 지원을 시작하였다. 이는 전통적 가족부양의 공백을 국가와 민간복지가 채우려 한 초기 시도로 평가된다. 한편, 한국보다 앞서 공적 노인복지를 발전시켜온 주요 국가들의 경험도 이 시기 정책 설계에 참고되었다.

**표5. 주요국 노인복지 제도 도입 비교**

| 국가 | 공적연금 도입 | 기타 노인복지 발전 주요사항 |
|---|---|---|
| 독일 | 1889년 근로자 대상 연금보험 최초 도입 | 1995년 장기요양보험 도입하여 가족부담 경감. 조기부터 성숙한 연금체계로 노인빈곤율 낮음. |

| 국가 | 공적연금 도입 | 기타 노인복지 발전 주요사항 |
|---|---|---|
| 영국 | 1908년 비기여 노령연금 도입, 1946년 국민보험법으로 보편적 기본연금 확립 | 1948년 NHS로 전 국민 의료보장 달성. 장기요양은 지방자치단체의 선별적 사회복지로 운영. |
| 일본 | 1942년 근로자연금 시작, 1961년 국민연금 전 국민 적용 달성 | 2000년 개호보험(노인장기요양보험) 시행으로 가족부양 부담 경감. 전후 고도성장기 동안 가족부양에서 사회부양으로 점진적 전환. |
| 한국 | 1988년 국민연금 도입 (처음에는 제한적 적용, 1999년부터 전국민 의무가입 체계) | 2008년 노인장기요양보험 도입, 2014년 기초연금 도입. 1990년대 이후 노인복지관·경로당 확충 및 재가복지서비스 확대. |

한국은 선진국들에 비해 공적연금 도입이 매우 늦었고, 그 발전 속도는 압축적이었다. 20세기 초에 연금제도를 시작한 독일•영국, 1960년대에 이미 전국민연금을 달성한 일본과 달리, 한국은 1980년대 후반에서야 비로소 연금체계를 마련했다. 대신 1990년대 이후 짧은 기간에 급속히 노인복지 제도를 따라잡기 위해 노력했고, 이는 이후 단계별 제도 도입으로 나타났다.

3) 현대 노인복지 제도의 형성

1990년대 이후 한국 사회는 고령화 사회로의 진입이 가속화되었다. 2000년 고령인구 비중이 7%를 넘어서며 '고령화사회'에 진입했고, 2018년에는 14%를 돌파하여 '고령사회'가 될 만큼 노인 인구가 빠르게 증가했다. 2023년 현재 65세 이상 인구는 약 950만 명으로 전체의 18.4%에 달하며, 2025년에는 20%를 넘고 2050년에는 40% 이상이 노인이 될 것으로 전망된다. 이러한 급격한 인구 고령화 추세 속에서 노인복지 제도는 양적·질적으로 확대되었다.

우선 소득보장 측면에서, 국민연금의 적용범위가 확대되고 기초보장이 강화되었다. 국민연금 도입 초기 연금수급자가 적었던 문제를 해결하기 위해 1998년 연금개혁을 통해 조기노령연금 등 수급요건을 완화하고, 2008년에는 기초노령연금 제도가 도입되어 국민연금 미수혜 또는 최소생활이 어려운 노인들에게 매달 현금급여를 지급하기 시작했다. 이어 2014년 7월에는 기초노령연금을 발전시킨 기초연금이 시행되어, 소득 하위 70%에 해당하는 만65세 이상 노인에게 월 최대 20만 원(현재 30만 원으로 인상)을 지급하게 되었다. 이를 통해 비로소 선별적 지원에서 준보편적 급여로 노후소득보장 범위가 넓어졌다. 현재 기초연금을 받는 노인이 500만 명에 달하며, 국민연금과 기초연금을 합쳐 노인인구의 약 70~80%가 어느 정도 공적연금을 수급하는 구조가 형성되었다.

의료보장 측면에서는 이미 1977년 직장의료보험 시작 이후 1989년 전국민 의료보험을 달성하여 모든 노인이 의료서비스를 받을 권리를 확보했다. 65세 이상 노인은 의료보험료 경감, 노인정액제 등으로 의료비 부담을 줄이고 있으며, 노인 만성질환 관리 등 보건의료 분야의 노인 대상 프로그램도 확대되었다.

가장 큰 변화 중 하나는 요양보장 체계의 도입이다. 가족 부양으로 감당하기 어려운 장기요양 수요에 대응하기 위해 2008년 7월 「노인장기요양보험법」이 시행되었다. 이는 일본(개호보험 2000년 도입)과 독일(1995년 도입)의 모델을 참고해 설계된 사회보험으로서, 65세 이상 노인이나 노인성 질병을 앓는 자에게 신체 기능상태에 따라 요양서비스를 제공한다. “급속한 인구고령화 속에서, 한국은 2008년 노인을 위한 공적 장기요양보험을 도입하였다”는 평가처럼, 노인장기요양보험은 가족의 부양 부담을 사회적으로 분담하는 전환점이 되었다. 이 제도의 도입으로 요양시설 및 재가요양서비스 산업이 급격히 성장하여, 2022년 현재 약 10% 이상의 고령자가 장기요양 혜택을 받고 있다. 특히 재가서비스(방문요양, 주야간 보호 등)를 통해 가능하면 지역사회 내 생활을 지속하도록 지원하는 것을 목표로 삼고 있다.

또한 사회서비스 측면에서 노인의 여가, 복지, 돌봄 인프라가 확충되었다. 1990년대 이후 전국 각지에 경로당(노인정착마을회관)과 노인복지관이 설립되어 노인들이 모여 여가를 보내고 상담·교육을 받을 수 있게 되었다. 2020년 기준 경로당은 6만4천여 개소에 이르며, 노인복지관도 시군구마다 1개 이상 설치되어 있다. 재가노인복지센터를 통한 밑반찬 배달, 방문간호, 주거수리 등의 서비스도 보편화되었다. 정부는 2007년 ‘노인돌봄종합서비스’를 도입하고 2019년 이후 이를 통합해 노인맞춤돌봄서비스로 발전시키는 등, 거동 불편한 독거노인에 대한 생활지원 사업을 전국적으로 펼치고 있다. 이러한 사회서비스의 확대는 시설 보호 일변도였던 과거와 달리 지역사회 돌봄으로의 패러다임 전환을 보여준다. 실제 장기요양보험 통계에 따르면 초기에는 시설 이용 비중이 높았으나, 최근에는 재가서비스 이용자가 꾸준히 증가하여 2021년 현재 장기요양 수급자의 약 64%가 재가서비스를 이용하고 있다.

정리하면, 현대 노인복지체계는 소득보장(연금), 의료보장(건강보험), 요양보장(장기요양보험), 사회서비스(돌봄·여가)의 4대 축으로 확립되었다고 볼 수 있다. 이러한 복지제도의 확충으로 한국 노인들은 과거보다 향상된 경제적 지원과 돌봄 서비스를 누리고 있으나, 급속한 인구고령화 속도에 맞춰 제도를 계속 발전시켜야 하는 과제를 안고 있다.

4) 변천의 특징 및 한국과 주요국 비교

한국 노인복지 발전사는 "압축적 발전"으로 요약된다. 불과 60여 년 전만 해도 국가 차원의 노인복지가 전무했고 가족 부양에 전적으로 의존했으나, 현재는 선진국 수준의 다양한 제도가 갖추어졌다. 이 과정에서 몇 가지 특징적인 패러다임 전환이 이루어졌다.

가족주의에서 국가주의로의 전환: 전통적으로 노인부양은 개인과 가족의 책임으로 여겨졌으나, 점차 국가 책임으로 인식되기 시작하였다. 1960년대 생활보호법이 "빈곤은 개인책임"이라는 남은주의 관점이 강했던 것에 반해, 1980년대 이후 노인복지법, 국민연금 도입을 계기로 노인부양은 사회공동체의 책무라는 인식이 자리잡았다. 오늘날 대부분의 국민은 "부모 부양에 정부도 함께 역할을 해야 한다"고 보고 있으며, 이는 정책적으로 연금, 돌봄에 대한 정부 지출 확대 추세로 나타나고 있다.

선별적 복지에서 보편적 복지로의 확대: 한국 노인복지는 초기에는 생활보호 대상 노인, 극빈 노인 등 취약계층 선별 지원에 머물렀다. 그러나 복지 수준 향상과 더불어 지금은 보편적 급여로 나아가고 있다. 국민연금은 소득에 상관없이 전 국민이 가입하는 제도가 되었고, 기초연금 또한 65세 이상 대다수에게 지급되어 노인 전체를 포괄한다. 의료 역시 모든 노인이 동일한 건강보험 혜택을 누리며, 장기요양보험도 65세 이상 전원을 잠재적 대상으로 한다. 이러한 보편성의 증대는 중산층 노인까지 사회안전망에 포함함으로써 노인빈곤 예방과 복지에 대한 권리성을 강화한 점에서 의의가 있다.

시설 보호에서 지역사회 돌봄으로의 변화: 과거 공공부조 시절에는 부양의무자가 없는 빈곤노인을 위해 정부나 자선단체가 양로시설에 수용하는 정도의 서비스가 전부였다. 그러나 시설 중심의 보호는 정서적 소외와 사회적 비용 문제를 낳았다. 현대 정책은 가능한 한 재가(在家) 돌봄과 커뮤니티 케어를 지향한다. 방문요양, 주야간보호, 돌봄지원서비스 등이 확대되어 노인이 살던 곳에서 계속 생활하면서 필요한 서비스를 받도록 돕고 있다. 물론 의료나 안전 등의 이유로 요양병원이나 시설이 필요한 경우도 있으나, 정책적 목표는 "내 집에서 노후 보내기"를 지원하는 방향으로 전환되었다. 이는 시설 수용보다 가정과 지역사회에서의 삶의 질을 중시하는 현대 복지 이념을 반영한다.

이러한 변화에도 불구하고, 한국 노인복지에는 여전히 한계와 도전이 존재한다. 노인빈곤율은 여전히 OECD 최고 수준으로(약 43%), 제도 도입의 지체로 인해 현재 노인세대 상당수가 불충분한 연금으로 어려움을 겪는다. 또한 부양 부담의 사회화에도 불구하고, 가족 특히 배우자나 성인이 된 딸·며느리가 제공하는 비공식 돌봄의 비율이 높아 가족에 대한 의존도는 남아 있다. 이는 서구 복지국가에 비해 한국의 공공부문 지출이 아직 낮기 때문인데, 2010년대 중반 한국의 GDP 대비 공공사회지출은 약 10%로

OECD 평균(20% 내외)의 절반 수준에 머물렀다. 즉, 복지제도의 틀은 마련되었지만 재정 투자 규모는 부족하여 급여수준이나 서비스 질이 제한적이라는 평가를 받는다.

한국과 주요국의 노인복지 발전 과정을 비교하면 다음과 같은 시사점을 얻을 수 있다. 독일은 연금, 의료, 요양 모든 분야에서 사회보험 방식을 통해 비교적 지속가능한 체계를 갖추었다. 노동자가 젊을 때 기여하고 노년에 급여를 받는 구조가 정착되어 있어, 노년층의 상대빈곤율(10%대)이 매우 낮다. 다만 보험방식 특성상 인구 고령화로 보험료 부담이 높아져 개혁을 거듭하고 있다. 영국은 보편적 복지 모델의 원조로서, 세금으로 기본연금을 지급하고 전액 무료의료(NHS)를 제공함으로써 노인복지의 기반을 일찍이 구축하였다. 그 결과 고령층 기본생활은 비교적 안정되어 있으나, 대신 공적 지출이 많고 민간부문의 역할이 적다는 특징이 있다. 특히 장기요양의 경우 공적 보험이 없어 지방정부의 선별적 지원과 사적 부담에 의존하여, 최근 고령화로 사회적 논의가 일고 있다. 일본은 문화적으로 한국과 유사하게 전통적 가족부양이 강했으나, 197080년대부터 연금제도를 정비하고 2000년 개호보험 도입 등 공적개입을 확대하였다. 일본의 노인복지는 한국보다 1020년 앞서 준비된 덕분에 현재 노인빈곤율(약 19%)이나 노인돌봄체계 안정성 면에서 한국보다 나은 수준을 보인다. 그러나 일본 역시 높은 고령인구 비율(2025년 20%→2050년 38% 예상)로 연금재정 압박을 겪고 있으며, 가족부양 전통과 현대복지 사이에서 정책 조율을 계속하고 있다. 한국은 이들 국가의 경험을 단시간에 따라잡는 과정에서 복지공백 세대 문제가 불가피하게 발생했고, 제도 성숙도도 선진국 대비 낮다. 그럼에도 한국은 IT 기술 등 혁신을 복지전달에 접목하고 가족과 공동체의 장점을 살리려는 노력을 기울이고 있다. 예컨대 독일이나 일본이 부양의무자 제도를 유지하는 반면, 한국은 2021년 생활보장제도에서 부양의무자 기준을 완전 폐지하여 오로지 국가 책임으로 빈곤노인을 지원하도록 바꾸었다. 또, 일본이 사회적 입원 문제로 고민할 때 한국은 지역사회 통합돌봄 선도사업(커뮤니티케어)을 통해 의료와 요양의 연계를 모색하는 등 후발주자 이점을 살려 새로운 시도를 하고 있다.

이처럼 각국은 역사적·문화적 배경에 따라 노인복지 체계를 형성해왔지만, 결국 공통 과제는 노후소득 보장, 건강 및 돌봄 서비스 제공, 세대 간 형평성이라고 볼 수 있다. 한국은 압축성장의 경험을 살려 단기간에 제도적 틀을 갖추었으나, 이제는 제도의 내실화와 지속가능성을 달성하는 데 정책역량을 집중해야 한다.

5) 향후 과제 및 결론

급속한 고령화 속에서 한국 노인복지는 앞으로 몇 가지 중요한 도전과제에 직면해 있다. 첫째, 재정적 지속가능성 확보가 시급하다. 노인인구 비율은 2025년 20%를 넘고 2050년경에는 40%에 육박할 예정인데, 현재 구조로는 연금, 의료, 요양보험 재정에 큰 부담이 예상된다. 노년부양비(15~64세 인구 100명이 부양해야 할 65세 이상 인구)는 2023년 27명에서 2070년 100명당 100명 이상으로 급증할 전망이다. 이는 일하는 세대 1명이 한 명의 노인을 부양해야 함을 뜻해, 현행 연금보험료와 조세 수준으로 유지하기 어렵다. 따라서 연금제도 개혁(예: 보험료 인상이나 지급연령 상향, 기초연금 재원 확충 등)과 재정 효율화 노력이 필요하다.

둘째, 노인빈곤 해소와 소득보장 강화가 과제이다. 현재 노인가구의 상당수가 빈곤선을 밑도는 소득으로 어렵게 생활하고 있다. 국민연금은 도입 시기가 늦어 현세대 노인에게 충분한 급여를 지급하지 못하고, 기초연금은 아직 액수와 보편성 면에서 한계가 있다. 이에 대한 대책으로 기초연금의 단계적 인상 및 범위 확대, 퇴직연금과 개인연금 활성화를 통한 다층소득보장체계 구축 등이 거론된다. 또한 상대적으로 농촌 노인이나 여성 독거노인 등의 빈곤율이 높아, 이들을 위한 맞춤형 지원(예: 농지연금, 주택연금 및 주거비 보조 확대)도 중요하다.

셋째, 돌봄 서비스의 질적 향상과 인프라 확충이 필요하다. 양적으로는 장기요양보험 수급자가 늘었지만, 여전히 요양시설 간병 인력 부족과 재가서비스 공급 부족 문제가 크다. 2020년대 들어 장기요양기관의 학대 사고나 부실 운영 사례가 보도되면서 서비스 품질 문제가 대두되었다. 정부는 요양보호사 처우개선, 교육 강화, 공공요양시설 확충 등을 추진하고 있지만, 돌봄인력 수급과 질 관리라는 이중의 과제를 안고 있다. 향후 기술을 활용한 스마트 돌봄(예: AI 스피커를 통한 안전확인, 웨어러블 기기로 건강 모니터링)과 커뮤니티 케어 체계 강화로 지속가능한 돌봄모델을 만들어야 할 것이다.

넷째, 세대통합형 노인복지로의 패러다임 전환이다. 고령층에 대한 지원이 확대되면서 젊은 세대는 세 부담 증가와 역차별 감정을 가질 수 있다. 이를 완화하기 위해 노인복지가 세대 간 단절이 아닌 연대를 촉진하도록 설계되어야 한다. 예를 들어 노인일자리 사업을 통해 활기 있고 능력있는 노인이 사회 공헌을 하도록 하거나, 손자세대 돌봄활동에 참여하는 조부모에게 보상을 제공하는 방안 등이 논의된다. 또 지역사회에서는 어린이집과 경로당을 복합화하여 세대간 교류 공간을 만들고, 노인자원봉사 활성화로 세대간 도움의 네트워크를 구축하는 노력도 필요하다. 이러한 세대통합적 접근은 노인복지가 특정 연령층만을 위한 제도가 아니라 전 세대의 삶의 질 향상에 기여하는 사회투자임을 부각시킬 수 있다.

끝으로, 한국 노인복지의 발전 과정을 한눈에 보면 다음과 같이 요약된다. 전통사회에서는 가족부양이 중심이었고, 근대화 초기에는 빈곤노인 구제 수준의 미미한 국가개입이 있었다. 1980년대에 들어 법률 제정과 연금 도입으로 본격적인 공적 노인복지의 막이 열렸으며, 2000년대에 이르러 요양보험과 기초연금이 시행되어 제도적 완결성을 갖추게 되었다. 현재 한국은 제도는 선진국형으로 갖추었으나, 급격한 고령화 속도에 대응한 재정안정과 서비스 내실화라는 숙제를 안고 있다. 앞으로 노인복지 정책은 지속가능성을 확보하면서도, 모든 노인의 품위 있는 노후를 보장하는 방향으로 나아가야 한다.

# Chapter 3
# 노화의 과정과 결과

1. 노화의 다차원적 이해
2. 생물학적 노화이론
3. 심리적 노화이론
4. 사회적 노화이론
5. 노년기 정신건강과 감정적 안정

## 1. 노화의 다차원적 이해

노화는 시간의 흐름에 따라 진행되는 생리적이고 역동적인 과정으로서 궁극적으로 죽음에 이르게 한다 대부분의 노화학자들은 인간의 노화가 대략 40대 전후부터 시작되어 이후 지속된다고 보는데, 이 과정은 모든 사람에게 동일하지 않고 개인마다 매우 다르게 나타나는 복합적인 현상이다 즉, 어떤 사람은 60대에도 빠르게 노쇠한 반면 다른 사람은 80대까지도 활력을 유지하는 등 개인차가 크다. 이러한 개인차에는 생물학적·심리적·사회적 요인들이 함께 작용하며, 노화는 이들 다차원적 영역에서 변화가 나타나는 복합적 과정으로 이해된다

노화에 수반되는 생물학적 변화로는 세포와 신체의 구조적·기능적 변화가 꾸준히 누적되는 현상이 대표적이다. 예를 들어 세포 대사율 감소, 호르몬 분비 변화, 면역 기능 저하 등이 발생하며, 그 결과 조직의 항상성과 자기조절 능력이 떨어지고 회복력이 감소한다 이러한 신체적 변화는 노인의 정신적 상태와 행동에도 영향을 미쳐, 기분이나 환경에 대한 태도의 변화, 신체적 활력 저하, 사회활동 감소 등을 초래한다 한편 심리적 변화로는 인지 기능의 저하와 새로운 환경에 대한 적응력 변화 등이 있다. 나이가 들수록 기억력과 학습능력이 감소하고 정보처리 속도 저하나 정서적 변화(예: 우울감 증가)가 나타날 수 있다 개인에 따라 노화에 대응하는 태도도 달라서, 건설적으로 적응하는 사람도 있지만 의존적이 되거나 자신과 타인에 대해 적대적인 태도를 보이는 경우도 있다 마지막으로 사회적 변화로는 노년기에 접어들면서 사회에서 기대되는 역할과 지위의 변화를 들 수 있다. 은퇴로 인한 직업적 역할 상실, 자녀의 독립으로 인한 가족 내 역할 변화, 배우자나 친구의 상실로 인한 사회적 고립감 증가 등이 이에 해당한다. 이러한 사회적 노화는 한 개인이 사회문화적으로 노인을 어떻게 인식하고 또 사회가 노인을 어떻게 대하는지에 따라 그 양상이 다르다 사회는 시대와 문화에 따라 노인에게 요구하거나 허용하는 역할을 달리 규정하며, 노인은 이러한 사회적 기대 변화에 직면하여 자신이 속한 공동체에서의 정체성과 소속감을 재정립하게 된다.

생물학적·심리적·사회적 측면은 상호 밀접하게 연관되어 노화 경험을 형성한다. 예를 들어, 신체 건강이 악화되면 심리적으로 위축되고 사회활동 참여가 줄어들 수 있다. 반대로 긍정적인 심리 상태와 활발한 사회관계는 신체 건강을 유지하는 데 도움이 된다. 이러한 통합적 관점에서 노화를 이해하는 접근법을 생물-심리-사회적 접근(biopsychosocial approach)이라고 한다. 생물-심리-사회적 접근은 노화 과정에서

유전적 요인(예: 선천적인 질병 취약성), 심리적 요인(예: 성격, 대처능력), 사회적 요인(예: 가족 및 사회적 지지망, 생활환경)이 상호작용하여 노인의 건강과 삶의 질을 좌우한다고 본다. 따라서 노인복지나 노인 건강증진을 위해서는 신체적 건강만이 아니라 정신적 안녕과 사회적 환경까지 아우르는 종합적 이해와 개입이 필요하다. 특히 개인차를 고려하는 것이 중요한데, 유전적 요인이 노화의 경과와 결과에 미치는 영향은 약 25% 정도로 추정되며 나머지는 환경적 조건, 생활습관, 사회적 맥락 등 비유전적 요인이 설명한다는 연구가 있다 이는 곧 노화 과정의 상당 부분이 후천적 요소에 의해 결정될 수 있음을 의미한다. 실제로 규칙적인 운동, 균형 잡힌 식생활, 스트레스 관리 등 건강한 생활습관을 유지한 노인이 그렇지 않은 노인보다 신체적·정신적으로 더 양호한 상태로 노년기를 보내는 경향이 보고되고 있다 사회경제적 지위나 교육 수준, 지역사회 자원 접근성 등의 환경적 요인 역시 노화의 질을 좌우한다. 결국 노화는 자연과 양육(nature vs. nurture)의 복합 산물이며, 개인별로 고유한 노화 경로를 걷게 된다.

**표6. 노화의 생물학적·심리적·사회적 측면과 변화**

| 영역 | 주요 변화 및 특징 |
|---|---|
| 생물학적 노화 | • 세포 기능 저하 (예: 분열 능력 감소)<br>• 대사 및 호르몬 변화 (예: 성장호르몬 감소, 갱년기 호르몬 변화)<br>• 면역력 약화<br>• 감각 기능 감퇴 등 신체 전반의 구조·기능적 변화. |
| 심리적 노화 | • 인지 기능 변화 (예: 기억력 약화, 정보처리 속도 감소)<br>• 성격 및 정서 변화 (예: 충동성 감소, 우울·불안 증가 가능)<br>• 새로운 환경 적응력 저하<br>• 자신의 노화에 대한 인식 변화. |
| 사회적 노화 | • 가족 및 사회 내 역할 변화 (예: 은퇴로 인한 직업 역할 상실, 조부모 역할 증가)<br>• 사회적 관계망 축소 위험 (배우자·친구의 상실 등)<br>• 사회가 부여하는 지위 변화 (예: 활동적 기여자에서 돌봄 대상자로). |

노화의 다차원적 변화 양상을 총체적으로 이해하기 위해서는 한 가지 학문분야의 관점만으로는 부족하다. 생물-심리-사회적 접근은 노화 연구와 실천에 통합적 틀을 제공하며, 노인의 신체적 건강, 정신적 안녕, 사회적 지원을 동시에 고려함으로써 보다 포괄적인 노인복지 전략을 수립하도록 이끈다. 개인의 연령 증가에 따라 세포와 신체기관의 기능이 변화할 뿐 아니라, 인지와 정서, 사회적 역할과 관계망에서도 변화를 겪는다. 이러한 변화들은 보편적인 경향성을 보이지만, 개인차도 커서 동일한 연령대의 노

인이라도 건강 상태나 심리·사회적 기능에서 큰 차이를 나타낼 수 있다.

## 2. 생물학적 노화이론

노화는 일반적으로 시간의 흐름에 따른 구조와 기능의 변화로 정의된다. 이는 생물학적으로는 성장과 성숙 이후 신체 조직과 세포의 복제 능력 감소, 기능 저하, 항상성 유지 능력 약화를 포함한다. 그러나 노화의 정의는 생물학적 변화에 국한되지 않는다. 노화는 인간의 전 생애에 걸친 경험과 발달의 일부로서, 생물학적·심리적·사회적 요인이 통합적으로 작용하는 다차원적 과정으로 이해된다. 가령, 동일한 70세라는 연령(연대기적 나이)을 갖고 있더라도, 어떤 개인은 건강하고 활력이 넘치는 반면 다른 개인은 만성질환으로 일상생활에 제약을 받을 수 있다. 이는 생물학적 나이(신체적 건강과 기능 상태)와 심리적 나이(인지능력, 적응력 등), 사회적 나이(사회에서 기대하는 역할 수준)가 사람마다 다를 수 있음을 보여준다. 다시 말해, 노화 수준은 단순히 연령으로 결정되는 것이 아니라 개인의 신체 건강, 정신적 상태, 사회적 환경에 따라 좌우된다.

노화의 다차원성을 이해하기 위해 몇 가지 개념 구분이 활용된다. 첫째, 일차적 노화(primary aging)는 질병이 없는 상태에서 유전적·생물학적 요인에 의해 나타나는 자연스러운 신체 변화를 의미한다. 예를 들어, 세포 분열 한계로 인한 조직 재생 능력 감소, 백내장이나 청력 저하 등은 일차적 노화에 해당한다. 둘째, 이차적 노화(secondary aging)는 생활습관이나 질병 등 환경적 요인에 의해 가속되거나 악화되는 노화이다. 예컨대 흡연이나 운동 부족으로 인한 심혈관계 질환, 당뇨병 등은 이차적 노화를 통해 신체 기능을 더 빠르게 떨어뜨린다. 셋째, 삼차적 노화(tertiary aging)는 임종에 가까워지며 나타나는 급격한 기능 쇠퇴로, 사망 전 급속한 건강 악화를 가리킨다. 이러한 개념들은 노화 현상을 좀 더 세분화하여 이해하도록 도와준다.

노화의 경험에는 긍정적 측면과 부정적 측면이 공존한다는 점도 중요하다. 한편으로 노화는 신체능력 저하, 인지 기능 약화, 사회적 지위 감소 등 부정적 이미지로 인식되지만, 다른 한편으로는 삶의 지혜 축적, 정서적 성숙, 사회적 경험의 폭 증가 등 긍정적 변화도 수반한다. 노년층이 젊은 세대에 비해 정서 조절 능력이 우수하고 삶에 대한 만족도가 높은 경향(이른바 '노년기 패러독스')이 보고되기도 한다. 따라서 노화는 단순히 쇠퇴가 아닌 발달과 적응의 연속선상에서 이해해야 한다. 이러한 통합적 관점에서, 현대 노화 연구는 생물학·심리학·사회학 등 다양한 분야의 지식을 아우르며 노화 과정을 총체적으로 규명하고자 한다.

노화의 생물학적 메커니즘을 설명하기 위해 과학자들은 오랫동안 다양한 이론들을 발전시켜 왔다. 현대 생물학적 노화 이론들은 크게 두 가지 범주로 구분되는데, 첫째는 "프로그램화 이론"(programmed theories)이고, 둘째는 "오류/손상 이론"(error/damage theories)이다 프로그램화 이론은 노화가 유전적으로 예정된 시간표에 따라 전개된다고 본다. 다시 말해, 성장과 발달을 조절하는 생체 시계가 성숙기 이후에도 계속 작동하여 일정 시점부터 퇴행과 노화를 일으킨다는 개념이다. 이 관점에 따르면 특정 유전자들의 발현 변화가 노화의 시작과 진행을 결정하며, 이러한 변화로 인해 세포의 유지·수복·방어 기능이 약화되어 노화 현상이 나타난다고 설명한다. 반면 오류/손상 이론은 노화의 원인을 환경적 스트레스와 신체 내부손상의 누적적 축적에서 찾는다. 일생 동안 세포와 조직이 받는 각종 물리적·화학적 손상이 서서히 쌓여가면서 기능 저하를 일으키고, 결국 그 손상이 특정 한계치를 넘어서면 노화와 사망에 이르게 된다는 견해이다. 두 범주의 이론은 한때 상반된 것으로 여겨졌으나, 현재는 노화가 단일 원인으로 환원되지 않고 여러 기전이 상호 작용하는 복합 과정으로 인식된다. 따라서 각 이론은 노화 퍼즐의 일부 측면을 설명하며, 상호 보완적으로 노화 현상을 이해하는 데 기여한다.

### 1) 프로그램화 이론 (Programmed Theories)

프로그램화 이론에는 유전자 이론, 내분비 시계 이론, 면역 노화 이론의 세 가지 대표적 가설이 있다 유전자 이론(Programmed Longevity)은 노화와 수명이 유전자에 미리 프로그램되어 있다고 보는 입장이다. 이 이론에 따르면 우리 몸의 특정 유전자들이 시간에 따라 순차적으로 활성화 혹은 비활성화되면서 노화 과정을 일으킨다. 예를 들어 텔로미어(telomere)라는 염색체 말단 부위의 길이가 매 세포분열 시마다 짧아지다가 한계점에 이르면 세포 증식이 멈추고 세포 노쇠(senescence) 상태에 들어가는데, 이를 헤이플릭 한계(Hayflick limit)라고 한다. 1961년 레너드 헤이플릭은 인간의 체세포는 약 50회 정도 분열한 후 더 이상 분열하지 않는 한계가 있음을 실험으로 밝혀냈는데 우리 몸의 내분비계(호르몬 분비계통)는 성장기에는 성장호르몬, 성호르몬 등을 왕성히 분비하여 발달을 이끌지만, 중년 이후에는 이러한 호르몬 분비 패턴이 변하면서 노화 과정을 촉진시킨다는 것이다. 예컨대 폐경기의 도래와 함께 에스트로젠 등의 성호르몬 수준이 급격히 감소하고, 성장호르몬/IGF-1 경로의 활성도 나이가 들수록 낮아지는데, 이러한 내분비 변화가 노화의 속도를 결정짓는 핵심 인자로 간주된다 실제로 수명에 영향을 주는 호르몬 경로로 인슐린/IGF-1 신호 경로가 주목받고 있다.

면역 노화 이론(Immunological Theory)은 면역체계가 일정 연령 이후 프로그램된 방향으로 약화되며, 이로 인해 감염 질환 및 만성질환에 대한 취약성이 증가하여 노화가 진행된다는 주장이다 연구에 따르면 인간의 면역 기능은 사춘기 무렵 최정점에 달한 뒤 점차 감소하는데, 노년기에 이르면 새로운 병원체에 대한 항체 생산 능력 저하 및 면역 세포의 기능 약화가 현저해진다 실제로 고령자일수록 백신에 대한 면역반응이 약하고 감염에 취약하다는 사실은 잘 알려져 있다. 이러한 면역체계의 노쇠는 단순히 감염 질환 발생률 증가로 이어질 뿐만 아니라, 만성 염증 상태를 유발하여 심혈관질환, 알츠하이머병, 암 등의 발병과 진행에도 영향을 미친다는 보고가 있다 면역 노화 이론은 바로 이처럼 노화에 따른 면역체계의 프로그램된 변화가 결국 전신적인 노화 현상을 초래한다고 설명한다. 이 이론의 함의는 면역력 유지가 건강한 노화의 핵심 요소임을 강조하는 것으로, 노년기에도 규칙적인 운동이나 영양 관리, 예방접종 등을 통해 면역 기능을 최대한 보존하면 노화를 늦추고 건강수명(health span)을 늘릴 수 있다는 것이다.

2) 오류/손상 이론 (Error/Damage Theories)

오류/손상 이론은 노화의 원흉을 시간에 따라 축적되는 손상에서 찾는 여러 가설들을 포함한다. 대표적으로 소모설, 활성산소설, 단백질 변성 이론, DNA 손상 이론 등이 있다. 이들 이론은 각각 노화가 어떻게 누적적 손상의 결과로 나타나는지를 설명하는데 초점을 둔다.

소모설(Wear and Tear Theory)은 인체의 조직과 기관이 마치 기계 부품처럼 사용됨에 따라 닳고 마모되어 결국 기능을 잃게 되고, 이 축적 효과로 노화가 진행된다고 보는 가장 오래된 이론 중 하나이다. 독일 생물학자 바이즈만(August Weismann)이 1882년에 처음 제안한 것으로 알려진 이 이론은, 우리의 몸도 오랜 시간 반복 사용하면 부품이 낡아지듯 필연적으로 마모된다는 직관적 관찰에 근거한다 예를 들어 관절 연골은 평생에 걸친 사용으로 조금씩 닳아서 노년에 이르면 뼈마디가 아프고 관절염이 발생하는 식이다. 소모설은 일상적인 물리적 마찰과 사용으로 인한 조직 손상의 축적을 강조하며, 사람들에게 노화란 피할 수 없이 몸이 낡아가는 과정이라는 인식을 주었다. 그러나 이 이론만으로는 왜 재생 능력이 있는 조직도 노화하는지, 사용하지 않는 기관(예: 치아를 모두 잃은 후의 치조골이나, 가동성이 적은 뇌세포 등)도 시간이 지나면 퇴화하는지를 충분히 설명하기 어렵다. 그럼에도 불구하고 소모설은 노화가 누적적인 손상의 결과라는 현대적 개념의 밑바탕이 되었으며, 노화 방지에는 신체를 혹사하지 않고 잘 보존하는 것이 중요하다는 교훈을 제공한다.

활성산소 이론(Free Radical Theory)은 대사과정에서 생성되는 활성산소(Free radicals)에 의한 세포 손상 누적이 노화의 주된 원인이라고 주장한다. 1954년 Gerschman 등이 처음 제기하고, 1956년 미국의 화학자 데넘 하먼(Denham Harman)이 발전시킨 이 이론에 따르면, 과도한 활성산소가 세포 내 단백질, 지질, DNA와 같은 핵심 생체분자들을 공격하여 손상을 입히고 그 손상이 축적되어 세포 기능이 떨어짐으로써 노화가 진행된다고 한다. 활성산소란 에너지 대사 과정에서 발생하는 불안정한 산소 분자들로서, 세포막을 이루는 지질을 과산화하거나 유전물질을 돌연변이 시키는 등 여러 가지 산화적 손상을 일으킨다. 다행히 우리 몸에는 항산화 효소(예: SOD, 카탈라제 등)와 같은 방어체계가 있어 일정 수준의 활성산소를 해독하지만, 나이가 들면서 이러한 방어체계의 효율이 떨어지거나 활성산소 생성량이 증가하면 산화적 손상이 점차 누적된다 결과적으로 세포 하나하나의 손상이 기관 수준의 기능 저하로 이어지고, 노화와 관련된 질병 발생률도 높아진다. 활성산소 이론은 노화 연구에 큰 영향을 미쳐, 한때 항산화제 섭취를 통한 노화 방지 전략이 각광받기도 했다. 실제로 생쥐 실험에서 항산화제 투여 시 평균 수명이 연장되었다는 보고도 있어 이 이론을 뒷받침하였다 하지만 후기 연구들에서 항산화 보충의 일관된 효과가 입증되지 않거나 오히려 해로울 수 있음이 밝혀지면서 초기 가설만으로는 충분하지 않다는 지적도 있다. 최근에는 활성산소를 단순한 해악이 아닌 세포 신호전달에 중요한 분자로 보고, 적정 수준의 활성산소가 오히려 방어 메커니즘을 활성화하여 노화를 지연시킬 수 있다는 역설적인 결과들도 나왔다. 이에 따라 활성산소 이론도 발전을 거듭하여, ROS(활성산소종) 신호의 항상성 붕괴가 노화에 핵심적이며 이 균형을 바로잡는 것이 중요하다는 방향으로 이해되고 있다.

단백질 변성 이론(Protein Denaturation/Cross-Linking Theory)은 세포 내 단백질들이 시간이 지남에 따라 변성되거나 서로 교차결합하여 정상 구조를 잃고, 이로 인해 세포 기능에 장애가 누적되어 노화가 일어난다고 설명한다 1942년 요한 비요르크스텐(Johan Bjorksten)이 제안한 교차결합설이 그 시초로, 단백질 분자가 당분과 결합하는 당화(glycation)나 기타 화학반응을 통해 서로 비정상적으로 연결(cross-link)되면 분자의 유연성과 기능이 떨어지고 분해도 어려워져 세포에 찌꺼기처럼 쌓이게 된다. 예를 들어 노화된 조직에서 발견되는 콜라겐 교차결합은 피부의 탄력 저하와 혈관 경직의 원인 중 하나로 생각된다. 또한 알츠하이머병과 같은 노인성 질환에서 볼 수 있는 이상 단백질 응집(베타아밀로이드 플라크 등) 역시 단백질 변성 이론의 관점에서 해석될 수 있다. 시간이 흐를수록 잘못 접힌 단백질이나 변성 단백질이 프로테아솜 등의 세포 청소 기전으로 제거되지 못하고 축적되면서 세포 독성을 일으키고, 이것이 노화와 조직 기능 저하로 이어진다는 것이다 최근 연구에서는 노화와 관련된 단백질 변형의 다양한 경로(예: 인슐린의 당화로 인한 기능 변화, 수정체 단백질의 변성으로 인한 백내장 발생 등)가 규명되고 있으며 특히 미토콘드리아 DNA와 같이 복제 시 수선 기전이 미흡한 유전체의 경우 손상이 많이 쌓여 에너지 생산 기능 저하로 이어지고 이는 노화 촉진 요인이 된다 DNA 손상 이론은 체세포 돌연변이 누적설이라고도 불리며, 암 발생률이 연령과 함께 증가하는 현상이나, 조기노화 증후군 환자에서 DNA 수리 결함 유전자가 발견되는 사례 등으로부터 영감을 얻었다. 이 이론에 의하면 유전체의 안정성 유지가 곧 수명 연장의 핵심으로, 방사선이나 환경 독소로부터 DNA를 보호하고 세포 분열 횟수를 적절히 줄이는 등의 전략이 노화를 늦출 수 있을 것으로 본다. 반면, 일부 연구자들은 노화가 DNA 손상뿐 아니라 앞서 언급한 단백질 변성, 활성산소 등 다양한 손상이 복합적으로 작용한 결과이므로 특정 손상 경로만 가지고 노화를 설명하기는 어렵다고 지적한다.

**표7. 주요 생물학적 노화 이론**

| 이론 분류 | 세부 이론 | 주요 내용 |
|---|---|---|
| 프로그램화 이론 | 유전자 이론 | 노화가 유전자에 미리 프로그램되어 있으며, 특정 유전자의 발현 변화(예: 텔로미어 단축 등)에 따라 노쇠가 시작됨. 세포 분열 한계(Hayflick 한계)가 존재하여 수명이 유전적으로 결정됨을 시사. |
| | 내분비 시계 이론 | 생체의 호르몬 시계에 의해 노화 속도가 조절됨. 성장호르몬, 성호르몬 등의 내분비 변화가 노화 촉진 요인으로 작용(예: 폐경기 이후 호르몬 변화로 인한 노화 가속). |
| | 면역 노화 이론 | 면역체계가 일정 연령 이후 약화되도록 프로그램되어 있어 노년기에 면역 기능 부전과 질병 취약성이 증가함. 면역 노화로 인해 만성 염증 증가 및 노화 관련 질환 발생. |
| 오류/손상 이론 | 소모설 | 신체 부위가 오랜 시간 사용되면서 마모되고 손상이 누적되어 기능 상실이 발생, 그 결과 노화가 진행됨 (예: 관절, 장기 등의 마모). |
| | 활성산소 이론 | 대사 과정에서 생성된 활성산소에 의한 세포 손상이 계속 쌓여 노화를 촉진함. 항산화 방어 능력 감소로 산화적 손상이 |

| 이론 분류 | 세부 이론 | 주요 내용 |
|---|---|---|
| | | 가속화됨. |
| | 단백질 변성 이론 | 단백질의 구조적 변성 및 교차결합 축적으로 세포 기능 장애가 누적되어 노화를 유발 (예: 콜라겐 교차결합으로 조직 경직). |
| | DNA 손상 이론 | 체세포 DNA의 손상(돌연변이, 가닥 절단 등)이 복구되지 않고 축적되어 세포 기능 저하 및 노화를 초래 (예: 미토콘드리아 DNA 손상). |

## 3. 심리적 노화이론

심리적 노화는 개인이 나이가 들면서 경험하는 인지적, 정서적, 성격적 변화를 포함하는 개념이다. 이는 기억력, 정보처리 속도, 문제해결 능력 등의 인지 기능 변화와 더불어 정서 조절 능력이나 성격 특성의 변화 등을 포괄한다. 심리적 노화는 단순한 기능 저하만을 의미하지 않고, 나이가 들면서 새로운 삶의 과제를 받아들이고 환경에 적응하는 발달적 과정으로 이해된다. 즉, 인간은 노년기에도 성장과 발달을 지속하며, 이러한 심리적 적응 과정을 설명하기 위해 여러 이론들이 제시되어 왔다.

노년기의 심리적 적응과 변화를 설명하는 주요 이론으로는 에릭슨(Erikson)의 심리사회적 발달 이론, 발테스(P. Baltes)의 선택-최적화-보상(SOC) 이론, 라자루스(R. Lazarus)의 스트레스 대처 및 적응 모델 등이 있다. 각 이론은 노년기에 직면하는 심리사회적 과제와 대처 방식에 대해 독자적인 관점을 제공하며, 이러한 이론들은 노인복지 실천현장에서 노인의 심리적 안녕을 지원하는 데 중요한 시사점을 준다.

### 1) 에릭슨의 심리사회적 발달 이론

에릭 에릭슨(Erikson)은 전 생애에 걸친 심리사회적 발달 8단계를 제시하였으며, 노년기(65세 이후)에 해당하는 마지막 단계의 과제를 "자아통합 대 절망"으로 정의하였다. 이는 노년기에 자신이 살아온 삶 전체를 돌이켜보며 자신의 삶을 어떻게 받아들이는가에 따른 심리적 상태를 말한다.

- 자아통합(Ego Integrity): 노년기에 이르러 자신의 인생을 전반적으로 만족스럽고 의미 있게 받아들이는 상태를 뜻한다. 삶에서 이루었던 성취와 실패를 통합적으로

수용하여, 자신과 타인의 삶을 긍정하고 남은 여생에 대해 평온함을 느끼는 것이다. 예를 들어 한 노인이 지난 삶을 돌아보며 자녀를 훌륭히 양육하고 사회에 기여한 점을 떠올릴 때 보람과 감사함을 느낀다면, 이는 자아통합에 가까운 상태라 볼 수 있다. 자아통합을 이룬 노인은 흔히 삶에 대한 지혜와 평정을 갖추게 되어 죽음도 자연스러운 삶의 일부로 받아들이게 된다.

- 절망(Despair): 자신의 삶을 되돌아볼 때 후회와 불만이 주를 이루어, 삶을 다시 살 기회가 없다는 사실에 깊은 절망감을 느끼는 상태이다. 이는 과거에 이룬 것이 없거나 목표를 달성하지 못했다고 여기는 데서 비롯된다. 예를 들어, 어떤 노인이 "내 삶은 실패였다"거나 "더 이상 고칠 시간도 없이 너무 늙었다"는 생각에 사로잡혀 있다면 절망감을 겪고 있는 것이다. 절망에 빠진 노인은 우울과 무기력을 느끼며, 죽음을 두려워하거나 삶이 부당했다고 느낄 수 있다.

에릭슨에 따르면, 노년기의 과제는 삶의 회고를 통해 자아통합을 달성하는 것이다. 이를 위해 인생의 긍정적 측면뿐만 아니라 부정적 측면까지 포함하여 자신의 생애 이야기를 통합적으로 이해하는 과정이 중요하다. 이러한 과정은 현대 노인상담에서 자주 활용되는 생애 회상 기법(life review)이나 회고 치료(narrative therapy)의 이론적 기반이 된다. 예를 들어, 노인이 젊은 시절에 대한 이야기를 나누고 재해석하도록 돕는 상담을 통해 삶의 의미를 재구성하면 자아통합을 촉진할 수 있다. 결국 에릭슨의 이론은 노년기의 심리사회적 성숙을 강조하며, 노인복지 실천현장에서는 노인이 자신의 삶을 긍정적으로 정리하고 마지막 삶의 단계를 평화롭게 받아들이도록 돕는 것이 중요하다는 시사점을 제공한다.

2) 선택-최적화-보상(SOC) 모델

성공적 노화에 대한 또 다른 이론적 접근으로, 독일의 심리학자 Paul Baltes와 Margret Baltes가 제시한 선택-최적화-보상(Selection-Optimization-Compensation, SOC) 모델이 있다. SOC 모델은 노화를 발달의 연속선상에서 바라보며, 특히 개인이 한정된 자원을 어떻게 배분하고 활용하여 삶의 목표를 달성하는지를 설명한다. 이 모델에 따르면 성공적인 발달(및 노화)은 중요 분야를 선택하고, 그 분야에서의 목표 달성을 최적화하며, 불가피한 손실에 대해 보상함으로써 이루어진다. 다시 말해, 삶의 다양한 영역 중에서 자신에게 가장 의미 있고 성취 가능한 것에 집중하고(Selection), 그 분야에서 능력과 자원을 극대화하여 성과를 내며(Optimization), 나이가 들면서 피할 수 없는 능력 저하나 상실이 발생할 경우 이를 새로운 방법으로 보상하거나 다른 자원으로 대체함으로써(Compensation) 전반적인 기능을 유지한다는 전략이다. SOC 모델의 각 요소는 선택, 최적화, 보상이 있다.

- 선택(Selection): 개인은 생애 전반에 걸쳐 직면하는 여러 가능성과 목표 중에서 자신이 추구할 것을 선택하고 집중해야 한다. 인간은 시간과 에너지, 재능이 한정되어 있기 때문에 모든 것을 다 잘할 수 없으며, 따라서 자신에게 가장 중요한 목표나 역할을 선택해 우선순위를 두는 과정이 필요하다. 특히 노년기에는 신체적·환경적 제약이 증가하기 때문에 우선순위의 재조정이 중요해진다. 예컨대 노인이 나이가 들면서 이전처럼 여러 가지 활동을 다 할 수 없게 될 때, 본인이 가장 가치 있게 느끼는 취미나 대인관계에 에너지를 집중하고 나머지 덜 중요한 것들은 내려놓는 것이 선택에 해당한다. Baltes는 선택을 능동적 선택(자발적으로 자신의 강점을 살릴 수 있는 분야를 선택)과 손실 기반 선택(불가피한 손실로 할 수 없게 된 것을 포기하고 다른 대안을 모색하는 선택)으로 구분하기도 했다. 예를 들어 건강상의 이유로 테니스를 그만두는 대신 가벼운 산책으로 운동 목표를 수정하는 것은 손실 기반 선택의 한 사례다. 이렇게 선택을 통해 자원 투입의 초점을 맞추면, 한정된 자원을 가장 의미 있는 성취를 위해 쓸 수 있게 된다.

- 최적화(Optimization): 선택한 목표를 최대한 잘 달성하기 위해 자신의 내부 자원(예: 노력, 기술 연마)과 외부 자원(예: 사회적 지원, 도구 활용)을 효율적으로 동원하는 것을 뜻한다. 이는 훈련과 연습을 통해 능력을 향상시키거나, 관련된 지식과 기술을 습득하는 등 적극적인 전략을 포함한다. 젊은 시절부터 지속적으로 자신이 중시하는 분야에서 능력을 개발해온 사람은 노년기에 그 분야에서 높은 기능을 유지할 가능성이 크다. 예를 들어, 피아니스트가 나이가 들었어도 매일 연습을 게을리 하지 않고 새로운 연주 기법을 배우는 것은 음악적 기능을 최적화하기 위한 노력이다. 최적화를 통해 개인은 노화로 감소하는 부분을 능력 향상으로 상쇄하거나, 아직 유지되는 능력을 최대한 발휘하여 성취감을 얻을 기회를 늘릴 수 있다. 이는 성공적 노화의 두 번째 요소(높은 기능 유지)와도 일맥상통한다.

- 보상(Compensation): 최적의 노력에도 불구하고 발생하는 기능 상실이나 감소를 보완하는 과정이다. 보상은 대체 전략 또는 보조 수단을 활용하여 목표 달성을 이

어가도록 돕는다. 노화로 인해 일부 능력이 떨어지더라도 이를 보완할 다른 방법을 찾는 창의성이 필요하다. 예컨대 시력이 약해진 노인이 돋보기나 큰 글씨 책을 활용해 독서를 지속하거나, 기억력이 떨어진 사람이 메모 습관을 들여 중요한 일을 잊지 않도록 하는 것이 보상의 예이다. 또 다른 예로, 앞서 언급한 피아니스트가 손가락 민첩성이 예전같지 않음을 느끼고 연주곡의 속도를 약간 낮추는 대신 곡의 해석과 표현력을 더욱 풍부하게 만들어 청중이 느끼기에 음악적 충실도가 떨어지지 않도록 하는 전략도 보상이라 할 수 있다. 이러한 보상을 통해 개인은 기능 저하의 영향을 최소화하고 지속적으로 선택한 활동에 참여할 수 있게 된다.

SOC 모델은 노년기뿐 아니라 전 생애 발달에 적용되는 일반 이론으로서, 특히 노년기의 성공적 적응을 설명하는 데 유용하다. 노인은 선택을 통해 현실적인 목표를 설정하고, 이를 달성하기 위해 노력하며, 노화로 인한 손실에 유연하게 대응할 때 자신의 삶에 대한 통제감과 만족도를 유지할 수 있다. 이 모델의 함의는, 성공적 노화란 단순히 결과적인 상태가 아니라 과정적인 노력의 산물이라는 점이다. 즉, 노인이 어떻게 삶의 변화에 맞춰 목표와 행동을 조율해 나가는가에 따라 노화 경험의 질이 크게 달라진다는 것이다. 연구에 따르면 SOC 전략을 잘 활용하는 노인이 그렇지 않은 노인보다 주관적인 행복감이 높고 대처능력이 우수하다는 보고가 있다. 따라서 SOC 모델은 노인 개인의 적응 전략을 개발하도록 돕는 다양한 프로그램(예: 노후 설계 교육, 대처기술 훈련 등)의 이론적 기반이 되고 있다.

### 3) 스트레스 적응 모델 (스트레스 대처 이론)

노년기는 퇴직, 배우자나 친구의 사별, 만성 질병의 발병 등 다양한 스트레스 요인에 직면하는 시기이다. 라자루스(R. Lazarus)와 폴크만(S. Folkman)의 스트레스 대처 이론은 개인이 스트레스 상황에서 인지적 평가와 대처(coping) 과정을 통해 심리적 적응을 이뤄나간다고 설명한다 (Lazarus & Folkman, 1984). 이 관점을 노년기에 적용한 스트레스 적응 모델에서는, 노인의 정신건강은 이러한 스트레스 사건들을 어떻게 인식하고 대처하느냐에 크게 좌우된다.

스트레스 대처 이론에 따르면, 스트레스 상황이 발생하면 사람은 먼저 초기 평가(primary appraisal)를 통해 그 상황을 위협적이거나 해로운 것으로 인식하는지 판단한다. 다음으로 자신이 그 상황을 다룰 자원이 있는지를 이차 평가(secondary appraisal)한다. 노년기의 경우, 경제적 여건, 사회적 지원망, 건강상태 등 개인마다 처한 자원이 다르므로 같은 상황이라도 어떤 노인은 심각한 스트레스로 받아들이는 반면 다른 노인은 견딜 만하다고 여길 수 있다. 평가 후에 개인은 스트레스에 맞서 대처 전략(coping strategy)을 실행하는데, 일반적으로 문제중심 대처와 정서중심 대처로 구분된다.

- 문제중심 대처(problem-focused coping)는 스트레스 요인의 원인을 직접 해결하려는 행동을 말한다. 예를 들어, 은퇴 후 경제적 어려움을 스트레스로 느낀 노인이 재취업이나 창업을 시도하거나 지출을 줄이는 계획을 세운다면 이는 문제중심적 대처라 할 수 있다.

- 정서중심 대처(emotion-focused coping)는 스트레스 상황이 주는 부정적 감정을 줄이기 위한 심리적 대응을 의미한다. 노년기에 건강 문제로 인해 격렬한 신체활동을 못하게 된 경우, 어떤 이는 우울감에 빠질 수 있다. 이때 친구들과 담소를 나누거나 취미생활을 통해 마음의 안정을 찾는 것은 정서적 대처의 예이다. 또한 현실적으로 문제를 바로 해결할 수 없을 때, 상황에 대한 의미 재구성(재평가)이나 종교적 신념, 유머 감각 등을 통해 마음의 부담을 덜어내는 것도 정서중심 대처 전략에 속한다.

노인은 오랜 삶의 경험을 통해 다양한 대처 전략을 학습했기 때문에, 젊은 성인에 비해 스트레스 상황에서 정서 조절 능력이 뛰어날 수 있다는 연구들도 있다. 예를 들어, 동일한 상실을 겪더라도 젊은이보다 노인이 더 침착하게 받아들이고 지나온 삶의 연륜으로부터 위안을 얻는 모습을 보이기도 한다. 그러나 한편으로 노년기는 동시에 여러 손실(배우자 사망, 친구들 감소, 자신의 건강 악화 등)이 겹쳐 올 수 있어 우울증과 같은 부정적 결과의 위험도 크다.

따라서 스트레스 적응 모델은 노년기의 정신건강 증진을 위해 효과적인 스트레스 대처 기술과 사회적 지지의 중요성을 강조한다. 예를 들어, 배우자를 잃은 노인이 슬픔과 외로움을 느낄 때, 가족과 친구의 지지는 중요한 정서적 대처 자원이 된다. 또한 전문 상담을 통해 상실의 의미를 재해석하고 앞으로의 삶에 새로운 목표를 설정하도록 돕는 것도 적응을 도울 수 있다. 노인복지 실천 현장에서는 이러한 이론에 기반하여 스트레스 관리 프로그램이나 지지 그룹을 운영함으로써, 노인들이 자신의 스트레스 요인을 인식하고 건전한 방식으로 대처하도록 지원할 수 있다. 이는 노인의 우울감 감소, 삶의 만족도 향상 등 긍정적인 노화 경험을 촉진하는 데 기여한다.

이상의 심리적 노화 이론들은 노년기를 소극적 퇴행의 시기가 아니라 적극적 적응과 성장의 시기로 이해하도록 돕는다. 에릭슨의 이론은 노인의 삶의 의미 찾기와 자아통합을 중시하므로, 사회복지 현장에서 회상요법 등을 활용하여 노인의 긍정적 삶 해석을 도울 것을 시사한다. 발테스의 SOC 이론은 노인 각자가 가진 강점과 우선순위에 맞춘 개별화된 지원의 중요성을 강조하며, 이는 복지프로그램 기획 시 획일적인 서비스보다 개인별 목표에 따른 맞춤형 서비스를 설계하는 근거가 된다. 스트레스 대처 이론은 노인에게 정신건강 서비스와 사회적 지지망 강화가 필요함을 뒷받침하며, 예를 들어 우울증 예방을 위한 정서지원 프로그램이나 위기상황 대응체계 구축 등의 정책 방향을 제시한다. 요컨대, 심리적 노화 이론들은 노인의 내면세계와 적응 과정을 이해하고 지원하는 데 필수적인 지침을 제공하며, 이를 토대로 노인복지 실천자는 노인의 심리사회적 안녕을 증진하는 전문성을 갖출 수 있다.

다음은 앞서 살펴본 주요 심리적 노화 이론들의 핵심 내용을 정리한 것이다. 각 이론이 노년기 개인의 심리적 변화와 적응을 어떻게 설명하는지 비교하여 보여준다.

**표8. 주요 심리적 노화 이론의 개요 및 노년기 적용**

| 이론 (제창자) | 핵심 개념 | 노년기 적용 (사례 및 시사점) |
|---|---|---|
| 심리사회적 발달 이론 (Erikson) | 전 생애에 걸친 8단계의 발달과업, 노년기의 과업은 자아통합(삶의 수용) 대 절망(후회와 두려움) | - 노년기 자신의 삶을 통합적으로 수용하여 지혜와 평온을 얻는 것이 정신적 안녕의 핵심 과제.<br><br>예) 생애사 회고를 통해 삶의 의미를 발견하도록 돕는 상담 활용 |
| 선택-최적화-보상 이론 (Baltes) | 성공적 노화를 위한 3대 전략: 선택(중요한 목표 집중), 최적화(자원 투자로 능력 극대화), 보상(기능 저하 보완) | - 노인은 능동적으로 삶의 우선순위를 재조정하고 남은 역량을 극대화하며 보조도구나 새로운 방법으로 한계를 보완할 수 있음.<br><br>예) 청력이 낮아진 노인이 보청기 사용(보상)과 중요한 모임 위주 참여(선택)를 통해 사회활동 지속 |
| 스트레스 대처 및 적응 이론 (Lazarus 등) | 스트레스에 대한 인지적 평가와 대처전략이 심리적 적응을 결정. 문제중 | 노년기 상실과 변화에 대한 대처 능력이 정신건강에 영향. 적절한 대처 |

| 이론 (제창자) | 핵심 개념 | 노년기 적용 (사례 및 시사점) |
|---|---|---|
| | 심 대처 vs 정서중심 대처 | 와 사회적 지지 활용 시 위기에서 회복하고 성장 가능.<br><br>예) 배우자 사별 후 지원 그룹 참여와 긍정적 회상을 통해 우울 극복 |

## 4. 사회적 노화이론

사회적 노화란 개인이 늙어감에 따라 겪는 사회적 역할과 관계의 변화를 의미한다. 이는 은퇴로 인한 직업 역할의 상실, 자녀의 성장으로 부모로서의 역할 변화, 친구 · 배우자 등의 상실로 인한 사회적 관계망 축소 등 노년기에 흔히 나타나는 사회적 변화를 포괄한다. 사회적 노화는 한 개인의 문제가 아니라 그를 둘러싼 가족, 지역사회, 문화적 맥락과 상호작용하기 때문에, 노년기의 사회적 경험을 설명하는 여러 이론적 관점이 발전해 왔다. 특히 20세기 중반 이후 노인인구가 증가하면서, 노인이 사회에서 어떠한 역할을 맡고 어떻게 적응하는지가 중요 사회문제로 대두되었고, 이에 따라 다양한 사회적 노화 이론들이 제시되었다.

노년기의 사회적 적응을 설명하는 주요 이론으로는 분리이론(Disengagement Theory), 활동이론(Activity Theory), 연속성 이론(Continuity Theory), 사회정서적 선택 이론(Socioemotional Selectivity Theory) 등이 있다. 각 이론은 노인이 나이 들면서 사회와 맺는 관계 변화에 대해 고유한 가정을 가지며, 노인의 사회적 역할, 관계 만족도, 적응 전략에 대해 상이한 설명을 제시한다. 이러한 이론들을 순차적으로 살펴보고, 노년기의 사회생활 변화에 대한 시사점과 노인복지 정책에의 함의를 논의한다.

분리이론은 노화에 따른 자연스러운 사회적 단절을 강조한 이론으로, 1961년 커밍(E. Cumming)과 헨리(W. Henry)가 제창하였다. 이 이론에 따르면, 노인이 될수록 개인은 사회로부터 점진적으로 물러나고(탈참여) 동시에 사회도 노인에게 기대했던 여러 역할을 젊은 세대로 이전하며 상호 간에 분리가 일어난다고 본다. 이러한 분리는 개인과 사회 모두에게 기능적이며 바람직한 것으로 간주되었다. 즉, 노인은 여생을 조용히 정리하면서 심리적 평화를 얻고, 사회는 세대교체를 통해 새로운 세대에게 기회를 부여함으로써 안정성을 유지한다는 것이다.

예를 들어, 직장을 은퇴한 노인은 더 이상 직업적 의무를 수행하지 않고, 동호회나 사회단체 활동에서도 점차 발을 빼며 개인적인 세계로 후퇴한다고 설명한다. 동시에 조직이나 사회는 새로운 은퇴 규범을 통해 노인을 공식적인 의사결정 역할에서 제외하고 젊은 인력이 그 자리를 대체하도록 장려한다. 이러한 과정이 잘 이루어질 때, 노인도 역할 상실의 혼란 없이 자연스럽게 사회적 역할 종료를 받아들이고, 사회도 원활한 세대교체로 안정을 유지하게 된다는 것이 분리이론의 입장이다.

그러나 분리이론은 등장 이후 많은 비판을 받았다. 우선 모든 노인이 이러한 경로를 밟는 것은 아니라는 점이다. 많은 연구에서 적극적으로 사회 활동을 지속하는 노인일수록 높은 삶의 만족도와 정신적 건강을 보인다는 결과가 나왔는데, 이는 분리이론의 예측과 상충된다. 또한 이 이론은 노인의 사회적 위축을 너무 당연시하거나 정당화함으로써, 노인에 대한 부정적 고정관념(연령차별적 관점)을 강화할 위험이 있다는 지적도 있다. 오늘날 노인복지의 관점에서는 노인의 사회참여를 제한하기보다는 오히려 촉진하는 방향으로 나아가고 있기 때문에, 분리이론은 역사적 의미는 있지만 현실적인 지침으로서는 한계가 있다고 평가된다.

활동이론은 분리이론에 대한 대안으로 등장한 관점으로, 노인이 가능한 한 중년기의 활동 수준과 유사하게 적극적인 사회활동을 지속할 때 더욱 만족스러운 노후를 보낸다고 주장한다. 이 이론은 해비거스트(R. Havighurst) 등을 중심으로 1960년대에 발전하였으며.

예를 들어, 평생 교사로 일하며 지식을 나누는 것을 삶의 보람으로 삼았던 사람이 은퇴 후에도 지역 아동들에게 무료 과외를 해주거나 손주들의 학습을 도와주는 방식으로 기존의 역할을 변형하여 지속한다면, 이는 연속성 이론에 부합하는 적응이라 볼 수 있다. 또한 활동적인 사교생활을 즐겼던 노인이 나이가 들어 거동이 불편해졌을 때, 이전에 만나던 친구들과 전화 통화를 자주 하거나 온라인 SNS를 통해 연락을 유지하는 방식으로 사회적 연결을 이어가는 것도 연속성의 한 예이다. 반대로 이러한 연속성이 심하게 끊길 경우, 즉 갑작스러운 은퇴 후 아무 대체 활동을 하지 않는다거나 오랫동안 살아온 동네를 떠나 생소한 환경에 놓이는 등 불연속적인 변화를 겪으면 노인은 정체성의 혼란과 스트레스를 더 크게 받을 수 있다고 본다.

연속성 이론은 앞선 두 이론(분리 vs 활동)과 비교하여 보다 개인 중심적이고 맥락적인 접근이라 할 수 있다. 노인이 완전히 사회에서 물러나는 것도, 무조건 새로운 활동만을 좇는 것도 아닌, 개인의 과거 삶과 연계된 방식으로 노년을 보낸다는 점을 강조하기 때문이다. 이는 노인 각자의 삶의 궤적과 선호를 존중하는 철학과 연결되며, 실천적으로는 노인들이 중년까지 해오던 일이나 관계를 노년기에 맞게 변형하여 지속할 수 있도록 돕는 지원 (예: 은퇴 전 직장에서의 경험을 살린 자원봉사 기회 제공, 기존 취미 활동을 이어갈 수 있는 동호회 연결 등)이 중요함을 시사한다.

사회정서적 선택 이론은 노년기의 대인관계 선택에 관한 현대적 이론으로, 심리학자 로라 카스텐슨(L. Carstensen) 등이 1990년대에 제안하였다. 이 이론은 인간이 남은 시간에 대한 인식에 따라 대인관계와 목표의 우선순위를 달리하게 된다고 설명한다. 젊었을 때는 시간이 충분하다고 느끼기 때문에 새로운 정보를 얻거나 미래에 도움이 될 다양한 인간관계를 맺는 데 집중하지만, 노년기에는 남은 시간이 제한적이라고 느끼므로 보다 현재의 정서적 만족을 극대화할 수 있는 관계에 집중한다는 것이다.

이상으로 사회적 노화 이론들을 살펴보았다. 다음의 표에는 각 이론의 핵심 내용과 노년기 사회관계에 대한 함의를 비교 정리하였다.

**표9. 주요 사회적 노화 이론의 비교**

| 이론 | 주요 내용 | 함의 |
|---|---|---|
| 분리이론 | 노인은 나이 들수록 사회로부터 물러나고 사회 역시 노인을 중심 역할에서 배제하며 상호 분리됨. 이는 자연스럽고 균형적인 과정으로 간주됨. | 노인의 사회적 역할 축소를 당연시하는 관점. 그러나 현대 복지에서는 노인 소외를 방지하고 참여를 장려해야 함. 정책적으로 정년 연장, 사회참여 프로그램 마련 등으로 불필요한 조기 분리를 막는 노력 필요. |
| 활동이론 | 노인은 활동을 지속할수록 행복하고 건강한 노후를 보냄. 중년기와 유사한 수준의 사회활동 유지 또는 새로운 역할 대체가 바람직함. | 노인의 다양한 사회활동 기회 보장. 예) 노인 취업 지원, 봉사활동 장려, 취미/여가 프로그램 제공. 노인의 사회적 역량을 활용하여 공동체에 기여할 수 있게 함. |
| 연속성 이론 | 노년기 적응은 기존 삶의 연속선상에서 이루어짐. 성격과 습관, 관계를 가능하면 유지하며 점진적 변화를 모색함. 급격한 역할 상실보다는 익숙한 영역에서 계속 역할 수행하는 것이 안정감을 줌. | 노인의 과거 경험과 선호를 고려한 맞춤형 지원. 예) 은퇴 전 경험 살린 활동(멘토링 등) 연계, 익숙한 지역에서 노후 생활하도록 주거지원(에이징 인 플레이스) 등. 변화보다 지속에 초점 둔 정책 설계. |
| 사회정서적 선택 이론 | 남은 삶의 시간이 제한되었다는 인식으로 인해, 노인은 정서적으로 의미있는 핵심 인간관계에 집중하고 그렇지 않은 관계는 감소시킴. 소수이지만 깊이 있는 사회관계를 유지함. | 노인의 인간관계의 질적 측면 지원. 예) 가족 및 가까운 친구와의 유대 강화를 위한 프로그램, 작은 그룹 활동 지원. 사회적 네트워크 규모만으로 고립 여부 판단하지 말고, 주관적 만족과 지지 여부를 고려해야 함. |

노인들은 이와 같은 시간 개념의 변화로 인해, 인간관계에 있어 "질적 선택"을 하게 된다. 즉, 자신에게 진정으로 의미 있고 정서적으로 도움이 되는 몇몇 핵심 관계에 에너지를 집중하고, 그렇지 않은 관계는 자연스럽게 줄여나간다. 예를 들어, 한 노인이 예전에는 폭넓은 사회 모임에 나가 많은 지인들과 교류했다 하더라도, 이제는 가족, 오랜 친구 등 친밀한 사람들과 보내는 시간을 가장 소중하게 여기고 우선시하는 경향을 보인다. 새로운 사람을 만나는 광범위한 사교활동에는 관심이 줄어들고, 한정된 시간과 자원을 마음이 편하고 믿을 수 있는 관계에 투자하는 것이다. 이는 흔히 관찰되는 현상으로, 노인의 사회적 네트워크 규모는 젊은 시절보다 작아지지만 만족도는 오히려 높거나 안정적인 이유를 잘 설명해준다.

사회정서적 선택 이론은 또한 노년기에 정서적으로 긍정적인 경험을 추구하는 경향이 강해진다고 본다. 가까운 가족이나 친구와 보내는 시간에서 위안을 얻고, 갈등이나 피상적인 인간관계에서는 멀어지는 것은 정서적 목표 최적화의 한 방식이다. 이 이론은 노인의 사회적 관계 축소를 분리이론처럼 단순히 능력 저하나 사회적 소외의 결과로 보지 않고, 주체적인 선택의 결과로 해석한다는 점에서 중요하다. 노인은 스스로 만족을 극대화하기 위해 사회관계를 재구성하며, 이는 부정적인 것이 아니라 합리적인 적응 전략이라는 것이다.

사회정서적 선택 이론의 시사점은 노인의 사회적 지원망을 논할 때 관계의 양뿐만 아니라 질을 고려해야 한다는 것이다. 노인의 행복은 몇 명과 교류하는가보다 누구와 얼마나 의미있는 교류를 하는가에 달려있다. 따라서 노인복지정책에서 노인의 가족관계 강화, 세대 간 멘토링 프로그램(손주와 조부모 연결 등)처럼 정서적 친밀감을 높이는 활동을 지원하는 것이 중요하다. 또한 요양시설 등 집단 환경에서도 모든 사람과 두루 어울리도록 강요하기보다, 개개인이 편안함을 느끼는 소수의 사람과 깊은 유대감을 형성할 기회를 주는 것이 바람직할 수 있다.

### (1) 생물심리사회적 접근과 통합적 노화 이해

앞서 살펴본 바와 같이 노화에는 생물학적 변화, 심리적 변화, 사회적 변화가 복합적으로 나타난다. 이러한 다차원적 특성을 고려할 때, 노화를 이해하는 가장 포괄적인 관점은 생물심리사회적 접근(biopsychosocial approach)이다. 생물심리사회적 모델은 원래 질병과 건강을 설명하기 위해 제안된 통합 모형이지만, 노화 연구와 실천에서도 널리 적용되고 있다. 이 모델에 따르면 노화는 생물학적 요인(예: 유전, 신체 건강 상태), 심리적 요인(예: 인지능력, 정서, 성격), 사회적 요인(예: 경제적 지위, 사회적 지원, 문화규범)이 상호작용하여 빚어내는 결과로 본다. 즉, 노인의 건강과 삶의 질은 유전자나 세포기전 같은 신체 내부의 요소뿐 아니라, 심리적 태도와 행동 및 주변 환경과 사회관계의 영향을 모두 받는다.

예를 들어, 심장질환을 가진 80세 노인의 경우를 생각해보자. 이 노인의 신체적 건강(생물학적 측면)은 질환의 중증도나 다른 합병증 여부에 좌우되겠지만, 동시에 복약 순응도나 운동 같은 개인의 건강행동(심리적 요인), 그리고 가족의 간호 지원이나 의료 접근성 같은 사회적 자원(사회적 요인)에 의해서도 크게 영향을 받을 것이다. 만약 이 노인이 우울감에 빠져 약 복용을 게을리하거나 운동 의욕을 잃는다면 예후가 나빠질 수 있다. 반대로 가족과 친구들의 정서적 지원을 받아 질병을 잘 관리하고 긍정적으로 생활한다면 건강상태가 안정적으로 유지될 가능성이 높다. 이처럼 하나의 결과도 여러 차원의 요소들이 맞물려 결정된다. 따라서 노인 개인을 이해하거나 돕기 위해서는 신체 건강, 심리 상태, 사회 환경을 동시에 평가하고 개입하는 것이 바람직하다.

생물심리사회적 접근을 뒷받침하는 통합 개념으로서, Rowe와 Kahn이 제시한 성공적 노화(successful aging) 모델을 들 수 있다. 이들은 노화 연구에 통합적 시각을 도입하여, 성공적 노화란 단순히 질병이 없는 상태가 아니라 "낮은 질병과 장애의 확률, 높은 신체적·인지적 기능수준의 유지, 그리고 활발한 삶의 참여"가 모두 충족된 상태라고 정의했다. 다시 말해 생물학적 건강, 심신 기능의 유지, 사회적 활동 참여의 세 요소를 모두 갖춘 노화를 성공적이라고 본 것이다. 이는 노인의 삶의 질을 다차원적으로 평가하는 틀을 제공하였으며, 이후 많은 연구에서 성공적 노화의 결정요인을 분석하는 데 활용되었다. 성공적 노화 모델은 세 요소가 서로 연관되어 계층적으로 작용한다고 보았는데. 또한 정책적으로 의료, 복지, 평생교육 등 다양한 분야의 노인 지원이 통합적으로 이루어져야 함을 시사한다.

생물심리사회적 접근은 노화 이해뿐만 아니라 노인에 대한 개입 전략 수립에도 중요하다. 예컨대 치매를 예방하거나 진행을 늦추기 위한 노력을 생각해보자. 생물학적 접근으로는 뇌신경의 퇴화를 막는 약물이나 식이요법 연구가 필요하다. 심리적 접근으로는 인지자극훈련이나 우울증 치료 등이 고려된다. 사회적 접근으로는 사회적 고립을 예방하고 치매 환자와 가족을 지원하는 지역사회 네트워크 구축이 포함된다. 결국 이러한 다각도의 접근이 함께 시행될 때 더 큰 효과를 얻을 수 있다. 실제로 운동 프로그램과 인지훈련, 사회적 활동 참여를 병행시키는 복합 중재가 노인의 전반적인 기능과 우울감 개선에 더 효과적이었다는 연구들이 보고되고 있다. 이는 노인의 삶의 질이 전인적인 조건에 의해 좌우됨을 보여준다. 또 다른 예로, 노인 만성질환 관리를 위해 의료진, 심리상담가, 사회복지사가 팀을 이루어 종합서비스를 제공하는 통합적 케어 모델들이 국내외에서 시도되고 있다. 이러한 모델은 약물치료 못지않게 상담과 교육, 자원연계 등을 중시하여 노인의 신체적 안녕, 정신적 안녕, 사회적 지지를 동시에 증진시키고자 한다.

요컨대 생물심리사회적 접근은 노화 현상의 복잡성을 반영하여, 어느 하나의 관점만으로는 설명할 수 없는 노년기의 모습을 입체적으로 이해하도록 해준다. 이는 학문 연구에서 이론들을 종합하고 다학제적인 협력을 도모하게 했으며, 실천 현장에서는 노인 개개인에 대한 포괄적 평가와 맞춤형 개입의 중요성을 부각시켰다. 노인이 겪는 문제를 한 측면이 아니라 전체 삶의 맥락에서 바라볼 때, 더욱 효과적이고 공감적인 지원이 가능하다.

### (2) 개인차와 성공적 노화

노화 과정에서 개인차는 매우 크기 때문에, "평균적인 노인상"은 실제 존재하지 않을 수 있다. 어떤 사람은 80대에도 만성질환 하나 없이 왕성하게 활동하는 반면, 다른 사람은 60대에 여러 건강 문제로 어려움을 겪는다. 이처럼 노화의 이질성(heterogeneity)은 노년층 내에서 오히려 젊은 층보다 더 크게 나타난다. 의학자 윌리엄 오슬러가 “만약 모든 개인이 같기만 했다면, 의학은 과학이 되었을 것”이라고 말했듯이, 노인의 다양성은 개인별 맞춤 접근의 필요성을 보여준다. 노화의 개인차를 낳는 요인으로는 유전적 소인, 생활습관, 직업환경, 교육 수준, 사회경제적 지위, 성격과 신념 등이 복합적으로 작용한다. 이러한 요소들이 한 사람의 전 생애를 통해 축적된 결과가 노년기에 나타나기 때문에, 어떤 면에서는 노화야말로 개인 역사의 총합이라 할 수 있다.

유전적 요인은 수명과 노화속도에 일정 부분 기여한다. 연구에 따르면 인간 수명의 약 20~30% 정도는 유전으로 설명되고, 나머지는 환경요인에 달려 있는 것으로 추정된다. 장수하는 가계가 있는 반면, 특정 유전병으로 인해 비교적 이른 나이에 노쇠를 보이는 사례도 있다. 그러나 유전은 가능성을 부여할 뿐이며, 그 가능성이 어떻게 현실화되는지는 환경과 생활습관에 크게 좌우된다. 생활습관은 노화 개인차의 핵심 요인 중 하나로 꼽힌다. 규칙적인 운동과 균형 잡힌 식습관을 유지한 사람은 그렇지 않은 사람보다 건강하게 나이 들 확률이 높다. 흡연, 과음, 비만, 스트레스 관리 실패 등은 노화를 가속화하는 위험요인으로 작용한다. 반면 지적 활동, 사회활동, 취미생활 등을 꾸준히 즐긴 사람은 인지적 예비능이 높아 치매 등 인지장애의 발현이 늦춰질 수 있다. 의료 접근성과 예방관리도 중요하여, 정기 검진과 적절한 치료를 받으며 건강을 관리한 사람은 그렇지 못한 사람보다 노년에 질병부담이 적다. 이처럼 건강행동의 축적 효과는 노년기에 가시화된다.

심리적 자질이나 성격 특성도 개인차를 설명한다. 낙관적이고 유연한 성격, 높은 자아존중감과 자기효능감을 가진 노인은 스트레스나 상실을 겪어도 비교적 잘 극복하고 심리적 안녕을 유지하는 경향이 있다. 반면 불안하거나 적대적인 성향, 완고하고 새로운 것에 폐쇄적인 태도는 노화 적응을 어렵게 만들 수 있다. 또한 학습된 무기력에 빠져 자기관리를 포기하면 악순환이 초래될 수 있다. 이에 반해 레질리언스(resilience), 즉 역경을 이겨내는 심리적 회복탄력성이 높은 노인은 어려운 상황에서도 긍정적 생활태도를 잃지 않고 사회적 지원을 활용하여 삶의 질을 지켜나간다.

나아가 사회적·환경적 맥락도 개인차의 중요한 배경이다. 가령, 고등교육을 받고 전문직에 종사했으며 은퇴 후 안정된 연금을 받는 노인은, 그렇지 못하고 평생 육체노동을 했으며 경제적 어려움을 겪는 노인에 비해 전반적으로 건강상태와 여가 활용 측면에서 유리하다. 또 가족과 배우자와의 관계가 좋은 노인은 정서적 지지가 풍부하여 고립된 노인보다 행복도가 높다. 이처럼 경제적 안녕, 사회적 관계, 거주환경 등의 차이가 노년기의 삶을 크게 좌우한다. 이러한 요인들은 국가나 지역별로도 달라서, 문화권에 따라 노화 경험의 차이가 나타난다. 이를테면 전통적으로 대가족 제도가 남아 있는 사회의 노인은 가족과 함께 사는 비율이 높고 정서·실질 지원을 받는 반면, 개인주의적 문화의 노인은 보다 독립적으로 생활하지만 때로 고독감을 느낄 수 있다.

노화의 개인차를 이해하기 위해서는 "정상 노화", "병리적 노화", "성공적 노화" 등의 개념 구분도 사용된다. 정상 노화(normal aging)란 특별한 질병 없이 연령에 따라 나타나는 평균적인 변화 범주를 의미한다. 앞서 서술한 여러 신체적·인지적 변화들이 이에 해당한다. 반면 병리적 노화(pathological aging)는 알츠하이머병이나 파킨슨병처럼 노년기에 흔한 질환으로 인해 나타나는 추가적 기능 저하를 가리킨다. 같은 80대라도 치매 환자는 정상 노화에 비해 인지기능이 훨씬 심하게 손상된 상태인데, 이는 병리적 요인의 영향이다. 한편 성공적 노화(successful aging)는 정상 노화 이상의 탁월한 기능 유지 상태를 지칭한다. 이는 Rowe와 Kahn의 정의처럼 여러 영역에서 양호한 상태를 유지하는 경우뿐 아니라, 주관적으로 삶에 대한 만족과 목적의식을 느끼며 긍정적으로 나이 들어가는 것까지 포괄하는 개념으로 발전해왔다. 많은 노인들이 비록 만성질환 하나쯤은 갖고 있어도 그것을 잘 관리하면서 가족·이웃과 교류하고 자신의 삶에 만족을 표한다. 이러한 주관적 성공적 노화의 비율은 객관적 기준보다 높게 나타나는데, 이는 노인들이 자신만의 성공 기준을 가지고 삶을 재구성함을 시사한다. 예컨대

"매일 손주를 등교시켜주는 역할을 해서 보람을 느낀다면 성공적으로 나이 드는 것"이라는 식으로 각자 의미를 찾는다. 결국 성공적 노화란 개인차를 긍정적으로 조망하는 개념이라 할 수 있으며, 노년기에 가능한 최선의 신체·정신·사회적 상태를 이루는 것을 목표로 한다.

노화의 개인차에 주목하는 것은 노인복지와 정책에 매우 중요하다. 노인은 동질적 집단이 아니므로, 개별적 욕구와 능력에 맞춘 맞춤형 서비스가 필요하다. 건강한 노인은 계속 사회공헌을 할 수 있도록 일자리나 자원봉사 기회를 제공하고, 취미와 교육 프로그램으로 성취감을 느끼게 해줄 수 있다. 반면 거동이 불편한 노인에게는 의료와 요양 서비스, 주택 개조 등의 지원이 요구된다. 경제적 취약 노인에겐 소득보장과 영양, 주거 지원이 우선될 수 있다. 또한 개인의 노화경험을 존중하여, 자기결정권을 최대한 보장하면서 지원하는 것이 현대적 돌봄 철학이다.

요컨대 노화는 "사람 수만큼 다양한 모습으로 이루어진다"고 해도 과언이 아니다. 평균이나 정상 범주에 지나치게 얽매이기보다, 각 개인이 처한 맥락과 가지고 있는 강점을 고려하여 맞춤형 성공 노화 경로를 찾는 것이 중요하다. 이는 노년학 연구자와 실무자, 그리고 당사자인 노인 모두에게 해당되는 과제이다.

### (3) 한국 사회에서의 노화 특성과 시사점

한국은 21세기 들어 전례 없이 빠른 속도로 고령화가 진행되고 있는 사회이다. 2000년에 65세 이상 인구 비율이 7%를 넘어 '고령화사회'에 진입한 지 불과 17년 만인 2017년에 14%를 넘어서며 '고령사회'가 되었고, 이는 일본의 24년보다도 빠른 기록이다. 2023년 현재 한국의 65세 이상 인구 비율은 약 18%에 이르며, UN 기준(21%)에 따른 '초고령사회' 진입도 눈앞에 두고 있다. 특히 베이비붐 세대(1955~1963년생 등)가 본격적으로 노년층에 합류하면서 노인 인구 규모가 기하급수적으로 증가하고 있다. 통계 전망에 따르면 한국은 2060년경에는 세계에서 가장 고령자가 많은 국가가 될 것으로 예상되며, 2067년에는 인구의 약 46%가 65세 이상이 되어 노인 인구가 노동 연령 인구보다 많아질 것으로 예측된다. 이러한 급격한 인구학적 변화는 한국 사회 전반에 중대한 함의를 지닌다.

첫째로, 인구구조의 고령화는 전통적인 가족 부양 체계에 큰 변화를 가져왔다. 과거 한국은 유교 문화의 영향으로 자식이 부모를 모시는 부양 의무가 강하게 받아들여졌고, 다세대가 함께 사는 대가족이 흔했다. 1990년대까지만 해도 과반수의 노인들이 성인 자녀와 동거했었다. 그러나 사회의 산업화·도시화와 가치관 변화로 현재는 이러한 가족

부양 관행이 크게 약화되었다. 한부모-자녀로 구성된 핵가족이 일반적이 되고, 성인이 된 자녀가 부모와 별거하는 경우가 많아졌다. 실제 통계에 따르면, 노부모와 동거하는 비율이 1994년 54.7%에서 2017년 23.7%로 급감했다. 반대로 노인 단독 혹은 노인 부부 가구 비율은 같은 기간 40%에서 72%로 급증하였다. 이 수치는 한국의 노인 다수가 더 이상 전통적인 가족 돌봄망에 의존하지 않고 있음을 보여준다. 이에 따라 독거노인 및 노인부부 가구의 증가로 사회적 고립과 돌봄 공백 문제가 대두되었다. 가족이 해주던 정서적·실질적 지원을 대체하기 위해서는 이웃 공동체, 지역사회 복지서비스의 역할이 커져야 한다. 또한 노인 부양 부담이 가족에서 국가로 상당 부분 이전되면서, 공적 연금과 장기요양보험, 노인돌봄 서비스의 중요성이 높아졌다. 한국 정부는 2008년 노인장기요양보험을 도입하고 기초연금 제도를 마련하는 등 대응책을 시행해왔으나, 여전히 가족 의존도가 높은 현실과 복지 제도의 사각지대가 남아 있어 지속적인 보완이 요구된다.

둘째로, 경제적 측면에서의 노화 문제가 심각하게 부각되고 있다. 한국은 OECD 국가 중 노인빈곤율 1위를 기록할 만큼 노인의 경제적 취약성이 큰 사회이다. 2016년 기준 한국 65세 이상 인구의 상대적 빈곤율(중위소득 50% 미만 비율)은 43.8%로, OECD 평균 13.5%의 세 배를 넘는다. 과거 대가족 제도에서는 노인이 경제활동을 중단해도 자녀의 부양으로 기본 생계가 유지되었으나, 앞서 언급한 부양 구조 변화와 더불어 많은 현세대 노인들이 국민연금 등 공적연금 혜택을 충분히 받지 못하는 세대이다. 특히 농어촌이나 도시 비공식부문에서 일하며 연금 사각지대에 놓였던 노인들은 은퇴 후 소득 단절을 겪고 있다. 그 결과 많은 노인들이 생계를 위해 계속 일해야 하는 상황에 놓인다. 한국의 노인 취업률은 65세 이상 기준 30%를 넘는데, 이는 경제협력개발기구(OECD) 내에서도 매우 높은 수준이다. 하지만 그 일자리의 상당수는 저임금 단순노무직이거나 불안정한 일용직인 경우가 많아 빈곤을 해소하지 못한다. 경제적 어려움은 단순한 소득 문제를 넘어서 사회·심리적 문제를 야기한다. 노인 빈곤은 한국의 높은 노인 자살률과도 관련이 깊다. OECD 통계에 따르면 한국은 노인 자살률 1위이며, 2017년 보건복지부 조사에서 경제적 곤란이 노인 자살 생각의 가장 큰 요인 중 하나로 꼽혔다. 따라서 노인 빈곤 문제를 완화하기 위해 기초연금 인상, 사적연금 활성화, 노인일자리의 질 개선 등의 노력이 시급한 시사점으로 제기된다.

셋째로, 한국 사회의 노화는 사회문화적 측면에서 세대 간 관계와 연대의 재정립을 요구한다. 한국 문화는 경로효친(敬老孝親)의 전통이 강하여 노인을 공경하는 가치가 중요시되어 왔다. 오늘날에도 노인의 지혜와 경험을 존중하고 의사결정에 참여시키는 문화가 부분적으로 남아 있으나, 빠른 현대화와 세대 교체로 세대 갈등의 조짐도 나타나고 있다. 예컨대 취업난 속에서 청년들은 “노인이 정년 이후에도 일자리를 차지하고 있다”는 불만을, 노년층은 “젊은 세대가 노인을 부양하지 않고 책임을 회피한다”는 불만을 가질 수 있다. 또한 젊은 층 사이에 인터넷 문화 등을 통해 노인을 부정적으로 일반화하는 은어(예: "틀딱")가 등장하는 등 연령차별적 인식이 문제되기도 한다. 이는 급속한 고령화로 인한 세대 구성의 변화 속에서 새로운 사회 통합 방식을 마련해야 함을 시사한다. 세대 간 소통을 증진하고, 노인의 사회 공헌을 가치 있게 활용하며, 세대 모두를 위한 상호 호혜적 정책 설계가 필요하다. 이를 위해 일부 지방자치단체에서는 세대공간 조성, 세대 통합 프로그램 등을 시도하고 있다. 또한 연령 통합적 도시계획(age-friendly city)이 중요해져, 유니버설 디자인을 적용한 교통 및 주거환경, 세대가 함께 어울리는 커뮤니티 공간 조성 등도 추진되고 있다.

넷째로, 한국에서 노화의 특성 중 하나는 교육 수준이 높은 신세대 노인층의 등장이다. 베이비붐 세대 이후의 노인들은 이전 세대보다 평균 학력이 높고, 다양한 사회경험과 정보기술 활용 능력을 갖추고 있다. 이는 노인의 욕구와 행동양식에도 변화를 가져와, 여가 활용, 소비 성향, 정치적 참여 등에서 보다 능동적이고 개성적인 노년상이 부각될 것으로 예상된다. 예를 들어, 평생교육 참여나 은퇴 후 새로운 경력 개발에 관심을 갖는 노인들이 늘어나고, 정보기기를 다루고 온라인으로 사회 관계를 유지하는 '디지털 노인'도 증가하고 있다. 이러한 변화는 노인복지 서비스의 내용과 전달 방식에도 혁신을 요구한다. 과거에는 단순 생계 지원에 초점을 맞췄다면, 이제는 자기계발, 사회참여, 취미활동 지원 등 삶의 질 전반을 고려한 정책이 요구된다. 또한 노인의 권익의식이 높아져 복지서비스의 질에 대한 기대가 증가하므로, 서비스 제공의 전문성과 친절성 역시 중요할 것이다.

한국 사회의 노화는 그 속도와 규모 면에서 유례가 없을 뿐 아니라, 가족구조 변화, 경제적 이슈, 세대관계 재편, 노인계층 내부의 다양성 등 복합적인 특징을 지닌다. 이는 앞서 논의한 노화의 생물학적·심리적·사회적 측면이 한국 사회 특유의 맥락 속에서 전개되고 있음을 의미한다. 이러한 상황에서 얻을 수 있는 시사점은 분명하다. 첫째, 노인에 대한 지원과 정책은 다차원적 접근이 되어야 한다. 건강증진 정책, 심리정서 지원, 사회적 안전망 강화가 함께 이루어질 때 한국 노인들의 삶의 질을 효과적으로 향상시킬 수 있다. 둘째, 개인차에 대응하는 맞춤 전략이 중요하다. 한국 노인 인구가 빠르게 늘어나는 만큼 그 내부의 이질성도 증가하고 있으므로, 획일적 지원보다는 필요에 따른 세분화된 대책이 요구된다. 셋째, 가족의 돌봄 기능 약화를 보완하기 위해 공공 및 민간 부문의 협력이 필수적이다. 지역사회 복지관, 자원봉사 조직, 민간기업 등이 함께 참여하여 독거노인 돌봄, 응급안전망 구축, 정서지원 프로그램 등을 촘촘히 마련해야 할 것이다. 넷째, 고령사회의 부정적 충격을 완화하면서 인구 고령화를 새로운 기회로 전환하려는 노력이 필요하다. 예컨대, 의료산업 및 돌봄서비스 산업의 발전, 시니어 소비시장의 성장, 노인의 경륜을 활용한 멘토링 등이 새로운 경제·사회적 기회가 될 수 있다. 정부 차원에서도 고령인력의 활용과 연금제도 개선, 연령친화적 일자리 창출에 힘쓰고 있다. 다섯째, 무엇보다 연령 통합적 사회환경 조성이 중요하다. 고령화를 '사회 문제'로만 볼 것이 아니라 전 세대가 함께 대비하고 적응해야 할 공통 과제로 인식하여, 세대 간 연대를 강화하고 모두를 포용하는 방향으로 사회적 합의를 이끌어가는 지혜가 요구된다.

노화는 인간이라면 누구나 겪는 보편적 경험이지만, 그 양상은 개인과 사회에 따라 천차만별이다. 노화는 생물학적 변화와 심리적 발달, 사회적 환경이 어우러지는 다차원적 현상이며, 이를 이해하기 위해 다양한 이론과 연구가 발전해왔다. 생물학적 노화 측면에서는 유전자 프로그램과 손상 누적 이론 등이 노화의 메커니즘을 설명하고자 하였고, 심리적 노화 측면에서는 인지능력 변화, 성격의 성숙, 정서조절의 향상 등이 관찰되었다. 사회적 노화 측면에서는 노인 역할의 변화, 사회적 관계망 재편과 연령차별 문제 등이 중요하게 논의되었다. 이러한 각각의 범주를 종합하는 생물심리사회적 접근은 노화 현상을 전체적으로 조망하게 해주며, 노인 개인의 복지와 건강을 증진하는 실천의 기본 틀이 된다. 특히 노화 과정에서 두드러지는 개인차는 노인에 대한 고정관념을 경계하고, 맞춤형 지원과 성공적 노화를 도모해야 함을 일깨워준다.

현재 한국 사회는 세계에서 가장 역동적인 고령화 과정을 겪으면서 노화 연구와 정책의 실험무대가 되고 있다. 한국의 경험은 급속한 경제·사회 발전 속에서 노화의 생물학적·심리사회적 측면이 어떻게 새로운 도전에 직면하는지 보여준다. 이에 대응하는 한국 사회의 노력과 성과는 다른 고령화 국가들에게도 귀중한 시사점을 제공할 것이다. 앞으로 노화에 대한 학술적 이해는 더욱 심화되어, 노화의 유전학과 분자생물학에서부터 노인 심리치료, 연령통합적 도시 설계에 이르기까지 융합적 지식이 축적될 것으로 전망된다. 그러나 무엇보다 중요한 것은 노화를 인간 삶의 자연스럽고 의미있는 한 단계로 인식하는 사회 문화의 정착일 것이다. 노년기를 두려움이나 편견의 대상이 아니라 존중과 연대의 대상으로 바라볼 때, 개인은 자신의 늙음을 긍정적으로 받아들이고 사회는 모든 연령대가 조화를 이루는 성숙함에 도달할 수 있을 것이다. 노화에 대한 올바른 이해와 준비가 개인의 행복뿐만 아니라 사회의 지속가능성을 좌우하는 시대가 되었다고 해도 과언이 아니다. 우리 모두는 언젠가 노인이 되며, 결국 노화의 문제는 곧 우리의 문제이기 때문이다.

## 5. 노년기 정신건강과 감정적 안정

### (1) 노년기 정신건강 개요

노년기는 인구학적, 생물학적 변화와 사회적 환경 변화가 동시에 일어나는 시기로, 이러한 변화들은 정신건강과 정서적 안정에 큰 영향을 미친다. 신체적으로는 노화로 인한 기능 저하와 만성질환의 증가가 두드러진다. 예를 들어 감각 능력 감퇴나 만성 통증, 활동력 감소 등은 노인의 자율성과 삶의 질을 떨어뜨려 우울감과 불안을 유발할 수 있다. 또한 고령일수록 여러 건강 문제를 동시에 겪을 가능성이 높아지는데, 신체 건강이 악화되면 심리적 스트레스와 우울 위험도 함께 높아지는 경향이 있다.

사회적으로는 퇴직, 자녀의 독립, 배우자나 친구의 사망과 같은 역할 상실과 사회적 지지 감소를 경험하게 된다. 이러한 사건들은 노년기 삶의 목적의식이나 정서적 안정감을 위협할 수 있다. 특히 배우자를 잃거나 혼자 사는 노인은 사회적 고립과 외로움을 겪기 쉬운데, 전 세계적으로 약 4명 중 1명의 노인이 사회적 고립이나 심한 외로움을 호소한다는 보고도 있다. 이러한 고립은 노년기 정신건강 문제의 중요한 위험 요인으로 지목된다. 실제로 세계보건기구(WHO)는 약 25%의 노인이 사회적 고립을 경험하며, 이는 우울증 등의 정신건강 문제를 악화시키는 주요 요인이라고 지적하고 있다.

**표10. 노인 주요 정신건강 문제 영역**

| 문제 영역 | 주요 원인 및 위험 요인 | 주요 증상 및 영향 |
|---|---|---|
| 노인 우울증 | - 만성질환 및 신체 기능 저하<br>- 배우자 사별 및 사회적 고립<br>- 경제적 어려움 및 역할 상실<br>- 신경생물학적 요인 (세로토닌 감소 등) | - 지속적인 우울감, 흥미 상실<br>- 불면증 또는 수면과다<br>- 피로감 및 집중력 저하<br>- 식욕 변화 및 체중 감소<br>- 자살 사고 증가 |
| 치매 | - 노화로 인한 뇌세포 퇴행<br>- 유전적 요인 (APOE ε4 유전자)<br>- 고혈압, 당뇨병 등 만성질환<br>- 낮은 교육 수준 및 사회적 활동 부족 | - 기억력 저하 및 학습능력 감퇴<br>- 언어능력 및 문제 해결 능력 저하<br>- 시간 및 공간 인식 장애<br>- 성격 변화 및 감정 기복 증가<br>- 자립적 생활 유지 어려움 |

| 문제 영역 | 주요 원인 및 위험 요인 | 주요 증상 및 영향 |
|---|---|---|
| 경도인지장애 (MCI) | - 치매의 전단계로 인식됨<br>- 고혈압, 당뇨 등 만성질환<br>- 생활습관 (운동 부족, 영양 불균형)<br>- 사회적 활동 및 인지 자극 부족 | - 기억력 저하 (그러나 일상생활 가능)<br>- 복잡한 업무 수행 능력 저하<br>- 집중력 및 문제 해결 능력 감소<br>- 치매로 진행할 위험 증가 |
| 사회적 고립과 외로움 | - 배우자 및 친구의 사망<br>- 자녀 독립 및 가족과의 거리 증가<br>- 신체 기능 저하로 인한 외출 감소<br>- 디지털 기술 활용 어려움 | - 정서적 불안 및 우울 위험 증가<br>- 인지 기능 저하 및 치매 위험 증가<br>- 면역력 저하 및 신체 건강 악화<br>- 삶의 질 저하 |
| 수면 장애 | - 노화로 인한 생체리듬 변화<br>- 만성질환 및 통증<br>- 불안 및 우울증<br>- 카페인 및 약물 부작용 | - 잠들기 어려움 및 자주 깨는 문제<br>- 낮 동안의 피로 및 졸음<br>- 기억력 및 집중력 저하<br>- 우울 및 불안 증상 악화 |

이밖에도 수입 감소와 경제적 어려움, 역할 상실로 인한 소속감 저하, 그리고 연령에 대한 편견(에이지즘) 등도 노인의 정신건강에 부정적인 영향을 미친다. 예컨대 정년퇴직 후 경제적 빈곤에 직면한 노인은 생활고로 인한 스트레스와 무력감을 느끼기 쉽고, 사회에서 주변화되었다는 인식은 우울감을 심화시킬 수 있다. 또한 노인은 자신이 사회에 짐이 된다는 생각이나 죽음에 대한 숙고 등 삶의 의미에 대한 근본적인 고민을 하게 되는데, 이는 자칫 정서적 불안정으로 이어질 수 있다. 이처럼 신체적 노화와 사회적 변화는 상호작용하며 노년기의 정신건강을 좌우한다. 다만 모든 노인이 정신건강 문제를 겪는 것은 아니다. 많은 노인이 풍부한 삶의 경험을 바탕으로 심리사회적 적응력을 발휘하여 안정된 삶을 유지하지만, 그렇지 못한 경우 노년기 우울증이나 불안, 인지 저하 등의 문제가 두드러질 수 있다. 노년기 정신건강에 대한 이해와 지원이 중요한 이유가 바로 여기에 있다.

**표11. 신체적 노화 및 사회적 변화가 노년기 정신건강에 미치는 영향**

| 신체적 노화 요인 | 정신건강에 대한 영향 | 사회적 변화 요인 | 정신건강에 대한 영향 |
|---|---|---|---|
| **만성질환 증가 (심장병, 뇌졸중, 관절염 등)** | 만성 통증과 기능 상실로 우울감 증가 | **은퇴 및 역할 변화** | 직업적 역할 상실로 인한 자존감 저하 및 사회적 고립 위험 증가 |
| **감각 기능 저하 (청력 및 시력 저하)** | 청력 및 시력 저하로 인해 사회적 상호작용 감소, 고립감과 우울 증가 | **사회적 관계 변화 (배우자 사별, 친구 및 가족과의 거리 증가)** | 외로움과 상실감 증가, 심리적 스트레스 및 우울 위험 증가 |

| 신체적 노화 요인 | 정신건강에 대한 영향 | 사회적 변화 요인 | 정신건강에 대한 영향 |
|---|---|---|---|
| **운동 능력 감소 (근력 저하, 보행 장애)** | 신체 활동 감소로 인한 무력감과 우울감 증가 | **세대 간 관계 변화** | 자녀 독립 및 관계 변화로 인해 정서적 지원 부족을 경험할 가능성 증가 |
| **수면 패턴 변화 (수면의 질 저하, 불면증)** | 불면증으로 인해 피로감과 우울 증상 악화 | **경제적 변화 (소득 감소, 경제적 부담 증가)** | 경제적 불안감이 스트레스와 우울 위험을 증가시킴 |

1) 노인 우울증

노인 우울증은 노년기에 발생하는 우울장애로, 기분 저하와 의욕 상실이 지속되는 정신건강 문제이다. 일반적으로 주요우울장애(Major Depression)의 진단 기준은 성인과 동일하지만, 노인에서는 우울증의 표현 양상과 원인이 다소 독특한 양상을 보인다. 노년기 우울증의 유병률은 연구와 기준에 따라 다르나, 전체 노인 인구의 약 1~4%가 임상적으로 진단되는 주요우울장애를 겪고 있다고 보고된다. 경미한 우울감이나 아화된 우울증까지 포함하면 그 비율은 10% 이상으로 높아지며, 한국 노인 5명 중 1명꼴로 우울 증상을 호소한다는 조사도 있다. 특히 여성 노인의 우울증 유병률은 남성의 약 두 배에 이르며, 70~80대 후반의 고령층에서 우울증 발생이 더욱 증가하는 경향이 있다.

노인 우울증의 주요 원인으로는 신체적, 심리적, 환경적 요인이 복합적으로 작용한다. 신경생물학적으로 노화에 따른 뇌 기능 변화와 만성질환의 영향이 중요하다. 예를 들어 뇌졸중이나 파킨슨병, 치매와 같은 뇌질환, 심장병이나 암 같은 만성 질환은 노인에게 우울증을 일으키는 신체적 요인으로 알려져 있다. 뇌 부위 중 정서 조절에 관여하는 편도체와 해마의 노화도 우울 취약성을 높이며, 인지 기능 특히 전두엽 실행기능 저하는 우울 증상과 밀접한 관련을 보인다. 한편 심리사회적으로는 상실 경험(예: 배우자 사별), 역할 상실에 대한 부적응, 만성질환으로 인한 신체적 의존 증가에 따른 무력감, 사회적 고립과 경제적 어려움 등이 우울증 발병에 크게 기여한다. 실제로 한국 노인의 조사에서 삶에서 경제적 어려움을 느끼는 집단이 그렇지 않은 집단보다 우울 위험이 높았고, 배우자나 가까운 친지의 사망 후 지지망 부재 시 우울증으로 진행될 가능성이 큰 것으로 나타났다.

노인 우울증은 증상 표현에서도 청·중년기의 우울증과 약간 다른 특징을 보인다. 우선 겉으로 드러나는 신체적 호소가 많다는 점이다. 노인 우울환자는 "우울하다"는 정서 표현보다 식욕부진, 수면장애, 온몸의 통증 등 신체 증상을 주로 호소하는 경향이 있다. 또한 불안 증상이 동반되는 경우가 많아 이유 없이 불안해하거나 초조해하는 모습을 보이며, 밤에 숙면을 취하지 못하는 불면증도 흔하다. 흥미와 의욕이 극도로 감소하여 평소 즐기던 활동을 그만두고 일상 활동에 어려움을 겪거나, 극심한 무기력감에 빠지기도 한다. 인지 기능 면에서는 일시적인 기억력 저하나 집중력 감소가 나타나 치매로 오인되기도 하는데, 이를 가리켜 '가성치매'라고 부르기도 한다. 실제로 노인 우울증 환자는 기억력과 계산능력 등 인지 기능 저하를 호소하여 치매처럼 보일 수 있으나, 우울증 치료 후 이러한 인지 저하가 회복되면 치매와 감별된다. 다만 우울증이 치매의 전구 증상일 가능성도 일부 있어 주의가 필요하다. 이처럼 노년기 우울증은 진단이 어려워 발견이 지연되는 경우가 많고, 노인 스스로도 나이 탓이나 다른 신체병 때문이라 여기며 적절한 치료를 못 받는 일이 흔하다. 그 결과 자살 위험 증가나 신체 건강 악화로 이어져 삶의 질을 크게 떨어뜨리므로, 조기 인식과 개입이 중요하다.

### 2) 노인 자살

노년기 자살은 전 세계적으로 심각한 공중보건 문제이며, 한국은 그 중에서도 특히 우려되는 수준이다. WHO 통계에 따르면 전 세계적으로 자살로 인한 사망자의 약 4분의 1 이상(27%)이 60세 이상의 노인층에서 발생하고 있다. 이는 인구 고령화로 인해 노인 인구가 증가함에 따라 앞으로 더 큰 사회 문제로 대두될 수 있음을 시사한다. 특히 한국의 노인 자살률은 주요 선진국에 비해 매우 높다. 2015년 기준 대한민국 65세 이상 노인의 자살률은 인구 10만 명당 58.6명으로, 이는 OECD 국가 평균치(18.8명)의 3배 이상에 달하며 회원국 중 가장 높은 수치였다. 같은 해 자살률 2위 국가였던 슬로베니아(38.7명)나 일본(22.8명)과 비교해도 현격히 높은 수준이다. 비슷한 통계가 반복되면서 한국의 노인 자살 문제는 사회적으로 "은퇴 후 삶의 위험"으로 인식될 정도이다.

노인이 자살에 이르게 되는 원인은 복합적이지만, 대체로 우울증과 건강 문제, 사회경제적 어려움이 핵심 요인으로 지목된다. 한국보건사회연구원의 조사에 따르면 65세 이상 노인의 21.1%가 우울 증상을 겪고 있고, 6.7%는 자살을 생각해본 적이 있다고 답했다. 노인 자살 생각의 주요 이유 1위가 경제적 어려움(생활비 부족)이었고, 다음으로 신체 건강 악화, 가족·사회적 관계 단절 등이 꼽혔다. 실제로 자살을 고민한 노인의 27.7%가 생활고를, 27.6%가 본인의 건강 문제를 이유로 들었으며, 18.6%는 가족이나 친구와의 갈등 및 단절을 지적했다. 이처럼 빈곤과 질병, 고립이 노인 자살의 3대 위험요인이라고 볼 수 있다. 특히 만성질환으로 인한 극심한 통증이나 일상기능 상실로 삶의 의미를 상실하게 될 때, 또는 가까운 가족의 죽음 이후 극도의 외로움에 빠질 때 노인은 자살을 충동적으로 시도할 위험이 높아진다. 더욱이 노인은 청년층에 비해 자살 시도가 성공으로 이어질 확률이 높고(치명적인 수단을 사용하거나 발견이 늦어지는 등), 한 번의 시도가 곧 생명의 상실로 이어지기 쉬워 예방이 더욱 중요하다. 노인 자살은 개인의 비극에 그치지 않고 남은 가족들에게 심리적 외상을 남기고, 고령사회에서 사회 전체의 손실로 이어진다는 점에서 그 심각성이 크다. 따라서 노인 자살률을 낮추기 위해서는 앞서 언급한 우울증의 조기치료, 경제적 안전망 확충, 사회적 고립 해소 등 다각도의 노력이 필요하다.

3) 치매

치매(dementia)는 대표적인 노년기 인지장애로, 뇌기능의 퇴행성 변화로 인해 기억력, 판단력 등 인지 기능의 전반적 저하와 일상생활 수행 능력의 상실을 초래하는 증후군이다. 치매는 엄밀히 말하면 정신질환이라기보다는 신경퇴행성 질환이지만, 중증 치매에서는 행동심리증상(BPSD)이라 불리는 다양한 정신행동 증상이 나타나고 환자와 가족의 정신건강에 막대한 영향을 주므로 노년기 정신건강 논의에서 빠뜨릴 수 없다. 알츠하이머병이 전체 치매의 60~70%를 차지하며 그 외에 혈관성 치매, 루이소체 치매 등이 주요 원인 질환이다. 치매의 가장 큰 위험 요인은 나이로, 연령이 높아질수록 발병률이 급격히 상승한다. 유전적 소인, 뇌손상 병력, 심혈관 위험인자(고혈압, 당뇨 등)도 치매 위험을 높이는 것으로 알려져 있다.

전 세계적으로 현재 약 5,500만 명 이상이 치매를 앓고 있으며, 해마다 신규 환자가 1,000만 명 가까이 발생하고 있다. 인구 고령화에 따라 2030년경에는 약 7,800만, 2050년에는 1억 3,900만 명에 이를 것으로 예상된다. 한국의 경우도 예외가 아니어서, 2016년 기준 65세 이상 노인 약 9.95%에 해당하는 70만여 명이 치매 환자인 것으로 추정된다. 이는 2010년대 초반 9% 미만이던 것에 비해 상승한 수치이며, 고령인구의 증가에 힘입어 2050년에는 치매 환자가 270만 명(노인 인구의 15% 이상)에 달할 것이라는 전망도 있다. 이러한 유병률 수치는 치매가 개인과 가족을 넘어 사회 전체의 부담이 되고 있음을 보여준다. 실제로 치매는 노년기 사망 원인 중 7번째에 해당하고, 전 세계 치매로 인한 사회경제적 비용은 2019년 기준 1조 3천억 달러에 달하여 개인당 연간 약 $19,000의 부담으로 환산되기도 한다.

치매의 주요 증상은 초기에는 단기기억 상실(최근 일 기억 못함)과 경도의 혼동으로 시작하여, 병이 진행됨에 따라 인지 기능 전반의 심각한 손상으로 이어진다. 중기 이후에는 시간과 장소를 혼동하고 일상생활 동작(옷 입기, 식사 등)에 어려움을 보이며, 언어능력과 판단력 저하가 뚜렷해진다. 이와 함께 나타나는 정신행동 증상으로는 우울, 불안, 의심과 망상, 수면-각성 주기 교란, 공격적 행동 등이 있다. 예를 들어 가까운 가족을 알아보지 못해 불안해하거나, 피해망상으로 인해 간병인을 적대하는 모습이 나타날 수 있다. 이러한 증상들은 환자 자신에게 극심한 혼란과 좌절을 안겨줄 뿐 아니라, 돌보는 가족들에게도 심각한 심리적·신체적 부담을 준다. 치매 환자의 가족 부양자는 만성적인 스트레스와 우울을 겪는 경우가 흔하며, 이로 인해 일자리 상실이나 사회적 활동 제약을 경험하기도 한다. 따라서 치매는 단순한 의학적 문제가 아니라 사회적 돌봄과 복지의 문제로 인식되며, 국가 차원의 대책 마련이 요구되는 상황이다. 현재 치매는 완치가 어렵고 진행을 완전히 막을 치료법이 없으나, 조기 발견을 통해 증상 진행을 늦추고 적절한 돌봄 체계를 갖추는 것이 최선의 대응으로 여겨진다.

취미활동이나 사회활동 참여는 삶의 의미를 부여하고 우울감을 줄이는 데 도움이 된다. 또한 노년기 변화에 대한 적응력 향상을 위해 인지행동치료(CBT), 마음챙김 명상, 회상요법(과거 긍정적 기억을 떠올리며 자존감을 높이는 기법) 등이 활용될 수 있다. 이러한 심리사회적 개입은 노인의 상실감과 고립감을 완화하고 자아존중감을 유지하는 데 중요하다. 이미 우울증이나 불안을 겪고 있는 노인에게는 전문적인 심리상담이나 정신과 치료를 조기에 제공하여 증상이 악화되지 않도록 해야 한다. 예를 들어 지역사회 정신건강복지센터에서 우울 증상이 있는 노인을 조기에 발견하여 상담 연계하거나, 필요 시 항우울제나 항불안제 등의 약물치료를 병행함으로써 증상을 관리한다. 한편 치매 예방을 위해서는 두뇌 훈련과 인지자극 활동(퍼즐, 독서, 새로운 기술 배우기 등)을 꾸준히 하는 것이 권장되며, 경도인지장애 단계에서 인지훈련 프로그램에 참여하면 치매 진행을 지연시킬 수 있다는 보고도 있다.

사회적 측면의 지원으로는 가족과 지역사회가 노인의 정서적 안정을 도울 수 있는 다양한 방법이 있다. 가족은 가장 가까운 지지체계로서 노인의 감정을 이해하고 정서적 교류를 지속하는 것이 중요하다. 자녀나 손주와의 만남, 전화 통화 등 사회적 연결 유지는 노인의 외로움을 크게 줄이고 삶의 만족도를 높여준다. 지역사회에서는 노인을 위한 여가 및 사회참여 프로그램을 활성화하여 동년배 간 교류와 지지를 얻도록 할 수 있다. 예를 들어 각 지방자치단체나 노인복지관에서 운영하는 노인대학, 취미 교실, 운동 모임 등은 노인의 소속감 형성과 우울 예방에 효과적이다. 더불어 독거노인에 대한 방문 서비스나 말벗 서비스(예: 독거노인 생활관리사 파견, 전화 안부확인 등)를 통해 고립감을 덜어줄 수 있다. 이러한 사회적 지원망은 노년기의 자살 예방에도 중요한데,

주변에서 관심을 갖고 지켜보면 우울 증세나 자살 징후를 조기에 발견하여 전문기관에 연계할 수 있기 때문이다. 치매의 경우에는 지역사회의 치매안심센터(기억클리닉 등)를 통해 인지기능 검진과 상담, 환자 가족 교육을 제공함으로써 환자와 가족을 체계적으로 지원하고 있다. 또한 가족 돌봄 부담을 완화하기 위해 단기 보호시설(Respite care)이나 주간보호센터를 이용하도록 해 가족들이 일정 시간 휴식을 취하며 소진을 예방할 수 있게 돕는다. 사회 전체적으로는 노인에 대한 낙인과 편견을 줄이는 인식 개선도 필요하다. 정신건강 문제로 어려움을 겪는 노인을 '약하다'고 여기거나 치매 환자를 함부로 대하는 태도는 노인들의 도움 요청을 막고 고립을 심화시킨다. 따라서 캠페인이나 교육을 통해 노인의 정신건강에 대한 공감과 이해를 높이는 사회 분위기를 조성해야 한다.

마지막으로 정책적 측면에서는 정부와 공공기관의 제도적 지원이 핵심이다. 인구 고령화 시대를 맞아 많은 국가들이 노인 정신건강 증진을 위한 전략과 정책을 수립·시행하고 있다. 한국에서는 「정신건강복지법」과 「노인복지법」 등 관련 법률에 근거해 전국에 정신건강복지센터를 운영하며, 노인 우울 예방 프로그램과 자살 예방사업을 전개하고 있다. 예를 들어 자살예방 게이트키퍼 교육을 통해 지역사회 주민이나 생활관리사가 노인의 자살 징후를 인지하고 대응하도록 하고, 노인 우울증 선별검사를 보건소와 노인복지관에서 정기적으로 실시하기도 한다. 또한 2017년부터 시행된 치매국가책임제를 통해 전국 각지에 치매안심센터가 설치되어 초기 치매 환자와 가족을 지원하고 있으며, 장기요양보험 제도를 통해 중증 치매노인 돌봄 비용을 국가가 부담하는 체계를 갖추었다. 이러한 정책들은 치매로 인한 가족 부담 경감과 환자 관리의 표준화를 가져와 노인 정신건강 돌봄의 기반을 강화하였다. 경제적 지원 측면에서는 저소득 노인을 위한 기초연금 인상과 의료비 지원, 독거노인 주거환경 개선 등이 간접적으로 정신건강을 지지하는 정책으로 볼 수 있다. 가령 생활여건이 나아지면 자살 위험 요인인 빈곤 스트레스가 줄어들고, 주거 안정이 이루어지면 정서적 안정감이 높아질 수 있다.

국제적으로도 다양한 정책과 프로그램이 시행되고 있다. WHO는 2013-2020년 세계 정신건강기본계획 및 2021-2030년 현명한 노화(Decade of Healthy Ageing)를 통해 각 회원국이 노인 정신건강을 우선과제로 다루도록 권고하고 있다. 특히 2017년 WHO가 채택한 '통합적 노인관리(ICOPE: Integrated Care for Older People)' 지침은 1차 의료 수준에서 노인의 신체 건강뿐 아니라 정신건강과 인지기능까지 포괄적으로 평가·관리하도록 권장하고 있다. 이는 의료진이 노인의 우울증상이나 인지저하를 조기에 발견해 적절히 연계하도록 하는 체계를 의미하며, 몇몇 국가에서는 이미 1차

진료 시 노인 우울 선별검사나 인지기능 검사를 정례화하고 있다. 한편 일본의 경우 고령사회 대책의 일환으로 지역포괄지원센터를 두어 해당 지역 내 노인들의 의료·복지·돌봄을 통합적으로 관리하면서 정신건강 상담도 함께 제공한다. 영국 등 일부 서구 국가들은 노인들의 고독 문제를 완화하기 위해 독거노인 친구 맺기 사업, 전화상담 서비스(Silver Line) 등을 운영하여 사회적 고립을 줄이고 정서 지원을 강화하고 있다. 또한 나라마다 자살예방 전략에 노인 대상 대책을 포함하여, 고령층의 우울 징후 모니터링과 위기 개입, 총기나 독극물 접근 제한(해당 국가 상황에 맞게)을 시행하고 있다.

**표12. 노년기 정신건강 증진을 위한 다각도의 접근**

| 개인 수준 노력 | 가족/사회 지원 | 정책/제도 개선 |
|---|---|---|
| • 건강한 생활습관 (운동, 영양 등)<br>• 지속적 학습과 취미 개발<br>• 스트레스 대처 기술 습득 (예: 명상) | • 가족의 정서적 지지와 돌봄 참여<br>• 노인 친화적 커뮤니티 모임 (여가, 봉사활동)<br>• 이웃 및 자원봉사자의 교류/안부 확인 | • 노인 정신건강 서비스 확충 (상담, 치료 연계)<br>• 사회보장 강화 (연금, 의료비 지원, 주거 안전)<br>• 노인 인식개선 캠페인 및 교육 |

개인-사회-정책 세 수준에서의 노력을 통합할 때 노년기 정신건강 증진 효과는 극대화된다. 다시 말해, 노인이 스스로 신체·정신 건강을 관리하려는 노력에 더해 주변의 지지와 제도적 안전망이 조화를 이룰 때 노년의 정신건강과 감정적 안정이 비로소 확보될 수 있다.

### (2) 사례 및 통계

노년기 정신건강 문제의 심각성과 개입 필요성을 강조하기 위해 실제 사례와 통계를 살펴본다. 사례를 통해 노년기 정신건강 문제가 어떻게 나타나고 생활에 어떤 영향을 미치는지 이해할 수 있으며, 통계는 이러한 문제가 개인적 차원에 머무르지 않고 사회 전체의 중요한 이슈임을 보여준다.

**사례: 75세의 독거 여성 A씨는 몇 달 전부터 악화된 우울감과 불안 증상으로 정신건강의학과를 찾았다. A씨는 평생 미혼으로 살다가 의지하던 오빠를 6개월 전에 잃은 후부터 깊은 상실감에 시달렸다. 그 슬픔을 견디던 중 두 달 전에는 마지막 남은 가족인 언니마저 중병으로 요양병원에 입원하게 되자 A씨의 불안은 극도로 커졌다. 코로나19로 병문안도 어려운 상황에서, A씨는**

"언니마저 세상을 떠나면 자신도 버틸 수 없다"는 생각에 사로잡혔다. 밤에는 온갖 불안한 생각으로 잠을 설치고, 식사도 거르기 일쑤였다. 당뇨병을 앓고 있던 A씨는 스트레스 속에 혈당 관리도 어려워졌다. 설상가상으로 최근에는 기억력과 집중력이 떨어져 물건 둔 곳을 자주 잊어버리고 집안일을 평소보다 훨씬 더디게 처리하게 되었다. 우울감보다는 여기저기 아프고 피곤하다는 신체 증상 호소가 잦았고, 혹시 자신이나 언니에게 나쁜 일이 생길 것 같은 막연한 불안감에 사로잡혀 지냈다. 다행히 이웃의 도움으로 지역 정신건강복지센터를 통해 병원 치료를 받게 된 A씨는 약물치료와 상담치료를 병행하며 조금씩 안정을 찾아갔다. 이 사례는 노년기 우울증이 가족상실, 만성질환, 사회적 고립 등이 맞물려 나타날 수 있음을 보여준다. 또한 노인의 우울이 주로 신체화된 증상과 불안으로 표현되고, 인지기능 저하로까지 이어질 수 있음을 잘 나타낸다. A씨의 사례에서 보듯, 복합적인 스트레스 요인에 놓인 노인은 전문적 도움 없이 혼자 문제를 겪다간 자칫 삶의 의욕을 완전히 잃거나 극단적인 선택을 할 위험이 있다. 따라서 지역사회 차원의 조기 발견과 개입이 얼마나 중요한지 알 수 있다.

한편, 거시적인 통계 지표들도 노년기 정신건강 문제가 상당히 광범위하며 시급한 대응을 요하는 과제임을 시사한다. 인구 고령화로 인해 노인 인구는 지속적으로 증가하고 있다. 전 세계적으로 2020년 60세 이상 노인이 10억 명에 달했고, 2030년에는 14억 명으로 늘어나 세계 인구의 6명 중 1명이 노인이 될 전망이다. 한국도 2025년경 초고령사회(65세 이상 인구 20% 이상)에 진입하고 2050년에는 국민 10명 중 4명이 노인이 될 것으로 예상된다. 이러한 인구구조 변화에 따라 노인의 정신건강 유병률 역시 사회적으로 큰 영향을 미칠 수밖에 없다. WHO는 60세 이상 노인의 약 14%가 우울증, 불안, 치매와 같은 정신 또는 신경질환을 겪고 있다고 보고하였다. 우리나라 자료에서도 노인의 우울 감염률(GDS 등 척도로 측정된 우울 증상 비율)이 20% 안팎으로 나타나 청장년층보다 높으며. 이는 노년층에 집중적인 자살예방 노력이 필요함을 알려준다. 치매 통계를 보면, 65세 이상에서의 치매 유병률은 10% 내외이지만 80대 이상에서는 30%에 육박하여 초고령층의 3명 중 1명은 치매를 앓을 수 있다는 뜻이다. 2021년 현재 한국의 치매 환자 수는 약 85만 명으로 추산되며, 2030년 136만 명, 2050년에는 300만 명에 근접할 것이라는 전망도 있다. 이러한 숫자들은 치매 관리 및 예방이 향후 수십 년간 사회복지와 보건의료의 핵심 과제임을 방증한다.

위 사례에서 본 개인의 이야기부터 거시 통계에 이르기까지, 노년기 정신건강 문제는 개인적 고통과 사회적 비용 측면에서 크나큰 함의를 지닌다. 따라서 노년층의 정신건강을 지원하는 것은 인간의 존엄한 삶을 보장하는 문제일 뿐 아니라, 고령화 사회의 지속가능성을 위해 꼭 필요한 일이다.

### (3) 정책적 접근

노년기 정신건강 증진을 위해 각국 정부와 국제기구는 다양한 정책적 접근과 프로그램을 추진하고 있다. 이러한 정책들은 예방, 치료, 돌봄의 전 단계를 아우르며, 노인이 안정된 정신건강을 유지하도록 돕는 사회적 안전망을 구축하는 데 초점을 맞춘다.

한국에서는 지난 수십 년간 노인 정신건강 정책이 점진적으로 발전해왔다. 2005년 「자살예방 및 생명존중문화 조성을 위한 법률」 제정을 시작으로 국가 차원의 자살예방 계획에 노인을 주요 대상으로 포함시켰다. 최근 정부는 2028년까지 자살률을 절반으로 낮추겠다는 목표 하에 취약 노인 100만 명에 대한 심리상담 지원 등 적극적인 대책을 내놓고 있다. 또 다른 중요한 축은 치매정책이다. 2008년 제1차 치매관리종합계획을 시작으로 국가 치매책임제가 도입되어 현재 제4차 치매관리종합계획에 이르고 있다. 이를 통해 전국 256개 치매안심센터 운영, 치매 환자 등록관리, 치매지원서비스(배회감지기 보급 등) 등 포괄적 치매 지원체계가 구축되었다. 아울러 65세 이상 노인을 대상으로 한 정신건강 검진을 도입하여 보건소 등에서 우울증 선별검사(PHQ-9 등)를 정기 건강검진에 포함시키고, 위험군 노인을 상담 및 치료에 연계하는 사업도 시범 운영 중이다. 이러한 조기 발견 시스템은 아직 완벽하지는 않지만, 향후 노인 우울과 치매를 조기에 찾아내는 예방적 정책으로서 발전 가능성이 크다.

지역사회 차원에서도 정책적 노력은 이어지고 있다. 보건복지부와 지방자치단체는 협력하여 커뮤니티 케어 정책을 추진, 노인이 살던 지역에서 필요한 의료·돌봄 서비스를 통합적으로 받을 수 있도록 시도하고 있다. 예를 들어 노인 맞춤형 사례관리를 통해 독거노인이나 정신건강 취약 노인을 발굴하여 복지 서비스와 의료 서비스를 연계하고 있다. 또한 각 지자체는 노인복지관, 경로당 활성화 사업에 예산을 투입하여 노인들의 사회활동 참여와 정신건강 증진을 도모하고 있다. 정책적으로 고독사 예방 사업도 중요한데, 독거노인 고독사 문제에 대응하여 정기 안부확인, IoT기반 안전센서 설치 등으로 위기 상황을 조기에 감지하려는 노력이다. 이는 곧 사회적 고립 상태의 노인이 건강 악화나 극단적 선택으로 이어지지 않도록 예방적 개입을 시스템화한 사례이다.

국제적으로 살펴보면, WHO와 UN 등은 회원국들이 노인 정신건강을 정책 우선순위에 둘 것을 권장하고 있다. WHO는 노인 정신건강을 공중보건의 우선과제로 선언하며, 회원국들이 노년기 정신질환의 예방과 치료 접근성을 높이도록 가이드라인을 제시해왔다. 유럽연합은 각국의 모범사례를 공유하며 노인 자살률 감소와 치매환자 돌봄 향상을 위한 전략을 추진 중이다. 예컨대 덴마크는 오래전부터 방문간호사와 사회복지사가 팀을 이루어 지역사회 노인의 정신건강을 모니터링하고 필요 시 개입하는 재가정신건강

서비스를 운영해 왔으며, 호주는 `Beyond Blue` 같은 국가 차원의 정신건강 이니셔티브에서 노년층 프로그램을 마련하여 은퇴 후 우울감을 겪는 노인들에게 상담과 커뮤니티 연결을 지원한다. 일본은 치매정책에서 지역사회 대응을 강화하고 있는데, 2019년 발표된 '치매체크리스트'를 통해 40세 이상 주민이 스스로 인지건강을 점검할 수 있게 하고, 이상 신호 시 지역 보건소와 연계하는 시스템을 갖추었다. 또한 일본은 "인지증 서포터즈(치매 서포터)"라는 시민 봉사자 양성 프로그램을 통해 지역 주민들이 치매에 대한 이해를 높이고 환자와 가족을 도울 수 있도록 하고 있다. 영국의 Ageing Better 정책 프레임워크는 노인의 정신적 안녕(well-being)을 중요한 지표로 설정하여, 노인 우울 예방을 위한 커뮤니티 예산을 확대하고, 노인 친화적 주택 및 교통정책(외출을 통한 사회 접촉 증가를 위해)을 병행하고 있다.

이처럼 국내외의 정책과 프로그램들은 각 사회의 환경과 필요에 맞게 다양하게 전개되고 있지만, 그 공통점은 노년기 정신건강을 개인 문제가 아닌 사회 구조적 문제로 인식하고 체계적인 지원을 제공한다는 데 있다. 궁극적으로 노인이 신체적으로 건강할 뿐 아니라 심리적 안녕과 감정적 안정을 누리는 것은 인간다운 노후의 핵심 요소이며, 이를 뒷받침하기 위한 다층적인 노력이 계속 확대되어야 할 것이다.

Chapter 4

# 고령사회에서의 노화

1. 노화의 사회적 영향과 대응
2. 성공적 노화 개념 및 모델
3. 연령통합 사회와 정책적 대응

# 1. 노화의 사회적 영향과 대응

1) 고령화 사회의 개념 및 현황

전 세계적으로 인구 고령화가 빠르게 진행되고 있다. 고령화 사회는 전체 인구 중 65세 이상 고령인구 비율이 7% 이상인 사회를 의미하며, 고령사회는 이 비율이 14%를 넘은 경우를 말한다. 65세 이상 비율이 20%를 넘으면 초고령사회로 분류한다. 예를 들어 일본은 1970년에 고령화사회(노인인구 7%)에 진입한 후 24년 만인 1994년에 고령사회(14%)가 되었고, 12년 뒤인 2006년에 초고령사회(20%)에 도달했다. 한국의 경우 고령화사회 도달 시점은 2000년으로, 이후 불과 17년 만인 2017년에 고령사회로 진입했으며 2025년에는 초고령사회 진입이 예상될 정도로 고령화 속도가 매우 가파르다. 이러한 인구학적 변화는 출산율 저하와 평균수명 연장에 기인한다. 세계보건기구(WHO)에 따르면 2015년에서 2050년 사이 전 세계 60세 이상 인구 비율은 12%에서 22%로 거의 두 배 증가할 전망이며. 이는 과거에 비해 훨씬 빠른 고령화로, 각 사회가 이에 대비할 것을 요구한다.

실제로 고령화가 진전됨에 따라 많은 국가에서 정년 연장과 고령자 고용촉진 정책을 도입하여 고령인력이 더 오래 일하도록 유도하고 있다. 예를 들어 유럽연합(EU)은 2000년대 초에 55~64세 고령자의 고용률을 높이고 실제 은퇴 연령을 연장하기 위한 목표를 설정한 바 있다. 미국 등 일부 국가는 고령자 고용차별금지법을 통해 일정 연령 이상에서 정년제한을 폐지하고 있으며, 일본과 한국도 법정 정년을 60세 이상으로 상향하고 기업에 재고용을 촉진하고 있다.

고령화에 대응하여 노동시장에서 고령자의 사회적 역할이 재정립되고 있다. 과거에는 일정 연령에 도달하면 일선에서 물러나 은퇴하고 여가를 보내는 것이 일반적이었으나, 현대 사회에서는 건강하고 역량을 갖춘 노인이 계속해서 일하거나 사회에 기여하도록 장려하는 추세다. 이는 한편으로는 숙련되고 경험 많은 고령 인력이 경제에 지속적으로 공헌함으로써 노동력 부족을 완화하고 세대 간 부양 부담을 덜 수 있는 기회로 여겨진다. 하지만 동시에 일자리 경쟁 측면에서 세대 간 갈등의 원인이 되기도 한다. 청년층은 고령층의 경제활동 연장이 자신의 일자리 진입을 막는다고 느낄 수 있고, 반대로 고령층은 자신들이 더 일할 기회를 얻지 못하면 생계와 사회참여에 어려움을 겪는다고 볼 수 있다. 실제 한국에서도 정년연장 논의 과정에서 세대간 일자리 양보론 등이 등장하여 논란이 되었으며, 고령자 계속고용 정책이 "젊은 세대의 기회를 빼앗는다"는 세대 갈등 담론이 나타났다. 이러한 갈등을 해소하기 위해서는 노동시장 전체의 파이를 키우고, 세대 간 상생 고용전략을 모색하는 정책적 노력이 필요하다. 예컨대 임금피크제 도입으로 기업의 부담을 줄여 고령자 고용을 유지하면서 동시에 청년 채용을 늘리는 방안 등이 시행되고 있다.

경제 구조 측면에서도 고령화는 산업구조의 변화를 가져온다. 노인 인구가 증가함에 따라 의료, 간호, 복지용품 등 실버산업이 성장하고, 노년층을 대상으로 한 신제품·서비스 수요가 확대된다. 반면 청장년 인구 감소로 인해 일부 산업에서는 내수시장 축소나 인력 부족 현상이 나타날 수 있다. 고령층의 소비 패턴은 젊은층과 달라서 경제 전반의 소비 트렌드가 변하고, 정부의 재정 운용에서도 연금, 의료비 지출 비중이 크게 늘어나게 된다. 이에 대응하여 생산성 향상과 기술 혁신을 통해 노동생산성을 높이고, 인공지능이나 자동화 등으로 부족한 노동력을 대체하며, 연금개혁 등을 통해 재정을 지속가능하게 만드는 노력이 세계 각국에서 진행 중이다.

### 2) 가족구조와 부양 형태 변화

인구 고령화와 더불어 핵가족화, 저출산 경향이 맞물리면서 가족구조와 노인 부양 형태에도 큰 변화가 나타나고 있다. 전통적으로 한국사회에서는 성인 자녀에 의한 노부모 부양이 당연시되었고, 대가족 제도하에서 노인이 가족과 동거하며 돌봄을 받는 비율이 높았다. 그러나 산업화와 도시화로 인해 세대가 분리되어 거주하는 사례가 늘고, 여성의 경제활동 참여로 인해 가족 내 돌봄 제공자가 줄어드는 등 환경 변화가 일어났다. 그 결과 노인이 독립적으로 생활하거나 노인 부부끼리만 사는 가구의 비중이 크게 증가했다. 한국의 경우 1994년에는 65세 이상 노인의 40%만이 배우자와 함께 살거나 혼자 살았지만, 20년 후인 2014년에는 그 비율이 68%로 급격히 높아졌다. 이는 노인 부양에 있어 가족의 역할이 축소되고 있음을 보여준다.

이러한 문제를 해결하기 위해 정부와 지방자치단체는 재가 복지서비스, 방문 건강관리, 독거노인 친구맺기 사업 등 다양한 정책을 실시하고 있다. 예를 들어 독거노인에게 생활관리사가 정기적으로 방문하거나 안부전화를 걸어 안위를 확인하고 생활을 지원하는 서비스가 제공되고, 지역 사회복지관 등에서 노인 사회관계망 형성 프로그램을 운영하여 노인의 사회적 고립감을 줄이고자 노력한다.

또한 가족의 부양 부담을 경감하기 위해 공적 부양체계가 강화되고 있다. 2008년 도입된 노인장기요양보험은 일상생활이 어려운 노인들에게 요양시설 입소나 방문 요양 서비스를 제공하여 가족이 전적으로 부담하던 노인 돌봄을 사회가 분담하도록 한 제도다. 이처럼 국가와 사회가 노인 부양을 부분적으로 맡음으로써 가족 구성원의 부양 부담을 덜고, 부양에 따른 세대갈등을 완화하는 효과를 기대할 수 있다. 한편으로는 손자녀를 돌보는 조부모 역할을 맡는 등 가족 내 노인의 역할 변화도 나타난다. 맞벌이 가정이 늘면서 조부모가 손주 양육을 돕는 사례가 증가하여, 노인이 돌봄 제공자의 역할을 수행하기도 한다. 이는 가족관계 측면에서 세대 간 상호부조의 새로운 형태로 평가된다.

3) 노인의 사회적 역할 변화 및 세대 간 갈등

고령화 시대의 도래와 함께 노인의 사회적 역할에 대한 인식도 변하고 있다. 노인을 더 이상 단순히 보호와 부양의 대상으로만 보는 것이 아니라, 능동적 사회 구성원으로 참여시키려는 패러다임 전환이 이루어지고 있다. 건강하고 풍부한 경험을 가진 노인은 노동시장, 지역사회, 가정 등 여러 영역에서 가치 있는 기여를 할 수 있다. 예컨대 은퇴 후에도 자신의 전문성을 살려 재취업하거나 자원봉사를 통해 지역사회에 봉사하는 노인이 늘고 있다. 노인은 또한 유권자로서 정치적 힘을 갖고 지역사회 의사결정에 영향력을 행사하며, 시민단체 활동이나 노인 단체 참여 등을 통해 자신들의 권익을 대변하기도 한다. 이러한 사회적 역할 수행은 노인 개인의 자아실현과 삶의 만족도를 높이는 동시에, 사회 전체에도 인적자원의 활용 측면에서 긍정적인 효과를 준다.

하지만 노인의 사회참여 확대는 때때로 세대 간 갈등을 수반하기도 한다. 앞서 언급한 노동시장에서는 일자리 경쟁 문제가 대표적이며, 복지 재원 배분에 있어서도 세대 간 이견이 있을 수 있다. 젊은 세대는 자신들이 납부한 세금과 보험료가 고령층의 연금과 의료비로 과도하게 지출되는 것에 대해 불만을 가질 수 있고, 반대로 고령 세대는 오랜 기간 기여해온 사회보장 체계로부터 충분한 혜택을 받지 못할 것을 우려하기도 한다. 이러한 인식 차이는 연금 개혁이나 복지 정책 논의 시에 세대 갈등 구도로 표출될 수 있다. 예를 들어 연금지급 연령을 높이거나 연금액 조정을 논의할 때 젊은 층은 자신들의 미래 부담을 줄이기 위해 개혁을 요구하지만, 기성 노년층은 급격한 개혁으로 자신의 노후 소득이 감소할 것을 염려하는 식이다. 또 하나의 갈등 요인은 문화적 차이에서 온다. 오늘날 고령 세대와 젊은 세대는 성장 배경과 가치관에서 차이가 크며, 이는 생활양식부터 정치적 성향에 이르기까지 다양한 분야에서 세대 간 의견 충돌로 나타난다. 노년층은 전통적 가치나 기존 사회질서를 중시하는 반면, 청년층은 변화와 혁신을 추구하는 경향이 있어, 사회 현안을 두고 세대별 시각차가 커질 수 있다.

이러한 세대 갈등을 해소하고 세대 간 협력을 도모하는 것은 고령사회에서 중요한 과제다. 이를 위해 서로에 대한 이해와 소통을 증진하는 노력이 필요하다. 세대공감 프로그램이나 멘토링 등을 통해 청년과 노년이 교류할 기회를 늘리고, 언론이나 교육을 통해 세대 간 상호이해와 존중의 문화를 조성하려는 시도가 이루어지고 있다. 또한 정책 형성 과정에서 세대별 의견을 균형있게 반영하고, 세대연대의 관점에서 모두에게 윈윈이 될 수 있는 방안을 찾는 노력이 중요하다. 가령, 노인의 고용을 늘리면서도 청년층 일자리 창출에 투자하는 세대상생 일자리 정책, 노인 복지 지출 증가가 미래세대의 부담만이 아니라 현재 세대의 일자리(돌봄일자리 창출 등)로도 이어질 수 있도록 하는 선순환 구조를 설계하는 것이 한 예다.

4) 정책적 대응 방안

인구 고령화에 따른 사회 변화에 대응하기 위해 정부 및 사회 차원에서 다각적인 정책이 시행되고 있다. 그 주요 방향으로는 고용정책 개선, 연금 및 복지제도 정비, 건강증진 및 질병예방 전략을 들 수 있다. 표준적인 인생주기가 변화함에 따라 사회제도를 조정하고, 고령층이 보다 활발하고 생산적으로 지낼 수 있는 환경을 조성하는 것이 정책의 목표이다.

먼저, 고령자 고용 및 경제참여 정책이 중요하다. 고령인구 증가로 줄어든 생산연령인구를 보완하기 위해 많은 국가에서 정년 연장과 유연한 고용제도를 도입하고 있다. 한국도 2016년부터 정년 60세 의무화를 시행하였고, 장기적으로 정년을 65세 이상으로 상향하는 논의가 진행 중이다. 기업 차원에서는 임금피크제 등을 통해 일정 연령 이후 임금을 조정하면서 고용을 연장하는 방식을 활용하고 있다. 또한 계속고용제도(정년 이후 재고용)나 파트타임 일자리 확대 등 다양한 형태로 노인의 일할 기회를 보장하려는 정책이 추진된다. 한편, 은퇴한 고령층이 경험과 전문성을 살려 창업하거나 지역사회에서 봉사활동, 사회적기업 등에 종사할 수 있도록 지원하는 정책도 중요하다. 예를 들어 정부는 신중년 창업 지원이나 노인 사회공헌 활동 지원을 통해 퇴직한 베이비부머 등의 사회참여를 독려하고 있다. 이런 정책들은 고령층에게 자기실현의 기회를 제공하는 동시에, 그들이 사회에 기여함으로써 세대 간 상호부조를 강화하는 효과가 있다. 다만 고령자 고용 활성화는 앞서 언급한 세대 간 형평성 논란을 수반할 수 있으므로, 일자리 확대 정책과 연계하여 청년층 기회도 함께 창출하는 종합적 접근이 요구된다.

둘째, 연금 및 복지제도의 개혁과 강화가 필요하다. 급속한 고령화로 연금 수급자는 늘고 납부자는 줄어드는 추세에서 현 연금제도의 지속가능성을 확보하는 일이 핵심 과제가 되었다. 이에 따라 각국에서 공적연금 개혁을 추진하고 있는데, 한국도 국민연금의 지급연령을 점진적으로 상향 조정하고 기금의 안정적 운용을 위한 개편을 논의 중이다. 연금 개혁은 세대간 부담과 혜택의 형평성을 고려하여 신중히 이루어져야 하며, 필요시 퇴직연금이나 개인연금 등의 다층연금체계를 활용하여 노후소득 보장 수준을 높이고 재정 부담을 분산시키는 전략이 사용된다. 이와 함께 경제적 취약 노인을 위한 기초연금 제도가 도입되어 최소한의 소득을 보장하고 있으며, 장기요양보험을 통해 노인의 요양 돌봄을 지원하는 등 노인복지제도 전반이 확충되고 있다. 예산 배분에 있어서도 보건복지 분야의 비중이 증대되고, 커뮤니티 케어, 주택 개조 지원(예: 경사로 설치, 안전손잡이 설치) 등 노인이 독립적으로 생활할 수 있도록 돕는 서비스들이 강화되고 있다. 이러한 정책들은 가족의 부양 부담을 경감시키고 노인의 생활 안정을 도모함으로써 인구 고령화로 인한 사회적 위험을 완화하는 데 기여한다.

셋째, 노인의 건강 유지 및 질병 예방을 위한 정책이 중요하다. 고령화 사회에서는 건강수명(Healthy Life Expectancy), 즉 건강하게 활동할 수 있는 기간을 늘리는 것이 핵심 과제로 부상한다. 이를 위해 질병이 발병하기 전에 예방하고 노년기까지 신체적·정신적 건강을 최대한 유지하도록 돕는 다양한 보건 정책이 시행되고 있다. 대표적으로 국가건강검진을 통해 중장년층부터 만성질환을 조기 발견·관리하고, 고혈압·당뇨 같은 만성질환의 자기관리 프로그램을 운영하여 합병증을 예방한다. 지역사회 차원에서는 노인운동 프로그램(예: 경로당 또는 복지관에서 하는 체조 교실, 걷기 모임)을 제공하여 노인의 규칙적인 신체활동을 장려하고 근력 및 균형 감각을 향상시킴으로써 낙상과 장애를 예방한다. 또한 인지훈련 프로그램이나 평생교육 기회를 통해 노인의 인지기능 유지와 우울증 예방에 힘쓰고 있다. WHO가 강조하는 "활동적 노화(active ageing)" 개념에서도 건강 유지와 사회참여, 그리고 안전의 확보를 노인의 삶의 질 향상을 위한 3대 요소로 제시하고 있다. 이를 실현하기 위해서는 개인의 노력뿐 아니라 보건의료체계의 정비와 건강친화적 환경 조성이 필수적이다. 예를 들어 1차 의료 수준에서 노인 만성질환 관리를 강화하고, 거동 불편 노인을 위한 방문진료나 원격의료를 도입하며, 대중교통과 건축물을 노인이 이용하기 편리하도록 고령자 친화적으로 개선하는 등의 노력이 이루어지고 있다. 나아가 WHO가 추진하는 Healthy Ageing(건강한 노화) 정책 척도에 맞추어 2020-2030년을 세계 건강노화의 10년으로 정하고 국제 협력을 통해 각국의 정책 경험을 공유하고 있는 것도 이러한 노력의 일환이다.

고령화 사회에 대응하는 정책은 고령층을 사회의 부담이 아닌 자원으로 바라보는 관점을 바탕으로, 연령에 구애받지 않고 활발히 활동하며 건강하고 안정된 삶을 영위할 수 있도록 돕는 것을 지향한다. 이는 단순히 노인의 삶의 질 향상에 그치지 않고 세대 모두에게 긍정적 파급효과를 미칠 수 있다.

**그림3. 고령화 사회 대응을 위한 주요 정책 영역**

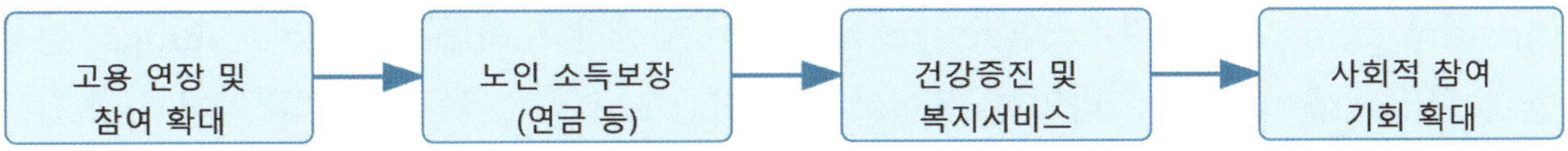


고령자의 경제적 역할, 건강관리, 사회적 역할을 균형 있게 지원하는 정책적 노력이 상호보완적으로 이루어질 때 비로소 성공적인 고령화 대응이 가능해질 것이다. 이는 다음 절서 다룰 "성공적 노화"의 달성을 위한 거시적인 사회 환경 조성 측면과도 깊이 관련된다.

## 2. 성공적 노화 개념 및 모델

1) 성공적 노화의 개념 및 역사적 발전

노화에 대한 관점은 과거의 결손 모델에서 성장 모델로 전환되어 왔다. 한때 노화는 피할 수 없는 신체적·정신적 쇠퇴의 과정으로 여겨져, 노년기는 질병과 의존의 시기로만 인식되곤 했다. 그러나 20세기 후반에 이르러 노인의 삶에도 질적 다양성이 존재하며 많은 개인들이 건강하고 활기차게 노년을 보낼 수 있다는 인식이 확산되었다. 이와 함께 노화를 보다 능동적이고 긍정적인 과정으로 파악하려는 연구들이 등장하면서 성공적 노화(successful aging) 개념이 대두되었다. 성공적 노화란 노년기에 신체적 건강과 심리사회적 안녕을 최대한 유지하며 삶에 적극 참여하는 것을 의미한다. 이 개념은 1960년대 Havighurst 등의 활동이론(Activity Theory)에서도 어느 정도 암시되었지만, 본격적으로 학문적 주목을 받은 것은 1980년대 후반 이후이다.

1987년 미국의 학자 Rowe와 Kahn은 노화를 "보통의 노화(usual aging)"와 "성공적 노화(successful aging)"로 구분하면서 성공적 노화의 개념을 명확히 제시하였다. 이들은 노화 과정에서 개인이 통제할 수 없는 유전적 요인뿐 아니라 생활습관이나 사회적 요인 등의 영향이 크며, 적절한 관리와 노력으로 노화의 부정적 영향을 크게 줄일 수 있다고 보았다. 이러한 관점은 노년학 분야에 새로운 방향을 제시하여, 이후 성공적 노화를 규정하고 측정하려는 다양한 시도가 나타났다. 1990년대에 들어 Rowe와 Kahn은 성공적 노화의 정의를 구체화하며, 노년기의 신체적 건강, 정신적 기능, 사회적 참여의 세 가지 요소를 강조하였다. 이후 이들 요소를 기준으로 얼마나 많은 노인이 "성공적"으로 노화하고 있는지, 무엇이 그 결정요인인지를 밝히는 실증 연구들이 다수 진행되었다. 한편 성공적 노화와 유사한 개념들이 다원적으로 발전하여 건강한 노화(healthy aging), 활동적 노화(active ageing), 생산적 노화(productive aging), 행복한 노화(aging well) 등 다양한 용어가 사용되기도 했다. 각 용어마다 약간씩 초점은 다르지만, 대체로 노년기의 삶의 질을 높이고 기능적 독립성을 유지한다는 공통점을 지닌다.

성공적 노화 개념은 시간이 지나며 여러 비판과 수정 제안을 겪었다. 초기의 성공적 노화 모델이 지나치게 엄격한 기준을 적용하여 상당수 노인을 "성공적이지 않은" 집단으로 분류한다는 지적이 있었다. 예를 들어 만성질환을 한 가지라도 가진 노인은 자동으로 성공적 노화에서 제외되는 정의라면, 현실에서 그 비율은 매우 낮아진다. 또한 개인의 노력뿐 아니라 사회경제적 조건이나 생애 초기 환경 등 구조적 요인이 노후의 삶의 질에 큰 영향을 미치는데, 이러한 부분이 간과되었다는 비평도 있었다. 이에 따라 성공적 노화 개념을 주관적 만족도나 적응력까지 포함해 확장하거나, 노인의 다양한 목소리를 반영해야 한다는 주장도 제기되었다. 예컨대 "주관적 성공적 노화"를 측정하여 노인 스스로 자신의 노화를 얼마나 성공적으로 평가하는지 보는 연구가 나타났고, 성공적 노화의 기준은 일률적일 수 없으며 개인마다 다를 수 있다는 관점도 받아들여졌다. 이러한 논의의 발전에도 불구하고, Rowe와 Kahn의 성공적 노화 프레임워크는 여전히 노년학과 공중보건 분야에서 중요한 이정표로 남아 있으며, 이후 소개할 다양한 모델들의 기초를 이루고 있다.

### 2) Rowe & Kahn의 성공적 노화 모델

Rowe와 Kahn이 제시한 성공적 노화 모델은 가장 널리 알려진 이론적 틀로서, 노년기의 삶의 질을 결정하는 세 가지 핵심 요소를 강조한다. 그 세 요소는 다음과 같다.

① 질병의 회피 및 위험인자의 관리(Avoiding disease and disability): 성공적 노화를 위해서는 노년에 이르기까지 심각한 만성질환이나 장애를 피하고, 질병이 있더라도 효과적으로 관리하여 신체적으로 가능한 한 건강한 상태를 유지하는 것이 중요하다. 이는 예방의학적 노력(예: 적절한 운동, 식습관 개선, 정기검진 등)과 의료적 관리로 달성될 수 있다. 질병이 없을수록 또는 잘 조절될수록 노인이 독립적으로 활동하고 생활 만족도를 높게 유지할 가능성이 커진다.

② 높은 인지적·신체적 기능 유지(Maintaining high physical and cognitive function): 단순히 병이 없다는 것만으로 충분하지 않으며, 일상생활을 원활히 영위할 수 있는 신체적 활력과 인지능력을 보유하는 것이 두 번째 요건이다. 여기에는 근력, 지구력, 균형감각 같은 신체기능과 기억력, 판단력 등의 인지기능이 모두 포함된다. Rowe와 Kahn은 이러한 기능적 능력이 노년기 삶의 독립성과 생산성을 결정짓는 핵심 요소라고 보았다. 예컨대 80대에도 명료한 정신과 움직일 수 있는 신체 능력을 가진 사람은 그렇지 않은 사람보다 다양한 활동에 참여하며 만족스러운 삶을 누릴 수 있다. 연구에 따르면 규칙적인 신체활동과 지적 자극, 사회적 활동이 이러한 기능 유지에 크게 기여한다.

③ 사회적·생산적 참여(Active engagement with life): 세 번째 요소는 사회적 상호작용과 유의미한 활동에 적극적으로 참여하는 것이다. 이는 가족, 친구, 이웃과의 사회관계 유지, 공동체 행사나 모임 참여, 자원봉사나 취미활동 등 생산적 역할 수행을 모두 포함한다. 즉, 사회와 연계되고 목적 있는 활동을 지속하는 것이 성공적 노화의 필수 요건으로 간주된다. 이러한 참여는 노인에게 소속감과 자존감을 부여하고, 정신적 활력을 유지시키며, 우울이나 인지저하를 예방하는 효과가 있다. 예를 들어 동년배 모임에 정기적으로 나가거나 손자녀 돌보기, 혹은 지역사회 자원봉사를 하는 노인은 은둔형 생활을 하는 노인보다 삶의 의미를 더 강하게 느끼고 정신적으로도 건강할 수 있다.

Rowe & Kahn 모델에서는 위 세 가지 요소가 동시에 충족될 때 비로소 이상적인 의미의 성공적 노화가 이루어진다고 본다. 이 모델은 노화에 대한 바이오메디컬 관점과 심리사회적 관점을 통합하여 노인의 다양한 삶의 모습을 설명하려 했다는 점에서 의의가 있다. 세 요소는 상호보완적이다. 건강한 신체가 뒷받침되면 활동에 참여하기 쉽고, 활동 참여는 신체 및 인지 기능 유지에 도움이 된다. 또한 기능이 유지되면 질병 발생 가능성도 낮아지는 선순환이 생긴다. 물론 현실에서는 모든 요소를 완벽히 충족하기 어렵지만, 이 모델은 노화 과정을 보다 능동적으로 관리할 수 있는 영역을 제시했다는 점에서 큰 영향을 미쳤다. 이후 많은 연구자들이 이 틀을 활용해 노인의 건강행동, 사회적 지원, 경제적 상태 등이 성공적 노화에 미치는 영향을 분석하였고, 상당 부분 Rowe & Kahn의 주장이 뒷받침되었다. 다만, 이 모델이 건강한 노화의 보편적 척도로 쓰이면서 앞서 언급한 바와 같은 비판(예: 기준의 경직성, 사회구조적 요인 간과)이

제기되어 왔다. 그럼에도 불구하고 Rowe & Kahn 모델은 성공적 노화 담론의 기초를 놓았으며, 이를 발전시키거나 보완하는 후속 모델들의 등장을 촉진하였다.

3) WHO의 활동적 노화(active ageing) 개념

활동적 노화(active ageing)는 세계보건기구(WHO)가 2002년 제시한 개념으로, 노인이 신체적으로 건강을 유지하면서도 사회적으로 적극 참여하고 안전한 생활을 영위하도록 기회와 환경을 조성하는 것을 의미한다. WHO는 활동적 노화를 "나이가 들어도 삶의 질을 향상시키기 위해 건강, 참여, 안전의 기회를 최적화하는 과정"으로 정의하였다. 여기서 강조되는 세 가지 축은 다음과 같다: 건강(Health) – 노인의 신체적·정신적 건강 증진과 지속적 관리를 통해 기능 유지; 참여(Participation) – 경제적, 사회적, 시민적 활동에 노인이 계속 참여할 수 있는 여건 보장; 안전(Security) – 노인의 기본 소득과 생활 안정을 보장하고 보호하는 것이다. 이는 앞서 Rowe & Kahn 모델이 제시한 요소들과도 일맥상통하지만, WHO의 개념은 개인적 차원뿐 아니라 정책적·환경적 지원을 더욱 강조하는 것이 특징이다.

WHO의 활동적 노화 개념은 출범 당시 각국 정부와 국제기구에 큰 영향을 주어, 노인정책의 패러다임을 바꾸는 역할을 했다. 과거에는 노인복지가 주로 취약 노인의 소극적 보호에 초점을 맞췄다면, 활동적 노화 프레임워크는 모든 노인이 사회 자원으로 활발히 기여할 수 있도록 하는 능동적 정책을 지향한다. 예컨대, 노년기 교육 및 취업기회 확대, 자원봉사 장려, 연령차별 철폐, 건강증진사업 등이 활동적 노화 전략에 포함된다. WHO는 활동적 노화를 구현하기 위한 구체적 방안으로 보건서비스의 개선, 지속적 학습 기회, 안전한 주거환경, 교통 접근성, 사회적 지지망 형성 등 다양한 결정요인(determinants)을 제시하였다. 또한 활동적 노화는 전 생애적 접근을 강조하는데, 이는 젊은 시절부터의 투자(예: 교육, 건강한 생활습관 형성)가 노년기의 활동적 삶을 가능하게 한다는 인식을 반영한 것이다.

활동적 노화 개념은 이후 여러 나라의 노인정책에 반영되었으며, WHO 역시 2015년 이후에는 이를 발전시킨 건강한 노화(healthy ageing) 정책을 추진하고 있다. 건강한 노화는 활동적 노화와 맥을 같이하지만, 노인의 기능적 능력(functional ability)에 초점을 맞춘 개념으로, 개인이 가치 있게 여기는 바를 실현할 수 있는 능력을 최대화하는 것을 목표로 한다. 결국 이러한 개념들의 공통된 지향은 노년기를 사회로부터 분리된 여생이 아니라, 활발하고 의미 있는 삶의 연장으로 바라보고 지원하자는 데 있다. 활동적 노화 정책을 통해 연령에 상관없이 생산적이고 존엄한 삶을 살 수 있는 "모든

세대를 위한 사회"를 이루는 것이 궁극적인 이상이라고 할 수 있다.

4) 성공적 노화를 위한 전략 (개인적 노력 및 정책적 지원)

성공적 노화를 실현하기 위해서는 개인과 사회 양 측면에서 전략이 필요하다. 개인적 수준에서는 노인이 스스로 자신의 건강과 역량을 유지·향상시키기 위한 노력, 사회적 관계를 지속하는 노력이 중요하며, 사회 정책적 수준에서는 그런 개인의 노력을 뒷받침하고 격려하는 환경을 조성해야 한다.

먼저 개인적 차원의 전략을 살펴보면, 생활습관 관리가 핵심이다. 중년기 이후 규칙적인 신체활동을 유지하고 균형 잡힌 영양 섭취를 하는 것은 만성질환을 예방하고 신체기능을 보존하는 데 매우 효과적이다. 일주일에 여러 번 적절한 강도의 운동(예: 빠른 걷기, 근력 운동, 스트레칭 등)을 시행한 노인들은 앉아서 주로 생활하는 노인들보다 건강 상태가 양호하고 장애 발생률이 낮다는 연구 결과가 있다. 또한 꾸준한 인지활동과 학습도 추천된다. 독서, 글쓰기, 새로운 기술 습득, 퍼즐 풀이나 악기 연주처럼 두뇌를 자극하는 활동은 인지기능 저하를 늦추고 치매를 예방하는 데 도움이 된다. 실제로 평생교육 프로그램에 참여하거나 취미생활을 활발히 하는 노인들이 그렇지 않은 노인들보다 인지기능과 정서적 안녕이 더 양호하다는 보고가 있다. 이와 함께 사회적 유대를 유지하는 것이 중요하다. 가족 및 친구와 정기적으로 연락하고 만나며, 지역사회 모임이나 동호회에 참여하는 등 사회적 지지망을 갖고 있는 노인은 고립된 노인보다 정신건강이 좋고 삶의 만족도가 높다. 특히 배우자나 가까운 친구를 통해 정서적 지지를 받는 것은 스트레스 완충 효과를 가져와 노인의 우울증과 불안 감소에 기여한다. 따라서 의도적으로라도 주변 사람들과 교류하려는 노력이 필요하며, 새로운 인간관계를 구축하는 데도 열린 태도를 갖는 것이 좋다. 아울러 자신의 역할 유지 및 대체도 개인 전략이다. 은퇴로 직장인이라는 역할을 내려놓았더라도, 그 에너지를 다른 생산적 역할(예: 자원봉사자, 손주 돌보미, 지역사회 원로 등)로 전환함으로써 자신이 여전히 사회에 의미 있는 존재임을 느끼는 것이 중요하다. 마지막으로 긍정적인 심리적 태도를 유지하는 것이 성공적 노화의 밑바탕이 된다. 노화로 인한 변화(외모 변화, 어느 정도의 체력 저하 등)를 자연스러운 인생의 일부로 받아들이고, 남은 삶의 시간에 대한 목표와 희망을 갖는 노인은 그렇지 않은 노인보다 삶의 질이 높다. 낙관주의와 유연성, 유머 감각 등은 노년기의 도전에 대한 탄력성을 높여주는 심리사회적 자산이다.

한편, 개인의 노력만으로는 한계가 있으므로 공공 정책과 지역사회 지원이 뒷받침되어야 한다. 성공적 노화를 지원하는 정책으로는 우선 보건의료 정책을 들 수 있다. 노인이 경제적 부담 없이 의료서비스를 이용할 수 있도록 건강보험 제도를 운영하고, 예방적 서비스(예: 예방접종, 건강검진)를 제공하며, 지역사회에 노인을 위한 건강증진 프로그램을 마련하는 것이 중요하다. 예를 들어 각 지자체에서 운영하는 노인건강센터나 운동교실은 노인의 건강 증진과 사회교류를 동시에 촉진하는 장으로 기능할 수 있다. 다음으로 사회참여 기회 보장 정책이 필요하다. 노인이 은퇴 후에도 자신의 능력과 경험을 사회에 기여할 수 있도록 자원봉사 프로그램, 재취업 및 창업 지원, 멘토링 제도 등을 체계화해야 한다. 예컨대 미국의 'Experience Corps'는 노인 자원봉사자들이 학교에서 아이들을 가르치도록 연계하는 프로그램으로, 참여 노인들은 의미 있는 활동을 통해 삶의 보람을 느끼고 아이들의 학습에도 도움을 준 사례이다. 이러한 세대통합적 프로그램은 노인과 타 세대 모두에게 긍정적 효과를 가져오므로 적극 개발·지원할 만하다. 또한 평생교육 시스템을 강화하여 노인이 새로운 지식을 습득하고 기술을 연마할 수 있는 기회를 제공해야 한다. 대학교나 평생교육원에서 시니어 대상 강좌를 개설하거나, 온라인 교육 콘텐츠를 보급하여 노인의 학습 욕구를 충족시킬 수 있다. 이는 인지적 능력 유지뿐 아니라 사회참여의 통로를 늘려주는 역할도 한다. 더불어 연령차별 철폐와 인식 개선 노력도 병행되어야 한다. 고용 현장이나 커뮤니티에서 나이 때문에 배제되거나 편견의 대상이 되지 않도록 법률과 제도를 정비하고, 노인에 대한 긍정 이미지를 확산시키는 캠페인이나 교육이 필요하다. 예를 들어 고령자 고용 우수기업에 인센티브를 제공하거나, 미디어에서 다양한 멋진 노년의 삶을 조명함으로써 사회 전반에 연령 포용적 문화를 퍼뜨릴 수 있다.

이상의 개인적·사회적 전략들은 궁극적으로 같은 목표를 향한다: 노인이 신체적으로 건강하고, 정서적으로 행복하며, 사회적으로 의미 있는 역할을 수행하는 삶, 즉 성공적 노화의 실현이다. 성공적 노화란 결코 자동으로 주어지는 것이 아니며, 개인은 자기 관리와 노력으로 이를 추구하고, 사회는 제도적 지원과 배려로 이를 도와야 한다. 다행히 오늘날 많은 국가와 지역사회에서 이러한 방향성을 인식하고 노인친화적 정책과 프로그램을 확충해 나가고 있다. 예컨대 WHO의 Age-friendly Cities 이니셔티브는 도시 환경을 고령친화적으로 개선하여 노인이 안전하고 편리하게 생활하며 지역 활동에 참여할 수 있도록 하는 국제적 노력으로, 서울시를 비롯한 여러 도시가 참여하여 긍정적 변화를 이끌고 있다. 성공적 노화를 위한 개인의 실천과 정책 지원이 조화를 이룰 때, 고령사회는 사회적 부담이 아닌 세대 모두를 위한 풍요로운 기회의 시대로 전환될 수 있을 것이다.

## 3. 연령통합 사회와 정책적 대응

### 1) 연령분절적 사회의 문제점

현대 사회는 오랫동안 연령분절적(age-differentiated) 구조에 익숙해져 왔다. 이는 삶의 각 단계에 요구되는 역할이 엄격히 나뉘어, 연령에 따라 사람의 역할과 지위가 규정되는 사회를 뜻한다. 전통적인 연령분절 사회에서는 어린 시절과 청년기에는 교육을 받고, 중장년기에는 일을 하며, 노년기에는 은퇴하여 휴식을 취하는 것이 자연스러운 생애 경로로 여겨졌다. 실제로 산업사회에서 학교는 동년배 집단이 함께 교육받는 장소였고, 직장은 중장년층 중심으로 구성되었으며, 은퇴 후 노인은 생산현장에서 물러나 동년배들과 보내는 경우가 많았다. 이러한 연령에 따른 분업화는 어느 정도 사회 운영의 효율성을 담보했으나, 경직된 연령 규범과 세대 격리를 가져오는 부작용이 있었다. 가령, 일정 나이가 되면 생산적인 역할에서 자동으로 배제되는 정년제나, 연령에 따라 참여가 제한되는 각종 제도는 나이 그 자체를 기준으로 개인의 삶을 획일화하는 것이었다. 20세기 중반 이후 여러 선진국에서 제도화된 조기 퇴직 관행과 노년기 연금생활의 보편화는 연령에 따른 역할 분리를 더욱 뚜렷하게 만들었다. 그 결과 생애 과정에서 세대 간 접촉 기회가 줄어들고, 각 세대가 주로 동년배 집단 내에서만 상호작용하는 경향이 강화되었다. 이러한 현상을 미국의 사회학자 Matilda White Riley는 "구조적 지체(structural lag)"라는 개념으로 설명했는데, 인구 고령화 등의 변화에 비해 사회제도의 변화가 뒤처지면서 생긴 경직된 연령 구조를 비판한 것이다.

연령분절적 사회가 지속될 경우 여러 문제점이 발생한다. 첫째, 인적자원의 낭비다. 일정 연령 이상이라는 이유만으로 업무역량이 있음에도 일자리나 사회참여 기회에서 배제된다면, 사회 전체로 보아 큰 손실이다. 평균수명 연장으로 노년기가 길어진 오늘날, 60~70대는 예전 같으면 이미 "늙은이"로 취급받았을 시기지만 이제는 상당수가 건강과 전문성을 유지하고 있다. 이들을 일률적으로 생산 활동에서 제외하면 그들이 지닌 풍부한 경험과 지혜가 활용되지 못하게 된다. 둘째, 세대 간 단절과 편견 심화의 문제가 있다. 어린이, 청년, 성인, 노인이 서로 어울려 소통할 기회가 줄어들면, 상대 세대에 대한 이해 부족과 고정관념이 커지기 쉽다. 예를 들어, 직장에서 젊은 세대와 오래 함께 일해본 경험이 없는 노년 세대는 청년들을 "요즘 것들은 참을성이 없다"는 식으로 일반화할 수 있고, 반대로 손주 세대와 교류가 거의 없는 젊은이들은 노인을 "쓸모없고 고리타분한 존재"로 여길 위험이 있다. 이런 연령간 거리감은 사회 통합을 저해하고 세대 갈등을 심화시키는 토양이 된다. 셋째, 개인의 발달 기회 제한이다. 연령분절적 구조에서는 각 연령대에 기대되는 역할 외의 다른 발달 가능성이 억제된다. 예컨대 "나이가 들어서 새로운 것을 배우기는 늦었다"거나 "젊은 사람이 사회적 발언을 하기에는 이르다"는 식의 통념은, 연령에 따라 행동 범위를 부당하게 제한한다. 이로 인해 개인은 삶의 어느 시점에서든 다양한 활동에 도전하고 역량을 계발할 기회를 놓칠 수 있다. 넷째, 사회 전반의 유연성 부족이다. 인구구조와 가치관의 변화에 신속히 대응하려면 사회체계가 유연해야 하는데, 연령에 따른 구획이 고착화되면 변화 적응이 어렵다. 오늘날처럼 인구 고령화로 평균 은퇴연령의 상향이 불가피한 상황에서, 과거의 연령 규범을 고수하는 조직이나 제도는 지속가능하지 않다.

이러한 문제점 때문에, 현대 사회는 연령분절적 구조에서 탈피하여 보다 연령통합적(age-integrated)인 방향으로 나아갈 필요성이 제기되고 있다. 특히 급속한 고령화와 백세시대에 접어들면서, 기존의 연령 구분에 기반한 생애 설계는 현실에 부합하지 않게 되었다. 생애주기의 각 단계가 길어지고, 개인마다 다양해진 상황에서 교육-일-여가의 단순 삼분법은 맞지 않는다. 실제로도 많은 국가에서 공식·비공식적으로 노년기의 역할 재정의가 일어나고 있다. 예컨대 "앙코르 커리어(Encore Career)"라 불리는 은퇴 후 제2의 경력 개척, 조부모의 육아 참여 증가, 70대 이후에도 대학에 입학하는 사례 등은 연령분절적 삶의 코스에서 벗어난 새로운 흐름이다. 이러한 변화를 사회제도가 따라가지 못하면 개인과 사회 모두 불편과 비효율을 겪기에, 이제 연령통합 사회로의 전환은 중요한 과제가 되었다.

### 2) 연령통합 사회의 개념과 필요성

연령통합 사회(age-integrated society)란 연령을 이유로 한 제도적 장벽이 없고, 다양한 연령대의 사람들이 함께 어울려 살아가는 사회를 말한다. 좀 더 풀어서 설명하면, 연령통합 사회에서는 나이에 상관없이 교육, 노동, 여가 등 모든 사회 활동에 참여할 수 있으며, 나이가 특정 활동을 해야 하거나 해서는 안 되는 자격 기준이 되지 않는다. 동시에 서로 다른 연령대 구성원들이 교류하고 협력하는 세대 간 통합이 활발히 이루어진다. 다시 말해 연령통합에는 두 가지 측면이 있는데, 첫째는 연령에 따른 역할 분리의 해소(예: 일정 나이가 되었다는 이유만으로 일을 그만두게 하지 않는 것)이고, 둘째는 다연령 간 상호작용 증진(예: 여러 세대가 함께 일하고 함께 배우는 것)이다. 이러한 측면들은 서로 밀접히 연관되어 있어 하나가 증진되면 다른 하나도 촉진되는 경향이 있다. 예컨대 기업에서 연령에 관계없이 고용을 유지하면 자연스럽게 조직 내에서 젊은 직원과 나이든 직원이 함께 일하며 교류할 기회가 늘어난다.

연령통합 사회의 이상적인 모습은 Riley 부부가 제시한 도식에서 잘 나타난다. 연령분절 사회의 이상형에서는 앞서 말한 대로 젊은이는 교육, 중년은 일, 노년은 여가로 엄격히 분리된다. 반면 연령통합 사회에서는 교육, 일, 여가 세 가지 활동이 전 연령에 걸쳐 열려 있어, 사람들은 나이에 관계없이 필요와 욕구에 따라 언제든 배우고 일하고 쉴 수 있다. 그러한 사회에서는 특정 연령에 반드시 해야 하거나 그만둬야 할 일에 대한 고정 관념이 사라지며, 각 개인은 생애주기 전반에 걸쳐 유연한 경로를 가지게 된다. 예를 들어, 청년이라도 직장 생활 중에 학업으로 돌아가 새로운 것을 배울 수 있고, 중년이나 노년에도 충분히 대학에 들어가거나 새로운 직업훈련을 받을 수 있으며, 한편 젊은 나이에도 일찍 진로를 시작해 성취를 이루면 비교적 이른 시기에 한숨 돌리며 안식년이나 여가를 누리는 것도 가능하다. 이런 유연한 생애경로가 보장될 때 사람들은 획일적인 나이 기준이 아닌 개인의 역량과 선택에 따라 삶을 설계할 수 있게 된다.

연령통합 사회가 필요한 이유는 첫째로 인구구조 변화에의 적응이다. 고령화와 낮은 출산율로 세대 구성 비율이 변화하면서 전통적 연령 역할 배분을 유지하면 사회 기능이 원활히 돌아가기 어렵다. 경제적으로 볼 때 젊은층이 줄고 노년층이 늘어난 상황에서, 노년층도 일정 부분 생산 활동에 참여하지 않으면 노동력 부족과 부양 부담 증가를 감당할 수 없다. 따라서 노년층의 경제활동 참가율 제고와 청년층의 조기 역량 발휘를 통해 세대 간 역할 재조정이 필요하다. 둘째, 세대 공존과 상호이해 증진이다. 앞서 지적했듯 세대 간 교류 단절은 갈등을 초래한다. 반대로 연령 통합적 환경에서는 일상적으로 다양한 연령의 사람들이 만나 소통함으로써 서로를 이해하고 존중하는 문화가 자리잡을 수 있다. 손자세대와 조부모세대가 지역사회 활동에서 함께하거나, 직장에서 멘토-멘티 관계를 맺는 등의 경험은 세대 간 긍정적 연대감을 키우는 토대가 된다. 이는 사회통합에 기여하고 세대 간 상생의식을 함양하는 데 중요하다. 셋째, 개인의 성장과 선택권 확대를 위해서다. 연령통합 사회에서는 나이에 얽매이지 않고 평생 발전할 수 있는 기회가 열린다. 이는 개인에게 보다 많은 자율성과 삶의 만족을 가져다준다. 예를 들어, 은퇴 연령이 공식적으로 없거나 유연하다면 어떤 이는 오래 일하기를 선택할 수 있고, 또 어떤 이는 일정기간 일한 후 다시 학업이나 다른 활동을 선택할 수 있다. 이러한 생애 설계의 자유도는 사람들로 하여금 각자에게 맞는 최적의 경로를 추구하게 하고, 그 결과 사회 전체적으로도 각 구성원의 잠재력이 최대한 발휘될 수 있다. 넷째, 세대자원의 효율적 활용 측면이다. 각 연령대는 고유한 강점과 자원을 지니고 있는데, 연령통합은 이를 결합하여 시너지를 낼 수 있게 한다. 예컨대 조직에서 연령 다양성

(age diversity)을 이루면, 젊은층의 최신 기술 습득 능력과 고령층의 풍부한 업무 경험이 조화를 이루어 성과를 높일 수 있다는 연구들이 있다. 또 지역 공동체에서 청년의 노동력과 노년의 시간적 여유, 삶의 지혜가 만나면 서로를 도우며 공동체 회복력을 강화할 수 있다. 이처럼 연령통합 사회는 단순히 노인을 돕는 개념이 아니라 전 연령이 윈윈(win-win)하는 구조라고 볼 수 있다.

3) 연령통합을 위한 정책 및 해외 사례

연령통합 사회로 나아가기 위해서는 여러 방면에서의 정책적 노력이 필요하며, 이미 해외에서는 다양한 시도가 이루어지고 있다. 크게 고용 및 경제, 교육 및 문화, 주거 및 지역사회, 세대교류 프로그램 측면에서 살펴볼 수 있다.

우선 고용 분야에서의 연령통합 정책은 고령자에 대한 법적 연령장벽 제거와 연령다양성 촉진으로 요약된다. 많은 국가에서 정년제도 개혁이 이루어져 정년 연령을 상향하거나 아예 없애는 추세다. 미국은 연방법으로 대부분 직종에서 정년을 폐지했고, 캐나다나 영국 등도 연령을 이유로 한 고용차별을 금지하고 있다. 일본은 기업에 65세까지 고용연장을 의무화했고 장기적으로 정년 폐지를 검토 중이다. 이러한 법제 정비를 통해 일하고자 하는 노인에게 기회를 제공함과 동시에, 연금 수급 개시 연령과 연계하여 재정 부담도 줄이고 있다. 또한 직장 내 연령관리(age management) 지침을 만들어 연령에 따른 승진·배치 차별을 없애고 역량 중심으로 인사를 운영하도록 유도한다. 연령다양성이 높은 조직은 그렇지 않은 조직보다 생산성이 떨어질 것이라는 편견이 있으나, 연구에 따르면 적절한 세대 갈등 관리와 세대 간 멘토링 등을 통해 오히려 혁신성과 노하우 전수가 촉진될 수 있다. 독일의 일부 기업들은 혼합팀(mixed-age team)을 운영하여 프로젝트에 신구 사원을 함께 배치하고 서로 배우도록 하고 있다. 정부 차원에서도 고령근로자가 직무역량을 지속 개발할 수 있도록 계속교육훈련 기회를 제공하고, 세대공존형 일자리 창출을 지원하고 있다. 예를 들어 일본은 실버인재센터를 통해 지역사회에서 고령자가 할 수 있는 일거리를 연계해주고, 프랑스는 통합세대 계약(Contrat de génération) 프로그램으로 기업이 신입 청년과 고령 근로자를 동시에 고용하면 인센티브를 주었다. 이러한 사례들은 고령자와 청년을 대립적 관계가 아니라 보완적 파트너로 보는 시각에서 출발한 정책들이다.

교육 분야에서도 연령통합을 촉진하는 정책이 중요하다. 전통적으로 형식교육(formal education)은 아동기와 청년기의 전유물로 여겨졌으나, 평생교육 시대에는 교육이 전 연령에 열려 있다. 북미와 유럽의 여러 대학에는 시니어 청강생 프로그램이나 실버 칼리지가 운영되어 노년층이 대학 강의를 수강하거나 학위를 추구할 수 있다. 또한 세대통합 교육 프로그램으로서, 대학 캠퍼스 내에 은퇴자를 초청해 젊은 학생들과 함께 수업을 듣고 토론하도록 하는 사례도 있다. 이는 노인에게 배움의 기쁨을 주는 동시에, 학생들에게는 세대가 다른 동료 학습자로부터 색다른 관점을 배울 기회를 준다. 한편 지역사회 평생학습관에서는 성인 남녀노소 누구나 취미, 교양, 기술 등을 배울 수 있는 강좌를 제공함으로써 교육을 세대 구분 없이 개방하고 있다. 이러한 교육 통합은 문화영역에서도 이어져, 도서관, 박물관 등에서 세대 통합 프로그램(예: 어린이와 노인이 함께 하는 스토리텔링 워크숍 등)을 운영하기도 한다. 문화예술 활동에서도 연령 혼합이 늘고 있는데, 세대가 함께 출연하는 합창단, 연극단 등이 각지에서 활동하며 호평을 받는다. 이러한 노력들은 지식을 비롯한 문화 자본의 세대교류를 활성화하고, 세대 간 공감대 형성에 기여한다.

주거 및 지역사회 측면에서의 연령통합 사례로는 세대공존형 주거와 다세대 커뮤니티를 들 수 있다. 독일은 2000년대 중반부터 연방가족부 주도로 멀티제너레이션 하우스(Multi-Generationen Haus) 사업을 추진하여, 지역에 세대통합 센터를 설립하고 있다. 이 센터는 유아부터 노인까지 모든 세대가 함께 이용할 수 있는 공간으로, 아이돌봄, 방과후 교실, 노인 돌봄, 카페, 취미활동 공간 등을 한데 결합하였다. 그 결과 젊은 부모는 육아 지원을 받고, 노인은 자원봉사로 아이들에게 동화 읽어주기 등을 하면서 세대가 자연스럽게 어우러지는 효과를 거두었다. 또한 공동 주거(co-housing) 형태로 세대통합을 꾀하는 사례도 많다. 네덜란드의 한 마을에서는 대학생들에게 저렴한 임대료로 양로원 내 거주 공간을 제공하는 대신, 일정 시간 양로원 어르신들과 교류하도록 한 프로그램이 유명하다. 이를 통해 어르신들은 젊은 벗을 얻고 고립감을 덜었으며, 학생들은 값싼 주거 혜택과 인생 선배의 조언을 얻는 상부상조의 결과를 낳았다. 미국에도 비슷한 희망 세대들(Generations of Hope) 같은 모델이 있어, 위탁가정 아이들과 은퇴자가 한 마을에 함께 살며 서로를 돌보는 커뮤니티를 조성한 바 있다.

표13. 연령통합을 위한 해외 사례들

| 사례 (국가) | 내용 및 특징 |
|---|---|
| 멀티제너레이션 하우스 (독일) | 연방정부 주도로 운영되는 다세대 교류 공간. 어린이집, 노인돌봄, 카페 등을 한 시설에 통합하여 전 세대가 상호작용. 세대 간 돌봄 교환과 사회 활동이 일어남. |
| 학생-노인 공존 주거 (네덜란드 등) | 대학생이 양로원이나 노인아파트에 함께 거주하며 어르신들과 교류. 학생은 저렴한 주거 혜택, 노인은 젊은 이웃과 벗이 되는 상호이익 모델. |
| Experience Corps (미국) | 은퇴한 노인들이 초등학교에서 학습 멘토로 활동하도록 연계하는 프로그램. 아이들의 교육 향상과 노인의 사회공헌 및 자아존중감 향상을 동시에 달성. |
| 세대융합 일자리 (프랑스) | 한 기업이 55세 이상 고령자와 30세 이하 청년을 한 쌍으로 동시에 채용하면 정부가 지원금을 주는 고용촉진 정책. 세대 간 기술 전수와 고용률 제고를 목표로 시행됨. |

위 사례들은 각국의 사회문화적 맥락에 따라 다양한 형태로 전개되었지만, 공통적으로 세대 간 접촉 기회를 늘리고 연령에 따른 제약을 완화함으로써 연령통합을 촉진하고 있다. 이러한 모델들을 벤치마킹하여 한국에도 적용할 수 있을 것이다.

4) 한국적 맥락에서의 연령통합 추진 전략

우리나라의 경우, 앞서 언급한 대로 인구 고령화 속도가 세계적으로 유례없이 빠르고 전통적 가족부양 체계도 급속히 약화되고 있어, 연령통합 사회로의 전환이 시급한 상황이다. 그러나 동시에 한국 사회는 뿌리 깊은 연령 위계문화와 나이 중심의 집단주의가 존재하여 연령통합을 이뤄내는 데 독특한 도전과제를 안고 있다. 따라서 한국적 맥락을 고려한 연령통합 추진 전략이 필요하다.

첫째, 제도적 연령 장벽 완화가 선행되어야 한다. 한국은 오랫동안 학교, 군대, 직장에서 엄격한 연령 서열 문화가 형성되어 왔고, 법적으로도 공무원 정년, 기업 정년, 각종 연령 제한 규정 등이 존재한다. 이러한 장벽을 완화하거나 철폐하는 노력이 요구된다. 이미 정년 60세 법제화가 이루어졌지만, 향후 정년 상향 또는 폐지를 논의할 때 사회적 합의를 이끌어내는 일이 중요하다. 또한 채용 공고에서 불필요한 연령조건을 없애고 성과 중심의 인사를 정착시키는 등 노동시장에서 연령차별을 금지하는 법규의 실효성을 높여야 한다. 한편, 대학 입시나 장학금, 공공인턴십 등에서 나이 제한을 두는 관행도 재검토하여, 원한다면 어떤 나이에도 교육과 사회경험 기회를 추구할 수 있도록 열어줄 필요가 있다. 이를 뒷받침하기 위해 고용 분야에서는 중장년층의 직무능력 표준화와 전환교육 지원이 중요하다. 즉, 나이가 많더라도 최신 기술과 지식을 갖추도록 재교육 프로그램을 제공하고 경력 인증체계를 마련하여, 기업들이 고령자를 채용하는 데 부담을 느끼지 않게 해야 한다.

둘째, 세대교류 촉진 프로그램을 적극 개발·확산시켜야 한다. 현재 한국에서도 지자체나 민간차원에서 세대융합 프로그램들이 시도되고 있다. 예를 들어 일부 복지관에서는 청소년과 노인이 짝을 지어 스마트폰 활용법을 서로 가르쳐주는 교실을 운영하거나, 대학생들과 독거노인이 함께 하는 도시락 모임을 주선하기도 한다. 이러한 좋은 사례들을 전국적으로 확대하고, 보다 체계화하여 정책화할 필요가 있다. 교육부와 보건복지부 등 관련 부처 간 협력을 통해 세대공감 멘토링 제도를 만들고, 초중고교의 사회봉사 활동에 노인 복지시설 방문이나 어르신과 편지 주고받기 등을 포함시켜 어릴 때부터 세대 간 이해를 높이는 것도 방법이다. 또한 세대통합형 공공시설을 조성하는 방안을 고려할 수 있다. 예컨대 신축 복합커뮤니티 센터를 계획할 때 어린이 도서관, 청년 창업공간, 경로당을 한 건물에 넣어 자연스럽게 세대가 마주치도록 설계할 수 있다. 주거단지 개발 시에도 일부 가구를 청년과 고령자 공유주택(Co-housing) 형태로 공급하여 서로 도울 수 있게 하거나, 1인가구 밀집 지역에 세대 혼합형 임대주택을 제공하는 것도 검토해볼 만하다. 과거 세대가 핵가족화로 분리된 것을 도시계획 단계에서 다시 융합하는 노력이라고 볼 수 있다.

셋째, 연령인식 개선과 문화적 접근이 필요하다. 한국은 유교 문화의 영향으로 연령서열과 경로사상이 강해, 한편으로는 노인을 지나치게 수동적 객체로 대우하거나 다른 한편으로는 연장자가 권위만 내세우는 부정적 모습이 있었다. 연령통합을 위해서는 연령에 따른 고정관념 타파가 선행되어야 한다. 노인을 동정하거나 무시하는 태도를 버리고, 개개인을 다양한 삶을 살아온 한 사람으로 존중하는 문화가 자리잡아야 한다. 또한 노인 스스로도 세대 간 소통을 위해 마음을 열고 변화에 적응하려는 자세가 필요하다. 이를 위해 정부와 시민단체는 세대통합 캠페인을 펼쳐 세대 간 긍정적 이야기를 확산시킬 수 있다. 예컨대, 청년이 노년 멘토와 함께 프로젝트를 수행하는 다큐멘터리를 제작·방영하거나, 직장에서 세대화합 우수사례를 발굴해 포상하는 식의 노력이 가능하다. 또한 매년 10월 1일 국제 노인의 날 등을 계기로 "모든 세대가 함께"라는 주제의 행사를 열어 세대가 함께 참여하는 축제를 만드는 것도 의식 변화를 촉진할 수 있다. 한편 기업 문화에서도 나이에 따른 호칭 대신 이름이나 직책으로 부르는 분위기를 만들고, 연령보다 경험과 전문성을 인정해주는 조직문화를 조성해야 연령통합이 실질적으로 구현될 수 있다.

넷째, 한국형 연령통합 지표 개발 및 정책평가도 고려해야 한다. 연령통합 사회로 전환하기 위한 다양한 노력들이 실제로 얼마나 효과를 내고 있는지 측정할 수 있는 지표가 필요하다. 예를 들어 세대 간 소통 정도, 세대통합 프로그램 참여율, 연령다양성 지수 등을 포함한 연령통합지수(Age Integration Index)를 연구·개발하여 주기적으로 모니터링하면 정책 개선에 도움이 될 것이다. 한국보건사회연구원 등에서 이미 관련 연구를 시작하고 있으며, 이러한 지표를 통해 국제 비교나 지역 간 비교를 하면 우리 사회의 연령통합 수준을 객관적으로 파악할 수 있다. 그리고 이를 토대로 미흡한 분야(예: 고용 통합은 잘 되고 있으나 주거 통합이 부족하다 등)를 보완하는 증거기반 정책을 추진할 수 있을 것이다.

끝으로, 연령통합 사회를 향한 전략은 단기적 성과에 그치지 않고 세대 간 지속가능한 연대를 구축하는 데 목표를 두어야 한다. 이는 한 세대만의 노력으로 되지 않으며 모든 세대가 함께 이루어가야 할 사회혁신에 가깝다. 다행히도 한국 사회는 가족 내 세대연대의 전통이 강했으며 교육열 등 세대 투자 문화가 깊이 뿌리내려 있다. 이러한 문화적 자산을 바탕으로, 가족의 범위를 넘어 사회적 연대로 확장한다면 한국형 연령통합 사회를 이루는 것도 가능할 것이다. 즉, 과거에는 가족 단위에서 부모세대가 자녀세대를 뒷바라지하고 자녀가 자라서 부모를 봉양하는 모습이었다면, 미래에는 사회 단위에서 기성세대가 다음세대를 지원하고 젊은세대가 고령세대를 존중하며 돌보는 상호부조의 모습으로 나아갈 수 있다. 그렇게 될 때 고령사회에 대한 두려움이나 세대 갈등의 우려 없이, 모든 세대가 조화롭게 공존하며 각자의 역량을 발휘하는 건강한 공동체를 이룰 수 있을 것이다.

Chapter 5

# 노인소득보장정책

### (1) 노인소득보장의 개념과 필요성

노인소득보장이란 나이가 들어 발생하는 소득상실이나 감소에 대비하여, 사회가 일정 수준 이상의 소득을 보장해주는 모든 공적 제도를 의미한다. 다시 말해, 노령이라는 사회적 위험으로 인해 경제활동을 계속하기 어렵게 된 사람들이 빈곤에 빠지지 않도록 국민연금, 공공부조 등의 장치를 통해 최소한의 생활수준을 유지하도록 지원하는 것이다. 대한민국 헌법 제34조에서도 노인의 복지 증진을 국가의 의무로 명시하고 있으며, 사회보장기본법 역시 노령을 국가가 보호해야 할 사회적 위험으로 규정하고 있다. 이러한 법적·제도적 기반 아래, 노년기 소득보장은 현대 복지국가의 핵심 과제 중 하나로 인식된다.

노인소득보장이 중요한 이유는 인구 고령화와 가족부양 기능 약화, 노동시장 변화 등 복합적 요인 때문이다. 평균 수명이 연장되고 출산율이 급감하면서 한국은 2018년 고령사회(65세 이상 인구 14% 이상)를 거쳐 2024년에 초고령사회(20% 이상)에 진입하였다. 하지만 급속한 고령화에 비해 노후준비는 충분하지 못한 경우가 많다. 과거 산업화 과정에서 많은 노인들이 정규 사회보험 혜택을 받지 못했고, 전통적인 가족 부양 문화도 약화되어 왔다. 개인 차원에서도 교육비 부담이나 부채 상환 등으로 은퇴 대비 저축이 미흡한 사례가 많다. 또한 기업의 조기퇴직 관행과 노동시장 이중구조로 인해 정년 전에 소득원이 끊기는 경우가 흔해졌다. 이러한 요인들이 맞물려, 한국의 노인 빈곤 문제는 매우 심각한 사회 문제로 대두되었다. 실제로 한국의 66세 이상 노인 빈곤율은 2020년 기준 40.4%로, OECD 회원국 중 가장 높으며 OECD 평균 14.2%의 거의 세 배에 이른다. 특히 76세 이상 고령층의 빈곤율은 52.0%에 달해 노년층 내에서도 고령일수록 빈곤 위험이 커지는 양상이다. 반면 프랑스나 덴마크 등의 국가에서는 노인빈곤율이 3~5% 수준에 불과하여 대조를 이룬다. 이처럼 한국 사회에서 노후 소득보장이 충분하지 않을 경우 상당수 노인이 빈곤층으로 전락할 수 있음을 보여준다. 노년기의 빈곤은 개인의 삶의 질을 떨어뜨릴 뿐만 아니라 사회적으로도 의료비 증가 등 다양한 문제를 야기하므로, 노인소득보장제도의 강화는 사회적 안정망 구축의 필수 요소라 할 수 있다.

노인소득보장의 학문적 개념은 단순히 경제적 지원에 그치지 않는다. 노인이 인간다운 삶을 영위하고 사회 구성원으로서 존엄성을 유지하도록 하는 것이 목적이며, 이는 궁극적으로 세대 간 소득재분배와 사회통합의 기능을 가진다. 현대 복지국가 이론에서 소득보장은 노령, 질병, 실업, 장애 등 생애주기적 위험에 대비한 사회권적 권리로 간주된다. 따라서 노인소득보장은 노인이 더 이상 노동을 통해 시장소득을 얻기 어려운 상황에서 연금, 부조, 서비스 등을 통해 대체 소득(replacement income)을 제공함으로써 빈곤선을 넘는 생활을 보장하는 것을 목표로 한다. 특히 한국처럼 가족 부양에 대한 의존이 줄어들고 있는 사회에서는 공적 소득보장의 중요성이 더욱 크다. 이상에서 살펴본 바와 같이, 노인소득보장은 고령사회의 지속가능성과 노인의 삶의 질 향상을 위해 반드시 갖추어야 할 사회정책적 장치이다.

### (2) 한국의 노인소득보장체계

한국의 노후소득보장 체계는 크게 공공부조, 사회보험, 사회수당, 사적이전 등 다층적인 구조로 이루어져 있다. 이러한 다층체계는 다양한 노인집단의 여건에 맞춰 소득을 보전할 수 있도록 설계되어 있다. 아래에서는 한국 노인소득보장제도의 전반적인 구조를 계층별로 개괄한다.

**표14. 노인 소득보장 체계**

| 층 | 제도 | 설명 |
|---|---|---|
| 1층 | 공공부조 | 생활이 어려운 최저소득 노인에게 국민기초생활보장제도를 통해 생계급여 등을 지원하는 최후의 안전망. |
| 2층 | 사회수당 | 일정 연령 이상의 대부분 노인에게 기초연금을 지급하여 기본적인 소득 기반을 마련하는 제도. 기초연금은 세금으로 재원을 조달하며, 보편적 노후소득 지원 역할을 수행. |
| 3층 | 사회보험 | 현역 시절 소득에 비례하여 적립된 공적연금을 통해 은퇴 후 소득을 보장하는 제도. 국민연금, 공무원연금, 군인연금 등이 포함됨. |
| 4층 | 기업연금 및 개인저축 | 법적으로 사업장이 제공하도록 한 퇴직연금(퇴직금)과 개인이 가입하는 연금저축, 주택연금 등의 사적 장치. 공적 제도로 충당되지 않는 부분을 보완하며, 노인의 자산 활용과 근로자의 별도 저축 재원을 연금화. |
| 5층 | 가족 및 기타 | 가족부양, 친인척 지원, 자선단체 도움 등 잔여적 소득보장 수단. 현대에는 그 비중이 감소했으나 일부 노인은 성인 자녀로부터 생활비를 받거나 가족과 동거하며 부양받음. |

위 계층들은 상호 보완적으로 작동하여 노인의 소득원을 구성한다. 예를 들어, 현역 시절 충분한 국민연금에 가입하지 못한 노인은 기초연금과 공공부조로 최소 소득을 보전받는다. 반대로 국민연금 등으로 적정 소득이 확보된 노인은 기초연금의 대상에서 제외되거나 일부만 받게 된다. 이러한 다층체계의 이상적인 목표는 모든 노인이 어떤 경로로든 빈곤선 이상의 소득을 확보하도록 하는 것이다. 그러나 한국의 현실에서는 공적 연금의 성숙도가 낮고 사회수당의 급여수준이 충분하지 않아 노인 빈곤율이 여전히 높

다. 따라서 각 층별 제도의 역할과 보장 범위를 강화하고, 제도 간 빈틈을 메우는 정책 연계가 중요하다.

**표15. 한국 노인소득보장제도의 주요 제도 현황**

| 제도 | 도입 연도 | 대상 | 재원 | 급여 수준 및 특징 |
|---|---|---|---|---|
| 국민연금 | 1988년 시행 | 18~59세 전국민 (의무가입) | 기여방식 (보험료) | 소득비례 연금 지급. 전체 가입기간 40년 기준 생애 평균소득의 40% 지급 (2028년 도달 예정). 현재 보험료율 9% (근로자와 사용주 각 4.5%). 65세부터 연금 수령. |
| 기초연금 | 2014년 시행 | 65세 이상 소득하위 70% 노인 | 일반재정 (조세) | 정액연금(사회수당). 월 최대 약 32만3180원 (2023년 기준) 지급. 소득 및 다른 연금 수준에 따라 일부 감액. 20년 이상 거주 요건. |
| 국민기초생활보장 (생계급여) | 2000년 시행 | 최저소득층 (소득인정액 기준) | 일반재정 (조세) | 선별적 최저보장. 소득인정액이 중위소득 30% 이하 가구에 생계급여 지급. 예: 2023년 1인 가구 약 66만 원 이하일 경우 차액 지원. 부양의무자 기준 2021년 폐지로 노인가구 수급자 크게 증가. |
| 퇴직연금제도 (퇴직금 포함) | 1961년(퇴직금) 2005년(퇴직연금) | 상시근로자 1인 이상 사업장 근로자 | 기업 부담 (적립금) | 근로자 퇴직 시 지급되는 금액. 1년 근속당 1개월분 임금을 적립하여 퇴직 시 일시금 또는 연금으로 지급. 2005년 이후 기업퇴직연금(DC/DB형) 도입으로 연금화 장려. |
| 기타 (주택연금 등) | 2007년(주택연금) 2011년(농지연금) | 자기 집 또는 농지 보유 고령자 | 금융기관 (담보대출) + 국가보증 | 자가주택 또는 농지를 담보로 매월 일정 금액을 종신 지급받는 역모기지 제도. 집값에 따라 평균 월 지급액 산정. 노인일자리 사업, 장애인연금, 유공자연금 등 기타 지원도 존재. |

기초노령연금(2008년 도입)을 확대·개편하여 2014년부터 기초연금 시행.

국민연금은 한국 노후소득보장의 기본 축으로서 소득에 연계된 연금을 지급한다. 기초연금은 국민연금 등 공적연금만으로 노후소득이 충분하지 않은 다수의 노인에게 정부가 현금급여를 제공하는 제도이고, 기초생활보장 생계급여는 소득이 절대적으로 최저기준에 못 미치는 노인들에게 최후의 보루로써 작동한다. 퇴직연금(퇴직금)은 사실상 근로자가 재직 중 축적한 퇴직 소득으로, 은퇴 시 일시금으로 받기도 하나 연금 형태로 수령할 수도 있어 노후소득에 기여한다. 이 외에 주택연금과 농지연금은 자산은 있으나 소득이 부족한 노인에게 자산을 연금화할 수 있는 수단을 제공한다. 이러한 다층적인 노후소득보장체계를 통해 한국은 노인의 소득원을 다양화하고자 하나, 제도별 사각지대와 급여수준 이슈로 완전한 소득보장이 달성되지는 못하고 있다. 다음 장에서는 이러한 주요 제도들을 좀 더 구체적으로 살펴보고, 각각의 효과를 분석한다.

### (3) 주요 노인소득보장제도 상세 분석

1) 국민연금

국민연금은 한국 사회보험 방식 노후소득보장의 중심축이다. 1988년 도입 당시에는 대기업 근로자 등을 대상으로 출범하였고, 1999년부터 전국민 의무가입으로 확대되어 현재는 18세 이상 60세 미만 국민 대부분이 가입한다. 국민연금은 현역 시절 소득에 비례하여 보험료를 부과하고, 이에 따른 연금 급여를 65세 이후 지급한다. 초기 도입 당시에는 소득대체율(전체 가입기간 40년 기준)이 70%로 비교적 후하지만, 인구고령화와 재정 지속가능성 문제로 두 차례 개혁을 거쳐 2028년 이후에는 40%까지 단계적으로 인하되었다. 예컨대 1988년 시행 시 보험료율은 소득의 3%에 불과했으나 현재는 9%로 인상되었고, 연금 수급 개시연령도 60세에서 65세로 상향 조정되었다. 이러한 개혁은 연금기금 고갈에 대비한 조치로 이루어진 것이다.

국민연금의 급여 수준은 가입기간과 소득에 따라 다르다. 노령연금을 받기 위해서는 최소 10년 이상 가입해야 하며, 가입기간이 길수록 연금액이 증가한다. 현재 평균적인 국민연금 노령연금 수급액은 월 약 62만원 수준인데. 이는 국민연금 도입 이전과 비교할 때 노후소득보장의 제도 보장범위가 크게 확대된 것이다.

국민연금의 정책적 효과로는 노년층의 시장소득 의존도를 낮추고 세대 간 소득재분배를 실현한다는 점을 들 수 있다. 소득이 있었을 때 보험료를 납부하고 노후에 연금을 받는 구조를 통해, 노인 부양 부담이 가족이나 개인에게만 전가되지 않고 사회 전체로 분산된다. 다만 한계도 뚜렷하다. 첫째, 급여 적정성의 문제가 있다. 앞서 언급한 바와 같이 평균 수급액이 노인 빈곤선을 밑돌고 있어 국민연금만으로는 안정적 노후생활이 어렵다. 둘째, 재정 지속가능성 문제도 대두된다. 현재 700조 원대에 이르는 국민연금

기금도 인구 고령화로 인해 2040년대를 정점으로 감소하여 2055년 경 고갈될 것으로 전망되었다. 이는 현행 보험료율과 급여수준을 그대로 둘 경우의 시나리오이지만, 정부와 국회는 이를 방지하기 위한 개혁 논의를 진행 중이다. 국민연금 재정계산위원회는 보험료율 인상, 소득대체율 조정, 지급연령 추가 상향 등의 방안을 검토하고 있으며, 2023년 말 제5차 재정계산 결과를 토대로 사회적 합의를 모색하고 있다. 셋째, 사각지대 역시 과제다. 자영업자나 특수형태근로종사자 중 일부는 보험료 부담 등으로 가입이력에 공백이 있거나 납부예외자가 되는 경우가 있다. 국민연금공단은 두루누리 사업 등 보험료 지원을 통해 저소득 지역가입자의 가입을 장려하고 있으나, 여전히 일부 노인은 노령연금 수급 자격조차 얻지 못하는 실정이다. 이러한 국민연금의 한계를 보완하기 위해 기초연금과 기초생활보장 등의 제도가 함께 운영되고 있다.

2) 기초연금

기초연금은 국민연금의 보완적 성격을 가진 공적 사회수당으로, 소득 수준이 중간 이하인 대다수 노인에게 정기적인 연금급여를 지급한다. 급속한 고령화와 국민연금 미성숙으로 인한 노인빈곤을 완화하기 위해 2008년 도입된 기초노령연금이 전신이며, 2014년부터 기초연금으로 확대 개편되었다. 기초연금의 수급 대상은 만65세 이상 인구 중 소득인정액이 하위 70% 이하인 경우로 설정되어 있다. 사실상 상위 30%의 고소득·자산가 노인을 제외한 대부분의 노인이 수급대상인 셈이다. 2022년 말 기준 65세 이상 인구 925만명 중 약 623만9천명이 기초연금을 받고 있어, 수급률 67.5%를 기록하였다. 이는 대상자의 대다수가 실제로 혜택을 받고 있음을 보여준다.

기초연금의 급여 수준은 2023년 현재 월 최대 323,180원이며, 이는 전년도 물가상승률 등을 반영하여 매년 조정된다. 부부가 모두 수급자일 경우 일부 감액이 있고, 국민연금 등 다른 연금소득이 일정 금액 이상 있을 경우 그 초과분의 일정비율만큼 기초연금액이 삭감된다. 이러한 소득심사 과정에도 불구하고 기초연금은 본질적으로 보편적 노령연금에 가까운 제도로 평가된다. 재원은 일반 조세로 충당되며, 2023년 기준 기초연금 예산은 약 20조 원을 상회하는 수준이다. 정부는 고령화에 따라 늘어나는 기초연금 재정 수요를 감당하기 위해 국고 지원을 확대하고 있으며, 일부 지방자치단체도 재정에 기여한다.

기초연금의 도입과 확대는 노인 빈곤율을 다소 개선하는 효과를 가져왔다. 실제로 한국의 상대적 노인빈곤율은 2012년경 45%를 넘었으나 기초연금 시행 이후 점진적으로 하락하여 2021년에는 37.6%까지 낮아졌다. 이는 기초연금이 최저소득층뿐 아니라 차

상위계층 노인의 소득도 일정 부분 끌어올린 결과로 볼 수 있다. 특히 국민연금 수급액이 거의 없거나 매우 적은 농어촌 노인, 전업주부 출신 여성 노인 등에게 기초연금은 생계에 중요한 버팀목이 되고 있다. 다만 기초연금 급여 수준만으로 빈곤을 완전히 해소하기에는 역부족이라는 지적이 있다. 월 30만 원 남짓한 금액으로는 최소한의 생활비에도 미치지 못하기 때문이다. 2023년 현재 1인 노인가구의 상대적 빈곤선(중위소득 50%)이 월 약 125만원임을 감안하면, 기초연금은 그 4분의 1 수준에 불과하다. 이 때문에 급여 수준 상향 요구가 지속되어 왔다. 현 정부도 이러한 요구를 반영하여 2023년 발표한 사회보장종합계획에서 2028년까지 기초연금 기본연금액을 40만원으로 단계적 인상한다는 방침을 세웠다. 기초연금 40만원 시대가 도래하면 일정 부분 빈곤 완화 효과가 추가로 기대되지만, 동시에 막대한 재정부담과 미래 세대의 조세 부담 증가가 불가피한 딜레마가 있다. 또한 기초연금을 보편복지로 확대하여 전 노인에게 지급하자는 주장도 있으나, 재정 형평성과 선별주의 논쟁으로 현실화되지 못하고 있다.

정책 효과 측면에서 기초연금은 노인층 소득보장의 바닥을 견고하게 만드는 역할을 한다. 국민연금이 없거나 매우 적은 노인도 기초연금을 통해 최소한의 현금소득을 확보할 수 있기 때문이다. 통계에 따르면 기초연금 수급자 중 상당수는 기초연금이 총 소득의 절반 이상을 차지하며, 특히 독거 노인의 경우 그 의존도가 높다. 반면 한계로 지적되는 것은 급여의 획일성과 낮은 급여 수준이다. 모든 수급자에게 거의 동일한 금액을 지급하기 때문에 생활비가 더 많이 필요한 노인(예를 들어 의료비 지출이 큰 경우 등)도 추가 지원을 받기 어렵다. 또한 상위 30%에 속한다고 해서 반드시 부유한 것은 아니므로, 소득인정액 산정방식 등에 대한 불만도 있다. 그럼에도 불구하고 기초연금은 한국 노인소득보장체계에서 국민연금과 쌍벽을 이루는 중추 제도이며, 앞으로도 급여 수준과 대상 범위를 어떻게 조정하느냐가 노인빈곤 감소의 관건이 될 전망이다.

### 3) 국민기초생활보장제도

국민기초생활보장제도는 생활이 극히 어려운 국민에게 최저생활을 보장하고 자활을 지원하기 위한 공공부조 제도이다. 노인의 소득보장 측면에서 기초생활보장은 최후의 안전망 역할을 하며, 다른 연금 소득이 없고 가족 부양도 받기 어려운 노인들에게 생계급여 등의 형태로 직접적인 생활비를 지급한다. 이 제도는 2000년 국민기초생활보장법 시행과 함께 시작되었는데, 이전의 생활보호법과 달리 법적 권리로서의 급여를 보장하고 부양의무자 기준 등을 완화한 진일보한 복지제도였다.

기초생활보장 생계급여를 받기 위해서는 가구소득 및 재산을 환산한 소득인정액이 정해진 기준 이하이어야 한다. 이 기준은 절대적 빈곤선에 준하는 수준으로, 매년 발표되는 기준 중위소득의 30%를 적용한다. 예를 들어 2023년의 경우 4인 가구 기준 중위소득이 약 540만원이고 그 30%는 약 162만원이므로, 4인 가구 소득인정액이 162만원보다 낮으면 생계급여 대상이 된다. 1인 가구의 경우 기준 중위소득 자체가 더 낮게 책정되므로 대략 월 70만원 안팎 이하이면 생계급여를 받을 수 있다. 급여액은 해당 가구의 소득인정액을 고려하여 빈곤선까지 부족한 금액만큼 지원하는 방식이다. 따라서 소득이 전혀 없는 노인은 기준선 전액을, 약간의 연금이나 기타 소득이 있는 노인은 그 차액을 지원받는다. 한편 주거급여, 의료급여, 교육급여 등도 별도의 기준에 따라 제공되는데, 노인가구의 경우 주거 및 의료지원이 특히 중요하다.

기초생활보장은 엄격한 선별주의 제도인 만큼, 오랜 기간 부양의무자 기준이 적용되어 왔다. 이는 수급 신청자의 직계가족(자녀 등)에 부양 능력이 있으면 급여를 제한하는 장치였다. 이 때문에 자녀가 있다는 이유로 빈곤한 노인이 생계급여를 받지 못하는 사례가 많아 사회문제가 되었다. 정부는 이러한 한계를 인식하고 단계적으로 기준을 완화하여, 2021년에는 생계급여에 한해 노인과 한부모가구에 대해서 부양의무자 기준을 완전 폐지하였다. 그 결과 가족이 있어도 본인이 가난하면 생계급여를 받을 수 있게 되었고, 실제로 노인 수급자가 크게 증가하였다. 통계에 따르면 기초생활보장 수급자 중 65세 이상 노인의 비중은 2017년 28.9%에서 2023년에는 41.3%로 높아졌으며, 수급 노인 수는 약 101만 명에 달한다. 이는 노인 인구의 약 10%에 해당하는 규모로, 열 명 중 한 명의 노인은 기초생활보장을 통해 생계를 유지하고 있음을 의미한다. 특히 독거노인이나 고령의 여성 노인의 경우 수급 비율이 더 높게 나타나, 노인빈곤층 내에서도 공공부조 의존도가 편중되는 경향을 보인다.

국민기초생활보장제도의 정책적 효과는 가장 취약한 노인의 절대빈곤을 완화하고, 최소한 아사(餓死)나 노숙과 같은 극단적 상황을 방지하는 데 있다. 기초연금마저 받지 못하거나 그것만으로 생계가 불가능한 노인들에게 기초생활보장은 생명선과 같다. 또한 건강보험료 경감, 의료비 면제 등 부가급여를 통해 노인의 의료 접근성을 높이는 효과도 있다. 그러나 한계점도 분명하다. 우선 낙인효과와 낮은 신청률 문제가 있다. 기초생활수급자로 지정되면 사회적 시선을 의식하게 되고 심리적 부담을 느끼는 경우가 많아, 자격이 되어도 신청을 기피하는 노인이 일부 존재한다. 또한 여전히 남아 있는 사각지대로, 재산은 없지만 자녀와 함께 산다는 이유로 수급을 포기하는 사례 등 숨은 빈곤이 존재할 수 있다. 급여 수준 역시 빈곤선 이상으로 올려주지는 못하므로, 기초생활보장만으로는 상대적 빈곤을 해소하기 어렵다. 나아가 부양의무자 기준을 폐지하면서 생긴 재정부담 증가도 지속적인 이슈이다. 그럼에도 불구하고 국민기초생활보장제도는 노인복지의 가장 기초 토대를 형성하는 제도로서, 노후소득보장 체계의 마지막 버팀목 역할을 수행하고 있다. 향후 부양의무자 기준의 완전 폐지(다른 급여까지 확대), 급여수준 인상 등의 개선이 이루어진다면 노인 빈곤층 삶의 질 향상에 더욱 기여할 것이다.

4) 기타 소득보장제도 (퇴직연금, 주택연금 등)

앞서 다룬 제도 이외에도 노인의 소득보장을 지원하는 여러 장치들이 존재한다. 그 중 퇴직연금은 민간 부문의 중요한 노후소득 원천이다. 한국은 1961년부터 근로자 퇴직금 제도를 시행하여 일정 기간 근무 후 퇴직 시 일시금을 지급하도록 법제화하였다. 이후 2005년에 퇴직연금제도가 도입되면서 기업이 퇴직금을 연금 방식으로 적립·운용하도록 유도하였다. 현재 대부분의 중대형 사업장은 확정급여(DB)형이나 확정기여(DC)형 퇴직연금을 채택하고 있으나, 아직도 많은 근로자가 퇴직 시 일시금 형태로 수령하는 것이 현실이다. 퇴직일시금은 목돈으로 활용되기도 하지만 장기노후소득으로 이어지지 못하는 문제가 있어, 정부는 퇴직연금을 연금수령하도록 세제혜택을 부여하는 등 정책적 권장을 하고 있다. 퇴직연금은 국민연금과 더불어 다층노후소득보장의 2층에 해당하며, 향후 모든 사업장으로 적용을 확대하고 연금 수령률을 높이는 것이 과제로 남아 있다.

주택연금은 한국주택금융공사가 운영하는 역모기지(reverse mortgage) 제도로, 집은 있지만 소득이 부족한 고령층을 위해 2007년 도입되었다. 만 55세 이상 주택소유자가 본인 집을 담보로 맡기면 평생 또는 일정 기간 동안 매월 연금형태로 지급금을 받는다. 가입자의 사망 후 주택을 처분하여 대출금을 정산하는 방식으로, 고령자의 자산을 소득화한다는 장점이 있다. 주택연금은 노후대비 금융상품으로 자리잡아 2023년 기준 누적 가입자 수 13만명을 넘겼으며.

이 밖에도 장애인연금(중증 장애 노인의 소득보조), 유공자복지연금(국가유공 노인의 예우 차원 지원), 노인일자리 사업(저소득 노인에게 일자리와 소득 제공) 등이 노인소득보장에 기여하는 기타 제도들이다. 특히 노인일자리 사업은 2004년 시작된 이후 크게 확대되어, 2023년에는 약 90만개의 일자리를 통해 참여 노인에게 월 27만원 내외의 활동비를 지급하고 있다. 이는 완전한 소득보장은 아니지만 공공부조와 노동의 중간 지대에서 노인의 사회참여와 용돈 마련을 지원하는 정책으로 평가된다.

### (4) 한국 노인소득보장 정책의 효과와 한계

한국의 노인소득보장정책은 지난 수십년간 지속적으로 발전하여 형식적 제도망은 거의 완비된 상태라 볼 수 있다. 국민 누구나 노후 대비를 위한 사회보험에 가입하도록 하고, 은퇴 후 일정 소득 이하이면 기초연금으로 지원하며, 그래도 부족하면 공공부조를 받도록 설계되어 있다. 이러한 정책들의 시행으로 노후소득보장의 커버리지가 크게 증가한 것은 중요한 성과다. 앞서 언급한 통계처럼 65세 이상 인구의 90% 이상이 국민연금, 직역연금, 기초연금 등 한 가지 이상의 연금소득을 얻고 있으며. 이 기간 동안 기초연금 도입·확대와 국민연금 수급자 증가가 있었음을 고려하면, 공적소득보장제도가 노인빈곤 완화에 일정 부분 기여했음을 알 수 있다. 아울러 노인들의 경제활동 참여율이 높아진 것도 주목할 성과이다. 2022년 65세 이상 고용률은 36.2%로 10년 전에 비해 6%p 이상 상승하여 OECD 최고 수준을 기록했는데. 특히 여성 노인의 빈곤율(43.2%)이 남성 노인의 빈곤율(31.8%)보다 훨씬 높아 성별 격차도 심각하다. 이는 여성이 생애 동안 벌어들인 소득이 적고 국민연금 가입이력도 부족한 경우가 많기 때문으로 해석된다. 결과적으로 많은 노인이 기초연금과 약간의 저축 또는 자녀 도움에 의존하거나, 계속 일을 해서 생계를 꾸리는 실정이다. OECD 통계에 따르면 한국 노인의 노동소득 의존도는 매우 높아서, 66~75세 노인층의 취업률이 31.4%, 76세 이상도 20%를 넘는다. 이는 노인이 가난하기 때문에 계속 일해야만 하는 현실을 반영한다. 일하는 것이 활기찬 노후의 증거가 될 수도 있지만, 한국의 경우 상당수 노인이 생계를 위해 원치 않는 노동까지 이어가야 한다는 점에서 문제로 지적된다.

둘째 한계로, 급여 수준의 불충분을 들 수 있다. 국민연금과 기초연금을 합산해도 대다수 수급자의 소득이 노인빈곤선을 밑돌고 있다. 앞서 본 바와 같이 기초연금(약 32만원)과 국민연금 평균액(약 62만원)을 합쳐도 100만원이 채 되지 않으며. 이미 "경제활동인구가 노인을 먹여 살린다"는 부정적 인식이 일부 존재하며. 모든 노인에게 동일한 기본연금을 지급하고 고소득자에게는 세금을 통해 환수하는 방식은, 행정 효율성을 높이고 사각지대를 없애며 사회적 연대감을 증진할 수 있다. 재정 부담이 크다는 반론이 있으나, 선별에 드는 사회적 비용과 빈곤 심화를 감안하면 장기적으로는 보편 지급이 더 나은 대안일 수 있다. 만약 현행 틀을 유지한다면, 적어도 급여 수준만큼은 과감히 올려야 한다는 주장이 힘을 얻는다. 앞서 정부가 약속한 40만원 인상은 최소한의 조치로 볼 수 있으며, 궁극적으로는 노인 단독가구 기준 최저생계비(예: 1인 중위소득 50% 수준인 125만원의 절반 이상)는 기초연금으로 충당할 수 있도록 인상해야 한다는 의견도 있다. 이와 함께 기초연금과 국민연금 간 연계 조정을 개선하여, 국민연금 수령으로 기초연금이 과도하게 삭감되지 않도록 해야 할 것이다. 이는 국민연금 가입유인을 높이고, 저연금 수급자의 실질소득을 증대시키는 효과가 있다.

공공부조 측면에서는 기초생활보장의 포용성 확대가 필요하다. 부양의무자 기준 폐지 이후 증가한 노인 수급자를 충분히 지원하려면 예산 확보와 제도 운영의 내실화가 중요하다. 특히 기초생활보장 급여 수준을 단계적으로 현실화하여, 적어도 절대빈곤선은 넘을 수 있도록 해야 한다. 현재 생계급여는 중위소득 30%선으로 매우 엄격한데, 이를 35%, 40%로 높이는 방안도 논의할 수 있다. 예산상 제약이 있다면, 의료비나 주거비 등 필수지출에 대한 지원을 강화하여 실질소득 효과를 높일 수 있다. 또한 아직 남아있는 사각지대 노인을 발굴하기 위한 적극적 복지행정도 필요하다. 지자체와 주민센터, 사회복지기관이 협력하여 주변의 비수급 빈곤 노인을 찾아내고, 신청을 유도하며, 상담을 강화하는 것이다.

퇴직연금 및 개인연금 활성화도 노후소득보장 강화의 한 축이다. 공적연금만으로 노후소득을 충분히 보장하기 어려운 만큼, 사적 연금의 보완 기능을 강화해야 한다는 견해가 많다. 이를 위해 모든 기업이 퇴직연금에 가입하도록 의무화하고, 퇴직금의 연금 전환율을 높이기 위한 세제 인센티브를 확대할 수 있다. 예컨대 퇴직소득에 대한 세율을 일시금 수령보다 연금수령 시 대폭 낮추는 방식이 있을 수 있다. 또한 현재 일부 계층만 가입하는 개인연금(연금저축, IRP 등)의 가입률을 높이기 위해 세액공제 한도를 높이거나 소득이 적은 사람에게 정부가 대응지원(매칭, matching) 지원을 해주는 정책도 고려할 수 있다. 영국이나 뉴질랜드처럼 자동가입형 퇴직연금(자동적으로 일정 금액을 적립하되 원하면 탈퇴할 수 있는 제도)을 도입하는 것도 장기적으로 검토 가능한 방안이다. 이러한 다층 연금체계 강화는 공적연금의 부담을 덜고 개인의 노후준비도를 높이는 효과가 있을 것으로 기대된다.

재정 측면에서는 세대 간 형평성을 고려한 재원 조달 방안이 요구된다. 급속한 고령화로 인한 연금재정 압박은 결국 현재 젊은 세대의 부담으로 돌아오기 때문에, 이에 대한 사회적 합의를 도출하는 것이 중요하다. 국민연금 재정안정화를 위한 정부 지원 방안을 법제화하여 일반재정 투입을 늘리고, 기초연금 재원을 위해 고소득자 증세나 사회연대세 도입 등을 검토할 수 있다. 예컨대 조세지출을 정비하거나 상속세·부동산세 등 자산과세를 강화하여 얻은 재원을 노인복지에 earmark(지정)하는 방안도 논의되고 있다. 이러한 재원 마련 전략은 노인부양을 사회 전체의 책임으로 분담하는 취지를 살리면서, 젊은 층의 조세저항을 낮추는 방향으로 설계되어야 한다.

마지막으로, 노인의 경제활동지원과 연계 정책도 종합적으로 추진할 필요가 있다. 노인소득보장은 연금과 급여를 통한 소극적 지원만이 아니라, 노인 스스로 소득을 창출할 수 있는 환경을 만드는 적극적 정책과 병행되어야 한다. 이를 위해 정년 이후에도 일할 수 있는 연령차별 없는 고용환경을 조성하고, 건강이 허락하는 노인에게 맞춤형 일자리와 직업훈련을 제공해야 한다. 특히 60대 초반에 퇴직하는 관행을 개선하여 계속고용제도나 임금피크제의 안착을 도모함으로써 65세까지 안정적인 일자리를 보장할 수 있다. 또한 중장년층부터 평생교육과 재취업 지원을 강화하여, 노후에도 생산적인 경제활동이 가능하도록 인적자본을 개발하는 것이 중요하다. 이렇게 보면 노인소득보장정책은 연금·급여제도 개선뿐 아니라 노인인력정책, 고용정책, 교육정책과 유기적으로 연결되는 종합대책이라 할 수 있다. "노후소득보장의 강화 = 노인빈곤 감소"라는 목표를 달성하기 위해서는 이상과 같은 다각도의 개선 노력이 병행되어야 할 것이다.

### (5) 해외 사례 비교 및 한국에의 시사점

여러 국가들의 노후소득보장 체계와 성과를 살펴보는 것은 한국 정책에 중요한 시사점을 제공한다. 선진 복지국가들은 각기 다른 역사적·사회적 맥락에서 노인빈곤 문제에 대응해왔으나, 공통적으로 다층적 연금체계 구축과 최소소득 보장을 중시하고 있다.

먼저 유럽 복지국가들의 사례를 보면, 대체로 보편적 기초연금 또는 최저연금 보장제도를 갖추고 있어 노인빈곤율이 매우 낮다. 대표적으로 네덜란드는 국민 모두에게 국민연금(AOW)을 지급하는 보편적 연금제도를 운영하며, 이것만으로도 최저생계가 가능하도록 설계되어 있다. 그 결과 네덜란드의 노인빈곤율은 3% 내외로 세계 최저 수준을 유지하고 있다. 덴마크도 모든 노인에게 기초연금을 지급하고 소득수준에 따라 추가적인 수당을 더해주는 제도를 통해 노인빈곤율 3~4%라는 매우 우수한 성과를 보인다. 프랑스의 경우 일반 국민연금 체계 내에 최저연금(Minimum Vieillesse)를 보장하여, 평생 저소득으로 살았더라도 노후에는 국가가 일정 소득 이상을 보장해준다. 이러한 제도 덕분에 프랑스 노인빈곤율도 4%대로 낮다. 이들 나라의 공통점은 1차적 소득보장(기본적 노후소득 보장)을 국가가 책임진다는 철학이 확고하다는 점이다. 반면 미국, 일본, 호주 등은 공적연금이 주로 소득비례연금에 초점을 맞추고 있고 기본연금은 없거나 약하여, 상대적으로 노인빈곤율이 두 자릿수를 나타낸다. 미국의 노인빈곤율은 약 23%. 미국은 사회보장연금(Social Security)으로 소득에 따라 연금을 지급하나, 낮은 임금을 받은 이들의 연금은 충분치 않으며 최저소득 보조인 SSI가 있으나 대상이 협소하다. 일본은 국민연금(기초연금)과 후생연금 이원체계로 전 국민을 포괄하지만, 국민연금이 기여 기반이다 보니 전업주부 등 기여 못한 층의 연금액이 매우 낮아 문제가 된다. 일본도 생활보호제도를 통해 최빈곤 노인을 돕지만 한국과 마찬가지로 가족부양문화와 낙인 등으로 이용률이 높지 않아, 노인빈곤율(약 20%)이 상당히 높은 편이다. 요컨대 보편적 기반연금의 유무가 국가 간 노인빈곤율 격차의 주요 원인임을 알 수 있다.

다음으로 다층연금체계의 발전 정도도 중요한 변수다. 독일, 스웨덴, 캐나다 등은 공적연금 외에 기업연금(직장연금)과 사적연금이 비교적 잘 발달해 있어 노후소득원이 다변화되어 있다. 예를 들어 독일은 법정연금(공적연금)의 소득대체율은 50% 미만으로 낮지만 대부분의 기업이 직업연금을 제공하고, 저축을 통한 개인연금(Riester 연금 등)에 국가가 보조금을 지급하여 추가 소득을 마련하도록 유도한다. 또한 연금 수급 전이라도 노년층 고용률이 높게 유지되도록 정년을 연장하고 노인 일자리를 활성화하여, 노인빈곤을 예방하고 있다. 이러한 공적+사적 역할분담 모델은 한국에도 참고가 된다. 한국도 퇴직연금 등 2층 연금을 강화하고 개인연금 저축을 활성화하면, 공적연금의 취약성을 어느 정도 보완할 수 있을 것이다. 다만 독일 등 유럽은 그래도 최저연금이나 사회부조로 바닥을 지지해준다는 점을 잊지 말아야 한다.

영국의 경우는 2000년대 들어 노인빈곤을 크게 감소시킨 사례로 주목할 만하다. 영국은 전통적으로 공적 기본연금이 낮았고 소득비례 추가연금과 기업연금에 의존했는데, 그 결과 1990년대 노인빈곤 문제가 대두되었다. 이를 해결하기 위해 2003년 연금신용제도(Pension Credit)를 도입하여 저소득 노인의 소득을 일정 수준까지 정부가 보충해주었다. 이 정책으로 영국의 저소득 노인가구 소득이 개선되고 빈곤율이 감소한 것으로 평가된다. 또한 2016년에는 복잡했던 2층 구조를 단순화하여 단일연금(new State Pension)으로 개편, 기여기간이 충분한 모든 은퇴자에게 정액의 기본연금을 보장하도록 했다. 영국 사례는 기존 제도를 과감히 개혁하여 복잡성 감소와 빈곤층 집중 지원을 이룬 예로서, 한국도 참고할 부분이 있다. 한국도 국민연금+기초연금 구조를 중장기적으로 통합하여 단일 공적연금체계로 재편하고, 부족한 부분은 소득보조로 채우는 것을 검토할 수 있을 것이다.

신흥 공업국 중에서는 칠레의 사례가 흥미롭다. 칠레는 1981년 세계 최초로 국민연금을 완전 사적 적립방식으로 전환했지만, 수십 년 후 다수 노인이 연금혜택을 못 받고 빈곤에 처하자 2008년 기초연금(PBS)을 도입하여 최저보장을 강화했다. 이처럼 민영화된 연금체계도 결국 국가의 개입 없이는 노인빈곤을 해결하기 어려움을 보여준다. 한국은 국민연금이 부분적 부과방식과 기금방식을 혼용하고 있어 칠레와 다르지만, 사적 준비만으로는 충분치 않음을 시사한다.

전반적으로 해외사례가 주는 시사점은 다음과 같이 정리할 수 있다. 첫째, 노후소득

보장에서 국가의 최저보장 역할이 중요하다는 것이다. 완전한 보편주의 국가든 부분선별 국가든 결국 빈곤층 노인을 위한 기초보장층을 튼튼히 한 나라가 노인빈곤율을 낮추고 있다. 한국도 기초연금과 기초생활보장이라는 최저보장층을 더욱 확고히 다져야 하는 이유다. 둘째, 다층연금체계의 조화가 필요하다. 공적연금, 직장퇴직연금, 개인연금이 유기적으로 작동하도록 유도한 나라들은 노후소득이 안정적이다. 한국도 국민연금 1층에 더해 2·3층 연금의 참여를 높이고, 이를 촉진하기 위한 정책(예: 세제혜택, 자동가입제)을 펼쳐야 한다. 셋째, 노동시장 정책과의 연계이다. 고용률이 높은 나라는 대체로 노인빈곤도 낮은 경향이 있다. 이는 가난한 노인일수록 일을 계속하게 되는 현실도 있지만, 한편으로 건강하고 일할 의사가 있는 노인에게 일자리를 제공하여 빈곤을 예방하는 효과도 있다. 일본의 경우 한국보다 노인빈곤율이 낮은 요인 중 하나로 65~69세 남성 고용률이 50%를 넘는 점이 꼽힌다. 한국 역시 연령차별을 줄이고 노인의 경제활동을 지원하여, 소득보장과 활기찬 노후라는 두 마리 토끼를 잡아야 할 것이다.

Chapter 6

# 노인의료보장

### (1) 노인의료보장의 개념과 필요성

현대 사회에서 노인의료보장은 노인들의 건강권을 보호하고 의료서비스에 대한 접근성과 경제적 보호를 보장하기 위한 사회보장 제도이다. 즉, 고령자들이 필요로 하는 의료서비스를 국가나 사회가 제도적으로 지원하여, 개인이 감당하기 어려운 의료비 부담을 완화하고 건강 유지에 필요한 서비스를 제공하는 것을 뜻한다. 이러한 노인의료보장은 국민건강보험, 의료급여 등 여러 제도를 포괄하며, 예기치 못한 질병이나 부상으로 인한 과도한 의료비 지출로부터 노인을 보호하는 역할을 한다. 노년기에 들어서면 신체적 노화와 만성질환의 증가로 의료 필요도가 높아지지만, 동시에 은퇴 등으로 경제적 여건은 약화되는 경향이 있다. 따라서 국가적 차원의 의료보장제도가 필수적으로 요구된다. 노인의료보장이 특히 필요한 이유는 첫째, 의료서비스가 노인의 삶의 질과 수명에 직접적인 영향을 미치기 때문이다. 적절한 치료와 관리가 이루어지면 건강수명 연장과 생활상의 안녕을 도모할 수 있다. 둘째, 노년기에는 만성질환과 합병증으로 인한 입원·수술 등 고액진료의 위험이 크며, 이를 개인 수준에서 감당하기 어렵기 때문이다. 의료보장은 이러한 고액의 의료비로 인한 빈곤화를 방지하고 필요한 치료를 받도록 돕는다. 셋째, 노인의 건강상태는 개인과 가족을 넘어 국가 전체의 발전 수준을 가늠하는 지표가 되기도 한다. 인구 고령화 시대에 건강한 노년층은 부양부담 경감과 사회참여 확대 등 긍정적 효과를 가져오므로, 노인의료보장은 사회적 투자로서 의미가 크다.

노인의료보장의 필요성은 인구학적·사회적 변화에 의해 더욱 증대되고 있다. 대한민국은 2000년에 65세 이상 인구 비율이 7.2%로 고령화사회에 진입한 이후, 2018년에 14.3%로 고령사회에 도달했고 2026년에는 20%를 넘는 초고령사회에 진입할 것으로 전망된다. 2021년 기준으로 노인인구 비율은 약 16.6%에 달한다. 만약 사회보장적 의료보장 체계가 없다면 노인 개인이나 가정은 감당하기 힘든 의료비 부담을 떠안게 되고, 치료를 포기하거나 생활수준이 악화될 가능성이 높다. 예를 들어, 미국의 경우 1965년 연방 차원에서 노인을 위한 의료보험제도인 Medicare가 도입되기 전에는 65세 이상 미국인의 절반 가까이가 건강보험이 없었고, 의료비의 상당 부분을 본인이 직접 부담해야 했다. 메디케어(Medicare) 도입 이후 고령자의 의료보장률은 거의 98% 이상으로 상승하고 본인부담률도 대폭 감소하여, 도입 첫해였던 1966년에 의료비의 56%를 노인들이 직접 부담하던 것이 최근에는 13% 수준으로 낮아졌다. 이로써 의료 이용이 증가하고 65세 이후 기대수명도 약 5년 연장되는 등의 긍정적 성과가 나타났다. 이 사례는 공적 의료보장 정책이 노인층의 건강증진과 경제적 안정보장에 큰 효과가 있음을 보여준다.

노인의료보장은 인구 고령화 시대에 노인들의 기본적인 의료 접근권을 보장하고, 건강악화로 인한 경제적 위험으로부터 보호하며, 건강한 고령사회를 구축하기 위한 핵심적인 사회복지제도이다. 세계보건기구(WHO)도 "전 연령대의 건강한 삶을 보장"하는 지속가능발전목표(SDG3) 달성을 위해 노인에 대한 보편적 의료보장(UHC)의 중요성을 강조하고 있다. 고령자는 젊은 층에 비해 의료 요구도가 높고 지불능력이 낮은 경우가 많으므로, 보건의료체계의 재편과 재정적 대비가 필요하다는 것이다. 결국 노인의료보장은 개인의 존엄성과 삶의 질을 지키는 동시에, 고령인구 증가로 인한 사회경제적 충격을 완화하고 세대 간 연대를 구현하는 사회 안전망으로서 그 개념적 의의와 필요성이 크다고 하겠다.

## (2) 노인을 위한 주요 의료보장제도

우리나라의 노인의료보장은 전 국민 의료보장체계의 일부로서 운영되며, 특별히 노인만을 대상으로 완전히 별도 설계된 제도라기보다는 기존의 의료보장제도 내에서 고령층에 대한 지원과 혜택을 제공하는 방식으로 이루어지고 있다. 크게 보면 사회보험방식의 국민건강보험과 공공부조방식의 의료급여제도가 노인 의료보장의 양대 축이다. 여기에 더하여 노인의 건강을 유지·증진하기 위한 건강검진 및 예방의료 정책들이 지원되어, 질병의 조기 발견과 예방을 도모하고 있다. 아래에서는 각각의 제도와 정책을 노인 대상 지원 내용에 초점을 맞추어 살펴본다.

### 1) 국민건강보험과 노인 지원

국민건강보험(National Health Insurance, NHI)은 대한민국 전 국민을 대상으로 하는 의무적 사회보험으로, 노인 의료보장의 기본 토대를 이룬다. 1977년 직장의료보험 시작을 필두로 단계적으로 적용 대상을 넓혀 1989년에 전 국민 의료보험을 완성한 이후. 노인은 소득이나 은퇴 여부와 관계없이 원칙적으로 건강보험에 가입되며, 직장가입자의 피부양자이거나 지역가입자로서 보험료를 납부하는 형태로 평생에 걸쳐 의료보장을 지속한다.

건강보험은 노인의료보장에 있어 가장 핵심적인 역할을 하고 있다. 노년기에 의료 이용량이 늘어나지만, 건강보험 급여를 통해 본인부담을 일정 비율 경감받을 수 있다. 예를 들어, 건강보험은 통상 외래진료 및 약국 비용의 30%를 환자가 부담하도록 하는 등 정률제(coinsurance)를 적용하고 있지만, 65세 이상 노인에 대해서는 본인부담 경감제도를 운용하고 있다. 노인외래정액제가 대표적인데, 노인이 1차 의료기관(의원급)을 이용할 경우 일정 진료비 한도까지는 1,000원~2,000원 정도의 소정액만 부담하고 나머지는 보험공단이 부담하도록 한 제도이다. 이 제도로 인해 고령자가 가까운 의원에서 경제적 부담 없이 만성질환 관리를 위한 외래진료를 받을 수 있게 되어 의료 이용이 촉진되고 만족도가 높아진 것으로 보고된다. 또한 건강보험에서는 중증질환 산정특례 등 고액의료비 완화제도를 통해 암, 희귀질환, 중증난치병 등에 대해 노인 포함 모든 환자의 본인부담률을 5~10%로 낮춰주는데, 이러한 혜택 역시 주로 노년층에 큰 도움이 되고 있다. 이처럼 국민건강보험 내에서 노인은 연령 관련 경감혜택과 특별지원을 받아 비교적 낮은 비용으로 의료서비스를 이용할 수 있다. 그 결과 65세 이상 인구의 1인당 의료이용량은 젊은 층보다 훨씬 높지만, 보험제도를 통해 재정적 부담을 사회 전체로 분산시키고 있다. 실제로 노인 1인당 진료비는 연간 약 500만 원 수준으로 65세 미만 성인의 4배 이상에 달하나. 요약하면, 국민건강보험은 치료부터 일부 요양에 이르기까지 다층적인 보장장치를 마련하여 노인들이 의료적으로 안전망 안에 머물도록 지원하는 종합제도로 기능하고 있다.

2) 의료급여제도와 저소득층 노인 지원

의료급여(Medical Aid)는 건강보험에 가입할 형편이 못 되거나 생활이 어려운 저소득층에게 국가 재정으로 의료서비스를 보장해주는 공공부조 제도이다. 의료급여는 「국민기초생활보장법」 등에 의해 생활이 빈곤한 계층(기초생활수급자 등)을 대상으로 하며, 건강보험과 달리 보험료 부담 없이 정부가 전액 또는 대부분의 진료비를 부담한다. 고령사회에서 의료급여 역시 노인 의료보장의 중요한 축이 된다. 왜냐하면 빈곤층 노인의 비율이 높고, 의료급여 수급자 중 상당수가 노인이기 때문이다. 실제 통계에 따르면 인구 전체의 약 3% 정도가 의료급여 수급자인데, 의료급여 수급자 중 노인이 36% 가량을 차지할 정도로 노인 빈곤층의 의료보장 의존도가 크다. 이는 곧 경제적으로 취약한 많은 노인들이 의료급여를 통해서만 의료 접근이 가능함을 의미한다.

우리나라 의료급여제도는 1977년 「의료보호법」으로 시작되어 빈곤층에게 무료진료를 제공한 데서 출발했고, 이후 여러 번의 개정을 거치며 발전해왔다. 2001년 「의료급여법」으로 전면 개편되면서 수급자에 대한 예방적 서비스와 재활치료까지 지원범위를 확대하였고, 수급 기간 제한을 폐지하여 지속적인 의료보장이 가능하도록 하였다. 노인의 의료 이용 특성을 반영한 정책들도 도입되었는데, 장기입원 등이 증가함에 따라 의료급여 1종 수급권자(주로 근로능력이 없고 부양의무자가 없는 절대빈곤층)에 대해서는 2007년부터 남용 방지를 위해 일부 본인부담금을 도입하고, 지정의료기관제를 통해 주치의 역할을 강화하도록 했다. 이는 한편으로는 재정지출 효율화를 위한 조치였지만, 동시에 노인 수급자의 의약품 오남용 방지와 적정 이용을 유도하려는 목적도 있었다.

의료급여 노인수급자들은 건강보험 노인과 비교할 때 경제적 부담은 적으나, 의료 이용에 있어 제약이 있을 수 있다. 예를 들어 의료급여는 동네의원부터 시작하여 상위 병원으로 진료 의뢰를 받아 올라가는 단계별 이용체계(게이트키퍼 제도)가 적용되는데, 이는 불필요한 비용을 막는 대신 의료이용의 불편을 초래할 수 있다. 그럼에도 불구하고 정부는 의료급여 노인에게도 예방서비스를 제공하고자 노력하고 있다. 의료급여 수급 노인이 국가건강검진을 받을 경우 그 비용을 예산 범위 내에서 지원하고, 특히 의료급여수급 노인에게는 안과 검진 및 개안수술, 틀니 및 임플란트 지원, 중증 치과치료 등을 무상 또는 보조 지원하는 사업을 시행해 왔다. 이를 통해 경제적 취약 노인층의 기본적인 의료 접근성과 삶의 질 향상을 도모한다. 요약하면, 의료급여제도는 빈곤한 노인에게 의료 안전망을 제공하여 "의료보장 사각지대"에 노인이 떨어지지 않도록 하는 기능을 수행한다. 다만 재정이 한정되어 있어 지원 범위나 질적 수준에서 한계가 있을 수 있으며, 이는 후술할 정책상의 과제로 남아 있다.

### 3) 노인 건강검진 및 예방의료 정책

질병을 치료하는 것만큼 질병을 예방하고 조기에 발견하는 것은 노인의료보장에서 매우 중요하다. 노년기에는 만성질환의 누적으로 인해 합병증이나 중증으로의 이행 가능성이 높으므로, 주기적인 건강관리와 검진을 통해 위험요인을 조기에 관리하는 전략이 필요하다. 우리나라는 이러한 취지에서 국가건강검진 제도를 운영하고 있으며, 노인 건강검진을 법적으로 의무화하고 있다. 「노인복지법」에서는 65세 이상 노인에 대해 2년에 1회 이상 건강검진을 실시하도록 명시하고 있어. 또한 70세 이상 노인을 대상으로 우울증 선별검사를 10년에 한 번 실시하도록 하여 노년기 정신건강 문제도 확인하고 있다. 이 밖에도 노인의 생활습관을 평가하고 보건교육을 실시하는 등 예방적 조치를 강화하고 있다. 이러한 건강검진 제도는 노인 자신의 건강상태를 정기적으로 파악하게 함으로써 조기 치료와 예방적 개입을 가능하게 하며, 노후의 의료비 지출을 줄이는 효과도 기대할 수 있다.

예방의료 측면에서 국가 예방접종 프로그램도 노인에게 특화된 지원을 제공한다. 대표적으로 인플루엔자(독감) 예방접종과 폐렴구균 예방접종이 있다. 매년 가을·겨울철에 실시되는 인플루엔자 예방접종의 경우, 65세 이상 모든 어르신에게 무료로 제공된다. 주소지와 관계없이 가까운 지정 의료기관이나 보건소에서 국가가 비용을 부담하여 접종을 실시하므로, 노인들은 경제적 부담 없이 독감 백신을 맞을 수 있다. 이는 노년층에서 독감으로 인한 합병증과 사망을 줄이고, 유행 시기의 의료비 부담을 경감시키는 효과가 있다. 또한 폐렴구균 백신도 국가예방접종사업으로 지원되어, 만 65세에 도달한 노인에게 1회 접종을 무료로 제공하고 있다. 폐렴구균은 노인에서 폐렴, 패혈증 등의 원인이 되는 균으로, 백신 접종을 통해 이러한 심각한 감염질환을 예방할 수 있다. 이처럼 예방접종 정책은 노인의 예방가능한 질병 부담을 낮추고 건강수명을 연장시키는 데 기여한다.

**표16. 노인을 위한 주요 예방의료 서비스 (2023년 기준)**

| 서비스 종류 | 대상 노인층 | 주기 및 지원내용 |
|---|---|---|
| 일반건강검진 | 65세 이상 전체 | 2년에 1회 이상 건강검진 실시 (국가가 비용 지원) |
| 인지기능장애 검사 | 66세 이상 전체 | 2년에 1회 치매선별검사 제공 |
| 우울증 검사 | 70세 이상 전체 | 10년에 1회 노인우울증 선별검사 제공 |
| 인플루엔자 예방접종 | 65세 이상 전체 | 매년 1회 무료 예방접종 (국가예방접종) |
| 폐렴구균 예방접종 | 65세 (당해 연도) | 1회 무료 예방접종 (PPSV23 백신) |

주: 국가건강검진 내 노인특화 항목 및 국가예방접종사업 기준 (2023년 현재).

또한, 지자체 보건소를 중심으로 방문건강관리 서비스가 이루어지고 있다. 거동이 불편하거나 만성질환 관리를 필요로 하는 취약 노인가구에 대해 간호사 등이 직접 가정을 방문하여 혈압·혈당 체크, 투약관리, 건강교육 등을 제공하는 것이다. 이러한 방문보건은 의료 접근성이 낮은 노인층의 예방적 건강관리를 도와준다. 더불어 지역사회 단위에서 경로당 등지에서 노인 건강교육(영양, 운동, 구강관리 등) 프로그램을 운영하여 건강생활실천을 독려하기도 한다. 최근에는 정보통신기술을 활용한 원격의료 시범사업이나 모바일 건강관리 앱 등이 노인 만성질환 관리에 도입되는 추세로, 예방의료의 수단이 다양화되고 있다. 이 모든 예방적 노인보건 정책의 궁극적 목표는 "건강한 노화(healthy ageing)"를 촉진하여 노인이 병으로 인한 고통과 비용부담을 최소화하고 독립적인 생활을 영위하도록 돕는 데 있다. 예방에 중점을 둔 서비스는 의료보장의 지속가능성 측면에서도 중요하다. 노인 인구의 급증이 불가피한 상황에서, 예방을 통해 의료비 상승을 완화하고 노인들이 병원에 덜 의존하도록 유도하는 것은 정책적 우선과제가 되고 있다.

#### 4) 정책적 효과와 성과

우선, 노인의료보장 정책을 통해 노인의 의료 접근성이 획기적으로 개선되었다. 건강보험의 보편적 적용으로 경제적 형편과 관계없이 대부분의 노인이 의료기관을 이용할 수 있게 되었으며, 특히 저소득 노인은 의료급여를 통해 비용 부담 없이도 필요한 진료를 받을 수 있는 기반이 마련되었다. 그 결과 한국 노인들의 의료 이용률과 이용량은 세계적으로도 높은 수준이며, 필요한 경우 입원치료나 수술도 적극적으로 받는 경향을 보이고 있다. 이는 치료 시기를 놓치거나 질병을 방치하는 사례를 줄이고, 노년기 건강수준 향상에 기여하였다. 예컨대 암 검진 수검률 향상과 더불어 암 치료율 개선, 고혈압·당뇨 등의 만성질환 관리율 증가 등이 보고되고 있는데, 이는 의료보장 체계가 안정적으로 작동한 덕분이다. 이러한 의료 이용의 증가는 65세 이후의 기대수명 연장과 일부 주요 질환의 노인 사망률 감소로 이어져, 한국인의 건강수명이 꾸준히 증가하는 성과로 나타났다. 한국은 2021년 출생시 기대수명 83.6세로 OECD 상위권이며, 65세 시점의 추가 기대수명도 지속 증가 추세를 보인다. 의료보장은 노년층의 건강권 실현을 지원함으로써, 결과적으로 노인 개인과 그 가족의 삶의 질을 높이고 있다.

둘째, 노인의료보장은 경제적 보호 효과를 거두었다. 의료비 지출로 인한 가계파탄이나 빈곤 악화를 방지하는 사회안전망으로 기능하여, 많은 노인들이 치료비 걱정 없이 의료서비스를 이용할 수 있었다. 특히 본인부담 상한제, 노인외래정액제 등의 장치로 고액의료비가 발생해도 연간 일정 금액 이상은 공단이 부담하게 함으로써, 만성 질환으로 잦은 진료를 받는 노인이나 중증질환 노인이라도 의료비로 생활이 극빈해지는 일을 줄였다. 미국 Medicare 사례에서 보았듯이, 공적 의료보장은 노인의 무보험 상태를 거의 해소하고 본인부담률을 낮춤으로써 의료비 빈곤층의 규모를 감소시킨다. 한국에서도 건강보험 도입 이전인 1970년대에는 질병으로 인한 노인빈곤 문제가 심각했으나, 현재는 최소한 기본적 의료비에 대해서는 사회가 연대책임을 지는 구조가 정착되었다. 그 결과 노인가구의 가계 의료비 부담률은 과거에 비해 완화되었다고 평가된다.

셋째, 노인의료보장을 통한 공중보건 향상 및 사회적 편익도 주목된다. 예방접종의 확대는 노년층의 감염병 발병을 감소시켜 의료비 절감과 더불어 전염 확산 차단에 기여했다. 건강검진을 통해 당뇨병, 고혈압을 조기 발견하여 합병증으로 인한 투석이나 뇌졸중 등의 사회적 비용을 감소시킨 사례도 보고되고 있다. 또한 장기요양보험 제공으로 가족의 부양부담이 경감되고, 여성 등의 경제활동 참여가 촉진되는 효과도 나타났다. 더 나아가 노인의 건강이 유지됨으로써 노년층의 사회공헌이나 노동 참여 (예: 노인 일자리 사업 참여)가 가능해지는 등 활기찬 고령사회 구현에도 긍정적 영향을 주고 있다. WHO는 각국이 의료와 돌봄 시스템을 강화하여 노인의 신체적·인지적 기능을 유지하도록 지원할 것을 권고하는데. 인구 고령화로 인해 보험료를 내는 생산연령 인구 대비 의료혜택을 받는 노인 인구의 비율(노년부양비)이 급격히 높아져, 현재 약 4명 젊은이가 1명 노인을 부양하는 수준에서 2050년경에는 1.2명의 젊은이가 1명 노인을 부양하게 될 전망이다. 이는 현행 기여방식으로 건강보험 제도를 유지하기 어려울 수 있음을 시사하며, 장기적으로 보험료율 인상, 재정 구조조정, 정부 지원 확대 등의 논의가 불가피하다. 의료급여의 경우도 마찬가지로, 노인 인구 증가에 따라 재정부담이 커져 지속적인 보장성 유지에 어려움이 예상된다. 결국 고령화로 인한 의료보장 재정위기에 대응하는 정책 마련이 중요한 과제로 대두되고 있다.

건강보험의 한계로는, 의료보장 급여의 불충분성과 격차의 문제가 있다. 건강보험 보장률(총 의료비 중 보험자가 부담하는 비율)은 2020년대 초 기준으로 약 60%대 중반으로, 주요 선진국에 비해 낮은 편이다. 특히 노인들은 보장성 부족의 영향을 크게 받는데, 틀니·임플란트 등의 일부 개선에도 불구하고 간병비, 상급병실료, 비급여 진료 등은 여전히 본인 부담이 크다. 이는 중증질환에 걸리면 상당한 경제적 부담이 여전히 노인 가계에 전가될 수 있음을 의미한다. 실제로 만성질환이 여러 개인 노인은 의료비 상한제 적용을 받더라도 약값이나 비급여 검사비 등으로 어려움을 겪는 사례가 있다. 의료급여의 경우, 일차 의료 이용에는 큰 장벽이 없으나 비급여 항목이나 선택진료 등에 대한 지원 한계로 인해 현실에서 체감하는 의료 접근 격차가 존재할 수 있다. 또한 도시와 농촌, 소득계층 간에 의료 이용의 형평성 문제도 지적된다. 예를 들어 일부 연구에서는 경제적 취약 노인이 건강보험 노인보다 오히려 더 많은 의료 이용을 하지만 건강 수준은 낮다는 결과를 보고하고 있는데. 노인들도 작은 증상으로 상급종합병원을 찾는 경우가 흔한데, 이는 의료비 상승을 부추기고 기본적 건강관리는 소홀히 하는 결과를 낳는다. 동네의원과 노인요양시설, 재활기관 등이 유기적으로 연계되어 노인의 포괄적 관리를 제공해야 하나, 현재는 진료·요양·복지 서비스 간 연속성이 부족하여 노인이 여러 기관을 오갈 때 정보가 단절되고 부담이 가중되는 문제가 있다. WHO는 노인을 위해 의료와 사회돌봄의 통합적 접근이 필요하다고 강조한다.

Chapter 7

# 노인고용정책

한국의 노인고용정책은 고령자(통상 55세 이상 또는 정년 전후의 연령대)의 고용을 촉진하고 유지하기 위한 정부와 사회의 제도적 노력과 방안을 일컫는다. 이는 인구 고령화에 대응하여 노년층이 경제적으로 안정되고 사회에 적극 참여할 수 있도록 지원하는 정책들의 집합이다. 노인고용정책이 필요한 주요 이유는 급속한 고령화로 인한 노인 빈곤 문제와 노년층의 자아실현 욕구 때문이다. 한국은 OECD 국가 중 노인 빈곤율이 가장 높아, 2020년 기준 66세 이상 노인의 상대적 빈곤율이 40.4%에 이르렀다. 이는 OECD 평균 14.2%의 거의 3배에 달하며, OECD에서 유일하게 40%를 넘는 수치이다. 이러한 빈곤율은 한국 노인들의 경제적 어려움이 심각함을 보여주며, 다수의 노인이 생계를 위해 계속 일해야 하는 현실과 직결된다. 실제로 한국의 65세 이상 고령자 고용률은 약 33%로 OECD 최고 수준인데, 이는 충분한 노후소득이 확보되지 않아 많은 노인이 생계 목적으로 일하기 때문인 것으로 분석된다.

동시에 현대의 노년층은 과거와 달리 교육 수준이 높고 건강상태도 개선되어 일을 통한 보람과 자아실현을 추구하는 경향이 강해졌다. 정부 역시 노년기에 경제적 보상뿐 아니라 사회적 기여와 자기만족을 중요하게 고려하여, 노인일자리 정책의 목표로 "노년기 자아실현"을 제시하고 있다 노년에 적합한 일자리는 노인의 우울감 해소와 사회적 관계 형성 등 정신적 복지에도 긍정적인 영향을 미치며, 건강 유지에도 도움을 주는 것으로 나타났다 따라서 노인고용정책은 단순히 노인의 소득 보전을 넘어, 노인들이 일을 통해 사회에 참여하고 삶의 보람을 느낄 수 있게 함으로써 활기찬 고령사회를 구현하는 데 필수적이다. 이러한 맥락에서 한국 정부는 노인빈곤 완화와 활기찬 고령화(Active Aging)를 위해 다양한 노인고용 관련 정책을 종합적으로 추진하고 있다.

### (1) 주요 노인고용 정책과 현황

한국에서 시행 중인 대표적인 노인고용 정책으로 정년연장제, 임금피크제, 노인일자리 사업, 연령차별금지법 등을 들 수 있다. 각각의 정책이 등장하게 된 배경과 현재 시행 현황, 그 효과를 살펴보겠다.

#### 1) 정년연장제

정년연장제는 법적 또는 제도적으로 기업의 정년(age of mandatory retirement)을 높이거나(연장) 없애도록 유도하는 정책이다. 한국은 오랫동안 기업 관행상 정년이 55세 안팎으로 정해져 있었으나, 평균수명의 증가와 고령인력 활용 필요성이 대두되며 정년 연장의 요구가 커졌다. 특히 국민연금 등 공적연금 수급 개시연령이 높아지는 가운데 정년 퇴직 이후 소득 공백이 발생하는 문제가 부각되었다. 이에 정부는 2013년 「고용상 연령차별금지 및 고령자고용촉진에 관한 법률」을 개정하여 기업이 근로자의 정년을 60세 이상으로 정하도록 의무화하였다. 이 법에 따라 2016년부터 대규모 기업에, 2017년부터는 모든 기업에 최소 만 60세 정년이 적용되어, 현재 법적으로는 60세 이전에 근로자를 정년퇴직시키는 것이 금지되어 있다. 만약 기업이 정년을 60세 미만으로 정해두었다면 자동으로 60세로 간주된다. 이 조치로 한국의 기업 정년은 과거에 비해 연장되어 60세 정년 시대가 정착되었다.

정년 60세 의무화 시행 이후, 60대 초반(60~64세)의 고용률이 상승하여 고령층 고용 유지에 일정 기여를 한 것으로 평가된다. 그러나 60세 정년으로도 여전히 국민연금 수급 시점(현재 63세, 2033년까지 단계적으로 65세로 상향 예정)과의 차이가 남기 때문에, 정년을 더 늘려야 한다는 논의가 지속되고 있다. 실제로 최근 정년을 65세로 단계적 상향(2033~2034년까지)하는 법안이 국회에서 발의될 예정이며, 정부여당 차원에서 정년 65세 연장을 적극 검토하고 있다. 이 개정안은 60세인 정년을 2034년부터 65세로 연장하여 국민연금 수급 개시 연령과 퇴직 시기를 맞추는 것이 취지이다. 다만 정년을 연장하면 기업 인건비 부담 증가와 청년 신규채용 위축 등의 우려가 있으므로, 정년연장 논의와 함께 임금체계 개편, 고용유연성 제고, 청년 일자리 대책 등이 패키지로 논의되고 있다. 정년연장제의 효과로 고령 근로자가 안정적으로 근무를 이어갈 수 있는 기간이 늘어났지만, 동시에 정년 도래자에 대한 기업의 부담과 조직 내 세대교체 문제를 어떻게 해결할지가 과제로 남아 있다.

2) 임금피크제

임금피크제는 정년을 연장하거나 고령근로자를 계속 고용하는 대신, 일정 연령 이상부터 임금을 단계적으로 삭감하는 제도를 말한다. 한국에서는 정년연장제가 논의되면서 기업의 인건비 부담을 완화하고 청년 고용을 창출하기 위한 방안으로 임금피크제가 도입되었다. 정부는 2015년 공공부문부터 임금피크제를 선도적으로 도입하여 2016년까지 모든 공공기관이 정년 60세와 임금피크제를 시행하도록 지침을 내렸다. 예를 들어, 정년이 60세로 연장됨에 따라 55세나 57세 등 일정 연령부터 임금을 매년 줄이는 대신 고용을 정년까지 보장하는 방식이다. 아울러 임금피크제로 절감된 인건비는 청년 신규채용에 활용하도록 하여, 고령층의 고용연장과 청년층 일자리 창출을 연계시켰다. 실제 정부 지침에 따르면, 정년이 60세 미만이던 기관이 정년을 연장하면서 임금피크제를 도입한 경우 피크제 적용으로 절감된 인건비로 그 해에 청년 1명을 신규 채용하도록 권고하였다. 이러한 정책 설계는 장년층-청년층 간 일자리 세대교체를 촉진하려는 목적이었다.

임금피크제는 공공부문뿐 아니라 민간 대기업을 중심으로 확산되어, 현재 많은 기업들이 만 55세 혹은 58세 전후부터 임금을 삭감하는 임금피크제를 운용 중이다. 그 결과 고령 근로자들은 예전보다 낮은 임금으로 더 오래 근무할 수 있게 되었고, 기업 입장에서는 인건비 부담을 덜면서 숙련된 고령 인력을 활용할 수 있게 되었다는 평가가 있다. 그러나 임금피크제의 부정적 효과와 한계도 지적된다. 우선 근로자 입장에서 임금피크에 따른 소득 감소가 상당하여 생계에 부담이 되거나 근로의욕 저하를 초래할 수 있다. 또 일부 기업에서는 정년을 연장하지 않은 채 임금피크제만 도입하거나, 업무량 조정 없이 나이만으로 임금을 깎는 사례도 있었다. 이에 대해 2022년 대법원은 중요한 판결을 내렸는데, 정년을 유지한 상태에서 합리적 이유 없이 나이를 이유로 임금을 삭감하는 임금피크제는 무효라고 판시하였다. 이는 고령자고용법(연령차별금지법)상 나이로 인한 차별을 금지한 취지에 따라, 정당한 사유 없이 연령만으로 불이익을 주는 임금피크는 연령차별로 간주된다는 의미이다. 다만 법원은 정년을 연장하면서 인건비 재원 절감 등 합리적 목적이 있고, 임금삭감 폭이 적정하며 그 재원이 청년채용 등 원래 목적에 사용되는 경우 등에는 임금피크제가 정당화될 수 있다는 판단 기준도 함께 제시하였다. 이러한 판결 이후 현장의 임금피크제에 일부 혼란이 있었으나, 정부는 전문가 의견수렴 등을 통해 합리적인 임금피크제 운영 가이드라인을 마련하고 기업을 지원할 계획이다. 요컨대 임금피크제는 정년연장의 보완책으로서 일정 역할을 했으나, 임금삭감에 따른 근로자 피해와 연령차별 소지를 최소화하도록 제도 개선이 요구되고 있다.

### 3) 노인일자리 사업

노인일자리 사업은 고령자에게 적합한 일자리 또는 사회활동 기회를 제공하여 소득을 보충하고 사회참여를 촉진하는 정책이다. 주로 만 65세 이상의 고령층 (일부 사업은 60세 이상) 중에서 소득 수준이 낮거나 일자리 욕구가 있는 이들을 대상으로 한다. 한국 정부는 2004년 「노인일자리 및 사회활동 지원 사업」을 본격 도입하였고, 이를 통한 노인 일자리 공급 규모를 해마다 확대해왔다. 이 사업의 취지는 퇴직 후 소득이 부족한 노인들에게 일자리를 통해 보충소득을 제공함과 동시에, 일을 통한 건강 유지와 사회적 역할을 지원하는 데 있다. 노인일자리 사업에는 크게 세 가지 유형이 있다.

- 시장형(민간형) 일자리: 민간 기업이나 단체가 노인을 고용하면 정부가 인건비 일부를 보조하는 형태로, 민간 부문에서 경쟁력 있는 일자리를 창출하도록 유도한다.

근무시간과 일의 종류에 따라 월 36만5천원에서 최대 196만원까지 임금이 지급되며, 비교적 전문기술이나 일정 노동능력이 있는 노인이 참여한다.

- 사회서비스형 일자리: 2019년 신설된 유형으로, 돌봄 및 복지 분야 등 사회적으로 필요한 서비스를 노인이 제공하는 일자리다. 예를 들어 노인 돌봄, 장애인 보조 등의 분야에 투입되며, 월 약 60시간 정도 일하고 평균 약 71만3천원의 보수를 받는다. 이 유형은 늘어나는 돌봄 수요에 대응하여 비교적 양질의 일자리를 창출하려는 목적이다.

노인일자리 사업은 「노인복지법」 및 「저출산·고령사회기본법」 등에 근거를 두고 국가와 지자체가 예산으로 지원하는 공공부조 성격을 가진다. 초기인 2004년에는 예산상 3만5천개 정도의 일자리만 제공할 수 있었으나, 이후 매년 사업 규모가 커져 2021년에는 약 84만 명의 노인이 이 프로그램에 참여하였다. 이는 60세 이상 인구의 6%가 넘는 규모로, 현재 노인일자리 사업은 노인복지 분야의 핵심 정책으로 자리잡았다. 2021년 기준 이 사업에 투입된 예산은 약 2.3조원으로 GDP 대비 0.11% 정도이며, 재원의 절반 가량은 지방자치단체가 분담한다.

노인일자리 사업의 효과에 대한 평가도 이루어지고 있다. 한 종합 연구에 따르면, 이 사업에 참여함으로써 노인들의 월 소득이 증가하여 상대빈곤선과의 격차를 16%p 줄이는 효과가 있었다. 또한 참여 노인들은 대기자 등 비참여 노인에 비해 사회적 관계, 신체 및 정신 건강상태가 유의미하게 개선된 것으로 나타났다. 일함으로써 규칙적인 생활과 성취감을 얻고, 의료비 지출도 줄어드는 등 간접적 이익도 확인되었다. 일부 연구에서는 비용 대비 편익비율이 1.35~1.79로 1을 넘어 사업이 충분히 경제적 타당성이 있다는 결과도 보고되었다. 아울러 2019년 기준 노인일자리 신청자가 60만 명을 넘을 정도로 사업에 대한 수요와 만족도도 높다.

그러나 노인일자리 사업의 한계도 존재한다. 제공되는 일자리의 상당수가 단순 노동 위주이거나 시간제이므로, 참여자가 얻는 소득이 월 몇십만 원 수준에 그쳐 빈곤 해소에 근본적 한계가 있다는 지적이 있다. 실제로 많은 노인이 추가 소득을 원하지만 예산 및 자리 수 제한으로 대기자가 발생하고, 상대적으로 경제적 어려움이 큰 노인을 우선 선발하다 보니 모든 희망자가 참여하지 못하는 상황이다. 또한 일자리의 지속성이 1년 단위 사업으로 한정되기 때문에, 장기적으로 안정된 고용이라고 보기는 어렵다. 이에 따라 단순히 일자리 숫자 확대뿐 아니라, 민간 영역에서 지속가능하고 생산적인 노인 적합 일자리를 늘리는 질적 향상 노력이 필요하다는 의견이 나온다. 그럼에도 불구하고 노인일자리 사업은 현재까지 노년층의 소득 보전과 사회 참여라는 두 측면에서 가장 직접적인 정책 대응으로써 중요한 역할을 하고 있다.

### (2) 연령차별금지법 및 고령자고용촉진

한국의 연령차별금지법(정식 명칭: 고용상 연령차별금지 및 고령자고용촉진에 관한 법률)은 고용 과정 전반에서 나이를 이유로 불합리한 차별을 금지하고, 나이가 많더라도 계속 고용되거나 재취업 기회를 얻을 수 있도록 하기 위한 법적 장치이다. 이 법은 2008년 전면 개정되면서 연령차별 금지 조항을 강화하고, 기업에 정년 60세 이상 설정을 권고하는 등 고령자 고용 촉진책을 담았다. 앞서 언급한 바와 같이 2013년 추가 개정을 통해 정년 60세 의무화가 이 법에 포함되었고. 한국의 연령차별금지법도 이러한 국제 기준에 부합하게 마련되었으나, 실제 현장에서는 여전히 "나이가 많으면 생산성이 떨어질 것"이라는 고정관념이 남아 있는 실정이다. 특히 정년 이전에 조기퇴직을 유도하거나 희망퇴직을 권고하는 관행 등은 법의 취지를 무색하게 하는 요소다. 그럼에도 연령차별금지 및 고용촉진 법률은 고령자의 고용 권리를 보장하는 근간이 되고 있으며, 인사관리에서 연령 대신 능력과 성과를 중시하는 문화를 확산시키는 법적 기반으로 기능하고 있다. 향후 정년 연장과 더불어 이 법의 적용 연령을 상향(예: 60세 이상까지 차별 금지)하거나 제재를 강화하는 등 보완을 통해 보다 실효성 있는 고령자 고용 保障 수단으로 발전시킬 필요가 있다.

#### 1) 노인고용 정책의 효과와 한계

##### (1) 정책 시행의 성과

지난 수년간 다양한 노인고용 정책이 시행되면서 양적인 측면에서 몇 가지 뚜렷한 성과가 나타났다. 첫째, 고령층의 고용률 증가이다. 정년연장과 노인일자리 사업 확대 등의 영향으로, 한국의 55세 이상 고령자의 경제활동 참여율은 크게 높아졌다. 특히 65세 이상 인구의 고용률은 2000년대 초반 20% 남짓에서 최근 30% 중반까지 상승하여, 한국은 OECD 최고 수준의 노인 고용률을 기록하고 있다. 예컨대 2017년 기준 65세 이상 고용률이 한국은 33.1%로 OECD 평균(15.2%)의 두 배를 넘었으며, 65~69세 연령대 고용률은 45.5%로 아이슬란드에 이어 2위를 차지했다. 이러한 수치는 정년연장제 시행 이후 60대 초반까지 계속 일하는 근로자가 늘어난 결과로 볼 수 있다. 둘째, 노인 빈곤율의 완화 추세이다. 여전히 절대 수준은 높지만, 2013년 중반 45%를 넘던 노인 빈곤율(중위소득 50% 미만 비율)이 2021년에는 37.6%까지 낮아지는 등 일시적으로 개선된 바 있다. 이는 기초연금 도입과 노인일자리 소득 등이 누적 효과를 낸 결과로 해석된다. 다만 2022~2023년에 다시 소폭 상승하여 38%대를 기록하는 등 획기적 개선은 아니어서 지속적 노력이 요구된다. 셋째, 사회인식의 변화이다. 고령자고용촉진법과 연령차별금지법의 영향으로 "정년=55세"였던 인식이 사라지고 60세 또는 그 이상까지 일하는 것이 자연스러운 환경이 조성되고 있다. 많은 기업에서 임금피크제 등을 통해 경험 많은 고령 인력을 활용하려는 움직임이 늘었고, 정부도 매년 노인적합 신규 일자리 모델을 발굴하는 등 적극적이다. 노인일자리 사업에 참여한 노인들의 삶의 질 개선도 정책 성과 중 하나이다. 앞서 언급한 연구들에서 드러나듯, 일자리에 참여한 노인은 소득 증가뿐만 아니라 신체·정신 건강, 사회적 관계 등 여러 면에서 긍정적 변화를 보고하였다. 이는 노인고용 정책이 복지정책으로서도 효과가 있음을 시사한다.

이러한 성과를 바탕으로, 한국의 노인고용정책은 기본적으로 고령층의 노동시장 참여를 촉진하고 노후소득을 보충하는 방향으로 작동해왔다. 인구 고령화 속도가 매우 빠른 상황에서(2025년 초고령사회 진입 예상), 이러한 정책적 노력은 노동력 확보와 복지비용 억제 측면에서도 중요한 의미를 가진다. 국제기구 역시 "한국은 이미 65세 이상 고용률이 매우 높아 고령인구의 노동 잠재력을 활용하고 있다"고 평가한 바 있다. 요컨대, 노인고용 정책들은 정년 이후에도 일할 수 있는 사회적 여건을 마련하고, 노인이 일을 통해 자립과 자아실현을 도모할 수 있는 토대를 형성하는 성과를 거두었다.

#### (2) 현재 노인고용 환경의 문제점

한편, 노인고용 정책 시행에도 불구하고 여전히 해결되지 않은 문제점과 정책적 한계가 존재한다. 가장 큰 문제는 여전히 높은 노인 빈곤율과 낮은 일자리 질(質)이다. 앞서 언급했듯 한국 노인의 빈곤율은 OECD 1위로 심각한 수준이며, 노년층 상당수가 기초연금 등으로는 생활이 어려워 생계형 취업을 하고 있다. 하지만 이들이 종사하는 일자리의 상당수는 영세 자영업, 비정규 단순노무직 등 저임금·불안정 직종이 많다. 예를 들어 노인일자리 사업을 통해 얻는 월 수십만원은 기본적 생계비조차 충당하기 어려운 액수이며, 정년퇴직 후 재취업에 나선 고령자들도 경비원, 청소원처럼 이전 경력과 무관한 일자리에 종사하는 경우가 많다. 한 연구에 따르면, 50대 후반부터 은퇴 이후 취업 시 기존 경력과 동떨어진 직종에 종사하게 될 가능성이 크게 높아지며, 적성과 능력이 충분히 발휘되지 못하는 일자리로 내몰리는 현실이다. 이는 개인의 숙련이 낭비되고 생산성이 저하되는 문제일 뿐 아니라, 당사자의 직업 만족도와 삶의 질 하락으로 이어진다.

또 다른 문제는 연령에 대한 고정관념과 차별이 뿌리깊다는 점이다. 법으로 연령차별을 금지하고 있음에도, 기업 현장에서는 "나이가 많으면 변화 적응이 어렵다"거나 "업무 몰입도가 떨어진다"는 선입견이 남아 있다. 실제로 한 설문에서는 다수의 기업 인사담당자가 55세 이상 지원자 채용을 꺼린다는 응답을 했다는 보고도 있다. 이러한 편견 때문에 능력 있는 신노년층이 일할 기회를 얻지 못하고 조기에 노동시장을 떠나게 된다면, 이는 인력 손실은 물론 노인의 자존감 훼손으로 이어지는 사회문제가 된다. 현재도 정년 전에 명예퇴직을 권유받거나 희망퇴직 대상이 되는 등 사내에서의 간접적 연령차별이 존재한다는 지적이 있으며, 중장년 구직자들은 "경력보다 나이를 본다"는 채용 관행을 토로하고 있다.

정년 이후 고용 공백도 중요한 이슈다. 법적으로 60세까지는 고용이 보장되지만, 그 이후에는 별도의 제도적 장치가 없다. 일본처럼 65세까지 재고용을 의무화하지 않다 보니, 많은 근로자가 60세 정년퇴직 후 비자발적 은퇴 상태에 놓인다. 일부는 자영업이나 일용직으로 전환하지만 일자리의 안정성은 크게 떨어진다. 특히 60세에서 국민연금을 받기 시작하는 63~65세까지의 소득 크레바스(crevasse) 문제가 사회적으로 대두되고 있다. 이 공백기에 적절한 소득이 없는 노인은 생계 곤란을 겪거나, 저축을 급속히 소진하게 된다. 정부가 한시적으로 재취업 지원금 등을 검토하고 있으나 근본적 대책이 필요한 상황이다.

아울러, 정년연장과 임금피크제 등의 정책이 청년고용과의 조화를 어떻게 이룰 것인가도 과제다. 고령층이 오래 일자리를 차지하면 청년들의 승진이나 채용 기회가 줄어들 것이라는 세대 간 일자리 경쟁 우려가 존재한다. 정부는 임금피크제 도입 시 청년 채용을 연계하는 등 노력했으나 민간 영역에서 얼마나 실효를 거두었는지에 대한 평가는 엇갈린다. 일부에서는 정년연장으로 기업 내 인력 구조 경직성이 커져 청년 일자리 창출이 둔화되었다는 지적도 있다. 이러한 세대균형 문제를 해결하려면 노동시장 전체의 일자리 파이 확대와 함께 생산성 향상을 통한 윈윈(win-win) 전략 방안이 필요하다.

한국 노인고용 정책의 현황은 높은 고용률과 높은 빈곤율의 공존으로 특징지을 수 있다. 다시 말해 많은 노인이 일하고 있음에도 충분한 소득을 얻지 못하고 있는데, 이는 일자리의 질적 수준 문제와 사회안전망 미비로 귀결된다. 따라서 앞으로는 고령층이 양질의 일자리에서 공정하게 근무하며 안정적 소득을 확보하도록 정책의 초점을 전환할 필요가 있다.

(3) 개선 방안 논의

현재의 문제점을 보완하고 노인고용 정책의 효과를 제고하기 위해서는 몇 가지 정책적 개선 방안을 고려할 수 있다.

- 정년 후 계속고용제도의 도입: 정년을 일률적으로 65세로 연장하는 방안 외에도, 일본처럼 정년 이후 재고용제도를 의무화하거나 장려하는 방안을 도입할 수 있다. 예컨대 근로자가 원하면 65세까지 계약직 등으로 계속 일할 수 있도록 보장하는 것이다. 이를 위해서는 기업의 임금체계 개편과 직무재설계가 선행되어야 하며, 정부의 인센티브(세제 혜택 등) 제공도 고려할 수 있다. 이렇게 하면 국민연금 수급 전까지의 소득 공백을 줄이고 숙련인력의 활용을 극대화할 수 있다.

- 임금체계 및 평가제도 개선: 연공서열형 임금체계 하에서는 고령자 고용이 비용부담으로 인식될 수밖에 없다. 따라서 직무성과 중심 임금체계로 전환하여 연령과 상관없이 능력에 맞는 임금을 지급하도록 유도해야 한다. 또한 고령 근로자의 업무 재배치와 재훈련을 통해 생산성을 유지하거나 높이면 임금피크에 따른 과도한 임금삭감 없이도 고용연장이 가능해질 것이다. 정부는 대법원 판결 이후 임금피크제의 합리적 운영 기준을 마련하고 있는바, 이와 연계하여 적정 임금 수준과 업무량 조정 가이드라인을 제시할 필요가 있다.

- 노인의 직업훈련 및 재취업 지원: 중·장년층을 위한 전직지원 서비스와 평생교육 기회를 강화하여, 은퇴 후에도 새로운 일자리로 원활히 이동할 수 있는 시스템을 갖춰야 한다. 현재도 고용노동부의 중장년 일자리 희망센터 등이 있지만 이용률이 높지 않다. 앞으로는 유망 직종에 대한 맞춤형 직업훈련, 창업 지원, 자격 취득 지원 등을 확대하여 50대 후반부터 체계적으로 노후 고용준비를 할 수 있게 해야 한다. 이를 통해 노인이 본인의 경험과 역량에 맞는 일자리를 찾도록 돕고, 앞서 언급한 일자리 미스매치를 줄일 수 있을 것이다.

- 연령차별 인식 개선 및 법집행 강화: 고용 현장의 연령차별을 근절하기 위해 캠페인과 교육을 통해 사업주와 대중의 인식을 개선해야 한다. 고령자 고용의 경제·사회적 가치를 알리고 성공 사례를 전파함으로써 자발적인 인식 변화를 유도할 수 있다. 아울러 연령차별 적발 시 제재를 강화하고, 피해 노동자에 대한 구제 절차를

보다 쉽게 만드는 등 법 집행력을 높여야 한다. 필요하면 익명 신고센터 운영이나 차별시정 기구의 활성화를 통해 실효성을 담보할 수 있다.

- 노인일자리 사업의 질적 고도화: 정부 주도의 일자리 제공이 양적으로 확대되어왔으나, 이제는 일자리의 질에 주목할 시점이다. 단순 공공근로형 일자리에서 나아가 전문역량을 활용할 수 있는 일거리를 개발하고, 사회적기업이나 협동조합 등을 통한 민간 부문의 참여를 늘릴 필요가 있다. 예를 들어 은퇴 교원을 학습지도사로 활용하거나, 경력 전문직 은퇴자를 자문역으로 매칭하는 등 다양한 모델이 가능하다. 또한 보수 수준도 단계적으로 현실화하여 노인들이 해당 일자리로 생계를 꾸리는 데 도움이 되도록 해야 한다. 이를 위해 예산 확대와 함께 수행기관에 대한 성과평가 체계를 정비하여 양질의 성과를 내는 기관에 인센티브를 주는 방식 등을 고려할 수 있다.

- 노후소득 보장과 연계: 궁극적으로 노인들이 빈곤에 처하지 않도록 연금제도와 기초보장제도를 강화하는 것이 근본 대책이다. 공적연금의 급여율을 적정 수준으로 유지하고 사각지대를 메워야, 노인들이 원해서 일하는 것과 생계 때문에 어쩔 수 없이 일하는 것을 구분할 수 있다. 노후소득이 충분히 보장된 상태에서의 노동은 선택과 자아실현의 성격이 강하지만, 그렇지 않으면 노동이 곧 생존수단이 되어버린다. 따라서 노인고용정책은 연금·복지정책과 병행되어야 하며, 활기찬 고령사회를 위해 “일할 수 있음에도 안 하는” 문제보다는 “일해야만 하는” 문제를 해소하는 방향을 지향해야 할 것이다.

위의 개선 방안들은 서로 유기적으로 연결된 종합 대책의 일환으로 추진될 필요가 있다. 노인 고용은 노동시장 정책인 동시에 복지정책, 인구정책과도 밀접히 관련되어 있으므로, 전사회적인 관점에서 세대간 형평성과 지속가능성을 고려한 접근이 중요하다.

### (3) 해외 선진국의 노인고용 정책 사례 비교

한국보다 앞서 고령화를 경험한 미국, 일본, 독일 등 선진국들은 노인고용과 관련하여 각기 다른 정책적 접근을 취해왔다. 이들 국가의 사례를 살펴보고 한국과의 차이점을 분석하면, 우리 정책에 주는 시사점을 얻을 수 있다.

미국에서는 대부분의 기업에서 법정 정년(mandatory retirement) 개념이 사라졌으며, 일정 예외 직종(예: 항공기 조종사나 일부 공공직)을 제외하고는 나이를 이유로 강제퇴직을 시킬 수 없다. 그 결과, 이론적으로는 70세든 80세든 본인이 원하고 업무 수행이 가능하면 계속 일할 수 있는 환경이다. 실제로 워렌 버핏이나 노먼 포스터처럼 고령까지 일하는 사례도 있고, 평범한 직장인도 회사의 동의 하에 65세 이후 고문이나 파트타임으로 남는 경우가 있다.

그러나 실제 고령층의 경제활동률을 보면 미국은 65세 이상 약 20% 내외로, 한국이나 일본보다 낮다. 이는 사회보장연금(Social Security) 등 공적연금제도가 비교적 잘 갖춰져 있어 상당수 미국인이 60대 중반에 은퇴를 선택하기 때문이다. 현재 미국의 정년은 개별 기업이 자율 결정하지만, 대다수가 암묵적으로 65세 전후에 퇴직하는 문화가 형성되어 있다. 연방 사회보장연금의 정상 수급 개시연령이 과거 65세에서 현재 66~67세(출생연도에 따라 다름)로 상향 조정되었지만, 조기연금을 62세부터 받을 수 있어 경제적으로 여유가 있거나 다른 준비가 된 사람들은 60대 초반에 은퇴하기도 한다. 요컨대, 미국은 법과 연금제도를 통해 고령자의 선택권을 보장하고, 언제 은퇴할지를 개인이 결정하도록 맡겨둔 형태다.

미국 정부의 노인고용 지원 정책 중 직접적인 것은 규모가 크지 않다. 대표적으로 고령자 커뮤니티 서비스 고용프로그램(SCSEP)이 있는데, 이는 저소득층 노인(만 55세 이상)을 커뮤니티 봉사활동 일자리로 연계하여 훈련 기회를 제공하고 이후 민간 취업을 돕는 연방 프로그램이다. 하지만 예산 제한으로 매년 수만 명 수준을 지원하는 데 그쳐, 한국의 노인일자리 사업처럼 광범위한 영향은 아니다. 이 밖에 민간 차원에서는 은퇴한 전문인력을 비영리단체에 연결해주는 AARP 재취업 프로그램 등이 있을 뿐, 국가 주도의 일자리 창출 정책은 두드러지지 않는다. 대신 시장 원리에 맡겨, 노동력이 부족할 때 기업이 고령인력을 활용하도록 유도하는 접근이다. 예를 들어 IT 인력 부족 시 시니어 엔지니어를 재고용하거나, 소매업 구인난 시 적극적으로 시니어 근로자를 모집하는 등 수요 기반의 고령자 채용이 이뤄진다. 고령자 스스로도 에이지즘(ageism)에 대응해 이력서를 가공하거나 역량을 지속 개발하는 등 개인적 차원에서 노력하는 문화가 형성되어 있다.

미국 사례가 주는 시사점은 "차별 없는 고용환경 조성"이다. 강제정년 폐지와 엄격한 차별금지를 통해 고령자도 실력만 된다면 계속 일할 수 있는 제도적 여지를 확보한 것이다. 다만 국가가 적극 개입하지 않으므로, 노인이 일할지 말지는 경제적 필요와 개인 선택에 크게 좌우된다. 한국에 비해 노후소득 보장이 나은 미국은 많은 노인이 굳이 오래 일하지 않고 은퇴를 즐기는 경향이 있다. 반면 일하기를 희망하는 노인에게는 법적으로 기회가 열려 있다. 한국이 미국을 참고할 부분은 연령차별 금지의 철저한 이행이다. 또한 정년연장 논의 시 유연한 정년제(예: 임의퇴직 연령을 두고 그 이후는 계약으로 연장) 등도 미국처럼 검토할 수 있다. 그러나 한국은 미국 대비 사회안전망이 약해 노인이 일할 수밖에 없는 현실이 있다는 점에서, 단순 비교는 어렵다. 즉 한국은 미국의 고용 기회 보장 원칙을 받아들이되, 생계보장을 위한 별도 정책을 병행해야 할 것이다.

1) 일본: 정년 이후 계속고용 의무화와 전면적 고령인력 활용

일본은 한국과 문화적·제도적 유사성이 많고 고령화 정도도 비슷하여, 노인고용 정책에서 중요한 비교 대상이다. 일본의 특징은 기업 차원에서 정년퇴직 제도가 존재하면서도, 법률을 통해 정년 이후에도 일정 연령까지 고용을 연장하도록 강하게 개입하고 있다는 점이다. 일본 기업들은 대부분 정년을 60세로 규정하고 있는데, 이는 한국보다 조금 이른 편이지만 대신 정년퇴직한 직원을 재고용(re-employment)하여 65세까지 일할 수 있게 하는 시스템이 보편화되어 있다. 이는 2004년 개정된 고령자고용안정법에 따라 단계적으로 시행된 것으로, 현재 모든 기업은 65세까지 고령자가 원하면 일할 수 있도록 조치해야 할 법적 의무가 있다. 구체적으로, 일본 기업은 ①정년 자체를 65세로 올리거나, ②아예 정년제를 폐지하거나, ③60세 정년은 유지하되 이후 계속고용제도(재고용)을 도입하는 셋 중 하나를 선택해야 한다. 대부분의 기업들은 세 번째 방식(계속고용제)을 택하고 있으며, 이에 따라 60세에 정년퇴직한 직원과 재고용 계약을 맺어 65세까지 고용하는 것이 일반화되었다. 재고용된 직원은 보통 기간제 계약직이나 파트타임 형태로 일하며, 임금은 정년 전보다 대폭 삭감된다. 이는 한국의 임금피크제 이후 재고용과 유사한 개념이다.

그 결과, 일본에서는 65세까지의 고용률이 매우 높다. 실제 통계를 보면, 일본 기업의 99.9%가 65세까지 고용연장 조치를 취하고 있어 사실상 전 국민적 실시율을 보이고 있다. 그리고 65~69세 인구의 취업률도 50%를 넘어서(52.0%) 한국과 함께 세계 최고 수준에 이른다. 또한 최근 동향으로는 법 개정을 통해 70세까지도 고용을 계속할 수 있도록 기업에 노력의무를 부여하였다. 2021년부터 시행된 이 개정에 따라, 기업은 65세 이상 근로자에 대해서도 원하면 70세까지 일할 수 있는 방안을 강구하도록 권고된다. 아직 의무사항은 아니지만, 일본 정부는 기업들이 70세까지 고용을 확대하도록 다양한 지원책을 마련하고 있다. 그 결과 2024년 시점에 약 31.9%의 기업이 70세까지 근로 기회를 제공하고 있는 것으로 조사되었다. 즉, 일본은 정년 60세 → 65세 재고용 의무 → 70세 고용 노력권장의 3단계 체계를 통해, 명목상으로는 정년 60세이지

만 실질적으로는 대다수 국민이 65세 이상까지 근로하는 시스템을 구축하였다. 이러한 정책 배경에는 심각한 인구 감소 및 노동력 부족 문제가 있다. 일본 정부는 노인 고용률을 높이는 것이 노동력 확보의 핵심 해법 중 하나라고 보고, "저출산·고령화로 인한 인력 감소에 대응하여 원하는 고령자가 최대 70세까지 일할 수 있게 하겠다"는 목표를 추진 중이다.

일본의 또 다른 특징은 실버인력센터와 같은 지역 기반 노인 일자리 지원체계다. 1970~80년대부터 각 지자체는 은퇴 노인이 가벼운 작업을 하면서 소득을 얻을 수 있는 실버인력센터(Silver Human Resource Center)를 운영해왔다. 여기서는 단시간의 임시 일거리(예: 공공시설 청소, 택배 상하차 보조 등)를 노인들에게 알선하며, 노인들은 원하는 시간에 참여해 수당을 받는다. 이는 한국의 노인사회활동 지원사업과 유사하지만 좀 더 자율적이고 지역사회 연계가 강한 형태다. 또한 일본 기업들은 고령인력을 활용하기 위해 직무를 세분화하고 작업환경을 개선하는 노력을 기울이고 있다. 예를 들어 제조업 공장에서는 자동화를 통해 작업 강도를 낮춰 70세 직원도 일할 수 있게 하고, 서비스업에서는 교대제와 근무시간을 유연하게 적용하여 고령 직원의 부담을 줄이는 등의 조치를 한다. 이러한 고령친화적 작업환경 조성도 일본이 노인 고용률을 높이는데 일조한 요소다.

일본의 경우 공적연금(국민연금 및 후생연금)의 급여수준이 한국보다 높고, 노인 의료·요양제도가 잘 갖춰져 있어 노인빈곤 문제가 상대적으로 경감되어 있다. 일본의 고령층 빈곤율은 20.0% 수준으로 한국의 절반 정도이며. 일본의 경험에서 시사점으로, 첫째 법적 강제력을 활용해 기업이 고령자를 최대한 고용하도록 만든 점을 들 수 있다. 한국도 정년 60세 의무화로 비슷한 길을 걸었지만, 일본은 한 발 더 나아가 65세(나아가 70세)까지 기업 책임을 늘렸다. 이는 고령자 고용을 기업의 책무로 인식시켰다는 점에서 고용 안정에 크게 기여했다. 둘째, 임금 및 고용형태 유연화를 통해 세대공존을 이루었다. 일본 기업들은 정년 후 재고용 시 통상 정년 전 임금의 50% 내외로 급여를 낮추고, 직무도 보조적 역할로 조정한다. 이를 통해 인건비 부담을 덜고 청년 승진 등을 병행할 여력을 확보하였다. 한국에서도 향후 정년 65세 논의 시 이러한 일본식 모델(고용은 보장하되 임금·직무를 조정)을 참고할 수 있다. 셋째, 공공·민간이 함께 다양한 노인 일자리를 창출한 점이다. 한국의 노인일자리 사업과 유사한 일본 실버인력센터 사례는, 정부 지원과 지역사회 참여로 노인들이 소일거리부터 전문일자리까지 폭넓게 활동하도록 도운 좋은 모델이다.

다만 일본 모델의 단점으로 지적되는 재고용자의 저임금 문제와 정년후 고용형태의 이원화(정규직→계약직 전환 등)에 따른 심리적 위화감 등은 한국도 유념해야 한다. 또한 생산성 측면에서 70세 가까운 인력이 계속 일하는 것이 기업 경쟁력에 미치는 영향 등도 살펴봐야 할 것이다. 그럼에도 불구하고 일본의 경험은 "법과 제도를 통해 고령인력을 적극 활용"하는 국가전략이 어떻게 구현될 수 있는지를 보여준다. 이는 초고령사회로 진입하는 한국에 중요한 시사점을 제공한다.

2) 독일: 정년 연장과 능력 개발을 통한 활기찬 은퇴 유도

독일은 유럽의 대표적 복지국가로서, 노인 고용 문제에서도 사회보장과 노동정책의 조화를 추구해왔다. 독일은 전통적으로 정년(법적 은퇴연령)을 65세로 설정하고, 많은 근로자가 65세에 은퇴하는 구조였다. 다만 과거 실업률이 높던 시절에는 60세 전후 조기퇴직을 장려하여 청년 일자리를 늘리는 정책도 시행된 바 있다. 그러나 인구 고령화와 연금 재정 압박으로 2000년대 중반부터 방향을 전환하여, 법정연금 수급 연령을 65세에서 67세로 상향하기로 결정하였다. 이에 따라 2012년부터 단계적으로 연금을 받기 시작하는 나이가 늘어나고 있으며, 2031년 이후에는 67세가 되어야 국가연금을 전액 수령할 수 있게 된다. 이는 사실상의 정년 연장 효과를 가져와, 기업들도 67세까지는 고용을 고려하도록 하고 있다. 다만 독일에는 한국이나 일본처럼 전국 단위의 법정 정년제가 있는 것은 아니다. 일반적으로는 개별 기업의 취업규칙이나 단체협약 등에 정년 조항이 있으며, 통상 공공부문은 65세, 민간은 노사협의로 정한다. 현재는 연금법 개정에 맞춰 다수 사업장이 계약 상 정년을 67세로 올리고 있다.

독일의 노동시장 특징 중 하나는 정년 이전에 단축 근로(Teilzeit)나 단계적 은퇴(Altersteilzeit) 제도를 활용하는 점이다. Altersteilzeit는 일종의 부분은퇴제도로, 정년 몇 년 전부터 근로시간을 줄이며 임금도 줄이되, 줄어든 임금의 일부를 국가와 기업이 보전해주는 방식이다. 이를 통해 고령 근로자는 서서히 업무량을 줄여가며 건강을 관리하고, 기업은 순차적으로 세대교체를 할 수 있다. 독일 정부는 이처럼 유연근무와 재택근무 등의 활용으로 고령자의 고용 지속을 돕고 있다. 또한 평생교육 및 직업훈련 시스템이 잘 갖춰져 있어, 50대 이후에도 직무능력 향상을 위한 교육에 참여하는 비율이 높다. 이는 고령 근로자의 생산성 유지와 고용가능성 제고로 이어져, 독일의 55~64세 고용률은 2000년대 이후 크게 상승하였다. 실제 2022년 독일 55~64세 고용률은 72%에 달하여 OECD 최상위권에 속한다. 이는 특히 여성의 노동시장 참여 증가와 조기은퇴 억제 정책의 성과로 평가된다. 반면 65세 이상의 고용률은 아직 낮아서, 2022년 현재 약 7~8% 수준으로 알려져 있다. 연금 수급이 보장되므로 대부분 65세에 일을 그만

두는 것이다. 다만 최근 연금 개시 연령 상승과 숙련노동력 부족으로 인해, 65세 이후에도 일하려는 독일 노인이 조금씩 늘어나는 추세다.

독일은 2006년 일반균등대우법(AGG)으로 연령을 포함한 고용 상의 차별을 법적으로 금지하고 있다. 이 법은 EU 지침에 따른 것으로, 합리적 이유 없는 정년 설정도 차별로 볼 수 있으나, 연금제도와 노동시장 정책상 정년 제도는 사회적으로 용인되는 측면이 있다. 따라서 기업들은 법을 위반하지 않는 범위에서 정년 규정을 두되, 고령자에게 불리한 조치를 최소화하려 노력한다. 예컨대 승진이나 교육훈련 기회에서 연령 때문에 배제하면 불법이므로, 기업들은 전 연령에 균등한 기회를 제공하고 있다. 또한 독일 노인들의 노후소득은 공적연금 외에 퇴직연금, 개인저축 등으로 비교적 안정적이어서, 일을 하지 않아도 빈곤에 빠지는 비율이 낮다. 실제 독일의 노인빈곤율은 약 10% 남짓으로, 한국보다 훨씬 낮다. 이는 독일 노인고용 정책이 "일할 수 있는 한 더 오래 일하도록 동기부여하되, 못 일하게 되더라도 최소한 먹고 살 수는 있게 한다"는 철학을 구현한 결과라고 볼 수 있다.

독일 사례의 시사점은 장기적이고 구조적인 접근에 있다. 정년을 법 개정으로 점진적으로 높이고, 노동력의 기술 향상을 도모함으로써, 자연스럽게 고령자의 경제활동 참가를 늘리는 전략이다. 또한 법·제도뿐 아니라 기업 문화와 사회보장이 함께 발전하여, 고령자가 일하더라도 젊은 층 일자리를 크게 침해하지 않고 세대 간 Win-Win이 가능하게 설계되었다. 예를 들어, 독일은 출산율 저하로 인구가 줄자 이민 노동자 활용과 고령자 연장고용을 동시에 추진했는데, 이때 사회적 합의를 통해 서로 보완적인 역할을 하도록 만들었다. 한국도 정년 65세로 올리면 독일처럼 인력 부족 문제를 완화할 수 있겠지만, 동시에 노인복지 확대를 통해 취약 노인이 일하지 않아도 되는 환경도 만들어야 할 것이다. 독일은 노인고용을 능력과 의지의 문제로 보고, 일하고 싶은 노인은 차별 없이 일하게 하고, 그렇지 않은 노인은 연금으로 보호하는 이원화 전략을 취하고 있다. 한국이 독일을 참고한다면, 정년연장에 따른 연금제도 정비, 평생교육 투자, 고령친화적 작업환경 조성 등이 중요한 포인트가 될 것이다.

#### 3) 해외 사례의 시사점 및 결론

세 나라 사례를 종합해보면, 미국은 차별금지와 자율성을 강조하고, 일본은 법적 강제와 기업책임을 강조하며, 독일은 제도적 유도와 사회보장을 강조하는 차이가 있다. 그럼에도 공통적으로 인식하는 부분은, 고령자의 노동시장 참여가 사회적으로 유용하다는 점이다. 생산가능인구 감소에 대응하고 연금 재정을 안정화하기 위해, 선진국들은 다양한 방식으로 고령자를 노동인력으로 유지하려 시도하고 있다. 또한 세 나라 모두 연령차별을 법률로 금지하여, 고령자에 대한 부당한 대우를 막고 있다. 이는 우리나라도 이미 도입한 부분이지만, 실행 면에서 미국처럼 엄격히 하고 있는지 돌이켜볼 필요가 있다.

특히 일본의 계속고용제도는 한국 정책에 직접적 시사점을 준다. 한국도 법 개정을 통해 머지않아 65세 정년연장 또는 그에 준하는 고용연장 제도를 도입할 가능성이 크다. 이때 일본의 경험을 살려, 기업현장의 수용성을 높이는 방안(예: 임금피크 연계, 계약직 전환 등)을 같이 마련해야 효과적일 것이다. 또한 정년을 넘은 고령자에 대해서도 다양한 형태의 사회공헌 활동 연계나 지역 사회활동 일자리를 제공하는 일본의 정책(예: 70세까지 지역봉사 활동 연계. 다만 독일은 이를 발표하고 실행하는 데 있어 충분한 사회적 합의를 거치고 국민에게 예측 가능성을 부여했다. 한국도 정년연장 및 노인고용 정책 변화 시, 노사정 및 세대 간 대타협을 통해 지속가능한 로드맵을 만드는 것이 중요하다. 또한 독일처럼 고령자가 일과 여가를 병행하며 탄력적으로 은퇴할 수 있게, 시간제 일자리 인프라나 임금보전 장치를 도입하는 것도 고려할 만하다.

선진국 사례가 보여주는 노인고용 정책의 방향은, "원하는 한 일할 수 있게 하라"는 것과 "그렇다고 강요하지는 마라"는 균형이다. 한국은 지금까지 노인이 원해도 일할 자리가 부족한 문제가 컸지만, 앞으로는 너무 오래 일해야만 하는 문제가 될 가능성이 있다. 그러므로 해외 사례를 타산지석 삼아, 노인들이 일할 권리(right to work)와 쉴 권리(right to retire)를 모두 존중받을 수 있는 환경을 조성하는 것이 바람직하다.

한국의 노인고용정책은 빠른 고령화와 높은 노인빈곤이라는 도전에 대응하여 양적으로 많은 성과를 이루었다. 정년 60세 의무화, 임금피크제와 대규모 노인일자리 사업 시행 등은 노인의 노동시장 참여율을 높이고 기본적인 소득 지원을 제공하는 데 크게 기여했다. 그러나 여전히 다수의 노인이 빈곤과 불안정 노동에 노출되어 있고, 고령자를 둘러싼 기업과 사회의 인식에도 개선할 부분이 많다. 정책의 효과성 제고와 부작용 완화를 위해, 정년연장과 임금체계 개편을 비롯한 제도 개선, 일자리의 질 향상, 연령차별 인식 개선, 세대간 상생 방안 등이 종합적으로 추진되어야 한다.

특히 앞으로 다가올 초고령사회에서는 노인고용정책이 더욱 중요해질 것이다. 2025년 한국의 65세 이상 인구 비중은 20%를 넘을 것으로 예측되며. 이는 생산연령인구 부양비 증가와 함께, 노년층 자체의 경제·사회적 역할 확대를 의미한다. 노인을 더 이상 부양의 대상으로만 볼 수 없으며, 노동·소비의 주체로 인식해야 한다. 이러한 인식 전환 속에서 노인고용정책은 노인의 삶의 질은 물론 국가 경쟁력과도 연결될 것이다.

Chapter 8

# 노인주거복지

### (1) 고령사회와 주거복지

한국 사회는 빠르게 고령화되어 2010년 전체 인구 중 11.0%이던 노인 인구 비율이 2026년에는 20.8%에 이를 전망이며, 초고령사회에 진입할 것으로 예상된다. 이러한 인구변화 속에서 많은 노인들이 경제적·사회적 취약계층으로 남게 되는데, 실제로 한국의 66세 이상 노인 빈곤율은 39.3%에 달해 OECD 회원국 중 최고 수준이다. 경제적 제약으로 인해 많은 고령자가 적절한 주거지를 확보하는 데 어려움을 겪고 있다. 예를 들어 소득과 자산이 매우 낮은 독거노인 가구의 경우 주거 여건이 가장 열악한 것으로 나타나고 있으며, 이에 비해 배우자가 있는 노인부부 가구는 자가주택 보유율이 높고 자산 수준이 상대적으로 양호한 편이다. 이는 혼자 사는 저소득 노인층이 주거 빈곤에 빠질 위험이 높음을 시사한다.

또한 고령자의 상당수가 오래된 주택이나 주거환경이 부적합한 집에서 거주하고 있다. 계단 등 물리적 장벽이 많은 주택, 난방이나 환기가 불충분한 노후주택은 거동이 불편한 노인에게 위험하다. 한편 민간 임대주택 시장에서의 소외도 문제로 지적된다. 안정적인 소득이 없는 고령 임차인은 집주인에게 신용도가 낮다고 여겨져 주택 임차에 어려움을 겪거나, 쾌적한 주거환경의 주택보다는 지하방·고시원 등 열악한 거처를 선택하게 되는 경우가 있다. 이렇게 주거 불안정을 겪는 노인은 신체적 건강이 악화되고 정신적 스트레스가 높아지며, 사회적 고립이 심화될 수 있다. 반대로 적절한 주거 공간(예: 1인당 충분한 면적, 편의시설)이 확보된 노인은 건강 상태와 삶의 만족도가 유의미하게 높게 나타난다는 연구도 있다. 이는 주거안정이 노인복지에 미치는 영향이 크다는 점을 보여준다.

현재 한국의 노인주거 문제를 해결하기 위해서는 공공부조와 주택정책의 적극적 개입이 필요하다. 낮은 소득으로 자력 개선이 어려운 노인 가구를 대상으로 정부가 주거비를 보조하거나 공공임대주택을 공급하는 등 주거보장 정책을 강화해야 한다는 사회적 합의가 이루어지고 있다. 특히 가족과 동거하지 않고 노인가구의 가구주로 거주하는 노인들에 대한 직접 지원이 중요하다는 지적이 있으며. 지원 대상은 소득인정액이 기준 중위소득의 46~48% 이하인 가구로서(예: 4인 가구 약 292만원 이하) 별도 부양의무자 기준 없이 신청가구의 소득·재산만으로 선정된다. 지원 방식은 거주 형태에 따라 다른데, 임차 가구의 경우 지역·가구 규모별 기준 임대료를 상한으로 실제 임대료를 지급하며, 자가 가구의 경우 주택의 노후도(구조 안전, 설비 상태 등)를 평가하여 필요한 주택 수선비용을 지원한다. 예를 들어 임차 가구가 월세로 거주하면 정부가 정해둔 기준임대료 범위 내에서 실제 임차료를 매월 보조해주고, 자가주택에 거주하는 경우 노후 주택의 지붕교체 · 단열보강 등 수리가 이루어질 수 있도록 보조금을 지급하는 식이다. 특히 고령자 가구나 장애인 가구에는 수선유지급여 산정 시 편의시설 설치비를 추가로 지원하는데, 고령자 가구의 경우 2019년부터 수선비용 한도와 별도로 최대 50만원까지 추가 지원이 가능하다. 이를 통해 고령자가 목욕탕 손잡이 설치, 미끄럼 방지 등 배리어프리 환경을 조성하는 데 필요한 비용을 일부 지원받을 수 있다.

- 공공임대주택: 정부나 공공기관(LH 등)이 공급·관리하는 임대주택으로, 저소득 노인에게 시중 시세보다 저렴한 임대료로 안정적인 거주지를 제공한다. 공공임대는 입주 자격과 임대조건에 따라 여러 유형이 있는데, 영구임대주택과 국민임대주택이 대표적이다. 영구임대주택은 생활보호대상자 등 최저소득층을 위해 영구 거주를 보장하는 임대주택으로 1980년대 말부터 공급되기 시작했다. 임대료가 매우 저렴하고 임대 기간에 제한이 없어, 경제적으로 취약한 독거노인이나 장애인 등이 우선 입주한다. 국민임대주택은 2000년대 이후 공급된 공공임대로, 중산층 이하 가구에 시세의 60~80% 수준 임대료로 최대 30년까지 거주를 제공한다. 국민임대는 일정 소득 이하의 무주택 가구라면 청년·신혼부부뿐 아니라 저소득 노인가구도 신청할 수 있으며, 노인세대에 별도 공급 물량을 배정하기도 한다. 이 밖에도 LH나 지방공사가 기존 주택을 매입하거나 전세를 얻어 재임대하는 매입임대·전세임대 주택도 있어, 긴급히 주거가 필요한 저소득 노인에게 제공된다.

특히 최근에는 고령자복지주택이라는 노인 특화 공공임대주택이 도입되어 주목받고 있다. 고령자복지주택은 거동이 불편한 고령자의 주거 안정을 위해 무장애(Barrier-Free) 설계가 적용된 임대주택과 사회복지시설을 한 건물에 결합한 노인맞춤형 공공임대주택이다. 국토교통부는 2018년부터 이 사업을 시작하여 2025년까지 전국에 1만 호 공급을 목표로 하고 있으며. 이는 향후 수요 대비 공급 확대가 더욱 필요함을 보여준다.

- 주택개조 지원: 고령자가 신체 상태 변화에도 계속 거주할 수 있도록 주택을 개선해주는 지원 정책이다. 앞서 설명한 주거급여의 수선유지급여가 대표적인데, 이를 통해 저소득 자가주택 거주 노인은 경보수(도배·장판 등), 중보수(창호 교체 등), 대보수(지붕·구조 보강 등) 범위별로 정해진 한도 내에서 주택 보수비를 지원받는다. 추가로 고령자 편의시설 설치를 위한 지원도 받을 수 있어, 노인 가구는 안전손잡이, 경사로, 미끄럼 방지 타일 등의 설치에 최대 50만원의 보조를 추가 지원

받는다. 이외에도 지방자치단체 차원에서 저소득 노인 집수리 사업을 운영하기도 한다. 예를 들어 일부 지자체는 독거노인의 노후주택을 대상으로 도배·단열 공사나 화장실 개조 등을 무료 또는 저렴하게 지원하고, 민간 NGO와 협력하여 주거환경 개선 봉사활동을 펼치기도 한다. 이러한 주택개조 지원은 노인의 생활 편의와 안전을 높여줘서 낙상이나 사고를 예방하고, 가능한 오래 자기 집에서 생활할 수 있게 돕는 효과가 있다.

- 주택연금: 자가주택을 소유한 고령자를 대상으로 한 노후소득 보장 제도로, 주택을 담보로 매월 연금을 지급받는 역모기지(reverse mortgage) 프로그램이다. 한국주택금융공사(HF)가 운영하는 주택연금은 본인 또는 배우자 중 한 명이 만 55세 이상이고 소유주택의 가격이 일정 기준(공시가격 9억원 이하 등)을 충족하면 가입할 수 있다. 가입자가 평생 혹은 일정 기간 동안 거주 주택을 담보로 맡기는 대가로 매달 일정 금액의 연금을 지급받게 되며, 사망 후 주택을 처분한 대금으로 대출금을 정산한다. 이를 통해 현금 흐름이 부족한 자산보유 노인(일명 '집은 있되 소득이 없는' 하우스푸어)에 대한 주거비 지원 효과와 소득보전 효과를 동시에 거두고 있다. 예컨대 70세에 시가 3억원 상당의 주택으로 주택연금에 가입하면 매월 약 70여만원의 지급금을 평생 받을 수 있다. 주택연금 가입 건수는 매년 증가 추세로, 2021년 말 약 6.97만 건에서 2022년 말 약 7.98만 건으로 늘어났다. 이는 고령층이 퇴직 후 소득이 줄어도 자신이 가진 주택을 활용하여 안정적인 노후자금을 마련할 수 있다는 장점 때문에 이용자가 꾸준히 늘어난 것으로 보인다. 다만 주택연금은 본인 소유의 주택이 있는 경우에 한정되므로, 무주택 세대 노인에게는 해당되지 않는 한계가 있다.

- 민간 주도 노인주거 서비스: 정부 지원이 아닌 민간 부문에서 제공하는 다양한 형태의 노인 주거시설도 등장하고 있다. 대표적인 것이 이른바 실버타운이라 불리는 유료 노인주거시설이다. 실버타운은 노인이 입주금과 월생활비를 지불하고 거주하는 고급 주거단지로, 생활편의 서비스와 여가 프로그램이 갖춰져 있어 부유층 노인을 중심으로 이용된다. 예를 들어 일부 민간 실버타운은 리조트식 시설과 의료편의, 식사 제공 서비스를 포함하여 수억원의 입주보증금과 매월 수백만원대의 이용료를 책정하기도 한다. 한편 시니어 레지던스나 서비스드 레지던스 등 이름으로 불리는 민간 임대아파트형 노인주택도 생겨나고 있다. 이러한 곳은 비교적 중산층

노인을 겨냥하여 보증금 없이 월세로 이용할 수 있고, 생활지원 매니저가 상주하며 응급호출 시스템 등을 갖춘 것이 특징이다. 다만 현재까지 국내 민간 노인주거 시장은 초기 단계로, 고급 실버타운을 제외하면 평범한 노인이 적정한 비용으로 입주할 만한 민간 임대주택이 부족하다는 평가가 있다. 정부도 이 문제를 인식하여 2023년부터 민간 건설사의 참여를 유도하는 "Silver Stay" 시범사업을 추진했다. 이는 민간이 중산층 노인을 위한 임대주택을 공급하면 세제 혜택과 금융지원을 제공하는 방식으로, 2025년 시범사업 공모에 27개의 기업이 참여 의향을 제출하는 등 관심을 보이고 있다. 향후 이러한 민간 부문의 시니어 주거산업 활성화가 노인 주거복지 수준을 높이는 한 축이 될 것으로 기대된다.

### (2) 해외 사례 비교

고령화에 대응하여 다양한 주거보장 정책을 시행 중인 해외 사례를 살펴보면, 노인 주거복지의 방향성을 고민하는 데 시사점을 얻을 수 있다. 특히 북유럽 국가들과 일본은 노인주거 지원에서 선도적인 모델을 보여주며, 그 밖의 국가들도 저마다 특색 있는 고령친화 주거정책을 운영하고 있다.

- 북유럽 (스칸디나비아) 및 영국: 북유럽 복지국가들은 오래전부터 재가 노인복지와 공공임대주택 시스템이 발달해왔다. 덴마크, 스웨덴 등은 고령자가 살던 지역에서 계속 거주(Aging in Place)할 수 있도록 주택 개조비 지원, 방문간호·가사서비스 등을 국가나 지방자치단체가 제공한다. 특히 영국과 덴마크 등은 기존의 시설 입소 위주 노인복지에서 탈피해 지역사회 중심의 돌봄체계(커뮤니티 케어)로 전환하는 제도 개혁을 일찍이 추진하였다. 이를 통해 거동이 비교적 가능한 노인은 낯선 요양시설이 아니라 자신의 집이나 서비스 연계형 임대주택에서 필요한 돌봄을 받으며 지낼 수 있게 되었다. 북유럽의 지방자치단체들은 노인을 위한 공공임대주택 비율도 높게 유지하고 있는데, 예를 들어 스웨덴은 고령친화적으로 설계된 공공임대 아파트와 노인 공영주택(서비스 주택)이 전국적으로 고르게 분포되어 있다. 또한 치매 노인을 위한 그룹홈(Group Home) 형태의 소규모 공동생활주택도 마을 단위로 운영되어, 전문인력이 돌봄을 제공하면서도 가정적인 환경을 조성하고 있다. 이러한 북유럽 모델은 국가의 적극적 역할을 통해 노인이 경제적 능력이나 가족 부양 여부에 상관없이 안정된 주거와 돌봄을 받을 수 있다는 강점을 보여준다.

- 일본: 우리나라보다 앞서 초고령사회에 진입한 일본은 다양한 노인주거 정책을 시행 중이다. 우선 2000년대 초부터 그룹홈(그룹리빙) 제도를 도입하여, 치매 노인 등이 5~9명씩 소규모로 생활하며 24시간 돌봄을 받는 노인공동생활가정을 전국에 확산시켰다. 이 그룹홈은 지역사회 내에 위치하여 노인들이 친숙한 환경에서 생활할 수 있고, 국가가 운영비를 지원함으로써 중산층 이하 노인도 이용할 수 있었다. 한편 일본에서 특히 주목할 만한 것은 2011년 시작된 서비스 제공 고령자용 주택(サ高住, 사코주) 정책이다. 이는 민간이 노인전용 임대주택을 지을 경우 정부가 일정 요건을 갖춘 시설에 인증을 부여하고 보조금·세제혜택을 제공하는 방식으로, 민간 자본을 활용한 노인주택 공급을 폭발적으로 늘린 성공 사례로 평가된다. 사코주는 겉보기에는 일반 원룸 임대주택과 비슷하지만, 모든 세대에 배리어프리 설계를 적용하고 응급 호출이나 안부 확인 등의 생활지원 서비스를 제공한다. 추가 비용을 내면 식사나 가사 도움, 간호와 같은 서비스를 옵션으로 이용할 수도 있다. 이러한 공적 지원 민간임대 모델을 통해 일본에서는 10년 만에 약 29만 가구의 노인임대주택이 새롭게 공급되었다. 이는 재정 부담을 크게 늘리지 않고도 민간의 활력을 활용해 평범한 노인들도 살 수 있는 주택을 대량 확보한 사례로서, 한국과 대비된다(한국의 노인복지주택은 전국 합쳐 39곳에 불과함. 그 밖에 일본은 고령자 복지주택 외에도 전통적으로 공영임대주택 입주 시 노인을 우선 배려해왔고, 일정 요건 하에 주택개조 보조금을 지급하며, 노인이 지자체 운영 영구임대주택에 살 경우 생활지원員(LSA)이 안부 확인을 해주는 "실버핫라인" 제도도 운용하고 있다. 전반적으로 일본은 국가 정책 아이디어를 통해 세금 투입보다는 제도적 유연성으로 민간과 공공을 망라한 노인주거 "천국"을 만들어냈다는 평가를 받는다.

- 기타 국가: 미국은 시장 중심의 주택체계 속에서도 연방정부 차원에서 저소득 노인을 위한 임대주택 프로그램을 오래전부터 시행해왔다. 대표적인 것이 1959년 시작된 섹션 202 (Section 202) 지원주택 프로그램으로, 비영리단체가 노인용 임대주택을 건설·운영하면 정부가 건설자금을 저리융자로 지원하고 운영 기간 동안 임대보조금을 지급하는 제도이다. 이를 통해 미국 전역에서 수천 개 이상의 노인아파트 커뮤니티가 공급되어 매우 낮은 임대료로 고령자에게 제공되었고, 대부분의 단지에 서비스 코디네이터를 두어 입주 노인들에게 생활 상담, 지역 복지서비스 연계를 지원한다. 또한 미국은 소득이 낮은 노인가구에 임대료 일부를 보조하는 섹션 8 바우처 프로그램과 민간 임대사업자에게 세액공제를 부여해 저렴주택을 짓도록 유도

하는 LIHTC 프로그램 등도 운영하여, 시장 메커니즘과 보조금 정책을 혼합함으로써 노인 주거 문제에 대응하고 있다. 그 밖에 영국, 독일, 네덜란드 등 많은 선진국들이 노인친화적 주거환경 조성에 힘쓰고 있다. 예를 들어 네덜란드는 기존 주택에 Universal Design을 적용하도록 장려하고 주택 개조비를 보조하며, 싱가포르는 초고층 공공주택단지 내에 노인 편의시설과 돌봄서비스 센터를 설치해 세대통합형 커뮤니티를 만들고 있다. 이처럼 각국의 사례는 문화와 제도 차이는 있지만 공통적으로 고령자가 경제적·신체적 여건에 관계없이 안전하고 편안한 주거에서 지낼 권리, 그리고 주거와 복지의 통합적 지원이라는 목표를 지향하고 있다.

### (3) 주거보장 정책의 효과와 한계

지금까지 살펴본 주거보장 정책들은 노인들의 주거 불안을 완화하고 생활 안정을 도모하는 데 일정한 성과를 보여주고 있다. 우선 경제적으로 취약한 노인에게 직접 주거비를 보조하거나 임대주택을 제공함으로써 주거빈곤율 감소와 노인 빈곤 완화에 기여한다. 예컨대 주거급여 수급 노인은 월세 부담이 크게 줄어들고, 영구임대주택에 입주한 노인은 노후까지 쫓겨날 걱정 없이 살 수 있게 된다. 이는 노인의 주거비 부담률을 낮추어 가처분소득을 늘리고, 다른 생계비나 의료비에 쓸 여력을 확보해준다. 또한 주거 안정은 노인의 건강과 안전에도 긍정적인 영향을 미친다. 안정된 집이 있으면 영양관리, 위생, 난방 등이 개선되어 질병 위험이 줄고, 익숙한 지역사회에서 지내며 이웃과 교류함으로써 정신적 안녕감과 사회적 관계도 유지된다. 연구에 따르면 1인당 주거면적이나 주택의 설비 수준이 높은 노인일수록 주관적 건강상태가 좋고 삶의 만족도가 높게 나타난다. 이처럼 노인주거보장 정책은 고령층의 생활 안정과 복지 향상에 필수적인 기반을 제공한다.

그러나 한편으로는 현행 정책에 몇 가지 한계와 과제가 존재한다. 주요 한계들은 다음과 같다.

- 지원 대상의 한정성: 현행 주거급여나 공공임대주택 등의 지원은 주로 최저소득층 위주로 제공되어 취약 노인 중 일부만 혜택을 받고 있다. 기준 중위소득 50%를 약간 넘는 차상위계층 노인이나, 자녀와 동거하지만 자체 소득은 없는 노인 등은 공식 지원대상에서 제외되기 쉽다. 실제로 "숨은 주거빈곤"층에 속하는 고령자가 많지만, 이들이 제도의 울타리 밖에 머무르면 주거 불안정을 해소하기 어렵다는

지적이 있다. 또한 현행 국민기초생활보장 제도에서는 주택을 자산으로 간주하기 때문에, 비록 소득이 없어도 집 한 채 때문에 생계급여 등을 받지 못하는 주택연금 미가입 고령자도 있다. 향후 지원 대상 범위 확대와 선정기준 완화가 검토되어야 할 부분이다.

- 공급 부족과 대기 문제: 저소득 노인을 위한 공공임대주택 물량이 절대적으로 부족하여, 지원을 받고 싶어도 대기 기간이 매우 길다. 앞서 언급한 고령자복지주택의 공급은 초기 단계라 대상자 대비 턱없이 부족하며. 우리나라도 국토연구원 등의 제언으로 노인 임차인에 대한 임대인 인센티브 방안이 거론되었으나. 국내에서도 일부 지자체에서 주거복지사를 파견해 노인 세대를 방문 점검하고 있지만 전국적 제도화는 되어 있지 않다. 이에 주거 지원과 돌봄 서비스를 패키지로 묶는 커뮤니티 케어 정책의 강화가 필요하다.

노인 주거보장 정책은 노인의 삶을 안정시키는 긍정적 효과를 주고 있으나, 제도적 포괄성 부족, 자원 부족, 민간과의 협력 미흡, 입지·서비스 연계 문제 등의 한계를 보인다.

### (4) 향후 정책 개선 방향

앞으로 다가올 초고령사회에 대비하여 노인의 주거권을 보장하기 위해서는 양적 확대와 질적 개선을 아우르는 종합적인 접근이 요구된다.

- 공공임대 공급 확대 및 주거급여 보완: 저소득층 노인을 위한 공공임대주택 물량을 대폭 늘려 수요 대비 공급 격차를 줄여야 한다. 기존 영구임대주택의 재고를 확충하고, 고령자복지주택도 당초 목표(2025년 1만 호)를 넘어 2027년까지 5천 호 추가 공급 계획을 추진하는 등 공격적인 공급정책이 필요하다. 또한 주거급여의 지원 수준을 현실화하여 실제 임대료 상승분을 충분히 반영하고, 지원 대상도 차상위계층 노인까지 포괄하도록 기준을 완화하는 방안을 검토해야 한다. 이를 통해 경계선상에 있는 노인들이 주거 사각지대에 빠지지 않게 보호할 수 있다.

- 민간 실버주택 시장 활성화: 정부 재원만으로 노인 주거 문제를 모두 해결하기 어렵기 때문에 민간 부문의 참여를 유인해야 한다. 일본의 사례처럼 민간 기업이 중

· 저가 노인임대주택을 공급할 경우 건설자금 보조나 세제 혜택을 부여하고 인허가 절차를 간소화하는 등 규제 완화와 지원책을 마련한다. 현재 시범 시행 중인 "Silver Stay" 사업을 발전시켜 민간이 다양한 가격대의 시니어 레지던스를 공급하도록 장려하고, 금융권·보험업계 등에서도 실버타운 사업에 투자할 수 있도록 제도적 뒷받침을 강화한다. 아울러 기존 주택 임대차 시장에서는 고령 임차인을 받아들이는 집주인에게 임대료 보조나 보험 지원 등의 인센티브를 제공하여, 민간임대주택에서도 노인이 안정적으로 거주할 수 있는 문화가 정착되도록 유도해야 한다.

- 커뮤니티케어형 주거 모델 확산: 주거와 돌봄의 결합을 실현하는 새로운 모델을 적극 도입한다. 예를 들어 노인들이 서로 독립적인 공간을 갖지만 공동 생활공간도 공유하는 시니어 코하우징이나, 1인 가구 노인 2~3명이 한 집을 함께 임차하여 거주하는 홈셰어링 공공임대주택 공급. 정부는 커뮤니티케어 시범사업 결과를 바탕으로 주거지원과 돌봄서비스의 패키지화를 제도적으로 뒷받침할 필요가 있다.

- 배리어프리 주거환경 조성 및 스마트홈 도입: 물리적 환경의 개선 역시 지속적인 과제다. 신축 주택에는 원칙적으로 문턱 없애기, 엘리베이터 설치, 미끄럼 방지 등 배리어프리 설계를 의무화하고, 기존 주택에 대한 무장애 개조 지원사업을 확대해야 한다. 예를 들어 건축 리모델링 시 고령자 편의시설을 설치하는 경우 비용 일부를 세액공제 해주는 등의 유인책이 고려될 수 있다. 더불어 정보통신기술(ICT)을 활용한 스마트홈 기술을 노인 주거에 접목한다. 현재 일부 지자체에서 독거노인 가정에 IoT 센서를 설치하여 움직임이 일정 시간 감지되지 않으면 자동으로 안전 확인을 하는 시스템을 운영 중인데, 이러한 모니터링 기술을 공공임대단지에 확대 적용할 수 있다. 인공지능 스피커를 통해 음성으로 응급신고를 한다든지, 약 복용 시간이나 병원방문 일정을 알려주는 맞춤형 스마트홈 서비스를 제공하면 고령자의 자택 생활을 보다 안전하고 편리하게 만들 수 있다. 정부 차원에서 관련 기술 개발과 표준화에 투자하고, 민간기업과 협력하여 노인맞춤 스마트 주거환경을 보급하는 전략이 요구된다.

노인 주거보장은 고령사회의 지속가능성을 좌우하는 핵심 정책 분야이다. 주거는 단순한 물리적 공간을 넘어 노인의 생활 터전이자 복지 인프라의 역할을 한다. 안정적인 주거가 확보될 때 비로소 노인은 건강 관리, 사회활동, 여가 등 다른 복지 영역에서도 삶의 만족도를 높일 수 있다. 인권의 시각에서 "주거권은 곧 생존권"이라 불릴 만큼 중요성이 큰 만큼, 노인이 빈곤이나 질병으로 내몰려 거처를 잃는 일이 없도록 국가적 대응을 강화해야 할 것이다. 앞으로 한국의 노인주거보장 정책이 국내 현실과 해외의 교훈을 바탕으로 포용성과 지속가능성을 갖추도록 발전시키는 노력이 필요하다.

Chapter 9

# 노인 복지서비스와 사회참여지원서비스

1. 재가노인복지서비스 및 시설입소 서비스
2. 사회참여지원서비스

## 1. 재가노인복지서비스 및 시설입소 서비스

### (1) 개념 및 분류

고령화 사회의 진전에 따라 노인의 일상 생활을 지원하는 노인복지서비스의 중요성이 커지고 있다. 노인복지서비스는 제공 장소와 방식에 따라 재가노인복지서비스(노인이 가정이나 지역사회에 거주하며 받는 서비스)와 시설입소 서비스(노인이 요양시설 등 거주시설에 입소하여 받는 서비스)로 크게 구분된다. 우리나라 「노인복지법」에서도 노인복지시설을 이러한 재가 및 입소 형태로 분류하고 있으며, 각각 다양한 서비스 유형을 포함한다.

- 재가노인복지서비스는 지역사회에 거주하는 노인이 계속 가정에서 생활하면서 필요한 지원을 받도록 하는 제반 서비스를 말한다. 주요 목표는 노인이 가능한 오랫동안 자택에서 안정적으로 생활하면서 건강과 일상 기능을 유지하도록 돕고, 조기 시설 입소를 예방하거나 지연하는 데 있다. 예를 들면, 돌봄 제공인이 가정으로 찾아가 신체 활동이나 가사지원을 해주는 방문요양, 주간에 시설에서 보호하며 돌보는 주야간보호, 의료인이 집으로 찾아가는 방문간호 등이 이에 해당한다. 재가서비스는 노인이 살던 친숙한 환경에서 자율성과 존엄성을 유지하며 생활할 수 있게 해주므로, 대부분의 노인이 선호하는 형태의 돌봄으로 알려져 있다. 특히 건강증진 프로그램, 영양 식사지원, 주거환경 안전개선, 가족 상담 등 광범위한 지원을 통해 노인과 가족이 지역사회에서 안정적으로 생활하도록 도와준다.

- 시설입소 서비스는 전문적인 돌봄이 필요한 노인을 대상으로 요양시설 등의 거주시설에 입소시켜 24시간 체계적인 보살핌을 제공하는 서비스를 말한다. 일반적으로 일상생활 동작 능력이 크게 저하되었거나 상시 간호·관리가 필요한 노인이 이용한다. 시설입소 서비스에는 노인의료복지시설인 노인요양시설(요양원)을 비롯하여, 경제적·환경적 어려움으로 가족 부양이 어려운 노인을 위한 양로시설, 치매노인 등 소규모 인원의 공동생활가정, 유료로 운영되는 노인복지주택 등이 포함된다. 시설에서는 숙식 제공은 물론, 신체활동 보조, 의료 처치, 재활 프로그램, 여가활동 지원 등 전문인력이 상주하여 종합적 서비스를 제공한다. 즉, 노인의 생활공간 자체가 서비스 제공 장소가 되는 형태로, 가정 내 돌봄이 어려운 상황에서 안전과 건강을 보장하는 역할을 한다.

### (2) 재가노인복지서비스의 유형과 특징

재가노인복지서비스는 노인이 가정과 지역사회에 거주하면서 이용할 수 있는 다양한 서비스를 포괄한다. 우리나라의 경우 2008년 도입된 노인장기요양보험(LTCI)을 통해 공식적인 재가서비스가 체계화되었는데, 해당 제도에서 규정한 재가서비스의 유형을 보면 노인을 위한 재가복지 서비스의 범위를 이해할 수 있다.

**표17. 주요 재가노인복지서비스의 유형 및 내용**

| 재가 서비스 유형 | 주요 내용 및 기능 |
|---|---|
| 방문요양 서비스 | 요양보호사가 정기적으로 가정을 방문하여 일상생활 지원(식사, 세면, 배설 보조 등)과 가사 활동 지원을 제공함. 가족의 부담을 경감하고 노인이 익숙한 가정 환경에서 지낼 수 있도록 도움. |
| 복지용구 및 주거환경 개선 | 노인의 일상생활 편의를 높이는 각종 복지용구(보행기구, 침대, 휠체어 등)를 지원하거나 주거환경 개선(문턱 제거, 안전손잡이 설치 등)을 통해 재택생활을 지속할 수 있도록 돕는 서비스. |

재가서비스의 공통적인 특징은 노인이 가능한 한 자신의 집과 지역사회에서 살아갈 수 있게 지원한다는 점이다. 이를 통해 노인은 친숙한 환경에서 심리적 안정감을 얻고 자율성을 유지할 수 있다. 예컨대, 미국의 지역사회 기반 서비스 사례를 보면, 건강 증진 프로그램부터 주거, 재정, 교통 지원까지 폭넓은 서비스를 연계하여 노인이 지역사회에 계속 거주하도록 돕고 있는데, 이를 통해 노인의 사회적 참여와 삶의 질을 향상시키고자 한다. 또한 재가서비스는 가족돌봄자에게 정보와 상담, 일시휴식 등을 제공하여 가족 부양부담을 경감시키는 측면도 있다.

한편, 재가노인복지서비스 이용은 각국의 정책 및 제도에 따라 그 보편성에 차이가 있다. 예를 들어 미국의 경우 60세 이상 노인의 20% 이상이 어떤 형태로든 지역사회 지원 서비스를 받고 있는 것으로 나타나며. 반면 우리나라는 장기요양보험 도입 초기였던 2008년에 노인 인구의 3.1%만이 공적 요양서비스를 이용하던 것이, 2021년에 이르러 약 10.1%(89만9천여 명) 수준으로 증가하였으나. 이는 곧 가정에서 노인을 돌보기 위한 의료·돌봄 인프라가 아직 부족하며, 가족의 돌봄 부담 완화를 위한 제도적 지원이 더 필요함을 시사한다.

### (3) 시설입소 서비스의 유형과 특징

시설입소 서비스는 노인이 일정 기간 또는 장기간 시설에 거주하면서 전문적인 돌봄을 받는 형태의 서비스이다. 노인요양시설(전문 요양원)은 그 대표적인 예로, 장기요양보험 등급판정에서 중증(1~2등급)으로 인정된 노인이 주로 입소 대상이 된다. 이곳에서는 숙련된 요양보호사, 간호인력, 재활치료사 등이 상주하며 노인의 식사, 목욕, 배설, 이동 보조 등의 일상생활 지원, 간호 처치와 투약 관리 등의 건강관리, 인지자극 및 사회활동 프로그램 등을 종합적으로 제공한다. 그밖에 경증 치매 노인을 위한 공동생활가정(그룹홈), 경제적으로 취약한 노인을 위한 양로시설, 의료적 처치가 지속적으로 필요한 노인을 위한 노인전문병원(요양병원) 등이 시설입소 서비스 범주에 포함된다. 시설입소 서비스의 주요 특징은 다음과 같다.

- 상시적 돌봄과 안전관리: 시설에는 24시간 직원이 배치되어 있어 야간이나 위급상황에도 대응이 가능하다. 이처럼 항시 돌봄 체계가 갖춰져 있다는 점이 시설의 큰 이점으로 꼽힌다. 예컨대 중증 치매나 중풍으로 거동이 불가능한 노인의 경우, 가정에서는 가족이 휴식 없이 간호해야 해 어려움이 크지만 시설에서는 교대 인력이 전문적으로 돌볼 수 있다. 또한 낙상 방지, 응급조치 등 안전관리 측면에서 체계적인 환경을 제공한다.

- 전문인력에 의한 체계적 서비스: 시설에서는 다양한 전문인력이 다학제 팀을 이루어 노인을 돌본다. 의사와 간호사에 의한 건강상태 점검, 물리치료사에 의한 재활훈련, 사회복지사에 의한 정서지원 및 여가활동 프로그램 등이 통합적으로 이루어져, 가정에서 개별적으로 받기 어려운 복합적 케어를 제공할 수 있다. 가족이 집에서 돌볼 때 대비 의료 및 돌봄 서비스의 연계가 원활하고, 문제가 발생해도 즉각적인 대처와 상급 의료기관 연계가 가능하다. 잘 운영되는 요양시설일수록 가정적인 환경을 조성하면서도 이러한 전문적 돌봄의 장점을 극대화하고자 노력하고 있다.

- 사회적 교류와 활동 기회: 시설에서는 또래 노인들과의 공동 생활을 통해 사회적 상호작용이 이루어진다. 집에 홀로 머무르는 노인에 비해 시설 입소 노인은 식사나 여가 프로그램을 함께 하며 고립감을 줄이고 친구를 사귀는 기회를 얻을 수 있다. 어떤 연구에서는 오랜 독거 생활로 우울감을 느끼던 노인이 시설에 입소한 후 다른 입소자들과 교류하고 프로그램에 참여하면서 우울 증상이 개선된 사례도 보

고된 바 있다. 이처럼 시설은 노인에게 규칙적인 생활 리듬과 사회참여 기회를 제공하는 측면이 있다.

시설입소 서비스는 심신이 허약하여 일상생활동작(ADL) 전반에 도움이 필요한 노인이나, 인지장애·중증질환으로 전문 간호가 요구되는 노인에게 특히 유용하다. 가족의 손길만으로 감당하기 어려운 경우에 시설은 최소한의 안전망으로 기능하며, 결과적으로 가족 부양자의 신체적·정신적 부담을 덜어주는 효과도 있다. 다만, 시설에 입소한다는 것은 생활환경의 큰 변화와 함께 개인적 자유의 일부 상실을 의미할 수 있으므로, 필요 수준에 부합하는 적절한 시설을 선택하고 입소 후에도 노인의 자기결정권과 개별적 욕구가 존중되도록 하는 것이 중요하다.

### (4) 재가 돌봄과 시설 돌봄의 장단점 비교

재가노인복지서비스와 시설입소 서비스는 각각 고유한 강점과 한계를 지닌다. 노인의 건강상태, 가족 지원능력, 사회경제적 여건 등에 따라 어느 형태의 서비스가 더 적합한지는 달라질 수 있다. 아래는 재가 돌봄과 시설 돌봄의 대표적인 장단점을 비교한 것이다. 이를 통해 두 서비스 형태의 특징을 종합적으로 이해할 수 있다.

**표18. 재가서비스와 시설입소 서비스의 장단점 비교**

| 구분 | 재가노인복지서비스 (지역사회 재가돌봄) | 시설입소 서비스 (거주시설 돌봄) |
|---|---|---|
| 장점 | - 친숙한 환경: 익숙한 가정에서 생활하므로 심리적 안정과 정서적 편안함을 느낄 수 있으며, 가족 및 이웃과의 유대도 지속됨<br>- 자기결정권 존중: 개인의 취향과 일과를 비교적 자유롭게 유지할 수 있어 독립성과 존엄성을 지키기 쉬움.〈B.R./〉 - 비용 효율성: 24시간 시설 돌봄에 비해 경제적 부담이 적으며, 공적 지원 시 사회적 비용 부담도 감소 가능<br>- 가족 참여: 가족이 직접 돌봄에 참여하면서 정서적 유대 강화, 돌봄 역량을 키울 수 있는 교육·상담 제공. | - 전문적 상시 돌봄: 의료진 및 요양인력이 24시간 상주하여 전문 관리 및 응급 대응 가능. 복약 관리, 재활 등 체계적인 서비스 제공.<br>- 사회적 교류 기회: 또래 집단과 공동 생활하여 고립감 완화, 다양한 그룹 활동 및 이벤트로 심리적 활력 증진.<br>- 가족 부담 경감: 가족이 직접 수발해야 하는 부담이 줄어 신체·정신적 스트레스 감소.<br>- 시설 환경 적합성: 휠체어 이동이 용이한 구조, 안전손잡이 등 노인 친화적 환경이 조성되어 돌봄의 효율성과 안전성이 높음. |
| 단점 | - 가족 부담 가중 가능: 공식 서비스 시간이 제한적이므로 나머지 돌봄은 가족 몫, 신체적 피로와 사회생활 제약 발생 가능. | - 개인생활 자유 감소: 시설 일정과 규칙에 따르는 생활로 사생활과 자유가 제한될 가능성 있음. 낯선 환경 적응 스트레스 발 |

| 구분 | 재가노인복지서비스 (지역사회 재가돌봄) | 시설입소 서비스 (거주시설 돌봄) |
|---|---|---|
| | - 전문 케어 한계: 중증 환자나 치매 노인은 가정에서 제공할 수 없는 전문 치료나 지속 관찰이 필요해 돌봄 공백 우려<br>- 주택 환경 제약: 가정 구조가 돌봄에 적합하지 않거나 보조기기 미흡 시 안전사고 위험 증가<br>- 사회적 고립 가능성: 거동이 불편하거나 지역사회 자원이 부족하면 외출 및 사회적 활동이 제한되며 우울감 심화 가능. | 생 가능<br>- 개별적 요구 반영 어려움: 다수 입소자를 표준화된 절차로 돌보므로 개인별 선호나 습관이 충분히 존중되기 어려움.<br>- 비용 부담: 장기 입소 시 상당한 비용 소요, 공적 지원 후에도 본인 부담금이 재가서비스보다 높을 가능성 있음.<br>- 시설 서비스의 질 편차: 요양시설마다 인력 비율, 프로그램, 환경이 다르고, 일부 시설에서는 돌봄 부족이나 부정적 사건(학대 등) 우려도 존재. |

재가서비스는 노인의 주거환경을 유지하면서 개별적 욕구를 충족시킨다는 점에서 삶의 질 측면의 이점이 크지만, 가족의 돌봄 역량과 사회서비스의 뒷받침이 충분하지 않을 경우 지속에 한계가 있을 수 있다. 반면 시설입소는 전문성과 안전성 면에서 강점이 있으나, 노인의 정서적 측면이나 비용 부담 등의 문제가 뒤따를 수 있다. 중요한 것은 노인의 건강 상태와 욕구, 가족의 능력, 사회적 지원을 종합적으로 고려하여 적절한 돌봄 형태를 선택하거나 재가와 시설 서비스를 연계하는 것이다. 예를 들어 비교적 상태가 양호한 시기에는 재가서비스를 활용하다가 상태 악화 시 일시적으로 시설에 단기입소 하거나, 주야간보호센터를 이용하면서 나머지 시간은 집에서 지내는 등 혼합형 접근도 가능하다. 실제 연구들에서도 재가 돌봄과 시설 돌봄을 적절히 연계할 때 노인의 건강 및 안녕에 긍정적 효과를 거둘 수 있다고 보고하며. 특히 재가 vs 시설 돌봄의 건강 결과를 비교한 여러 연구를 종합한 결과에 따르면, 엄격히 통제된 상황에서 재가서비스만으로도 시설 돌봄과 유사한 건강 결과를 낼 수 있지만 경우에 따라서는 차이가 없거나 혼재된 결과가 나타나는 등. 구체적으로 덴마크 전역에서 무료 방문간호, 24시간 가정봉사원 파견(야간순회 포함) 등을 법적으로 보장하고, 기존의 전통적 요양원을 소규모 주거시설로 전환하는 등 혁신을 이룬 바 있다. 이러한 정책적 노력의 결과로 덴마크는 노인들이 가능한 한 자택에서 자립적인 생활을 유지하도록 지원하고, 시설 입소는 최후의 수단으로 고려하는 복지 모델을 정착시켰다. 이처럼 지역사회 중심 돌봄을 강화하는 경향은 스웨덴, 네덜란드 등 북유럽 국가들뿐 아니라 영국, 캐나다, 호주 등에서도 공통적으로 나타나고 있으며, 지역사회 서비스 확충과 시설 거주자의 삶의 질 향상을 위한 노력(시설의 가정식 환경 조성, 소규모화 등)이 병행되고 있다.

우리나라에서도 커뮤니티 케어에 대한 관심이 높아지면서, 2018년 정부가 발표한 「지역사회 통합돌봄 기본계획」 하에 일부 지자체에서 커뮤니티케어 선도사업이 시행되었다. 이 사업의 목적은 노인이 병원이나 시설에 가지 않고도 지역사회에서 건강하게 지낼 수 있도록 주거, 보건의료, 요양, 돌봄 서비스를 통합적으로 연계하는 데 있었다. 이를 위해 주거환경 개조, 주치의제 도입, 방문보건 확대, 돌봄 매니지먼트 강화, 민간자원 연계 등의 프로그램이 시도되었다. 그 결과 재가기간 연장, 의료비와 요양비 절감 등의 긍정적인 효과가 보고되기도 하였다. 예컨대 한 연구에서는 통합돌봄 시범사업 참여 노인의 재택 거주 기간이 늘어나고 총 비용이 감소하는 경향을 확인하여, 지역사회 돌봄이 시설 입소 대안을 강화하는 유효한 방법임을 시사하였다.

2020년대에 들어서는 노인장기요양보험 제도 자체도 재가서비스 강화 방향으로 개편이 이루어지고 있다. 보건복지부는 2024년 발표한 노인복지 정책에서 "병원이 아닌 집에서 지낼 수 있도록 방문 의료·돌봄 서비스를 확대"하고, 통합재가서비스센터를 도입하여 의료부터 생활지원까지 한 곳에서 제공하며, 중증 노인에 대해서는 재가서비스 급여 한도를 시설급여 수준으로 상향하는 방안을 추진 중이다. 이는 중증의료요구가 있는 노인도 굳이 병원이나 시설이 아닌 집에서 돌봄을 받을 수 있도록 제도적 뒷받침을 강화하는 조치다. 또한 지역사회 내에 치매안심센터, 노인복지관, 주야간보호센터 등의 인프라를 확충하고 이들 간 연계를 강화하여, 노인 한 명 한 명의 상태 변화에 따라 필요한 서비스가 끊김 없이 제공되는 연속적 돌봄체계(continuum of care) 구축을 지향하고 있다.

물론 시설입소 서비스의 역할 역시 여전히 중요하다. 고령인구의 급증으로 절대적인 요양시설 수요도 증가하고 있으며, 혼자 사는 노인이나 부양자원이 부족한 노인들의 마지막 안전망으로서 시설 기능을 지원해야 하기 때문이다. 이에 따라 시설 서비스의 질 관리와 인권 보호를 강화하기 위한 정책도 병행되고 있다. 예를 들어 요양시설 평가제도를 통해 서비스 수준을 공개하고 미흡한 시설은 개선을 유도하며, 시설 종사자에 대한 교육과 지원을 확대하고 있다. 장기적으로는 시설도 단순 수용 중심이 아닌 생활의 질 중심의 환경으로 변화하도록 유도하고, 소규모 그룹홈형 시설이나 케어안심주택 등 새로운 형태의 거주시설 모델을 개발하려는 움직임도 있다.

현대 노인복지 정책은 "가능하면 재가, 불가피하면 시설"이라는 방향성 아래 양쪽 서비스를 균형 있게 발전시키고 연계하는 데 초점을 맞추고 있다. 궁극적인 목표는 노인이 살던 곳에서 존엄성과 삶의 만족을 최대한 유지하면서 필요한 돌봄을 받도록 하되, 상태 악화 등으로 더 이상의 재가생활이 어려워질 경우에는 안전하고 질 높은 시설 서비스로 원활히 전환할 수 있게 하는 것이다. 이를 위해 재가서비스 인프라 확충, 가족 돌봄 지원 강화, 시설 서비스 질 개선, 의료와 돌봄의 연계 등이 종합적으로 추진되어야 할 것이다. 노인의 다양한 욕구에 부응하는 통합적 노인복지서비스 체계를 구축하는 것이 향후 과제이며, 재가노인복지서비스와 시설입소 서비스는 그 양 축으로서 상호보완적 역할을 수행하게 될 것이다.

## 2. 사회참여지원서비스

사회참여란 노인이 은퇴 이후에도 가족과 이웃, 지역사회와 상호 작용하고 유의미한 역할을 수행하는 것을 말한다. 이러한 참여를 통해 노인들은 소속감과 자아존중감을 얻고, 신체적·정신적 건강을 증진시키며, 사회적으로 고립되는 것을 예방할 수 있다. 특히 WHO(2002)가 제시한 활동적 노화(Active Ageing) 정책 프레임워크에서도 참여는 건강, 안전과 함께 노년복지의 3대 축으로 강조되고 있으며(WHO, 2002), Rowe와 Kahn(1997)의 성공적 노화 이론 역시 "삶에의 적극적 참여"를 노화의 중요한 요소로 제시한다. 이에 따라 각국 정부와 지역사회에서는 노인의 사회참여를 지원하는 다양한 서비스를 개발·제공하고 있다.

### (1) 사회참여 지원 서비스의 개념과 정책적 의의

사회참여 지원 서비스란 노인이 은퇴 후에도 사회적 역할을 수행하고 다양한 활동에 참여하도록 돕는 일련의 노인복지서비스를 의미한다. 이는 노인 개개인의 여가·취미생활에서부터 자원봉사, 취업 및 세대교류에 이르는 폭넓은 영역의 활동을 포괄한다. 노인복지 분야의 이론적 배경으로는 노년기에 사회적 역할을 지속하는 것이 삶의 만족도와 행복에 기여한다는 활동이론(Activity Theory, Havighurst 등)과, 사회에서의 점진적 역할 이완이 불가피하다는 탈사회화이론(Disengagement Theory, Cumming & Henry) 등이 논의되어 왔다. 현대 복지정책은 전자에 무게를 두어 노인의 능동적 사회참여를 장려하는 방향으로 발전하고 있다. 우리나라에서도 「노인복지법」 등 관련 법령을 통해 노인의 사회활동 지원이 명시되고, 정부 차원에서 노인사회활동 지원사업 등이 추진되어 왔다. 2004년 도입된 노인일자리 및 사회활동 지원사업은 이러한 정책적 노력의 대표적 사례로, 2021년 기준 약 84만 명의 노인이 참여하는 등 큰 규모로 확대되었다. 이는 고령사회에서 노인의 사회적 역할 증진과 복지 향상을 위한 국가 전략의 일환으로서 중요한 의미를 지닌다.

### (2) 사회참여 지원 서비스의 유형

노인의 사회참여를 촉진하기 위해 제공되는 서비스는 다양하다. 주요 서비스 유형 및 내용은 다음과 같다.

- 노인 일자리 및 고용 지원: 노년층에게 적합한 일자리 제공을 통해 사회참여와 소득보충을 동시에 도모한다. 예를 들어 우리나라의 노인일자리 사업은 공공형, 사회서비스형, 민간형 등의 일자리 기회를 제공하여 노인이 능력에 맞는 업무를 수행하도록 지원한다. 2004년 시작된 이 사업은 노인의 빈곤 완화와 건강 유지, 참여 확대에 기여하고 있으며. 구체적인 효과를 몇 가지 측면에서 살펴보면 다음과 같다.

- 정신건강 및 심리적 안녕: 사회활동을 통해 얻는 대인관계와 소속감은 우울감과 고독감을 완화하고 삶의 만족도를 높여준다. 연구에 따르면 사회적 교류가 활발한 노인은 우울증상 회복 확률이 그렇지 않은 노인보다 2.5배 이상 높았고, 사회활동 참여가 삶의 행복감 증진과 밀접하게 연관된 것으로 보고되었다. 또한 노인복지관 같은 커뮤니티에서 얻는 사회적 지지는 정신건강에 긍정적 영향을 미쳐, 친구나 직원으로부터 정서적 지지를 받은 노인은 그렇지 않은 경우보다 주관적 건강 인식이 유의하게 높았다는 조사도 있다. 사회참여를 통한 역할 수행감과 자기효능감 증진도 노인의 정신적 안녕에 기여한다.

- 신체건강 및 기능유지: 규칙적인 모임 참석, 봉사활동, 일자리 참여 등은 노인의 신체활동 수준을 높이고 건강관리 행동을 촉진한다. 사회적으로 활발한 생활을 하는 노인은 그렇지 않은 경우보다 운동 기능 저하와 장애 발생 위험이 낮은 것으로 나타났다. 한 longitudinal 연구에서는 사회활동 지수가 1점 감소할 때 향후 5년간 일상생활 동작 장애 발생 위험이 43% 높아졌다는 결과가 보고되었고. 또한 꾸준한 사회참여는 인지기능 유지에도 도움을 주어 인지저하 속도를 늦추고 치매 예방에 기여하는 것으로 보인다. 이러한 효과는 사회활동이 신체활동을 수반하고 두뇌 자극을 제공하기 때문으로 해석된다.

- 사회적 관계와 지원망: 사회참여 프로그램에 나오는 것은 새로운 대인관계를 형성

하고 사회적 고립을 예방하는 데 핵심적 역할을 한다. 노인들은 모임을 통해 또래 친구를 사귀고 서로 정서적·도구적 지원을 주고받게 된다. 예를 들어 경로당이나 노인센터 이용 노인들을 조사한 연구에서, 센터에서 얻는 친구관계와 사회적 지원이 삶의 질 향상과 우울감 감소와 연관된 것으로 나타났다. 이처럼 사회적 연결망이 확장되면 위기 시 도움을 받을 수 있는 자원이 늘어나 안정감이 커지며, 독거노인의 고독사나 우울증을 예방하는 효과도 기대된다. 나아가 노인의 사회참여는 가족구성원들과의 관계에서도 긍정적 변화를 가져올 수 있다. 활발히 사회활동을 하는 노인은 자신의 삶에 만족함으로써 자녀 세대에 대한 의존이나 불만이 줄어들고, 오히려 가족에게 정서적 지지를 제공하는 주체가 되기도 한다.

- 경제적 측면과 사회에의 기여: 특히 일자리 사업 참여의 경우 일정 수준의 소득을 제공하여 노년기 경제적 안정을 도모한다. 한국의 노인일자리사업 효과 분석에 따르면, 참여 노인의 월소득이 증가하여 상대적 빈곤선과의 격차를 16%p 완화시키는 것으로 나타났다. 또한 사회참여를 통해 노인이 돌봄자나 지역 봉사자 역할을 수행하면, 그만큼 사회서비스 비용을 절감하는 부수 효과가 있다. 예컨대 앞서 언급한 노인일자리 참여자들은 신체·정신 건강이 유의하게 향상되어 의료비 지출이 감소하는 효과도 관찰되었는데, 한 해 약 54억원의 본인부담 의료비용을 절감한 것으로 추산되었다. 이러한 건강개선에 따른 비용 절감과 사회봉사 기여도를 고려할 때, 노인 사회참여 지원 서비스는 비용대비 효과(cost-benefit) 측면에서도 긍정적이라는 연구들이 있다.

상기의 효과들은 상호 밀접하게 연결되어 노인의 전반적인 삶의 질 향상으로 이어진다. 사회참여를 통해 신체적 건강이 좋아지면 더욱 활발히 활동할 수 있고, 그로 인해 새로운 인간관계를 맺고 심리적으로 안정되는 선순환이 일어난다. 실제로 한국에서 60세 이상 노인을 대상으로 12년간 추적한 연구에서도 사회활동 참여와 주관적 건강상태 간에 상호 영향을 주고받는 관계가 확인되었다. 이 연구에 따르면 노인의 사회참여가 이후의 건강 개선에 긍정적 영향을 미치며, 그 효과는 건강이 사회참여에 미치는 영향보다도 큰 것으로 나타났다. 즉, 건강한 노인이 사회활동을 더 많이 할 뿐만 아니라, 사회활동을 많이 할수록 더 건강해지는 양방향의 인과관계가 있다는 것이다.

또한 노인의 사회참여 증진은 개인을 넘어 지역사회와 세대 전체에 좋은 영향을 가져온다. 노인 세대가 자원봉사나 돌봄 활동을 통해 사회에 기여하면 세대 간 통합이 증진되고 연대감이 높아진다. 아동·청년은 노인을 긍정적 역할모델로 인식하게 되고, 노인은 자신의 존재가치를 재확인하여 삶의 의미를 찾는다. 이처럼 사회참여 지원 서비스는 노인의 심신 건강, 사회적 연결망, 경제적 안정을 두루 향상시킴으로써 성공적 노화를 실현하는 핵심 수단이 되고 있다.

### (3) 사회참여 지원 서비스의 한계와 도전

사회참여 지원 서비스가 지닌 많은 장점에도 불구하고, 현장에서는 몇 가지 한계와 도전과제가 존재한다. 먼저 대상 포괄성의 한계를 들 수 있다. 현재 제공되는 프로그램들은 대체로 활동 능력이 비교적 양호한 능동적 노인을 중심으로 이루어지는 경향이 있다. 이에 따라 거동이 불편하거나 만성질환, 장애 등을 가진 노인, 혹은 매우 고령인 노인은 이러한 활동에서 소외될 위험이 있다. 예를 들어 노인일자리 사업의 경우 만 65세 이상을 주 대상층으로 하지만, 정작 도움이 더 필요한 80대 이상 고령노인은 신체적 제한 등으로 참여가 어려운 실정이다. 이처럼 취약 노인에 대한 접근 부족은 사회참여 지원 서비스의 보편적 효과를 제약하는 요소이다.

둘째, 프로그램 내용 및 질적 측면의 한계가 지적된다. 일부 일자리 사업이나 자원봉사 활동은 노인의 역량을 충분히 활용하지 못하는 단순하고 반복적인 업무 위주로 구성되기도 한다. 앞서 언급한 한국의 노인일자리사업에서도 대부분이 저숙련 직종에 몰려 있어 고학력 베이비붐 세대의 전문성을 살릴 수 있는 기회가 부족하다는 지적이 있다. 이는 참여 노인에게 업무 만족감을 낮추고 사회적 기여감도 떨어뜨릴 수 있는 부분이다. 더욱이 프로그램이 노인의 흥미와 다양성을 충분히 반영하지 못하면 지속적인 참여를 이끌어내기 어렵다. 개개인의 취미나 선호가 다양한데도 천편일률적 활동만 제공되는 경우, 일부 노인들은 참여를 꺼리거나 금방 흥미를 잃는 한계가 있다.

셋째, 재정적 제약과 규모의 한계가 존재한다. 사회참여 지원 서비스를 확대하려면 예산과 인력이 뒷받침되어야 하는데, 재정 여건상 충분한 투자에 어려움이 있다. 노인일자리 및 활동지원 예산은 매년 증가하고 있으나, 여전히 수요에 비해 부족하여 참여를 희망하고도 기회를 얻지 못하는 대기자가 많다. 2019년에는 한국에서 공공일자리 사업 신청자 60만 명 중 10만 명이 예산 부족으로 대기 명단에 머물렀다는 보고도 있다. 예산 부족은 곧 단가 인상 제한으로 이어져, 일자리 사업 참여 노인에게 지급되는 급여 수준이 매우 낮다는 문제를 낳는다. 이러한 낮은 보상은 노인의 생계 안정에 충분히 기여하지 못하여, 빈곤 해소 효과가 제한적이라는 비판이 제기된다. 결국 서비스의 양적 확대와 질적 제고를 모두 달성하기 위해서는 보다 충분한 공공투자와 효율적 자원배분이 필요하다.

넷째, 참여율 제고의 어려움도 과제이다. 노인 개개인의 참여 동기는 건강 상태, 과거 경력, 성격 등에 따라 차이가 크다. 특히 은둔형 노인이나 우울감을 겪는 노인은 스스로 프로그램에 나서기가 쉽지 않다. 또한 노인들 사이에도 낙인(stigma)이 존재하여, 일부는 노인센터나 복지관을 "늙은 사람들이 가는 곳"이라 여겨 꺼리는 경우도 있다. 실제 인터뷰 연구에서도 몇몇 노인들은 스스로를 "아직 그럴 나이는 아니다"라고 생각해 노인 대상 프로그램 참여를 주저한다고 보고된다. 이러한 심리적 장벽을 허물고 보다 많은 대상자를 참여시키는 것은 서비스 제공자에게 지속적인 도전이다. 아울러 도시와 농촌 간, 계층 간 격차도 문제인데, 대도시에 비해 농촌 지역은 문화시설이나 프로그램이 부족하여 참여 기회가 적고, 저소득층 노인은 정보 접근성 부족으로 혜택을 못 받기도 한다.

마지막으로, 평가와 지속가능성 측면의 한계가 있다. 사회참여 프로그램의 효과를 장기적으로 평가하는 일이 쉽지 않아, 근거 기반의 개선이 미흡할 수 있다. 예컨대 "어떤 활동이 어떤 건강지표를 얼마나 향상시켰는가"를 과학적으로 입증하려면 장기간의 추적 조사와 대조군 연구가 필요한데, 이러한 연구는 비용과 시간이 많이 든다. 그 결과 많은 프로그램들이 명확한 평가 없이 관행적으로 운영되거나, 참가자의 주관적 만족도 조사에 그치는 경우가 있다. 또한 코로나19 팬데믹과 같은 예기치 못한 상황에서는 대면 활동이 중단되어 사회참여 서비스가 즉각적으로 위축되는 것을 경험했다. 이처럼 환경 변화에 견디는 지속가능성을 확보하는 것 역시 향후 과제로 지적된다.

### (4) 정책적 방향과 개선 방안

사회참여 지원 서비스의 효과를 극대화하고 한계를 보완하기 위해서는 정책적 개선과 혁신이 요구된다. 첫째, 서비스 접근성 제고가 중요하다. 거동이 불편하거나 독거인 노인도 참여할 수 있도록 찾아가는 서비스나 이동 지원을 강화해야 한다. 예를 들어 이동식 프로그램 차량을 운영하거나 자원봉사자가 가정 방문을 통해 소규모 모임을 주선하는 방식으로, 참여의 손길이 미치는 범위를 넓힐 수 있다. 또한 디지털 기술을 활용하여 온라인으로 참여할 수 있는 프로그램을 개발하면 지역이나 건강 상태와 무관하게 집에서도 사회활동을 지속하도록 도울 수 있다. 최근 코로나19를 계기로 일부 복지관에서 시도된 비대면 취미활동 모임(예: 줌 운동교실)처럼, 대면과 비대면을 병행하는 서비스 모델도 고려할 수 있다.

둘째, 프로그램 다양화와 맞춤화가 필요하다. 노인 개개인의 욕구에 부응하도록 활동의 종류를 풍부하게 하고, 참여자의 연령대별·능력별 특성을 반영한 맞춤형 프로그램을 개발해야 한다. 비교적 젊고 활동적인 신노년층(예: 60대 초중반)은 전문지식 봉사나 창업 지원 등 도전적이고 생산적인 활동을 선호할 수 있으며, 고령층은 소규모 친목형 활동이나 일상생활 지원 활동을 선호할 수 있다. 이에 따라 세분화된 대상별 전략을 수립하면 참여율과 만족도를 높일 수 있다. 예컨대 고학력 퇴직자를 위해 지역 학교와 연계한 멘토링이나 강의 봉사 기회를 제공하고, 고령 취약노인을 위해서는 말벗 서비스나 취미활동 키트를 제공하는 식의 차별화가 가능하다. 프로그램 내용도 문화·예술, 체육, 기술, 봉사 등 다양한 영역을 망라하여 노인이 주도적으로 선택할 수 있게 함으로써 자기결정권을 높이는 방향이 바람직하다.

셋째, 인식 개선과 참여 독려가 병행되어야 한다. 노인들 스스로 사회참여의 가치를 인식하도록 교육하고 홍보하는 노력이 필요하다. 은퇴 준비교육이나 노년기 교육과정에서 은퇴 후 사회활동 계획 세우기를 포함하고, 지역사회에서도 성공 사례를 공유하여 또래 영향(peer influence)을 유도할 수 있다. 또한 사회 전체적으로도 연장자의 경험과 재능을 소중한 자산으로 여기는 문화를 조성해야 한다. 매년 노인봉사상 시상, 액티브 시니어 홍보 캠페인 등을 통해 노인의 사회공헌을 인정하고 격려하면, 참여 의욕을 북돋우는 데 도움이 될 것이다. 무엇보다 중요한 것은 노인을 수혜자나 부양의 대상이 아니라 능동적 참여자로 존중하는 관점의 전환이며, 이러한 관점이 정책 입안부터 현장 운영까지 일관되게 스며들 때 서비스의 효과성이 높아질 것이다.

넷째, 지원체계 및 인프라 강화도 요구된다. 양질의 서비스를 안정적으로 제공하려면 중앙정부, 지방자치단체, 민간단체 간 협력이 필수적이다. 정부는 재정 지원과 제도적 기반을 마련하고, 실제 수행은 지역 복지관, 비영리단체, 자원봉사센터 등이 파트너십을 이루어 추진할 수 있다. 예를 들어 커뮤니티 케어와 연계하여 노인의 건강관리와 사회참여를 통합적으로 지원하는 모델을 구축하면 시너지 효과를 기대할 수 있다. 또한 Age-friendly Cities(고령친화도시) 국제네트워크에서 권고하듯이, 교통, 주거, 정보 접근성 등 물리적·사회적 환경을 개선하여 노인들이 자유롭게 이동하고 모일 수 있는 환경 조성도 병행되어야 한다. 이는 사회참여의 기본 전제 조건으로서, 이동 편의가 떨어지거나 모일 공간이 부족하면 아무리 좋은 프로그램도 참여가 어려워지기 때문이다. 따라서 barrier-free 공간 확대, 대중교통 편의 개선, 디지털 격차 해소를 위한 교육 등 포괄적 인프라 투자가 뒷받침되어야 한다.

다섯째, 지속적 평가와 혁신을 통해 서비스 질을 높여야 한다. 각종 사회참여 지원 사업에 대해 체계적인 성과 평가체계를 도입하여, 무엇이 효과적이고 무엇이 한계인지

데이터를 축적할 필요가 있다. 예컨대 참여자의 건강, 사회적 관계, 삶의 만족도 변화를 사전에 설정한 지표로 측정하고 대조집단과 비교하는 평가를 주기적으로 실시하면, 근거에 기반한 정책 개선이 가능할 것이다.

Chapter 10

# 노인돌봄정책

1. 노인수발보장제도
2. 노인돌봄 정책의 효과와 성과

# 1. 노인수발보장제도

## (1) 노인돌봄의 개념 및 필요성

한국 사회는 세계에서 가장 빠른 속도로 고령화가 진행되고 있다. 2017년에 이미 65세 이상 인구 비율이 14%를 넘어 고령사회에 진입하였고, 이러한 고령화 추세는 가파르게 지속되고 있다. 2023년 현재 65세 이상 인구는 약 19%에 달하며, 2025년에는 20%를 넘는 초고령사회로의 진입이 예상된다. 이처럼 노인 인구가 급증함에 따라 노인돌봄에 대한 사회적 필요성이 크게 대두되고 있다. 노인돌봄이란 일상생활을 혼자 수행하기 어려운 노인에게 신체적 활동 보조나 정서적 지원 등을 제공하여 삶의 질을 유지하도록 돕는 활동을 뜻한다. 과거 전통 사회에서는 가족이 노인을 부양하고 수발드는 것이 당연한 도리로 여겨졌다. 실제로 2006년에는 67.3%의 한국인이 부모 부양은 가족의 책임이라고 여겼으나, 2016년에는 그러한 응답이 32.6%로 떨어졌다. 이처럼 산업화와 핵가족화로 가족부양 의식이 약화되고, 여성의 사회진출이 늘어나면서 가정만으로 노인을 돌보기가 어려워졌다. 또한 평균수명 연장으로 노년기 건강 문제와 치매 등 만성질환자가 늘면서 전문적인 돌봄 욕구가 증대되었다.

이러한 변화 속에서 더 이상 노인돌봄을 가족에게만 맡겨 둘 수 없게 되었고, 사회적 돌봄 체계의 구축이 필수적이라는 공감대가 형성되었다. 노인돌봄의 필요성은 단순히 개인 가정의 문제가 아니라 사회 전체의 책임으로 인식되기 시작한 것이다. 이에 따라 국가와 지역사회가 노인부양을 지원하고 분담하는 다양한 정책들이 논의되었다. 특히 일본 등 인근 국가에서 이미 공적 장기요양제도를 도입하여 노인돌봄을 제도화한 사례는 한국 정책에 중요한 참고가 되었다. 결국 우리나라도 급속한 고령화와 사회 구조 변화에 대응하여 노인장기요양보험제도와 각종 노인돌봄 지원 정책을 도입하게 되었다. 이러한 정책들은 노인이 가족에 과도하게 의존하지 않고도 필요한 도움을 받아 건강하고 존엄성 있는 노후를 보낼 수 있게 함과 동시에, 가족의 부담을 경감하여 돌봄의 사회화를 이루는 것을 목표로 한다.

## (2) 노인장기요양보험 제도의 도입과 운영

### 1) 노인장기요양보험의 개념과 도입 배경

우리나라는 2008년 7월 노인장기요양보험제도를 도입하며 공적 노인돌봄 체계를 본격적으로 구축하였다. 노인장기요양보험은 고령이나 노인성 질병으로 일상생활을 수행하기 어려운 이들에게 신체 활동 및 가사활동 지원 등의 서비스를 제공하여 안정된 노후 생활을 보장하고 가족의 부담을 덜어주기 위한 사회보험제도이다. 이는 국민건강보험과는 별개의 독립 보험으로서, 급속한 인구 고령화와 핵가족화로 인해 증가하는 노인돌봄 수요에 대응하고 가족의 부양 부담을 경감시키기 위한 목적으로 도입되었다. 노인장기요양보험의 도입으로 우리나라는 일본(2000년 개시)과 독일(1995년 개시)에 이어 전 국민을 대상으로 한 포괄적인 장기요양보장 체계를 갖춘 국가가 되었다. 이 제도의 도입은 가족에 의존했던 전통적 노인부양 방식에서 벗어나, 국가와 사회가 노인돌봄 책임을 함께 분담하는 돌봄의 사회화를 공식화하였다는 점에서 매우 큰 의의를 가진다.

노인장기요양보험의 적용 대상은 만 65세 이상의 노인 또는 치매, 뇌졸중 등의 노인성 질병으로 65세 미만이라도 6개월 이상 일상생활 수행이 어려운 자이다. 이들은 장기요양인정 신청을 통해 장기요양등급(1~5등급)을 판정받아야 서비스를 받을 수 있다. 장기요양인정을 위해서는 신청 → 공단 직원의 방문조사 → 등급판정위원회 심의 → 결과 통보의 절차를 거치며, 등급에 따라 이용 가능한 서비스의 종류와 양이 결정된다. 예를 들어, 1등급은 "상당 부분 다른 사람의 도움이 필요한" 수준, 5등급은 경증 치매 환자로 규정되어 있어 필요한 지원의 강도가 다르다. 이러한 등급 판정을 통해 가장 도움이 필요한 노인에게 우선적으로 서비스가 제공되도록 하고 있다.

### 2) 장기요양보험의 서비스 및 지원 내용

노인장기요양보험에서 제공하는 장기요양급여는 크게 시설급여와 재가급여로 구분된다. 시설급여는 노인요양시설(요양원 등)에 장기간 입소하여 숙식, 간호, 욕실 이용 등 일상생활 전반에 대한 도움을 받는 것이다. 재가급여는 돌봄 인력이 노인의 가정이나 지역사회에서 제공하는 서비스로, 방문요양, 방문목욕, 방문간호, 주·야간 보호서비스(데이케어센터), 단기보호(시설에서의 단기 돌봄) 등이 이에 포함된다. 재가 및 시설 서비스 외에도 일부 특별현금급여가 있는데, 이는 도서벽지 등 서비스 인프라가 부족한 지역에서 부득이 가족이 돌볼 경우에 한해 예외적으로 현금이 지원되는 제도이다. 다만 현금급여는 엄격한 제한 하에 예외적으로만 지급되므로, 노인장기요양보험의 급여는 원칙적으로 현물 서비스 제공 형태로 이루어지고 있다. 이러한 원칙은 현금만 지급하고 방치되는 것을 막고, 전문적인 돌봄 서비스를 실질적으로 제공하기 위함이다.

노인장기요양보험 서비스 이용자는 장기요양인정 등급에 따라 월 한도액 범위 내에서 필요한 서비스를 선택하여 이용할 수 있다. 서비스 비용 중 대부분은 보험공단이 부담하고 이용자는 일부만 본인부담금으로 지불한다. 예컨대 일반 이용자의 경우 재가서비스 비용의 15%, 시설서비스 비용의 20%를 본인이 부담하며, 저소득층은 경감혜택을 받는다. 서비스 이용 절차를 보면, 등급 판정 후 공단으로부터 장기요양인정서와 표준장기요양이용계획서가 발급되고, 이를 가지고 원하는 장기요양기관(방문요양센터, 요양원 등)과 계약을 맺어 서비스를 시작한다. 이용 중에도 정기 재사정을 통해 상태 변화에 따른 등급 조정이나 서비스 조절이 이루어진다. 이처럼 보험제도를 통해 필요한 돌봄 서비스를 체계적으로 연계함으로써, 과거에 비해 노인들이 안정적으로 도움을 받을 수 있는 기반이 마련되었다.

노인장기요양보험의 운영 재원은 사회보험 방식으로 조달된다. 직장인과 자영업자 등 모든 건강보험 가입자가 건강보험료의 일정 비율(장기요양보험료율)을 추가 부담하여 장기요양보험 재원을 마련하며, 국가와 지자체도 일정 부분 재정을 지원한다. 또한 이용자 본인도 앞서 언급한 본인부담금을 부담하여 재정에 참여한다. 이렇게 모인 재원으로 장기요양기관에 대한 서비스 비용이 지급되며, 공단은 서비스 질 관리와 제공체계 감독 역할을 수행한다. 노인장기요양보험법에 근거하여 중앙정부와 지방자치단체, 국민건강보험공단이 협력하여 제도를 운영하고 있어 전국 어느 지역의 노인이라도 유사한 수준의 돌봄 서비스를 받을 수 있도록 하고 있다.

노인장기요양보험 도입 이후 돌봄 서비스 공급도 크게 확대되었다. 제도 시행 첫 해였던 2008년에는 약 1만7천 명의 요양보호사가 활동하고 1,700여 개의 요양시설이 운영되었으나, 2019년에는 요양시설이 5,543개로 늘어나고 재가서비스 제공기관도 6,618개에서 19,410개로 급증하였다. 2023년 말 기준으로 장기요양요원(요양보호사 등) 수는 수십만 명에 이르고 요양시설은 6천여 곳에 달해, 공급 인프라가 초기 대비 몇 배 이상 확대되었다. 이러한 서비스 공급 확충을 통해 노인돌봄의 사회적 수용능력이 크게 증가하였으며, 수급자와 가족들은 과거보다 손쉽게 전문 서비스를 이용할 수 있게 되었다.

**표 19. 주요 국가의 노인장기요양 제도 비교**

| 국가 | 제도 도입 연도 | 보장 대상 | 재원 조달 방식 | 특징 |
|---|---|---|---|---|
| 독일 | 1995년 | 모든 연령 (장기요양 필요 인정자) | 사회보험 (건강보험에 부과) | 세계 최초의 전국민 LTCI 도입. 5대 사회보험의 하나로 운영. 일상생활 6개월 이상 도움이 필요한 경우 등급에 따라 현금 또는 서비 |

| 국가 | 제도 도입 연도 | 보장 대상 | 재원 조달 방식 | 특징 |
|---|---|---|---|---|
| | | | | 스 급여 제공. |
| 일본 | 2000년 | 만 65세 이상 (일상생활 어려운 자); 만 40~64세 (노인성 질병) | 사회보험 (40세 이상 의무가입) + 조세보조 | 한국 LTCI의 모델. 65세 이상 노인 및 40대 후반부터 노인질환자까지 폭넓게 대상. 15등급 인정자에게 주로 현물서비스 제공, 본인부담 10~30%. |
| 대한민국 | 2008년 | 만 65세 이상 (장기요양 등급 1~5 인정자); 65세 미만 노인성 질병자 | 사회보험 (건강보험 가입자 부담) + 조세보조 | 가족부담 경감을 위해 도입. 공단이 인정자에게 재가/시설 서비스 제공. 본인부담 15~20%. 2023년 현재 65세 이상 인구 약 10%가 수급 중. |

주: LTCI = Long-Term Care Insurance(노인장기요양보험)

독일은 1995년 세계 최초로 장기요양보험을 도입하여 모든 국민을 포괄하였고, 일본은 2000년에 유사한 제도를 시행하여 한국에 직접적인 참조가 되었다. 한국의 노인장기요양보험은 일본의 사례를 참조하면서도 한국의 복지 및 의료 체계에 맞게 설계되었다. 세 나라 모두 사회보험방식으로 운영되나, 재원 구조나 대상 범위에서 차이가 있다. 이를 통해 알 수 있듯, 노인돌봄의 공적 보장은 국제적으로도 보편화된 복지 대응이며 한국 역시 이러한 흐름에 뒤늦게나마 합류하여 제도를 갖춘 것이다.

3) 기타 노인돌봄 지원 제도

노인장기요양보험만으로 모든 노인의 돌봄 욕구를 충족시킬 수는 없다. 장기요양보험의 인정등급을 받지 못했지만 일정 정도 도움이 필요한 노인, 경제적 취약 노인, 혹은 장기요양 서비스 외의 추가적 지원이 필요한 노인들도 존재한다. 이를 보완하기 위해 정부와 지방자치단체는 장기요양보험 이외에도 다양한 노인돌봄 지원사업을 펼치고 있다.

대표적인 것이 노인맞춤돌봄서비스이다. 노인맞춤돌봄서비스는 이전에 개별적으로 운영되던 6개의 노인돌봄사업(노인돌봄기본서비스, 노인돌봄종합서비스 등)을 하나로 통합하여 2020년부터 시행된 제도이다. 이 사업의 목적은 일상생활이 어려운 취약 노인에게 적절한 돌봄 서비스를 제공하여 안정적인 노후를 보장하고 기능 및 건강 악화를 예방하는 데 있다. 노인맞춤돌봄서비스의 대상은 장기요양보험의 혜택을 받지 않는 비교적 경증 상태이지만 돌봄이 필요한 독거노인, 조손가구 노인 등 취약계층으로서, 주로 기초생활수급자나 기초연금수급자 중 돌봄 필요가 있는 경우이다. 이러한 대상 노인에게 생활관리사가 정기적으로 방문하여 안부 확인, 가사지원, 병원 동행, 정서 지원 등의 서비스를 제공하고, 필요에 따라 지역 사회자원과 연계한 지원도 이루어진다. 예를 들어 홀로 사는 어르신에게 주기적으로 전화를 걸어 안부를 확인하고 말벗이 되어드리거나, 주기적 방문을 통해 청소나 세탁 등의 가사를 도와주는 식이다. 또한 사회활동 참여 프로그램이나 우울 예방 프로그램 등을 통해 노인의 사회적 고립과 정신건강 악화를 막는 서비스도 포함된다. 이처럼 맞춤형 재가서비스를 국가가 제공함으로써, 장기요양보험의 사각지대에 있는 경증 노인들도 돌봄 체계 안에서 지원을 받을 수 있게 되었다.

한편, 경제적 어려움이 있는 노인을 위한 소득지원 정책과 간접적 돌봄지원도 노인복지의 중요한 부분이다. 대표적으로 기초연금 제도를 통해 65세 이상 하위 70% 소득계층 노인에게 매월 일정 금액을 지급하여 기본적인 생활을 돕고 있다. 기초연금은 직접적인 돌봄 서비스는 아니지만, 노인의 생활 안정이 돌봄 필요를 경감시키는 효과가 있어 돌봄 지원의 한 축이라고 볼 수 있다. 이 외에도 노인공동생활가정(그룹홈)이나 양로시설처럼 비교적 건강한 노인들이 함께 거주하며 경미한 도움을 주고받을 수 있는 주거복지 시설, 경로식당이나 식사 배달서비스처럼 저소득 독거노인의 식사를 지원하는 서비스, 노인복지관과 경로당을 통한 여가 및 상담 지원 등도 넓은 의미의 노인돌봄 체계에 포함된다. 이러한 다양한 프로그램들은 노인의 신체적 돌봄뿐 아니라 정서적 안녕과 사회적 교류를 지원함으로써 전인적(全人的)인 노후 복지를 실현하려는 노력이라 할 수 있다.

또 다른 중요한 정책으로는 가족돌봄휴가 제도를 들 수 있다. 가족돌봄휴가는 일하는 자녀나 배우자가 가족을 돌보기 위해 일정 기간 휴직 또는 휴가를 사용할 수 있도록 법으로 보장한 제도이다. 2020년 개정된 남녀고용평등법 등에 따라 근로자는 연간 최장 10일의 무급 가족돌봄휴가를 사용할 수 있고, 장기적으로는 최대 90일의 가족돌봄휴직도 활용 가능하다. 이를 통해 부양가족이 갑자기 아프거나 노인이 일시적으로 돌봄 공백이 발생했을 때 직장을 그만두지 않고도 돌봄에 전념할 시간을 얻을 수 있게 되었다. 다만 현재 한국의 가족돌봄휴가는 대부분 무급이어서, 경제활동을 하는 가족돌봄자는 소득 손실을 감수해야 하는 한계가 있다. 해외 주요 국가들의 경우 가족이 돌봄을 위해 휴직할 때 정부나 고용주가 일정 수준 임금을 보전해주는 사례가 많다. 예를 들어 독일, 프랑스 등은 가족돌봄휴직 시 기존 임금의 50~100%까지 국가가 지원하는 제도를 시행하고 있다.

## 2. 노인돌봄 정책의 효과와 성과

### (1) 수발보장 정책의 효과와 성과

2008년 노인장기요양보험 도입 이후 한국의 노인복지 현장에는 여러 긍정적인 변화가 나타났다. 우선 가장 큰 성과는 가족의 돌봄 부담 경감이다. 장기요양보험을 통해 도움이 필요한 노인 1백만 명 이상이 시설이나 재가서비스를 이용함으로써, 이전에는 온전히 가족이 담당해야 했던 신체 수발과 간병의 상당 부분을 사회가 분담하게 되었다. 특히 거동이 불편한 부모를 둔 가정에서는 요양보호사의 방문요양 서비스나 주간보호센터를 적극 활용함으로써 부양가족이 직장을 그만두거나 일상을 포기하지 않고도 노인을 돌볼 수 있게 된 사례가 많다. 이러한 변화로 가족 부양자들은 신체적·정신적 여유를 어느 정도 회복할 수 있었고, 여성의 사회참여 증진이나 경제활동 지속에도 기여한 것으로 평가된다. 실제 설문 조사에서도 노인장기요양보험 제도에 대한 만족도가 90% 이상으로 높게 나타나. 과거에는 일상생활만 어려울 뿐 의료적으로 안정된 노인도 요양병원에 입원해 있는 경우가 많았으나, 이제는 요양병원은 의료처치가 필요한 환자에게, 요양원이나 재가서비스는 단순 돌봄이 필요한 노인에게 제공됨으로써 의료와 돌봄의 적절한 분담이 이루어지고 있다. 이는 건강보험 재정의 불필요한 낭비를 막고, 노인 자신들도 보다 가정적인 환경에서 돌봄을 받을 수 있게 되는 이점이 있다.

노인장기요양보험의 경제·사회적 효과도 주목할 만하다. 장기요양보험 산업의 성장으로 새로운 일자리 창출과 시장 형성이 이루어졌다. 요양보호사, 사회복지사, 간호간병인 등 돌봄 인력이 대거 필요해짐에 따라 관련 직종이 활성화되었고, 현재 수십만 명에 달하는 인력이 노인돌봄 영역에서 종사하고 있다. 이는 고령화로 인한 일자리 감소 우려를 일부 상쇄하며 요양서비스 산업이라는 새로운 분야를 개척한 셈이다. 또한 노인요양시설, 주야간보호센터 등이 전국적으로 늘어나 지역사회 기반 시설이 확충되고, 민간 차원의 다양한 서비스 모델도 등장하게 되었다. 예컨대 일부 요양시설에서는 특화된 치매케어 프로그램을 운영하거나, 방문요양 업체들 간에 서비스 품질 경쟁이 벌어지는 등 서비스의 다양성과 전문성도 과거보다 향상되었다.

돌봄 정책의 효과는 수치로도 확인된다. 노인장기요양보험 수급자는 제도 시행 첫해 약 21만 명에서 2023년에는 100만 명을 넘어 4배 이상 증가하였고. 그만큼 노인돌봄 정책은 이용자 확대와 재정 규모 확대라는 성과를 거두었으며, 사회보장체계 내에서 차지하는 비중이 점점 커지고 있다.

또한 노인돌봄 정책을 통해 지역사회 돌봄체계 구축이 촉진된 측면도 있다. 과거에는 노인을 부양하는 가정과 그렇지 못한 가정 간 격차가 컸다면, 이제는 지방자치단체 단위로 노인복지전담 조직이 생기고, 민관협력을 통해 돌봄 서비스를 연계·제공하는 거버넌스 체계가 형성되고 있다. 예를 들어 각 시군구에는 노인장기요양보험 운영을 위한 지역협의체가 구성되어 있고, 읍면동에는 맞춤돌봄 수행인력이 배치되어 촘촘한 전달체계를 구축하고 있다. 이를 통해 도움이 필요한 노인을 발견하고 지원하는 발굴체계가 갖춰지는 등, 지역사회 수준에서의 돌봄 역량도 강화되었다.

### (2) 수발보장 정책의 한계와 문제점

한편, 현재의 노인돌봄 정책에는 여전히 해결해야 할 한계와 과제가 존재한다. 우선, 가족돌봄자의 부담이 완전히 해소되지 못했다는 점이 지적된다. 노인장기요양보험을 통해 공식적인 서비스가 제공되고는 있지만, 가족의 돌봄 부담이 획기적으로 줄었다고 보기는 어렵다. 장기요양보험 수급자의 가족들도 여전히 일정 수준의 신체적·정서적·경제적 부담을 지고 있다는 연구들이 이를 뒷받침한다. 특히 재가급여를 받는 노인의 가족은 시설 입소자 가족보다 돌봄 부담이 더 크다는 조사도 있다. 이는 노인이 집에서 서비스를 받더라도 여전히 상당 시간을 가족이 함께 돌보고 감독해야 함을 의미한다. 예를 들어 하루 몇 시간의 방문요양 서비스를 받고 나머지 시간은 가족이 돌보거나, 주간보호센터 이용 후 저녁부터 아침까지는 가족이 책임져야 하는 상황 등에서 가족의 일상 제약은 계속된다. 또한 정서적으로도 노인을 곁에서 보살피는 가족의 심리적 부담이나 죄책감, 돌봄으로 인한 사회적 고립감 등은 완전히 해소되지 않고 남아 있다. 결국 제도가 제공하는 공식 서비스와 가족의 비공식 돌봄 간에 역할 분담의 경계를 어떻게 조율할지가 지속적인 과제로 남아 있다.

두 번째 한계는 서비스 공급의 질적 관리와 인력 처우 문제이다. 단기간에 돌봄 서비스 수요가 급증하면서 요양보호사 등 돌봄인력이 양적으로 확충되었지만, 이들의 전문성 확보와 근로여건 개선은 충분치 않다는 지적이 있다. 요양보호사는 낮은 임금과 높은 노동 강도로 인해 이직률이 높고 인력 수급이 불안정하다. 서비스 제공기관 간 경쟁이 심화되면서 일부 기관에서 부당청구나 서비스 질 저하 문제가 발생하기도 한다. 정부에서는 장기요양기관에 대한 평가와 관리감독을 실시하고 있으나, 제공 인력의 숙련도 편차나 시설 간 서비스 수준 차이를 좁히는 데 한계가 있다. 특히 중증 치매노인이나 와상환자 같은 고난도 케이스에 대해서는 현재의 표준 서비스로는 충분한 대응이 어렵고, 이로 인해 가족에게 부담이 전가되거나 노인이 병원 응급실을 오가는 문제가 나타나기도 한다. 따라서 양적 확충 단계에서 나아가 돌봄 서비스의 질 제고와 인력의 전문화가 중요한 과제로 대두되고 있다.

세 번째로, 서비스 범위의 한계도 있다. 현재의 노인돌봄 정책은 일상생활 지원과 간호 중심으로 설계되어 있는데, 노인의 욕구가 다양화됨에 따라 기존 제도로 포괄되지 않는 부분이 드러나고 있다. 대표적인 예가 임종기 돌봄과 의료 연계 서비스의 부족이다. 현행 장기요양보험에서는 호스피스·완화의료와 같은 임종기 돌봄 서비스는 급여 대상에 포함되어 있지 않다. 요양시설에 계신 어르신들이 생애 말기에 접어들면, 돌연 의료기관으로 이송되거나 충분한 임종준비 없이 임종을 맞는 사례가 발생한다는 지적이 있다. 시설 입소 노인의 가족들 또한 임종 돌봄 서비스의 필요성을 많이 호소하고 있으나. 결국 제도가 형식적으로 보편적이라고 해도, 실제 이용자의 사회경제적 조건에 따라 체감하는 돌봄 수준에 편차가 발생할 수 있다. 이러한 형평성 문제를 해결하기 위해 돌봄 서비스의 보편적 접근성을 높이고 추가 지원이 필요한 계층을 배려하는 미시적 정책 조정이 요구된다.

### (3) 노인복지정책의 발전 방향

고령화의 가속과 함께 노인돌봄 정책은 앞으로 더욱 발전적 방향으로 개편될 필요가 있다. 첫째로, 지역사회 돌봄 강화와 (AIP, Aging in Place) 실현이 중요하다. Aging in Place(에이징 인 플레이스)란 노인이 살던 곳에서 가능한 한 오래 머무르며 지낼 수 있도록 하자는 개념으로, 불필요한 시설 수용을 지양하고 지역사회 내에서 계속 거주하게 돕는 것을 의미한다. 이는 과도한 시설화에 대한 반성에서 출발한 것으로서, 서구 선진국에서 중요한 노인복지 패러다임으로 자리 잡았다. 우리나라에서도 지역사회 통합돌봄(커뮤니티 케어) 정책을 추진하여 노인이 살던 집과 마을에서 필요한 서비스를 받으며 지낼 수 있도록 지원하고 있다. 향후 노인복지정책은 노인이 친숙한 환경에서 자율성과 존엄을 유지하면서 생활할 수 있게 주거, 의료, 돌봄 서비스를 통합적으로 제공하는 방향으로 나아가야 한다. 이를 위해서는 각 지역의 보건의료·복지 서비스 간 연계체계를 강화하고, 돌봄 공백 발생 시 커뮤니티 차원에서 메워줄 수 있는 인적망(예: 이웃 돌봄, 자원봉사 등) 확충이 필요하다. 또한 주택 개조 지원이나 보조기기 보급 등 재가생활 환경개선을 통해 거동 불편 노인도 집에서 생활할 수 있도록 물리적 여건을 조성해야 한다.

둘째로, 돌봄 서비스의 포괄성 확대가 요구된다. 앞서 한계에서 지적된 임종기 돌봄이나 의료와 돌봄의 연계 부족 문제를 해결하기 위해, 장기요양보험의 급여 범위를 재검토할 필요가 있다. 예를 들어 장기요양보험에 호스피스·완화의료 연계 서비스를 도입하거나, 요양시설에서 전문간호 인력을 확충하여 임종지원 서비스를 제공하도록 유도하는 방안을 고려해볼 수 있다. 실제로 일본의 개호보험에서는 특별양호노인홈 등에서 임종을 지원하면 추가 수가를 지급하는 제도를 두어 시설 내 임종케어를 장려하고 있다. 우리나라도 노인의 품위 있는 삶의 마무리를 지원하기 위해 돌봄 체계에 임종지원 기능을 포함시키는 정책적 결단이 필요하다. 이와 함께 치매전담형 서비스, 정신건강 지원, 외로움 해소 프로그램 등 정신적·사회적 돌봄 영역도 강화되어야 한다. 노인의 행복은 신체적 건강뿐 아니라 심리사회적 안녕에 달려 있으므로, 노인복지정책을 보다 전인적 관점에서 재구성할 필요가 있다.

셋째로, 돌봄 인력에 대한 투자와 전문화가 미래지향적 과제이다. 급증하는 돌봄 수요에 대응하면서도 서비스 질을 담보하려면, 결국 사람에 대한 투자가 가장 중요하다. 요양보호사, 간호사, 사회복지사 등 돌봄 인력을 충분히 확보하고 이들이 장기간 일할 수 있도록 처우를 개선해야 한다. 구체적으로는 적정 임금 지급, 휴식권 보장, 경력 개발 기회 제공 등을 통해 돌봄 노동에 대한 사회적 보상을 높이는 방향이 요구된다. 또한 돌봄 인력의 전문성 강화 교육을 통해 치매전문요양사, 호스피스 전문인력 등 특화된 인력을 양성함으로써 다양한 노인 욕구에 부응할 수 있을 것이다. 이와 함께 현재 가족에 의존하고 있는 비공식 돌봄인력(가족돌봄자)에 대한 지원도 병행되어야 한다. 가족돌봄자를 위한 정기적인 교육 프로그램, 심리상담, 자조모임 지원, 휴식 지원 서비스 등을 체계화하여 돌봄을 하는 사람에 대한 돌봄(caring for the caregivers)을 실천할 필요가 있다. 특히 가족돌봄휴가에 대한 유급화나 현금보상 도입은 가족돌봄자의 경제적 부담을 덜어줘 돌봄 지속가능성을 높일 수 있는 방안으로 고려된다. 해외 사례처럼 가족돌봄자에게 휴직 기간 중 일정 수준 소득을 보전해준다면, 가족들도 안심하고 돌봄에 전념할 수 있을 것이다.

넷째로, 재정적 지속가능성과 효율성 제고를 추구해야 한다. 고령화 속도를 감안할 때 현재 수준의 보험료와 국가재정 투입으로는 미래 돌봄 수요를 감당하기 어렵다. 따라서 젊은 세대의 부담 증가와 노인 세대의 혜택 수준 사이에서 사회적 합의를 모색하는 노력이 필요하다. 예를 들어 세대 간 연대 원리에 입각하여 장기요양보험료율을 점진적으로 인상하거나, 재정 지원을 확대하는 방안을 검토할 수 있다. 동시에 현재의 돌봄 재정을 보다 효율적으로 활용하기 위한 개선도 요구된다. 중복되거나 비효율적인 지출을 줄이고, 예방적 서비스에 투자를 늘려 노인의 건강악화 지연과 돌봄 필요 경감을 유도하는 전략이 중요하다. 노인의 기능 상태를 개선하거나 유지시키는 서비스(예: 운동 프로그램, 낙상 예방, 영양 관리 등)에 지원을 강화하면 장기적으로 더 비용을 절감할 수 있다는 연구들이 있다. 이러한 선제적 투자를 통해 미래 돌봄 비용 폭증을 억제하는 지혜가 필요하다. 아울러 민간 부문의 역할도 활용할 수 있다. 민간의 노인복지시설 투자나 실버산업 발전을 장려하여 공공부문과 역할을 분담하고, 부유층을 중심으로 민간 장기요양보험이나 간병비 보험에 가입하도록 유도하는 등 다층적 재원 조달 방안도 강구될 수 있다.

끝으로, 노인복지 정책 간의 연계 강화와 거버넌스 혁신이 발전 방향으로 거론된다. 노인돌봄은 의료, 주거, 소득보장, 여가활동 등 노인의 삶 전반과 밀접하게 연관되어 있다. 따라서 각 분야별로 단편적으로 추진되는 노인정책들을 노인의 삶이라는 관점에서 통합적으로 조율할 필요가 있다. 예를 들어 노인장기요양보험과 노인건강관리사업(예: 방문건강관리)이 연계되어 노인의 의료적 상태 악화를 조기에 발견하고 돌봄 계획에 반영한다든지, 주거개선 사업과 돌봄 서비스를 결합해 주택 개조와 돌봄 지원을 패키지로 제공한다든지 하는 방식이다. 또한 중앙정부, 지자체, 민간기관, 지역공동체가 파트너십을 이루어 효율적으로 협력하도록 제도적 기반을 마련해야 한다. 지역사회 통합돌봄 시범사업 등에서 이러한 통합적 접근을 실험하고 있는 만큼, 향후 성과를 바탕으로 전국적 확산을 도모할 수 있을 것이다.

Chapter 11

# 고령친화산업

인구 고령화가 가속화됨에 따라 노인을 대상으로 한 산업인 고령친화산업(일명 실버산업)에 대한 관심이 높아지고 있다. 한국은 2000년에 고령화사회(65세 이상 인구 비율 7%)에 진입한 이후 2017년에 고령사회(14%)가 되었고, 2025년에는 초고령사회(20%) 진입이 예상될 정도로 세계에서 가장 빠른 고령화 속도를 보이고 있다. 이러한 추세 속에서 노인의 삶의 질 향상과 경제적 필요를 동시에 충족시킬 수 있는 고령친화산업은 미래 사회의 중요한 과제로 부상하고 있다. 본 장에서는 고령친화산업의 개념과 분류, 발전 현황과 해결해야 할 과제, 공공정책과의 협력, 그리고 주요 해외 사례를 살펴본다.

### (1) 고령친화산업의 개념 및 분류

고령친화산업은 노인들의 건강한 삶 유지와 삶의 질 향상을 돕는 산업 분야로 정의된다. 다시 말해 노인을 주요 소비자로 하여 이들의 욕구를 충족시키는 각종 제품과 서비스를 생산하거나 제공하는 산업군을 의미한다. 예를 들어 의료 및 복지 서비스, 고령자용 주거, 의료·재활기기, 여가 및 문화서비스, 건강정보 제공 서비스 등 노인을 대상으로 특화된 다양한 산업들이 이에 포함된다. 법률적으로도 대한민국 「고령친화산업 진흥법」에서는 고령친화산업을 "노인을 주요 수요자로 하는 제품 및 서비스를 연구·개발·제조·건축·제공·유통 또는 판매하는 업"으로 규정하고 있으며, 노인 수요가 높은 제품과 서비스의 범주를 광범위하게 규정하고 있다. 즉 의류·생활용품·의료기기, 주택·시설, 요양서비스, 금융자산관리, 정보통신기기, 여가·관광·문화활동 지원, 농작업 지원 등 다양한 영역이 고령친화산업 범주에 포함된다. 고령친화산업은 포함하는 분야가 매우 넓기 때문에 세부 분류를 통해 그 범위와 대상을 이해할 필요가 있다. 아래는 대표적인 고령친화산업 분야를 정리한 것이다. 산업의 성격에 따라 제품 제조부터 서비스 제공에 이르기까지 다양한 형태로 나타나며, 여러 전통 산업분야와도 겹치는 특징이 있다. 예를 들어 의료기기나 보조공학기기의 경우 제조업이면서도 노인 의료복지와 직결되고, 주거 분야는 건설업이면서 복지주택의 성격을 지닌다.

**표20. 고령친화산업의 주요 분야**

| 주요 분야 | 개념 및 범위 | 예시 제품/서비스 |
|---|---|---|
| 건강관리 및 의료기기 | 노인의 신체적 건강 유지에 필요한 의료용품 및 보조기기 | 보청기, 휠체어, 보행보조기구 등 |
| 주거 및 거주환경 | 노인이 거주하거나 이용하는 주택과 시설 | 실버타운, 노인복지주택, 무장애설계 |
| 요양 및 돌봄 서비스 | 노인의 일상생활 지원과 요양을 위한 돌봄 서비스 | 방문요양, 주야간보호센터, 요양원 |
| 금융 및 자산관리 | 노년층 대상의 특별한 금융상품과 자산운용 서비스 | 연금상품, 노후자산 관리, 주택연금 |
| 정보통신기술(ICT) | 노인을 위한 사용이 편리한 정보기기와 IT 서비스 | 실버폰(간단 휴대전화), 원격의료 앱 |
| 여가 및 문화활동 | 노인의 여가·관광·문화 생활을 지원하는 상품과 서비스 | 시니어 관광상품, 노인대상 체육관 |
| 기타 분야 | 농작업 등 기타 생활 영역에서 노인을 지원하는 서비스 | 고령농업인 지원기술, 말벗 로봇 등 |

고령친화산업과 유사한 개념으로 실버경제(silver economy)가 흔히 언급되는데, 실버경제는 고령층의 소비와 경제활동이 전체 경제에 미치는 영향을 포괄하는 개념으로, 고령층의 소비지출이 산업 매출과 고용에 미치는 파급효과 등을 포함한다. 반면 고령친화산업은 노인을 주요 소비자로 하는 제품 및 서비스 산업 그 자체를 가리키는 보다 좁은 개념이다. 따라서 두 개념을 명확히 구분하여 고령친화산업의 범위를 설정하는 것이 중요하며, 그래야만 산업 현황 파악과 적절한 정책 수립이 용이해진다.

### (2) 고령친화산업의 발전 현황

고령친화산업은 전세계적으로 고령인구와 함께 빠르게 성장하는 추세이다. 고령인구 비중이 높고 경제력이 있는 국가들에서 이미 실버산업 시장이 크게 확대되어 왔으며. 실제로 한 전망에 따르면 2010년부터 10년간 한국의 고령친화산업 연평균 성장률은 12.9%에 달할 것으로 예측된 바 있는데, 이는 같은 기간 전체 산업 평균 성장률 4.7%를 크게 상회하는 수치였다. 이러한 높은 성장률 전망은 고령친화산업이 향후 국가 경제의 새로운 동력으로 작용할 수 있음을 시사한다.

한국의 고령친화산업 시장 규모는 이미 상당한 수준으로 확대되었다. 보건복지부와 한국보건산업진흥원의 추계에 따르면, 2012년에 약 27조 원 규모이던 국내 고령친화산업 시장이 2021년에는 약 72.3조 원으로 증가하여 국내총생산(GDP)의 3.3%에 이르는 것으로 나타났다. 이는 10년 남짓한 기간 동안 시장 규모가 약 3배로 성장한 것으로, 고령친화산업이 짧은 기간에 빠르게 확대되고 있음을 보여준다. 세부적으로 살펴보면, 의료서비스와 요양 등 보건의료·돌봄 분야와 식품·생활용품·여가 등 민간 소비재 분야, 그리고 연금·보험 등 금융 분야가 모두 성장하여 전체 시장을 구성하고 있다. 특히 고령자 대상 금융서비스(연금, 보험 등)는 고령층의 자산 축적과 노후 대비 수요에 힘입어 고령친화산업 내 큰 비중을 차지하고 있는 것으로 분석된다. 이처럼 고령친화산업은 의료복지부터 소비재, 금융에 이르기까지 여러 영역에서 성장을 거듭하며 노인들의 삶을 뒷받침하는 한 축으로 자리잡아가고 있다.

고령친화산업이 부상함에 따라 이를 미래 성장동력으로 인식하는 움직임도 나타나고 있다. 고령층의 복지 수요와 소비 욕구를 충족시킬 뿐 아니라, 새로운 산업과 일자리 창출의 기회로써 고령친화산업을 육성하려는 전략이 논의되고 있다. 예를 들어, 한 보고서는 고령친화산업이 보건복지와 무역이 접목된 미래 경제성장동력으로 주목받고 있다고 강조한다. 이는 고령친화산업이 내수 시장 활성화와 관련 산업 수출에도 기여할 수 있음을 시사한다. 실제로 국내 기업들도 헬스케어, 바이오, 생활용품, 관광 등 다양한 분야에서 노인친화적 제품과 서비스를 개발하며 새로운 시장 기회를 모색하고 있다.

### (3) 고령친화산업 발전의 주요 과제

고령친화산업의 잠재력이 크지만, 본격적인 발전을 위해 해결해야 할 과제들도 존재한다. 첫째, 한국의 고령친화산업 발전 수준은 고령사회에서 차지하는 중요성에 비해 아직 미흡하다는 평가가 있다. 한국은 고령층의 경제력 확대로 거대한 실버경제 규모를 갖춰가고 있으나, 정작 고령친화산업의 발전은 이에 크게 뒤처져 있다는 지적이다. 그 결과 노인이 필요로 하는 상품과 서비스가 충분히 공급되지 못하거나, 해외 사례에 비해 산업 경쟁력이 떨어지는 문제가 발생한다.

둘째, 돌봄 인력 부족과 의료비용 증가 등 고령화로 인한 사회적 비용 문제를 산업적 해법으로 완화해야 하는 과제가 있다. 고령 인구의 증가로 돌봄 및 의료 수요는 급증하고 있으나, 이를 담당할 요양보호사 등 인력은 부족하고, 노인 의료비 지출은 국가 재정에 부담이 되고 있다. 이러한 문제를 해결하기 위해 고령친화산업에서는 첨단기술의 도입과 혁신이 요구된다. 예를 들어 인공지능(AI) 돌봄 로봇, 원격의료 및 헬스케어 플랫폼, 자동화된 간병 시스템 등의 에이지테크(Age-Tech)를 활용하면 적은 인력으로도 효율적인 돌봄 서비스를 제공하거나 의료비 지출을 절감할 수 있을 것으로 기대된다. 그러나 현재 한국의 관련 기술 개발 및 상용화는 선진국에 비해 더딘 편이어서, 민관 협력을 통해 기술혁신을 가속화할 필요가 있다.

셋째, 고령친화산업의 개념과 범위가 불명확한 점도 해결해야 할 과제이다. 앞서 살펴본 것처럼 실버경제와 고령친화산업 개념이 혼용되거나 범위 설정이 모호한 경우가 많아, 산업 통계의 신뢰성과 정책 대상의 명확성이 떨어질 수 있다. 실제로 정부 통계와 민간 연구마다 고령친화산업 시장 규모나 범주가 차이를 보여 혼선을 빚기도 한다. 예를 들어, 노인의 소비지출 비중을 기준으로 산출한 광의의 실버산업 규모와, 노인을 주 소비층으로 한 상품·서비스의 협의의 산업 규모가 일치하지 않는다는 지적이 있다. 이러한 분류 기준의 미비는 산업 현황을 정확히 파악하고 적절한 육성책을 마련하는 데 장애가 된다. 따라서 고령친화산업의 범위를 명확히 정의하고 분류 체계를 정교화하여 통계와 정책의 정합성을 높이는 작업이 필요하다.

넷째, 전문 인력의 부족과 중소기업 중심의 영세한 산업 구조도 극복해야 할 문제로 지적된다. 고령친화산업 분야는 의료, 복지, 제조, 서비스 등이 융합된 복합 산업이므로 이에 정통한 전문 인력이 필요하다. 하지만 국내에서는 노인의학이나 복지공학 등을 전공한 전문 인력 풀이 아직 충분하지 않고, 관련 교육과정도 미흡한 실정이다. 동시에 이 산업에 참여하는 기업 상당수가 스타트업이나 중소기업으로, 기술력과 자본이 제한적인 경우가 많다. 정부의 R&D 지원이나 인력 양성 프로그램이 뒷받침되지 않으면 혁신적인 제품 개발이나 사업 확장이 어렵다는 문제가 있다.

다섯째, 공공정책의 지원 부재 역시 중요한 장애 요인으로 꼽힌다. 한국 정부는 2000년대 이후 고령친화산업을 육성하기 위한 법·제도적 기반을 마련해왔지만, 최근 들어 관련 정책 추진이 미흡하다는 지적이 제기된다. 실제로 정부의 제4차 저출산·고령사회 기본계획(2021~2025)에는 고령친화산업 관련 내용이 전혀 포함되지 않았고, 과거에 추진되던 고령친화산업 육성 예산도 2024년에 전액 삭감되는 등 사실상 정책 공백 상태에 놓여 있다. 이로 인해 산업 발전을 체계적으로 이끌 컨트롤타워나 종합계획이 부족하며, 민간 기업들도 일관된 정책 지원을 받기 어려운 상황이다. 이러한 문제를 해결하려면 정부의 적극적인 역할과 정책적 연속성이 확보되어야 한다.

### (4) 고령친화산업과 공공정책의 협력

고령친화산업의 발전을 위해서는 정부 정책과의 유기적인 협력이 필수적이다. 우선 제도적 측면에서, 2006년에 제정된 「고령친화산업 진흥법」은 고령친화산업 육성을 위한 국가 책무와 지원 방안을 규정함으로써 법적 토대를 마련했다. 이 법에 따라 국가와 지방자치단체는 고령친화산업 기반 조성과 경쟁력 강화를 위한 정책을 수립·시행할 책임을 지며. 즉 범정부적인 중장기 계획 안에 고령친화산업 진흥 전략이 반영되어야 함을 법으로 규정한 것이다. 그러나 앞서 지적했듯 최근 기본계획에 해당 내용이 빠지는 일이 발생하여, 이러한 법 취지가 제대로 실현되지 못하고 있다. 향후에는 기본계획 수립 시 고령친화산업에 대한 구체적 목표와 추진과제를 반드시 포함시키고, 관계 부처 간 협력 체계를 강화할 필요가 있다.

공공정책의 지원에서 가장 중요한 것은 종합적이고 지속적인 산업 육성 전략의 마련이다. 현재 고령친화산업 관련 정책이 산발적으로 이루어지고 있어 실효성이 떨어지므로, 중앙정부 차원의 마스터플랜이 요구된다. 예를 들어 일본과 중국의 경우 복수의 정부 부처가 공동으로 참여하는 고령친화산업 발전 종합계획을 수립하여 시행하고 있다. 한국도 이와 같이 보건복지부, 산업통상자원부, 중소벤처기업부, 과학기술정보통신부 등 관련 부처들이 협업하여 첨단기술 중심의 고령친화산업 발전 전략을 종합적으로 기획할 필요가 있다. 이를 통해 고령화로 인한 사회·경제적 부담을 완화함과 동시에 고령친화산업을 신성장 동력으로 육성하는 두 마리 토끼를 잡을 수 있을 것이다.

구체적으로, 정부는 재정 지원과 세제 혜택을 통해 고령친화산업을 촉진할 수 있다. 예컨대 고령친화 제품개발 R&D에 대한 자금 지원, 창업기업에 대한 세금 감면, 시니어 비즈니스 전문 펀드 조성 등을 고려해볼 수 있다. 또한 표준화와 인증 제도를 구축하여 고령친화 제품과 서비스의 품질을 보장하고 소비자 신뢰를 높이는 것도 중요하다. 현재 한국보건산업진흥원 등을 통해 일부 고령친화 우수제품 인증이 이루어지고 있으나 범위가 제한적이므로, 인증 품목을 확대하고 제도적 인센티브를 부여함으로써 기업들이 보다 적극적으로 노인친화적 제품 개발에 나서도록 유도해야 한다. 아울러 소비자 보호 측면에서, 고령 소비자를 노린 불량 제품이나 사기성 상술을 막기 위한 감시와 처벌도 강화되어야 한다. 「고령친화산업 진흥법」에서도 고령자용 제품·서비스에 대한 위해 방지와 피해 구제 등 소비자 권익 보호 조치를 규정하고 있는 만큼. 실제로 한국의 고령친화 용품 산업은 장기요양보험의 복지용구 급여와 연계되어 제한적이나마 성장을 이루어왔다. 그러나 아직까지 공적 장기요양보험의 혜택 범위가 일부 용구와 서비스에 국한되어 있고, 중국 등은 아예 국가 차원의 장기요양보험이 없는 상태에서 민간이 주도하는 시장이 형성되고 있다.

정책 협력의 또 다른 축은 인력 양성과 일자리 창출이다. 정부와 공공교육기관이 나서서 고령친화산업 분야의 전문인력을 체계적으로 양성하면 산업 발전에 큰 힘이 된다. 앞서 언급한 의공학, 실버케어 전문인력 등은 대학 및 직업훈련에서 관련 교육과정을 신설·확대함으로써 확보할 수 있다. 또한 고령친화산업은 고령자 themselves에게도 새로운 일자리 기회를 제공할 수 있다는 점에서 주목된다. 예를 들어, 비교적 건강한 젊은 노인이 돌봄 서비스나 상담 분야에 종사하는 시니어 일자리를 만들면 노인층의 경제활동 참여도 높이고 동년배 노인에 대한 서비스 질도 향상시킬 수 있다. 이러한 순환구조가 이루어지도록 정부가 일자리 사업과 연계한 지원을 설계하는 것도 바람직하다.

### (5) 주요 해외 사례 비교

고령친화산업은 전 세계적인 고령화 추세 속에서 각국이 직면한 도전이자 새로운 기회로 인식되고 있다. 특히 일본, 미국과 유럽, 중국 등은 일찍부터 고령친화산업(실버산업 또는 실버경제)의 발전을 적극 모색해 온 대표적인 사례들이다. 이들 국가의 정책 및 산업 동향을 살펴보면 한국에 시사하는 바가 크다. 아래에서는 일본, 미국 및 유럽, 중국의 사례를 중심으로 고령친화산업 발전 전략과 특징을 비교한다.

#### 1) 일본: 첨단기술 활용과 조기 대응

일본은 세계에서 가장 빠르게 고령사회에 진입한 나라 중 하나로, 고령친화산업의 발전 수준도 가장 앞서 있다. 일본은 이미 2005년에 65세 이상 인구 비율이 20%를 넘는 초고령사회가 되었으며, 현재 노인 인구 비율이 약 30%에 달한다. 이처럼 거대한 실버 인구를 배경으로 일본의 실버산업 시장은 일찍부터 성장하여, 60세 이상 고령층의 연간 소비지출로 환산한 시장 규모가 100조 엔을 넘는 초거대 시장으로 평가된다. 한 연구에 따르면 일본의 고령친화산업 시장규모는 2015년 기준 약 106조 엔이고, 2030년에는 약 111조 엔으로 확대될 전망이다. 이는 일본 경제에서 노년층 소비가 차지하는 비중이 매우 크며, 기업들도 그에 맞춘 상품개발에 활발히 나서고 있음을 의미한다.

일본 정부는 고령사회로 인한 부양부담 증가와 돌봄 인력난 문제를 완화하기 위해 첨단기술을 활용한 복지산업 육성에 적극적이다. 특히 2010년대 중반부터 로봇기술과 정보통신기술(ICT)을 돌봄 분야에 접목하는 국가 전략을 추진해왔다. 예를 들어 일본은 2015년을 전후하여 향후 5년을 '로봇 혁명 집중 실행기간'으로 정하고, 요양로봇 등의 개발·보급을 위한 대규모 프로젝트를 시행하였다. 이 프로젝트에서는 정부와 민간이 공동으로 1,000억 엔(약 1조 원)을 투자하여 돌봄 로봇 등 관련 기술을 집중 개발하고, 로봇 관련 시장규모를 당시 약 5,000억 엔에서 2조4,000억 엔(2.4조 엔) 규모로 육성한다는 목표를 세웠다. 이러한 정부 주도의 R&D 투자와 보조금 정책 덕분에 일본에는 환자 이송로봇, 낙상 감지센서, 인지훈련 VR시스템 등 다양한 첨단 돌봄기술이 상용화되고 있다. 실제로 일본의 요양시설이나 가정에서는 이미 여러 종류의 돌봄 로봇과 보조기기를 찾아볼 수 있으며, 이는 부족한 요양인력을 부분적으로 대체하거나 노약자의 자립을 돕는 역할을 하고 있다.

민간 분야에서도 일본은 노년층을 겨냥한 상품 개발에 매우 적극적이다. 예를 들어 연화식이나 개호식으로 불리는 고령자용 특별 가공식품(씹거나 삼키기 쉽게 부드럽게 만든 식품) 시장이 크게 성장했고, 노인 피부 특성에 맞춘 실버용 화장품도 출시되어 인기를 끌고 있다. 또한 자동차 업계에서는 고령 운전자를 위한 안전기능(예: 충돌방지 센서, 페달 오조작 방지장치)을 강화한 차량을 판매하고, 가전 업계에서는 버튼 크기를 키우고 사용법을 단순화한 시니어 친화 가전제품을 출시하는 등 제품 설계 단계부터 고령층의 신체 능력을 고려하는 유니버설 디자인이 확산되었다. 더불어 유통·서비스 업계에서는 노년층 고객을 위한 맞춤 서비스가 보편화되어, 백화점의 시니어 전용 상담창구, 여행사의 시니어 관광 패키지, 은행의 시니어 전담 창구 등이 운영되고 있다. 이처럼 공공부문의 정책 지원과 민간부문의 시장 개척 노력이 결합되면서, 일본의 고령친화 산업은 노인의 삶을 편리하고 풍부하게 만드는 한편 경제적 가치도 창출하는 선순환을 보여주고 있다.

2) 미국 및 유럽: 민간 주도의 시장 형성과 장수경제

미국과 유럽의 경우 고령화 정도나 사회제도는 다르지만, 대체로 민간 부문 주도로 실버경제가 발달해온 공통점이 있다. 미국은 정부가 직접 "고령산업"을 육성한다기보다는, 거대한 고령 소비자층의 수요를 기업들이 포착하여 시장이 형성되는 구조를 띠고 있다. 미국의 비영리단체 AARP는 일찍이 미국의 50세 이상 인구가 경제에 미치는 영향력을 강조하며 "장수경제(Longevity Economy)"라는 개념을 주창했다. AARP의 연구에 따르면 미국 50세 이상 인구는 1억 명을 넘으며, 이들이 발생시키는 경제활동 규모(소비지출 및 파급효과)는 연간 7.1조 달러에 달해 미국 GDP의 상당 부분을 차지하고, 2032년경에는 그 기여도가 절반 이상에 이를 것으로 전망된다. 이러한 통계는 고령층이 더 이상 사회적 부담이 아니라 강력한 소비 주체이자 경제 성장의 동력임을 보여주며, 실제로 미국 기업들은 이를 인식하고 시니어 시장 공략에 나서고 있다.

미국에서는 실버산업이 특정 산업으로 분리되기보다, 기존 산업 내에서 세분시장으로 발전한 경우가 많다. 예를 들어 IT 업계의 경우 고령자를 위한 건강 모니터링 웨어러블 기기나 약물 복용 알림 앱 등을 개발하고, 금융업계에서는 은퇴설계, 역모기지와 같은 노후 금융상품을 활성화했다. 의료 분야에서는 디지털 헬스케어와 원격의료 서비스

가 고령자들을 주요 타겟으로 성장하였고, 제약업계에서는 노인성 만성질환 치료제와 항노화 상품이 거대한 시장을 형성하고 있다. 또한 주택 분야에서 시니어 커뮤니티(은퇴자 주거단지)나 노인복지주택 사업이 확대되고, 자동차 산업에서는 고령운전자 지원 기술 개발이 활발하며, 콘텐츠 산업에서도 시니어 취향에 맞춘 클래식 영화 채널이나 복고풍 음악 서비스 등이 등장했다. 이러한 움직임은 모두 민간 기업들이 고령층 소비자의 요구를 포착하여 새로운 제품과 서비스를 창출한 사례라 할 수 있다.

정책 측면에서 미국 연방정부나 주정부는 직접 산업을 이끈다기보다 간접적인 환경 조성에 중점을 둔다. 예를 들어 고령자 친화적인 도시를 만들기 위한 Age-Friendly Cities 이니셔티브를 지원하여 지역사회 인프라를 개선하고, 노인에 대한 차별을 금지하는 법적 장치를 통해 고령자의 사회·경제 활동 참여를 독려한다. 또한 NIH 등의 연구기금을 통해 알츠하이머 치료나 노화방지 연구를 지원함으로써 관련 바이오산업의 성장을 촉진하고, 중소기업청(SBA)이나 각종 혁신 허브를 통해 실버 기술 스타트업에 투자하는 등 생태계 조성자 역할을 수행한다. 유럽 각국 및 EU 차원에서도 유사하게 고령화 대응을 중요한 의제로 삼고 있다. EU는 Silver Economy를 강조하며 회원국들의 모범 사례를 공유하고, Horizon Europe 등의 연구프로그램으로 스마트 시니어홈, 의료 로봇, e-헬스 등 신기술 개발을 뒷받침하고 있다. 유럽 국가들은 전통적으로 공공복지가 발달하여 노인 돌봄 서비스가 국가/지방정부 주도로 제공되는 경우가 많지만, 최근에는 예산 부담을 줄이고 서비스 효율성을 높이기 위해 민간 기업과 협력하는 추세다. 예를 들어 독일이나 북유럽에서는 민간 요양시설과 재가기관이 증가하고, 정부는 품질 관리와 비용 지원을 맡는 식으로 역할을 분담하고 있다. 또한 프랑스, 영국 등에서는 고령친화적 기술과 제품에 대한 인증 및 표준을 마련하여 산업계가 이를 준수하도록 유도하고 있다. 종합하면, 미국과 유럽은 민간의 창의성과 시장 메커니즘을 바탕으로 실버산업을 발전시켜왔으며, 정부는 제도 정비와 연구지원, 인프라 구축을 통해 촉진자 역할을 수행하고 있다.

3) 중국: 거대 시장과 정부 주도의 제도 구축

중국은 세계 최대 인구국가로서 고령화에 따른 고령친화산업 잠재력 역시 거대하다. 중국의 65세 이상 인구 비율은 현재 약 14% 수준으로 한국·일본보다 낮지만, 고령 인구 수는 2억 명을 훌쩍 넘어서며(2021년 약 2.0억 명) 향후 증가 속도도 매우 빠를 것으로 예상된다. 이러한 배경에서 중국 정부는 비교적 이른 시기부터 고령산업 발전을 국가 전략으로 수립하여 추진해왔다. 중국은 2001년부터 5개년 계획에 “노년산업” 개념을 도입하였고, 2006~2010년 제11차 5개년 계획에서 처음으로 노년산업(고령산업) 육성을 위한 구체적 정책방향을 제시하였다. 이어 2011~2015년 제12차 5개년 계획에서는 고령산업 정책이라는 용어를 명시하며 고령산업 발전을 체계적으로 지원하기 시작했다. 이는 중국이 중앙정부 차원에서 고령친화산업을 바라보고 육성한 시점이 이미 2000년대 중반임을 나타내며, 이후로도 매 5개년 계획마다 노인복지와 고령산업 관련 과제들이 중요 의제로 포함되고 있다.

중국이 정의하는 고령산업(노령산업)은 범위가 매우 포괄적이다. 중국 정부 문서는 고령산업을 "노년인구를 서비스 대상으로 하여 고령자에게 제품, 서비스, 취업기회를 제공하는 모든 경제 활동"으로 규정하면서, 의식주, 이동, 생활용품, 의료보건, 돌봄 및 간호, 정신적 위안 등 노인의 다양한 수요를 충족하는 산업들의 집합으로 본다. 다시 말해, 고령친화산업은 독립된 단일 산업이라기보다 노년 소비시장 수요에 의해 형성된 신흥 산업클러스터라는 인식이다. 이에 따라 중국은 고령산업의 하위 분야를 아주 세분화하여 10개 업종으로 구분하고 있는데, 그 내용은 다음과 같다. 이러한 정책적 분류는 노인 관련 산업을 체계적으로 육성하려는 중국 정부의 의지를 반영한다. 실제로 중국에는 전국노령사업위원회라는 범부처 기구가 구성되어 고령자 정책을 총괄하고, 민정부(우리의 보건복지부 격)와 위생건강위원회(보건당국), 공업정보화부(산업부처) 등이 역할을 분담해가며 고령친화산업 지원정책을 펴고 있다. 예를 들어 민정부는 노인복지시설 확충과 돌봄 서비스 제도 개선을, 공업정보화부는 시니어용 기술제품 개발 지원을, 위생건강위원회는 의료·요양 결합 서비스 시범사업을 각각 추진하는 식이다.

이처럼 정부 주도의 산업정책 추진과 함께, 중국의 실버산업 시장 규모도 급속히 증가하고 있다. 중국은 2016년에 "건강중국 2030"이라는 국가 전략을 발표하여 국민 건강증진과 의료·요양산업 발전을 강조하였는데, 이는 노인산업 육성과도 맞물려 있다. 그에 따라 폭넓은 개념의 "빅헬스(Big Health) 산업"이 부상했으며, 여기에 의료, 제약, 건강관리뿐 아니라 노인복지서비스까지 포함되고 있다. 2023년 기준 중국의 빅헬스 산업 시장 규모는 약 77조 1천억 위안에 달하며, 그 중 노인의료 및 돌봄 관련 산업이 31조 3천억 위안 이상으로 전체의 40%를 차지하는 것으로 집계되었다. 이는 중국 노인산업의 거대한 규모와 경제적 중요성을 보여준다. 빠른 고령화 추세에 힘입어 이 시장은 향후 6~7년 내에 현재의 두 배로 성장할 것이라는 전망도 있다. 세부 분야를 보면, 중국에서는 전통적으로 가족이 맡아온 노인 부양을 대체하기 위해 양로서비스 산업이 급성장하고 있고, 민간 자본이 참여한 고급 요양원이나 실버타운이 대도시를 중심으로 늘어나는 추세다. 또한 건강보조식품, 한방의약품, 재활기기 등 노인용 제품시장도 크게 확대되고 있으며, 스마트폰 보급과 함께 온라인 실버경제(예: 노인 전용 전자상거래 플랫폼, 배달앱)도 등장하고 있다.

그러나 중국의 고령친화산업에도 해결해야 할 도전과제가 있다. 우선, 시장이 급속히 팽창하는 데 비해 공급 측면의 질적 수준이 아직 부족하다는 지적이 나온다. 예를 들어 노인용 보조공학기기의 보급률이 수요 대비 10%에도 못 미치고, 고품질 재활기기의 상당 부분은 수입에 의존하는 실정이다. 중국 내수 시장에는 값싼 저가 제품이 범람하지만 정작 노인들이 필요로 하는 성능 좋고 신뢰할 만한 제품은 부족하다는 것이 전문가들의 평가이다. 이는 기술력 격차와 표준화 부족, 인증체계 미비 등에서 기인한다. 또 하나의 문제는 도시-농촌 및 지역 간 격차이다. 경제발전 수준이 높은 대도시에서는 실버산업이 활기를 띠고 있으나, 농촌이나 내륙 지역은 인프라나 서비스 접근성이 떨어져 노인 복지 수요를 충족하기 어렵다. 중국 정부도 이러한 격차를 해소하기 위해 지방 정부와 협력하여 지원책을 펼치고 있으나, 방대한 인구와 지역차를 고려할 때 꾸준한 노력이 필요하다.

# Chapter 12
# 독거노인복지

독거노인 비율은 2015년 18.5%, 2020년 19.8%, 2022년 20.9%로 꾸준히 상승해왔다. 또한 노인가구 중 1인 가구의 비중도 크게 늘어 2023년에는 노인가구의 32.8%가 1인 가구(독거노인가구)로 집계되었다. 이는 불과 3년 전인 2020년에 비해 13%p 증가한 수치로, 짧은 기간에 독거노인가구가 크게 증가했음을 보여준다.

이는 여성의 평균 수명이 남성보다 길고, 배우자 사별 후 혼자 지내는 여성 노인이 많기 때문이다. 연령대별로 살펴보면 독거노인 중 70대가 40.3%로 가장 큰 비중을 차지하고, 65~69세가 30.1%, 80대 이상이 29.6%를 차지한다. 즉, 독거노인은 비교적 젊은 고령층부터 고령 고령층까지 폭넓게 분포하지만, 특히 70대 이상의 고령층에서 많이 나타나는 경향을 보인다. 지역적으로는 농촌 지역의 경우 젊은 인구의 유출로 인해 홀로 남은 노인이 많고, 대도시에서도 1인 가구 증가로 독거노인이 늘어나는 등 도시와 농촌 모두에서 독거노인이 증가하고 있다.

### (1) 독거노인의 특성 및 문제점

독거노인은 동거가족이 있는 노인 집단에 비해 여러 측면에서 취약한 특성을 보인다. 경제적인 측면에서, 독거노인의 상당수가 낮은 소득과 빈곤 문제를 겪고 있다. 한국의 노인빈곤률은 OECD 회원국 중 가장 높은 수준으로, 노인 10명 중 4명 가까이가 상대적 빈곤 상태에 있다고 알려져 있다. 특히 가족 부양을 기대하기 어려운 독거노인의 경우 기초연금 등 공적이전소득에 의존하는 비율이 높다. 실제로 혼자 사는 노인의 절반 가량(50%)은 국가에서 지급하는 기초연금에 생활비를 전적으로 의존하고 있다고 응답했으며. 현재 소득에 대해 "만족스럽지 않다"고 느끼는 독거노인이 47.8%로, 동거 노인 집단보다 훨씬 높게 나타나 경제적 어려움과 불안이 큰 것으로 조사되었다.

사회적 고립과 정서적 어려움도 두드러진다. 통계에 따르면 독거노인 중 약 32.6%는 일상생활에서 마음 터놓고 얘기할 사람이 한 명도 없다고 응답했으며. 더 나아가, 재정적 긴급 상황일 때 돈을 빌릴 만한 지인이 없다고 응답한 비율이 71%에 이르렀다. 이러한 사회적 관계망 부재로 인해 독거노인의 18.7%는 앞서 언급한 대화 상대 없음, 돌봐줄 사람 없음, 금전적 도움처 없음의 세 가지 어려움을 모두 겪고 있는 상황으로 나타났다. 이처럼 사회적으로 고립되기 쉽고 외로움과 우울감에 시달릴 가능성이 높다는 것이 독거노인 집단의 큰 특징이다. 실제 건강조사 결과를 보면 독거노인의 우울증상 경험률은 16.1%로 노인부부 가구의 7.8%보다 두 배 이상 높았다. 혼자 사는 노인 중에는 우울증상을 호소하는 이들이 상대적으로 많고, 이는 가족이나 배우자와 함께 사는 노인보다 정신건강 측면의 위험이 크다는 의미이다. 더 나아가 독거노인은 자살 위험성도 높다는 지표가 있다. 2017년 노인실태조사에 따르면 독거노인의 10.6%가 자살을 생각해본 적이 있다고 답해, 동거노인의 5.1%에 비해 2배 이상 높은 수준을 보였다. 이처럼 고독과 우울감, 절망감이 심각한 수준에 이를 수 있다는 점에서 독거노인의 정신건강 문제가 사회적으로 우려되고 있다. 독거노인들은 혼자 생활하면서 신체 건강 관리에도 어려움을 겪는 경우가 많다. 예를 들어 혼자 사는 노인 중 "본인이 건강하다"고 답한 비율은 34.2%에 불과해 노인부부 가구의 48.6%보다 크게 낮았고, 일상생활의 어려움을 느낀다는 응답도 훨씬 높게 나타났다. 이는 만성질환 관리나 영양 관리 등에 있어서도 독거노인이 취약할 수 있음을 시사한다. 실제로 거동이 불편한 독거노인은 끼니를 거르거나 영양 불균형을 겪는 사례도 보고되고 있다. 최악의 경우 주변의 돌봄을 받지 못한 채 고독사에 이르는 안타까운 사례들도 사회 문제로 대두되어, 정부는 "고독사 예방 및 관리에 관한 법률"(2021년 제정)을 통해 고독사 위험에 대한 체계적 관리 대책을 마련하기 시작했다.

- 사회관계 활성화 및 정서지원 프로그램: 독거노인의 외로움과 고립감을 덜어주기 위한 정서적 지원 프로그램들도 다양하게 운영되고 있다. 예를 들어, 민간 사회복지단체와 자원봉사자를 연계한 말벗 서비스나 친구 맺기 프로그램이 전국적으로 전개되고 있다. 독거노인친구맺기 사업은 지역 자원봉사자(예: 독거노인생활관리사 등)를 독거노인과 1:1로 연결하여 정기적으로 방문하거나 전화 통화로 말벗이 되어주는 서비스다. 이를 통해 홀로 지내는 어르신들이 누군가로부터 관심과 돌봄을 받고 있다는 심리적 안도감을 얻을 수 있다. 기업들도 CSR 활동의 하나로 독거노인 지원에 나서고 있는데, 예를 들어 SK 그룹은 "행복나눔 봉사단"을 통해 직원들이 정기적으로 독거노인 가정을 방문해 말벗이 되거나 생필품을 지원하는 프로그램을 운영하고 있다. 이러한 정서지원 프로그램들은 사회적 고립 완화에 크게 기여하며, 우울증 예방 효과도 가져온다는 평가를 받고 있다.

- 식생활 및 건강지원 서비스: 거동이 불편하거나 경제적 어려움이 있는 독거노인을 위해 식사 지원 서비스가 제공된다. 일부 지자체와 복지관에서는 독거노인에게 주 1~3회 도시락이나 밑반찬 배달 서비스를 실시하여 영양 결핍을 예방하고 있다. 또한 지역 보건소에서는 방문간호사를 통해 독거노인 방문건강관리를 시행, 만성질환을 앓는 독거노인의 혈압이나 혈당을 체크하고 약 복용을 점검하는 등 기본적인 건강관리 서비스를 무료로 제공한다. 치매안심센터 등에서도 독거노인 중 치매 고

위험군을 찾아 정기 검진 및 돌봄서비스를 연계해주고 있다.

- 여가 및 사회활동 지원: 독거노인의 사회적 고립을 막기 위해 노인복지관, 경로당 등의 시설에서 다양한 프로그램을 운영하고 있다. 각 동네의 경로당은 주변의 홀몸 어르신들이 하루 중 몇 시간이라도 모여 함께 식사하고 담소를 나누는 공간으로 기능하며, 복지관에서는 취미활동, 학습, 운동 프로그램을 통해 노인들이 사회적 교류와 성취감을 얻도록 지원한다. 또한 노인일자리 사업을 통해 독거노인들이 적절한 일거리(예: 환경 정비, 급식 도우미 등)에 참여하여 용돈을 벌고 사회참여의 기회를 갖도록 장려하고 있다. 이러한 활동들은 경제적 도움뿐 아니라 생활에 활력을 주고 자존감 향상과 우울감 해소에 기여한다.

이 외에도 독거노인을 위한 주거환경 개선 사업(노후 주택 수리, 안전손잡이 설치 등)이나 이동지원 서비스(외출 동행) 등이 지역 사회에서 이루어지고 있다. 종합하면, 독거노인 지원서비스는 안전 확인, 일상 편의 제공, 정서적 교감, 건강 관리, 사회참여 촉진 등 여러 영역에 걸쳐 펼쳐지고 있으며, 정부와 지자체, 민간이 협력하여 복지 안전망을 구축하고 있다. 이러한 서비스를 통해 독거노인들의 삶의 질을 향상시키고 고독사를 예방하며, 가능한 오랫동안 지역사회에서 안전하게 생활할 수 있도록 돕는 것을 목표로 하고 있다.

### (2) 독거노인 복지 관련 정책 연계

독거노인 문제를 효과적으로 대응하기 위해서는 개별 프로그램 제공뿐 아니라 정책적 연계와 종합대책이 중요하다. 대한민국 정부는 노인복지 정책 전반에서 독거노인을 주요 대상층으로 고려하여 여러 정책을 연계·추진하고 있다.

먼저, 소득지원 정책 측면에서 독거노인 다수가 혜택을 보는 기초연금 제도를 들 수 있다. 기초연금은 소득 하위 70%의 만65세 이상 노인에게 월 최대 30만 원가량을 지급하는데, 이는 자녀의 경제적 지원이 없는 독거노인에게 안정적인 기본 소득원을 제공한다. 2023년 현재 약 600만 명의 노인이 기초연금을 받고 있으며, 독거노인의 생활 안정에 큰 기여를 하고 있다. 또한 기초생활보장제도를 통해 생계·의료급여를 받는 저소득 독거노인도 다수 있으며, 정부는 노인 단독가구에 대한 부양의무자 기준 완화 등을 통해 복지 사각지대를 줄여가고 있다.

의료 및 요양 돌봄 정책도 독거노인 복지와 긴밀히 연계된다. 대표적으로 노인장기요양보험 제도는 65세 이상 거동 불편 노인에게 요양서비스를 제공하는 사회보험으로, 독거노인 중 일상생활 수행이 어려운 이들은 등급 판정을 받아 방문요양서비스나 주야간보호서비스 등을 이용할 수 있다. 이를 통해 가족이 없더라도 공적 돌봄인력이 집에 찾아와 목욕, 식사수발 등의 도움을 주거나 낮시간동안 돌봄시설을 이용하게 함으로써 생활을 지원한다. 2020년대 들어 정부는 지역사회 통합돌봄(커뮤니티 케어) 정책을 추진하여, 의료·요양·주거·복지 서비스가 지역 단위에서 통합 제공되도록 시범사업을 실시하였다. 특히 독거노인이 병원이나 시설이 아닌 살던 동네에서 계속 거주하면서 필요한 서비스를 누릴 수 있게 주거환경 정비, 이웃 돌봄망 구축, 방문의료 등의 정책을 연계하고 있다. 이러한 지역사회 통합돌봄 모델은 노인이 살던 곳에서 존엄성을 유지하며 노후를 보내도록 돕는 국제적 흐름에 부응하는 것으로, 한국에서는 독거노인 지원을 강화하는 방향으로 적용되고 있다.

커뮤니티 및 민관협력 측면에서는, 정부 정책과 지역사회 자원봉사, 기업 CSR 활동이 연계되어 독거노인 지원의 복합 네트워크를 형성하고 있다. 예를 들어 보건복지부는 독거노인 지원의 거점으로 독거노인종합지원센터를 두어 각 지역의 복지관, 생활지원사, 자원봉사단을 총괄 지원하고 있다. 이 센터는 독거노인 관련 데이터베이스를 관리하고 사례관리자 교육, 응급안전서비스 운영 등을 맡아 중앙 허브 역할을 한다. 한편 경찰, 소방 등 유관기관과의 협력도 정책적으로 중요하다. 지역 사회에서는 동 주민센터의 지역사회보장협의체를 중심으로 독거노인 현황을 파악하여 정기적으로 안부를 확인하고, 우유 배달원이나 집배원, 경비원 등 생활밀착형 인력과 연계한 안전망을 구축하는 노력을 기울이고 있다. 이는 고독사 위험이 높은 독거노인을 조기에 발견하고 지원하기 위한 촘촘한 감시망이라 할 수 있다. 정부는 2021년 제정된 고독사 예방법에 따라 독거노인 밀집지역을 특별관리지역으로 지정하고, 지자체별로 고독사 예방 계획을 수립하도록 하여 지역사회 차원의 대응을 강화하고 있다.

정책 연계의 또 다른 축은 법·제도적 기반 마련이다. 「노인복지법」에서는 국가와 지자체의 책무로 독거노인 보호를 명시하고 있으며, 독거노인 현황 파악을 위한 정기 실태조사(3년마다 실시) 근거도 담고 있다. 이를 통해 정책 수립에 필요한 자료를 축적하고 있으며, 앞서 언급한 노인맞춤돌봄, 응급안전서비스 등이 모두 이러한 법률과 계획에 따라 예산이 편성되고 추진되는 것이다. 정부의 중장기 노인복지 기본계획에서도 독거노인 고독사 예방, 주거지원 강화, 지역사회 연계 돌봄체계 확립 등이 주요 과제로 포함되어 있다. 또한 최근에는 디지털 기술을 활용한 독거노인 지원이 정책적으로 장려되고 있다. 인공지능 스피커를 보급하여 말벗 및 응급호출 기능을 제공하거나, CCTV 및 IoT 센서를 활용해 비대면 돌봄을 구현하는 시범사업 등이 정부 주도로 이루어지고 있다. 이는 4차 산업혁명 기술을 복지 서비스에 접목함으로써 인력 한계를 보완하고 보다 24시간 안전망을 구축하려는 시도다.

독거노인 복지는 소득보장, 건강·요양, 주거, 사회참여 등 다양한 분야의 정책들과 밀접하게 연결되어 있다. 효과적인 지원을 위해 정부는 부처 간 협력(복지부, 국토부, 행안부 등)과 민관 파트너십을 통해 다층적인 지원체계를 운영하고 있다. 이러한 정책 연계를 통해 독거노인들이 빈곤이나 질병, 고독으로부터 보호받고 안정적인 노후를 보낼 수 있도록 돕는 것이 목표다.

### (3) 해외 사례 비교

한국뿐 아니라 세계 여러 나라가 고령화에 따라 독거노인 문제에 직면하고 있으며, 이를 해결하기 위한 다양한 정책과 프로그램을 시행하고 있다. 한국의 독거노인 복지를 개선하기 위해 해외 사례를 참고하고 비교해볼 필요가 있다.

일본은 한국과 유사하게 고령화율이 높고 독거노인이 빠르게 증가한 나라다. 현재 일본에서는 65세 이상 인구 중 약 625만 명이 혼자 살고 있으며, 이는 10년 전보다 60% 이상 증가한 수치다. 가족과 단절된 일본의 독거노인들 중 상당수(45%)는 "자신이 홀로 죽을까 봐" 심각한 불안을 느낀다고 보고되었고, 특히 한 달에 한두 번 정도만 사람과 대화하는 수준으로 사회적 고립이 심한 노인들 중에는 63%가 고독사에 대한 우려를 나타냈다. 이처럼 독거노인 고독사가 사회 문제로 대두되자, 일본 정부와 민간에서는 여러 대책을 시행하고 있다. 대표적인 사례로 일본우정공사가 운영하는 "미마모리(見守り) 서비스"를 들 수 있다. 일본우정공사는 전국에 촘촘한 우편망과 24,000여 우체국, 40만 명의 집배원을 두고 있는데, 이 인프라를 활용하여 홀로 사는 노인들을 정기적으로 방문하고 안부를 확인해주는 유료 서비스를 2015년부터 전국적으로 실시하고 있다. 이용자는 한 달에 한 번 집배원이 방문하여 어르신의 안부를 살피고 가족에게 보고해주는 서비스에 가입할 수 있으며(월 약 2,000엔, 한화 2만원 정도), 추가로 월 1~2회 전화확인 서비스도 이용할 수 있다. 이 우편서비스 연계 돌봄 모델은 별도의 복지인력을 증원하지 않고도 기존 인프라를 활용해 독거노인의 안전을 지키는 혁신적인 방식으로 평가받고 있다. 더불어 일본에서는 장기요양보험(개호보험)을 2000년부터 도입하여 노인들이 지역사회에서 필요한 요양서비스를 받도록 하고, 각 지역에 지역포괄지원센터를 설치하여 독거노인들의 복지, 간호, 의료를 통합 지원하고 있다. 또한 지자체 차원에서 자원봉사자 "안부방문隊"를 조직해 독거노인 가정을 주기적으로 찾아가는 프로그램, 노인끼리 서로 돌봐주는 "노인 모임(サロン)" 활동 지원, AI 로봇 "파페로" 등을 활용한 말벗 로봇 보급. 예를 들어 뉴욕시의 NORC 프로그램에서는 사회복지사와 간호사가 그 지역 노인아파트에 상주하거나 정기 방문하면서 노인의 요구를 파악하고 필요한 서비스를 연결해준다. 이를 통해 혼자 사는 노인이라도 같은 건물이나 동네의 또래 노인들과 함께 어울리고 지낼 수 있는 공동체 환경을 조성하는 것이다. 또한 미국 전역에는 수천 개의 시니어 센터(Senior Center)가 있어 독거노인들이 낮 시간 동안 들러 식사를 하고 취미를 즐기며 교류할 수 있다. 민간 주도의 "비레지 빌리지(Village)" 운동도 있는데, 이는 지역 주민들이 멤버십 형태로 비용을 내고 협동조합처럼 조직을 꾸려 서로의 부모 세대를 돕는 모델이다. 대표적으로 보스턴의 비컨힐 빌리지가 유명하며, 회원 노인에게 자원봉사자가 장보기, 전구 갈아끼우기 같은 일상 지원부터 문화행사 참여까지 돕는다. 미국은 의료체계상 가정방문 진료나 간호서비스가 활성화되어 있지는 않지만, 이러한 커뮤니티 기반의 지원과 교류 프로그램을 통해 독거노인의 사회적 욕구를 채우고 있다.

유럽 국가들은 전통적으로 공공복지 시스템이 발달하여, 독거노인에 대한 국가 돌봄 서비스가 비교적 잘 갖춰진 편이다. 예를 들어 스웨덴, 덴마크 등 북유럽 국가들은 오래전부터 지방정부 주도로 재가노인복지서비스(home help)를 제공해왔다. 거동이 불편한 홀몸 노인에게 요양보조사가 매일 방문하여 식사 준비, 세탁, 목욕 도움을 주며, 보건의료 인력이 정기적으로 들러 건강을 관리해준다. 이러한 재택 돌봄 덕분에 가족과 동거하지 않는 노인도 비교적 안정적으로 일상을 영위할 수 있다. 다만 핵가족화로 사회적 고립 문제가 심각해지는 것은 유럽도 마찬가지여서, 영국 정부는 2018년에 세계 최초로 '고독 담당 장관(Minister for Loneliness)'을 임명하고 국가 차원의 고독 감소 전략을 발표한 바 있다. 영국은 지역 주치의(GP)를 통해 독거노인을 포함한 외로운 이들을 커뮤니티 활동에 처방 연계(social prescribing)하는 정책을 도입했다. 예컨대 동네 의사가 환자의 외로움을 파악하면 지역 자원봉사 모임이나 취미클럽에 참여를 권유하고 연결시켜주는 것이다. 또한 비영리단체 에이지유케이(Age UK)에서는 전화친구 맺기 서비스를 전국적으로 운영하여 자원봉사자와 독거노인을 1:1로 연결해 주간마다 통화하도록 하고, 실버라인(The Silver Line)이라는 24시간 무료전화 상담을 제공하여 언제든 외로운 노인이 전화로 고민을 이야기할 수 있게 돕는다. 이처럼 정부의 제도적 지원과 시민사회의 활발한 참여를 결합하여 독거노인의 사회적 고립을 줄이고자 하는 노력이 진행 중이다.

해외 사례를 종합해보면, 공통적으로 나타나는 전략은 “지역사회 기반 지원”과 “사회적 연결망 강화”이다. 일본의 우편망 활용, 미국의 NORC 프로그램, 영국의 사회적 처방 등 각국의 접근법은 다르지만 모두 독거노인이 공동체와 다시 연결될 수 있는 계기를 마련하고 있다. 또한 첨단기술(예: 일본의 로봇, 센서, 영국의 콜센터 등)을 적극 활용하여 기존 인력의 한계를 보완하는 것도 공통점이다. 이러한 해외 사례와 한국의 정책을 비교하면, 한국도 지역사회 통합돌봄이나 ICT 활용 돌봄서비스 등에서 선진국의 요소들을 받아들이고 있으나 가족 의존에서 지역사회 의존으로의 전환을 더욱 가속화할 필요가 있다. 또한 일본처럼 독거노인에 특화된 전국적 지원체계(예: 우정사업 연계나 노인클럽 활성화 등)를 모색하고, 영국처럼 사회적 고립을 국가적 어젠다로 격상시켜 범정부적으로 대응하는 자세도 참고할 만하다.

### (4) 결론 및 제언

고령화 시대에 독거노인의 증가는 필연적인 현상이며, 이에 대한 대비와 지원은 사회복지의 핵심 과제가 되고 있다. 앞서 살펴본 바와 같이 독거노인은 경제, 건강, 정서 등 여러 측면에서 취약하므로 종합적인 복지 서비스와 정책적 배려가 필요하다. 한국은 다양한 지원 프로그램과 정책 연계를 통해 독거노인 복지체계를 구축해 왔으며, 이를 통해 많은 독거노인들이 도움을 받고 있다. 그러나 가족 구조의 변화와 인구 고령화 속도를 고려할 때 향후 독거노인 수는 더욱 늘어날 것이며. 셋째, 지역사회 통합돌봄의 정착을 통해 거동이 가능한 독거노인은 자신의 집과 동네에서 계속 살 수 있도록 지원하고, 거동이 어려운 경우 지역 내 소규모 케어하우스나 공립양로시설 등으로 연계한 연속적 돌봄체계를 만들어야 한다. 넷째, 사회적 관계망 형성 지원을 확대해야 한다. 독거노인도 한 공동체의 일원으로 활동하고 교류할 기회를 가져야 한다. 이를 위해 세대통합 프로그램(예: 청년 주거공유, 어린이집-경로당 연계)이나 노인 자조모임 지원 등을 통해 고립감을 줄이고 사회적 역할을 부여하는 것이 중요하다. 마지막으로, 근거 기반 정책 수립을 위해 지속적인 연구와 평가가 필요하다. 독거노인의 삶의 질 변화, 서비스 효과성 등에 관한 데이터를 축적·분석하여 정책에 반영함으로써 한정된 자원을 효율적으로 활용해야 할 것이다.

Chapter 13

# 농촌 노인복지

1. 농촌 지역 노인 복지의 현황과 과제

# 1. 농촌 지역 노인 복지의 현황과 과제

## (1) 농촌 노인 복지의 중요성

한국사회는 급속한 고령화를 겪고 있으며, 특히 농촌 지역에서 고령 인구 비율이 매우 높다. 통계에 따르면 2023년 기준 농촌 지역의 65세 이상 인구 비율은 약 52%로, 처음으로 절반을 넘었다. 이는 전국 평균 고령 인구 비율(약 18%)의 세 배에 달하는 수준으로 농촌의 고령화 문제가 얼마나 심각한지 보여준다. 농촌 노인의 복지 문제는 단순히 개별 가정의 문제가 아니라 지역사회 전체의 지속가능성과도 직결된다. 도시로의 젊은 층 유출과 농촌 인구 감소로 인해 “남은 사람은 노인이고 떠나는 사람은 젊은이”라는 말처럼 농촌에는 돌봄을 필요로 하는 노인만 남고 이들을 돌볼 인력이 부족한 상황이 심화되고 있다. 이러한 맥락에서 농촌 노인의 특성과 욕구를 파악하고, 이에 맞춘 복지 정책과 서비스 및 지역사회 자원 연계 전략을 마련하는 것은 매우 중요하다. 본 장에서는 농촌 노인의 사회경제적·건강상의 특성과 욕구를 살펴보고, 맞춤형 복지 정책 및 서비스 현황을 정리한 후, 지역사회 자원 연계를 통한 지원 방안을 논의한다.

## (2) 농촌 노인의 특성과 욕구

농촌 지역 노인은 도시에 거주하는 노인 집단과 몇 가지 측면에서 뚜렷한 차이가 나타난다. 인구학적 구성, 경제적 상태, 건강 및 돌봄 욕구, 사회적 관계망 등의 측면에서 농촌 노인의 특성을 살펴볼 수 있다.

### 1) 인구학적 및 사회경제적 특성

농촌 노인은 전체 노인 중에서도 고령층의 비중이 높고, 독거 노인 비율이 큰 특징이 있다. 농촌 지역은 젊은 층의 도시 이주로 인해 인구 구조가 급격히 고령화되었으며, 이로 인해 노인세대만 남은 ‘초고령촌’이 늘고 있다. 많은 농촌 노인들이 배우자나 자녀와 떨어져 홀로 거주하거나 노인 부부만으로 가구를 이루고 있어 돌봄 필요성이 높다. 경제적으로 농촌 노인 다수는 낮은 소득 수준과 높은 빈곤율을 보이고 있다. 한 조사에 따르면 농촌의 농업·어업 지역에 거주하는 노인의 상대적 빈곤율은 57.6%로, 중소도시(47.0%)나 대도시(42.1%)에 거주하는 노인보다 현저히 높다. 이는 농촌 노인들이 연금 혜택이나 안정적 소득원이 부족하고 과거 생계수단이었던 농업소득도 감소한 현실을 반영한다. 실제로 한국은 OECD 국가 중 노인빈곤율이 가장 높고(2020년 기준

40.4%), 농촌 거주, 낮은 교육 수준, 홀로 거주하는 노인일수록 빈곤 위험이 크다고 보고된다.

이처럼 농촌 노인은 경제적으로 취약하며, 생활비 마련을 위해 고령임에도 불구하고 농사일이나 일용직 등 노동을 이어가는 경우가 많다. 또한 농촌 노인은 도시 노인에 비해 교육 수준이 낮고 정보 접근성이 떨어져 복지 서비스나 지원제도에 대한 인지도가 낮을 수 있다. 이러한 사회경제적 취약성은 농촌 노인의 복지 욕구를 높이는 요인으로 작용한다.

2) 건강 및 돌봄 욕구

농촌은 의료기관과 요양시설이 적고 거리가 멀기 때문에 정기적인 진료나 치료를 받기 어려워 미충족 의료욕구가 크다. 예를 들어, 미국의 농촌 지역 노인은 도시 노인 대비 만성질환이 많지만 의료진과 돌봄 서비스 인력이 부족하여 필요 서비스를 받지 못하는 경우가 많다고 보고되었다. 한국 농촌 역시 보건의료 인프라가 도시보다 열악하여 고혈압, 당뇨와 같은 만성질환 관리나 재활 서비스의 접근성이 낮다. 또한 농촌 노인의 상당수는 농업 노동 등의 육체활동을 오랜 기간 수행하여 근골격계 질환이나 노인성 장애를 가지고 있으나, 이에 대한 재활치료나 돌봄 지원이 충분치 않은 실정이다.

이러한 건강상의 취약성으로 인해 농촌 노인에게는 일상생활지원에 대한 욕구가 크다. 거동이 불편한 노인은 목욕, 옷갈아입기, 식사 준비 등 일상생활동작(ADL)에 도움이 필요하며, 특히 독거 노인의 경우 이러한 지원이 없으면 삶의 질이 크게 저하된다. 농촌 지역은 교통편이 부족하여 고령 운전이 어렵거나 대중교통 접근이 힘든 탓에 병원 방문, 장보기 등의 이동 지원 욕구도 크다. 요약하면 농촌 노인은 의료 및 요양 서비스, 일상생활 돌봄, 이동 및 보조기기 지원 등의 분야에서 맞춤형 지원이 요구된다.

3) 사회적 관계와 심리적 욕구: 농촌 노인은 오랫동안 거주해 온 지역사회 내에서 비교적 강한 공동체 연결망을 가지고 있을 것으로 생각되지만, 실제로는 인구 감소와 이웃 관계의 변화로 인해 사회적 고립과 외로움의 문제를 겪는 경우가 많다. 연구에 따르면 농촌 거주 노인이 도시 노인보다 가족이나 이웃과의 전통적인 사회연결망은 넓을 수 있으나, 그럼에도 불구하고 고립감과 외로움의 위험은 높아질 수 있다. 이는 주변에 사람이 없어서가 아니라 심리적 유대감 결여와 교류 기회의 부족 때문으로 볼 수 있다. 실제로 농촌 지역의 노인은 교통 불편 등으로 인해 모임이나 사회활동 참여가 줄어들고, 함께 대화할 사람이 "없다"고 느끼는 비율이 높은 것으로 조사된 바 있다. 예컨대 한국의 한 조사에서는 독거

노인 3명 중 1명은 "이야기할 사람이 전혀 없다"고 응답하여 고독 문제가 심각함을 보여 주었다.

사회적 고립은 정신건강에도 영향을 미쳐 우울감과 삶의 의욕 저하를 초래할 수 있으며, 궁극적으로 신체 건강에도 부정적인 영향을 미친다. 따라서 농촌 노인에게는 정서적 지원과 사회참여 기회에 대한 욕구가 크다. 마을 경로당이나 노인회관에서 동년배와 어울릴 수 있는 여가·문화활동, 말벗 서비스, 자조모임 등이 이러한 욕구를 충족시키는 데 중요하다. 특히 장기간 홀로 지내는 독거 노인에게는 주기적인 안부 확인과 말벗이 정신적 안정을 가져다줄 수 있다. 요약하면 농촌 노인의 욕구는 경제적 지원, 건강·의료 서비스, 일상생활 도움, 사회적 교류와 정서 지원의 네 가지 축으로 정리할 수 있다.

### (3) 농촌 노인을 위한 맞춤형 복지 정책 및 서비스

농촌 노인의 복지를 향상시키기 위해 정부와 지자체에서는 다양한 맞춤형 정책과 서비스를 시행하고 있다. 이는 소득 보장, 건강 관리 및 돌봄 서비스, 사회적 지원 등의 영역으로 나눠볼 수 있다. 농촌의 특수성을 고려한 정책으로는 기초연금을 비롯한 소득 지원 정책, 의료 접근성 향상을 위한 서비스, 생활 돌봄 서비스 등이 있다. 또한 농촌 마을 단위의 커뮤니티를 기반으로 한 지원체계도 구축되고 있다.

1) 소득 및 경제적 지원

- 기초연금 제도: 농촌 노인들의 가장 기본적인 소득 안전망으로 기초연금이 있다. 기초연금은 소득 하위 70%에 해당하는 만 65세 이상 모든 노인에게 매월 일정 금액을 지급하는 제도로, 2021년부터 수급자 전원에게 월 30만 원으로 인상되어 지급되고 있다. 이는 농촌 지역처럼 공적연금 수급 비율이 낮고 빈곤 위험이 큰 노인들에게 안정적인 생활비를 제공하여 최저한의 소득보장을 이루고자 함이다. 기초연금 도입으로 농촌 노인의 절대빈곤율이 다소 완화되었으나, 여전히 생활을 꾸리기엔 부족한 수준이므로 부가적인 지원이 요구된다.

- 농지연금: 농촌 지역 특성을 고려한 소득지원으로 농지연금 제도를 들 수 있다. 농지연금은 고령 농업인이 소유한 농지를 담보로 매월 연금 형식의 지급금을 받는 제도로, 도시의 주택연금과 유사한 개념이다. 이를 통해 평생 농사로 일구어 온 농지를 매각하지 않으면서도 생활자금을 확보할 수 있어 영세 고령 농민의 소득 안

정에 기여한다. 예를 들어, 일정 연령 이상의 농업인이 자신의 경작지를 한국농어촌공사 등에 신탁하면 평가 가치에 따라 월 지급금을 받으며, 사망 후에는 해당 부지가 정산되는 방식이다. 농지연금은 자산이 토지에 묶여 있고 현금화가 어려운 농촌 노인에게 유용한 정책으로 평가된다.

- 노인 일자리 및 사회활동 지원: 농촌 노인의 근로 능력 및 의사를 고려하여 노인 일자리 사업도 추진되고 있다. 정부는 생산적 복지의 일환으로 2004년부터 노인일자리 사업을 시행해왔으며, 농촌 지역에서도 마을 환경 정비, 공공시설 관리, 지역 특산품 제작 등 다양한 분야에서 노인이 참여할 수 있는 공공일자리를 제공한다. 이들 일자리는 월 약 20~30만 원 수준의 활동비를 지급하여 용돈 마련에 도움을 주고, 동시에 사회적 참여 기회를 제공하여 삶의 활력을 높인다. 예컨대, 한 농촌 마을에서는 노인들이 모여 마을 공동 급식소를 운영하거나, 지역 관광 안내봉사, 전통문화 체험 강사 등으로 활동하기도 한다. 다만 노인일자리 사업은 주로 경증 노인을 대상으로 하므로, 경제적 지원이 가장 절실한 고령 취약노인에게는 직접적 혜택이 닿지 못한다는 한계가 있다.

2) 건강 관리 및 돌봄 서비스

- 지역 보건의료 서비스 강화: 농촌 노인의 의료 접근성을 높이기 위해 정부와 지자체는 찾아가는 보건의료 서비스를 운영한다. 보건소 중심의 방문건강관리 사업을 통해 간호사 등이 정기적으로 독거노인이나 거동불편 노인의 가정을 방문하여 건강상태를 체크하고 의료 상담을 제공한다. 이를 통해 만성질환의 관리를 도와주고 필요 시 병원 진료를 연계하는 등 1차 보건 서비스가 이루어진다. 또한 일부 도서·벽지 지역에서는 이동 진료차량이나 순회진료를 실시하여 의료 취약지의 노인이 기본적인 진료를 받을 수 있도록 지원한다. 최근에는 ICT 기술을 활용한 원격의료 시범사업도 농촌을 중심으로 추진되어, 보건소와 대형병원을 화상으로 연결해 만성질환 환자의 상담을 진행하는 등 새로운 시도가 이뤄지고 있다.

- 노인장기요양보험 및 요양서비스: 2008년 도입된 노인장기요양보험은 고령으로 거동이 불편하거나 치매 등의 질환이 있는 노인에게 돌봄 서비스를 제공하는 제도로, 농촌 노인 복지에 큰 영향을 미쳤다. 장기요양 등급을 받은 노인은 요양시설 입소 또는 재가서비스(방문 요양, 방문 목욕 등)를 이용할 수 있다. 농촌 지역에서

는 시설 인프라가 부족하여 재가서비스 수요가 높다. 이에 따라 방문요양보호사가 농촌 각 가정을 찾아가는 서비스가 이루어지고 있으며, 마을 단위로 소규모 요양시설이나 주야간 보호시설을 설치하여 노인들이 가까운 곳에서 돌봄을 받을 수 있도록 장려하고 있다. 그러나 농촌의 인력 부족 문제로 인해 요양보호사 수급이 어려운 실정이며, 이에 대한 대책으로 지역 주민을 요양보호사로 양성하거나, 인근 지역에서 인력을 파견받는 등의 노력이 진행 중이다.

- 맞춤형 노인 돌봄서비스: 2020년부터 보건복지부는 기존의 여러 노인 돌봄사업을 통합한 노인맞춤돌봄서비스를 도입하였다. 이 서비스는 일상생활이 어려운 취약 노인에게 적절한 돌봄을 제공하여 안정적인 노후를 보장하고 기능 및 건강 악화를 예방하는 것을 목적으로 한다. 독거노인, 조손가구 노인 등 돌봄이 필요한 65세 이상 기초생활수급자나 기초연금수급자가 주요 대상이며, 신체·정신·사회적 취약요인을 평가하여 서비스를 제공한다. 노인맞춤돌봄서비스에서는 생활관리사가 정기적으로 대상 노인의 가정을 방문하거나 전화로 안부를 확인하며, 필요한 경우 안전확인, 정서 지원(말벗), 가사지원, 병원 동행 등의 서비스를 제공한다. 아울러 지역 내 자원과 연계하여 생활용품 지원, 주택 수리, 후원 연계 등을 조치하기도 한다. 이 서비스의 특징은 각 노인의 욕구와 상태에 따라 서비스 내용, 제공 빈도와 시간이 조정되는 맞춤형이라는 점이다. 예를 들어 비교적 건강한 독거노인에게는 말벗 위주의 서비스가 제공되고, 거동불편 노인에게는 주 2~3회 방문하여 식사 및 청소를 돕는 식으로 차별화된다. 노인맞춤돌봄서비스는 농촌의 복지 사각지대에 놓인 노인들을 발굴하고 지원하는 데 큰 역할을 하고 있으며, 특히 인적자원이 부족한 농촌에서 공공과 민간의 자원 연계를 통해 촘촘한 돌봄망을 구축하는 성공적인 사례로 평가된다.

- 경로당 및 커뮤니티센터 활용: 농촌 마을마다 위치한 경로당(노인정)은 단순한 여가 공간을 넘어 복지서비스 전달 거점으로 활용되고 있다. 경로당에서는 지자체 지원으로 점심 식사 제공, 건강 체조 프로그램, 치매 예방 교실 등이 운영되어 노인의 건강증진과 사회교류를 도모한다. 또한 한겨울이나 한여름에는 경로당이 무더위쉼터 및 한파쉼터로 지정되어 노인들이 안전하게 지낼 수 있도록 돕는다. 최근에는 일부 지역에서 경로당에 ICT 기기를 보급하여 노인들이 스마트폰 사용법을 배우거나 원격으로 전문의 건강교육을 듣는 등 디지털 포용 측면의 시범사업도

진행되고 있다. 이러한 경로당 중심의 프로그램은 농촌 노인의 근거리 복지 거점으로서 기능하여, 이동의 어려움을 해소하고 이웃 간의 상호돌봄을 촉진하는 효과가 있다.

3) 사회적 지원 및 정서적 돌봄

- 독거노인 사회관계 활성화 사업: 가족 없이 홀로 사는 농촌 노인의 사회적 고립을 막기 위해 독거노인 대상 사회관계망 형성 지원 사업이 시행되고 있다. 이 사업은 독거노인을 1:1로 생활관리사나 자원봉사자와 연결하여 정기적인 방문, 말벗, 고민 상담 등을 제공하거나, 자조모임에 참여하도록 유도한다. 마을 단위로 독거노인 여러 명과 자원봉사자를 매칭하여 함께 식사하기, 생일 잔치하기, 명절 보내기 행사 등을 열어줌으로써 관계 형성을 돕는다. 이러한 프로그램은 노인들의 소속감을 높이고 고독사를 예방하는데 기여한다.

- 지역사회 연계 돌봄(Community Care): 정부는 2018년부터 지역사회 통합돌봄(커뮤니티 케어) 선도사업을 추진하여, 돌봄이 필요한 노인이 살던 지역에서 계속 생활할 수 있도록 주거, 보건의료, 요양, 돌봄 서비스를 통합적으로 지원하고 있다. 농촌 지역에서도 일부 지방자치단체가 이 사업에 참여하여 마을 단위 돌봄 모델을 시범 운영하였다. 예를 들어 전남의 한 군(郡)에서는 "맞춤형 돌봄센터"를 설치하고, 읍면 단위로 간호사, 사회복지사, 생활지원사로 구성된 팀을 꾸려 해당 지역 노인들의 건강관리부터 가사지원, 응급안전체계 구축까지 포괄적인 서비스를 제공하였다. 또한 지역 주민들로 자원봉사 조직을 구성하여 돌봄이 필요한 이웃을 수시로 살피고 위기 시 행정에 연락하는 촘촘한 인적 안전망을 마련하였다. 이러한 지역사회 연계 돌봄은 노인이 시설이 아닌 지역사회에 거주하면서도 안정적인 돌봄을 받을 수 있게 하는 방향으로, 향후 농촌 노인복지의 핵심 모델로 부상하고 있다.

- 문화 여가 및 평생교육 지원: 농촌 노인의 삶의 질 향상을 위해 지자체와 민간에서는 다양한 문화·여가 프로그램을 제공한다. 예를 들어 농촌 평생교육의 일환으로 경로대학, 노인교실 등을 운영하여 노인들이 농한기 등에 취미활동, 문예창작, 전통기술 배우기 등의 프로그램에 참여하도록 장려한다. 또한 체육대회, 노인 건강 걷기 모임, 풍물 공연단과 같이 어르신들이 신체활동과 사회활동을 겸할 수 있는

장도 마련된다. 이런 활동들은 농촌 노인의 우울감 해소와 자기효능감 향상에 도움을 주며, 세대 간 교류 프로그램(예: 손자녀와 함께하는 캠프, 마을 역사 이야기 전하기 등)을 통해 지역공동체 통합에도 긍정적 효과를 가져온다.

농촌 노인을 위한 맞춤형 복지 정책과 서비스는 소득보장부터 건강·돌봄, 사회적 지원에 이르기까지 다양하게 전개되고 있다. 농촌 노인 복지에서 지역사회 자원 연계는 한정된 공적 자원을 보완하고 지역 특성에 맞는 맞춤형 지원을 구현하는 데 필수적이다. 농촌은 인적·물적 자원이 도시보다 부족하기 때문에, 지역 내 다양한 주체들의 협력과 자원 공유가 이루어져야만 실효성 있는 복지서비스 제공이 가능하다. 특히 농촌 지역은 앞서 언급한 대로 복지 서비스의 지리적 사각지대가 되기 쉽기 때문에. 우리나라에서도 커뮤니티케어 선도사업 등을 통해 이러한 모델을 시험하고 있으며, 성공 사례가 축적되면 농촌 전역으로 확대하여 노인이 살던 곳에서 생을 마감할 때까지 존엄하게 지낼 수 있는 환경을 조성하는 것이 지향점이다.

지역사회 자원 연계는 농촌 노인복지의 실효성을 높이는 열쇠라 할 수 있다. 제한된 정부 자원만으로는 충족하기 어려운 부분들을 지역 주민과 민간의 힘으로 메우고, 공공-민간-이웃이 함께 촘촘한 돌봄망을 짜는 것이 중요하다.

### (4) 해외 사례 비교

고령화와 농촌 노인 돌봄 문제는 우리나라뿐만 아니라 많은 국가들이 직면한 공통과제이다. 선진국들을 중심으로 농촌 지역 노인을 지원하기 위한 다양한 정책과 지역사회 모델이 발전되어 왔는데, 이는 우리의 정책 수립에도 많은 시사점을 준다. 특히 일본은 우리와 유사한 인구학적 변화로 농촌 고령화 문제가 심각하며, 미국 등 서구 국가들은 넓은 지리적 특성상 농촌 노인 돌봄에 대한 독자적인 접근을 발전시켜왔다.

**표21. 주요 국가의 농촌 노인 지원 정책/프로그램**

| 국가 | 주요 농촌 노인 지원 정책/프로그램 | 특징 및 효과 |
|---|---|---|
| 일본 | 지역포괄케어시스템 | 의료·요양·예방·주거·생활지원 통합 제공, 2025년까지 구축 목표, 치매 고령자 지원 |
| 미국 | 에이징 네트워크 & AAA | 고령자 지원기관 운영, 식사 배달·교통·주택 개조 서비스 제공, 자원봉사·비영리조직 연계 |
| 캐나다 등 기타 국가 | 고령친화공동체 | WHO 주도, 교통·주거환경 개선, 사회활동 증가, 다양한 나라에서 벤치마킹 |

1) 일본의 사례: 지역포괄케어시스템

일본은 세계에서 가장 빠르게 고령화가 진행된 국가로, 특히 농촌 지역의 노인 문제 해결을 위해 지역포괄케어시스템(地域包括ケアシステム)을 구축하고 있다. 이는 노인이 가능하면 병원이나 시설이 아닌 자택과 지역사회에서 계속 생활할 수 있도록, 의료, 돌봄, 예방, 주거, 생활지원이 통합적으로 제공되는 지역단위 지원체계이다. 일본 후생노동성은 베이비붐 세대가 모두 75세가 넘는 2025년까지 전국 모든 지역에 이 시스템을 갖추는 것을 목표로 하고 있다. 구체적으로는 노인의 집 30분 거리 내에 병원, 방문간호스테이션, 데이케어센터, 그룹홈, 상담센터 등이 위치하도록 인프라를 재편하고, 지역포괄지원센터를 설치하여 사례관리와 서비스 조정을 담당하게 한다. 이를 통해 중증 노인이나 치매 환자도 살던 마을에서 돌봄을 받으며 생을 마칠 수 있도록 지원하는 것이다.

또한 일본은 지역 주민의 참여를 강조하는데, 민생위원(民生委員) 제도를 통해 마을 자원봉사자가 취약노인을 지속적으로 방문·안부확인하고, 치매서포터(Dementia Supporter) 양성 프로그램을 전국적으로 전개하여 주민들이 치매 노인을 이해하고 도울 수 있게 교육한다. 오무타시 모델 등 일부 지역 사례를 보면, 치매 카페와 같은 커뮤니티 거점에서 노인과 주민이 자연스럽게 교류하며 고립을 막고 있다. 특히 일본 농촌에서는 인구감소와 서비스 부족으로 인한 고립 문제가 커서, 지역포괄케어시스템에서도 이러한 지역의 현실을 고려한 대응이 이뤄지고 있다. 예를 들어 도시와 다른 방식을 요구하는 농촌의 경우, 이동판매 차량이 방문간호사 역할을 일부 대신하거나, 중산간지역에 거주하는 노인을 위한 작은 거점시설을 마련하는 등 창의적인 접근을 시도하고 있다. 일본의 경험은 "지역사회가 노인을 끝까지 책임지는" 시스템 구축이라는 점에서 우리에게 시사하는 바가 크다.

2) 미국의 사례: Aging Network와 지역사회 파트너십

미국은 연방 차원에서 노인복지법(Older Americans Act)을 제정하여 노인 돌봄 서비스를 제공하는 에이징 네트워크(Aging Network)를 구축해왔다. 이 법에 의해 주 및 지역 단위에 고령자관리청(Area Agency on Aging, AAA)이 설립되어, 해당 지역의 노인들에게 식사 배달(Meals on Wheels), 교통편 제공, 재가 돌봄, 보건교육 등을 지원한다. 특히 지리적으로 넓은 미국에서는 농촌 지역 노인 지원을 위해 카운티 단위의 유연한 조정이 이뤄지며, 지방정부뿐 아니라 교회, 비영리기관, 자원봉사자가 두루 참여하는 분권적 모델이 발달했다. 예를 들어 루터란 사회복지기관(Lutheran Services in America)과 같은 전국적 네트워크가 농촌 지역의 노인 주거시설을 운영하거나, 커뮤니티 패러메딕 프로그램을 통해 구급대원이 평소에 농촌 노인 가정을 방문해 건강체크를 해주는 등 현지 실정에 맞는 파트너십이 형성되어 있다.

또한 미국에서는 테크놀로지 활용도 활발하다. 원격의료(telehealth)는 농촌 노인의 전문의 진료 접근을 향상시켰고, GPS 기반 응급호출기나 약물 복약 알림기기 등이 보급되어 독거노인의 안전을 지킨다. 지역 공동체에서는 “Village” 모델이라는 것이 등장했는데, 이는 동네 노인들이 회원제로 서로의 필요를 돕는 자조적 조직이다. 예컨대 마을의 운전 가능한 노인이 이웃을 병원에 데려다주거나, 다른 이는 소일거리를 가르쳐주는 식으로 교환하며, 외부 지원 없이 이웃 간 돌봄을 실천한다. 이러한 Village 네트워크가 미국 전역에 수백 개 생겨나 농촌에서도 적용되는 곳이 있다.

미국 사례의 특징은 연방정부의 분권적 지원체계 아래 지역사회가 창의적이고 다양한 파트너십으로 대응하고 있다는 점이다. 재정적으로도 연방 보조금과 주정부, 카운티 예산, 민간기부 등이 혼합되어 운영되며, 필요에 따라 규제 완화와 기술 지원을 통해 농촌 지역의 노인 돌봄을 강화하고 있다. 이러한 접근은 우리나라 농촌지역에서도 지역 실정에 맞춘 혁신이 중요함을 시사한다.

3) 기타 국가 및 국제 동향

그 외에도 여러 국가들이 농촌 고령화를 극복하기 위한 시책을 내놓고 있다. 캐나다는 연방 보건청 주도로 ‘고령친화적 농촌커뮤니티 가이드’를 발간하여, 교통, 주거, 사회참여, 존중 및 포용 등의 분야에서 농촌에 특화된 정책 방향을 제시하였다. 예를 들어 캐나다의 한 지역에서는 자원봉사 운전 서비스로 먼 거리의 병원 진료를 돕고, 마을

에 공동 택배함을 설치하여 거동 불편한 노인이 집 앞까지 배달을 받도록 하였다. 북유럽 국가들은 전국민 의료 및 돌봄 체계를 농촌까지 확충하여, 노인 방문간호사가 마을을 정기 순회하는 제도가 옛날부터 정착되어 있다. 덴마크의 경우 모든 지방자치단체가 재가요양 서비스를 의무적으로 제공하며, 농촌에 거주하는 노인도 필요한 경우 하루 1~2회 생활지원사가 찾아오는 것을 보장한다.

국제기구 차원에서는 세계보건기구(WHO)의 고령친화도시 및 공동체(Age-Friendly Cities and Communities) 이니셔티브가 주목된다. 이는 도시뿐 아니라 작은 커뮤니티까지 노인이 살기 좋은 환경을 만들기 위한 글로벌 운동으로, 전 세계 수백 곳의 지방자치단체가 네트워크에 참여하고 있다. 이 프레임워크에서는 물리적 환경(주거, 교통, 공공공간)과 사회적 환경(사회참여, 존중, 돌봄서비스) 등 8대 영역에서 기준을 제시하고 있어, 농촌 지역도 이를 참고하여 고령친화적인 개선을 도모하고 있다. 예컨대 한국의 몇몇 농촌 군지역도 WHO 고령친화 도시 네트워크에 가입하여 마을 진입로에 난간 설치, 버스정류장 의자 설치, 노인자원봉사단 운영 등 변화를 이루었다.

### (5) 결론

농촌 지역 노인의 특성과 욕구를 고려한 맞춤형 복지 정책 및 서비스, 그리고 지역사회 자원 연계와 해외 사례까지 살펴보았다. 농촌 노인은 도시 노인과 비교하여 인구학적·사회경제적으로 더 취약하고, 건강관리와 돌봄의 손길이 더욱 절실하다는 것이 드러났다. 이에 대응하여 한국에서는 기초연금 확충, 노인맞춤돌봄서비스 시행 등 여러 정책적 노력을 기울여 왔으며, 지역 주민과 자원봉사자의 참여 속에 커뮤니티 중심의 돌봄망을 구축하기 시작했다. 이러한 노력은 농촌 노인의 삶의 질 개선에 일정 부분 성과를 내고 있으나, 여전히 복지 인프라 격차와 인력 부족 등의 과제가 남아 있다.

해외 사례는 우리에게 몇 가지 시사점을 준다. 먼저, 지역 단위 통합지원 체계의 중요성이다. 일본처럼 중앙정부 차원에서 청사진을 제시하고 지자체와 주민이 협력하여 통합 돌봄 시스템을 갖춰가는 모델은 한국 농촌에서도 지향해야 할 바이다. 둘째, 공공-민간 파트너십과 주민 참여의 확대가 필요하다. 미국 사례에서 보듯이 지역 교회, 비영리단체, 이웃 주민까지 모두 연대해야 농촌의 돌봄 공백을 메울 수 있다. 한국도 이러한 협력문화를 제도적으로 지원하고 활성화해야 한다. 셋째, 서비스 접근성 제고를 위한 혁신이 요구된다. 지리적 한계를 극복하려면 이동서비스 확대, ICT 기술 활용 등이 필수적이며, 원격의료 규제 완화나 마을 공동차량 운행 등 과감한 조치도 검토할 필요가 있다.

Chapter 14

# 노인복지 전달체계

### (1) 노인복지전달체계

노인복지 전달체계란 노인들이 필요로 하는 복지서비스를 누가, 어떤 과정을 통해, 어떻게 제공하는지에 관한 조직적 체계를 의미한다. 즉, 복지서비스를 계획하고 재원을 마련하는 주체부터 실제로 현장에서 서비스를 전달하는 기관과 인력에 이르기까지의 사업·재정·조직·인력의 연결망을 일컫는다. 한국의 노인복지 전달체계는 오랜 기간 중앙정부 주도의 국가 복지체계로 형성되어 왔으며, 1995년 지방자치제 도입 이후에는 지방정부와 지역사회가 중요한 역할을 맡는 다층적 구조로 발전하였다.

한국의 노인복지 전달체계는 일반적으로 중앙정부 – 지방정부 – 민간기관의 다층 구조로 조직되어 있다. 중앙정부(보건복지부 등)는 전국적 정책과 법률을 수립하고 재정을 지원하며 제도를 총괄 관리한다. 지방자치단체는 중앙정부 지침 아래 지역 실정에 맞는 세부계획을 수립하고 행정적으로 집행하는 역할을 담당한다. 민간 부문에서는 비영리 복지기관, 사회단체, 민간시설 등이 정부로부터 위탁받거나 보조금을 지원받아 현장에서 직접 대상 노인들에게 서비스를 제공한다. 이러한 계층 간 역할분담을 통해 중앙의 통일성과 지역 현장의 적응성을 조화시키려는 것이 한국 전달체계의 기본 특징이다. 실제로 "중앙정부가 대부분의 사회복지 서비스를 계획하고 지방정부가 이를 집행한다"는 평가는 한국 전달체계의 구조를 잘 보여준다.

**표22. 한국 노인복지 전달체계의 다층적 구조**

| 수준 | 주요 역할 및 기능 |
|---|---|
| 중앙정부(보건복지부 등) | 노인복지 관련 법령 및 정책 수립, 재정 지원(국고보조 등), 서비스 표준과 지침 마련, 제도 관리와 평가 |
| 광역자치단체(시 · 도) | 지역 노인복지계획 수립, 예산 분담 및 조정, 시·군·구 지원 및 지도, 광역 단위 시설 설치 및 관리 |
| 기초자치단체(시 · 군 · 구) | 대상자 신청 접수 및 관리, 구체적 서비스 제공의 행정 절차 수행(사례관리 등), 지역 내 시설·기관 운영 감독, 지역사회보장협의체 운영 |
| 민간 기관 및 시설(비영리단체, 노인복지관, 요양시설 등) | 현장에서 직접 서비스 제공 (상담, 재가돌봄, 주야간보호, 시설보호 등), 프로그램 개발 및 실행, 자원봉사 연계 등 |

한국의 노인복지 전달체계에서는 행정절차가 대상자의 신청 → 욕구 및 자격 평가 → 서비스 결정 및 제공의 순서로 이루어진다. 예를 들어, 기초자치단체의 읍·면·동 주

민센터나 복지담당 부서에서 노인복지 서비스 신청을 접수하면, 공공 복지공무원이 소득 수준이나 장기요양 등급 등의 자격평가를 거쳐 서비스 대상자를 결정한다. 이후 결정된 대상자는 시·군·구를 통해 관련 시설이나 민간 제공기관에 연계되어 필요한 서비스를 받게 된다. 이러한 행정 절차는 중앙정부의 지침과 통합전산망 등을 통해 전국적으로 비교적 일관되게 운영되지만, 동시에 지방정부가 지역 특성에 맞는 서비스를 추가적으로 설계·지원하기도 한다.

한국 노인복지 전달체계의 장점으로는 전국적 보편성과 신속한 추진력을 들 수 있다. 중앙정부 주도로 노인장기요양보험, 기초연금 등 주요 제도가 단기간에 도입·확대됨으로써, 필요한 다수의 노인이 빠르게 혜택을 받을 수 있는 기반이 마련되었다. 실제로 2008년 노인장기요양보험 제도 도입 이후 요양시설·요양병원 등 장기요양 인프라가 급속히 확충되어, 일상생활 지원이 필요한 상당수의 노인들이 시설에서 돌봄을 받게 되었다. 또한 계층적인 전달체계를 통해 책임 소재가 비교적 명확하고, 중앙정부의 통일된 지침으로 서비스 품질 기준을 전국적으로 유지하려는 노력이 가능하다는 점도 강점이다.

반면 몇 가지 한계와 과제도 지적된다. 첫째, 전달체계의 획일적인 상하 구조로 인해 중앙에서 결정된 정책이 지역 현실과 완전히 부합하지 않을 경우 조정이 어려울 수 있다. 지방자치단체별 재정능력이나 행정역량의 차이로 지역 간 서비스 격차가 발생한다는 지적도 있다. 예컨대, 일부 지방자치단체는 노인복지 예산이 풍부해 다양한 프로그램을 운영하지만, 재정이 열악한 지역은 최소한의 법정서비스 제공에 그쳐 노인복지 수준의 지역 편차가 나타나기도 한다. 둘째, 공공부문과 민간부문 간 조정 미비로 전달과정에서 분절화와 중복이 발생하는 문제가 있다. 보건복지부 자체 평가에서도 "분절적이고 중복적인 서비스로는 복지 사각지대를 예방하기 어려운 한계"가 있음을 인정하고 있다. 이는 곧 서비스 간 연계 부족과 체계 통합의 필요성을 시사한다. 셋째, 그동안 시설 중심으로 서비스가 발전하면서 재가 및 지역사회 돌봄이 상대적으로 미흡했다는 점도 한계로 지적된다. 최근 정부가 추진 중인 통합돌봄(커뮤니티 케어) 시범사업은 이러한 한계를 보완하여 노인이 가능한 한 지역사회에 거주하면서 필요한 보건·복지 서비스를 통합적으로 받도록 하는 새로운 전달체계를 모색하는 노력이다. 요컨대, 한국의 노인복지 전달체계는 중앙-지방-민간의 다층 협력 구조를 통해 빠른 발전을 이루었으나, 지역 편차의 완화, 서비스 통합 및 조정, 재가복지 강화 등의 측면에서 지속적인 개선이 요구된다.

## (2) 해외 노인복지 전달체계 비교

세계 각국의 노인복지 전달체계는 역사적·사회적 맥락에 따라 서로 다른 구조와 특징을 보인다. 한국과 자주 비교되는 일본, 스웨덴, 미국의 사례를 통해 주요 국가들의 전달체계를 비교하면 다음과 같다.

**표23. 주요 국가의 노인복지 전달체계 비교**

| 구분 | 대한민국 | 일본 | 스웨덴 | 미국 |
|---|---|---|---|---|
| 전달체계 유형 | 중앙정부 주도의 통합형 + 지방분권 일부 (혼합형) | 지방분권형 (지자체가 보험자) + 국가 관리 혼합 | 지방분권형 (자치단체 책임 하 보편적 서비스) | 분권형 + 시장형 (주 · 연방 이원체계, 민간시장 중심) |
| 주요 재원 및 제도 | 일반조세 + 노인장기요양보험 (사회보험방식) + 공공부조 | 일반조세 일부 + 개호보험(사회보험) + 연금 (40세 이상 보험료 의무 납부, 65세부터 혜택) | 지방정부 세금(지방소득세 등) + 국가 보조금, 필요시 공공 지원 | 민간부담 + 연방/주 공공재원 병존 (메디케어 + 메디케이드 등 복합 구조) |
| 전달 주체 (운영) | 중앙정부 계획 수립, 지방자치단체 집행, 민간 위탁 운영 | 중앙정부 지침, 기초자치단체(시 · 정 · 촌) 보험 운영, 광역지자체 지원 | 중앙정부 법 · 기준 수립, 290개 기초자치단체(코뮌) 책임 하 제공 | 연방정부 지원·규제, 주정부 복지정책 결정·시행, 민간기관 서비스 제공 |
| 서비스 접근 및 내용 | 기초자치단체 통합 창구 신청 → 자격 판정 후 서비스 제공 (시설보호, 재가서비스, 현금급여 등) | 지자체 창구 신청 → 요개호도 등급판정 → 케어매니저 서비스 계획 (재가서비스 우선, 시설보호 병행) | 자치단체 사회복지국 신청 → 필요도 평가 후 서비스 제공 (주거지원, 가정방문 케어, 시설요양 등) | 복잡한 다원 체계 (의료 필요시 병원/요양병원, 저소득층 메디케이드 신청, 커뮤니티 케어는 지역 노인기관 연계) |
| 특징 및 장단점 | 사회보험 + 공공부조로 광범위한 대상 포괄, 중앙집권성으로 지역 간 격차 존재, 가족부양 부담 감소 | 세계 최고속 고령화 대응 보험방식, 지역밀착 서비스 가능하나 재정 부담 큼, 재가서비스 중심으로 재정 효율화 | 보편적 복지모델로 지방정부 자율성 큼, 조세 기반 무료서비스로 삶의 질 높으나 재정부담 큼 | 시장 중심 서비스 선택 다양, 부유층 고급서비스 가능하지만 공적 안전망 취약, 저소득층 시설 접근 어려움, 연방-주-민간 조정 어려움 |

각 나라별 상이한 노인복지 전달체계 모델을 보인다. 일본은 2000년 개호보험(장기요양보험) 제도를 도입하여 사회보험방식으로 노인 돌봄을 체계화한 선진 사례로, 한국 노인장기요양보험의 직접적 모델이 되었다. 일본에서는 “필요한 사람에게 필요한 때 서

비스를 제공"한다는 목표 아래 40세 이상 국민에게 보험료를 부과하고 65세 이상 노인이 요양이 필요할 때 보험급여로 서비스를 받도록 하고 있다. 전달체계 측면에서는 기초자치단체(시·정·촌)가 보험 운영의 주체가 되어 지역별로 서비스를 제공하고, 민간 기관들도 대거 참여하여 이용자가 제공기관을 선택할 수 있는 수요자 선택형 구조를 갖추었다. 이러한 지방분권형 모델 덕분에 지역사회 밀착형 서비스가 이루어지고 재가서비스 활용이 높다는 장점이 있지만, 지방정부의 재정 부담이 크고 국가 재정지원이 필요하다는 점이 과제로 남아 있다.

스웨덴의 노인복지 전달체계는 전형적인 복지국가 모델로서, 지방자치단체(코뮌)가 노인복지 서비스 제공의 책임 주체이다. 스웨덴은 「사회서비스법」에 따라 모든 노인이 필요시 거주지 코뮌으로부터 적절한 돌봄을 받을 권리를 가지며, 재원은 지방소득세 등의 지방세와 중앙정부의 보조금으로 충당된다. 대부분의 돌봄 서비스는 이용자에게 무료이거나 매우 저렴하게 제공되고, 최근 들어 일부 코뮌이 민간 업체에 서비스를 위탁하고 이용자에게 공·사 선택권을 주기도 하지만, 전반적으로는 공공부문이 서비스 제공을 주도한다. 스웨덴 모델의 장점은 균등한 서비스로 모든 노인이 경제적 여건에 관계없이 품질 높은 돌봄을 받는다는 것이며, 그럼에도 불구하고 스웨덴은 공공책임 하에 가족의 부담을 크게 덜어주며, 전인적 돌봄을 실현하고 있다는 평가를 받는다.

미국의 노인복지 전달체계는 앞선 두 나라와 달리 통일된 전국적 제도 없이 분권화되고 시장화된 혼합형으로 볼 수 있다. 연방정부가 노인 의료보장(메디케어)과 저소득층 대상 장기요양 지원(메디케이드) 등 일부 재정을 부담하지만, 그 외 노인복지 서비스의 상당 부분은 주정부와 지역사회, 민간시장이 주도한다. 예를 들어, 연방 차원에서는 1965년 「노인복지법(Older Americans Act)」을 제정하여 지역사회 노인센터, 식사배달, 돌봄조정 등의 프로그램에 보조금을 지원하고, 각 지역에 고령화지역기관(AAA)을 두어 노인 서비스 조정을 맡긴다. 그러나 직접 서비스는 대개 영리·비영리 민간기관이나 가정 내 비공식 돌봄 제공자(가족 등)가 담당하며, 이용 가능한 서비스와 품질은 개인의 경제력이나 거주 지역에 따라 큰 차이를 보인다. 부유한 노인은 사설 실버타운이나 고급 요양시설을 선택할 수 있는 반면, 저소득 노인은 정부보조가 없으면 양질의 시설 이용이 어려워 사회계층에 따른 복지격차가 크다. 미국 전달체계의 장점은 다양한 민간 공급자가 경쟁을 통해 서비스 다양성과 혁신을 제공한다는 점이지만, 공공책임이 약해 보편적 보장에 한계가 있고 가족에 대한 의존이 여전히 크다는 비판을 받는다. 최근 미국에서도 주정부 차원에서 장기요양보험 도입 논의 등 공적 개입 확대를 모색하고 있으나, 국가의 역할을 둘러싼 사회적 합의가 충분하지 않아 천천히 변화가 이루어지고 있다.

이처럼 일본, 스웨덴, 미국은 노인복지 전달체계의 스펙트럼 상에서 서로 다른 지점에 위치한다. 일본이 공공 보험방식과 지방정부 역할의 조화를 이루려고 한 모델이라면, 스웨덴은 공공 부문의 보편적 책임을 극대화한 복지국가 모델이고, 미국은 시장과 민간의 역할을 강조한 자유주의적 모델로 볼 수 있다. 각 모델에는 장단점이 뚜렷하며, 이는 한국에 여러 시사점을 제공한다. 일본처럼 사회보험 제도를 통해 가족부담을 사회화하는 것은 한국에서도 노인장기요양보험으로 구현된 바 있는데, 향후 재가서비스 강화 등 일본의 경험을 참고할 수 있다. 스웨덴 사례는 지방자치단체의 역할 확대와 공공의 책임성을 강조함으로써 서비스 격차를 줄이고 통합적 돌봄을 제공하는 방향을 시사한다. 반면 미국 사례는 민간 부문의 혁신 역량 활용의 중요성을 보여주지만, 동시에 공적 안전망 부재의 위험도 경고하고 있다. 결국 한국은 이러한 해외 사례를 종합적으로 검토하여, 보편성과 효율성의 균형, 중앙 지휘와 지방 자율의 조화, 공공과 민간의 협력 강화를 통해 고령사회에 적합한 전달체계를 발전시켜나갈 필요가 있다.

### (3) 공공과 민간의 역할 및 협력체계

노인복지 서비스의 효과적 제공을 위해서는 공공부문과 민간부문이 각자의 역할을 분담하고 상호 협력하는 체계를 구축하는 것이 필수적이다. 공공과 민간은 역할 면에서 상호보완적 관계를 가지며, 협력을 통해 단독으로는 해결하기 어려운 문제들을 극복할 수 있다. 본 절에서는 먼저 노인복지에서 공공과 민간 부문의 역할을 정리한 후, 협력 모델의 사례와 성과, 그리고 향후 협력체계 발전 방향을 논한다.

#### 1) 공공과 민간 부문의 역할 정리

공공부문은 중앙정부와 지방정부를 포함하며, 노인복지에서 기획자이자 보장자 역할을 수행한다. 구체적으로 공공부문은 법과 정책을 제정하여 제도의 틀을 마련하고, 재정을 확보·배분하여 안정적인 서비스 제공을 뒷받침하며, 전달체계 전체를 조정하고 감독함으로써 서비스의 형평성과 품질을 관리한다. 예를 들어, 정부는 노인장기요양보험법, 노인복지법 등을 제정하고 예산을 편성함으로써 모든 노인에게 최소한의 복지 수준을 보장하는 책임을 진다. 또한 지방자치단체를 통해 지역사회 내 취약 노인을 발굴하고 지원하는 안전망을 구축하며. 특히 비영리 부문은 오랜 현장 경험과 열의를 바탕으로 창의적인 접근과 신속한 대응이 가능하며, 공공부문이 미치지 못하는 사각지대에 놓인 노인들을 돕는 데 기여해왔다. 예를 들어, 민간사회복지기관인 노인복지관에서는 취미·여가활동, 심리상담, 사례관리 등 지역 노인들의 삶의 질을 높이는 다양한 서비스를 운영하고 있는데, 이는 공공부문이 제공하는 기초생활보장이나 요양보험 서비스 등을 보완하는 역할을 한다. 또한 기업의 사회공헌 활동, 지역사회의 자원봉사자 참여 등도 민간 차원에서 노인복지를 지원하는 중요한 요소로서, 공공 재원과 인력이 한계가 있는 부분을 채워준다.

공공과 민간 부문의 주요 역할을 비교하면 다음의 표와 같다. 공공부문은 거시적 차원에서 제도 설계와 보편적 권리 보장을 책임지고, 민간부문은 미시적 현장에서 서비스 전달과 혁신을 담당한다고 요약할 수 있다. 두 부문 모두 노인복지에 필수적이며, 어느 한쪽의 기능만으로는 늘어나는 노인 복지 수요를 충분히 충족하기 어렵다. 따라서 상호 협력을 통해 공공의 안정성과 공정성 위에 민간의 다양성과 효율성을 결합하는 것이 중요하다.

**표24. 노인복지에서 공공부문과 민간부문의 역할 비교**

| 부문 | 주요 역할 |
|---|---|
| 공공부문<br>(중앙정부·지방정부) | - 보편적 복지 보장자: 법 · 제도 수립을 통한 권리 보장<br>- 재정 지원자: 조세·사회보험을 통한 안정적 재원 확보 및 배분<br>- 조정·관리자: 서비스 전달체계 구축 및 운영 총괄, 기준 설정, 평가·감독<br>- 안전망 제공자: 취약계층 발굴, 긴급지원 등 최후의 보호망 역할 |
| 민간부문(비영리 · 영리 기관, 지역사회 등) | - 서비스 제공자: 현장에서 직접 돌봄서비스 수행 (시설·재가)<br>- 전문성 혁신자: 다양한 프로그램 개발, 전문인력으로 맞춤 서비스 제공<br>- 보완적 지원자: 공공서비스가 미치지 못하는 분야에서 추가 지원 (정서지원, 자원봉사 연계 등)<br>- 사회 자원 동원자: 민간 재원 투자, 기업 사회공헌, 지역 공동체 참여 유도 |

2) 공공-민간 협력 모델의 사례와 성과

한국에서는 노인복지 분야에서 공공과 민간의 협력이 다양한 형태로 이루어져 왔으며, 몇 가지 대표적 협력 모델을 통해 그 성과를 확인할 수 있다. 첫째로, 노인장기요양보험 제도는 공공과 민간이 유기적으로 결합된 모델이다. 이 제도에서 보험 운영과 관리는 건강보험공단(공공)이 담당하지만, 실제 서비스 제공은 다수의 민간 요양기관들이 맡고 있다. 정부는 서비스 제공 인력의 자격기준 설정과 평가를 통해 품질을 관리하고, 민간기관은 이용자의 선택을 받아 경쟁적으로 서비스를 제공함으로써 효율성과 품질 향상을 도모한다. 그 결과, 2008년 제도 도입 이후 비교적 짧은 기간에 전국적인 요양서비스 망이 구축되었고, 가족에 의존하던 돌봄 부담을 사회가 분담하는 효과를 거두었다는 평가를 받는다. 다만 초기에는 시설서비스 비중이 높아 재가서비스가 부족한 문제점이 있었고, 이에 따라 현재는 주야간보호시설 확충, 방문요양 강화 등 민간 제공자들과 협력하여 재가 중심으로 전환을 꾀하고 있다.

둘째, 노인복지관 운영은 전통적으로 지방자치단체와 민간사회복지법인 간의 협력 형태로 이루어지고 있다. 대부분의 시·군·구에는 공공 재원을 지원받아 운영되는 노인복지관이 있으며, 이들은 지방정부가 설치하고 민간 사회복지법인에 위탁 운영하는 방식이 일반적이다. 이런 협력을 통해 지방정부는 행정적 부담을 줄이면서 전문성을 확보하고, 민간법인은 안정적 예산 지원을 받아 지역 노인들을 위한 다양하고 전문적인 프로그램을 제공할 수 있게 된다. 예컨대, 서울시의 경우 각 구별 노인복지관이 평균 수천 명의 회원에게 문화여가, 평생교육, 복지상담 서비스를 제공하고 있는데, 이는 지방정부 혼자 수행하기 어려운 방대한 업무를 민관 협력을 통해 실현한 사례로 볼 수 있다. 이러한 위탁 운영 모델은 공공의 재정 투입과 민간의 운영 전문성이 결합하여 시너지를 낸 성공적인 협력으로 평가된다.

셋째, 지역사회보장협의체를 통한 협력도 중요한 모델이다. 지역사회보장협의체는 「사회보장급여법」에 따라 시·군·구 및 읍·면·동 단위로 설치된 민관 협력 기구로서, 공무원과 지역 주민, 복지시설 대표 등이 함께 참여하여 지역의 복지 문제를 논의하고 자원을 연계한다. 노인복지 분야에서도 협의체를 통해 행정기관과 민간자원(봉사단체, 후원자 등)을 연결함으로써 고독사 위험이 있는 독거노인 발굴, 취약노인 가정에 민간 후원물품 전달, 통합 사례관리 등 맞춤형 지원이 이루어지고 있다. 이러한 협의체 활동은 지역 단위의 촘촘한 인적 안전망 구축에 기여하여 복지사각지대 해소에 성과를 보이고 있으며, 정부도 협의체 강화를 위해 행·재정적 지원을 확대하고 있다. 이는 공식 조직과 비공식 자원을 결합한 네트워크형 협력의 좋은 예로, 중앙집권적 전달체계의 한계를 보완하는 주민 밀착형 복지전달을 구현한다는 의의가 있다.

이 외에도 노인일자리 사업에서는 지방자치단체가 사업계획과 예산을 마련하고 민간 수행기관(노인복지관, 시니어클럽 등)이 현장에서 노인을 선발·배치하는 협력 구조를 통해, 대규모 사업을 효율적으로 운영하고 있다. 치매안심센터의 경우도 보건소(공공)와 민간의료기관, 복지기관이 연계하여 의료와 돌봄 서비스를 통합적으로 제공하는 모델로 주목받는다. 이처럼 다양한 영역에서 축적된 협력 사례들은 공공-민간 협력이 서비스 접근성을 높이고 자원의 효율적 활용을 가능케 하며, 궁극적으로 노인의 삶의 질을 향상시키는 데 기여함을 보여준다.

3) 공공-민간 협력체계의 발전 방향 및 정책 제언

고령사회에서 늘어나는 복지 수요와 복합적인 노인 문제에 대응하려면, 앞으로 공공과 민간의 협력체계를 더욱 발전시켜 나가야 한다. 첫째, 공공부문의 거버넌스 역량 강화와 민간부문의 전문성 제고가 함께 이루어져야 한다. 공공은 민간과의 협력을 촉진할 수 있도록 법·제도적 장치를 정비하고 예산 지원을 강화해야 한다. 예를 들어, 성과가 우수한 민간기관에 인센티브를 제공하거나, 민관 협력 사업에 대한 재정 지원 프로그램을 확대함으로써 민간의 적극적 참여를 유도할 수 있다. 또한 공공부문은 협력 과정에서 조정자로서 각 기관의 역할을 명확히 하고, 정보공유 시스템을 구축하여 중복서비스나 대상 누락이 없도록 통합적 관리를 할 필요가 있다. 이는 데이터베이스 연계, 사례관리 회의 정례화 등을 통해 가능하며, 지역사회보장협의체와 같은 플랫폼을 활용하여 실행할 수 있다.

둘째, 민간부문의 역량 강화도 중요하다. 민간 사회복지기관들은 스스로 서비스 품질을 높이고 투명성을 제고함으로써 공공의 신뢰를 얻어야 하며, 전문인력 양성과 교육을 통해 책임 있는 파트너로 성장해야 한다. 정부는 이에 필요한 인력개발 지원, 평가제도 개선 등을 통해 민간의 질적 향상을 도와야 한다. 예컨대, 노인복지시설 평가 결과를 공개하여 민간기관 간 건전한 경쟁을 유도하고, 우수 기관에는 추가 지원을 제공함으로써 전체적인 서비스 수준을 올릴 수 있을 것이다.

셋째, 지역사회 단위의 참여와 협력을 활성화하는 방향으로 나아가야 한다. 노인복지는 그 특성상 지역사회 내 이웃, 자원봉사자, 비공식 돌봄망의 역할이 크기 때문에, 이들을 제도권 안에서 연계하는 커뮤니티 케어 모델을 발전시킬 필요가 있다. 이를 위해서는 주민들이 지역 노인복지에 관심을 가지고 참여할 수 있는 여건을 만들고, 민관이 함께하는 캠페인이나 교육을 통해 공동체 돌봄의 가치를 확산시켜야 한다. 예를 들어, 지역 주민이 독거노인의 안부 확인에 참여하는 '이웃돌봄' 프로그램이나, 대학생·청년과 노인을 매칭하는 세대통합 봉사활동 등이 제안될 수 있다. 이러한 풀뿌리 참여를 공공이 제도적으로 지원하면, 노인복지 전달체계는 더욱 인간적이고 촘촘한 안전망으로 강화될 것이다.

끝으로, 정책적 측면에서는 증거 기반의 협력 모델 평가와 확산이 요구된다. 현재 진행되고 있는 다양한 민관협력 사업들에 대해 효과성을 면밀히 평가하고, 모범 사례의 경우 이를 표준화하여 전국으로 확대하는 노력이 필요하다. 정부 차원의 시범사업 결과를 공유하고, 우수 협력 모델에 대해서는 법제화나 예산 반영을 통해 제도적으로 뒷받침해야 할 것이다. 나아가 협력 과정에서 나타나는 갈등이나 한계에 대한 연구를 지속하여, 예컨대 공공과 민간의 책임 경계 설정, 비용 분담 기준, 의사소통 채널 등을 정교화함으로써 협력이 원활히 이루어지도록 개선해 가야 한다.

Chapter 15

# 노인복지시설

1. 노인복지시설
2. 복지시설의 평가와 관리

# 1. 노인복지시설

노인복지시설은 노인이 신체적·정신적 건강 또는 사회·경제적 어려움으로 가정에서 생활하기 어려울 때 이용하거나 거주할 수 있도록 설계된 시설로서, 노인의 안정된 노후와 복지 증진을 목표로 한다. 노인복지법 제31조에서는 노인복지시설을 기능과 제공 서비스에 따라 여러 유형으로 분류하고 있는데, 노인주거복지시설, 노인의료복지시설, 노인여가복지시설, 재가노인복지시설의 네 가지가 그 핵심 유형이다. 본 장에서는 이러한 주요 시설 유형별 기능과 운영 방식을 살펴보고, 국내 시설 현황 및 통계 자료를 통해 노인복지시설의 실태를 파악한다. 아울러 일본, 독일, 스웨덴, 미국 등 해외 사례를 비교하여 우리나라 노인복지시설 체계에 대한 시사점을 도출하고, 현행 운영 및 평가 체계를 검토한 후 향후 정책 방향과 개선 과제를 논의한다.

## (1) 노인복지시설의 주요 유형

### 1) 노인주거복지시설

노인주거복지시설은 가정에서 생활하기 어려운 노인에게 주거 공간과 일상생활 지원을 제공하는 시설로, 노후의 주거 안정을 도모하는 역할을 한다. 여기에는 양로시설, 노인공동생활가정, 노인복지주택의 세 종류가 포함된다. 양로시설은 돌볼 사람이 없거나 경제적으로 어려운 노인을 입소시켜 식사 제공 등 일상생활에 필요한 편의를 지원하는 곳이며, 전통적으로 정부나 사회복지법인에 의해 운영되어 생활이 어려운 노인을 보호해왔다. 노인공동생활가정은 소규모 공동 가정 형태로 노인들에게 가정과 같은 주거환경 속에서 식사와 일상 편의를 제공하는 시설로, 주로 10명 미만의 소수 노인이 가족적인 분위기에서 생활하도록 지원한다. 노인복지주택은 비교적 건강한 노인에게 주거공간을 분양 또는 임대하며, 안전한 주거환경과 기본 편의를 제공하는 시설로서 일종의 실버타운 기능을 한다. 이들 주거복지시설의 공통된 기능은 노인이 안정적으로 거주하며 기본적인 의식주 지원을 받을 수 있게 함으로써 가족 부양의 공백을 메우고 노인의 주거 복지를 실현하는 데 있다.

운영 방식 측면에서, 양로시설과 공동생활가정은 보통 지방자치단체나 사회복지법인이 설치·운영하며 생활보호대상자 등 취약계층 노인을 우선적으로 입소시킨다. 입소 노인은 규정된 생활비나 본인 부담금을 지불하며, 정부로부터 운영보조금을 지원받는 형태가 많다. 노인복지주택의 경우 민간이나 공공기관이 공급하며, 입주 노인은 주택 임대료나 관리비 등을 부담하되 의료 및 돌봄 서비스는 별도로 이용할 수 있다. 최근 주거복지시설 이용 노인의 규모는 정체 상태인데, 2023년 현재 노인주거복지시설은 전국에 297개소가 운영 중이며 입소 노인은 총 19,369명으로 전년 대비 소폭 증가하는 데 그쳤다. 이는 고령친화 주거시설 공급 확대에도 불구하고, 상당수 노인이 시설 입소보다 재가 생활을 선호하거나, 노인장기요양보험의 도입 이후 경증 노인은 방문요양 등의 재가서비스를 활용하게 된 영향으로 볼 수 있다. 한편 시설 수는 오히려 2022년 308개소에서 2023년 297개소로 감소하여, 일부 양로시설의 폐쇄나 전환이 진행되고 있음을 보여준다. 전반적으로 노인주거복지시설은 취약노인의 주거 안전망 기능을 수행하지만, 수요 증가가 크지 않아 공급 규모도 정체된 상태이다.

2) 노인의료복지시설

노인의료복지시설은 노인성 질환이나 중풍·치매 등으로 일상생활에 상당한 지원이 필요한 노인을 대상으로 장기간 의료적 관리와 일상생활 도움을 제공하는 시설이다. 대표적으로 노인요양시설(요양원)과 노인요양공동생활가정의 두 종류가 법령에 규정되어 있다. 노인요양시설은 10인 이상의 중증 노인을 장기간 입소시켜 식사, 목욕, 배설 등 일상생활 전반에 걸친 요양 서비스를 제공하는 곳으로, 전문 인력(요양보호사, 간호사 등)이 24시간 상주하며 노인의 신체기능 유지와 의료 처치를 지원한다. 노인요양공동생활가정(소규모요양시설)은 5~9인 규모로 운영되는 소형 요양시설로, 가정적 환경에서 치매 등을 앓는 노인에게 생활지원과 요양 서비스를 제공한다. 이들 시설은 장기요양기관으로도 불리며, 노인장기요양보험 급여의 일환으로 운영된다는 점이 특징이다.

운영 방식에 있어, 노인의료복지시설은 노인장기요양보험제도가 시행된 2008년 이후 폭발적으로 증가하였다. 장기요양보험 도입 직전인 2008년에는 전국에 1,832개소에 불과했던 요양시설(노인의료복지시설)이 2010년 3,852개소, 2022년에는 6,069개소로 늘어나 14년 만에 약 3배 이상으로 급증하였다. 2023년 현재 노인의료복지시설은 6,139개소까지 증가하였고, 이들 시설에 입소하여 요양서비스를 이용하는 노인 수는 24만 2,974명에 달해 전년 대비 4.62% 늘어났다. 이는 고령인구 증가와 더불어 장기요양보험 재정으로 시설 이용이 지원되면서 수요가 꾸준히 확대된 결과이다. 노인의료복지시설은 대부분 민간(영리법인 포함)이나 비영리단체에서 운영하고 있으며, 정부는 시설 인력배치기준 설정과 평가제도를 통해 서비스 품질을 관리한다. 노인요양시설의 경우 노인장기요양보험 급여비용으로 운영재원을 충당하며, 입소 노인은 본인부담금(장기요양 등급에 따라 급여비용의 20% 등)을 지불한다. 의료적 처치가 필요한 경우 촉탁

의나 협약의료기관을 통해 의료서비스를 연계한다. 요양공동생활가정은 소규모라는 특성을 살려 지역사회 내 그룹홈 형태로 운영되며, 가족적인 돌봄 환경을 강조한다. 이처럼 노인의료복지시설은 노후의료와 돌봄을 전문적으로 제공함으로써 거동이 불편한 노인의 삶의 질 유지에 핵심적인 역할을 하고 있으며, 장기요양보험제도의 핵심 축으로서 자리매김하고 있다.

3) 노인여가복지시설

노인여가복지시설은 건강한 노인들의 여가·사회활동을 지원하고 노년기의 사회적 고립을 예방하기 위한 시설로 정의된다. 여기에는 노인복지관, 경로당, 노인교실 등이 포함된다. 노인복지관은 일정 규모 이상의 종합시설로서 노인들에게 교양, 취미, 평생교육, 상담, 재가복지 정보제공 등 다채로운 프로그램을 제공하는 기관이다. 사회복지사, 여가활동 전문인력 등이 배치되어 있으며, 도시나 군 단위로 설치되어 지역 노인의 여가문화 형성에 기여한다. 경로당은 주로 마을이나 동네 단위에 설치된 작은 규모의 친목 공간으로, 지역 노인들이 자유롭게 모여 담소를 나누고 취미활동을 하거나 마을회 등을 운영하는 장소이다. 경로당은 회원제로 운영되기도 하지만 대부분의 경우 해당 지역 60세 이상 노인이 자유롭게 이용할 수 있으며, 농촌 지역까지 전국에 광범위하게 분포한다. 노인교실은 노인을 대상으로 한 평생교육의 장으로서, 노인의 학습 욕구를 충족시키고 건전한 취미활동이나 건강증진 교육을 제공하는 곳이다. 예를 들어 컴퓨터 교실, 노래 교실, 한글 교실 등 다양한 프로그램이 노인교실의 형태로 운영된다.

노인여가복지시설의 기능은 노인의 사회참여와 여가선용을 지원하는 데 있다. 이러한 시설들은 노년기 우울감이나 고립감을 예방하고 동년배와의 교류를 통해 심리적 안정을 얻도록 하는 역할을 한다. 운영 측면에서 노인복지관은 지방자치단체가 설립하고 사회복지법인 등에 위탁하여 운영하는 경우가 많으며, 정부지원금과 이용료(일부 프로그램 유료화)로 재정을 충당한다. 경로당은 보통 마을 단위로 설치되어 지자체의 운영비 보조와 지역주민의 자율적 관리로 이루어지며, 냉·난방비나 운영비의 일부를 행정복지센터(읍 · 면 · 동)에서 지원한다. 노인교실 프로그램은 노인복지관이나 평생학습관 등을 통해 이루어지거나 별도의 노인교실 시설로 운영된다.

통계적으로 볼 때, 노인여가복지시설은 시설 수 기준으로 가장 규모가 큰 영역이다. 2023년 현재 전국에 운영 중인 노인여가복지시설은 총 70,455개소로 전년보다 669개 증가하여 계속 늘어나는 추세다. 이 수치는 전체 노인복지시설의 약 78%를 차지할 정도로, 경로당을 중심으로 한 소규모 여가시설이 매우 많기 때문이다. 다만 이러한 시설의 이용자 수는 개별 집계가 어려운데, 노인복지관의 경우 한 해 수만 명 이상이 다양한 프로그램에 참여하고 있고 경로당 역시 등록 회원 수 기준 수백만 명에 이를 것으로 추정된다. 예컨대 2022년 말 기준 전국 경로당 수는 약 68천 개소에 달했으며, 평균적으로 경로당 하나당 수십 명의 회원이 등록되어 있는 것으로 파악된다. 노인여가복지시설은 이처럼 광범위한 기반시설을 통해 노인의 사회적 욕구를 충족시키고 있으며, 고령인구 증가에 발맞춰 프로그램의 질적 향상과 기능 보완이 지속적으로 요구되고 있다.

4) 재가노인복지시설

재가노인복지시설은 노인이 자택에 거주하면서 필요한 복지서비스를 제공받을 수 있도록 지원하는 시설 및 서비스를 말한다. 크게 방문요양, 방문목욕, 주·야간보호, 단기보호 등의 서비스 유형으로 구성되며, 이를 제공하는 기관들을 포괄하는 개념이다. 방문요양 서비스는 요양보호사가 노인의 가정에 방문하여 신체 활동 보조, 식사 준비, 청소 등 일상생활을 도와주는 형태이고. 주·야간보호시설은 집에서 지내는 노인을 낮 동안(또는 밤 동안) 시설에 보호하면서 식사, 목욕, 간호서비스와 사회활동 프로그램을 제공하는데, 이를 통해 부양가족이 일정 시간 동안 안심하고 경제활동이나 휴식을 취할 수 있게 한다. 단기보호시설(단기쉼터)은 부양자가 질병이나 여행 등의 사유로 일시적으로 돌봄을 제공하기 어려울 때, 노인을 며칠에서 몇 주까지 단기간 시설에 맡겨 돌볼 수 있도록 하는 서비스이다. 이 외에도 재가노인지원센터 등을 통해 밑반찬 배달, 상담, 생활지원 서비스 등이 제공될 수 있다.

재가노인복지시설의 운영은 노인장기요양보험 도입 후 크게 활성화되었다. 방문요양, 주야간보호 등은 장기요양 등급 판정을 받은 노인에게 보험급여로 제공되기 때문에, 민간 및 비영리 운영주체들이 앞다투어 관련 기관을 설립하였다. 그 결과 2023년 현재 재가노인복지시설(장기요양 재가서비스 제공기관)은 무려 15,896개소에 이르러 1년 사이에 19.7%나 증가하였고. 장기요양보험의 혜택을 받지 않는 일반 노인을 대상으로 한 재가서비스로는 노인맞춤돌봄서비스(옛 노인돌봄종합서비스) 등이 별도로 시행되고 있는데, 이는 주민센터를 통해 생활지원사가 취약 노인을 정기적으로 방문하여 안부확인과 생활지원을 하는 사업이다.

재가노인복지시설의 핵심 기능은 노인이 가능한 한 자신의 집과 지역사회에서 계속 생활할 수 있도록 돕는 것이다. 시설 입소는 가정과 격리되어 생활환경이 급변하는 단점이 있는 반면, 재가서비스는 친숙한 환경을 유지하면서 필요한 도움만 받기 때문에 노인의 정서적 안정에 유리하다. 또한 가족 부양자의 부양부담을 경감시켜주고, 국가적으로도 고가의 시설 입소보다 경제적이라는 장점이 있다. 운영 방식은 주로 장기요양기관 지정제도를 통해 민간기관이 서비스를 제공하고 국민건강보험공단이 관리·평가를 담당하는 형태다. 정부는 서비스 질 관리를 위해 일정 자격을 갖춘 요양보호사와 간호인력을 배치하도록 규정하고, 이용자 만족도 조사 및 평가를 실시한다. 최근 치매노인 증가에 대응하여 치매전담형 재가서비스(주야간보호시설 내 치매전담실 운영 등)도 도입되어 전문성을 강화하고 있다. 재가노인복지시설은 앞으로 지역사회 통합돌봄 체계의 핵심 요소로서 더욱 확대되어야 할 분야로 평가된다.

### (2) 노인복지시설 현황 및 통계

앞서 살펴본 바와 같이, 노인복지시설은 종류에 따라 그 기능과 이용 대상이 상이하며, 시설 분포와 이용 규모에서도 큰 차이가 나타난다. 2023년 현재 대한민국의 노인복지시설 전체 시설 수는 약 89,643개소로 집계되었다.

**표25. 국내 노인복지시설 유형별 현황 (2023년 기준).**

| 시설 유형 | 주요 하위 시설 | 시설 수 (개소) | 이용 노인 수 (명) |
|---|---|---|---|
| 노인주거복지시설 | 양로시설, 노인공동생활가정, 노인복지주택 | 297 | 19,369 |
| 노인의료복지시설 | 노인요양시설, 노인요양공동생활가정 | 6,139 | 242,974 |
| 노인여가복지시설 | 노인복지관, 경로당, 노인교실 | 70,455 | (자료 없음) |
| 재가노인복지시설 | 방문요양, 주야간보호, 단기보호 등 | 15,896 | 125,048 |

*주: 노인여가복지시설의 이용자 수는 경로당 등 다중이용시설의 특성상 개별 집계되지 않으므로 산출 자료 없음.*

주거복지시설은 시설 수도 이용자 수도 가장 적은데, 대상 노인이 제한적이고 시설 설립이 정체되어 있기 때문이다. 재가복지시설은 시설수 1만5천여 개로 많고 이용자도 12만5천 명에 달해, 시설 입소가 아닌 재가서비스 이용자가 빠르게 증가하고 있음을 보여준다. 특히 재가서비스는 2022년에 비해 시설수가 20% 가까이 늘어나는 등 공급이 급증하고 있는데, 이는 지역사회 내 노인 돌봄수요가 커지고 관련 시장이 확대되고 있음을 시사한다. 요약하면, 한국의 노인복지시설 공급은 여가시설의 광범위한 커버리지, 의료복지시설의 지속적 성장, 재가서비스 분야의 급속한 팽창, 주거복지시설의 정체라는 특징적인 양상을 보이고 있다. 이러한 현황은 향후 노인복지 정책 방향 설정에 중요한 기초 자료가 된다.

### (3) 해외 노인복지시설 운영 사례 비교

고령사회에 대응하기 위해 각 국가들은 자국의 사회·경제적 여건에 맞게 다양한 노인복지시설 운영체계를 발전시켜왔다. 일본, 독일, 스웨덴, 미국은 고령화 선진국으로서 서로 다른 모델의 노인복지(장기요양) 시스템을 갖추고 있다.

**표26. 해외 주요국의 노인복지시설 운영 비교.**

| 구분 | 한국 (Korea) | 일본 (Japan) | 독일 (Germany) | 스웨덴 (Sweden) | 미국 (USA) |
|---|---|---|---|---|---|
| 65세 이상 인구 비율 | 17.5% (고령사회) | 29% (초고령사회) | 22% (초고령사회) | 20% (고령사회) | 17% (고령사회) |
| 장기요양 제도 | 사회보험방식 LTCI (2008년 도입) | 사회보험방식 LTCI (2000년 도입) | 사회보험방식 LTCI (1995년 도입) | 보편적 복지제도 (지방자치 책임) | 공공의료보장 일부 (Medicaid 등) + 민간 |
| 주요 노인복지 시설 | 요양원, 주야간 보호센터 등 | 특별양로홈, 개호노인홈, 그룹홈 등 | 양로원, 요양원, 재가서비스 기관 | 시립 양로원, 그룹홈 (특별주거형태) | 요양병원, 너싱홈, Assisted Living 등 |
| 시설 공급 및 이용 | 요양시설 6천여 개, 시설거주 약 26만 명, 재가서비스 확대 (이용자 12만 명↑) | 시설정원 약 230만 명, 영리법인 공급 50% 차지 | 요양시설 약 1.5만 개, 전체 요양대상자 500만 명 중 45% 시설 이용 (나머지 55% 재가서비스) | 시설거주 약 8.8만 명, 재가서비스 이용 23.7만 명 (재가 위주 정책) | 너싱홈 1.53만 개, 입소 약 130만 명, 유료양로시설 0.8만 명 추가 |
| 재원 및 운영 특성 | 민간시설 다수 (정부 평가·관리), 장기요양보험급여 + 본인부담 | 민간(영리) 적극 참여, LTCI 공적재원 + 본인부담 (1할) | 민관 혼합, 민영화 증가, LTCI 공적재원 + 본인부담 (상한 有) | 지방자치단체 세금 재원, 공공서비스 중심, 일부 민간참여 | 민간시장 중심 (영리 70%), Medicaid/Medicare 제한적 지원 |

먼저 일본은 2000년 공적 장기요양보험(개호보험) 도입 이후 대규모 시설 인프라를 구축하여, 현재 약 230만 명분의 노인시설 정원을 확보하고 있다. 이는 전체 고령인구의 약 10%에 달하는 수준으로, 세계에서 가장 높은 노인 시설수용력을 보여준다. 일본에서는 민간 영리법인의 참여를 장려하여 시설 공급을 확대하였으며, 2022년 기준 전체 요양시설의 절반가량이 영리업자에 의해 운영되고 있다. 공적 보험에서 시설이용료의 90%를 급여로 지원하고 본인이 10%를 부담하도록 함으로써 중산층 이상 노인도

시설을 많이 활용하고 있다. 하지만 이로 인해 인력 부족과 재정 지출 급증이 사회적 문제로 대두되어, 일본 정부는 커뮤니티 케어(지역포괄케어) 강화와 시설 입소 억제 정책으로 전환을 모색 중이다.

독일은 1995년 장기요양보험을 도입한 이래 비교적 재가보호를 우선하는 전략을 유지해왔다. 실제로 2021년 기준 요양보험 수급자 중 54.4%가 가족이나 방문요양 등에 의한 재가서비스를 받고 있고, 45.6%만이 요양원 등 시설에 입소하고 있다. 이는 독일이 법적으로 가족 부양의무를 강조하고 현금수당 지급방식을 통해 가족돌봄을 장려한 결과로 분석된다. 그럼에도 고령화로 시설 수요는 꾸준히 증가하여, 독일 내 요양원과 양로시설 수는 2017년경 이미 14,480개소에 이르렀다. 2021년 현재는 약 15,400개소의 요양시설이 운영 중이며, 장기요양 수급자 5백만 명 중 약 220만 명이 시설에서 생활하는 것으로 추산된다. 운영 측면에서 독일도 민영화 경향이 강해져, 시설 입소자의 약 40%가 민간영리 운영시설을 이용하고 있다. 그러나 시설 인력부족과 경영난 문제가 심각해지면서 일부 주에서는 공공 및 비영리 시설을 늘리는 방안을 검토 중이다. 독일의 사례는 현금급여와 재가돌봄 중심의 정책이 시설 수요를 일정 부분 억제하는 효과를 보여주지만, 고령층의 돌봄 부담을 여전히 가족에게 크게 의존하고 있다는 평가가 있다.

스웨덴은 북유럽 복지국가 모델로, 지방자치단체가 책임지고 세금으로 노인 돌봄을 제공하는 체계가 특징이다. 노인장기요양보험과 같은 별도의 사회보험은 없지만, 전국 모든 노인은 필요시 각 시·군의 사회서비스를 통해 가정 내 도움(home help)이나 특별양로주택(special housing)을 이용할 수 있다. 스웨덴은 가능한 오랫동안 노인이 자택에서 독립적으로 살도록 돕는 것을 우선시하여, 1980년대 이후 시설 입소율을 지속적으로 줄여온 대표적 국가이다. 실제로 2000년대 이후 노인요양시설 병상수를 인구 대비 크게 축소했고, 시설에 거주하는 노인 비율이 감소 추세다. 2019년 기준으로 약 88,000명의 노인이 특별 양로주택에 거주하고 있는데, 이는 전체 80세 이상 인구의 비율이 예전보다 낮아진 수치이다. 반면 같은 해 약 237,000명의 노인이 방문간호·가사지원 등의 재가서비스를 받고 있어 시설 이용자의 2.7배에 달했다. 스웨덴 정부는 재가서비스에 대한 투자를 늘리고 시설은 중증 노인 위주로 엄격히 필요할 때만 이용토록 유도하고 있다. 그 결과 2013~2017년 사이 시설 돌봄에 대한 지출은 연평균 0.4% 감소한 반면 재가돌봄 지출은 1.9% 증가하여, 재정적으로도 탈(脫)시설화 경향이 뚜렷하다. 스웨덴의 경우 시설의 약 80%는 시립(public)이고 20%만 비영리 등 민간이 운영하며, 모든 시설은 국가의 품질관리 하에 높은 수준을 유지하고 있다. 다만 이러한 보편적 돌봄체계는 지방정부 재정에 큰 부담이 되어, 향후 민간참여 확대나 비용 효율화가 과제로 지적된다.

미국은 연방 차원에서 통합된 노인장기요양 제도가 없고, 의료보험체계 내에서 제한적으로 노인요양서비스를 지원하는 독특한 구조를 가지고 있다. 65세 이상 노인은 메디케어(Medicare)를 통해 단기요양이나 재활치료를 받을 수 있으나, 장기적인 요양원 비용은 저소득층 대상의 메디케이드(Medicaid)를 통해서만 지원된다. 이 때문에 공적 지원을 받지 못하는 중산층 이상 노인은 민간 요양시설(nursing home)이나 어시스티드 리빙(assisted living) 시설을 본인 부담으로 이용하는 경우가 많다. 현재 미국에는 약 15,300개의 인증된 요양원이 있으며, 이들 시설에 2020년 기준 약 130만 명의 노인이 상주하고 있다. 전체 요양시설의 70% 이상이 영리기업에 의해 운영되고 있어 영리화 정도가 매우 높다. 또한 의료적 돌봄이 필요한 노인은 요양원(nursing home)으로, 비교적 상태가 양호한 노인은 생활지원 중심의 시니어 거주시설(assisted living, 약 8천여 개소)에 거주하는 등 다양한 계층의 민간 시설시장이 발달해 있다. 예를 들어 2020년 현재 약 81만 8천 명의 노인이 각종 주거형 노인커뮤니티(residential care communities)에 거주하는 것으로 집계되는데. 이를 보완하기 위해 주정부 차원의 커뮤니티 케어 프로그램이나 노인주거 지원정책이 부분적으로 시행되고 있으나, 전반적으로 미국은 가족 부양과 사적 대비에 크게 의존하는 모델이라 평가된다.

일본과 한국은 공적 장기요양보험을 기반으로 단기간 내 시설 공급을 크게 늘린 아시아 모델이고, 독일과 스웨덴은 가족돌봄 및 지역사회 돌봄을 우선시하면서도 시설 체계를 갖춘 유럽 모델이다. 미국은 공공 지원이 제한적인 시장 중심 모델로, 노인복지시설 이용이 경제적 능력에 좌우되는 양상이 두드러진다. 이러한 국제 비교를 통해 얻을 수 있는 교훈은, 공적 재원 투입과 돌봄 인력 확보를 어떻게 조화시키면서 노인의 존엄성을 지킬 것인가가 공통된 과제라는 점이다. 또한 장기적으로는 모든 국가가 재가 및 지역사회 돌봄을 강화하는 방향으로 나아가고 있다는 점에서, 우리나라도 시설과 재가의 균형 발전을 도모할 필요가 있음을 시사한다.

### (4) 노인복지시설의 운영 및 평가 체계

노인복지시설의 효율적 운영과 서비스 질 관리를 위해 각종 제도적 장치와 평가 체계가 마련되어 있다. 우선 설치·운영 기준 측면에서, 노인복지법 및 관련 법령은 시설 유형별로 인력배치기준, 시설설비 기준, 안전기준 등을 상세히 규정하고 있다. 예를 들어 노인요양시설의 경우 입소자 2.5명당 1명의 요양보호사를 두어야 하고, 간호사와 사회복지사를 일정 비율 이상 배치해야 한다. 또한 시설 면적, 침실과 화장실의 구조, 응급조치 장비 비치 등 물리적 요건도 법정 기준을 충족해야 한다. 이러한 기준을 통해 최소한의 서비스 환경을 담보함과 동시에, 인력 및 시설비용이 과도하게 절감되어 발생할 수 있는 돌봄 공백이나 안전사고를 예방한다.

운영 재원에 있어서는, 공공 및 민간의 역할 분담이 이뤄지고 있다. 국공립 시설의 경우 정부 또는 지자체 예산으로 운영비를 지원하며, 민간 시설은 이용자 본인부담금과 보험급여(또는 보조금)로 수익을 충당한다. 노인의료복지시설과 재가복지시설은 장기요양보험 급여수준에 따라 수가가 책정되고, 시설들은 건강보험공단과 계약을 맺어 급여비용을 청구한다. 노인여가복지시설은 대부분 이용료가 저렴하거나 무료이며, 정부가 인건비와 프로그램비의 상당 부분을 보조하는 형태로 운영된다. 또한 시설 운영의 투명성을 높이기 위해 사회복지법인 시설은 예결산 공시 의무가 있고, 일부 시설은 지정기부금단체로서 회계보고를 실시한다.

평가 및 품질관리 체계는 노인복지시설 서비스 수준을 향상시키는 중요한 수단이다. 우리나라에서는 1999년부터 사회복지사업법에 근거하여 일정 주기(현재 3년 주기)로 사회복지시설에 대한 평가제도를 시행하고 있다. 초기에는 노인양로시설, 노인요양시설 등 생활시설 위주로 평가가 시작되었고, 현재는 노인복지관 같은 이용시설까지 평가 대상이 확대되었다. 보건복지부는 평가계획을 수립하여 평가항목(시설환경, 프로그램, 행정 및 재정운영, 서비스 만족도 등)에 따라 점수를 부여하고, 우수시설은 포상하거나 운영비 인센티브를 제공한다. 평가 결과 미흡한 시설에 대해서는 시정명령이나 업무정지 등 행정조치를 취하기도 한다. 한편 노인장기요양보험 관련 시설(요양원, 주야간보호 등)은 국민건강보험공단이 별도로 장기요양기관 평가를 실시하여 A~E 등급을 부여하고 그 결과를 공개하고 있다. 예를 들어 전국 요양원의 평가등급(5등급제)을 공시하여 이용자들이 시설 선택에 참고하도록 하고, 하위 등급 기관은 컨설팅을 제공받는다. 이러한 이중의 평가체계를 통해 시설 서비스의 질적 관리와 경쟁 촉진이 이루어지고 있다.

시설 운영의 또 다른 축은 인권 및 서비스 질 관리이다. 정부는 노인학대 방지와 인권보호를 위해 각 시·도에 노인보호전문기관을 설치하여 시설 내 학대사례를 모니터링하고 있다. 또한 노인요양시설과 공동생활가정은 매년 정기 지도·점검을 받아 인력기준 충족 여부, 급식위생, 약물관리, 안전설비 등을 검사받는다. 최근에는 이용자 만족도와 삶의 질을 중시하여, 시설평가에 이용자 경험 지표를 도입하고 서비스 제공자의 친절도, 개별화 돌봄계획 수립 여부 등을 살펴보고 있다. 아울러 인증제 도입 논의도 진행 중인데, 이는 일정 기준을 초과하는 우수 시설에 대해 별도의 인증마크를 부여함으로써 시설 간 자발적 질 경쟁을 유도하려는 것이다. 인력역량 강화를 위해 요양보호사 자격제도, 시설장 리더십 교육, 프로그램 종사자 보수교육 등이 정례화되어 있다. 전반적으로 우리나라 노인복지시설 운영 및 평가는 법령에 의한 규제와 지원, 그리고 평가 환류를 통한 품질개선이라는 틀 속에서 이루어지고 있다. 이는 일본 등 장기요양보험 시행국들과 유사하나, 스웨덴처럼 이용자 권리중심의 엄격한 표준화 또는 미국처럼 시장경쟁을 통한 자연선택과는 구별되는, 한국형 혼합모델이라 할 수 있다.

### (5) 정책적 방향과 향후 개선 과제

고령화의 가속화와 함께 노인복지시설을 둘러싼 환경은 빠르게 변화하고 있으며, 이에 대응한 정책적 보완과 새로운 전략이 요구된다. 첫째, 향후 정책 방향으로 가장 강조되는 것은 지역사회 통합돌봄의 강화이다. 시설보호와 재가복지의 균형을 이루면서 가능하면 노인이 살던 지역에서 계속 생활할 수 있도록 돕는 것이 국제적 추세다. 우리나라도 이를 위해 "지역사회 통합돌봄" 정책을 추진하고 있으며, 노인맞춤돌봄서비스 확대, 커뮤니티케어 센터 설치, 주거개선 사업 등을 통해 시설 입소 의존도를 낮추려 하고 있다. 시설은 중증 및 불가피한 경우에 한정하고, 경증 노인은 주간보호나 방문서비스를 통해 지역사회 내에서 돌보는 체계를 더욱 공고히 할 필요가 있다. 이때 시설과 재가서비스 간 연계를 강화하여, 시설 이용 후 지역사회 복귀가 원활하도록 돌봄 연속체(Continuum of Care)를 구축해야 한다.

둘째, 노인복지시설의 서비스 질 제고와 인력 확보가 지속적인 과제이다. 시설 수의 양적 증가는 어느 정도 이루어졌지만, 돌봄 인력의 처우 개선과 전문성 향상을 통해 질적 성장을 도모해야 한다. 요양보호사 등 종사자의 낮은 임금과 높은 이직률은 결국 서비스 품질 저하로 이어지므로, 장기요양 수가 인상이나 정부 보조를 통해 인력 처우를 개선할 필요가 있다. 아울러 치매전담형 시설 확대, 호스피스형 요양시설 모델 개발 등 수요자 맞춤형 특성화도 요구된다. 예컨대 경증치매 노인을 위한 소규모 그룹홈을 확충하고, 의료와 요양이 결합된 시설(노인전문병원-요양원 연계) 모델을 시험하는 등 다양성이 필요하다. 시설 건물의 노후화에 대비한 개선 투자와 ICT 기술 도입(스마트 돌봄)으로 안전하고 효율적인 운영을 꾀하는 것도 미래지향적 과제이다.

셋째, 재정 지속가능성 측면에서의 고민이 필요하다. 장기요양보험 지출이 급증하면서 재정 안정화 대책이 논의되고 있는데, 시설 급여비용이 재가에 비해 높다는 점에서 시설 서비스의 효율화가 중요하다. 정부는 중복 입소나 필요 이상의 장기 입소를 방지하고, 재가서비스 이용 장려책을 마련함으로써 비용 상승을 억제해야 한다. 또한 민간 자원의 활용을 독려하되, 무분별한 영리 추구로 인한 부작용 (예: 과도한 본인부담 서비스 판매 등)을 감시해야 한다. 이를 위해 공공의 역할 확대도 한 방향이 될 수 있다. 현재 노인요양시설 중 공립 비율은 매우 낮은 편인데, 이를 일정 수준까지 높여서 시장 균형을 맞추고 서비스 표준을 제시하는 선도적 역할을 할 수 있다. 특히 농어촌이나 도서벽지 등 수익성이 낮아 민간이 기피하는 지역에는 공공시설 설립을 통해 지역격차를 해소해야 한다.

넷째, 평가·지원 체계의 고도화가 요구된다. 현행 시설평가 제도를 내실화하여 단순한 등급 매기기에 그치지 않고, 평가 결과를 토대로 맞춤형 컨설팅과 교육을 제공하여 시설이 스스로 개선할 수 있게 유도해야 한다. 평가주기의 단축이나 상시 모니터링 도입도 검토할 수 있다. 더불어 최일선에서 서비스를 제공하는 요양보호사에 대한 지원체계도 강화해야 한다. 소진(burn-out)을 방지하기 위한 심리상담, 추가 교육기회 제공, 경력 단계별 승진체계 마련 등을 통해 돌봄 인력이 사명감을 갖고 일할 수 있는 환경을 조성해야 한다. 노인복지시설 종사자의 전문성을 사회적으로 인정하는 분위기를 만들고, 유능한 젊은 인력이 유입되도록 직업적 매력을 높이는 것도 장기적으로 중요하다.

다섯째, 이용자 권익 증진과 인권 보호를 최우선에 두는 패러다임 전환이 필요하다. 시설 중심 돌봄에서는 자칫 이용자의 자기결정권이 제한되고 획일적 처우를 받을 위험이 있다. 앞으로는 노인 개개인의 욕구와 선호에 기반한 퍼슨센터드 케어(Person-Centered Care)를 구현하도록 시설 운영을 혁신해야 한다. 작은 노력으로도 어르신들의 존엄성을 지킬 수 있는 환경 을 조성할 필요가 있다. 또한 노인학대 예방교육을 정기화하고 CCTV 설치 확대 등 안전장치를 통해 가족들이 안심하고 맡길 수 있는 시설을 만들어야 한다. 정부 차원에서도 시설 이용 노인의 권리옹호를 위한 옴부즈맨制度를 도입하거나, 노인복지시설 서비스 기준을 헌장화하여 인권보장의 가이드라인을 제시하는 방안을 고려할 수 있다.

노인복지시설은 초고령사회 대한민국의 복지안전망에서 매우 중요한 위치를 차지하며, 가족부양의 한계를 보완하고 노인의 삶의 질을 지탱하는 기반이다. 이제는 양적 성장 단계에서 질적 성숙 단계로 넘어갈 시점으로서, 앞서 언급한 운영 개선과 정책 보완 과제들을 순차적으로 해결해 나가야 할 것이다.

## 2. 복지시설의 평가와 관리

노인 요양시설, 노인복지관, 주야간보호센터 등 노인복지시설은 고령친화 사회에서 중요한 인프라로서, 그 서비스 품질과 투명한 운영이 보장되어야 한다. 이를 위해 정부는 시설에 대한 평가제도를 시행하고 관리·감독을 강화하고 있다. 또한 정보공개, 기술 활용 등을 통해 시설 운영의 투명성과 효율성을 높이려는 노력도 지속되고 있다. 본 절에서는 한국의 노인복지시설 평가제도, 시설 운영 투명성과 질 개선을 위한 장치, 스마트 돌봄 기술의 활용, 그리고 주요 해외 국가들의 시설 관리 체계를 비교한다.

### 1) 한국 노인복지시설 평가제도의 개요

한국에서는 노인장기요양보험 제도가 2008년 도입된 이후, 요양시설 등 장기요양기관의 질 관리를 위해 정기적인 평가제도를 시행하고 있다. 국민건강보험공단과 보건복지부가 주관하여 2년마다 한 번씩 전국의 장기요양기관을 평가하는데, 시설환경, 인력구성, 프로그램 내용, 이용자 만족도, 급여제공 수준 등을 종합적으로 점검한다. 평가 결과는 등급화(예: A~E등급)되어 공개되며, 우수기관에는 인센티브, 미흡기관에는 개선 명령이나 지정취소 등 행정조치가 따른다. 이 제도의 목적은 “서비스 질 향상을 유도하고, 수급자의 알 권리와 선택권을 보장하여 이용자의 삶의 질을 높이는 것”이다.

실제로 평가제도 도입 이후 시설 간 서비스 수준 향상 경쟁이 촉진되었고, 과거에 문제되던 열악한 시설들이 상당히 개선되었다는 평가다. 예를 들어 1인당 직원 수나 재무 투명성 등이 초기보다 전반적으로 나아졌다. 다만 일각에서는 서류 위주의 평가로 인한 “보여주기식 개선”이나, 평가 주기에 맞춘 단기적 대응 등 한계도 지적된다. 이에 정부는 2019년부터 평가 주기를 2년에서 3년으로 연장하고, 평가항목에 서비스 과정의 질을 보다 반영하도록 개편하였다. 또한 평가 결과 하위기관에 대해서는 컨설팅과 종사자 교육을 지원하여 실제 변화를 유도하고 있다.

평가제도와 더불어 정보공개 제도도 중요하다. 복지부는 노인요양시설의 기본현황, 인력 현황, 평가등급 등을 국민건강보험공단 홈페이지 및 노인장기요양 정보시스템 등을 통해 공개하고 있다. 이를 통해 이용자와 가족들이 시설을 선택할 때 객관적 정보를 참고할 수 있게 하였다. 서비스 이용자의 선택권 확대는 곧 시설들에 대한 시장 압력으로 작용하여, 스스로 질 향상을 도모하는 효과를 낳는다.

### 2) 시설 운영의 투명성 확보 및 질적 개선을 위한 장치

시설 운영의 투명성과 질적 개선을 위해 한국에서는 여러 제도적 장치를 두고 있다. 우선 인증 및 지정제도가 있다. 노인요양시설은 장기요양보험의 지정제를 통해 일정 기준을 충족해야 보험급여 제공기관으로 선정된다. 또한 시설 설치인가 단계부터 엄격한 기준(건물면적, 인력배치, 재정능력 등)을 적용하여 부적절한 시설이 들어서지 못하도록 하고 있다.

다음으로 모니터링과 지도점검이다. 지방자치단체 공무원과 건강보험공단 직원들이 정기 또는 수시로 시설을 방문해 운영실태 지도점검을 시행한다. 급식, 위생, 안전, 인권보호, 회계처리 등이 주요 점검사항이며, 특히 노인학대 예방과 대응 프로토콜 준수 여부가 중점적으로 확인된다. 2010년대에 발생한 몇 건의 노인학대 사건 이후, 정부는 CCTV 설치 지원, 노인인권 모니터링단 운영 등 대책을 강화하였다. 현재 상당수 요양시설에 보호자 동의를 얻어 CCTV가 설치되어 있거나, 외부 인권지킴이가 활동하며 투명성을 높이고 있다.

시설 종사자에 대한 자격과 교육제도도 질적 개선 장치이다. 요양보호사, 사회복지사 등 전문 자격을 가진 인력만이 돌봄 업무를 담당하게 하고, 정기 보수교육을 의무화하여 최신 지식과 윤리의식을 함양하도록 하고 있다. 최근에는 치매전문교육, 호스피스 교육 등 특화 교육과정도 마련되어 보다 전문적인 서비스 제공이 가능해졌다.

재정 면에서는, 국공립 시설의 경우 예산을 통해 운영되고 민간 시설은 장기요양보험 수가로 운영되는데, 수가 책정에 품질요소 반영을 확대하고 있다. 예를 들어 가정방문간호의 경우 의료기관과 연계한 서비스 제공 시 가산을 주는 등 양질의 서비스에는 인센티브를 제공하는 방식이다. 또 시설평가 등급이 높은 기관은 이용자 모집 시 신뢰를 얻어 경영이 안정되는 효과도 있으므로, 자연스럽게 질 개선 유인이 된다.

마지막으로, 이용자 참여와 피드백 시스템이 있다. 많은 시설들이 가족협의회를 두어 정기모임을 통해 가족들의 의견을 듣고, 만족도 조사 결과를 내부 평가에 활용한다. 일부 선진 기관들은 이용자 대표를 시설 운영위원회에 포함시켜 주요 의사결정에 참여시키기도 한다. 이러한 노력은 시설 운영의 책무성(accountability)을 높이고, 서비스를 수요자 관점에서 개선하는 데 기여한다.

### 3) 기술 활용: 스마트 돌봄 시스템과 AI 기반 관리

첨단 기술의 발전은 노인 돌봄시설의 관리와 서비스에도 새로운 기회를 제공하고 있다. “스마트 돌봄”이라 불리는 기술 활용은 돌봄 인력의 부담을 줄이고 이용자의 안전

을 높이는 데 목적이 있다. 몇 가지 사례를 통해 살펴보면:

- IoT 센서와 모니터링: 일부 시설에서는 각 방이나 복도 등에 사물인터넷(IoT) 센서를 설치하여 노인의 움직임, 심박수, 실내 온도 등을 실시간 모니터링한다. 이를 통해 야간에 침대 이탈이나 낙상이 감지되면 바로 알람이 울려 직원이 신속 대처할 수 있다. 재가 돌봄의 경우에도 독거노인 가정에 센서를 부착해 24시간 원격 모니터링하는 사업이 시범 운영되고 있다.
- AI 스피커와 돌봄로봇: 인공지능(AI) 기술이 접목된 스피커나 로봇이 노인들의 말벗, 인지훈련 도구, 응급 통신수단으로 활용되고 있다. 예를 들어 부천시와 화성시의 지역사회 돌봄 시범사업에서는 AI 스피커, 홈 IoT, 반려로봇 등을 독거노인에게 보급하여 일상생활 지원에 활용하였다. 노인은 AI 스피커를 통해 약 복용 시간 알림을 받고, 로봇과 간단한 대화를 나누며 정서적 안정도 얻는다. 서울 영등포구 등 일부 지자체는 고독사 예방을 위해 AI 로봇 100대를 어르신들에게 보급하기도 했다.
- 전자케어 기록과 데이터 관리: 종이서류로 관리되던 시설 기록들이 점차 전자화되고 있다. 예를 들어 요양시설에서는 입소자의 바이탈사인, 투약 내역, 케어 계획 등을 전자케어 기록 시스템에 누적하여 관리한다. 이렇게 모인 데이터는 AI를 활용한 건강 악화 예측 등에 활용될 수 있다. 예컨대, 어떤 입소자가 평소보다 식사량이 줄고 움직임이 감소하는 패턴이 감지되면 시스템이 위험도를 분석하여 관리자가 조치하도록 하는 식이다. 이러한 데이터 기반 관리는 아직 초기 단계지만 향후 돌봄의 예방적 접근에 기여할 것으로 기대된다.
- 원격의료와 화상상담: 의료 인프라가 부족한 시설이나 재가 노인을 위해 원격의료 시범사업도 실시되고 있다. 간호사와 연결된 태블릿으로 의사가 화상 진료를 하거나, 치매전문가가 원격으로 인지훈련 세션을 진행하는 등 ICT 활용 사례가 늘고 있다. 코로나19 팬데믹 기간 중 일부 시설에서 비대면 면회 시스템을 도입하여 가족과 노인이 영상통화로 만나 정서적 지지를 주고받은 일도 기술의 도움으로 가능했던 일이다.

물론 기술 활용에 따른 윤리적 문제나 디지털 격차도 고려해야 한다. 노인들의 프라이버시 침해 소지나, 기술 사용에 대한 거부감 등을 해결하기 위해 사전 동의와 사용 교육이 중요하다. 또한 지나친 기술 의존보다는 어디까지나 인간 돌봄을 보완하는 수단으로 활용해야 함은 말할 것도 없다. 그럼에도 불구하고 스마트 돌봄 기술은 인력 부족 시대에 돌봄의 효율성과 품질을 향상시킬 유망한 도구이며, 정부도 AI·ICT 돌봄 사업을 적극 지원하고 있다.

4) 주요 국가의 노인복지시설 관리 체계 비교

노인복지시설의 관리와 평가체계는 각 나라의 제도와 문화에 따라 다르게 발달해왔다. 몇몇 주요 국가의 사례를 비교하면 다음과 같다.

- 독일: 독일은 1995년 장기요양보험을 도입하며 시설 품질관리에도 힘써왔다. 2009년부터 '요양시설 등급 보고서(Pflegenoten)' 제도를 시행하여 모든 요양시설을 정기 평가하고 그 결과를 학점(1.0~5.0, 1에 가까울수록 우수) 형태로 공개했다. 이를 통해 전 시설이 공개 점수를 갖게 되어 투명성이 높아졌으나, 초기엔 대부분 시설이 1~2점대를 받아 등급 인플레이션 논란도 있었다. 현재는 새로운 품질평가 체계로 개편 중이며, 외부 평가기관(MDK)이 시설을 방문해 의료·간호 지표 등을 엄격히 측정하고 보고서를 일반에 공개한다. 독일은 이러한 공표제도로 시설 간 경쟁을 유도하고, 이용자가 정보에 입각한 선택을 하도록 돕는다.
- 일본: 일본은 2000년 개시된 개호보험(장기요양보험) 하에서 공공이 거의 모든 시설을 관리·감독한다. 시설 지정제를 통해 운영기준을 정하고, 지방자치단체가 정기적으로 지도감독을 수행한다. 다만 일본은 한국이나 독일처럼 전국 공통의 시설평가 등급 공개제도는 아직 없다. 대신 시설 인증마크 제도(우수시설에 대해 인증)나 지자체 단위의 모범시설 표창 등이 이루어지고 있다. 최근 들어 시설 품질 평가의 필요성이 제기되어, 학계와 업계에서 지표 개발을 논의 중이다. 일본의 경우 엄격한 시설 기준과 두터운 재정지원으로 평균적 시설 수준은 높은 편이나, 투명한 정보공개 측면에서는 보완점이 있다.
- 미국: 미국은 메디케어·메디케이드를 통해 요양시설을 감독하며, 연방정부 차원의 5등급 별점제(Star Rating)를 운용한다. 이는 건강검사 결과, 직원 배치 수준, 서비스 질 지표 등 3가지 영역의 성과를 종합하여 1~5개의 별로 평가하는 시스템으로, 5개 별은 "매우 우수", 1개 별은 "열악"함을 의미한다. 별점과 상세 평가는 Medicare 홈페이지(Nursing Home Compare)에 공개되어 누구나 특정 시설의 등급과 검사 결과를 열람할 수 있다. 이 5-Star 평가체계는 소비자에게 정보를 주고 시설들에는 평판 관리 동기를 부여하여, 도입 이후 전반적인 품질향상을 가져

왔다고 알려져 있다. 다만 일부에서는 평가를 위한 과도한 문서작업과 상태가 안 좋은 환자를 기피하는 부작용을 지적하기도 한다. 그럼에도 미국의 사례는 공공보고와 등급제가 시설 관리에 강력한 도구임을 보여준다.

- 기타 국가: 영국은 정부 산하 감독기관(CQC)이 시설을 부적합~탁월(Outstanding) 4단계로 평가하여 공개하고, 호주는 최근 별 5개 등급제를 도입했다. 프랑스는 등급보다는 정기실태조사 및 제재 중심이며, 싱가포르는 표준화된 품질 지표 공개를 시행 중이다. 전반적으로 선진국들은 어떤 형태로든 시설 품질에 대한 공개와 평가를 실시하여 투명성을 담보하려 노력하고 있다.

우리나라도 국제적 흐름에 맞추어 노인복지시설의 체계적 평가와 관리를 강화해왔다. 궁극적으로 중요한 것은 평가 자체보다 평가를 통한 지속적 질 개선이다. 평가 결과를 시설 스스로 받아들이고, 미흡한 부분은 개선 노력을 기울일 때 비로소 제도 도입의 목적이 달성될 것이다. 또한 해외 사례에서 보듯, 이용자와 가족에게 정보가 충분히 제공되어야만 평가제도의 취지가 살아난다. 정보공개를 확대하고, 누구나 쉽게 시설 정보를 비교할 수 있는 환경을 만드는 한편, 사회적 경제 조직과의 협력, 첨단기술의 활용 등 다양한 수단을 함께 동원하여 안전하고 질 높은 노인 돌봄 환경을 구축하는 것이 고령친화 사회 실천을 위한 과제가 될 것이다.

# Chapter 16
# 노인복지인력

1. 노인복지 전문인력

# 1. 노인복지 전문인력

인구 고령화가 가속화되면서 노인복지 분야의 전문인력에 대한 수요와 중요성이 크게 증가하고 있다. 노인들은 신체적 건강 문제, 만성질환, 일상생활 수행능력 저하, 사회적 고립 등 다양한 어려움을 겪을 수 있기 때문에, 이를 지원하는 노인복지 전문인력의 역할이 매우 중요하다. 이러한 전문인력에는 사회복지사, 요양보호사, 간호사, 물리치료사, 영양사 등 여러 직종이 포함되며, 각 직종마다 고유한 역할과 자격 요건이 있고 수행하는 직무와 필요 역량이 다르다. 본 장에서는 노인복지 전문인력의 개념과 종류를 살펴보고, 각 직군별 역할과 자격, 구체적인 업무 내용과 필요한 역량을 학문적 개념을 중심으로 설명한다. 아울러 노인복지 실천에서 특히 강조되는 직무 윤리의 중요성을 논하고, 사회복지사와 요양보호사의 윤리 원칙 및 실제 사례, 윤리적 갈등 상황과 해결 방안을 다룬다. 마지막으로 한국과 국제적인 사례를 비교하여 미국, 일본 등의 노인복지 전문인력 체계와의 차이점을 살펴본다. 이를 통해 노인복지 현장에서 요구되는 전문성과 윤리의식을 이해하고, 국내외 제도를 폭넓게 비교해볼 것이다.

노인복지 전문인력은 노인의 삶의 질 향상과 복지 증진을 위해 전문적인 서비스를 제공하는 인력을 뜻한다. 노인복지 현장은 다학제적 접근이 필요하여 여러 직종의 전문인력이 팀을 이루어 일한다.

**표27. 주요 노인복지 전문인력의 역할, 자격 요건 및 필요 역량 비교**

| 직종 | 주요 역할 및 업무 | 자격 및 교육 요건 | 필요 역량 |
|---|---|---|---|
| 사회복지사 | 상담 및 정서적 지원, 사례관리, 프로그램 운영, 권익옹호 | 사회복지사 2급 또는 1급 국가자격 | 상담 및 의사소통, 공감 및 윤리의식, 복지제도 지식, 사례관리 기술 |
| 요양보호사 | 일상생활 및 신체활동 지원, 정서적 지원, 건강 상태 관찰 | 요양보호사 국가자격, 320시간 교육 이수 | 돌봄 기술, 인내심과 공감, 체력, 위급 상황 대처, 인권 존중 |
| 간호사 | 건강상태 평가, 간호 처치, 투약 관리, 의료진 협업 | 간호사 면허, 일부 노인전문간호사 자격 가능 | 임상 간호지식, 노인병리 이해, 응급 대응, 팀 협업, 윤리의식 |
| 물리치료사 | 신체기능 평가, 재활치료, 운동 및 균형 훈련, 낙상 예방 | 물리치료사 면허, 관련 학과 학사 이수 | 해부/생리학 지식, 치료기술, 문제 해결 능력, 신체적 강인함 |

| 직종 | 주요 역할 및 업무 | 자격 및 교육 요건 | 필요 역량 |
|---|---|---|---|
| 영양사 | 영양상태 평가, 식단 계획, 영양상담 및 교육 | 영양사 면허, 식품영양학 관련 학사 이수 | 영양학 지식, 식단 편성, 위생 관리, 노인 질환 이해, 협업 능력 |

1) 사회복지사 (노인복지 분야)

사회복지사는 노인복지 현장에서 노인과 그 가족을 대상으로 전문적인 사회복지 서비스를 제공하는 인력을 말한다. 사회복지사는 노인의 심리사회적 문제를 상담하고, 필요한 자원을 연계하여 사례관리(case management)를 수행하며, 집단 프로그램이나 지역사회 연계 활동을 기획/운영하기도 한다. 예를 들어 노인복지관의 사회복지사는 독거노인의 고립 문제를 완화하기 위한 여가 프로그램을 기획하거나, 경제적으로 어려운 노인을 위해 지역 자원을 연결하는 역할을 수행한다. 또한 요양시설의 사회복지사는 입소 노인의 개인별 서비스 계획서를 수립하고, 건강 유지, 여가 선용 등 복지 제공계획을 마련하며, 노인과 가족에게 상담 및 지도를 제공한다. 이처럼 사회복지사는 노인의 전인적 욕구(신체적·정신적·사회적 측면)를 파악하여 종합적인 복지 서비스를 조정하는 코디네이터 역할을 맡는다.

자격 요건: 우리나라에서 사회복지사가 되기 위해서는 「사회복지사업법」에 규정된 사회복지사 자격을 취득해야 한다. 일반적으로 대학에서 사회복지학 전공과정을 이수하면 2급 자격증을 취득할 수 있으며, 1급 자격증은 관련 학위 취득 후 국가시험에 합격해야 한다. 사회복지사 자격은 국가전문자격으로 분류되며, 다양한 복지현장에 법적으로 배치 요건이 된다. 예컨대 노인복지시설의 경우 시설장이나 필수 인력으로 사회복지사 자격증 소지자를 두도록 규정되어 있다. 사회복지사 1급은 보다 전문적인 지식과 기술을 갖춘 인력으로 간주되어, 종합사회복지관이나 노인보호전문기관의 팀장·관리자 등에 요구되기도 한다.

주요 업무: 노인복지 분야 사회복지사의 업무는 크게 개인 상담과 사례관리, 프로그램 개발 및 운영, 지역사회 자원 연계 및 행정 업무로 나눌 수 있다. 첫째, 상담 업무는 노인의 우울감, 상실감, 가족문제 등에 대한 정서적 지지를 제공하고 문제 해결을 돕는 것이다. 예를 들어 치매 초기 노인과 가족을 대상으로 상담을 제공하여 병증에 대한 이해를 높이고 스트레스 대처를 지원한다. 둘째, 사례관리 역할이 중요하다. 사회복지사는 복합적인 문제가 있는 노인(예: 경제적 빈곤과 건강문제가 동시 존재하는 경우)

에 대해 지역사회 복지자원, 의료서비스, 돌봄 서비스를 통합적으로 연계한다. 이를 위해 공공기관(읍면동 주민센터), 병원, 요양기관 등과 협력하여 개별화된 서비스 계획을 수립하고 조정한다. 셋째, 프로그램 기획·운영 업무로서, 노인 대상 여가활동, 평생교육, 재가복지 서비스 등을 설계하고 실행한다. 예컨대 노인대학, 자조모임, 취미활동 프로그램 등을 통해 노인의 사회참여를 촉진한다. 넷째, 행정 및 옹호(advocacy) 업무도 포함된다. 사회복지사는 노인복지 정책이나 제도 개선을 위해 이용자의 목소리를 대변하고, 학대받는 노인을 발견하면 노인보호전문기관에 신고하여 법적 보호를 받게 하는 등 권익옹호자 역할을 수행한다.

필요 역량: 사회복지사는 무엇보다 인간에 대한 이해와 공감 능력이 중요하다. 노인의 삶의 경과와 현재 처한 상황을 공감하고 존중하는 태도가 바탕이 되어야 하며, 이는 효과적인 상담과 신뢰관계 형성에 필수적이다. 또한 의사소통 기술과 대인관계 능력이 요구된다. 노인 당사자뿐 아니라 가족, 지역사회 자원 담당자 등 다양한 사람들과 소통하고 조정해야 하기 때문이다. 복지 제도와 자원에 대한 지식도 필요하다. 공공부조, 노인장기요양보험, 노인돌봄서비스 등 관련 제도를 잘 알아야 적절한 서비스를 연계할 수 있다. 조직 운영 및 행정 능력도 중요하여, 문서 작성, 사례기록, 프로그램 운영을 위한 기획력이 요구된다. 마지막으로, 사회복지사는 윤리의식과 전문성 개발 의지를 항상 견지해야 한다.

2) 요양보호사 (장기요양 전문요원)

요양보호사는 장기요양이 필요한 노인들에게 신체 및 가사 지원 등의 직접적인 돌봄 서비스를 제공하는 전문인력이다. 우리나라에서는 2008년 노인장기요양보험 제도가 도입되면서 요양보호사 자격 제도가 만들어졌고, 노인요양시설이나 재가방문요양 서비스 등에서 핵심적인 돌봄 인력으로 활동하고 있다. 요양보호사는 흔히 노인의 일상생활 활동(Activities of Daily Living, ADL)을 직접 도와주는 역할을 하며, 시설이나 가정에서 노인의 신체 기능 유지와 생활의 질 향상을 지원한다.

자격 요건: 요양보호사가 되기 위해서는 국가에서 인정한 교육과정을 이수하고 자격시험에 합격해야 한다. 노인장기요양보험법 및 노인복지법에 따라 정해진 표준교육과정은 2024년부터 320시간으로 확대되었다. (이전에는 총 240시간 교육이었으나 치매 전담케어, 노인학대 예방 등 내용을 강화하여 연장함.) 이 교육과정에는 이론, 실기, 실습

이 포함되며, 노인신체의 이해, 기본간호, 재활, 인권과 윤리, 현장실습 등이 다뤄진다. 특히 요양보호사의 역할 수행에 필요한 인권 존중, 안전관리 교육이 강조되고 있다. 일정 교육 이수 후 국가자격시험에 합격하면 요양보호사 자격증이 발급된다. 자격 취득 후에도 요양보호사는 2년마다 8시간 이상 보수교육(재교육)을 받아 최신 지식과 기술, 윤리의식을 함양해야 한다. 이러한 자격제도는 요양보호사의 전문성 확보와 서비스 질 향상을 위한 것이다.

주요 업무: 요양보호사의 업무는 노인의 일상생활 지원과 신체적 돌봄 서비스 제공이다.

- 신체활동 지원: 목욕 도움, 옷 갈아입히기, 식사 보조 및 급식, 용변 보조, 침대 및 휠체어로의 이동, 체위 변경 등 기본적인 신체 수발 업무를 수행한다. 이를 통해 거동이 불편한 노인의 일상생활동작(ADL)을 도와 청결과 위생, 영양 공급이 원활히 이루어지도록 한다.
- 가사 및 일상 업무 지원: 노인이 가정에서 생활하는 경우 방 청소, 세탁, 식사 준비 등의 가사활동을 도와 쾌적한 환경을 유지하게 한다. 또한 장보기, 병원 동행 등 도움이 필요한 일상 업무를 지원할 수 있다.
- 건강 상태 관찰: 요양보호사는 의료인이 아니지만 일상적으로 노인의 상태를 가까이에서 지켜보므로, 피부 상태 변화(욕창 징후), 식사량 감소, 활력징후 측정(간단한 혈압·맥박 측정) 등을 통해 건강 변화를 관찰 및 보고한다. 이상 징후가 있을 경우 즉시 간호사나 보호자에게 알리고 조치를 취하도록 한다. 이처럼 요양보호사는 노인 상태의 일차 관찰자로서 역할을 한다.
- 정서적 지원 및 말벗: 신체 돌봄 외에도 노인과 정서적으로 교감하며 말벗이 되어주는 것이 중요한 업무 중 하나이다. 특히 독거노인이나 치매노인의 경우 정기적인 대화와 정서 지원이 우울감 해소와 인지자극 등에 도움이 된다. 요양보호사는 노인의 이야기를 경청하고 공감하며, 필요한 경우 가족과 소통하여 정서적인 안정을 도모한다.
- 기능 회복 훈련 보조: 전문 물리치료사가 제공하는 재활훈련은 제외되지만.
- 안전 및 일상생활 관리: 낙상 예방을 위해 주변 환경을 정리하고 보행을 도울 뿐만 아니라, 약 복용 시간 등을 챙겨드리는 일상 관리도 수행한다. 또한 응급 상황(예: 낙상, 갑작스런 건강 악화) 발생 시 응급서비스를 요청하고 기본적인 응급처치를 실시할 수 있도록 훈련받는다.

요양보호사의 업무 범위는 의료행위를 포함하지 않으며, 간단한 간호 보조 수준까지만 허용된다. 예를 들어 상처 소독이나 투약 등의 의료행위는 간호사 등의 영역이고, 전문 재활치료는 물리치료사 영역이므로, 요양보호사는 이러한 부분을 보조하거나 보고하는 역할에 국한된다. 이는 요양보호사가 팀 내에서 자신의 역할 한계 내에서 전문성을 발휘하고, 의료사고를 예방하기 위한 구분이다.

필요 역량: 요양보호사는 무엇보다 신체적·정신적 돌봄 능력과 인내심이 요구된다. 거동이 불편한 노인을 부축하거나 안아 옮겨드리는 등의 일이 많아 체력과 기본 간호 기술이 필요하다. 더불어 치매 노인의 반복적인 질문이나 때로는 공격적 행동을 대할 때에도 감정적으로 대응하지 않고 차분하고 공손한 태도를 유지해야 하므로 인내와 공감 능력이 필수적이다. 의사소통 능력도 중요하다. 노인 개개인의 상태에 맞춰 천천히, 분명하게 설명하고 대화를 해야 하며, 의사소통이 어려운 경우 비언어적 소통(표정, 터치 등)을 활용하는 능력이 필요하다. 또한 요양보호사는 팀의 일원으로서 협업 능력이 요구되는데, 대상자의 가족, 간호사, 사회복지사 등과 적극 협력하여 돌봄 목표를 함께 이루어야 한다. 이 밖에, 기본적인 관찰력과 상황 대처 능력도 필요하다. 예를 들어 노인의 상태 변화를 빨리 알아차리고 적절히 보고하거나 응급 시 신속히 대응하는 것이 중요하다. 끝으로, 윤리의식과 친절한 서비스 태도가 요양보호사의 핵심 자질로 강조된다. 요양보호사는 항상 대상자의 존엄성을 존중하고 친절해야 하며, 노인의 사생활과 정보를 보호하는 등 직업윤리를 준수해야 한다.

3) 간호사

간호사는 의료 전문가로서 노인들의 건강 관리와 간호를 책임지는 전문인력이다. 노인인구의 만성질환 유병률이 높고, 신체 기능 저하로 인한 복합적인 건강 문제가 흔하기 때문에, 노인복지 현장에서 간호사의 역할이 매우 중요하다. 간호사는 노인요양시설, 노인전문병원, 주야간보호센터 등 다양한 현장에서 근무하며, 노인의 신체적 건강 증진과 유지, 질병 관리를 담당한다.

자격 요건: 간호사가 되려면 간호학 교육 과정을 이수하고 국가시험에 합격하여 간호사 면허를 취득해야 한다. 우리나라의 경우 간호대학(4년제) 또는 간호학 전문대(3년제)를 졸업한 후 간호사 국가시험에 합격하면 보건복지부 장관 명의의 면허증이 발급된다. 간호사는 「의료법」에 따른 의료인에 해당하며, 의료기관뿐 아니라 노인의료복지시설 등

에서도 법적으로 필수적으로 배치되거나 권장된다. 노인요양시설(노인요양원 등)의 경우 입소자들의 의료적 관리를 위해 일정 인원의 간호사 또는 간호조무사 배치를 규정하고 있다. 간호사 중에는 보다 전문화된 지식을 갖추기 위해 전문간호사 제도를 통해 노인전문간호사 자격을 취득하기도 한다.

주요 업무: 노인복지 현장에서 간호사는 건강사정(assessment), 직접 간호 제공, 투약 및 처치 관리, 건강 교육 및 상담, 다학제 팀 협력 등의 역할을 수행한다.

- 건강 상태 사정: 간호사는 노인의 전반적인 건강상태를 평가한다. 입소 노인의 기왕력과 현재 복용 중인 약물 파악, 신체검진(혈압, 맥박, 체온, 호흡 등 활력징후 측정), 통증이나 증상 확인 등을 통해 간호사정을 실시한다. 예를 들어 치매가 있는 노인의 경우 인지기능 평가도 함께 이루어진다. 이러한 초기 평가는 개인별 간호계획을 수립하는 기초가 된다.
- 간호 계획 수립 및 직접 간호: 사정 결과를 바탕으로 간호계획을 세우고 이에 따라 필요한 간호중재를 수행한다. 노인요양시설에서는 만성질환 관리와 일상 생활지원에 초점을 둔 간호가 이뤄진다. 예를 들어 욕창 위험이 있는 대상자에게 2시간마다 체위변경을 실시하고 피부 상태를 점검하거나, 당뇨를 앓는 노인의 혈당을 모니터링하고 식이요법을 지도하는 것이 이에 해당한다. 간호사는 상처가 있는 노인의 상처 드레싱(처치)을 수행하고, 튜브 영양을 받는 노인의 위관관리를 하는 등 직접 간호행위를 제공한다.
- 투약 및 의료처치 관리: 노인들은 여러 약물을 복용하는 경우가 많기 때문에, 간호사는 약물 관리를 중요한 업무로 수행한다. 의사의 처방에 따라 약을 투여하고(경구 투약, 주사 투여 등), 약 부작용이나 상호작용 발생 여부를 관찰한다. 또한 필요시 수액 투여, 산소요법 등 기본적인 의료처치를 시행하고, 응급 상황에서는 응급처치를 주도한다. 예를 들어 갑작스런 흉통을 호소하는 노인이 발생하면 즉시 활력징후를 확인하고 응급의료체계를 가동하며, 심폐소생술이 필요한 경우 시행한다.
- 건강 상담 및 교육: 간호사는 노인과 그 가족에게 건강관리 방법을 교육하고 상담한다. 만성질환의 자가관리, 재활운동 방법, 약물 복용 시 주의사항, 영양 및 위생관리법 등을 설명하여 노인 스스로 가능한 한 건강을 유지하도록 돕는다. 예컨대 관절염이 있는 노인에게 관절 보호 운동법을 가르치거나, 요실금이 있는 노인에게 골반저근 강화운동을 안내하는 식이다. 가족들에게는 노인을 돌볼 때의 주의사항

(낙상 예방 환경 조성, 욕창 예방 방법 등)을 교육하여 가정에서도 연속성이 유지되게 한다.

- 다학제 팀 협력: 노인복지 현장은 의료·복지팀이 함께 일하므로, 간호사는 의사, 물리치료사, 영양사, 사회복지사, 요양보호사 등과 긴밀히 소통하며 케어팀의 일원으로 활동한다. 특히 요양보호사들이 관찰한 노인의 상태 변화를 보고받아 전문적인 판단을 내리고, 필요한 조치를 취하도록 지휘하는 역할도 한다. 예를 들어 요양보호사가 "어떤 어르신의 식사량이 줄고 기력이 떨어졌다"고 보고하면, 간호사는 즉시 해당 노인의 상태를 평가하고 원인을 파악해(탈수 여부 점검 등) 적절한 대응(의사 연락 혹은 식단/간식 보충 등)을 한다. 또한 시설 입소자의 정기적인 건강검진 결과를 의료진과 검토하고, 필요 시 치료 연계를 주선한다.
- 기록 및 행정: 간호사는 수행한 간호내용과 노인의 상태를 간호기록지에 기록하며, 투약 기록, 사고 보고서 작성 등 행정업무도 담당한다. 또한 시설의 감염관리나 위생관리 업무를 책임져, 집단생활에서 감염병 예방을 위한 지침을 준수하고 교육하는 것도 간호사의 업무 중 하나이다.

필요 역량: 간호사는 의료전문인으로서 광범위한 임상지식과 술기(skill)가 요구된다. 내과적 질환, 치매와 같은 정신건강 문제, 노화에 따른 병태생리 등 노인병학 지식을 갖추고 있어야 하며, 활력징후 측정, 주사 등 기본 간호술기부터 응급처치에 이르는 실무 능력이 필요하다. 관찰력과 세밀함도 중요한 역량으로, 노인의 약간의 상태 변화도 놓치지 않고 찾아내야 한다. 특히 통증을 잘 표현하지 못하거나 인지저하로 증상을 명확히 호소하지 못하는 노인의 경우, 표정이나 행동 변화를 통해 이상을 감지하는 능력이 요구된다. 비판적 사고와 판단력 역시 필수적이다. 복합적인 문제를 가진 노인의 상태를 분석하고 우선순위를 판단하여 적절한 간호중재를 결정해야 하기 때문이다. 예를 들어 여러 만성질환을 앓는 노인이 갑자기 상태가 나빠졌을 때, 무엇이 원인인지 종합적으로 판단하고 긴급 대응 여부를 결정하는 능력이 필요하다. 소통과 교육 능력도 간호사에게 요구되는데, 의료전문용어를 일상언어로 풀어서 노인과 가족에게 이해시키고, 팀 내 다른 직종과도 효과적으로 의사소통해야 한다. 마지막으로, 윤리의식과 돌봄에 대한 헌신이 간호사에게 필수적이다. 생명을 다루는 직업인만큼 간호사에게는 엄격한 윤리 기준(예: 환자 안전 최우선, 정보 비밀 유지, 환자 존중 등)이 적용된다. 노인을 사랑하고 존중하는 마음, 그리고 신체적·정신적으로 취약한 사람을 돕겠다는 사명감이 뒷받침될 때 양질의 간호가 가능하다.

#### 4) 물리치료사 (재활치료 전문가)

물리치료사(Physical Therapist)는 노인의 신체 기능 회복과 유지, 통증 완화, 운동능력 향상을 돕는 재활치료 전문가이다. 노년기에는 뇌졸중 후유증, 골관절 질환, 근감소증으로 인한 운동 기능 저하 등이 흔하기 때문에, 물리치료사의 역할이 중요하다. 물리치료사는 의료기관의 재활의학과나 노인요양병원, 지역사회 재활센터, 주간보호시설 등에서 일하며, 노인의 기능적 독립성 증진과 삶의 질 향상을 위해 전문 지식을 활용한다.

자격 요건: 물리치료사가 되기 위해서는 「의료기사 등에 관한 법률」에 따른 물리치료사 면허를 취득해야 한다. 대학에서 물리치료(또는 재활 관련) 학과 과정을 수료하고 국가시험에 합격하면 면허가 주어진다. 물리치료사도 의료인과 긴밀히 협업하는 보건의료인으로서 병원뿐 아니라 노인요양시설에서도 규정된 인력이다. 예를 들어 노인전문병원이나 노인복지시설 중 재활시설을 갖춘 곳에서는 물리치료사를 두어야 하며, 방문 재활서비스를 제공하는 기관에서도 필요 인력으로 인정된다. 최근에는 물리치료사 중에서도 노인재활 분야에 특화된 교육을 받거나 관련 자격(노인물리치료 전문과정 등)을 취득하는 경우가 늘고 있다.

주요 업무: 물리치료사의 업무는 크게 평가(assessment), 치료 계획 수립, 물리치료 중재 시행, 교육 및 상담으로 구분된다.

- 기능 평가: 물리치료사는 처음에 노인의 신체 기능 상태를 자세히 평가한다. 근력, 관절 가동범위, 균형감각, 보행 능력, 일상생활동작 수행능력 등을 다양한 표준화된 도구로 측정한다. 예를 들어 노인의 하지 근력을 근력등급(MMT)으로 평가하고, 보행 속도나 균형 감각을 테스트한다. 또한 통증 수준(시각통증척도 등)이나 신경학적 손상 정도(뇌졸중 후유증 등)를 확인한다. 이러한 평가 결과는 이후 치료 목표와 계획을 정하는 기반이 된다.
- 치료 계획 수립: 평가에 따라 개인별 재활치료 목표를 설정하고 구체적인 계획을 세운다. 예를 들어 편마비가 있는 노인의 경우 “보행 보조기 없이 50m 걷기”를 목표로 정하고, 이를 달성하기 위한 주당 치료 횟수와 내용(근력 강화 운동, 보행 연습, 균형 훈련 등)을 계획한다. 관절염으로 인한 통증 완화가 주 목적이라면 “통증 수준 50% 감소”를 목표로 하고 적절한 물리치료 기법(온열치료, 전기자극 등)을 계획에 포함한다. 치료 계획은 의사(재활의학과 전문의 등)와 상의하여 최종 확

정하며, 주기적으로 재평가하여 수정된다.

- 물리치료 중재: 치료 계획에 따라 다양한 물리치료 기법을 적용한다. 중재 방법에는 운동요법(Active/Passive exercise), 수치료, 전기치료(TENS 등 전기자극), 열치료(온찜질, 한랭치료), 기계적 트레이닝(러닝머신 보행훈련, 사이클 운동) 등이 있다. 예를 들어 근력이 약한 노인에게 근육 강화 운동과 균형 잡기 훈련을 실시하고, 관절 구축 위험이 있는 경우 수동적으로 관절 운동 범위를 늘려준다. 낙상 방지를 위해 평형감각 훈련을 하고, 보행이 어려운 노인에게 지팡이나 보조기를 사용한 보행 훈련을 한다. 통증 관리가 필요하면 열팩을 적용하거나 전기자극 치료를 통해 통증을 경감시킨다. 이러한 치료를 정기적(예: 주 3회 등)으로 시행하며, 노인의 기능 변화에 따라 강도와 방법을 조절한다.
- 교육 및 상담: 물리치료사는 노인과 가족에게 집에서도 할 수 있는 운동법이나 일상생활 활동 요령을 교육한다. 예를 들어 가정 내에서 지속할 수 있는 자가 운동 프로그램을 만들어서 가르쳐 드리고, 안전하게 운동하는 방법, 낙상 예방을 위한 환경 조정(매트 깔기, 욕실 미끄럼방지 등)을 조언한다. 보조기구(예: 보행기, 지팡이)의 올바른 사용법도 교육하여, 노인이 최대한 독립적으로 생활할 수 있도록 돕는다. 또한 치료 경과나 한계에 대해 노인과 가족에게 설명하고 심리적 지지를 제공하기도 한다. 특히 재활 과정은 더딜 수 있기 때문에 꾸준히 참여하도록 동기부여를 하는 것도 물리치료사의 중요한 역할이다.

필요 역량: 물리치료사는 의학적 지식과 운동치료 전문성을 겸비해야 한다. 근골격계 및 신경계 해부학, 생리학, 병리학 지식이 필수이며, 다양한 재활 장비와 기법을 다룰 수 있는 기술 숙련이 필요하다. 또한 문제 해결 능력이 요구된다. 각 노인마다 체력, 질환, 통증 정도가 다르므로, 개인에 맞춘 최적의 치료 방법을 찾아야 한다. 치료 도중 예상치 못한 통증 악화나 협조 곤란이 생길 경우 즉각적으로 치료 전략을 수정하는 융통성도 중요하다. 커뮤니케이션 능력 역시 필수인데, 이는 단지 말을 잘 하는 것이 아니라 동기부여와 심리적 지원을 제공할 수 있는 능력을 의미한다. 재활은 힘든 과정이라 쉽게 지칠 수 있으므로, 치료사는 격려와 긍정적 피드백을 주어 노인이 참여를 지속하도록 한다. 가족과의 소통 능력도 필요하며, 치료 효과와 한계를 잘 설명하여 현실적인 기대를 가질 수 있도록 돕는다. 신체적인 능력도 어느 정도 요구된다. 치료사가 직접 환자를 부축하거나 저항을 걸어 운동을 도와야 하는 경우도 있어 기본적인 체력과 손재주, 민첩성이 중요하다. 마지막으로, 물리치료사도 치료 과정에서 윤리의식을 지켜

야 한다. 대상자를 인간으로서 존중하며, 동의 없는 강제 치료를 하지 않고, 현실적으로 불가능한 목표를 무리하게 추구하지 않는 것 등이 윤리적 태도에 포함된다.

5) 영양사 (노인영양 관리 전문가)

영양사는 노인의 영양 상태를 관리하고 건강한 식생활을 지원하는 전문인력이다. 노인은 노화로 인한 소화능력 감소, 저작·연하 장애, 만성질환으로 인한 식이 제한 등으로 영양 불균형에 빠지기 쉽다. 따라서 노인복지시설이나 의료기관에서는 영양사가 균형 잡힌 식단 제공과 영양관리 업무를 담당한다. 영양사는 노인의 신체 상태와 필요 열량·영양소를 고려하여 식단을 작성하고, 안전한 급식을 관리하며, 영양 상담을 수행함으로써 노인의 건강 증진에 기여한다.

자격 요건: 영양사가 되려면 식품영양학 관련 학과를 졸업하고 국가시험에 합격하여 영양사 면허를 취득해야 한다. 영양사 면허는 「국민영양관리법」에 근거한 국가자격으로, 병원, 학교, 복지시설 등 집단급식소에서 반드시 영양사를 두도록 규정하고 있다. 노인복지시설(양로시설, 요양시설 등)도 일정 인원 이상의 급식을 제공하는 경우 영양사를 배치해야 한다. 영양사 중에서는 병원 등에서 치료식 제공과 환자상담을 전문으로 하는 임상영양사로 활동하기 위해 추가 교육과 경력을 쌓는 경우도 있다. 또한 영양교사(학교)나 영양판정사 등 관련 분야의 자격과 역할로 진출하기도 하지만, 노인복지 분야에서는 주로 급식관리 및 영양상담 역할이 부각된다.

주요 업무: 노인복지 현장의 영양사 업무는 식단 작성 및 급식관리, 영양상태 평가 및 개선, 영양교육 및 상담으로 구분된다.

- 식단 계획 및 급식 관리: 영양사는 시설이나 병원에 입소한 노인들의 식단을 계획한다. 노인의 연령, 성별, 건강상태(질병, 저작능력, 알레르기 등)를 고려하여 균형 잡힌 메뉴를 작성하고 식재료를 관리한다. 예를 들어 당뇨병이 있는 노인을 위해 당질을 조절한 식단을 편성하거나, 치아가 거의 없는 노인을 위해 연식(軟食)이나 죽 식단을 마련한다. 또한 골다공증 예방을 위해 칼슘과 비타민D가 풍부한 식품을 충분히 포함시키고, 빈혈 예방을 위해 철분과 단백질 공급을 신경쓰는 등 영양소 배분을 최적화한다. 영양사는 조리원들과 협력하여 위생적인 조리와 배식을 관리하며, 음식의 맛과 질감을 노인에게 맞게 조정한다. 식사시간에 노인의 섭취량을 모

니터링하여 남긴 음식량 등을 파악하고, 필요시 대체식을 제공하거나 간식을 추가하는 등 조치를 취한다.

- 영양상태 평가 및 개선: 영양사는 정기적으로 노인들의 영양상태를 점검한다. 신체계측(체중, BMI 등)과 혈액검사(알부민 수치 등 영양지표)를 확인하고, 미니 영양평가(MNA) 등의 도구를 활용하여 영양상태를 평가한다. 영양부족으로 판단되는 노인에게는 칼로리 보충식이나 영양보충 음료를 제공하고, 비만인 노인에게는 열량 조절과 운동 병행을 권장한다. 연하곤란(삼킴곤란)이 있는 노인에게는 연하용 점도 조절식이나 연하 보조제를 쓰고 식사 방법을 조언하여, 영양결핍과 질식 위험을 모두 줄이도록 한다. 또한 약물과 음식의 상호작용(예: 와파린 복용자의 비타민K 섭취 제한 등)을 고려하여 식단에 반영하고, 필요시 담당 의사와 상의한다. 이러한 영양개입의 효과를 보기 위해 주기적으로 체중 변화나 임상 지표를 추적하며, 개선이 안 될 경우 식단을 재조정한다.
- 영양교육 및 상담: 영양사는 노인 개인 또는 집단을 대상으로 올바른 식생활을 위한 교육을 실시한다. 예를 들어 당뇨병이 있는 노인들에게 당 함량이 낮은 간식 고르는 법, 싱겁게 먹는 습관 들이기 교육을 할 수 있다. 고혈압 노인들에게는 저염식의 중요성과 실천법(국물 적게 먹기 등)을 교육하고, 만성신부전 환자에게는 칼륨과 인이 낮은 식품을 안내하는 등 질환별 식이 교육을 한다. 또한 식욕이 저하된 노인에게 식욕을 증진시킬 수 있는 조리법(향신료 활용 등)을 조언하거나, 편식을 하는 분에게 다양한 조리법으로 식재료를 제공하여 편식을 교정하도록 노력한다. 영양상담은 1:1로 이루어질 수도 있는데, 예컨대 체중이 많이 줄어 걱정인 노인과 그 가족에게 고칼로리 간식 섭취법을 안내하고, 구체적인 식단표를 짜서 제공하는 식이다. 이를 통해 노인들이 영양에 관한 지식과 동기를 갖도록 도와준다.

필요 역량: 영양사는 영양학적 전문지식과 함께 현장 응용력이 중요하다. 노인의 생리적 특성과 질병별 영양관리 지식을 숙지하고 있어야 하며, 이를 개별 상황에 맞게 적용할 수 있어야 한다. 예를 들어 같은 당뇨 노인이라도 한 분은 신장질환도 있다면 단백질 제한까지 고려해야 하므로, 맞춤형 계획을 세울 줄 알아야 한다. 세밀한 관찰력도 요구된다. 식사 현장에서 노인들의 식사 행동을 유심히 보고, 어떤 음식을 남기는지, 씹는 데 어려움은 없는지 등을 파악하여 원인을 분석해야 한다. 조직관리와 위생 관리 능력도 필요하다. 집단급식을 총괄하려면 식재료 발주, 검수, 조리과정 점검, 배식 동선 관리 등 체계적인 관리 기술이 필요하며, 식중독 예방을 위해 조리실 위생과 보관온도

관리 등 HACCP 같은 표준을 준수해야 한다. 커뮤니케이션 능력 역시 영양사에게 중요하다. 조리원들에게 영양의 중요성과 조리법의 이유를 이해시키고 협력해야 하며, 노인이나 가족에게는 전문지식을 쉽게 풀어 설명하고 동의를 이끌어내야 한다. 마지막으로, 영양사도 윤리와 직업의식을 지녀야 한다. 급식업무에서 원가절감과 영양의 균형 사이에서 이용자의 이익을 최우선해야 하며, 어떤 경우에도 부정이나 비위생적 행위를 용납하지 않아야 한다. 또한 대상자의 문화나 종교(예: 특정 음식 금기)를 존중하고, 개인별 필요에 민감하게 대응하는 태도가 요구된다.

### (1) 직무 윤리의 중요성과 실천

노인복지 전문인력은 취약계층인 노인과 밀접하게 일하기 때문에, 직무 윤리(professional ethics)를 준수하는 것이 필수적이다. 윤리적인 실천은 단지 법을 지키는 것을 넘어, 인간으로서 노인을 존중하고 최선의 이익을 도모하려는 전문직으로서의 자세를 의미한다. 노인 대상 서비스 현장에서는 종종 복잡한 윤리적 딜레마나 갈등 상황이 발생하므로, 각 전문인력은 자신이 속한 직종의 윤리 강령과 지침을 숙지하고 실천해야 한다.

#### 1) 사회복지사의 윤리 원칙과 사례

사회복지사 윤리강령은 사회복지사로서 지켜야 할 가치와 원칙을 명시하고 있으며, 노인복지 사회복지사에게도 동일하게 적용된다. 사회복지사는 인간의 존엄성과 가치를 최우선으로 존중하며, 클라이언트의 권익 옹호를 핵심 책무로 삼는다. 이는 노인 클라이언트가 존엄한 존재로서 부당하게 희생되거나 차별받지 않도록 최선을 다해야 함을 의미한다. 예를 들어 경제적으로 어려운 독거노인이 충분한 돌봄 서비스를 받지 못하고 방치되어 있다면, 사회복지사는 제도권 내 자원을 연결하거나 이웃 돌봄망을 구축하는 등의 방법으로 그 노인의 권리를 옹호해야 한다. 또한 사회복지사는 자기결정권 존중의 원칙을 가진다. 노인이 자신의 삶과 서비스에 대해 스스로 선택하고 결정할 권리가 있으며, 사회복지사는 가능한 한 이를 지원해야 한다. 단, 치매 등으로 판단 능력이 저하된 경우에도 최대한 당사자의 의사를 확인하고 존중하려는 노력이 필요하다.

사회복지사의 윤리 원칙에는 비밀보장(Confidentiality)도 중요하게 포함된다. 사회복지사는 직무 수행과정에서 알게 된 클라이언트의 개인정보와 사생활 정보를 철저히 비밀로 유지해야 한다. 노인의 재산, 가족 문제, 건강 정보 등 민감한 사항을 함부로 공개하지 않고, 당사자의 동의 없이 타인에게 제공해서는 안 된다. 이는 노인의 사생활을 보호하고 존중하는 기본 윤리다. 이 밖에도 전문성 유지와 이익 갈등 회피 등의 원칙이 있다. 전문성 유지는 지속적인 교육과 슈퍼비전을 통해 지식과 기술을 연마하고, 전문가로서 품위를 지키는 것을 뜻한다. 이익 갈등 회피란 자신이나 소속 기관의 이익보다 클라이언트의 복지를 우선시하며, 어떠한 금전적·정서적 착취나 관계 남용을 해서는 안 된다는 의미이다. 예를 들어 사회복지사가 서비스를 대가로 노인에게 금전적 보상을 요구하거나, 개인적 친분 때문에 특정 노인에게만 유리하게 자원을 배분하는 것은 윤리 위반이다.

가상 사례: 한 노인복지관 사회복지사는 치매 초기 진단을 받은 75세 김씨 할아버지의 사례를 담당하게 되었다. 김씨는 자신의 상태를 받아들이지 못해 치료를 거부하고 운전도 계속하려 하였다. 가족들은 안전을 이유로 운전면허 반납과 치료를 강력히 원했지만, 김씨는 자기결정권을 주장하며 반발했다. 이 경우 사회복지사는 노인의 자율성과 안전이라는 두 가치 사이에서 딜레마에 처한다. 윤리적으로는 자기결정권 존중이 원칙이지만, 동시에 타인의 안전(운전을 계속하면 사고 위험)이 걸린 문제이기도 하다. 사회복지사는 우선 김씨의 입장에서 공감하며 의사소통을 시도했다. 김씨가 운전에 집착하는 이유(자신의 유용성에 대한 상실감, 병에 대한 두려움 등)를 경청하고, 대안을 함께 모색하였다. 동시에 사회복지사는 치매로 인한 사고 사례와 법적 결과에 대해 설명하며 설득과 교육을 병행했다. 결국 김씨가 면허를 자진 반납하도록 동의하게 한 뒤, 이동에 불편함이 없도록 지역 이동지원 서비스를 연결해주었다. 또한 치료에 대한 거부감은 지역 치매안심센터 전문인력을 연계하여 병증과 치료의 필요성을 인지하도록 돕고, 초기 치료에 참여하도록 유도하였다. 이 사례에서 사회복지사는 윤리 원칙에 따라 클라이언트의 자율성을 최대한 존중하면서도, 보호적 개입이 필요한 부분에 대해서는 설득과 대안 마련을 통해 해결을 도모하였다. 중요한 것은 사회복지사가 혼자 판단하지 않고, 슈퍼바이저와 논의하고 가족과도 충분히 상의하여 투명하고 책임있는 결정과정을 거쳤다는 점이다. 이는 윤리적 딜레마 상황에서 사회복지사가 취해야 할 모범적인 태도라 할 수 있다.

2) 요양보호사의 윤리 원칙과 사례

요양보호사의 직업윤리는 돌봄 현장에서 지켜야 할 도덕적 행동 규범을 담고 있다. 요양보호사는 대상자인 노인의 인간으로서의 존엄과 권리를 최우선으로 존중해야 한다. 직업윤리 원칙에 따르면 요양보호사는 인종, 성별, 종교, 장애 등 어떤 이유로도 대상자를 차별대우해서는 안 되며. 예를 들어 거동이 불편한 노인이라 해서 일방적으로 모든 것을 대행하기보다는, 스스로 할 수 있는 부분은 본인의 의사를 존중하여 하도록 돕는 것이 자기결정 존중의 실천이다. 또한 요양보호사는 항상 친절하고 예의 바른 태도로 행동해야 한다. 힘든 업무로 지칠 때에도 화를 내거나 투명스러운 태도를 보여서는 안 되며, 대상자에게 존댓말과 공손한 말씨로 대하며, 따뜻한 마음으로 돌봐야 한다.

비밀유지와 협업 역시 요양보호사의 중요한 윤리기준이다. 요양보호사는 업무 중 알게 된 노인의 사적인 정보를 함부로 외부에 누설해서는 안 되며, 대상자의 사생활을 엄격히 보호해야 한다. 예를 들어 한 노인이 목욕을 싫어하고 좀처럼 씻지 않으려 한다는 사실을 동네 사람들에게 이야기하거나 웃음거리로 삼아서는 절대 안 된다. 또한 요양보호사는 자신의 업무 영역에서 최선을 다할 뿐 아니라, 대상자의 가족 및 다른 전문인력과 적극 협력해야 한다. 가족, 의사, 간호사, 사회복지사 등과 정보를 공유하고 상호 협조함으로써 대상자에게 통합적인 돌봄이 이루어지도록 한다. 이런 협업 태도는 노인에게 최상의 서비스를 제공하기 위한 윤리적 의무라 할 수 있다.

요양보호사는 학대 금지 의무도 가진다. 대상자가 의사소통이 어렵거나 돌보는 데 협조하지 않는다는 이유로 신체적·언어적·정서적 학대를 해서는 절대로 안 되며, 어떤 형태로든 학대를 발견하면 즉시 보고하고 신고해야 한다. 이는 노인의 존엄과 안전을 지키기 위한 최우선 윤리이다. 또한 물질적 이익 추구 금지 원칙에 따라, 대상자로부터 개인적인 돈이나 선물 등 보상을 받아서는 안 된다. 이러한 금품수수는 돌봄의 공정성을 해치고 착취로 이어질 수 있으므로 엄격히 금한다. 이 외에도 요양보호사는 지속적인 자기개발과 건강관리로 업무능력을 유지하고 향상시켜야 한다.

가상 사례: 한 재가방문 요양보호사가 겪은 윤리적 갈등 상황을 살펴보자. 박씨 할머니(80세)는 와상상태로 기저귀를 사용하고 있었는데, 할머니의 딸은 사용된 기저귀를 아깝다며 말려서 재사용하라고 요구하였다. 요양보호사 A씨는 위생상 매우 위험하고 할머니 피부에 염증이 생길 수 있음을 알고 있었지만, 보호자의 요구를 무시하기 어려운 입장이었다. 여기서 A씨는 이용자의 복지와 보호자의 요청 사이의 갈등에 직면했다. 윤리적으로 옳은 행동은 당연히 노인의 건강과 위생을 우선하여 깨끗한 기저귀를 사용하는 것이지만, 이를 거부할 경우 보호자와 갈등이 생겨 자신의 고용이 불안해질 수 있다는 현실적 고민도 있었다. A씨는 우선 보호자에게 전문적인 설명과 교육을 시도했다. 사용한 기저귀를 재사용하면 피부염과 요로감염 위험이 높아지고, 장기적으로 더 큰 의료비 부담이 될 수 있음을 차분히 설명했다. 또한 노인의 인간적 존엄성 측면에서 청결 유지의 중요성을 강조했다. 그래도 보호자가 막무가내로 재사용을 고집한다면, A씨는 기관의 상급자(관리자나 사회복지사)에게 이 문제를 보고하여 중재를 요청할 필요가 있다. 실제로 이 사례에서 A씨는 기관 관리자와 상의하였고, 관리자가 보호자를 직접 만나 설득함으로써 새 기저귀 사용으로 원칙을 지킬 수 있었다. 이 과정에서 요양보호사 A씨는 노인의 권익을 옹호하기 위해 용기를 내어 목소리를 냈으며, 동시에 체계 내의 지원을 구하였다. 이는 윤리적 딜레마 상황에서 현명한 대처로 볼 수 있다. 만약 보호자의 부당한 요구를 그대로 따랐다면 노인의 건강이 해쳐지고 학대에 가담하는 결과가 되었을 것이다. 이 사례는 요양보호사가 직면할 수 있는 현실적 압력 속에서도, 전문직 윤리 기준에 따라 행동하는 것이 얼마나 중요한지 잘 보여준다.

3) 윤리적 갈등 상황에서의 해결과 의사결정

노인복지 현장에서 사회복지사나 요양보호사 등이 마주하는 윤리적 갈등 상황은 다양하다. 예를 들어, 앞서 언급한 노인의 자기결정 대 안전의 충돌, 가족의 이익 대 노인의 이익 충돌, 자원 부족으로 인한 서비스 우선순위 결정 문제, 동료 직원의 비윤리적 행동을 목격했을 때의 대응 등이 있다. 이러한 상황에서 올바른 판단을 내리기 위해서는 체계적인 윤리적 의사결정 과정을 따르는 것이 도움이 된다.

1. 문제 상황 인식: 우선 현재 직면한 문제가 윤리적 딜레마인지 인식한다. 관련된 사실과 상황을 정확히 파악하고, 어떤 가치나 원칙이 충돌하는지 식별한다. (예: 요양보호사가 보호자의 부당한 지시를 받았을 때, 이것이 노인 인권 vs 가족 요구의 충돌임을 인식)

2. 정보 수집 및 사실 확인: 상황을 둘러싼 모든 관련 정보를 수집한다. 노인의 의사, 가족의 입장, 기관의 정책, 법적 규정 등을 확인한다. 필요한 경우 노인의 실제 능력이나 위험 정도에 대한 전문의 의견을 구하는 등 사실 관계를 명확히 한다.

3. 관련 윤리 기준 검토: 자신의 직종 윤리강령과 기관의 윤리지침, 관련 법률을 검토하여 적용되는 원칙들을 확인한다. 사회복지사라면 사회복지사 윤리강령의 해당 조항을, 요양보호사라면 직업윤리 원칙을 떠올린다. 또한 "이 상황에서 지켜야 할 핵심 가치가 무엇인가?"를 자문한다. (예: 자기결정 존중, 생명 보호, 진실성, 정의 등)

4. 대안 탐색 및 결과 예측: 취할 수 있는 행동 대안들을 여러 가지 마련한다. 각 대안별로 잠재적 결과와 영향을 예측해본다. 이때 노인 당사자, 가족, 기관, 사회에 미칠 영향과 단기적/장기적 결과를 모두 고려한다. (예: 보호자 요구 수용 vs 거부, 중재자 개입 등 각각에 따른 노인 건강 영향, 관계 악화 여부 등을 검토)

5. 상담 및 자문: 혼자 결정하기 어려울 때는 슈퍼바이저나 동료 전문가, 윤리위원회 등에게 자문을 구한다. 여러 관점을 통해 대안을 보완하거나 새로운 시각을 얻는다. 또한 법률 전문가나 의학 전문가의 의견이 필요하면 협조를 요청한다. 이 단계에서 비밀을 지키면서 사례 검토 회의를 여는 것도 방법이다.

6. 결정 및 실행: 수집된 정보와 원칙, 자문 내용을 종합하여 최선이라고 판단되는 해결책을 선택한다. 그리고 그 결정을 실천에 옮긴다. 실행 시에는 투명성을 유지하고, 관련 당사자들에게 가능한 한 솔직하고 책임 있게 설명한다. (예: 보호자에게 왜 그 지시를 따를 수 없는지 정중히 설명하고 대안을 제시)

7. 사후 평가 및 반성: 결정이 실행된 후 그 결과를 모니터하고, 예상했던 대로 해결이 되었는지 평가한다. 문제가 개선되지 않았거나 새로운 문제가 생겼다면 추가 조치를 고려한다. 또한 이번 의사결정 과정에서 배운 점이나 개선할 점이 있었는지 반성적 고찰을 한다. 이러한 피드백은 향후 유사 상황에서 더욱 윤리적으로 대응할 수 있는 밑거름이 된다.

위의 과정은 이상적인 모형이지만, 실제 현장에서는 시간이나 자원의 제약으로 일부 단계를 간략히 거칠 수도 있다. 중요한 것은 성급하게 직감을 따라 행동하기보다, 전문직 윤리 기준에 비례하여 신중하고 책임감 있게 결정하려는 자세다. 예를 들어 응급을 요하는 상황이 아니라면, 잠시 멈추고 동료와 상의하는 것만으로도 더 나은 결정을 할 수 있다. 노인복지 전문인력은 이러한 윤리적 의사결정 능력을 계속 연습하고 함양함으로써, 예기치 않은 갈등 상황에서도 노인의 권리와 복지를 최우선으로 지키는 전문가로 활동할 수 있을 것이다.

### (2) 국제적 비교: 미국과 일본의 노인복지 전문인력 체계

우리나라 노인복지 전문인력 체계는 장기요양보험 도입 이후 비교적 짧은 기간에 급속히 성장해왔다. 미국이나 일본 등 고령화 선진국에서도 다양한 전문인력이 노인돌봄에 종사하고 있는데, 각 나라의 제도와 자격 기준에는 차이가 있다.

#### 1) 미국의 노인복지 전문인력 체계

미국은 연방제 국가로 각 주(State)마다 자격과 제도가 다소 다르지만, 전반적으로 노인복지 분야에서 사회복지사(Social Worker)와 간호인력(Nurse, Nursing Assistant), 재활치료사(Physical/Occupational Therapist), 영양사(Dietitian) 등이 활동하고 있다. 이 중 특히 사회복지사와 간호조무사급 돌봄인력에 주목할 만하다.

- 사회복지사(Social Worker): 미국에서 사회복지사는 주(州)정부 차원에서 면허(License) 제도를 운영하고 있다. 보통 학사(BSW) 학위로는 준전문가 수준의 일자리에 진출하고, 임상 사회복지사가 되려면 석사(MSW) 학위와 수천 시간의 감독하 임상경력, 그리고 주별 시험 합격이 요구된다. 예를 들어 임상사회복지사(LCSW)가 되려면 CSWE(사회복지교육협의회) 인가를 받은 석사과정 졸업, 3000시간 이상의 실무수련, 주(州) 면허시험 합격이 필요하다. 노인 분야의 사회복지사는 이러한 일반 자격을 바탕으로 노인상담, 지역사회 자원연계, 병원 의료사회복지 등 다양한 영역에서 일한다. 특히 재가복지기관이나 양로원(nursing home)에서 활동하는 사회복지사는 노인과 가족 상담, 입소 및 퇴소조정, 서비스계획 수립 등을 담당한다. 미국 연방법에서는 120명 이상 입소한 요양시설에는 풀타임 사회복지사를 두도록 규정하여. (일부 주는 이 연방 기준보다 더 많은 100~180시간 교육을 요구하기도 한다.) 이처럼 비교적 단기 교육으로 자격을 부여하지만, 미국에서도 고령화에 대응하여 이 훈련시간을 120시간 이상으로 늘릴 것을 권고하는 보고서가 나온 바 있다. CNA/HHA들은 주로 요양원, 노인생활시설, 가정방문 돌봄 서비스 분야에서 활동하며, 적절한 돌봄 제공을 위해 주정부 등록(Registry) 시스템으로 관리된다. 이들의 직무윤리는 주로 기관 교육을 통해 전수되며, 노인

학대 신고 의무를 지니고, 이용자 존중과 프라이버시 보호 등의 원칙을 따른다. 그러나 상대적으로 낮은 임금과 인력 부족 문제가 지속되어, 미국 사회에서도 돌봄인력의 전문성 강화와 처우 개선이 중요한 정책 과제가 되고 있다.

- 간호사 및 기타 전문인력: 미국의 노인의료 분야에서는 간호사(Registered Nurse, Licensed Practical Nurse)들이 시설 및 지역사회에서 핵심 역할을 한다. 간호사는 주 면허를 통해 자격이 관리되며, 노인전문 간호사(Gerontological Nurse Practitioner)와 같은 고급 실무간호사도 활약한다. 또한 물리치료사(Physical Therapist), 작업치료사(Occupational Therapist), 언어치료사(Speech Therapist) 등이 노인재활에 참여하고, 등록영양사(Registered Dietitian)가 요양시설 식단 관리와 영양상담을 맡는다. 이들의 자격체계는 대개 학위 취득 후 국가시험 또는 협회 인증을 거치는 방식으로 운영된다. 예를 들어 물리치료사는 일반적으로 박사학위(DPT) 수준의 교육을 받고 면허를 취득하며, 등록영양사는 영양학 학사 후 수련과 시험을 통과해야 한다. 전반적으로 미국은 시장 중심의 복지체계여서 민간 자격과 고용시장 수요가 전문인력 체계를 이끌어왔다. 하지만 연방정부와 주정부의 규제, 메디케어/메디케이드 등 공공보험의 지불기준을 통해 최소한의 인력 자격 기준과 배치기준을 마련하여 서비스 질을 담보하고 있다.

미국의 노인복지 전문인력은 높은 학력 기반의 사회복지사와 간호사, 그리고 비교적 단기 훈련 기반의 돌봄 보조인력으로 이원화된 구조를 보인다. 이는 한국과 유사한 측면도 있지만, 미국은 주 면허를 통한 엄격한 자격관리와 윤리규정, 그리고 민간시장 논리에 따른 다양한 직종의 세분화(예: 노인케어 매니저, 호스피스 사회복지사 등 특수분야)도 특징적이다.

2) 일본의 노인복지 전문인력 체계

일본은 우리나라와 유사하게 2000년에 공적 장기요양보험(介護保険)을 도입하였으며, 노인복지사와 개호복지사(介護福祉士) 등의 전문자격 제도를 운영하고 있다. 일본의 노인복지 인력체계의 특징은 개호(介護) 인력의 전문화와 케어매니저 제도를 들 수 있다.

- 사회복지사(사회복지사, 社会福祉士): 일본의 사회복지사는 국가시험을 통해 취득하는 국가자격 (Certified Social Worker)이다. 고등교육과 실습을 거쳐 시험에 합

격해야 하므로 한국의 사회복지사와 유사하거나 더 엄격한 요건을 갖는다. 사회복지사 자격법(社会福祉士及び介護福祉士法)에 규정된 전문직으로서, 노인복지시설이나 지역포괄지원센터 등에서 상담과 지원업무를 담당한다. 또한 일본은 정신보건복지사 등 별도의 분야별 자격도 있어, 분야에 따라 특화되기도 한다. 노인복지 영역에서 사회복지사는 주로 시설의 생활상담원, 지역케어 회의 구성원 등으로 활동하며, 고령자 복지 정책상담이나 학대사례 개입 등에서도 중요한 역할을 한다. 윤리 측면에서는 이용자 존중과 권리 옹호, 전문직 윤리강령 준수가 요구되며, 특히 일본의 전통문화 속 가족주의와 개인 존중 사이의 균형을 잡는 데에 주안점을 둔다.

- 개호복지사(介護福祉士, Certified Care Worker): 일본의 개호복지사는 한국의 요양보호사에 대응되는 국가자격 돌봄전문가이다. 개호복지사는 「사회복지사 및 개호복지사 법」에 근거한 국가자격으로, 일정한 교육과정을 마치고 국가시험에 합격해야 한다. (일정 기간 실무경력을 쌓은 후 시험 없이 자격을 취득하는 경로도 한시적으로 있었으나, 현재는 시험 합격이 원칙이다.) 개호복지사는 노인요양시설, 재가방문 개호서비스 등에서 신체 개호(介護)와 일상생활 지원 업무를 수행한다. 하는 일은 한국의 요양보호사와 유사하지만, 자격 취득 과정이 더 전문적이고 엄격하다는 차이가 있다. 2년제 전문학교 등에서 체계적인 교육을 받고 실습을 거쳐야 하며, 국가시험의 합격률은 대략 60~70% 수준으로 관리된다. 따라서 개호복지사=전문 돌봄인력으로 사회적 인정이 비교적 높은 편이다. 개호복지사는 전문직 협회(일본개호복지사회)를 통해 윤리강령과 표준을 공유하며, 해외인력 수급 등 개호인력의 위상을 높이려는 노력이 진행 중이다. 한편 개호복지사보다 한 단계 낮은 기술자인 홈헬퍼 (방문介護員, 과거 1급~3급 자격과정)도 있었으나, 현재는 개호복지사 자격으로 일원화되는 추세다. 일본에서는 개호복지사가 국가자격의 전문직으로 인정되기 때문에, 한국의 요양보호사들처럼 단기교육을 받은 대규모 인력이 아닌 보다 숙련되고 지속 종사하는 인력풀을 형성하고 있다는 점이 특징이다.

- 케어 매니저(개호지원전문원, Care Manager): 일본 장기요양보험의 핵심 인력 중 하나는 케어 매니저(介護支援専門員)이다. 케어 매니저는 노인 개호서비스 이용자의 상태를 평가(認定調査)하고, 개인별 케어플랜(서비스 이용계획)을 수립하며, 서비스 제공을 조정·관리하는 전문인력이다. 이들은 주로 사회복지사, 간호사, 개호복지사 등 5년 이상의 현장 경력자가 시험을 통해 자격을 취득한다. 그리고 지역의 재가

복지지원센터 등에서 근무하면서, 여러 서비스 제공자들(방문간호, 방문개호, 데이서비스 등)을 연결하고 모니터링하는 역할을 맡는다. 케어 매니저 제도는 일본 돌봄체계의 중요한 축으로, 통합적 사례관리를 제도화한 것이다. 예컨대, 일본에서 장기요양 3등급 판정을 받은 노인은 지정 케어매니저의 도움을 받아 주당 몇 시간의 방문개호와 주간보호이용, 월 몇 회의 방문간호 등을 조합한 케어플랜을 수립하며, 케어매니저는 정기적으로 이를 평가·조정한다. 한국의 장기요양보험에서도 관리사례평가자가 공단 소속으로 6개월마다 서비스 조정 역할을 하나, 일본처럼 전담 케이스 매니저가 민간 영역에서 활약하는 형태와는 다르다. 윤리적으로 케어 매니저는 이용자의 이익 충돌 조정과 권익대변을 중시하며, 서비스 과다/과소 제공 없이 적절히 이용될 수 있도록 공정성을 유지해야 한다.

- 기타 전문인력: 일본도 간호사(看護師), 준간호사(准看護師), 물리치료사(理学療法士), 작업치료사(作業療法士), 영양사(管理栄養士) 등이 노인복지 현장에 참여한다. 특히 일본 노인시설에는 간호사 배치기준이 법정화되어 있고, 개호시설에서도 간호직이 건강관리 역할을 담당한다. 물리치료사/작업치료사는 개호노인보건시설(요양형 재활시설)이나 의료기관에서 재활서비스를 제공하며, 재택개호 지원사업으로 방문재활도 이루어진다. 영양사는 시설 입소자의 영양개선과 연하곤란 대응 식단 개발에 기여하고 있다. 일본은 고령화율 세계 최고 수준으로, 인력 부족을 해결하기 위해 외국인 돌봄인력(EPA 간병인 등)의 활용도 늘리고 있다. 하지만 동시에 개호복지사 자격 취득을 독려하여 돌봄 인력의 전문성 유지에 노력하고 있으며, 2025년까지 수십만 명의 추가 개호인력이 필요할 것이라는 전망 하에 처우 개선과 생산성 향상 기술 도입(로봇, ICT)도 추진 중이다.

3) 결론

미국과 일본의 사례를 통해 볼 때, 세 나라 모두 노인복지 전문인력의 역할은 다학제 팀접근을 기본으로 한다는 공통점이 있다. 사회복지사-간호사-돌봄인력-재활/영양 등 여러 직종이 한 팀이 되어 노인의 복지를 지원한다. 그러나 자격체계와 전문성의 수준에는 차이가 있다. 미국은 돌봄인력에 대해 비교적 낮은 교육 요건(단기훈련)을 적용하고 시장에 맡겨왔으나, 최근 고령화에 따른 서비스 질 저하 우려로 훈련 강화와 자격 업그레이드 논의가 있다. 일본은 돌봄인력을 일찍이 전문자격화(개호복지사)하여 직업적 위상과 연속성을 높이고 케어매니저 제도로 서비스 조정을 체계화하였다. 한국의 경우

요양보호사 제도로 단기간에 대량 인력을 양성한 덕분에 돌봄 공급 확충에는 성공했지만, 향후 전문화와 처우 개선, 경력 경로 확립이 과제로 지적된다. 이를 위해 일본처럼 요양보호사의 교육을 확대하고(실제로 240시간→320시간 확대 시행. 예컨대 노인학대에 대한 인식과 신고체계는 세 나라 모두 갖추고 있으나, 가족 내 학대를 바라보는 시각에는 문화차가 있을 수 있다. 따라서 국제 비교를 통해 타국의 제도와 장점을 참고하되, 우리의 문화와 현실에 맞는 개선이 필요하다.

노인복지 전문인력은 초고령사회를 대비하는 데 필수적인 사회 자본이다. 사회복지사, 요양보호사, 간호사, 물리치료사, 영양사 등 다양한 분야의 전문가들이 노인의 삶의 질을 지키는 최전선에서 헌신하고 있다. 이 장에서 살펴본 바와 같이 각 전문인력은 고유한 역할과 자격을 가지고 전문지식을 활용하며, 서로 협력하여 노인 개개인에게 통합적 서비스를 제공한다. 특히 사회복지사는 노인의 복지욕구를 종합적으로 조정하는 조력자이자 옹호자로서 역할을 다하고, 요양보호사는 일상생활을 함께하며 손과 발이 되는 돌봄자로서 없어서는 안 될 존재이다. 이들의 전문성이 효과를 발휘하려면 무엇보다 직업윤리가 뒷받침되어야 한다. 노인을 한 인간으로 존중하는 마음, 자신의 이익보다 대상자의 복지를 우선하는 자세, 윤리적 딜레마에서도 원칙을 지키려는 용기가 모든 전문인력에게 요구된다. 윤리 원칙들은 교과서 속 이론이 아니라 현실 업무의 나침반으로 작용하며, 전문인력을 더욱 신뢰받게 하는 기반이 된다.

# Chapter 17
# 사례관리와 상담

1. 노인사례관리와 노인상담

## 1. 노인사례관리와 노인상담

### (1) 노인사례관리의 개념 및 필요성

현대사회에서 급속한 인구 고령화는 노인 복지와 건강관리의 중요성을 한층 부각시키고 있다. 2024년 현재 우리나라 65세 이상 고령인구는 전체 인구의 약 19.2%에 달하며, 2025년에는 20%를 넘어 초고령사회에 진입할 전망이다. 고령 노인들은 신체적 건강 문제뿐 아니라 정서적 어려움, 사회적 고립, 경제적 빈곤 등 다양하고 복합적인 욕구를 지닌 경우가 많다. 이러한 욕구들은 단일 서비스로 충족되기 어려우며 장기적이고 연속적인 지원을 필요로 한다. 이에 따라 노인사례관리(case management)의 개념이 대두되었다.

사례관리란 복합적 욕구를 지닌 대상자가 지역사회에서 적절한 지원을 받고 삶의 질을 향상하도록 돕는 통합적 개입 방식을 의미한다. 사회복지 실천 분야에서 사용되는 사례관리의 정의에 따르면, 사례관리란 "클라이언트의 욕구에 맞추어 개인화된 보건 및 복지 서비스 꾸러미를 계획하고 조정하는 과정"으로 설명될 수 있다. 즉, 공식적 서비스(예: 병원, 복지기관)와 비공식적 지원체계(예: 가족, 이웃)을 연계·통합함으로써 대상자의 문제 해결을 돕고, 지속적인 돌봄이 이루어지도록 조정하는 것이다. 특히 노인들을 대상으로 한 사례관리는 노인의 잠재력과 자립능력을 최대한 발휘하게 하고, 필요한 보호서비스의 연속성을 보장하는 데 초점을 둔다.

노인사례관리가 필요한 이유는 첫째, 노인 개개인의 욕구가 복잡하고 상호복합적이기 때문이다. 예를 들어 만성질환을 가진 독거노인은 의료서비스와 함께 일상생활 지원, 정서적 지지 등이 동시에 필요할 수 있다. 사례관리자는 이러한 복합 욕구를 종합적으로 파악하여 다각도의 서비스를 통합적으로 제공받을 수 있도록 조력한다. 둘째, 노인 대상 서비스 전달체계가 분산되어 있어 연계의 어려움이 발생하기 쉽다. 복지, 의료, 주거 등 다양한 기관들이 각각 서비스를 제공하지만, 노인 본인이나 가족이 일일이 해당 기관들을 찾아 적절한 도움을 받기는 어렵다. 사례관리는 서비스 조정자로서 다양한 자원을 연결하여 서비스 공백이나 중복을 줄이고 이용 효율성을 높인다. 셋째, 사례관리는 노인의 삶의 질 향상과 자기결정 존중에 기여한다. 사례관리자는 대상자의 의사를 존중하면서 개별화된 서비스 계획을 수립하므로, 노인은 자기 필요에 맞는 지원을 받으며 보다 주체적으로 생활을 영위할 수 있다. 이러한 이유로 노인복지 현장에서 사례관리는 필수적인 기법으로 자리잡고 있다.

### (2) 노인사례관리의 과정

노인사례관리는 일정한 과정에 따라 단계적으로 수행된다. 일반적으로 사례관리 과정은 다음과 같은 여섯 단계로 구성된다.

1. 대상자 접수(Intake): 도움이 필요한 노인을 발견하거나 의뢰받아 사례관리 서비스에 접수한다. 이 단계에서는 대상자의 기본정보를 파악하고 서비스 적격 여부를 확인한다. 예를 들어, 지역사회 노인복지관에서는 독거노인 생활관리사를 통해 위기 노인을 발견하여 사례관리 대상으로 연계하기도 한다. 접수 단계에서는 노인과 초기 라포(rapport)를 형성하고 전반적인 문제 인식을 돕는 것이 중요하다.

2. 사정(Assessment): 사례관리자는 대상 노인의 상황을 다각도로 사정(assessment)한다. 사정 영역에는 신체적 건강 상태, 정신건강, 일상생활 수행능력, 사회적 관계망, 경제상태, 주거환경 등이 포함된다. 표준화된 사정 도구나 면담를 통해 노인의 욕구와 강점을 체계적으로 파악하고, 문제의 우선순위를 분석한다. 예를 들어 장기요양보험에서는 공용의욕구평가표를 통해 노인의 건강상태와 돌봄 필요도를 평가한다. 정확한 사정은 이후 계획 수립의 기초가 되며, 포괄적이고 개별화된 이해가 이루어져야 한다

3. 계획 수립(Planning): 사정 결과에 기초하여 개별 서비스 계획(care plan)을 수립한다. 계획 수립 단계에서는 노인본인과 가족이 참여하여 목표를 설정하고, 목표 달성을 위한 구체적인 서비스와 자원을 결정한다. 예를 들어 "영양 개선"이 목표라면 도시락 배달, 영양사 상담 등의 서비스를 포함할 수 있다. 이때 서비스 우선순위, 일정, 담당자 등을 명확히 정하고, 필요 시 예산이나 지원체계도 확보한다. 계획은 클라이언트의 선호와 목표 달성 가능성을 모두 고려하여 현실적이면서도 효과적으로 작성되어야 한다.

4. 서비스 연결 및 조정(Implementation & Coordination): 수립된 계획에 따라 실제로 서비스를 제공하거나 연계하는 단계이다. 사례관리자는 다양한 기관 및 자원과 협력하여 노인이 필요한 서비스를 받도록 중개 역할을 수행한다. 예를 들어, 노인이 의료 서비스와 가사 지원이 모두 필요하다면 병원 의료사회복지사와 재가노인복지센터와 연계하여 각각 서비스를 받게 조정한다. 이 과정에서 서비스

일정 조율, 관련 서류 처리, 기관 간 의사소통 등을 사례관리자가 주도한다. 또한 예상치 못한 문제(서비스 대기, 거부 등)가 발생하면 조정을 통해 대안을 마련한다. 옹호(advocacy) 기능도 중요한데, 필요할 경우 사례관리자가 대상 노인의 권익을 대변하여 자격이 되는 서비스를 놓치지 않도록 돕는다.

5. 점검 및 재사정(Monitoring & Reassessment): 서비스 제공이 시작된 후 정기적으로 점검하여 계획이 잘 이행되고 있는지 확인한다. 사례관리자는 노인과 서비스 제공자들과 접촉하여 서비스의 질과 만족도를 모니터링하고, 목표 달성에 진전이 있는지 평가한다. 만약 서비스가 적절히 이루어지지 않거나 새로운 문제가 발견될 경우 재사정을 실시하여 계획을 수정한다. 예를 들어, 홈헬퍼 파견 서비스가 노인의 요구에 맞지 않으면 다른 서비스로 변경하거나 추가 지원을 모색한다. 이 단계는 사례관리 과정의 피드백 루프로서, 초기 사정 내용을 주기적으로 업데이트하고 계획을 동적(dynamic)으로 조정함으로써 서비스의 효과성을 높인다.

6. 평가 및 종결(Evaluation & Termination): 일정 기간 후 사례관리의 성과를 평가하고 종결 여부를 결정한다. 평가 단계에서는 설정했던 목표들의 달성 여부를 확인하고, 노인의 상태 변화를 측정한다. 원하는 목표가 달성되어 문제가 해결되었거나 안정적으로 관리된다면 사례관리 서비스를 종결한다. 반면 추가적인 목표가 설정되거나 지속 지원이 필요하면 서비스 기간을 연장하거나 다른 프로그램으로 전환하기도 한다. 종결 시에는 노인과 가족에게 향후 지원 방안이나 위기 발생 시 연락체계를 안내하여 사후관리를 대비한다. 또한 사례관리자는 종결 후에도 추후 추적 연락을 통해 노인의 안녕을 확인하거나 필요한 경우 재개입할 수 있도록 준비한다.

상기의 단계는 순환적 과정으로, 종결 이후에도 새로운 문제가 생기면 다시 초기 단계(접수 및 사정)로 돌아갈 수 있다. 노인사례관리 과정은 각 단계마다 전문적인 지식과 기술이 요구된다. 사례관리자는 전 과정에서 노인 당사자의 자기결정권을 존중하고, 문화적 특성 및 가족상황을 고려하며, 윤리적 원칙을 준수해야 한다.

### (3) 국내외 사례관리 모델 비교

사례관리의 접근법은 다양한 모델(model)로 분류되어 왔다. 대표적인 사례관리 모형으로 중개모형, 임상모형, 강점모형 등을 꼽을 수 있다. 중개모형(broker model)은 사례관리자가 직접적인 치료나 서비스 제공보다는 중개자로서 자원을 연결하는 데 초점을 두는 방식이다. 주로 경증의 문제나 비교적 자원이 풍부한 지역사회에서 활용되며, 사례관리자는 대상자의 욕구를 평가한 후 적합한 서비스 기관에 의뢰하고 추후 추적한다. 임상모형(clinical model)은 사례관리자 자신이 일정 수준의 치료적 개입(상담, 교육 등)을 직접 제공하면서 사례관리를 수행하는 방식으로, 주로 정신건강 영역이나 전문성이 필요한 분야에서 활용된다. 예를 들어 정신과 간호사가 만성정신질환 노인을 사례관리하며 투약 관리와 생활기술 훈련을 병행하는 경우가 이에 해당한다. 강점모형(strengths-based model)은 클라이언트의 강점과 자원에 초점을 맞추어, 대상자의 자율성과 역량 강화를 최우선으로 하는 접근이다. 사례관리자는 대상자의 강점을 발견하고 발전시킬 수 있는 기회를 마련함으로써 문제 해결보다는 역량 강화(empowerment)에 무게를 둔다. 이 외에도 중증질환자를 위한 집중모형(intensive case management), 지역사회 네트워크를 활용하는 지역사회모형, 다양한 전문직이 팀을 이루는 다학제팀 모델 등 상황과 대상에 따라 여러 유형의 사례관리 모델이 존재한다. 국내와 국외의 사례관리 실천에는 역사적·제도적 맥락에 따른 차이가 있다. 다음의 표는 한국과 일부 해외 국가의 노인 사례관리 모델 및 제도의 특징을 비교한 것이다.

**표28. 국내외 노인 사례관리 모델 비교**

| 구분 | 한국 (국내) | 미국 (해외) | 일본 (해외) |
|---|---|---|---|
| 제도적 기반 | 공공부문 사례관리 도입 (예: 노인맞춤돌봄서비스, 장기요양보험) | 연방 노인복지법(OAA) 기반 지역사회 돌봄 운영 | 개호보험법에 따른 전국적 케어매니저 제도 시행 |
| 사례관리자 구성 | 사회복지사, 요양보호사 등이 수행 | 사회복지사, 간호사 등이 케이스매니저 역할 | 개호지원전문원(케어매니저) 국가자격 제도 운영 |
| 서비스 내용 | 취약 노인 생활관리 및 정서지원 중심 | 건강, 주거, 법률상담 등 포괄적 서비스 | 노인 맞춤 장기요양 서비스 계획 및 제공 |
| 특징 및 경향 | 공공주도 통합돌봄 정책 추진, 사례관리 도구 개발 중 | 민간보험 등 다양한 모델 공존, 연구·평가 활발 | 표준화된 케어매니지먼트 운영, 사례관리 수요 증가 |

한국의 노인사례관리는 주로 공공 부문의 복지제도를 통해 구현되고 있다. 전통적으로는 종합사회복지관이나 노인복지관을 중심으로 중개모형 사례관리가 이루어져 왔으며, 최근에는 지역사회 통합돌봄 정책 추진과 함께 지자체 단위로 사례관리 네트워크를 구축하는 노력이 진행 중이다. 2020년 도입된 노인맞춤돌봄서비스의 경우 생활지원사

가 정기적으로 취약 노인을 방문하여 안부 확인, 서비스 연계, 자원 발굴 등을 수행하는데, 이는 통합적 사례관리의 국내 적용 사례라 할 수 있다. 또한 장기요양보험에서는 공단 소속의 케어매니저가 장기요양 등급 판정자를 대상으로 개인별 돌봄계획을 수립하고 조정하는 역할을 담당한다. 이는 의료·요양 서비스의 분야에서 임상모형 사례관리가 제도화된 예이다.

미국의 경우, 1980년대 이후 연방정부와 주정부 차원에서 노인을 위한 케이스 매니지먼트가 도입되었다. 예를 들어 연방 노인복지법에 의해 각 지역의 Area Agency on Aging(AAA)이 지역사회 거주 노인들에게 사례관리, 식사배달, 교통지원 등 통합서비스를 제공해왔다. 미국에서는 초기에는 중개모형이 주로 활용되었으나, 점차 임상모형과 정신건강 분야의 ACT(Assertive Community Treatment) 모델 등이 발전하여 다양한 모델이 공존하고 있다. 민간영역에서는 노인요양보험이나 베테랑의료체계 등에서 간호사 또는 사회복지사가 사례관리자로 활동하며, 이들은 의료와 복지 서비스를 아우르는 포괄적 관리를 지향한다. 미국의 노인사례관리는 보험체계와 연계되어 발전해왔기 때문에, 보험지불 제도와 결과 평가에 따른 효율성 강조가 특징적이다.

일본은 2000년 개호보험(公的介護保険) 제도를 세계 최초로 도입한 국가 중 하나로, 노인 사례관리가 제도적으로 잘 정착된 사례이다. 개호보험 하에서 케어매니저(care manager)는 공인된 전문인력으로서, 장기요양 서비스가 필요한 고령자마다 개별 케어플랜을 작성하고 서비스 제공을 조정한다. 예를 들어 지역의 케어매니저가 재가서비스 이용자의 건강 상태를 정기 평가하고, 방문간호, 데이케어, 복지용구 대여 등 여러 서비스를 패키지로 연계한다. 일본의 모델은 전국적으로 표준화된 절차와 도구를 사용하며, 지자체를 통해 관리·감독된다. 그 결과 서비스의 품질과 내용이 비교적 균질하며, 연속적 돌봄(continuity of care)이 제도적으로 보장된다. 다만 최근 고령인구의 폭증으로 케어매니저 1인당 업무량이 증가하고 서비스 비용이 급등하는 등 도전과제가 나타나고 있다.

국내외를 막론하고 노인사례관리의 공통된 목표는 다양한 서비스의 통합과 지속적 관리를 통해 노인의 삶의 질을 높이는 데 있다. 다만 구현 방식에서는 각국의 복지체계, 문화, 제도에 따라 차이가 존재한다. 한국은 비교적 최근에 통합사례관리 개념을 본격 도입하여 표준화와 체계화에 주력하고 있고, 미국은 오랜 실천 경험을 바탕으로 다양한 모델이 병존하며, 일본은 국가주도의 전면적 제도로 안착시켰다.

### (4) 노인상담의 개념 및 필요성

노인상담(gerontological counseling)이란 노인의 심리사회적 문제와 발달과제를 돕기 위해 이루어지는 전문적인 상담 활동을 말한다. 인간은 노년기에 접어들면서 신체적 노화와 더불어 다양한 생활사건을 겪게 된다. 은퇴로 인한 역할 상실, 배우자 및 친구의 사망으로 인한 상실감, 만성질환으로 인한 신체기능 저하, 사회적 고립 등의 변화는 노인들의 정신건강과 정서적 안녕에 큰 영향을 미친다. 노년기는 Erikson의 발달단계 이론에서 자아통합 대 절망의 시기로 묘사되는데, 자신의 삶을 긍정적으로 통합하지 못하면 우울, 불안, 절망감에 빠질 수 있다. 이러한 심리적 위기에 대처하고 성공적인 노화를 지원하기 위해 전문적인 상담 지원이 필요하다.

노인상담의 개념은 일반 성인상담과 동일한 상담 이론과 기법을 바탕으로 하되, 고령자의 특성과 욕구에 맞게 조정된다는 점이 특징이다. 예를 들어 노인은 기억력이나 정보처리속도가 젊은 사람에 비해 떨어질 수 있으므로 상담 진행 속도를 조절하고 반복 확인을 하는 등의 조치가 필요하다. 또 세대차로 인해 상담자가 공감하기 어려운 노년기 고유의 경험(예: 전쟁, 시대적 빈곤)을 이해하려는 노력도 중요하다. 노인상담 전문성은 이러한 맥락적 이해와 더불어, 노화과정 전반에 대한 지식(인지 변화, 노년기 우울 특징 등)을 갖추는 것을 포함한다. 미국 상담학회(ACA)에서도 노인상담을 하나의 전문분야로 인정하고 교육 및 연구를 장려하고 있는데, 1990년대 중반부터 본격적으로 노인상담에 대한 표준과 자격증이 논의되어 왔다. 이는 고령화 사회에 대비하여 상담자들이 노인에 특화된 기술을 습득할 필요성을 반영한 것이다.

노인상담이 필요한 이유는 첫째, 노인들의 정신건강 문제 유병률이 상당히 높기 때문이다. 연구에 따르면 지역사회 거주 노인의 우울증상 유병률은 10~15%에 이르고, 특히 독거노인이나 만성질환 노인에서 높게 나타난다. 그러나 노인들은 자신의 정서적 어려움을 숨기거나 '늙으면 우울한 게 당연하다'고 여겨 적절한 도움을 받지 못하는 경우가 많다. 상담을 통해 이러한 문제를 조기에 발견하고 개입하면 심각한 우울증이나 자살 등의 위험을 예방할 수 있다. 둘째, 노년기의 심리사회적 욕구는 세대 특유의 이슈를 갖는다. 예를 들어, 퇴직 후 삶의 의미 찾기, 자녀에게 부담 되지 않으면서 도움 받는 법, 죽음 준비 등은 중·장년층과 다른 노인세대만의 과제다. 일반적인 상담 접근만으로는 이러한 주제를 충분히 다루기 어려울 수 있으며, 노인상담에 특화된 접근법이 요구된다. 셋째, 노인은 상담 서비스에의 접근 장벽이 높다. 이동의 어려움, 경제적 제약, 심리적 저항(낙인 등)으로 인해 정신건강 전문가를 찾아가기 어렵다. 따라서 지역사회 돌봄 체계 내에 상담 서비스를 포함시켜 찾아가는 상담이나 비대면 상담 등을 제공할 필요가 제기된다. 실제로 COVID-19 팬데믹을 거치며 노인을 위한 전화상담, 화상상담 등의 비대면 서비스가 도입되었고, 이는 대면 상담이 어려운 상황에서 노인의 마음건강을 지키는 대안으로서 효과가 입증되고 있다.

노인상담은 노인이 겪는 다양한 상실과 변화에 적응하고 정서적 안정을 찾도록 도와주는 심리사회적 지원 과정이다. 노인 개인뿐 아니라 가족(배우자, 성인자녀 등)까지 포괄하여 상담함으로써 가족체계의 갈등을 줄이고 지지체계를 강화하는 효과도 있다. 궁극적으로 노인상담은 성공적 노화를 촉진하고, 노인의 삶의 질 향상과 사회적 통합에 기여한다는 점에서 필요성이 크다.

### (5) 주요 노인상담 기법

노인상담에서는 상담 목표와 내담자 특성에 따라 다양한 이론과 기법이 활용된다. 고령자에게 특히 유용하다고 알려진 주요 상담 기법들은 다음과 같다.

**표29. 노인 대상 심리·상담 기법 비교**

| 기법 | 주요 내용 | 기대 효과 |
|---|---|---|
| 생애사 회상치료(Life Review Therapy) | 노인이 자신의 일생을 단계별로 회상하며 긍정적·부정적 경험을 재조명하고 삶의 자기수용을 높이도록 도움. | 삶의 통합과 긍정적 해석을 통해 우울감 완화, 삶의 만족도 향상, 자아통합감 증진. |
| 인지행동치료(Cognitive-Behavioral Therapy) | 부정적 사고나 비합리적 신념을 인지적으로 교정하고, 행동 기법을 병행하여 정서를 개선. | 우울·불안 완화, 현실 적응력 향상, 심리적 안녕 증대. |
| 가족상담(Family Counseling) | 노인과 가족 간의 의사소통을 개선하고 돌봄 부담, 세대갈등을 조정. | 가족 간 갈등 완화, 가족의 이해와 지지 증가, 정서적 안정. |
| 집단상담(Group Counseling) | 비슷한 문제를 가진 노인들이 경험을 나누고 지지하며 심리적 성장을 도모. | 소속감 증진, 고립감 감소, 자기효능감 향상. |
| 정신의료 상담(Psychiatric Counseling) | 정신건강 전문가가 상담 제공, 필요시 약물치료 병행. 치매, 중증 우울증 등 임상적 문제 평가 및 개입. | 증상 개선, 질환 이해 및 대처 능력 향상, 정신질환 조기 발견. |

위 표는 노인상담에서 흔히 활용되는 다섯 가지 기법을 요약한 것이다. 각 기법은 고

유한 이론적 배경과 절차를 갖고 있으며, 노인의 문제유형과 요구에 따라 선택적으로 적용된다. 아래에서는 이러한 주요 기법들의 의의와 효과를 전공 교과서 수준에서 조금 더 상세히 설명한다.

생애사 회상치료는 1960년대 로버트 버틀러(Robert Butler)가 노년기 삶의 회고(reminiscence)가 정신건강에 미치는 긍정적 영향을 주목하면서 발전시킨 기법이다. 상담자는 구조화된 질문이나 주제(예: 어린 시절 기억, 커리어 성취, 힘들었던 사건 등)를 통해 노인이 자신의 삶을 되돌아보도록 유도한다. 이때 단순히 회상을 나열하는 데 그치지 않고, 과거의 경험들을 현재의 시점에서 재평가 및 재해석하여 삶의 의미를 통합하게 돕는다. 예를 들어 젊은 시절의 실패경험을 논의하면서 그 경험이 가져다준 교훈이나 삶의 전환점을 찾아보게 한다. 이러한 과정을 통해 노인은 자신의 삶 전체를 보다 균형 있게 바라보고, 성취와 기여를 재인식하며, 과거의 상처에 대해서는 용서와 수용에 이르게 된다. 연구 결과 단기적으로 생애사 회상치료를 받은 노인들은 삶의 만족도가 향상되고 우울증상이 유의미하게 감소하는 것으로 나타났다. 또한 외상 후 스트레스 증상이나 불안의 감소, 자아존중감 증진 등의 효과도 일부 연구에서 보고되고 있다. 특히 말기 환자나 호스피스 대상 노인에게 삶을 마무리하는 과정으로서 회상치료를 실시하면 임종에 대한 두려움이 감소하고 정신적 평안을 얻는 데 도움이 된다는 보고도 있다. 이처럼 생애사 회상치료는 노년기의 주요 과제인 자아통합을 촉진하는 매우 유용한 기법으로 인정받고 있다.

인지행동치료(CBT)는 노인상담 분야에서 우울증, 불안장애 등 정서적 문제를 다루는 데 효과적인 근거기반 접근이다. 인지행동치료의 기본 원리는 사고(cognition)가 감정과 행동에 영향을 미친다는 것으로, 왜곡된 사고패턴을 교정하고 적응적 행동을 강화함으로써 정신건강을 개선한다. 노인에게 적용되는 CBT에서는 젊은 성인과 동일한 기법(인지적 재구성, 활동 스케줄링 등)을 사용하면서도, 노인의 인지적 특성에 맞추어 속도와 방법을 조절한다. 예를 들어 기억력 보조를 위해 중요한 내용을 반복하고, 세션 사이에 요점을 적은 자료를 제공할 수 있다. 또한 노인들이 선호하는 옛 습관이나 활동을 활용하여 행동활성화(behavioral activation) 전략을 세우기도 한다. 임상 연구에 따르면 CBT는 약물치료와 병행하거나 혹은 단독으로 노인 우울증에 효과적이며, 노인 불안장애(특히 범불안장애, 공황 등)에도 비교적 높은 효과를 보인다. 예컨대 70대 노인의 경우 건강염려와 고독감으로 인한 우울에 CBT를 적용하여 부정적 사고 ("나는 쓸

모없다" 등)을 도전하고 교정함과 동시에, 주 3회 경로당 나가기, 매일 산책하기 등의 행동 목표를 실천하게 한 결과 우울 척도 점수가 유의하게 감소한 사례들이 보고되고 있다. 이러한 근거로 미루어 볼 때, 인지행동치료는 체계적인 접근을 통해 노인의 정서를 개선하고 자기효능감을 높이는 데 유용한 기법임을 알 수 있다. 다만 CBT를 노인에게 적용할 때는 시각·청각 장애에 대한 배려(큰 글씨 자료, 천천히 말하기 등)와 노년기에 흔한 죄책감, 허무감 등의 주제에 대한 이해가 보완되어야 효과를 극대화할 수 있다.

가족상담은 노인의 문제를 가족체계의 문제로 보고 가족 구성원 모두가 변화에 참여하도록 하는 접근이다. 많은 노인 문제가 가족과 밀접한 관련이 있다. 예를 들어, 치매노인을 돌보는 가족간호자는 극심한 스트레스와 번아웃을 겪을 수 있고, 노인은 자신이 짐이 된다는 죄책감에 우울해질 수 있다. 이때 상담자는 노인과 가족(배우자나 성인 자녀들)을 함께 상담하여 서로의 감정을 개방적으로 표현하게 돕고, 돌봄 부담을 역할분담하거나 지역사회 서비스를 활용하는 등 실질적 대처방안을 모색한다. 또한 세대 간 의사소통 개선도 중요한 목표인데, 종종 노부모와 성인자녀는 서로의 입장을 충분히 이해하지 못해 갈등을 빚는다. 가족상담 기법 중 예를 들어 보웬(Bowen)의 다세대 가족치료나 구조적 가족치료 기법을 응용하여, 가족 내 상호작용 패턴을 탐색하고 변화시킴으로써 갈등을 줄일 수 있다. 가족상담을 통해 노인에 대한 가족의 공감과 수용이 증가하면, 노인의 정서적 안정도 향상된다. 특히 부부 중 한쪽이 아플 때 부부상담을 진행하면 남은 삶의 동반자적 지지를 강화하여 노후 생활의 질을 높일 수 있다는 보고도 있다. 이처럼 가족상담은 노인 개인뿐 아니라 주변 체계까지 변화시킴으로써 보다 지속적이고 거시적인 도움을 주는 기법이다.

집단상담은 동년배 집단의 동료지지(peer support)를 활용한다는 점에서 노인에게 유익하다. 노인들은 또래 친구가 줄어들고 사회적 역할이 축소되면서 소속감의 결여를 느끼기 쉬운데, 집단상담은 유사한 상황에 있는 노인들끼리 만남의 장을 제공한다. 집단에서는 각자 자신의 이야기를 나누고 공통점을 발견하면서 "나만 이런 어려움을 겪는 게 아니구나" 하는 안도감을 얻는다. 또한 비슷한 문제를 극복한 다른 노인의 경험은 강력한 모델링이 되어 희망을 심어준다. 예를 들어 상실로 인한 우울을 주제로 한 집단상담에서, 배우자를 잃은 한 노인이 자신의 애도 과정을 잘 이겨낸 이야기를 들려준다면, 비슷한 상실을 겪은 다른 노인들에게 큰 위로와 용기를 줄 수 있다. 집단상담은 보통 6~10명 내외의 소규모로 주 1회, 8~12회기 정도로 진행되며, 회기별로 특정 주제(예: 즐거웠던 기억 나누기, 분노 다루기 등)를 다룬다. 집단과정에서 집단 응집력이 형성되고 상호 신뢰가 쌓이면 노인들은 자신의 속마음을 보다 솔직하게 털어놓고, 서로에게 조력자가 되어준다. 이러한 경험은 사회적 기술 향상과 자기노출에 대한 자신감 상승으로 이어져, 집단이 끝난 후에도 대인관계망을 넓히는 데 도움이 된다. 다만 노인 집단상담에서는 일부 참가자의 건강문제나 인지저하로 인해 진행이 느려질 수 있으므로, 진행자는 유연하게 일정을 조정하고 다양한 의사소통 방법(그림, 글쓰기 등)을 활용하는 것이 바람직하다.

정신의료 상담은 정신건강의학과 영역에서 이루어지는 전문상담으로, 임상적인 정신장애를 가진 노인에게 행해진다. 예를 들어 주의력 저하, 기억력 감퇴 등 치매 초기증상이나 환각·망상 등 노인 정신병리가 나타나는 경우, 정신과 전문의와 임상심리사, 정신건강사회복지사 등이 팀을 이루어 상담 및 치료를 제공한다. 여기에는 약물치료와 심리치료의 병행이 포함될 수 있다. 중요한 것은 약물 관리만으로는 해결되지 않는 정서적 지지와 현실 적응을 돕기 위해 심리사회적 중재를 함께 진행하는 것이다. 정신의료 상담에서는 정신상태 평가(MSE)와 같은 임상평가를 통해 정확한 진단을 내리고, 인지기능 검사를 실시하여 치매 여부나 우울 정도를 파악한 뒤, 이에 따라 개별화된 치료계획을 세운다. 치료계획에는 약물 복용 지도, 질환 교육, 스트레스 대처훈련, 가족 교육상담 등이 포함될 수 있다. 예컨대 알츠하이머 치매 초기 노인에게 인지자극치료와 현실지향 현실치료(reality orientation)를 적용하고, 가족에게는 환자 대처방법을 교육하여 행동심리증상(BPSD)을 줄이는 식이다. 이러한 통합적 접근을 통해 노인의 정신질환 증상 관리가 향상되고, 가족의 부양부담도 경감된다. 정신의료 상담은 임상 현장에서 주로 다뤄지는 영역이지만, 지역사회 차원에서도 노인 정신건강복지센터 등을 통해 우울증 선별 및 단기상담, 자살 예방 프로그램 등이 실행되고 있다. 즉, 의료와 복지의 경계를 넘어 노인의 정신건강 증진을 위한 통합 서비스가 강조되는 추세이다.

### (6) 국내외 노인상담 서비스 동향

고령인구 증가와 함께 노인상담에 대한 사회적 수요와 관심도 점차 높아지고 있다. 국내 노인상담 서비스의 동향을 살펴보면, 과거에는 노인상담이 주로 노인복지관의 부수적 프로그램이나 특정 연구 프로젝트 수준에 머물렀으나, 최근 들어 보다 체계적인 서비스로 발전하려는 움직임이 있다. 2000년대 이후 국내 학계에서도 노인상담 관련 연구가 늘어나고 있는데, 2023년 발표된 한 연구는 2000년부터 2022년까지 국내에서 발표된 노인상담 학술논문들의 경향을 분석하여 그 동향을 보고하고 있다. 이 분석에 따르면 국내 노인상담 연구는 주로 우울감 경감이나 삶의 만족도 향상을 위한 집단프로그램(특히 회상치료 프로그램) 효과 검증 연구가 많았으며, 상담 기법 측면에서는 회상요법, 인지행동기법, 현실치료 등이 자주 활용되었다고 한다. 이는 우리나라 노인상담 분야가 아직까지는 정신건강 증진에 초점이 맞춰져 있음을 시사한다. 실제 실천 현장에서도 노인종합복지관, 노인정신건강복지센터 등에서 우울증 집단상담, 자서전 쓰기 모임, 인지훈련 교실 등 상담적 기법을 응용한 프로그램을 운영하고 있다. 또한 대한노인회 등의 민간단체에서는 경제적 어려움이나 법률문제 등을 겪는 노인을 위해 전문상담(법률, 재무, 심리) 서비스를 연결해주기도 한다. 2020년대 들어 보건복지부 주도로 시행된 노인맞춤돌봄서비스에도 정서지원 프로그램이 포함되어 생활지원사들이 기본적인 정서 모니터링과 말벗 역할을 수행하고, 필요 시 전문상담기관으로 연계하는 체계를 갖추었다. 그러나 아직까지 국내에서 전문 노인상담센터나 노인상담 전문인력 양성 체계는 미흡한 편이다. 노인상담사에 대한 국가자격이나 공인 민간자격 등이 없고, 관련 훈련 프로그램도 드물어 전문성을 갖춘 인력이 부족하다는 지적이 있다. 다행히 일부 대학와 기관에서 노인상담사 과정을 개설하고 있고, 노인복지 관련 학회에서도 노인상담 분과를 만들어 정보교류와 교육을 진행하는 등 기반을 다지는 단계에 있다.

해외 노인상담 서비스 동향을 보면, 미국, 캐나다 등 노인복지 선진국을 중심으로 비교적 일찍부터 노인상담이 전문 분야로 자리매김해왔다. 미국의 경우 1970~80년대에는 노인상담이 "잊혀지고 무시된 영역"으로 불렸으나 1990년대 이후 전문 학회와 자격증 신설 등 제도화된 움직임이 나타났다. 1995년에 Jane Myers 등이 발표한 논문 "Gerontological counseling comes of age"에서는 노인상담 분야가 약 20년간의 짧은 역사 속에서도 상당한 발전을 이루어 표준화와 인증이 도입되었음을 보고하고 있다. 현재 미국에는 노인상담을 전문적으로 다루는 상담사(Counselor)와 노인심리학자(Geropsychologist)들이 활동하고 있으며, 이들을 위한 지침서와 윤리강령도 마련되어 있다. 예컨대, APA(미국심리학회)는 노인심리학 실천 가이드라인을 통해 노인 내담자를 다룰 때 유의할 점(예: 자율성 존중, 보호적 의사결정 등)을 제시하고 있다. 서비스 측면에서는 지역사회 노인정신건강센터가 운영되어 우울증 관리 프로그램, 애도 상담, 알코올 남용 예방 등 다양한 상담 서비스를 제공한다. 또 일선 커뮤니티케어에서 간호사, 사회복지사 등이 1차 상담을 수행하고 필요 시 전문상담사에게 연계하는 계층적 서비스 구조를 갖추고 있다. 영국의 경우 NHS 산하에 노인 정신건강팀이 구성되어 있으며, 임상심리사들이 노인 우울, 불안 장애에 대한 인지행동치료를 제공하거나 치매 환자 가족을 대상으로 한 가족중재상담을 수행한다. 더불어 비정부기구인 Age UK 등에서는 상담 자격을 갖춘 자원봉사자들이 전화 상담이나 방문 상담을 통해 고독한 노인들에게 정서 지원을 해주는 프로그램을 운영한다. 일본은 전통적으로 상담보다는 지역사회 봉사지원員(민생위원 등)에 의한 생활지원이 주를 이뤘으나, 근래 들어 노인 우울증과 자살 문제가 대두되면서 정신건강복지센터를 통한 전문상담 서비스가 강화되고 있다. 예를 들어 지역 보건소에서 공익사업으로 정신건강 상담 창구를 열고 임상심리사가 우울증 선별검사를 실시하거나, 독거노인에게 전화로 정기적 상담을 제공하는 시도가 늘었다. 전반적으로 해외에서는 노인상담 서비스가 의료, 복지, 지역사회 조직 등 다양한 경로로 제공되고 있으며, 대면상담 외에도 전화상담, 온라인상담 등의 플랫폼 다양화가 이루어지고 있다. 특히 COVID-19 이후로 비대면 상담기술의 발전으로 거동이 불편한 노인들도 집에서 원격으로 상담을 받을 수 있는 여건이 조성되어, 이에 대한 효과 연구들이 다수 보고되고 있다.

### (7) 결론

인구 고령화의 가속화로 인해 노인사례관리와 노인상담의 역할은 앞으로 더욱 중요해질 것이다. 앞서 살펴본 개념, 과정, 기법 및 국내외 동향을 토대로 몇 가지 정책적 제언과 결론을 정리하면 다음과 같다.

첫째, 노인사례관리 체계의 강화가 필요하다. 현재 국내의 통합사례관리 시도들은 아직 지역별로 편차가 있고 시범사업 수준인 곳도 많다. 이를 전국적으로 확대하고 표준화하기 위해 중앙정부와 지자체 차원의 적극적인 지원이 요구된다. 구체적으로는 사례관리 전담인력 확충, 사례관리 업무에 대한 지침과 교육 표준 마련, 정보공유를 위한 사례관리 정보시스템 구축 등이 있다. 예를 들어 영국처럼 지역사회 돌봄팀을 공식적으로 구성하여 보건소, 복지관, 병원 간 연계를 제도화하거나, 일본처럼 케어매니저 자격제도를 도입하여 전문인력을 체계적으로 양성·관리하는 방안을 고려할 수 있다. 또한 사례관리 서비스의 질적 향상을 위해 슈퍼비전과 평가체계를 도입하고, 우수 사례관리자에 대한 인센티브 제공 등 동기부여 장치도 마련해야 한다.

둘째, 노인상담 접근성 제고와 전문성 확보를 위한 정책이 요구된다. 노인들이 상담서비스를 쉽게 이용할 수 있도록 커뮤니티 센터나 경로당 등에 상담 창구를 마련하고 찾아가는 상담을 정례화하는 방안을 제언한다. 예를 들어 독거노인 방문서비스 시 기본적인 정서평가를 수행하고, 우울 위험군은 전문상담으로 연계하는 프로토콜을 수립할 수 있다. 한편으로, 노인상담 전문인력을 체계적으로 육성하기 위해 사회복지사, 임상심리사 등 기존 전문가들에게 노인상담 관련 보수교육을 의무화하거나, 대학원 과정에 노인상담 트랙을 신설하는 것도 고려할 만하다. 미국처럼 노인상담 분야의 학회와 인증

制度를 발전시켜 전문성을 갖춘 인력이 활동하도록 지원하고, 이들이 적절한 처우를 받을 수 있도록 재정적 뒷받침(건강보험 수가 적용 등)을 모색해야 한다.

셋째, 통합적 서비스 및 연구기반 강화이다. 노인사례관리와 상담은 각각 독립적으로 기능하기보다, 상호 보완적으로 통합돌봄 체계 안에서 운영될 때 가장 효과적이다. 따라서 보건의료 서비스와 복지상담 서비스 간의 연계 강화가 핵심이다. 예를 들어 주치의나 방문간호사가 사례관리자 및 상담사와 정기적으로 정보를 교환하고 다학제 팀 회의를 하는 구조를 만들면, 노인의 신체건강과 정신건강을 아우르는 전인적 케어가 가능해진다. 아울러 이러한 통합적 접근의 효과성을 검증하기 위한 연구 지원이 필요하다. 국내 현실에 맞는 노인상담 기법의 개발과 효과 분석, 사례관리 개입의 경제적·사회적 효과에 대한 연구를 통해 근거를 축적하고 정책에 반영해야 한다. 예컨대, 노인 우울증에 대한 회상치료와 약물치료의 비용-효과 비교연구, 농촌 독거노인 대상 원격상담 시범사업의 성과 평가 등을 추진하여, 무엇이 가장 효과적인지 데이터를 확보해야 할 것이다.

노인사례관리와 노인상담은 초고령사회에서 노인의 건강하고 존엄한 삶을 지원하는 양대 축이라고 할 수 있다. 사례관리는 노인의 복합적인 현실 문제를 다루는 거시적 접근으로서, 자원과 서비스를 연결하여 환경을 조성해주는 역할을 한다. 노인상담은 노인의 내면적 어려움에 대한 미시적 접근으로서, 정서적 지지와 심리적 성장을 촉진하는 기능을 한다. 이 두 영역은 상호보완적이며, 모두 노인의 삶의 질 향상이라는 궁극적 목표를 공유한다. 성공적인 노인복지 실현을 위해서는 사례관리와 상담이 유기적으로 결합된 통합 돌봄 모델을 구축하는 것이 바람직하다.

# Chapter 18
# 지역사회통합돌봄

1. 재가 서비스와 시설 서비스의 연계: 통합 돌봄
2. 사회적 경제를 활용한 노인 돌봄
3. 북유럽의 사회적 돌봄 모델

# 1. 재가 서비스와 시설 서비스의 연계: 통합 돌봄

## (1) 통합돌봄의 개념과 필요성

전통적으로 노인 돌봄은 가족이나 시설 중심으로 이루어졌으나, 고령화와 핵가족화로 인해 이러한 방식에는 한계가 드러나고 있다. 지역사회 기반 돌봄 서비스는 "노인을 시설로 옮기는 대신, 가능한 한 자기가 살던 지역에 계속 거주하면서 필수 서비스를 제공받도록 하자는 접근"으로 정의된다. 즉, 노인이 살던 집과 동네에서 "가능한 오래 생활(Aging in place)"할 수 있도록 돕는 것을 말한다. 이를 통해 노인들은 심리적 안정감을 얻고 삶의 질을 높일 수 있으며, 사회적으로도 시설 수용에 따른 비용 부담을 줄일 수 있다.

지역사회 돌봄의 필요성은 인구 고령화에 따른 돌봄 수요 급증, 노인의 사회적 고립 예방, 그리고 지역사회의 연대 강화 측면에서 강조된다. 노인이 살던 곳에서 이웃과 어울리고 지역 행사에 참여하는 것은 정신적 건강에도 긍정적 영향을 미친다. WHO 역시 노인이 가능한 한 익숙한 환경에서 지낼 것을 권장하며, 지역사회 연계를 통한 통합적 돌봄의 중요성을 강조한다. 특히 WHO 세계보건기구의 '노화를 위한 글로벌 전략'에서는 지역사회에서의 포괄적이고 통합적인 돌봄 제공이 건강한 노화를 위한 핵심 분야로 제시되어 있다.

고령자에게 지속적이고 연속성 있는 돌봄을 제공하기 위해서는 재가서비스와 시설서비스, 그리고 의료서비스 간의 유기적인 연계(integration)가 필수적이다. 통합돌봄(integrated care)이란 노인이 거주하는 지역사회를 중심으로 보건의료, 요양, 주거, 복지 서비스가 통합적으로 제공되어, 서비스 제공 주체 간의 단절 없이 대상자의 욕구에 맞춤 대응하는 돌봄체계를 말한다. 핵심은 노인의 "지역사회 내 노화(aging in place)"를 실현하는 것으로, 돌봄이 필요한 사람이 자신이 살던 곳이나 그에 준하는 환경에서 살면서 필요한 서비스를 누릴 수 있도록 하자는 개념이다. 이를 위해서는 가정방문서비스와 같은 재가 돌봄, 요양원 등 시설 돌봄, 병원 및 의원의 의료서비스, 그리고 주거 지원과 복지서비스가 상호 연계되어 하나의 연속선 상에서 이루어져야 한다. WHO도 통합적 노인돌봄(Integrated care for older people, ICOPE)을 글로벌 정책 권고로 제시하며 각 국가가 노인 중심으로 서비스 전달체계를 개편할 것을 강조하고 있다.

재가-시설 통합돌봄이 필요한 구체적 사례로, 만성질환을 가진 독거노인이 병원에서 퇴원하여 집으로 돌아온 경우를 생각해볼 수 있다. 퇴원 후 이 노인이 안전하게 지내려면 가정환경에 대한 개조(손잡이 설치 등 주거지원), 식사 배달이나 방문간호(재가서비스), 정기적인 외래 진료 연계(의료), 응급 상황시 신속한 이송체계 등이 패키지로 연계되어야 한다. 만약 이러한 연계가 없으면, 노인은 곧 일상생활의 어려움으로 다시 병원이나 시설로 입소하게 될 수 있다. 따라서 지역사회 차원에서 케어 매니저가 사례관리를 하고, 필요한 서비스를 조정·연결해주는 체계가 중요하다. 통합돌봄은 궁극적으로 노인의 삶의 질과 기능 유지에 기여하고, 불필요한 입원이나 시설입소를 줄여 의료비와 요양비용의 절감 효과도 기대된다.

### (2) 한국의 통합돌봄 정책 및 사례

한국 정부는 지역사회 통합돌봄의 중요성을 인식하고, 2018년 "지역사회 통합돌봄(커뮤니티 케어)" 정책을 공식 발표하였다. 보건복지부를 중심으로 국토교통부, 행정안전부 등 관계부처가 협력하여 2018년 11월 커뮤니티케어 추진 로드맵을 발표하고, 이듬해인 2019년부터 전국 일부 지방자치단체를 선정하여 선도사업(파일럿 프로젝트)을 실시하였다. 통합돌봄 선도사업은 노인을 우선 대상으로 하여(1단계) △건강관리 서비스(방문건강관리, 복약지도 등), △요양·돌봄 서비스(장기요양 및 노인복지서비스 연계), △주거지원(집수리, 공공임대주택 연계), △서비스 연계조정(케어안내창구 설치, 사례관리 인력 배치) 등을 패키지로 제공하는 모델을 시험했다. 이를 위해 지자체 내에 통합돌봄 추진단을 구성하고, 읍면동 단위로 맞춤형 사례관리자(케어 매니저)를 두어 대상 노인의 욕구를 종합적으로 평가한 뒤 개별 서비스 플랜을 수립하도록 하였다. 예컨대, A시 선도사업에서는 퇴원하는 노인을 대상으로 병원 사회복지사가 미리 지자체와 연계하여 재가서비스와 주거개선을 신청해 놓고, 퇴원과 동시에 방문간호사가 연계되는 체계를 마련하였다. B구에서는 독거 치매노인에게 생활관리사를 파견하고 인근 치매안심센터와 연결해주는 프로그램을 운영하였다. 이러한 시범사업의 경험을 바탕으로 정부는 법·제도 개선, 재원 확보 방안을 모색하여 전국적 확대를 추진 중이다.

통합돌봄 정책의 성공을 위해 해결해야 할 과제도 있다. 우선 현재 의료보험(건강보험), 요양보험, 노인복지사업 등으로 분절된 재원과 서비스 체계를 어떻게 연계할지 구체적 조정이 필요하다. 예를 들어, 노인이 요양병원에 입원해 있을 때와 퇴원하여 집에 있을 때 적용되는 급여체계가 다르므로 연속성이 떨어지는 문제가 있다. 이를 개선하려면 지역 단위에서 보건의료와 요양을 아우르는 거버넌스를 구축하고, 데이터 연계 및 공동 사례관리 시스템을 도입해야 한다는 지적이 나온다. 또한 재가서비스 공급량이 충분치 않고 인력의 처우나 전문성이 낮은 현실도 통합돌봄의 장애요인이다. 이에 대한 대책으로 지역사회 통합돌봄 참여 인력에 대한 교육 및 인센티브 제공, 방문재활 및 간호 등 재가 의료서비스 확충, 그리고 지역 주민의 돌봄 참여(자원봉사, 이웃 돌봄체계 등)를 활성화하는 방안이 논의되고 있다.

한편, 일본의 지역포괄케어시스템은 한국에 많은 시사점을 준다. 일본 정부는 "2025년까지 모든 지역에 통합적 케어 제공체계를 구축한다"는 목표 하에 지역포괄케어를 추진해왔다. 지역포괄케어시스템은 노인이 거주하는 지역(중학교 학구 정도의 생활권 단위) 내에서 의료, 요양, 예방, 주거, 생활지원이 모두 확보되도록 하는 구조를 말한다. 구체적으로, 노인의 집에서 30분 내 거리에 왕진의사와 방문간호 스테이션이 있고, 주야간보호와 소규모 다기능 시설이 위치하며, 응급 시 연계되는 병원이 주변에 있도록 계획되었다. 또한 각 지역에 지역포괄지원센터를 설치하여 노인에 대한 종합상담 창구 및 서비스 조정 역할을 맡겼다. 이를 통해 일본은 의료와 장기요양의 분절을 줄이고, 노인이 중증이 되어도 지역 내에서 돌봄을 받을 수 있는 환경을 조성하고 있다. 특히 치매노인 지원을 강조하여, 지역포괄케어시스템 하에서 치매 환자가 거주지에서 쭉 생활할 수 있도록 치매 카페, 배회노인 안전망, 치매친화주택 공급 등을 병행하고 있다. 일본의 사례는 통합돌봄이 중앙정부 정책 방향 제시와 더불어 지방자치단체의 적극적 실행력이 결합될 때 효과를 거둘 수 있음을 보여준다.

**표30. 한국과 일본의 지역사회 통합돌봄 정책 비교**

| 구분 | 한국: 지역사회 통합돌봄 (커뮤니티케어) | 일본: 지역포괄케어시스템 |
|---|---|---|
| 도입 시기 | 2018년 정책 로드맵 발표, 2019~2022년 노인분야 선도사업 후 전국 확산 추진 | 2000년 개호보험 도입, 2012년 국가 치매계획 강조, 2025년 완성 목표 |
| 목표 | 노인이 살던 곳에서 생활 지속(Aging in place), 시설입소·입원 최소화 | 중증 요양 상태에서도 지역에서 생활 유지, 초고령사회 대비 지역 돌봄 체계 구축 |
| 주요 구성 요소 | 건강관리(방문간호·의료), 요양돌봄(장기요양·복지서비스), 주거지원(집수리·돌봄주택), 복지서비스(생활지원·이동지원), 케어조정(사례관리·안내창구) | 치매 환자 중심 돌봄, 치매지원센터 운영, 치매환자용 공립그룹홈 확대, 지역주민 치매 서포터 양성 |
| 성과와 과제 | 선도사업을 통한 모델 구축, 제도화 지연(부처 협력·재원 문제), 재가서비스·인력 부족, 법제화 논의 중 | 지역 격차(도시 vs 농촌), 의료-개호 역할 조율 필요, 돌봄인력 부족, 전국적 지원센터 구축 완료, 지역 기반 치매 예방사업 정착 |

통합돌봄을 추진하면서 한국과 일본의 공통적인 도전과제는 재원 확보와 인력 양성, 그리고 지역사회 참여를 이끌어내는 것이다. 두 나라 모두 중앙정부 차원에서 통합돌봄을 위한 재정을 지원하지만, 늘어나는 노인 인구를 감당하기 위해서는 지속가능한 재원 마련과 효율적 분배가 필요하다. 또한 통합돌봄을 현장에서 구현할 충분한 수의 케어 전문인력(요양보호사, 방문간호사, 사회복지사 등)이 확보되어야 하며, 이들의 처우 개선과 역량 강화도 중요하다. 마지막으로 지역주민, 비영리단체, 자원봉사자의 참여로 공동체 돌봄이 활성화되면 노인의 사회적 고립을 막고 돌봄의 질을 높일 수 있을 것이다. 예를 들어 일본은 "지역 포함 케어회의" 등을 통해 주민들이 의견을 내고 치매친화 마을을 함께 만드는 문화를 조성했고, 한국도 일부 지자체에서 주민 돌봄대를 조직하는 등의 움직임이 있다.

1) 지역사회 자원의 활용과 참여

지역사회 중심 돌봄이 효과적으로 이루어지려면 지역 내 다양한 자원과 구성원의 참여가 필수적이다. 여기서 말하는 지역사회 자원에는 다음과 같은 것들이 포함된다.

- 인적 자원: 이웃 주민, 자원봉사자, 지역 복지관 직원, 방문간호사 등. 이들은 정기적인 안부 확인, 말벗 되어 드리기, 생활 지원 등의 역할을 수행한다. 예를 들어, 독거노인에게 이웃 자원봉사자가 주기적으로 방문하여 말벗과 생활 도움을 제공하면 고독감 해소와 일상 지원에 큰 도움이 된다.
- 물적 자원: 경로당, 복지회관, 주민센터, 지역 병원 등 지역의 시설 인프라. 이러한 공간들은 노인들이 쉽게 접근하여 활동하거나 서비스를 받을 수 있는 거점이 된다. 특히 경로당은 전통적으로 노인여가시설이지만, 돌봄 거점으로도 활용될 수 있다.
- 지역 단체와 조직: 주민자치회, 지역 교회 및 사찰, 비영리단체 등도 돌봄망 구성에 참여한다. 예를 들어, 일부 지역 교회에서는 주 1회 독거노인 식사 나눔 프로그램을 운영하고, 주민 모임에서는 취약 노인을 위한 주택 수리 봉사 등을 펼치기도 한다.

이러한 자원의 참여로 이루어지는 지역사회 네트워크는 일종의 안전망 역할을 한다. 공식 복지서비스의 손길이 미치지 못하는 사각지대의 노인들도 이웃과 지역사회의 관심을 통해 돌봄을 받을 수 있기 때문이다. 또한 지역 주민이 돌봄에 참여하면 노인에 대한 이해와 연대감이 높아져 세대 통합에도 긍정적 효과가 나타난다.

2) WHO 고령친화도시와 지역사회 서비스 모델

국제적으로는 세계보건기구(WHO)가 제안한 "고령친화도시(Age-Friendly City)" 개념이 지역사회 돌봄과 긴밀히 연결되어 있다. WHO는 고령친화도시를 "노인들이 건강, 참여, 안전 측면에서 삶의 질을 향상할 수 있도록 기회의 최적화를 추구하는 도시"로 정의하고 있다. 다시 말해, 도시의 정책과 환경이 노인의 신체적 건강뿐 아니라 사회참여와 안전을 보장하여 활기찬 노후(active ageing)를 지원해야 한다는 것이다.

고령친화도시 모델에서는 지역사회 기반 서비스의 역할이 매우 강조된다. WHO가 제시한 고령친화도시의 8대 영역(야외공간과 건물, 교통, 주거, 사회적 참여, 존중과 사회통합, 시민참여와 고용, 의사소통과 정보, 지역사회 지원과 건강서비스) 가운데 특히 "지역사회 지원 및 건강서비스" 영역은 지역 돌봄 체계와 직접적으로 관련된다. 예를 들어, 커뮤니티 케어(Community-based care)를 강화하여 노인이 살던 곳에서 방문간호, 재가 복지서비스를 쉽게 받게 하고, 이웃 간 자조모임이나 노인자원봉사 참여를 독려하는 것이 고령친화도시의 중요한 실천 전략이다.

우리나라에서도 WHO 고령친화도시 국제네트워크에 가입하여 이러한 모델을 따르는 도시들이 늘고 있다. 세종특별자치시, 서울특별시 등은 고령친화도시 조성을 위해 노인참여형 정책 개발, 무장애 환경 조성, 지역 복지서비스 확충 등을 추진 중이다. 고령친화도시 이념 아래 운영되는 지역사회 돌봄 서비스는 노인의 정서적 안정, 사회적 역할 부여 측면에서도 의의가 있으며, 지역사회 전체의 포용성 증진 효과를 가져온다.

3) 지역사회 돌봄 서비스 사례 분석

지역사회 중심 돌봄 서비스의 효과를 잘 보여주는 구체적 사례들을 살펴보면 다음과 같다.

- 찾아가는 복지서비스: 여러 지자체에서 거동이 불편하거나 복지 사각지대에 놓인 노인을 발굴·지원하기 위해 찾아가는 보건·복지서비스를 운영하고 있다. 예컨대 경주시 동천동에서는 맞춤형복지팀과 간호직 공무원이 경로당을 방문하여 건강체조, 건강상담, 복지 서비스 안내 등을 제공하는 프로그램을 실시하였다. 이러한 "찾아가는 경로당 상담실"은 건강 취약 노인의 접근성을 높이고 예방적 돌봄을 실현한 사례로 평가된다.
- 경로당 돌봄 프로그램: 전통적인 경로당을 돌봄 거점으로 활용한 사례도 눈에 띈다. 원주 반곡관설동에서는 매월 2회 관내 경로당을 순회하며 보건복지 통합서비

스를 제공하는 "경로당 찾아가는 상담실"을 운영했다. 이를 통해 경로당이 단순 여가공간을 넘어 생활밀착형 복지 공간으로 기능하게 되었고, 노인들이 익숙한 환경에서 편하게 서비스를 이용하도록 했다.

- 마을 단위 돌봄사업: 서울시 일부 자치구에서는 "노인마을돌봄" 사업을 시행하여, 동네 주민들이 돌봄이 필요한 어르신을 일대일로 후원하거나 이웃 맺기를 실천하도록 장려하고 있다. 예를 들어, 성북구의 경우 독거노인에게 인근 주민을 1:1 결연시켜 정기적으로 말벗과 생활지원을 제공하는데, 이를 위한 예산과 교육을 구에서 지원한다. 이러한 주민참여 돌봄은 공적 서비스와 비공식 돌봄을 연결한다는 점에서 의의가 있다.

위의 사례들은 지역사회 중심 노인 돌봄이 다양한 형태로 구현될 수 있으며, 지자체의 역할, 지역 시설의 활용, 주민 참여가 어우러질 때 효과가 극대화됨을 보여준다. 이를 통해 고독사 예방, 노인 건강증진, 돌봄 비용 절감 등 긍정적인 결과를 얻을 수 있었다는 점에서 다른 지역으로 확산할 가치가 있다.

## 2. 사회적 경제를 활용한 노인 돌봄

사회적 경제(social economy)란 영리추구보다는 사회적 가치 실현을 목적으로 하는 기업이나 조직(예: 사회적 기업, 협동조합, 비영리단체 등)을 아우르는 개념이다. 노인 돌봄 분야에서도 사회적 경제 주체들이 중요한 역할을 하고 있다. 이들은 공공 부문이 미처 채우지 못하는 틈새를 메우고, 지역 밀착형 서비스로 맞춤 돌봄을 제공하며, 돌봄 서비스의 혁신과 다양성을 높이는 데 기여한다. 본 절에서는 사회적 기업과 협동조합을 통한 돌봄 서비스 제공, 한국과 일본의 사례, 지역 돌봄 협동조합의 발전 방향, 그리고 지방정부와 사회적 경제 조직의 협력 사례를 살펴본다.

### 1) 사회적 기업과 협동조합의 돌봄 서비스 제공

사회적 기업과 협동조합은 돌봄 서비스 제공자로서 점점 더 중요해지고 있다. 특히 한국은 2007년 「사회적기업 육성법」 시행 이후 돌봄 분야 사회적 기업이 크게 늘어났다. 현재 한국에는 4천 개 이상의 사회적협동조합이 등록되어 있는데, 그 상당수가 노인 돌봄이나 간병, 사회서비스 분야에서 활발히 활동하고 있다. 사회적 협동조합은 주민들이 조합원으로 참여하여 민주적으로 운영되며, 수익을 조합원과 사회에 환원하면서 서비스의 품질과 신뢰성을 높이는 특징이 있다.

사회적 경제 조직이 노인 돌봄에 강점을 보이는 이유는 다음과 같다. 첫째, 지역밀착성이다. 영리기업과 달리 지역주민이 주체가 되므로 서비스 이용자와 제공자 간 신뢰관계가 깊다. 둘째, 유연한 서비스 설계가 가능하다. 관공서의 획일적 지원과 달리, 협동조합 등은 회원들의 의견을 반영하여 수요자 맞춤형 돌봄 프로그램을 설계할 수 있다. 셋째, 지속가능성 측면에서 수익을 사회적 목적에 재투자하기 때문에, 돌봄 인력의 처우 개선이나 서비스 품질 관리에 적극적이다. 한 연구에 따르면, 한국의 영리 요양시설보다 비영리 사회적 서비스 기관들이 서비스 질 면에서 우수하다는 분석도 있다. 실제로 독일 등의 사례를 보면 영리 시설보다 비영리 시설의 서비스 질이 높은 경향이 있다고 하며. 돌봄SOS센터의 철학은 "내가 사는 동네에서, 돌봄이 필요한 사람이 필요한 서비스를 받으며 일상생활을 유지하도록 돕는 것"으로 지역 기반 커뮤니티케어의 한 형태이다. 이는 사회적 협동조합이나 비영리기관이 지자체와 협약을 맺어 서비스를 수행하며, 촘촘한 지역 돌봄망 구축에 기여하고 있다.

- 60+ 시니어 일자리센터: 고령자인력이 돌봄 서비스 제공 주체로 참여하는 사례도 있다. 보건복지부와 지방자치단체들은 '시니어 인턴십'이나 시니어 일자리 사업을 통해 활동 가능한 노인들을 돌봄 인력으로 활용하고 있다. 서울시의 경우 "서울시니어일자리지원센터"를 개관하여 일하고 싶은 60세 이상 노인들에게 일자리를 알선하고 교육하는 허브로 활용하고 있다. 이를 통해 건강한 노인들이 노인돌봄도우미, 취약노인 가정방문 지원, 경로당 코디네이터 등의 역할로 고용되며, 돌봄 인력 부족을 해소하는 동시에 노인 자신의 사회 참여와 소득보충 효과를 얻고 있다. 이러한 시니어 일자리형 돌봄 서비스는 "노인이 노인을 돌보는" 새로운 형태의 상호부조 모델로서 주목받고 있다.

이 외에도 전국에는 재가요양서비스를 제공하는 사회적기업, 노인주야간보호시설을 운영하는 협동조합 등이 다수 존재한다. 예컨대, 돌봄 전문 사회적기업인 A사는 치매노인 대상 방문 미술치료 사업을 통해 정서돌봄을 제공하고 있고, 협동조합형 주간보호센터인 B센터는 지역 주민이 출자하여 가정적인 분위기의 낮시간 돌봄 서비스를 운영하고 있다. 이처럼 사회적 경제 조직들은 각자의 창의성을 살려 공공 서비스가 미치지 못하는 영역에서 틈새 서비스를 개발하고 있다.

2) 일본의 후레아이 킵푸(Fureai Kippu)와 한국의 협동조합 비교

노인 돌봄에서 사회적 경제의 가능성을 보여주는 독특한 사례로 일본의 후레아이 킵푸(Fureai Kippu)를 들 수 있다. 후레아이 킵푸는 1990년대에 일본에서 시작된 시간은행(time bank) 형태의 돌봄 화폐 시스템이다. 자원봉사자가 지역의 독거 노인이나 거동이 불편한 노인을 도와주면 그 시간만큼 "돌봄 포인트"를 적립받고, 추후 본인이 필요할 때 그 포인트로 돌봄 서비스를 받을 수 있는 상호부조 통화이다. 예를 들어, 한 청년이 2시간 동안 할머니 댁 청소를 도와드리고 2포인트를 받았다가, 나중에 자신의 멀리 사는 부모님이 아플 때 그 포인트를 사용해 인근 후레아이 킵푸 회원이 부모님을 돌봐주도록 요청할 수 있다. 이처럼 "정서적 유대(후레아이)"와 "교환 티켓(킵푸)"의 개념을 결합한 시스템은 가족돌봄의 지역사회 대안으로 주목받았다.

한국에서는 후레아이 킵푸와 완전히 동일한 시스템이 크게 확산되지는 않았지만, 유사한 취지의 품앗이 돌봄 운동이나 시간은행 프로그램이 시도된 바 있다. 일부 지역 복지관에서는 이웃 간 돌봄 품앗이를 통해 봉사시간을 적립해주는 프로그램을 운영하거나, 노인대학 동문회에서 회원들끼리 서로 간병이 필요할 때 돕는 비공식 돌봄은행을 만든 사례도 있다. 그러나 이러한 움직임이 아직 제도화되거나 널리 퍼진 것은 아니며, 주로 지역 단위의 실험에 그치고 있다. 대신 한국의 사회적 경제는 조직화된 협동조합 모델로 발전해왔다. 일본이 개인 간 호혜망 형성에 초점을 맞춘 반면, 한국은 법인 형태의 협동조합을 통한 서비스 제공에 집중해온 차이가 있다. 예컨대 방과후 돌봄이나 재가요양서비스 분야에서 다수의 사회적 협동조합이 생겼고, 이들은 일정 부분 공공재정의 지원을 받으면서 안정적으로 운영되고 있다.

두 나라 사례의 비교를 통해 얻을 수 있는 시사점은, 공식 조직이든 비공식 네트워크든 지역 주민의 자발적 참여와 호혜정신이 지속가능한 돌봄에 핵심 요소라는 것이다. 일본의 후레아이 킵푸는 제도적으로 한계와 도전에 직면하기도 했지만(예: 포인트의 지역 간 교환 어려움, 참여 감소 등. 정부 정책 차원에서도 사회서비스 분야에서 협동조합 등 사회적 경제 조직의 참여를 확대하기 위한 법·제도 개선이 이루어지고 있다. 궁극적으로 주민들이 "내 부모, 이웃을 내가 돌본다"는 주인의식을 가지고 참여할 때 지역 돌봄공동체가 건강하게 성장할 수 있을 것이다.

3) 지방정부와 사회적 경제 조직의 협력 사례

사회적 경제 조직과 지방자치단체의 파트너십은 지역사회 돌봄의 효과를 높이는 데 매우 중요하다. 지방정부는 예산 지원과 행정적 뒷받침을 하고, 사회적 경제 조직은 현

장에서 서비스 제공을 담당함으로써 상호 보완적인 협력체계를 구축할 수 있다. 몇 가지 구체적인 협력 사례를 살펴보면 다음과 같다.

- 안산시 의료복지사회적협동조합 사례: 경기도 안산시에서는 주민과 의료인이 협동하여 만든 의료복지사회적협동조합이 지역 보건의료 및 돌봄의 한 축을 담당하고 있다. 안산의료사협은 산하에 의원, 한의원, 치과, 간호센터 등을 운영하면서 조합원인 지역 주민의 건강을 책임지고 있는데, "가족이나 이웃의 의료와 건강 문제를 주민 스스로 공동 해결"한다는 취지로 시작되었다. 안산시는 이 협동조합과 협력하여 취약계층 방문건강 관리, 노인 만성질환 교육 등의 사업을 위탁하거나 연계하고 있다. 즉, 지자체가 직접 하기 어려운 세세한 돌봄서비스를 지역 협동조합에 맡겨 공공성을 확보하면서도 전문성과 신속성을 높인 사례라 할 수 있다.

- 서울 노원구 어르신 휴센터: 서울 노원구에서는 지역 의료협동조합인 함께걸음의료사협이 주축이 되어 '어르신 휴센터'를 운영하고 있고, 구청이 이를 제도적으로 지원하고 있다. 어르신 휴센터는 돌봄이 필요한 노인을 낮동안 맡아 돌보고 다양한 프로그램을 제공하는 공간으로, 마을 주민과 협동조합이 함께 만들었다. 노원구는 이러한 주민 주도 돌봄을 장려하기 위해 서로돌봄 활성화 조례를 제정하여 행·재정적 기반을 마련하였다. 그 결과 협동조합 사업이 구(區)의 공식 정책으로 채택되어, 현재 노원구의 노인복지 체계 속에 휴센터가 안정적으로 자리잡게 되었다.

- 성남시 돌봄 공공책임제와 사회적경제: 성남시는 고령자와 장애인 돌봄에 사회적경제 조직을 적극 활용하는 도시로 알려져 있다. 성남시는 돌봄SOS센터와 유사한 통합돌봄센터를 운영하면서, 지역의 사회적기업 두 곳에 야간 응급돌봄 서비스를 위탁하였다. 또한 치매노인 돌봄쉼터 운영을 지역 협동조합과 협력하여 진행하고 있다. 지자체는 서비스 기준과 비용을 제시하고, 사회적경제 조직은 현장에서 창의적으로 서비스를 구현하는 방식으로 win-win 모델을 구축한 것이다.

- 부산 북구 치매공동체 사업: 부산 북구에서는 치매친화 공동체 조성을 위해 지역의 사회복지법인·협동조합과 함께 치매노인 주간보호시설을 확충하고, 치매 가족 자조모임 지원 사업 등을 펼치고 있다. 특히 한 협동조합이 운영하는 주간보호시설의 프로그램이 우수하게 평가되자 구에서 해당 프로그램을 표준화하여 관내 다른 시설에도 보급하였다. 이는 사회적경제의 현장 노하우가 지방정부 정책에 반영되어 확산된 사례라 할 수 있다.

이러한 협력 사례들은 지방정부가 파트너로서 사회적 경제 조직을 신뢰하고 지원할 때, 지역 돌봄 시스템이 더욱 풍부해지고 탄탄해짐을 보여준다. 사회적 경제 조직 입장에서도 공공과 협력하면 안정적인 운영 기반을 확보하고 더 많은 대상자에게 다가갈 수 있는 이점이 있다. 궁극적으로 "함께 돌보고 함께 행복한 지역사회"를 만들기 위해서는 행정과 협동조합·사회적기업이 각자의 강점을 살려 협력하는 거버넌스 구축이 필수적이라고 하겠다.

## 3. 북유럽의 사회적 돌봄 모델

고령화에 선제적으로 대응해 온 북유럽 국가(스웨덴, 덴마크, 핀란드, 노르웨이 등)의 노인 돌봄 시스템은 보편적 복지와 공공 책임을 기반으로 하면서도, 사회적 경제와 공동체의 역할도 조화시키고 있다는 점에서 주목할 만하다. 북유럽 모델을 살펴보면 공통적으로 공공 부문의 역할이 매우 크고 재정투자가 많지만, 동시에 이용자의 선택권을 보장하고 협동조합 형태의 주거모델 등 사회혁신적 방법을 도입한 특징이 있다. 이하에서는 북유럽 노인돌봄의 전반적 특징, 공공과 민간의 협력 방식, 협동조합 기반 공동생활주택 사례, 그리고 사회적 경제를 통한 서비스 질 향상을 살펴본다.

### (1) 북유럽 노인 돌봄 시스템의 특징

북유럽 국가들은 국가 또는 지방자치단체가 노인 돌봄을 책임지는 보편적 시스템을 일찍이 구축하였다. 예를 들어 스웨덴의 경우, 「사회서비스법」에서 모든 고령자는 필요한 돌봄과 서비스를 받을 권리가 있다고 명시하고 지방자치단체(코뮌)가 이를 제공하도록 하고 있다. 이에 따라 일정 소득 이하의 65세 이상 노인은 거의 무상에 가까운 비용으로 방문간호, 가사지원, 주야간보호, 시설 이용 등을 보장받는다. 덴마크도 마찬가지로 "노인이 필요로 하는 도움은 국가가 끝까지 책임진다"는 철학 아래 재택서비스와 시설서비스를 발전시켜 왔다. 핀란드와 노르웨이 역시 세금 기반의 장기요양보장제도를 통해 대부분의 노인이 공공 돌봄서비스를 이용한다.

이처럼 공공주도(long-term care as a public responsibility)가 강하다는 공통점 외에, 북유럽 각국은 약간의 차이도 있다. 예를 들어 스웨덴은 1990년대 이후 시장경쟁 요소를 도입하여 노인이 공립 또는 민간 서비스 제공자 중 선택할 수 있도록 하였다. 그 결과, 현재 스웨덴에서는 양로원(요양시설)의 약 24%, 재가방문서비스의 약 18%가 민간 기관(영리 또는 비영리 포함)에 의해 제공되고 있다. 이는 이용자의 선택권을 넓히고 서비스 효율을 높이기 위한 것으로, 민간기관에는 사회적 기업이나 협동조합도 포함된다. 반면 덴마크는 상대적으로 지자체 직접 운영 서비스 비중이 높지만, 최근에는 민간과 협력도 늘어나는 추세다. 핀란드는 서비스 바우처 제도를 도입해 민간 참여를 장려하고 있으며, 노르웨이는 가족 돌봄 전통을 고려하여 현금급여 제도(가족이 돌보면 수당 지급)를 운영하면서 공식 서비스와의 혼합 돌봄 모델을 갖추고 있다. 요약하면 북유럽 모델은 "공공이 기본틀을 제공하고, 민간(영리·비영리)이 보완"하는 형태로 수렴되고 있다.

또 다른 특징은 지역분권화이다. 국가 차원의 기본 정책 방향 아래, 구체적인 서비스 제공은 기초자치단체(코뮌, 뮌시팔 등)가 책임진다. 이는 지역 실정에 맞는 서비스 운영을 가능케 하고, 지역사회와 밀접한 돌봄이 이뤄지도록 한다. 다만 지역 간 재정력 차이에 따른 서비스 격차가 발생하지 않도록 국가가 교부금을 통해 보조한다. 이러한 구조는 지역사회가 노인 돌봄의 1차 책임 주체가 됨으로써 지역 내 협동조합이나 주민모임 등과 자연스럽게 연계할 수 있는 토대가 된다.

1) 공공과 사회적 경제의 협력 방식

북유럽의 노인 돌봄은 기본적으로 공공 서비스이지만, 사회적 경제 부문과의 협력도 활발하다. 덴마크의 경우를 보면, 최근 "코-크리에이션(co-creation)"이라는 개념이 부상하고 있다. 이는 정부와 시민사회(기업, 협동조합, 주민조직 등)가 함께 서비스 디자인과 제공에 참여하는 방식으로, 공공 서비스 혁신 전략 중 하나다. 덴마크는 국가 차원에서 "웰페어 테크놀로지(Welfare Technology)" 같은 프로젝트를 추진할 때 민간의 혁신 기업이나 사회적 기업과 협업하고, 지방자치 수준에서는 노인 돌봄 정책을 수립할 때 이용자와 가족, 협동조합의 의견을 수렴하여 공동 설계하는 접근을 취하고 있다.

스웨덴에서는 앞서 언급한 시스템 전환 이후 민간 참여가 늘면서 자연스럽게 사회적 기업 및 협동조합의 역할이 증대되었다. 일부 도시에서는 노인협동조합이 결성되어 직접 요양시설을 운영하거나 노인들을 위한 협동 조리서비스(밀 서비스)를 제공한다. 이때 지자체는 이들 협동조합과 계약을 맺고, 공공 재정으로 서비스 비용을 지불한다. 서비스 품질에 대한 감독은 지자체가 하지만, 운영의 자율성은 협동조합에 위임되는 형태다. 이를 통해 이용자 만족도를 높이고 공공부문의 혁신을 촉진하는 효과를 내고 있다.

핀란드와 노르웨이도 각각 사회적경제와 협력하는 독특한 사례가 있다. 핀란드는 노인주거 협동조합이 발전했는데, 노인들이 출자하여 아파트 한 동을 통째로 협동조합 형태로 소유하고 스스로 돌봄서비스를 조직하는 모델이 있다. 이는 주거와 돌봄의 결합을 보여주는 사례로, 공공은 주거비 보조나 서비스 바우처 등을 통해 지원한다. 노르웨이는 자원봉사 문화가 강한데, 각 지방정부 산하에 자원봉사센터를 두고 협동조합적 운영(회원들이 회비 내고 운영 참여)을 하도록 하여 지역 봉사자들이 공식 돌봄체계의 한 축이 되도록 한다. 예를 들어 오슬로시의 자원봉사협회는 시 정부로부터 위탁받아 독거노인 주기적 방문, 병원동행 봉사 등을 조직하는데, 사실상 비영리조직이 공공서비스 일부를 담당하는 셈이다.

요컨대, 북유럽에서는 공공과 사회적경제의 경계가 비교적 유연하며, 민관 협력 거버넌스가 잘 구축되어 있다. 이는 돌봄서비스의 효율성과 다양성을 높이고, 주민의 신뢰를 확보하는 데 기여한다. 또한 이러한 협력은 돌봄 종사자의 처우 개선에도 긍정적 영향을 미치는데, 사회적 경제 조직의 목소리가 정책에 반영되어 근무환경 개선, 교육훈련 강화 등이 추진되기도 한다.

### 2) 협동조합 기반 공동생활주택(cohousing) 모델

북유럽의 사회적 돌봄 모델 중 특히 주목할 만한 것은 협동조합 기반의 공동생활주택(cohousing)이다. 공동생활주택(cohousing)이란 주민들이 개인 주거공간을 가지면서도 부엌, 거실 등의 공용공간을 함께 사용하며 공동체를 이루어 생활하는 주거 형태를 말한다. 1960년대 덴마크에서 시작된 이래, 오늘날 북유럽과 유럽 전역으로 퍼진 개념으로 고령자 공동체주택도 그 중 하나의 유형이다.

덴마크는 세계에서 시니어 코하우징이 가장 발달한 나라 중 하나다. 1980년대 후반부터 약 250여 개의 시니어 코하우스가 생겼다고 보고된다. 이 주택들은 보통 10~30세대의 노인이 한 단지를 이루고, 각자 소형 아파트를 소유하거나 임차하면서 식당, 정원, 취미실 등은 공동으로 사용한다. 중요한 것은 주민들이 입주 전부터 협동조합을 결성하여 주택 기획 단계에 참여하고, 함께 규약을 만들며 자치적으로 운영한다는 점이다(마치 작은 협동조합 마을과 같다). 이러한 모델은 서로 돕는 공동생활을 통해 개인의 사생활을 유지하면서도 돌봄과 사회적 교류를 누릴 수 있다는 장점이 있다. 한 연구에서는 "이 모델은 입주민 간의 상호돌봄(co-caring)과 지원을 중심으로 설계되어, 고립감을 줄이고 보다 활동적인 노년을 가능하게 한다"고 평가했다.

스웨덴도 덴마크 못지않게 시니어 코하우징이 발전하였다. 유명한 사례로 스톡홀름의 Färdknäppen 공동주택은 40세대 노인이 함께 살며, 조리·청소 등을 분담하고 문화활동을 같이하며 지낸다. 이곳의 입주자들은 "홀로 살지만 함께 한다(Living together on one's own)"는 모토를 실현하고 있는데, 자율성과 공동체의 조화 측면에서 성공적이라는 평가를 받는다. 스웨덴에서는 지자체가 이러한 시니어 코하우스 건설을 지원하거나 정보제공 허브를 운영하기도 한다.

공동생활주택이 노인 돌봄에서 주는 시사점은 주거와 돌봄의 통합을 주민 주도의 방식으로 구현했다는 것이다. 거동이 비교적 불편하지 않은 활동적 노인들이 모여 살며 필요시 서로를 돌봐주고 정서적으로 지지해줌으로써, 공식 돌봄 서비스의 부하도 줄이고 본인들의 삶의 질도 높인다. 실제 연구들에서 코하우징에 참여한 노인들은 자율성 보장, 사회적 고립 감소, 삶의 만족도 향상 등을 보고하고 있다. 이는 고령화 사회의 주거 대안이자 돌봄의 새로운 형태로서 의미가 크며, 한국 등에서도 협동조합형 노인공동체 주택 실험(예: 서울 성북구 "콤모너스 쉐어하우스" 등)이 조금씩 나타나고 있다.

3) 사회적 경제를 통한 서비스 질 향상

북유럽 사례는 사회적 경제의 참여가 노인 돌봄 서비스의 질적 향상으로 이어질 수 있음을 보여준다. 첫째, 이용자 중심 서비스 구현이 용이하다. 협동조합이나 커뮤니티가 제공하는 서비스는 소규모로 운영되므로 서비스 내용이 경직되어 있지 않고, 이용자 개개인의 필요에 세밀하게 대응할 수 있다. 이는 돌봄서비스의 만족도와 효과성을 높여준다. 예를 들어, 핀란드의 한 협동조합 재가서비스에서는 노인별로 생활이력과 성향에 맞춘 맞춤 활동(산책 동행, 특정 취미활동 지원 등)을 제공하여 인지기능 및 정서상태 개선을 이끌어냈다.

둘째, 서비스 제공자의 태도와 역량 측면에서 질이 높다. 사회적 경제 조직 소속 돌봄 인력은 대개 조직의 사회적 미션에 공감하여 참여한 경우가 많고, 조직 구성원으로서의 주인 의식도 있다. 북유럽의 협동조합형 시설 종사자들은 일반 영리 시설보다 직무 만족도가 높고 이직률이 낮다는 보고도 있다. 이는 노인에 대한 돌봄의 연속성과 친밀감을 높여 서비스 질에 긍정적인 영향을 준다.

셋째, 혁신 기술과의 접목이 빠르다. 사회적 기업들은 새로운 돌봄 기술(예: 디지털 헬스, 원격 모니터링 등)을 실험적으로 도입하는 데 적극적이다. 북유럽에서도 정부-사회적기업 협력으로 스마트 돌봄을 도입한 사례가 많다. 예컨대, 핀란드의 한 스타트업은 시니어 코하우징 공동체들과 협업하여 AI 기반 위험감지 센서를 설치, 낙상 등의 위험을 자동 알림해주는 시스템을 구현했다. 이는 공동체 내 자율돌봄을 기술로 보강하여 안전을 향상시킨 사례다.

넷째, 지속적인 피드백과 품질관리가 가능하다. 협동조합 등은 조합원 총회나 정례모임을 통해 서비스에 대한 의견을 교환하고, 문제 발생 시 빠르게 개선 조치를 취할 수 있는 구조다. 예를 들어, 덴마크의 한 노인협동조합 요양원의 경우 식사 서비스에 대해 조합원(입소자와 가족)들이 불만을 표시하자, 곧바로 식단 개선위원회를 꾸려 변화시켰다. 이러한 이용자 참여형 품질관리는 사회적 경제 조직이기에 가능한 장점이다.

북유럽의 경험은 공공의 보편적 보장 위에 사회적 경제의 혁신과 공동체 정신을 결합하면 노인 돌봄 서비스의 수준을 높일 수 있음을 보여준다. 이는 우리에게도 시사하는 바가 크며, 한국형 돌봄 모델에서도 공공-사회적경제 협력과 이용자 참여를 강화하는 방향으로 발전을 모색해야 할 것이다.

Chapter 19

# 노인의 사회적 관계망

1. 노인의 사회적 관계망: 가족·친구 관계 변화와 삶의 질, 사회적 고립
2. 사회적 관계망이 삶의 질에 미치는 영향
3. 사회적 고립과 대응

## 1. 노인의 사회적 관계망: 가족 · 친구 관계 변화와 삶의 질, 사회적 고립

### (1) 가족구조의 변화: 핵가족화와 동거 형태 변화

현대 사회의 산업화와 도시화로 전통적인 대가족 제도가 급속히 약화되고 핵가족화가 진행되면서, 노년기의 가족구조도 크게 변화하였다. 한국의 경우 1990년대까지는 노부모가 성인 자녀와 함께 사는 것이 일반적이었으나, 최근 수십 년간 자녀와 동거하는 노인가구의 비율이 급감하였다. 한 연구에 따르면 노인이 자녀세대와 동거하는 비율이 1994년 54.7%에서 2011년 27.3%로 급격히 낮아진 반면, 노인 부부만으로 이루어진 가구는 같은 기간 26.8%에서 48.5%로 증가하였다. 노인 1인 가구(독거노인) 비율도 1990년대 10% 남짓에서 2010년대에 약 20%까지 상승하였다. 이러한 변화는 가족 부양 형태가 전통적인 동거 부양에서 비동거 부양으로 전환되고 있음을 보여준다.

이처럼 핵가족화로 인해 노인세대와 자녀세대가 독립적인 가구를 형성하는 경향이 뚜렷하다. 그러나 동거율 감소가 곧 가족관계의 단절을 의미하는 것은 아니다. 많은 노인들은 비록 자녀와 따로 살더라도 지리적으로 가까운 곳에 거주하며 빈번히 왕래하거나 연락을 주고받고 있다. 예를 들어 2011년 조사에서 노인의 절반 이상은 자녀가 자동차로 30분 이내 거리에 살고 있었고, 비동거 자녀와 주 2~3회 이상 연락하는 비율도 과거보다 높아진 것으로 나타났다. 이는 비동거하더라도 "가까이에서 친밀관계를 유지"하려는 경향을 보여준다.

1990년대 중반 이후 자녀와 동거하는 노인가구 비율은 급속히 감소하고, 부부만 사는 가구와 독거노인 가구 비율이 크게 증가하였다. 또한 고령의 부모를 모시는 자녀들 자신도 고령화되는 "부양자의 고령화" 현상이 나타나면서, 세대간 동거 부양의 실효성이 낮아지는 측면도 있다.

### (2) 자녀와의 관계: 독립성과 정서적 유대

노년기 부모와 성인 자녀 관계는 양가적 속성을 띤다. 노인들은 가능한 한 독립적인 생활을 하길 원하지만, 동시에 자녀와 정서적 유대와 친밀감을 지속하길 바란다. 앞서 언급한 대로 많은 노인들이 자녀와 따로 살면서도 자주 연락을 주고받고 지지관계를 유지하는 것은, 자녀에게 지나친 부담을 주지 않으면서도 심리적 친밀감은 누리고 싶어하는 욕구를 반영한다. Gallant와 Spitze의 연구에서도 "노년 부모들은 자율성과 연결감을 모두 원하며, 자녀의 도움이 필요할 때 이용하길 바라지만 과도한 간섭은 원치 않는다"고 보고된 바 있다.

현대 노인들은 부모로서의 역할에서 한 발 물러나 부모-자녀 간 관계의 재정립을 이루는 경우가 많다. 자녀가 성인이 되어 독립한 후에는 수평적 관계로 전환되어, 서로 삶을 존중하며 정서적으로 지지하는 동반자 관계로 발전하기도 한다. 많은 노인 부모들은 "돌봄을 받기보다는 관심을 받고 싶다"고 느끼며.

또한 부모-자녀 간 경제적 부양 형태도 변화하고 있다. 과거에는 자녀가 부모를 경제적으로 부양하는 사례가 흔했으나, 현재는 노인이 오히려 자신의 노후자금을 스스로 활용하거나 배우자와 함께 쓰겠다는 인식이 커지고 있다. 예를 들어, 한 조사에서 "재산을 자신 및 배우자를 위해 사용하겠다"는 노인이 2020년 17.4%에서 2023년 24.2%로 늘어난 반면, "장남에게 많이 상속하겠다"는 응답은 13.3%에서 6.5%로 감소하였다. 이는 부모 세대가 자신의 삶의 질을 우선시하면서, 자녀에게 물려줄 것보다는 독립적 노후를 보내려는 경향을 보여준다. 그럼에도 불구하고 부모와 자녀 간 경제적 지원의 교류는 완전히 사라진 것이 아니다. 동거하지 않는 노인이라도 자녀에게 생활비를 지원받거나(예: 정기 용돈), 반대로 손자녀 교육비 등을 지원해주는 상호부양이 이루어지는 사례가 많다. 2011년 기준으로 자녀와 동거하지 않는 독거노인의 절반 이상(50.6%)이 자녀로부터 정기적인 금전 지원을 받고 있었고, 정서적 지지나 일상적 도움을 받는 비율도 동거 노인에 비해 결코 낮지 않았다. 이는 동거 여부와 상관없이 부모와 자녀간의 지원과 유대는 유지되고 있음을 시사한다.

### (3) 배우자 및 형제자매 관계의 변화

노년기에 접어들면서 배우자 관계는 더욱 중요한 사회적 관계망으로 부상한다. 자녀 세대가 독립하고 나면 부부가 함께 보내는 시간이 늘어나고, 서로에 대한 심리적 의존도와 동반자 의식이 강화되는 경향이 있다. 은퇴 후 부부는 가사 역할 재분담이나 여가 활동을 함께 모색하면서 관계의 재조정기를 겪는다. 일반적으로 부부 만족도는 중년기에 일시적으로 감소했다가('빈 둥지기' 이전 자녀양육 스트레스 등) 노년기에 다시 상승하는 U자형 곡선을 그린다는 연구도 있으며, 이는 자녀가 떠난 후 부부만의 생활에서 친밀성이 회복되는 경우가 많음을 보여준다. 특히 서로의 건강 돌봄에 있어 배우자는 핵심적인 역할을 한다. 예를 들어 한 쪽 배우자가 만성질환이나 거동 불편을 겪을 경우, 다른 배우자가 주돌봄자(primary caregiver) 역할을 맡게 되어 부부간 상호의존이 더욱 커진다. 이러한 노년기 부부관계의 긴밀함은 삶의 만족도와 정서적 안정에 긍정적인 영향을 미치지만, 동시에 돌봄 부담이나 노부부만의 고립 위험 등의 과제를 동반하기도 한다.

노년기의 형제자매 관계 역시 주목할 만하다. 형제자매는 보통 인간이 평생에 걸쳐 유지하는 가장 오래된 인간관계 중 하나로, 노년에 이르러 다시금 중요한 사회적 지지 자원이 될 수 있다. 중년까지는 각자 가정과 일에 몰두하느라 왕래가 적었던 형제자매들도, 부모의 부재나 회고적 삶의 단계에서 서로에게 정서적 위안을 얻는 경우가 흔하다. 연구에 따르면 노인들은 대체로 형제자매에 대해 높은 수준의 warmth(따뜻함)를 보고하며 갈등 수준은 낮은 편이고, 이러한 우애 관계의 질이 높을수록 외로움이 감소하고 정신적 안녕감이 높아진다고 한다. 특히 자녀가 없거나 배우자를 잃은 노인에게 형제나 자매는 유사 가족 역할을 하여, 함께 추억을 나누고 정서적 지지를 주고받는 친밀한 친구로 남는다. 반대로 형제자매 간 갈등이나 소원해진 관계는 노년에 외로움과 우울의 요인이 될 수 있다. 따라서 형제자매 관계를 긍정적으로 유지하는 것은 노후의 정서적 안정망 측면에서 중요하다.

### (4) 손자녀와의 관계 및 양육 역할 증가

평균 수명의 연장과 성인 자녀들의 맞벌이 증가 등으로 인해, 조부모와 손자녀 간의 관계도 예전에 비해 긴밀해지고 있다. 많은 노인들이 손자녀의 양육에 적극 관여하면서 “황혼 육아” 역할을 수행하고 있는데, 이는 가족 내 세대 간 상호부조의 현대적 형태라 할 수 있다. 예컨대 2021년 전국보육실태조사에 따르면 맞벌이 등의 이유로 조부모가 손자녀 돌봄을 돕는 비율이 48.8%에 달해, 손자녀를 둔 가정의 절반 가까이가 조부모의 육아 지원을 받고 있었다. 이처럼 조부모 세대가 자녀 세대의 육아 공백을 메우는 가정이 흔해지면서, 노인은 가족 내에서 양육자 및 훈육자로서의 새로운 역할을 맡게 된다.

조부모의 손자녀 돌봄은 여러 측면에서 의미 있는 영향을 미친다. 조부모 입장에서는 손자녀와 시간을 보내며 생산적 활동에 참여함으로써 삶의 보람과 생성감(generativity)을 느낄 수 있고. 또한 손자녀와의 교류는 노인의 정신적 활력을 유지하고 세대 간 이해 폭을 넓히는 긍정적 자극제가 된다. 반면 과도한 손자녀 돌봄 책임은 노인에게 신체적 피로와 스트레스를 초래할 수 있으며, 본인의 여가와 휴식을 제한하여 부담으로 작용하기도 한다. 특히 오랜 기간 손자녀를 주양육자로 돌보는 경우 역할 갈등이나 육체적 건강 악화의 위험이 있어, 조부모 돌봄에 대한 사회적 지원(예: 육아비 보조나 양육 코칭 프로그램 등)이 필요하다는 지적이 나온다.

그럼에도 불구하고, 대체로 많은 조부모와 손자녀 간에는 애정 어린 유대가 형성되어 있어 노년기의 중요한 정서적 만족원이 되고 있다. 손자녀는 조부모에게 활력소이자 감정적 치유자 역할을 할 수 있으며, 조부모는 손자녀에게 무조건적인 사랑과 지혜를 전해주는 특별한 존재가 된다. 이러한 상호 보완적 관계 속에서 세대 간 유대가 강화되며, 가족 체계 전체의 응집력이 높아지는 효과가 나타난다.

### (5) 세대통합형 주거 모델 사례

전통적인 대가족 동거는 줄어들었지만, 현대에 들어 새로운 형태의 세대통합 노력이 세계 여러 곳에서 시도되고 있다. 이는 노인과 젊은 세대가 완전히 분리되지 않고 주거 공간이나 커뮤니티를 공유하며 상호 작용하는 모델들이다. 이러한 세대통합형 주거 모델은 노인의 사회적 고립을 완화하고 세대 간 이해와 교류를 촉진하는 한 방안으로 주목받고 있다.

한 예로, 미국 캘리포니아주 버클리에서는 민간 시니어 리빙 기업인 벨몬트 빌리지(Belmont Village)와 UC버클리가 협력하여 대학생과 노인이 함께 거주하는 주거공간을 구축하였다. 이 커뮤니티에서는 대학생들이 시니어 거주 시설 내에 살면서 임대료 할인 혜택을 받고, 그 대가로 노인들과 교류하거나 간단한 도움을 제공한다. 노인들은 젊은 세대와 일상적으로 어울리며 정신적 자극과 교감을 얻고, 학생들은 생활비 절감과 함께 인생 경험이 풍부한 노인들로부터 조언과 지혜를 얻는 상호이익이 발생한다. 이러한 모델은 세대 간 공동체 의식을 키우고 노인의 고립감을 줄이는 효과로 관심을 끌고 있다.

유럽 일부 국가에서도 코하우징(co-housing)이나 인터젠(intergenerational) 하우징 실험이 진행 중이다. 스웨덴의 한 주거 단지는 중장년·노인과 젊은층, 가족 단위 거주자들이 섞여 살도록 디자인되어 있으며, 입주자들에게 일정 시간 공동 활동에 참여하도록 권장함으로써 이웃 간, 세대 간 교류를 활성화했다. 그 결과 입주 노인들은 주변에 항상 대화와 교류가 가능한 이웃이 생겨 외로움이 크게 감소했고, 젊은층은 노인들의 경험과 도움을 얻으며 확장된 가족같은 유대를 느끼게 되었다고 한다.

한국에서도 최근 들어 세대통합형 주거에 대한 관심이 높아지고 있다. 정부 차원에서 노부모 부양 가구를 위한 주택 특별공급이나 다세대 가족이 근접 거주할 경우 세제 혜택과 같은 지원책이 논의되고 있다.

## 2. 사회적 관계망이 삶의 질에 미치는 영향

### (1) 사회적 관계망과 신체·정신 건강의 관계

노년기에 풍부한 사회적 관계망을 유지하는 것은 신체적 건강과 정신적 안녕에 상당한 긍정적 영향을 미치는 것으로 입증되어 있다. 인간은 사회적 동물이므로, 가족이나 친구, 이웃과 맺는 관계의 존재 여부와 질이 삶의 질을 결정하는 핵심 요인 중 하나이다. 다양한 연구들은 사회적 고립이나 관계의 빈곤이 노인의 사망률 증가, 질병 악화, 우울증 및 인지기능 저하 등과 밀접하게 연결되어 있음을 보여준다. 반대로, 사회적 지지가 풍부한 노인은 스트레스 대처나 건강행동 실행 면에서 유리하며, 질병이 발생하더라도 더 잘 회복하는 경향이 있다.

한 연구에서는 사회적 관계가 좋은 사람이 그렇지 않은 사람보다 생존 확률이 50% 높다는 결과를 보고하였다. 이는 친구, 가족, 공동체와의 유대가 수명 연장 효과를 갖는다는 뜻으로, 흡연이나 비만, 운동 부족 등이 사망위험에 미치는 영향과 맞먹는 수준의 강력한 예측인자임을 의미한다. 실제로 홀트런스태드(Holt-Lunstad) 등의 연구에 따르면 사회적 연결 부족이 조기 사망 위험에 미치는 영향력은 하루 15개비의 흡연 혹은 과도한 음주에 상응할 정도로 크며, 운동 부족이나 비만보다도 건강에 해롭다고 지적된다.

사회적 관계망이 신체 건강에 기여하는 기제는 복합적이다. 정서적으로 지지받는 사람은 만성 스트레스 수치(코르티솔 등)가 낮아져 심혈관계 및 면역계 기능이 유지되고, 누군가 돌봐주거나 관심 가져줄 사람이 있다는 안정감이 건강행태(규칙적 식사, 복약순응 등)를 촉진한다. 또한 응급상황 시 도움을 받을 수 있는 가능성이 높아 위기 대처가 용이하다. 정신건강 측면에서도, 사회적 고립은 우울증과 불안의 주요 위험요인인데 반해, 주변의 관심과 지지는 자아존중감을 높이고 삶의 의미를 부여하여 우울감 발생을 억제한다. 특히 노년기에는 신체적 변화나 사회적 역할 상실로 인해 심리적 위축이 찾아오기 쉬운데, 가까운 친구나 가족과의 지속적인 상호작용은 이러한 위축을 완화하고 정서적 안정을 제공하는 완충장치 역할을 한다.

### (2) 사회적 고립이 건강에 미치는 부정적 영향

반대로 사회적 고립(social isolation) 상태에 놓인 노인은 신체적·정신적으로 다양한 위험에 직면한다. 사회적 고립이란 단순히 혼자 산다는 의미를 넘어서, 의미 있는 대인

관계와 교류가 거의 없는 상태를 말한다. 이런 상태에서는 일상생활에서 심리사회적 자극이 부족하여 무기력감과 우울감이 커지기 쉽다. 실제 조사에서 1인 가구 독거노인은 부부가구 노인에 비해 우울증상 유병률이 2배 이상 높고(16.1% vs 7.8%), 주관적 건강상태가 나쁘게 느껴질 비율은 훨씬 높은 것으로 나타났다.

사회적으로 고립된 노인은 건강 이상 신호를 주위에 알리기 어려워 적기에 치료나 도움을 받지 못할 우려가 있다. 예를 들어 함께 사는 가족이 없고 왕래하는 사람도 없는 독거노인은 질병 악화나 낙상 사고 시 발견이 지연되어 치명적 결과로 이어질 가능성이 높다. 이러한 극단적인 사례 중 하나가 소위 "고독사"로 불리는 현상이다. 고독사는 가족이나 지인과 단절된 채 홀로 지내던 사람이 질병이나 자살 등으로 사망했을 때 주변의 인지나 도움 없이 방치되는 죽음을 의미한다. 고독사는 신체적 건강 악화와 더불어 극도의 사회적 단절이 빚어낸 비극적 결과로, 고령화와 1인 가구 증가로 인해 사회문제로 대두되고 있다. 한국에서 2023년에 고독사로 추정되는 사망자는 3,661명에 이르렀는데, 이는 전체 사망자의 약 1% 수준으로 2년 전보다 다소 증가한 수치다. 특히 고독사는 50~60대 중장년 남성에게서 많이 발생하는 것으로 파악되었는데, 2023년 고독사자의 84%가 남성이었고 연령대로는 60대(31%)와 50대(30%)가 가장 많았다. 이는 중·장년기에 사회적 관계망이 약화되고 혼자 사는 남성들의 위험이 크다는 것을 시사한다. 고독사는 극단적인 예이지만, 이처럼 주변의 돌봄과 관심의 부재는 노인의 생명까지 위협할 수 있음을 보여준다.

사회적 고립의 부정적 영향은 정신건강 영역에서도 심각하다. 만성적 외로움은 노인의 인지 기능 저하와 치매 발병 위험을 높이는 요인으로 지목된다. 사람과의 교류가 거의 없을 경우 뇌의 자극이 줄어들고 우울증으로 인한 인지저하가 가속화될 수 있기 때문이다. 또한 혼자 지내는 시간이 많아지면 부정적인 사고에 빠질 가능성이 높고, 작은 문제도 의지할 곳 없이 혼자 감당해야 하므로 불안감과 스트레스 수준이 높아진다. 연구에 따르면 극도의 외로움은 신체 염증반응을 촉진하고 수면의 질을 떨어뜨려, 심혈관 질환이나 면역력 약화로 이어질 수 있다. 결국 사회적 고립은 신체-정신의 악순환을 초래하여 노인의 삶의 질을 전반적으로 떨어뜨린다.

### (3) 사회적 네트워크를 통한 지원의 유형

노인이 사회적 관계망을 통해 받는 지원(support)은 크게 몇 가지 유형으로 구분될 수 있다. 정서적 지원(emotional support), 정보적 지원(informational support), 도구적 지원(tangible/instrumental support) 등이 그것이다.

- 정서적 지원: 친구나 가족, 지인이 공감과 위로, 애정을 제공하여 정서적으로 지지해주는 것이다. 힘들 때 이야기를 들어주고 격려하는 행위, 함께 시간을 보내며 소속감과 사랑을 느끼게 해주는 상호작용 등이 정서적 지원에 해당한다. 예컨대 성인이 된 자녀가 주기적으로 전화하여 안부를 묻고 고민을 들어주는 것, 오랜 친구와 우정을 나누며 웃고 대화하는 것이 노인에게는 무엇과도 바꿀 수 없는 정서적 자양분이 된다. 앞서 제시한 연구에서도 노인들은 동거 여부와 무관하게 자녀로부터 정서적 지지를 받는 비율이 70% 이상으로 높았는데, 이러한 심리적 유대가 삶의 만족도를 높이고 우울을 막아주는 역할을 한다.

- 정보적 지원: 각종 생활 정보나 조언, 전문적 지식을 제공하는 도움이다. 노년기에 접어들면 새로운 기술이나 복잡한 의료·복지 정보 등에 취약할 수 있는데, 친지나 지역사회 네트워크를 통해 유용한 정보를 얻으면 문제 해결에 큰 도움이 된다. 예를 들어 스마트폰 사용법을 손주가 가르쳐준다든지, 이웃이 복지관 프로그램이나 정부 지원제도를 소개해주는 것 등이 정보적 지원이다. 이러한 지원을 통해 노인은 의사결정 능력을 유지하고, 최신 정보에서 소외되지 않으며, 자율성을 지킬 수 있다.

- 물리적/도구적 지원: 일상 생활에서 실질적인 도움(hand-on help)을 제공받는 것이다. 이는 도구적 지원이라고도 불리며, 장보기, 청소, 식사 준비, 병원 동행, 교통 편의 제공 등 구체적인 행동 서비스를 포함한다. 노인이 거동이 불편하거나 힘에 부치는 일을 주변 사람이 도와주면 노인의 생활 편의와 안전이 증진된다. 연구에 따르면 자녀와 떨어져 사는 독거노인의 절반 이상(53.6%)이 장보기나 가사와 같은 도움을 자녀로부터 정기적으로 받고 있었으며, 이는 동거노인과 큰 차이가 없었다고 한다. 이처럼 가족이나 이웃의 도구적 지원은 노인의 자립생활을 뒷받침하는 중요한 요소다.

- 친사회적 지원 및 동반자 제공: 일부 학자들은 노인에게 동반자적 지원(companionship)도 중요하다고 언급한다. 이는 함께 취미활동을 하거나 산책, 종교 행사 등에 동행하면서 사회적 동행자가 되어주는 형태의 지원이다. 이러한 지원을 통해 노인은 고독감을 덜 느끼고, 사회생활을 지속할 수 있는 동력을 얻는다. 예를 들어 노인들끼리 경로당에서 바둑을 두거나 체조를 함께 하는 것, 또

는 자원봉사자가 독거노인과 주기적으로 말벗이 되어주는 것은 모두 동반자적 지원에 해당한다.

사회적 관계망은 단순한 교제 이상의 의미를 지닌다. 가족, 친구, 이웃, 지역사회 단체 등으로 구성된 관계망은 노인에게 다차원적인 지원을 제공함으로써 신체 건강 유지, 정신적 안정, 실질적 생활 보조 등에 두루 긍정적인 기여를 한다. 이러한 지원의 경험은 노인으로 하여금 "내가 돌봄을 받고 있다"는 안도감을 갖게 하고 궁극적으로 삶의 질 향상으로 이어진다.

### (4) 노인들의 사회적 참여와 공동체 활동

노인이 가족 외에 사회적 관계망을 확장하고 유지하는 중요한 방법 중 하나는 사회참여 활동에 적극적으로 나서는 것이다. 은퇴 이후 일상생활의 중심 무대가 가정으로 국한되기 쉽지만, 다양한 공동체 활동에 참여하는 노인들은 그렇지 않은 노인들에 비해 신체·정신 건강이 우수하고 삶의 만족도도 높다는 연구가 많다.

대표적인 노인 사회참여의 예로 경로당이나 노인복지관 이용을 들 수 있다. 경로당은 지역사회 내 노인들이 자유롭게 모여 담소를 나누고 취미를 즐기는 사랑방 역할을 해왔고, 오늘날에도 많은 어르신들이 경로당에서 또래 친구관계를 맺고 사회성을 유지하고 있다. 노인복지관이나 문화센터에서는 교육, 운동, 취미교실 등이 운영되어 노인들의 자기계발과 친목 도모를 돕는다. 이런 곳에 규칙적으로 나가는 것만으로도 일과성 생활리듬이 생기고, 새로운 친구를 사귀거나 공동의 관심사를 나눌 수 있어 정서적 만족감이 높아진다.

종교 활동 역시 노년층 사회참여의 큰 축이다. 교회나 사찰 등 종교 공동체에 소속된 노인들은 신앙 활동을 통해 소속감을 느끼고 또래 신자들과 교류하며 사회적 지지망을 형성한다. 종교모임은 노인들에게 정기적인 만남을 제공하고, 어려움에 처했을 때 도움을 청할 수 있는 공동체 자원이 되어준다. 연구에 따르면 신앙 공동체에 꾸준히 참여하는 노인들이 그렇지 않은 노인들보다 우울수준이 낮고 주관적 안녕감이 높게 나타난다고 한다. 이는 영적 위로뿐 아니라 대인관계 망 유지의 효과로 해석된다.

취미로 결성된 동호회나 자조모임도 중요한 사회참여 형태다. 예를 들어 등산 모임, 합창단, 문학 동호회, 낚시 모임 등 공통의 취미를 기반으로 한 모임에서 노인들은 세대와 관계없이 사람들과 어울리며 즐거움과 친밀감을 느낄 수 있다. 특히 이러한 모임은 세대통합의 장이 되기도 하는데, 젊은이들도 함께하는 취미일 경우 세대 간 교류가 자연스럽게 일어난다. 또한 비슷한 처지의 노인들끼리 서로 정보와 경험을 교환하며 지지하는 자조모임(예: 치매가족모임, 홀로된 노인 모임)도 정서적 지지의 원천이 된다.

자원봉사와 사회공헌 활동에 참여하는 노인들도 증가하고 있다. 활동적이고 건강한 젊은 노인(액티브 시니어)층을 중심으로 자신이 속한 지역사회에 봉사하거나 후진 양성에 기여하는 일을 통해 보람과 사회적 연결을 얻는다. 예컨대 노인 취업지원센터를 통해 경로당 급식 도우미, 지역 청소년 멘토, 환경 정화 활동 등에 나서는 노인들이 있는데, 이러한 사회공헌은 자아존중감을 높이고 동시에 봉사 동료들과의 유대감을 형성시켜준다. 한 연구에서는 봉사활동을 하는 노인의 17% 가량에서 우울증상이 감소했다는 보고도 있다. 이는 남을 돕는 활동 자체가 긍정적인 정서를 불러일으킬 뿐 아니라, 사회적 역할의 부여로 인해 삶의 목적식을 찾게 해주기 때문으로 해석된다.

노인의 사회참여는 "사회적 연결망에 적극 뛰어드는 것"으로 요약할 수 있다. 이러한 참여를 통해 노인은 새로운 인간관계를 만들고 기존 관계를 강화하며, 고립을 예방하고 활기찬 일상을 영위할 수 있다. 아울러 사회 전체적으로도 노인의 경험과 재능을 활용함으로써 세대 간 연대와 지역공동체 통합에 기여하는 긍정적 효과가 나타난다.

### 1) 블루존(Blue Zone) 사례로 본 사회적 관계망의 중요성

노인의 사회적 관계망이 건강과 장수에 미치는 영향을 보여주는 대표적인 예로 블루존(Blue Zones) 사례를 들 수 있다. 블루존이란 전 세계에서 특히 장수하는 인구가 많은 지역을 가리키는 용어로, 대표적으로 일본 오키나와, 이탈리아 사르데냐, 그리스 이카리아, 코스타리카 니코야, 미국 로마린다 등이 꼽힌다. 연구자들은 이들 지역 centenarian(100세 인구)들의 공통된 생활방식을 분석하여 아홉 가지 비결(Power 9)을 정리하였는데, 그 중 사회적·가족적 요인이 중요한 부분을 차지한다.

블루존 지역의 노인들은 대체로 가족을 최우선으로 중시하며 살아간다. "사랑하는 이들을 먼저(Loved Ones First)"라는 원칙 아래, 자녀들이 나이가 들어도 부모 세대를 가능한 가까이 혹은 함께 지내도록 하고, 부부간에도 평생 동반자 관계를 유지하는 문화가 강하다. 실제로 오키나와나 사르데냐의 전통사회에서는 3대 이상 대가족이 한 울타리 내에 살거나 근처에 모여 사는 일이 흔하며, 그렇지 않더라도 수시로 가족 모임을 갖고 서로를 돌본다. 이러한 가족 중심 문화는 노인에게 정서적 안정과 생활 보호막을 제공할 뿐 아니라, 가족 구성원 전체의 건강에도 긍정적 영향을 준다고 보고된다. 예컨대 조부모와 함께 지내는 손자녀는 그렇지 않은 경우보다 정서적으로 안정되고 질병 발생률이 낮다는 조사도 있다. 가족의 지지와 존중 속에서 노인들은 사회적 유대의 끈을 놓지 않고 존재 의의를 확인하며 활기찬 노년을 보낸다.

또한 블루존의 노인들은 친구 및 이웃과의 관계망도 매우 돈독하다. 오키나와에는 "모아이(moai)"라고 불리는 전통적 사회그룹이 있는데, 이는 어릴 때부터 함께 자란 친구 몇 명이 평생동안 서로를 경제적·정서적으로 돕고 의지하는 운명공동체 같은 모임이다. 오키나와의 centenarian들은 대개 자신만의 모아이 멤버를 지니고 있으며, 하루도 빠짐없이 만나거나 연락하며 소소한 일상과 고민을 나누는 것으로 알려져 있다. 이러한 끈끈한 우정 관계는 노년기에도 외롭지 않게 살아가는 비결이며, 서로의 건강을 챙겨주고 어려울 때 돕는 비공식 안전망 역할을 한다. 사르데냐의 산촌 마을에서도 남성 노인들이 날마다 광장에 모여 담소하고 포도주를 기울이며 친구 공동체를 유지하는 문화가 전해진다. 이처럼 블루존 지역에서는 "옳은 무리(right tribe)", 즉 자신을 건강하고 행복하게 만드는 사회적 서클 속에 개인이 속해 있는 경우가 많다. 이런 사회적 네트워크는 흡연이나 음주 같은 건강에 해로운 행동을 억제하고, 대신 걷기나 정원가꾸기 등 건강한 생활습관을 공유하는 기능도 한다. 실제로 프레이밍햄 연구에서는 행복이나 비만조차 사회적으로 전염될 수 있다는 결과가 있는데, 블루존의 노인들은 행복과 건강이 전염되는 긍정적 인간관계망을 갖추고 있는 셈이다.

블루존 사람들은 대개 어딘가에 속해있다(Belong)는 점도 중요하다. 이는 종교단체든 지역봉사 모임이든 어떤 형태로든 규칙적으로 얼굴을 마주하는 공동체가 있다는 뜻이다. 예컨대 로마린다의 장수자들은 모두 신실한 종교공동체의 일원이고, 사르데냐의 노인들도 매일 교회에 들러 이웃들과 인사를 나눈다. 이런 공동체 소속은 삶의 목적의식과 사회적 연대감을 부여하여 정신적인 안녕에 기여한다. 결국 블루존의 사례는 장수의 비결이 특별한 약이나 치료보다도 일상 속에서 맺고 있는 인간관계의 힘에 많이 기인함을 시사한다.

## 3. 사회적 고립과 대응

### (1) 고립 노인이 직면한 문제

앞서 사회적 관계망의 중요성을 살펴보았지만, 현실적으로 모든 노인이 풍부한 관계망을 누리는 것은 아니다. 가족 해체나 1인 가구 증가, 지역사회 연대 약화 등의 요인으로 사회적 고립 상태에 놓인 노인 인구도 상당하다. 이러한 고립 노인들은 여러 문제에 직면하게 되는데, 그것은 개인적 차원에서뿐만 아니라 사회적 차원에서도 심각한 도전과제이다.

신체적·정신적 건강 악화는 사회적 고립 노인이 가장 우선적으로 겪는 위험이다. 가까이 돌봐줄 사람이 없으면 만성질환 관리나 영양 관리에 소홀해지기 쉽고, 우울증이나 치매 초기 증상을 방치하여 상태를 악화시키는 경우가 많다. 예를 들어 혼자 사는 노인은 제때 끼니를 챙겨먹지 않아 영양실조에 빠지거나, 약 복용을 잊어 혈압이나 당뇨 조절에 실패하는 일이 발생할 수 있다. 정신건강 면에서도 외로움으로 인한 무망감이 커져 삶의 의욕이 저하되고, 심할 경우 자살 생각에 이르기도 한다. 실제로 한국의 노인 자살률은 OECD 국가 중에서도 매우 높은 수준인데, 사회적 고립과 밀접한 관련이 있는 것으로 분석된다. 주변에 자신을 이해해주고 지지해줄 사람이 없다는 생각이 들면 노인은 삶의 의미를 상실하기 쉽기 때문이다.

또 한 가지 심각한 문제는 경제적 빈곤과 주거 불안이 사회적 고립과 결합될 때 나타나는 복합적 취약성이다. 가족의 지원망이 없는 노인 중에는 기초생활을 유지할 소득이나 자산이 부족한 경우가 적지 않다. 이러한 경제적 취약 노인은 적절한 민간 도움을 받기도 어렵고, 자신이 처한 어려움을 외부에 호소하거나 공적 지원을 신청하는 데도 소극적일 수 있다. 그 결과 빈곤과 고립이 악순환을 일으켜 열악한 주거 환경 (예: 난방이 안 되는 집, 위생 상태 불량)이나 의료 접근성 부족에 놓이기도 한다. 경제적 문제와 사회적 고립이 겹치면 주변의 착취나 학대에 노출될 위험도 있다. 예컨대 고립된 독거노인은 보이스피싱 같은 범죄의 표적이 되거나, 경제적 이득을 노린 악덕 업자나 지인이 부당한 이득을 취해가도 도와줄 사람이 없기 때문에 취약한 피해자가 될 수 있다.

고독사 문제는 사회적 고립 노인의 위험이 가장 극단적으로 현실화된 사례라고 할 수 있다. 앞서 언급했듯이 고독사는 주위에 돌봐줄 사람 하나 없이 쓸쓸히 죽음을 맞이하는 경우인데, 이러한 죽음은 당사자의 고통도 문제지만 사회 공동체의 실패를 상징적으로 드러낸다는 점에서 충격을 준다. 한국에서는 1인 가구 고령자가 늘면서 고독사 사례도 꾸준히 보고되어 왔다. 통계에 따르면 고독사자는 연평균 5~8%씩 증가하는 추세였으나, 최근 고독사 예방 노력이 강화되면서 증가율이 다소 둔화되었다고 한다. 그럼에도 여전히 연 3천명 이상이 고독사로 생을 마감하고 있으며, 이는 매일 8~10명 정도가 이런 안타까운 일을 겪는 셈이다. 고독사 사례를 분석해보면, 주변 이웃과 거의 왕래가 없고 가족과도 연락이 끊긴 상태에서 지병이나 알코올 의존, 우울증 등을 앓고 있던 경우가 많았다. 사회적 고립이 직접적인 사인은 아니지만, "발견되지 못하는 죽음"이라는 결과를 낳는 데에는 분명 고립 상태가 결정적인 역할을 한다. 이는 사회적 관계망이 생명 유지의 안전망으로 작동함을 역설적으로 보여준다.

사회적 고립 노인은 신체건강, 정신건강, 경제생활, 안전 등 모든 영역에서 중층적 위험을 안고 살아가며, 개인의 문제를 넘어 사회복지 정책이 해결해야 할 중요한 대상이 된다. 고령사회에서 이러한 고립노인이 증가할 경우, 이는 지역사회 붕괴와 사회적 비용 증가로 이어질 수 있으므로 적극적인 대응이 필요하다.

### (2) 사회적 고립 예방을 위한 정책적 노력

사회적 고립과 고독사의 심각성이 대두됨에 따라, 이를 예방하고 고립된 노인을 지원하기 위한 다양한 정책적 대응이 모색되고 있다. 한국 정부와 지자체는 법·제도 정비부터 현장 프로그램까지 여러 방면에서 고립 예방책을 추진 중이다.

우선 국가 차원에서 법적 근거를 마련하였다. 2021년에는 「고독사 예방 및 관리에 관한 법률」이 시행되어 중앙정부와 지방자치단체가 정기적으로 고독사 실태를 조사하고, 예방을 위한 기본계획을 수립하도록 규정했다. 이 법에 따라 5년 단위의 고독사 예방 종합계획이 수립되고 있으며, 위험군 발굴, 사회복지 서비스 연계, 인식 제고 등의 방향으로 정책들이 시행되고 있다. 또한 전국 여러 지자체에서 고독사 예방을 위한 조례를 제정하여 지역적 특성에 맞는 대응체계를 마련 중이다. 이러한 법적·제도적 틀은 과거에는 주목받지 못했던 사회적 고립 문제를 공적 의제로 격상시켰다는 점에서 의미가 크다. 실제로 법 시행 이후 2022년에는 39개 시·군·구에서 고독사 예방 시범사업을 개시하였고, 2023년에는 정부 차원의 제1차 고독사 예방 기본계획이 발표되는 등 정책적 노력이 가속화되고 있다.

현장에서 직접적으로 수행되는 노인 대상 돌봄 서비스도 개편·강화되었다. 2020년부터 시행된 노인맞춤돌봄서비스는 취약 노인에게 생활지원사가 정기적으로 방문 또는 전화하여 안부를 확인하고 필요 서비스를 연계해주는 전국 단위 사업이다. 이 서비스는 특히 사회적 고립 위험이 높은 독거노인을 주요 대상으로 삼아, 주 1회 이상 안부확인와 정서지원, 생활교육 등을 제공함으로써 고독사와 자살을 예방하려는 목적을 가지고 있다. 예전의 독거노인관리프로그램들을 통합·확대한 것으로, 현재 수만 명의 생활지원사가 일선에서 고립된 노인을 만나 안전과 정서를 돌보고 있다. 노인맞춤돌봄서비스의 특화서비스에서는 은둔형 노인(거의 외출하지 않고 지내는 분)이나 우울위험 노인을 선정하여 집 밖으로 유도하는 프로그램, 심리상담 지원 등을 집중 제공한다. 이를 통해 고립 상태가 심각한 노인이 지역사회로 다시 나오도록 돕고, 필요한 경우 정신건강 서비스나 의료서비스와 연계한다. 이러한 촘촘한 방문 돌봄체계는 고립노인을 조기 발견하고 지속 관리하는 데 크게 기여하고 있다.

기술을 활용한 스마트 돌봄도 도입되고 있다. 예를 들어 일부 지자체에서는 독거노인 가정에 IoT 센서(스마트 홈 안전센서)를 설치하여 일정 기간 움직임이 감지되지 않으면 바로 관계자에게 알림이 가도록 하고 있다. 또한 AI 스피커나 AI 전화안부서비스를 운영하여 정해진 주기에 자동으로 노인에게 전화를 걸어 안부를 확인하고 응답이 없으면 담당자에게 통보하는 시스템도 활용 중이다. 서울시는 2023년에 사회적고립가구지원센터를 설립하여, 고독사 위험군 1만여 명을 대상으로 24시간 AI 안부확인전화를 주 1회 시행하고 그 결과를 각 자치구에 전달하는 체계를 갖추었다. 이러한 스마트 돌봄은 한정된 인력으로 많은 대상자를 커버할 수 있게 해주고, 위급 상황 시 골든타임 내 개입을 가능하게 한다는 점에서 주목된다. 다만 기계음보다 인간 대면접촉을 더 선호하는 노인도 많아, 인적 돌봄과 보조적 기술이 균형을 이뤄야 할 것이다.

아울러 지역사회 중심의 예방 프로그램들이 다양하게 전개되고 있다. 일부 지방자치단체는 명예사회복지공무원이나 이웃 지킴이 같은 자원봉사자를 위촉하여 동네의 고립된 취약계층을 수시로 살펴보게 하고, 이상 징후를 발견하면 신고하도록 장려한다. 예컨대 반상회나 통장 조직 등을 활용해 "우리 동네 돌봄단"을 운영하며 독거노인 집에 정기적으로 방문하거나 말벗을 하는 모델이 있다. 또 커뮤니티 케어의 일환으로, 동 단위에 케어안심주택이나 사회복지관 분소를 설치하여 가까운 거리에서 노인을 모니터링하고 응급시 출동하는 체계를 갖추기도 한다. 이렇게 지역 주민과 행정이 함께 만드는 복지 안전망은 고립노인을 보이지 않게 감싸는 보호망으로 기능한다.

사회적 고립 예방을 위해 한국에서는 법·제도 기반 마련, 맞춤돌봄 인력 투입, 스마트 기술 활용, 이웃자원 동원 등의 다층적 접근을 하고 있다. 이러한 노력의 결과, 앞서 언급한 대로 고독사 증가율이 다소 낮아지는 등 긍정적 신호도 나타나고 있다. 그러나 고령화 속도가 빠르고 1인 가구가 계속 늘어나는 현실을 감안할 때, 이러한 정책적 대응을 더욱 확대하고 발전시킬 필요가 있다.

### (3) 해외의 사회적 고립 대응 사례 비교

사회적 고립과 이에 따른 문제는 비단 한국만의 현상이 아니며, 전 세계 많은 나라들이 유사한 도전에 직면해 있다. 각국은 자기 나라 상황에 맞게 특색있는 대응책을 내놓고 있는데, 그 중 몇 가지 사례를 살펴보면 다음과 같다.

일본은 한국과 더불어 고독사 문제가 사회적으로 큰 이슈가 된 나라다. 일본에서는 일찍이 1980년대 후반부터 도쿄 등 대도시에서 고독사 사례가 보고되기 시작했고,

2000년대 들어 인구 고령화와 가족 해체가 맞물리면서 고독사가 증가했다. 이에 일본 지자체와 민간 부문에서는 기술과 주민참여를 결합한 모델들을 도입했다. 예를 들어 독거노인 가정에 움직임 감지센서나 스마트 수도계량기를 설치하여, 일정 기간 수도 사용이 없으면 관계 기관에 자동 통보되도록 한 지자체가 있다. 또 우유배달, 도시가스 검침원, 우편배달부 등 현장에서 노인 가구를 방문하는 인력들을 고독사 예방 인적망으로 활용하여, 문 앞 신문·우유가 쌓여있으면 신고하도록 체계를 만든 곳도 있다. 일본의 비영리단체들 중에는 "안부 전화 친선대사" 같은 프로그램을 운영하여 자원봉사자들이 정기적으로 전화 친구가 되어주는 서비스를 제공하기도 한다. 또한 지역 사회복지협의회에서는 미니 데이 서비스라 하여 동네 자원봉사자들이 주 1~2회 노인을 집에서 모셔와 같이 식사하고 돌보는 작은 모임들을 동 단위로 조직하고 있다. 일본 정부는 2020년 고독사 등 고립사 방지를 위한 "생활지원 서비스 고도화" 계획을 내놓고, 주민조직, NPO, 기업이 파트너십을 맺어 커뮤니티형 돌봄을 강화하고 있다. 이러한 일본의 경험은 기술 솔루션과 인간적 접촉을 병행하며, 민관협력으로 대응하고 있다는 점에서 시사점을 준다.

영국은 서구 선진국 중에서는 드물게 정부 차원에서 고독 문제를 공식 의제로 다룬 사례로 유명하다. 2018년 영국 정부는 세계 최초로 고독담당 장관(Minister for Loneliness)을 임명하고, 같은 해 "연결된 사회(A Connected Society)"라는 국가 전략을 발표하였다. 이 전략에서는 고립과 고독감을 줄이기 위한 구체적인 실행방안들이 담겼는데, 그 핵심은 "사회적 처방(social prescribing)"이다. 이는 의사 등이 우울이나 만성질환을 앓는 환자에게 약 처방만 하는 것이 아니라, 지역의 사회 활동 프로그램(예: 미술 교실, 정원 가꾸기 모임, 운동 그룹 등)에 참여하도록 권고하고 연결해주는 것을 말한다. 영국은 전국에 사회적 처방 Connector를 배치하여 의료·복지 서비스와 지역 공동체 활동을 이어주는 허브 역할을 하게 했다. 또한 우편서비스 종사자 활용 시범사업, 청년-노인 멘토링 프로젝트, 공공도서관을 커뮤니티 허브로 전환 등 다양한 실험을 거쳐왔다. 영국 정부의 연례 보고서에 따르면 이러한 노력으로 수십만 명이 사회적 처방을 통해 고립을 줄였고, 코로나19 팬데믹 기간 중에도 디지털 기술을 통한 사회적 연결 사업을 전개하여 고립감 완화를 시도했다. 영국의 접근은 정부의 강한 의지와 거버넌스 구축 측면에서 주목되며, 이를 통해 사회적 고립 문제가 단순 개인 문제가 아닌 공공의 건강과 행복 차원에서 다루어지고 있다.

북유럽 국가들은 전통적으로 복지 공동체 의식이 강한 만큼, 고령자 사회통합을 위한 다양한 커뮤니티 모델을 보유하고 있다. 예를 들어 덴마크나 네덜란드에서는 "시니어 코하우징"이 발달했는데, 노인들이 의기투합해 공동 주택을 짓고 함께 거주하면서 개별 독립공간 + 공유공간(부엌, 정원 등)을 활용하는 형태다. 이러한 자발적 공동체는 노인 간 서로 돌봄을 가능케 하고 사회적 고립을 크게 줄였다. 네덜란드의 경우 더 나아가 청년에게 저렴한 방을 제공하는 대가로 노인요양원에 함께 거주하게 하는 실험을 해서 성공을 거두기도 했다 – 젊은이는 주거비 문제 해결과 어르신과의 교류를 얻고, 노인들은 손자같은 청년과 대화하며 활력을 얻는 윈윈 모델이다. 싱가포르는 전통적 가족주의 문화와 현대 복지정책을 접목하여, Public Housing 설계 단계에서부터 3세대 가족이 근접 거주할 수 있는 아파트 단지를 만들고 그들에게 혜택을 주고 있다. 이를 통해 물리적 거리 좁히기와 함께, 단지 내 커뮤니티 공간에서 세대 간 교류 프로그램을 운영함으로써 고립을 예방한다.

이처럼 각국의 사례는 다르지만, 공통적으로 강조되는 점은 지역사회 기반의 인간관계 회복이다. 첨단기술이나 제도도 결국 사람과 사람을 이어주는 수단으로 활용될 때 효과가 크다는 것이다. 일본의 이웃망, 영국의 사회적 처방, 북유럽의 공동체 주거 모두 궁극적으로는 고립된 개인을 공동체 속으로 다시 불러들이는 것을 목표로 하고 있다. 한국도 이러한 해외 사례를 참고하여, 문화와 여건에 맞는 방식을 도입하고 있다(예: 1인가구 지원센터 설치, 복지관의 마을관리소화 등). 글로벌 고령화 시대에 사회적 고립 대응은 각국 정부와 시민사회가 함께 풀어가야 할 숙제임을 알 수 있다.

### (4) 지역사회 안전망 구축 방안

사회적 고립과 그로 인한 문제들을 근원적으로 해결하기 위해서는 지역사회 차원의 안전망 구축이 필수적이다. 노인이 가족과 함께 살지 않더라도 지역사회가 "확장가족"처럼 기능하여 노인을 돌볼 수 있는 환경을 만드는 것이 궁극적인 지향점이다. 이를 위한 몇 가지 방안을 정리하면 다음과 같다.

- 이웃 간 관계망 회복: 아파트 단지나 동네 단위에서 이웃끼리 서로 알게 하고 교류를 촉진하는 노력이 필요하다. 현대 도시에서는 이웃에 누가 사는지도 모르는 경우가 많아 고립이 심화된다. 주민자치회, 통장단, 반상회 등을 활성화하여 고령 1인가구를 공동체가 인지하도록 하고, "우리 동네 어르신 날 방문하기" 같은 캠페인을 정례화할 수 있다. 예를 들어 명절이나 어버이날 등에 이웃이 독거노인 한 분을 찾아뵙고 인사드리는 식의 프로그램은 정서적 지지뿐 아니라 응급 상황 시 서로 알림을 주고받는 기초 안전망이 될 수 있다.

- 커뮤니티 공간 및 프로그램 확대: 동네에 노인들이 마음 편히 갈 수 있는 사랑방 공간을 늘리고, 세대 통합 프로그램을 운영하는 것이 중요하다. 기존의 경로당, 복지관 이외에도 카페형 커뮤니티, 주민센터 개방 등을 통해 노인이 일상 속에서 사람을 만날 장소를 제공해야 한다. 또한 지역의 초등학교, 어린이집, 청소년 단체와 연계하여 세대공감 프로그램(예: 세대공유 텃밭, 동화 읽어주기 봉사, 전래놀이 함께 하기 등)을 정기적으로 열면 노인이 사회에 기여하면서 소속감을 느끼는 기회가 된다. 이런 활동들은 단발성 이벤트가 아니라 지속적인 만남으로 이어지도록 설계하여, 자연스럽게 관계 형성이 일어나게 해야 한다.

- 지역 돌봄 인력의 촘촘한 배치: 현재 운영 중인 노인 생활지원사, 방문간호사 등의 인력을 충분히 확보하고 그들이 고립 위험 신호를 세밀히 포착할 수 있도록 교육하는 것이 필요하다. 예산 지원을 통해 담당 인력 1인당 관리하는 노인 수를 줄여 맞춤형 케어가 가능하도록 하고, 이들이 지역사회 다른 주체(의사, 복지사, 자원봉사자)와 정보를 공유하며 협업하게 해야 한다. 예컨대 동네 병원 의사가 우울증 징후를 보이는 독거노인을 발견하면 생활지원사와 연계해주고, 우편배달부가 수상한 점을 느끼면 지역사회 통합돌봄창구에 바로 알리는 다중 경보체계를 구축하는 것이다. 이를 위해서는 민관 데이터 공유와 협력이 중요하며, 개인정보보호와 안부확인의 균형점을 찾는 지혜가 요구된다.

- 고독사 Zero 아파트/마을 만들기: 지역사회 캠페인으로 “우리 지역 고독사 제로” 프로젝트를 추진할 수 있다. 이는 하나의 아파트나 마을 단위를 선정해 모든 주민이 관심을 갖고 1인 가구 및 고립 위험자를 서로 챙겨주도록 독려하는 것이다. 구체적으로 관리사무소와 주민대표, 인근 복지기관이 협약을 맺어 정기적인 안부확인 서비스를 제공하고, 주민들에게 응급 연락망을 공유하는 등의 조치를 취한다. 또한 고독사 발생 시 해당 공동체에 인센티브를 주는 방안을 통해 주민들의 참여를 유도할 수도 있다. 이러한 모델이 성공하면 점차 확산시켜 전국적인 안전망 네트워크로 발전시킬 수 있을 것이다.

- 사회 인식 개선과 참여 유도: 무엇보다 사회 전체의 인식 변화가 중요하다. 노인의 사회적 고립 문제는 당사자만의 문제가 아니라 가족, 이웃, 사회 모두의 책임이라는 공감대가 형성되어야 지속가능한 대책이 나온다. 대중매체와 교육을 통해 “함께

나이 들어간다"는 인식을 확산시키고, 젊은 세대에게도 고립노인 문제 해결에 동참하도록 장려해야 한다. 1인 가구 증가 시대에 오늘의 청년도 내일의 고립 위험군이 될 수 있음을 알리고, 세대 간 상호부조가 이득이 된다는 점 (젊은이의 봉사가 미래 자신의 안전망 강화로 돌아옴)을 강조할 필요가 있다. 자원봉사 활성화, 기업의 CSR 참여(예: 직원들이 정기적으로 독거노인 봉사 나가기) 등을 통해 사회적 연대를 높이는 노력도 병행되어야 한다.

현대 사회의 익명성과 개인주의 속에서 잃어버린 마을의 기능을 재조명하여, 노인이 삶과 죽음을 지역이 함께하는 존재로 자리매김하게 하는 것이다. 그렇게 될 때 노인은 비로소 사회의 환대받는 구성원으로 존중받으며, 고립과 소외 없이 삶의 마지막까지 인간다운 품위를 누릴 수 있을 것이다.

Chapter 20

# 노년기의 여가와 교육

1. 노년기의 여가와 교육

## 1. 노년기의 여가와 교육

### (1) 노년기 여가활동의 개념과 효과

여가활동이란 일이나 필수적인 의무에서 벗어나 자유롭게 선택하는 활동을 말한다. 특히 노년기 여가활동은 은퇴 이후 얻은 여유 시간을 활용하여 신체적·정신적 활력을 찾고 삶의 만족도를 높이는 활동들을 의미한다. 노년층에게 여가활동은 단순한 시간 소일거리를 넘어 새로운 노년기 문화를 정립하고 자신의 삶에 의미를 부여하는 중요한 수단이다. 실제로 한 조사에 따르면 많은 한국 노인들이 경제활동보다 취미·여가활동을 현재 삶에서 가장 중요하다고 여기고 있다(34.9% 응답). 이는 여가가 노년기 삶의 질을 좌우하는 핵심 요소로 인식되고 있음을 보여준다. 노년층의 여가활동은 크게 몇 가지 유형으로 분류할 수 있다. 각 유형마다 노인들의 흥미와 능력에 따라 다양한 활동이 포함된다.

- 신체활동: 신체적 운동이나 야외활동을 통해 건강을 유지하는 여가 유형이다. 예를 들어 산책, 체조, 등산, 게이트볼(노인들이 즐기는 구기 운동) 등이 있다. 규칙적인 신체 여가활동은 근력 및 균형 감각을 향상시켜 노인의 건강을 증진하고 일상생활 수행능력을 높여준다. 연구에 따르면 규칙적인 신체 여가활동은 노인의 체력과 신체구성을 개선하고 무력감과 우울을 감소시키는 데 긍정적 영향을 준다.
- 문화 · 예술 활동: 음악, 미술, 공연 관람 등 문화적인 취미활동을 통해 정서적 풍요를 얻는 유형이다. 예를 들어 공연이나 전시 관람, 악기 연주, 그림 그리기, 전통 문화 체험 등이 이에 속한다. 이러한 활동들은 노년층의 정신적 자극을 주어 두뇌 활동을 활발하게 하고, 창의적 표현을 통해 성취감과 자아존중감을 높여준다. 또한 문화·예술 활동을 통해 세대와 소통하거나 사회참여를 이어갈 수 있어 사회적 고립감을 줄이는 데도 도움이 된다.
- 취미 · 동호회 활동: 개인 취미를 즐기거나 공통 관심사를 가진 사람들과 어울리는 사교형 여가활동이다. 예를 들어 독서, 바둑이나 장기 두기, 뜨개질, 여행 동호회, 합창단, 노인 대학 동창 모임 등이 있다. 취미활동은 은퇴 후에도 계속 배우고 도전하는 기회를 제공하며, 동호회 모임을 통해 또래 친구를 사귀고 사회적 지지망을 형성하는 데 도움을 준다. 이러한 친목 중심 활동은 노년층의 외로움을 감소시키고 사회적 소속감을 높여 삶의 만족도를 높이는 역할을 한다.

우리나라 노인들의 여가활동 참여율은 비교적 높은 편이다. 2020년 기준으로 노인의 80.3%가 최소 한 가지 여가·문화활동에 참여하고 있는 것으로 조사되었다. 구체적인 활동으로는 TV 시청이나 라디오 청취와 같은 휴식형 활동 참여율이 96.6%로 가장 높았고, 산책이나 음악 감상 등 가벼운 휴식 활동이 52.7%를 차지했다. 다음으로 취미·오락 활동 참여율이 49.8%, 친목 도모 등 사회 및 기타 활동이 44.4%로 나타나 노인 다수가 다양한 형태의 여가를 즐기고 있음을 보여준다. 반면 적극적인 스포츠 참여활동의 비중은 상대적으로 낮았는데, 이는 고령에 따른 신체적 제약 때문으로 해석된다. 이처럼 대다수 노인이 여가를 즐기고 있지만, 여가활동의 내용을 들여다보면 신체적으로나 정신적으로 소극적 활동(예: TV 시청)에 치우치는 경향도 있다.

적절한 여가활동은 노년기의 삶의 질 향상에 다방면으로 기여한다. 첫째, 정신건강 측면에서 여가활동은 우울감과 스트레스를 감소시키고 행복감을 높인다. 실제 연구에서 노인의 여가활동 참여는 활동의 유형에 관계없이 우울감을 낮추는 효과가 있음을 확인했다. 즉, 적극적으로 여가를 즐기는 노인일수록 정신적 안녕감이 높아지는 것이다. 또한 새로운 취미를 배우거나 목표를 세워 성취함으로써 자아존중감이 향상되고 인지 기능 유지에도 도움이 된다.

둘째, 사회적 측면에서 여가활동은 사회적 고립감을 예방하고 대인관계를 확장시키는 역할을 한다. 친구나 이웃과 함께하는 취미 모임, 동호회 활동, 경로당에서의 담소 등은 노년층에게 정서적 지지를 제공하고 고립을 완화한다. 여가활동을 통해 얻는 사회적 연결감은 노인의 고독사나 우울증 위험을 줄이는 완충재로 작용한다. 예를 들어, 혼자 사는 노인도 경로당이나 노인 복지관의 프로그램에 나가 사람들과 어울리면 외로움을 크게 덜 수 있다.

셋째, 신체 건강 측면에서 여가활동, 특히 신체활동은 노인의 건강 유지 및 증진에 필수적이다. 규칙적인 운동이나 움직임을 동반한 취미는 근력 저하를 늦추고 만성질환 관리에 도움이 된다. 여가활동을 지속하는 노인은 그렇지 않은 노인에 비해 기능적 장애 발생 위험이 낮고 더 오래 독립적인 생활을 영위할 확률이 높다는 연구 결과도 있다. 이렇듯 여가활동은 육체적 건강, 정신적 활력, 사회적 관계망을 두루 강화함으로써 노년기 삶의 질을 전반적으로 향상시키는 긍정적 효과가 있다.

### (2) 노인교육의 중요성과 사례

현대사회에서 교육은 청년기나 중년기에 국한되지 않고 전 생애에 걸쳐 지속되는 과정으로 인식된다. 평균 수명이 길어지고 100세 시대에 접어들면서, 노년기에 새로운 것을 배우고 성장하려는 학습 욕구가 커지고 있다. 과거에 비해 고학력으로 은퇴하는 신노년층이 등장하여, 이들은 은퇴 후에도 지적 호기심을 충족하고 자아실현을 이루기 위한 학습 기회를 찾는 경향이 있다. 노년기 교육 참여는 단순히 지식을 얻는 것을 넘어 사회 참여의 한 형태로서 의미가 있는데, 배움의 과정을 통해 성취감과 삶의 활력을 얻고 또래와 교류할 수 있기 때문이다. 예컨대 컴퓨터 사용법이나 새로운 언어를 배우는 것은 실용적인 이득과 함께 노년기의 자기계발 욕구를 충족시켜 준다. 이처럼 평생교육은 노년층의 삶의 질을 높이고 사회 통합을 촉진하는 데 필수적인 요소로 자리잡고 있다.

그러나 현실적으로는 노인의 교육 참여율이 높지 않은 편이다. 2023년 조사에 따르면 우리나라 전체 노인 중 교육 및 학습활동에 참여하는 비율은 13.3%에 불과했다. 이러한 낮은 참여율은 교육 기회 부족이나 본인의 건강 문제, 경제적 제약, 또는 배움에 대한 심리적 위축감 등 여러 요인에서 기인한다. 따라서 노인들의 잠재된 학습 욕구를 충족시키고 참여를 높이기 위해서는 보다 다양한 프로그램 개설과 접근성 향상이 요구된다.

우리나라에서는 노년층을 위한 여러 형태의 교육 프로그램이 운영되고 있다. 대표적인 사례로 노인대학이 있다.

노인대학은 일정 연령 이상의 어르신들을 대상으로 교양 교육과 여가활동을 병행하는 비정규 교육과정이다. 1981년 대한노인회에서 첫 노인대학을 개설한 이래. 이러한 해외 사례와 비교해볼 때, 우리나라 노인교육은 정부 및 지역사회의 지원체계와 프로그램 다양성 측면에서 개선의 여지가 있다.

### (3) 디지털 리터러시와 비대면 사회활동

#### 1) 노년층의 디지털 활용 수준과 정보격차

21세기 정보사회에서 디지털 역량은 삶의 질을 좌우하는 중요한 요소가 된다. 최근 몇 년간 스마트폰과 인터넷 보급이 크게 늘어나면서 한국 노년층의 디지털 기기 사용률도 상당히 높아졌다. 2023년 조사에 따르면 70세 이상 노인의 80%가 스마트폰을 사용하고 있을 정도로 기기 보급은 확대되었다. 60대의 경우 스마트폰 이용률이 96%에 달해 젊은 층과 큰 차이가 없을 만큼 기술 접근성이 향상되었다. 그러나 디지털 활용 능력 측면에서는 여전히 세대 간 격차가 존재한다. 많은 노인이 전화 통화나 문자, 인터넷 검색 등 기본 기능은 활용하지만, 앱 설치나 온라인 서비스 이용에는 어려움을 겪는 경우가 흔하다. 한 조사에서 노인의 63%가 새로운 앱을 설치하는 것을 어렵게 느낀다고 응답했고, 노인들이 주로 사용하는 스마트폰 기능도 검색(87%), 메신저(86%), 뉴스 보기(76%) 등에 국한되는 것으로 나타났다. 반면 모바일 쇼핑, 전자책, 온라인 교육 등 보다 복잡한 활용 분야에서는 사용률이 매우 낮았다. 이러한 데이터는 노년층 내에서도 디지털 정보격차(digital divide)가 존재함을 보여준다. 실제로 정부 발표에 따르면 2022년 정보취약계층(장애인·저소득층·농어민·고령층)의 디지털정보화 수준은 일반 국민의 76.2% 수준에 머무르고 있다. 즉, 고령층이 디지털 기기를 접하고 활용하는 비율이나 숙련도가 전 국민 평균 대비 약 24%p 낮다는 의미이다.

### 2) 디지털 리터러시 교육

디지털 격차가 초래하는 문제는 코로나19 팬데믹 시기에 특히 두드러졌다. 식당 입장에 QR코드 인증이 요구되거나, 백신 예약을 온라인으로 해야 하는 상황에서 디지털 활용 능력이 부족한 노인들이 소외되는 사례가 많았다. 사회 전반이 비대면 서비스 중심으로 급속히 전환되면서, 디지털 역량이 낮은 노인은 필요한 정보를 얻거나 서비스를 이용하는 데 어려움을 겪어 사회적 고립과 정보 접근 불평등이 심화될 우려가 제기되었다.

이러한 문제의식을 바탕으로 정부와 지방자치단체, 민간에서는 노년층의 디지털 리터러시(문해능력) 향상을 위한 다양한 교육 프로그램을 추진하고 있다. 과학기술정보통신부와 행정안전부는 전국 주민센터, 도서관, 복지관 등을 거점으로 디지털배움터를 운영하여 어르신들에게 무료 스마트폰 사용 교육을 제공하고 있다. 이 교육에서는 스마트폰 기본 조작, 카카오톡과 같은 메신저 사용법, 키오스크(무인단말기) 활용 연습, 온라인 뱅킹 등의 실생활에 필요한 내용을 가르친다. 특히 키오스크 교육은 무인화된 기기 사용이 서툰 노인들에게 큰 호응을 얻고 있다.

### 3) 스마트 경로당 사업

지방자치단체 차원의 혁신 사례로 "스마트 경로당" 사업을 들 수 있다. 스마트 경로당이란 노인들이 주로 모이는 경로당 공간에 디지털 기기와 기술을 도입하여, 일상 속에서 자연스럽게 IT 활용 역량을 키우도록 한 것이다. 예를 들어 경로당에 태블릿 PC, 스마트 TV, 인터넷 Wi-Fi를 설치하고, 스마트 운동기구나 디지털 헬스케어 기기를 비치한다. 어르신들은 익숙한 경로당 환경에서 이러한 기기를 접함으로써 거부감 없이 디지털 세상과 친숙해질 수 있다. 또한 스마트 경로당 관리자나 디지털 지도사를 배치하여 어르신들께 키오스크로 버스표 예매하기, 스마트폰 앱으로 병원 예약하기 등의 생활

밀착형 디지털 활용법을 도와드리고 있다. 이런 노력을 통해 노년층의 디지털 접근성과 자신감이 향상되고, 세대 간 정보격차를 줄이는 효과를 거두고 있다. 실제로 경기도 부천시의 경우 2021년 전국 최초로 스마트경로당을 도입한 이후 2년에 걸쳐 150개 이상의 경로당을 스마트화하고 약 19만여 명의 노인이 프로그램에 참여하여 90% 이상이 만족한다는 결과를 얻었다(부천시 사례). 스마트 경로당에서는 온라인 공연 관람, 화상회의 시스템을 활용한 원격 친목 모임, 디지털 게임 대회 등 새로운 형태의 노인 여가 활동도 펼쳐지고 있어, 노인들의 생활에 활력을 불어넣고 있다.

#### 4) 코로나19 이후 비대면 사회활동

코로나19 팬데믹을 겪으면서 노인 대상 사회활동에도 비대면 방식이 빠르게 도입되었다. 감염 위험으로 대면 모임이 제한되자, 전국의 노인복지관과 문화센터에서는 앞다투어 온라인 프로그램을 개발하였다. 예를 들어, 성남시 중원노인종합복지관에서는 코로나로 복지관 휴관이 길어지자 줌(ZOOM)을 활용한 온라인 평생교육 수업을 시범 운영하여 큰 호응을 얻었다. 노인들은 태블릿이나 스마트폰 화면을 통해 실시간으로 요가 수업을 듣고 집에서 따라 하거나, 온라인 합창 연습에 참여하고, 비대면 미술 강좌에서 그림을 그려 서로 공유하는 등 적극적으로 적응해 나갔다. 또한 대면 활동이 어려운 동안 노인들의 고립을 막기 위해 전화 안부 서비스, SNS를 통한 소통 등이 병행되었다. 이러한 경험은 코로나 이후에도 새로운 사회활동 형태로 자리잡고 있다. 일부 프로그램은 대면 수업이 재개된 후에도 온·오프라인 병행 방식으로 운영되어, 거동이 불편한 노인이나 원거리 거주 노인들도 계속 참여할 수 있게 되었다. 예컨대, 도시 지역의 강의를 농촌 지역 노인들이 화상으로 함께 듣거나, 손자와 함께 할 수 있는 온라인 세대통합 프로그램 등이 꾸준히 개발되고 있다. 이처럼 비대면 기술의 활용은 노년층의 사회참여 기회를 넓히고, 물리적 한계를 넘어 언제 어디서나 배움과 여가를 즐길 수 있는 환경을 조성하고 있다.

### (4) 해외 사례 비교: 일본 및 북유럽과 한국의 차이점

고령화에 대응하여 각국은 노인의 여가와 교육을 지원하기 위한 다양한 정책을 시행해왔다. 특히 일본과 북유럽 국가는 우리보다 앞서 초고령사회에 진입한 만큼, 노년층의 행복한 삶을 위한 체계적인 프로그램을 운영하고 있다. 이들의 사례를 한국과 비교하면 몇 가지 뚜렷한 차이점을 발견할 수 있으며, 이는 한국 노인정책의 발전 방향에 시사점을 준다.

1) 일본의 노인 여가 및 교육 정책

일본은 전통적으로 "활기찬 노후"에 대한 관심이 높아, 노인을 위한 여가·교육 인프라가 다양하게 발달되어 있다. 그 중 대표적인 세 가지를 꼽자면 시니어 컬리지, 노인클럽(老人クラブ), 실버 인재센터를 들 수 있다.

시니어 컬리지(대학): 일본에서는 고령자를 위한 특별한 고등교육 프로그램이 운영되기도 한다. 예를 들어 립교(立教) 대학의 세컨드 스테이지 대학은 50세 이상 시니어를 위한 1년제 대학과정이다. 이 프로그램에서는 주 5일 정규 강좌를 제공하며, 연간 학비가 약 40만 엔(한화 약 400만원)에 달한다. 비록 정식 학위를 수여하지는 않지만, 인생 2막을 준비하는 시니어들에게 체계적인 배움의 기회를 제공한다. 이와 같이 대학이 주관하는 시니어 컬리지 외에도, 각 지방자치단체에는 노년층을 위한 평생학습 강좌나 시민대학 프로그램이 활발하다. 예컨대 동경(도쿄)도는 시니어 아카데미를 운영하여 노인들에게 역사, 예술, 건강, IT 등의 강좌를 무료 또는 저렴한 비용으로 제공한다. 이러한 교육 프로그램을 통해 일본 노인들은 노후에도 배움을 지속하고, 배운 지식을 지역사회 자원봉사나 후진 양성에 기여하기도 한다. 일본 문부과학성은 평생학습정책의 일환으로 노인교육을 적극 지원하고 있으며, 이는 고령자들이 사회에 생산적으로 참여하도록 돕는 기반이 되고 있다.

노인클럽(老人クラブ): 노인클럽은 동네 단위로 조직된 자발적 친목 모임으로, 일본 전국에 걸쳐 촘촘히 분포되어 있다. 행정구역마다 노인회관이나 공민관(公民館)을 중심으로 여러 개의 노인클럽이 활동하며, 대개 지역의 60세 이상 주민들을 회원으로 받는다. 일본 노인클럽에서는 게이트볼 시합, 춤 동아리, 노래 교실, 여행 등 여가활동은 물론 지역사회 봉사까지 다양한 활동을 한다. 예를 들어 지역 환경정화 활동이나 초등학교 등하굣길 아이들 안전지도 봉사, 전통문화 전승 활동 등을 펼쳐 지역 공동체의 일원으로 활약한다. 일본 정부와 지자체는 이러한 노인클럽에 운영비 일부를 보조하고 행사 개최를 지원하여, 노인들이 일상에서 쉽게 모이고 활동할 수 있도록 장려한다. 한편 노인클럽 연합회 차원에서 전국 스포츠 대회나 문화 행사를 열어, 노인들이 성취감을 느끼고 다른 지역 동년배들과 교류할 기회도 제공한다. 일본의 노인클럽 참여율은 과거 매우 높은 수준이었으며, 현재도 상당수의 노인이 하나 이상의 클럽에 속해 있을 정도로 사회참여의 중심 플랫폼으로 기능하고 있다. 이러한 폭넓은 참여 문화는 노인들의 사회적 역할 유지와 소속감 부여에 큰 역할을 하고 있으며, 한국에도 많은 시사점을 준다.

실버 인재센터(シルバー人材センター): 실버 인재센터는 일본의 독특한 노인 취업 지원 제도로, 고령자가 원하는 만큼 일할 수 있는 기회를 연결해주는 기관이다. 주로 정

년퇴직한 60세 이상 노인들이 회원으로 등록하면, 지방자치단체 산하 센터에서 지역사회와 기업, 가정 등에서 접수된 일거리(단기 일자리)를 매칭시켜 준다. 예를 들어 공원 청소, 아이 돌봄 보조, 행정 사무 보조, 전단지 배포, 지역 행사 안내 등 가벼운 일거리를 노인들에게 주선하고 수당을 지급한다. 중요한 점은 이 센터를 통한 일은 정규 고용관계가 아닌 형태로 제공된다는 것이다. 노인은 자신의 페이스에 맞게 일하고, 일한 만큼 일정한 분배금(수당)을 받는 구조이다. 이는 생계를 위한 안정적 소득보장보다는 건강하고 적극적인 사회참여에 초점을 둔 모델이라 할 수 있다. 현재 일본 전역에 수백 개의 실버인재센터가 설립되어 수십만 명의 노인이 회원으로 활동하고 있으며, 일본 고령자고용안정법에 근거한 공식 제도로 운영된다. 한국의 노인일자리사업이 주로 고용 및 소득 지원에 중점을 두고 일정 기간 구체적인 일자리에 배치하는 형태라면, 일본의 실버인재센터는 노인들이 자율적·자발적으로 일을 선택하고 유연하게 참여한다는 차이가 있다. 이러한 시스템 덕분에 일본 노인들은 일하기를 원할 때 경직된 채용절차 없이도 사회에 기여하고 소일거리를 통해 성과와 보람을 얻을 수 있다.

2) 북유럽 국가의 노인 여가 및 교육 정책

북유럽(노르딕) 국가들은 평소 복지 선진국으로 알려져 있으며, 노인복지 분야에서도 자율성과 품위를 중시하는 정책들을 시행하고 있다. 특히 스웨덴, 덴마크, 노르웨이, 핀란드 등은 평생교육과 활발한 여가활동을 통해 노인들이 자기계발과 사회참여를 이어가도록 지원한다.

평생교육과 학습 참여: 북유럽은 성인교육 참여율 세계 최고 수준으로 유명하다. 예를 들어 스웨덴의 경우 정부 지원으로 운영되는 자유성인교육(Liberal Adult Education) 체계가 잘 갖춰져 있다. 스웨덴의 성인교육기관(예: 시민학교, 스터디 서클)은 국가와 지방자치단체의 보조금으로 운영되며. 이러한 정책 하에서 북유럽 노인들은 교육을 통한 자기발전을 평생의 권리이자 즐거움으로 여기며 살아간다. 덕분에 새로운 지식을 습득하고 사회 변화에 뒤처지지 않으면서 인지적 활력을 유지할 수 있다.

자율적 여가활동과 사회지원: 북유럽 노인들은 대체로 자율적인 여가문화를 향유한다. 국가에서는 노인들이 스스로 조직하거나 참여하는 각종 활동을 재정적으로 뒷받침해준다. 예를 들어, 핀란드에는 연금자협회 등 노인단체가 주관하는 취미 동아리, 여행 클럽, 체육 모임 등이 활발한데, 정부나 지방자치단체가 이러한 모임에 공간을 제공하거나 프로그램 운영비를 일부 지원한다. 노르웨이에서는 노인 체육 활동을 장려하여 지역별로 노인 스포츠 대회나 건강 걷기 모임 등이 열리고, 참가 노인에게 교통편이나 장

비 대여를 도와준다. 또한 북유럽 국가들은 자원봉사 문화가 발달하여, 노인들도 봉사활동의 중요한 인력으로 활동한다. 예컨대 스웨덴의 많은 노인들이 박물관이나 도서관에서 도슨트(자원해설사)로 일하거나, 고령자가 더 고령자인 노인을 돌보는 노노케어(老老ケア) 프로그램에 참여한다. 이런 활동들은 국가 주도가 아니라 노인 개인이나 민간단체의 자율에 맡겨져 있지만, 정부는 관련 정책을 통해 여건을 조성하고 간접 지원을 아끼지 않는다. 전반적으로 북유럽은 노인이 독립적인 인격체로서 능동적인 삶을 살도록 장려하며, 필요시 국가가 조력자 역할을 하는 모델이라 할 수 있다.

사회보장과 기반시설: 북유럽 노인들의 활발한 여가·교육 참여 배경에는 탄탄한 사회보장제도도 한몫하고 있다. 공적연금과 의료복지가 잘 되어 있어 노인들이 기본적인 생활 안정이 확보된 상태에서 여가와 배움에 전념할 수 있는 것이다. 또한 지역마다 복지관, 도서관, 커뮤니티 센터 등 노인이 접근하기 쉬운 여가·학습 시설이 구비되어 있고, 교통 환경도 잘 정비되어 있다. 예를 들어 핀란드 헬싱키의 경우 모든 주민센터에서 노년층을 위한 무료 취미교실이 운영되고, 버스나 철도 비용 할인 등을 통해 이동을 지원한다. 이러한 인프라가 노인의 사회활동 참여를 자연스럽게 높여주는 것이다. 북유럽은 활동적 노화(active ageing)라는 개념을 일찍이 정책에 도입하여, 노인이 신체적으로 건강하고 사회적으로 활발히 참여하도록 돕는 것을 노인복지의 목표로 삼았다. 그 결과 북유럽 노인들은 평균적으로 여가시간 활용도가 높고, 사회적 고립 정도가 낮은 편이다. 한 연구에서는 스웨덴 고령자들의 여가활동 참여 증가가 삶의 질 향상과 연관이 있다는 결과도 보고되었다. 요컨대, 북유럽의 사례는 노인의 자율성과 국가의 지원이 조화를 이루어 노년기 교육과 여가활동을 촉진하는 성공적인 모델이라 할 수 있다.

### (5) 한국의 노인교육 · 여가 정책 개선 방향

앞서 살펴본 일본 및 북유럽 사례에서 보듯이, 노년기의 교육과 여가에 대한 투자는 노인 개인의 삶의 질뿐만 아니라 사회 전체의 활력과 복지 비용 절감에도 긍정적 효과를 가져온다. 한국도 급속한 고령화에 대응하여 노인복지 패러다임을 "활동하는 노후"로 전환할 필요성이 높아지고 있다. 이를 위해 다음과 같은 정책적 개선 방향을 모색해 볼 수 있다.

- 평생교육 기회의 확대: 일본의 시니어 대학이나 북유럽의 성인교육처럼, 한국에서도 노인들이 보다 다양하고 수준 높은 교육을 접할 수 있는 기회를 늘려야 한다. 현재 노인대학 등이 존재하지만 프로그램 내용이 다소 여가 오락 위주에 머무르는

경우가 많다. 향후 대학 부설 시니어 아카데미를 설립하거나, 방송통신대학 및 온라인 교육 플랫폼을 활용한 고령자 맞춤 강좌를 개발하는 방안을 고려할 수 있다. 예를 들어, 은퇴 전문직 출신 노인들을 위한 전문지식 심화과정, 일반 노인을 위한 교양 및 재취업 과정 등을 개설하여 배움에 목마른 노인층의 욕구를 충족시킬 수 있을 것이다. 또한 교육 참여에 경제적 부담이 되지 않도록 수강료 지원이나 학습 바우처 지급 정책도 검토해야 한다.

- 지역사회 기반 여가활동 지원: 일본의 노인클럽 모델을 참고하여, 한국에서도 노인들의 자발적 모임과 동호회 활동을 적극 뒷받침할 필요가 있다. 전국에 촘촘히 분포한 경로당을 단순한 쉼터를 넘어 여가·문화 활동의 거점으로 활성화하는 정책이 요구된다. 앞서 언급한 스마트 경로당 사업처럼 시설 현대화를 추진함과 동시에, 경로당별로 특성화 프로그램을 도입할 수 있다. 예를 들어 어떤 경로당은 건강 운동센터, 다른 곳은 문화예술 공동작업장, 또 다른 곳은 토론 및 학습 모임 공간으로 특화시키고 여기에 필요한 지도자 파견이나 운영비를 지원하는 것이다. 나아가 노인들이 주도적으로 동호회를 만들면 공간 대관료, 활동비 등을 보조하고 지역 축제나 발표회를 통해 성과를 공유할 장을 마련해 주어야 한다. 이러한 지원은 노인의 사회적 역할 확대와 고립 예방에 큰 도움이 될 것이다.

- 노인 일자리 및 참여 활동 다양화: 일본 실버 인재센터의 장점을 살려, 한국의 노인 일자리 정책도 참여 형태의 유연성을 높이는 방향으로 개선할 수 있다. 현재 공공형 일자리 위주의 구조에서 벗어나, 노인들이 원하는 시간만큼 일할 수 있는 플랫폼을 구축할 필요가 있다. 이를 위해 지자체별로 한국판 실버 인재센터를 운영하거나, 온라인으로 수요(일거리)와 공급(노인 인력)을 매칭하는 시니어 인력은행 시스템을 개발할 수 있다. 또한 일자리의 종류도 환경미화, 급식 도우미 등 단순 업무뿐 아니라 지식과 경험을 살릴 수 있는 일거리까지 확대해야 한다. 예컨대 옛날 이야기 들려주기 강사, 전문분야 멘토, 관공서 민원 안내 도우미, 관광지 해설사 등 노인이 사회에 기여하면서도 보람을 느낄 수 있는 역할을 많이 발굴해야 한다. 이러한 사회참여 기회의 다양화는 경제적 보상뿐 아니라 노인의 자아실현과 세대교류 증진이라는 부가효과를 가져올 것이다.
- 디지털 격차 완화 지속 추진: 비대면 사회로의 이행은 거스를 수 없는 흐름이므로, 노인이 디지털 사회에서 소외되지 않도록 하는 노력은 앞으로도 지속되어야 한다. 앞서 추진된 디지털배움터 확대, 스마트 경로당과 같은 사업을 전국적으로 확산하

고, 그 효과를 체계적으로 평가하여 개선점을 보완해야 한다. 또한 민간 기업과 연계하여 시니어 친화적인 디지털 기기나 어플리케이션 개발을 장려하고, 노인 참여자를 디지털 서포터즈로 양성하여 노인이 노인을 가르치는 선순환 구조를 만들 필요도 있다. 예를 들어 IT 기업의 CSR 프로그램으로 실버 세대 전문 UX 디자인을 개발하거나, 젊은 세대가 노인에게 1대1 기술 코치를 해주는 세대공감 ICT 프로그램을 더욱 확대할 수 있다. 디지털 역량을 갖춘 노인은 온라인 교육, 원격의료, 전자정부 서비스 등 다양한 혜택을 누릴 수 있으므로, 이는 곧 노년기 삶의 질 격차를 줄이는 결과로 이어질 것이다.

- 통합적 정책 접근과 인식 개선: 무엇보다 중요한 것은 노인의 여가와 교육을 노인복지의 부차적인 영역이 아닌 핵심 요소로 인식하는 사회적 분위기이다. 정부 정책 수립 시 돌봄과 소득 지원뿐 아니라 여가·교육 지원을 종합적 패키지로 고려해야 한다. 예산 배분에 있어서도 하드웨어적인 의료·요양 서비스뿐 아니라, 예방적 차원의 교육·문화 프로그램 예산을 확대하는 것이 장기적으로 비용 효과적임을 인식해야 한다. 또한 사회 전반에 활동적 노화에 대한 공감대를 형성하여, 노인들도 스스로 배우고 즐기는 노후를 꿈꾸고 준비하도록 독려할 필요가 있다. 대중매체를 통해 평생학습에 열정적인 노인의 이야기나, 늦은 나이에 새 커리어를 쌓은 시니어들의 성공 사례를 조명함으로써 롤모델을 제시하는 것도 한 방법이다.

한국의 노인 정책은 이제 양적 삶의 연장에 머무르지 않고 질적 삶의 향상으로 나아가야 한다. 이를 위해 노년기의 여가와 교육을 지원하는 다양한 프로그램과 정책 혁신이 요구된다. 일본과 북유럽의 사례에서 배운 체계적 지원과 노인 주도 참여의 원칙을 한국적 맥락에 맞게 적용한다면, 우리 사회의 노인들은 더욱 풍요롭고 의미 있는 인생 후반기를 보낼 수 있을 것이다. 이상으로 노년기의 여가와 교육에 대해 살펴보았다. 노인들이 건강하고 즐거운 노후를 보내기 위해서는 소득 보장과 돌봄 지원뿐 아니라, 적극적인 여가활동과 평생학습 참여를 통해 사회와 지속적으로 연결되는 것이 무엇보다 중요하다고 할 수 있다.

Chapter 21

# 노인의 성과 인권, 학대 예방

1. 노년기의 성과 인권: 사회적 편견, 현실, 학대 예방과 성적 자기결정권
2. 노인 학대 예방과 노인인권

# 1. 노년기의 성과 인권: 사회적 편견, 현실, 학대 예방과 성적 자기결정권

## (1) 고령화 사회와 노인 인권의 중요성

현대 사회는 빠른 고령화 추세를 맞이하고 있다. 유엔(UN)은 65세 이상 인구가 전체 인구의 14%를 넘으면 '고령사회(aged society)', 20% 이상이면 '초고령사회(super-aged society)'로 정의한다. 한국은 2017년에 이미 고령사회에 진입했고, 2025년경에는 초고령사회에 이를 것으로 예측될 만큼 급속한 속도로 노인 인구가 증가하고 있다. 이러한 인구 고령화 현상은 단순히 노인 인구의 양적 증가만 의미하는 것이 아니라, 노인의 삶의 질과 인권 보장을 둘러싼 새로운 사회적 과제를 제기한다.

노인 인권은 노인도 사회의 동등한 구성원으로서 인간의 존엄을 누릴 권리가 있다는 기초적이고 보편적인 원칙에 기반한다. 그러나 현실에서는 가난, 질병, 사회적 고립, 학대 등으로 인해 노인의 존엄과 권리가 침해되는 사례가 빈번히 보고된다. 특히 오랫동안 사회적으로 금기시되었거나 외면되어 온 노년기 성(性)의 문제, 그리고 가정·시설 등지에서 발생하는 노인학대 문제는 고령사회에서 더욱 중요한 담론으로 부상하고 있다. 노인도 자신의 성적 욕구를 표현하고, 원한다면 성생활을 즐길 권리가 있다. 반대로, 원치 않는 성적 행위를 강요당하지 않을 권리와 안전도 동시에 보장받아야 한다. 이런 권리들을 제대로 지키지 못하면, 노인의 사회적·인간적 지위가 약화되고 학대의 위험이 커질 수 있다.

## (2) 노년기 성에 대한 사회적 편견과 현실

노년기 성(性)은 오랫동안 공공담론에서 제대로 다뤄지지 못한 영역 중 하나이다. 많은 사람들이 "노인은 성적 욕구가 없다", "노인의 성은 수치스럽다"와 같은 고정관념을 공유해 왔다. 이러한 부정적 편견은 노인 스스로도 자신의 성적 욕구를 드러내는 것을 꺼리게 하며, 사회 전반의 노인성(老年性) 담론을 위축시킨다.

사회 일반에서 노인 성(性)을 "불결하고, 역겨우며, 존재하지 않는 것"으로 간주하려는 풍조가 분명히 존재한다. 특히 전통적으로 보수적인 문화권에서는 젊은 세대가 부모나 조부모의 성적 행동을 상상하기조차 불편해하고, 노인 당사자 역시 '남들 눈에 이상하게 보이진 않을까' 하는 두려움을 느끼기도 한다. 이는 노년기 성에 대한 왜곡된 통념이 실제 노인의 성적 건강 및 삶의 질에 부정적인 영향을 줄 수 있음을 시사한다.

사회적 편견은 또한 노인 복지나 의료 현장에서 노인의 성적 욕구를 적절히 다루는 것을 방해한다. 예컨대, 일부 의료진은 '노인에게 성상담은 불필요하다'고 여겨 발기부전이나 폐경 후 성기능 변화 등과 관련된 문제를 대수롭지 않게 넘어가기 쉽다. 가족들과 주변인들도 '나이가 들면 당연히 성욕이 사라져야 한다'고 생각함으로써, 노인의 성적 자기표현을 혐오나 변태적 행동으로 치부하기도 한다. 이러한 태도는 결과적으로 노인의 성 건강(sexual health)을 보장하는 데 걸림돌이 된다.

실제 현실에서 많은 노인들은 여전히 성적 친밀감과 관계를 원하며, 성적인 만족을 느끼기도 한다. 인간의 성적 욕구와 친밀감에 대한 갈망은 연령이 증가한다고 해서 자동으로 소멸되지 않는다. 예를 들어 미국에서 실시된 한 대규모 조사에 따르면, 65~80세 연령의 응답자 중 40%가 "현재 성생활을 한다"고 응답했고, 이들 중 73%는 "자신의 성생활에 만족한다"고 밝혔다. 다른 연구에서도 같은 연령대 남성의 51%, 여성의 31%가 지난 1년간 성적 활동을 했다고 보고되어, 노년층에서도 상당수가 성생활을 유지하고 있음을 시사한다.

흥미로운 것은 성생활을 유지하는 노인들이 그렇지 않은 노인들에 비해 삶에 대한 만족도가 높고, 정서적으로도 더 안정된 경향을 보인다는 점이다. 어떤 국외 연구는 일부 노년 부부가 젊었을 때보다 '지금' 더 큰 성적 만족을 느낀다고 응답했다고 전한다. 이는 오랜 신뢰와 유대감이 축적되어 있는 관계에서, 자녀 양육이나 경제적 스트레스 등 '젊은 시절'의 다양한 방해 요인이 줄어들었을 때 생기는 긍정적인 효과를 반영한다. 즉, 노년기 성생활은 부부 간 친밀성 증진, 정서 안정, 심리적 유대감 강화 등 여러 이점을 제공할 수 있다.

한국의 경우에는 노인 인구의 문화적·경제적 특성과 사회적 통념 탓에, 노년기 성에 대한 통계가 충분하지 않은 편이다. 다만 2011년 전국 노인실태조사 결과, "자신의 성생활에 만족한다"고 답한 노인의 비율은 약 30%에 불과했다. 이는 여러 가지 원인이 복합적으로 작용했을 가능성을 시사한다. 건강 문제나 파트너 부재(특히 여성 노인의 경우 배우자 사망률이 높다) 같은 객관적 제약이 있지만, 사회적 시선과 금기로 인해 노인 스스로가 성생활을 '포기'하거나 '필요 없는 것'으로 치부하게 되는 문화적 원인도 무시할 수 없다.

실제로 일부 여성 노인들은 배우자가 사망한 후 재혼이나 재파트너 관계를 맺는 것에 대해 자녀나 사회의 부정적 시선을 극도로 의식하고, 남성 노인들은 발기부전이나 기타 만성질환 등 건강상의 문제를 적극적으로 상담받기보다는 '노화 현상이니 참아야 한다'고 생각하는 경우가 많다. 그러나 나이 듦이 곧 성생활의 '끝'을 의미하는 것은 아니다. 적절한 의학적 도움(예: 발기부전 치료, 호르몬 요법 등)과 자신의 신체 상태에 맞춘 방식으로 충분히 성적 만족을 누릴 수 있다.

노년기의 성생활은 단순히 생물학적 행위가 아니라, 노인 개인의 삶의 질, 정서적 안정, 자존감 유지에 큰 의미를 가진다. 규칙적인 성행위나 애무, 스킨십 등은 우울감과 고독감을 완화하고, 심혈관계나 면역기능에도 긍정적 영향을 줄 수 있다는 연구들이 보고되고 있다. 무엇보다 '노인에게 성생활은 위험하다', '불필요하다'는 통념은 과학적 근거가 부족하다. 상당수 노인들은 자신의 신체 상태를 고려해 의료진의 조언을 받거나, 안전하게 성생활을 즐기며 삶의 활력을 얻는다.

의료 현장에서는 노인의 성 건강(sexual health) 상담을 활성화해야 한다는 목소리가 나오며, 실제로 미국과 유럽 일부 국가에서는 노인을 대상으로 한 성 상담 프로그램이 병원·요양원 등에서 도입되고 있다. 이를 통해 발기부전이나 질 건조, 통증 등의 문제를 개선하고, 성적 만족도를 높이는 방안을 모색할 수 있다. 특히 한국에서도 노인 전문 의료기관이 늘어남에 따라, 노인을 대상으로 한 보다 체계적인 성 건강 관리가 중요한 과제로 떠오르고 있다.

노인들의 성적 욕구는 결코 '일탈'이 아니며, 오히려 건강한 삶의 일면이 될 수 있다. 따라서 노년기 성에 대한 사회적 편견을 바로잡고, 노인의 성을 자연스러운 삶의 일부로 인정하는 태도는 '노인 복지와 인권 증진'의 기초 단계라 할 수 있다.

아래 표는 노년기 성에 관해 흔히 자리 잡은 사회적 편견과, 실제 연구에서 드러난 현실(fact)을 비교하여 요약한 것이다.

**표31. 노인의 성에 대한 사회적 편견과 실제 사실 비교**

| 사회적 편견 | 실제 사실 (현실) | 근거 및 설명 |
|---|---|---|
| 노인은 성적 욕구가 없으며 성생활을 하지 않는다. | 많은 노인이 여전히 성생활을 영위하며 만족을 느낀다. 예를 들어 65~80세 노인의 약 40%가 성생활을 하고 있음. | 성욕은 나이가 들면서 완전히 사라지지 않으며, 건강 상태와 파트너 유무 등에 따라 지속 가능. |
| 노년기 성행위는 건강에 해롭고 위험하다. | 적절한 건강 관리 하에 이루어지는 성생활은 삶의 질을 높이고 정서적 안녕에 긍정적 영향을 미친다. | 성생활 자체가 위험하다는 의학적 근거는 부족하며, 친밀감 유지가 우울감 감소 등에 기여할 수 있음. |
| 노인의 성적 행동은 부적절하며 사회적으로 용납되지 않는다. | 성적 자기표현과 친밀감은 나이에 관계없이 자연스러운 것이며, 인간의 기본권 중 하나이다. | 노인의 성을 터부시하는 것은 연령차별적 태도로, 성적 권리와 행복추구권을 침해할 수 있음. |

노인 성에 관한 부정적 통념들은 실제 연구결과와 큰 괴리를 보이며, 이는 노인의 성적 욕구 표출과 의료·복지 서비스 접근을 방해하는 결과로 이어진다. 따라서 가족과 돌봄 제공자, 의료·복지 전문가, 그리고 노인 당사자 모두가 노년기 성에 대해 보다 열린 자세를 갖추고, 필요하면 적극적으로 교육이나 상담의 기회를 활용할 수 있어야 한다.

### (3) 노인 대상 성 학대 예방과 성적 자기결정권 보호

노인을 대상으로 한 성 학대(성폭력)는 다른 연령대에 비해 그 발생 빈도가 낮게 인식되어 왔지만, 실제로는 주목할 만한 수준으로 존재한다. 세계보건기구(WHO)에 따르면 전 세계 60세 이상 노인의 약 15~16%가 지난 1년간 어떠한 형태로든 학대를 경험했을 것으로 추정되며, 이 중 성적 학대(sexual abuse)는 약 0.9%로 보고된다.

노인 성폭력은 젊은 피해자에 비해 외부에 드러나기가 훨씬 더 어렵다. 피해 노인이 신체적으로 허약하거나 치매 등 인지기능 저하가 있으면 도움을 요청하기 어렵고, 자신이 학대당하고 있다는 사실 자체를 정확히 인지·표현하지 못하는 경우도 많다. 특히 요양시설, 양로원, 장기요양병원 등 기관 내에서 발생하는 성폭력은 은폐되기 쉬우며, 피해자와 가해자 사이의 힘의 격차가 커서 신고까지 이어지기 어려운 양상을 보인다.

통계에 따르면 노인 성학대는 가정 내에서도 일어나지만, 요양시설 같은 집단 거주시설에서 발생하는 사례가 적지 않은 편이다. 일부 연구에 따르면 노인 성학대 사건의 70%가량이 시설 환경에서 일어난다는 보고도 있다. 가해자는 피해 노인과 가까운 관계에 있는 돌봄제공자, 시설 직원, 심지어 가족 구성원인 경우가 많아, 학대가 지속적으로 이어질 위험이 높고, 은폐 가능성도 크다.

이와 같은 노인 성폭력은 신체적 상해는 물론, 심각한 정신적 트라우마와 노인의 존엄성 훼손을 초래한다. 그러나 사회적으로는 노인 성폭력에 대한 관심과 지원 체계가 충분치 않아, 많은 피해가 어둠 속에 방치되는 실정이다.

노인에 대한 성학대 예방과 피해자 보호를 위해서는 법·제도적 기반 마련, 사회 인식 개선, 의료·복지 연계가 함께 이루어져야 한다. 먼저 법적 측면에서 노인복지법이나 가정폭력방지법 등의 관련 조항을 통해 노인 성학대가 중대한 범죄임을 명확히 하고, 처벌 강화 및 재범 방지 대책을 마련할 필요가 있다.

한국의 「노인복지법」은 노인학대 중 하나로 성적 학대를 명시하고, 이에 대한 신고 의무와 보호조치를 규정하고 있다. 그러나 현실에서 노인 성폭력 사건은 노인 본인이나 가족이 '망신' 등의 이유로 신고를 꺼리는 경향이 크다. 따라서 요양시설, 의료기관 등 노인을 돌보는 모든 기관에서 학대 신고 의무자에게 노인 성폭력 인지 및 대응 매뉴얼을 보급하고, 정기적인 교육을 실시하는 것이 중요하다. 예컨대 '피부에 나타난 멍이나 출혈', '특정 직원에 대한 두려움', '갑작스러운 행동 변화' 등 성폭력 피해를 시사하는 징후를 조기에 발견하도록 돕고, 신고 체계가 발 빠르게 작동할 수 있어야 한다.

노인 당사자에게도 "성폭력을 당했을 때 부끄러워 말고 꼭 신고하고 도움을 청해야 한다"는 인식이 필요하다. 노인 성교육을 통해 "내 몸에 대한 결정권, 거부권, 보호 요청권" 등을 강조하는 것이 하나의 방법이다. 또한 지역사회에서는 노인학대 예방의 날(6월 15일) 캠페인 등을 통해 젊은 층과 전문가 집단이 노인 성학대의 심각성을 인지하고, 피해자의 인권을 지지하는 문화를 조성해야 한다. 가해자가 처벌받는 것만큼이나, 피해 노인의 상담·의료·법률 지원을 충분히 제공하여 재발을 막고 정신적 회복을 돕는 일이 필수적이다.

노인도 자신의 성생활과 성적 선택을 자율적으로 결정할 권리, 즉 성적 자기결정권을 갖는다. 이는 두 가지 측면에서 중요하다. 첫째, 원치 않는 성적 행위를 강요당하지 않을 권리(학대로부터의 자유). 둘째, 원하는 경우 성적 친밀감과 관계를 추구할 권리이다.

특히 요양시설이나 장기요양병원 등 집단 시설에 거주하는 노인의 성적 권리를 어떻게 보장할 것인지가 최근 주요 쟁점으로 떠오르고 있다. 시설에서는 자칫하면 '집단의 규율이나 질서 유지'를 이유로 노인의 사생활과 성 표현을 지나치게 통제할 위험이 있다. 그러나 합의(consent)에 기반한 노인 간 친밀한 관계까지 무조건 금지해서는 안 된다. 일부 선진국의 요양시설에서는 거주 노인들의 사생활을 존중하기 위해 별도의 '프라이빗 공간'을 마련해주거나, 직원들에게 '노인의 성 표현에 적절히 대응하는 지침'을 교육하는 사례가 보고되고 있다.

문제는 치매 등 인지능력이 저하된 노인의 경우 성적 동의(consent) 능력을 어떻게 평가할 것이냐는 것이다. 치매 환자가 성적 행동을 보일 때 그것이 진정한 자기 의사인 것인지, 혹은 타인의 강요나 학대인지 구분하기 어렵기 때문이다. 따라서 시설 차원에서는 성적 동의 능력을 평가하는 절차나, 인권 옹호를 위한 내부 위원회를 설치하는 등 체계적인 대책이 필요하다. 미국 장기요양시설 표준 지침은 "거주자의 성적 결정 능력을 존중하되, 판단 능력이 떨어지는 경우 보호 차원에서 일정한 제약을 가해야 한다"고 권고하고 있다.

노인 성적 자기결정권 보호는 '학대로부터 자유로울 권리'와 '자발적 성생활을 누릴 권리' 모두를 아우른다. 이를 위해서는 사회복지 종사자, 의료인, 가족들이 노인의 성적 권리를 '이해'하고, 필요하다면 거부감을 내려놓은 채 지원하는 자세가 요구된다. 동시에 어떤 노인도 자신이 동의하지 않은 성적 접촉을 강요당하지 않도록 시설 내 감시와 신고체계를 강화해야 한다. 이처럼 균형 잡힌 접근은 노인 인권, 특히 성적 측면에서의 인권을 온전히 보호하기 위한 핵심 조건이다.

노년기 성(性)은 우리 사회가 더 이상 외면하거나 금기시해서는 안 될 중요한 영역이다. 노인에게도 성적 욕구와 친밀감에 대한 권리가 있으며, 이를 추구하는 일이 부적절하거나 이상한 일이 아니다. 오히려 노년기 성은 신체적·정서적 건강과 자존감 유지에 있어 긍정적인 역할을 수행할 수 있다. 사회적으로 '노인의 성'이 터부시되고, 노인 당사자가 성적 욕구를 자연스럽게 표현하지 못하는 분위기가 지속된다면, 성적 학대나 억압의 위험이 높아질 뿐 아니라, 노인의 삶의 질 역시 떨어질 것이다.

특히 노인 대상 성학대 예방과 노인의 성적 자기결정권 보장을 위해서는 제도적·문화적 혁신이 필요하다. 노인복지법 등에서 노인 성폭력을 명확히 규정하고 처벌·예방체계를 구축하되, 실제 현장(가정, 요양시설, 병원 등)에서 이것이 어떻게 작동할지 구체적인 가이드라인과 종사자 교육이 뒤따라야 한다. 또한 노인에게 "성적 자기결정권"이 있음을 사회가 인정하고, 합의된 관계 안에서 노인도 성적 친밀감의 권리가 있음을 널리 알릴 필요가 있다.

## 2. 노인학대 예방과 노인인권

### (1) 노인학대의 유형과 현황, 그리고 국내 대응체계

노인학대는 고령자에게 가해지는 신체적, 정서적, 성적 폭력이나 경제적 착취, 방임 및 유기 행위를 모두 포괄하는 개념으로 이해된다. 세계보건기구(WHO)는 이를 "신뢰관계에서 발생하는 단일 혹은 반복적 행위, 또는 적절한 조치의 부재로 인해 노인에게 해를 끼치거나 고통을 유발하는 모든 행위"로 정의하며, 이는 가정에서의 폭력뿐 아니라 노인이 거주하는 요양시설, 병원, 지역사회에서도 발생할 수 있는 문제다. 한국의 노인복지법 역시 노인학대를 신체적 폭력, 정신적·정서적 폭력, 성적 폭력, 경제적 착취, 유기 및 방임 등으로 규정하고 있다. 이러한 학대는 대체로 돌봄 제공자나 친족, 또는 노인을 맡아 돌보는 시설 직원처럼 피해 노인과 밀접한 관계에 놓여 있는 이들에 의해 일어난다는 특징이 있다.

가장 빈번하게 거론되는 노인학대 유형은 신체적 폭행으로 인한 상해이지만, 실제로는 욕설과 협박, 모욕 등 정서적 폭력의 발생도 매우 흔하다. 경제적 학대는 노인의 재산과 경제적 권리를 침해하여 부당한 이익을 취하는 행위로 분류되는데, 예컨대 자녀가 부모 명의의 재산을 임의로 처분하거나 연금 수급액을 가로채는 형태가 대표적이다. 방임과 유기의 경우 노인이 필요로 하는 보호를 제공하지 않거나, 책임져야 할 노인을 의도적으로 버리는 행위가 포함된다. 이 밖에 자기방임이라는 개념을 논의할 때도 있는데, 이는 노인 자신이 스스로를 제대로 돌보지 못하여 건강과 안전이 위협받는 상태를 의미한다. 다만 자기방임은 노인 본인이 주체인 행동이므로 법적·정의상 학대 범주에서 제외되는 경우가 많다. 신체적 폭력이나 성적 폭력이 주목을 받기는 하지만, 실질적으로는 돌봄이 필요한 노인을 그대로 방치해 병이 악화되거나 영양실조에 이르게 만드는 방임이 더 잔혹하고 만성적인 피해를 낳는다는 점에서 결코 가볍게 볼 수 없다.

한국의 노인학대 현황 통계는 매년 집계되지만, 그 수치가 증가하는지 혹은 예방홍보가 강화되어 신고가 활발해진 것인지 원인을 단정하기는 쉽지 않다. 보건복지부와 중앙노인보호전문기관이 함께 발표하는 자료를 보면 노인학대 신고 건수는 해마다 증가 추세이며, 그중 학대로 최종 판정된 사례도 매년 늘어나는 경향을 보인다. 최근 수년간의 자료에 따르면, 노인학대 신고 대비 학대 판정 비율은 30~40% 정도인 것으로 집계되고 있다. 학대로 확인되지 않은 나머지는 단순 오인 신고나, 뚜렷한 증거가 없어 판정이 어려웠던 경우 등으로 파악된다. 더불어 가정 내에서 일어나는 학대가 압도적으로 많고, 배우자와 자녀가 전체 학대 가해자의 대부분을 차지한다는 점이 주목을 받을 만하다.

학대 피해 노인의 연령대는 대체로 70대 후반에서 80대가 가장 많고, 성별 분포에서는 여성 노인이 남성보다 훨씬 높은 비율을 차지한다. 이는 여성이 평균수명이 길어 고령 인구에서 여성 노인의 비중이 높다는 점, 전통적 가부장 문화 속에서 여성 노인이 경제적·정서적으로 더욱 취약해지기 쉽다는 점이 복합적으로 작용한 결과일 가능성이 크다. 학대의 구체적인 형태를 살펴보면, 한국 통계에서 여전히 신체적 폭력과 정서적 폭력이 다수를 차지하지만, 실제로는 방임이 은밀히 진행되는 사례도 상당히 많다. 자녀나 배우자가 노인의 식사 준비나 의료적 돌봄을 고의로 소홀히 하여 노인이 위험한 상태에 빠지기도 한다. 경제적 학대의 경우는 노인이 몸이 불편해 재산 관리에 어려움을 겪을 때 이를 틈타 부당 이득을 취하거나, 노인 동의 없이 재산을 처분하는 식으로 발생한다.

이렇게 광범위하고 다양한 형태를 지닌 노인학대는 가정폭력과 상당 부분 겹치면서도, 노인 특유의 취약성과 사회적 편견이 결합되어 더 은폐되거나 방치되는 경향이 짙다. 가령 노인은 보통 거동이 불편하거나, 치매·우울증 등의 질환을 앓고 있어 적극적으로 주변에 학대를 알리는 데 어려움이 있다. 학대 가해자가 가까운 가족인 경우 노인이 애정과 의존 관계 속에서 "내가 참아야 한다"고 여기거나, "가족 문제가 외부로 알려지면 망신"이라는 이유로 신고를 꺼리는 현상도 빈번하다. 이러한 요인들이 학대 은폐를 강화해 학대가 장기화될 위험을 높이고, 막상 사건이 드러났을 때는 이미 피해가 심각해진 뒤일 가능성이 높다.

한국에서 노인학대 문제를 제도적으로 대응하기 위한 핵심 법률은 노인복지법이다. 이 법에서는 노인학대의 유형, 신고 의무, 학대 행위에 대한 처벌, 그리고 노인보호전문기관의 설치 및 운영을 규정하고 있다. 노인보호전문기관은 각 시·도별로 설치되어 있고, 중앙노인보호전문기관이 전국 사업을 총괄한다. 이들 기관은 노인학대 신고를 24시간 접수하고, 현장조사와 피해자 보호를 전담하는 중요한 역할을 맡는다. 피해 노인에게는 의료지원, 보호시설 입소, 응급 보호 등 다양한 조치를 취할 수 있으며, 가해자에게는 경찰이나 사법기관과 연계해 처벌을 의뢰하거나 상담·교육 등 교정 프로그램을 시행한다. 이런 체계 속에서 신고의무자는 의료인, 요양보호사, 사회복지사 등 노인과 접촉이 많은 직종이 대표적이며, 학대를 의심하는 상황을 발견하면 지체 없이 신고하도록 의무화되어 있다.

그러나 노인학대 대응체계가 구축되었다고 해서 모든 문제가 해결되는 것은 아니다. 학대 피해 노인 가운데 상당수는 여러 번에 걸쳐 반복되는 재학대를 경험한다. 이는 일회성 분리 조치와 처벌만으로는 근본적 문제가 해결되지 않음을 의미한다. 노인이 다시 가정으로 돌아가야 하는 상황에서, 가해자의 태도 변화나 돌봄 부담 해소 같은 근원적 해법이 마련되지 않으면 또다시 학대 상황이 재발하기 쉽다. 그래서 점차 노인학대 문제에서도 가정폭력과 마찬가지로 가해자 상담과 교육, 자조 모임, 부양 스트레스 완화 프로그램 같은 다각적 접근이 강조된다.

가령 노인이 중증 치매를 앓고 있고, 배우자가 부양 부담에 지쳐 폭력적인 행동을 보이는 사례가 있다고 가정할 수 있다. 일차적으로는 폭력 사건에 대한 처벌이나 분리가 필요하겠지만, 궁극적으로는 배우자 부양자가 적절히 돌봄 서비스를 활용하면서 자기 휴식 시간을 확보하거나, 돌봄 방법을 익히는 과정을 거쳐야 문제가 장기적으로 해결된다. 이처럼 피해자 보호와 함께 가해자에 대한 개입, 돌봄 환경 전반의 개선이 병행되어야 학대를 효과적으로 예방하고 재발을 차단할 수 있다.

노인학대 예방을 위해서는 노인장기요양보험, 노인돌봄서비스, 치매안심센터 등의 복지와 의료 자원이 긴밀히 연계되어야 하며, 지역사회 돌봄망을 통해 학대 위험이 높은 가정을 조기 발견하는 것이 무엇보다 중요하다. 이 과정에서 노인보호전문기관과 경찰, 보건소, 기초자치단체의 사회복지부서가 정보를 공유하고 학대 고위험군을 파악하여 적극 개입하는 시스템을 구축하는 것이 최선의 방식이다. 실제로 이런 연계가 매끄럽게 이뤄질수록 노인학대 문제를 신속히 파악하고, 피해가 더 커지기 전에 사전에 막을 수 있게 된다.

국내에서는 노인학대 신고 건수가 점차 늘고 있기는 하지만, 여전히 가정에서 은밀하게 일어나는 학대가 적지 않을 것으로 추정된다. 어떤 추정 연구에서는 실제 발생 건수가 공식 집계보다 2~3배 더 많을 수 있다고 보기도 한다. 그만큼 "노인에게 일어나는 폭력적 상황이나 착취가 외부에 전혀 알려지지 않은 채 장기간 지속된다"는 의미다. 이것은 노인학대가 아직도 크게 과소보고(underreported)되고 있음을 의미하며, 사회 전반의 관심과 예방 노력이 절실하다는 사실을 일깨워준다. 노인학대가 단순히 일부 가정의 불화나 시설 내부 문제로 치부되지 않도록, 지역사회 전체가 감시하고 방지하는 안전망이 필요하다.

### (2) 해외 노인학대 대응 사례 비교와 시사점

노인학대 문제에 대응하는 각국의 제도와 정책은 그 사회의 역사, 문화, 복지체계에 따라 서로 다른 양상으로 나타난다. 일본은 고령화가 가장 먼저 진행된 국가로서, 2000년대부터 노인학대에 대한 관심을 높이고 "고령자학대방지법"을 제정해 국가 차원에서 체계적 대응에 나섰다. 영국은 노인만을 특정 대상으로 하는 단일법 없이도, 성인보호(safeguarding) 정책을 전 사회 영역에 적용함으로써 노인학대를 포함한 취약성 있는 성인 학대를 통합적으로 다룬다. 독일은 연방제 특성으로 인해 중앙집권적인 노인학대 법률이 존재하지 않고, 주(州)별·지자체별로 관련 정책을 분권적으로 운영하는 특징이 있다. 미국은 주마다 세부적 차이는 있으나, "성인보호서비스(APS)"를 공통적인 틀로 활용하여 노인학대를 다룬다. 미국 연방 차원에서는 노인정의법(Elder Justice Act)을 비롯해 노인학대 예방을 위한 여러 지원 법령을 마련해왔고, 이를 통해 광범위한 지역에서 일관된 지침과 재정지원을 제공하려 노력해왔다.

일본은 2005년에 "고령자학대의 방지 및 고령자양호자 지원 등에 관한 법률"을 제정하고, 이듬해인 2006년 4월부터 본격 시행에 들어갔다. 이 법률은 노인학대를 가정 내 학대와 시설 내 학대로 구분해 대응하고, 시정촌(市町村)이라는 기초자치단체가 노인학대 발견 시 즉시 개입하도록 의무화한 것을 주요 골자로 한다. 지역포괄지원센터가 실무창구 역할을 하며, 보호가 필요한 노인을 일시 보호하거나 가해자와 분리시키는 권한을 행사할 수도 있다. 특히 일본 법은 학대가 돌봄 부담이나 심신 장애 같은 원인에서 비롯된 경우, 학대행위자인 양호자(부양자)에 대한 지원을 병행하는 제도를 갖추었다.

지자체는 학대 발생 사례가 확인되면 피해 노인뿐 아니라 가해자인 부양자의 상태를 조사하고, 필요시 간호 기술이나 돌봄 스트레스 해소 등을 위한 프로그램을 제공해야 한다. 부양자를 처벌하고 분리하는 데서 끝나는 것이 아니라, 부양 부담을 덜어주어 학대 재발을 막는 예방적 접근을 중시하는 것이 일본 모델의 특색이라 할 수 있다.

영국은 노인학대를 독립 영역으로 다루기보다는, 돌봄법(Care Act) 2014에 근거한 광범위한 성인보호정책 안에 포함시키는 방식을 택한다. 지방자치단체(Local Authority)는 학대 위험이 있는 성인을 보호할 책임을 지며, 노인도 여기에 속해 있다. 영국에서는 "학대받는 성인"이 발굴되면 시·군(County)이나 시·구(District)의 사회복지 부서가 경찰, 의료기관, 민간단체 등과 협력하여 보호조치를 시행한다. 전문 직종에 대한 강제적 신고 의무는 한국이나 일본보다 덜 엄격하지만, 보건·복지·의료 담당자들의 윤리 규정을 통해 학대 발견 시 즉시 보고하도록 권장한다. 또한 노인학대 사례가 지역사회에서 심각하게 드러날 경우, Safeguarding Adults Board(성인 보호 위원회)가 조사를 실시하고 제도 개선안을 제시한다. 이런 방식은 노인만 분리하지 않고 장애 성인 등 취약 계층을 포괄하는 통합적 접근으로, 제도적 일관성과 효율성을 꾀한다.

독일은 연방법 차원의 노인학대 방지법이 없으므로, 주정부와 지자체가 지역 여건에 맞춰 대응한다. 가정 내 노인학대는 형법상의 폭행죄나 학대죄로 처벌되며, 가족법을 통해 가정폭력 피해자 보호(접근금지, 퇴거조치 등)가 적용될 수 있다. 노인이 의사결정 능력이 부족한 상태로 착취나 방임을 당할 경우에는 성년후견제도를 활용해 법원이 보호를 제공한다. 요양시설에서 발생하는 학대는 각 시설이 의무적으로 받는 품질 평가와 인증 과정에서 적발되거나, 내부고발·민간단체 조사 등을 통해 확인되는 식으로 드러난다. 국가 차원의 노인학대 통계를 별도로 수집하지 않아, 실제 현황이 제대로 파악되지 않는다는 약점이 크다. 그러나 독일은 장기요양보험(Pflegeversicherung)을 도입해 오래전부터 공적 돌봄 체계를 확충해왔고, 가족돌봄자의 스트레스를 줄여주는 기제를 갖추었다. 노인학대 예방의 핵심이 안정적인 돌봄 환경 제공이라는 공감대가 형성되어 있어, 재정과 인력을 투자해 가정과 시설 돌봄 수준을 높이는 방향으로 정책이 전개되고 있다.

미국은 주정부마다 노인학대 관련 법과 제도가 조금씩 다르지만, 전반적으로 APS(Adult Protective Services)라는 성인보호서비스 체계가 중심적 역할을 맡는다. 의료인, 사회복지사, 요양시설 직원 등은 대개 법정 신고의무자이며, 학대 의심 사례를 APS에 보고하면 곧바로 조사가 이뤄진다. 필요하면 경찰과 협조하여 가해자를 분리하고 피해자를 안전한 장소로 옮기며, 심각한 경우 형사처벌을 추진한다. 연방 차원에서는 2010년 노인정의법(Elder Justice Act)을 제정해, APS 운영과 노인학대 예방 프로그램에 재정을 지원하고 전국적 통계를 수집하기 시작했다. 미국은 요양시설 학대에 대해서도 신고 의무를 강화해, 중대한 신체손상이 발생한 사건은 2시간 이내에, 그 외 학대 의심은 24시간 이내에 당국에 보고하지 않으면 시설과 종사자 모두 처벌될 수 있다. 이를 통해 시설 학대 은폐를 줄이고, 예방과 조기 발견을 강화하는 효과를 거두려 한다.

**표32. 주요국의 노인학대 대응 비교**

| 구분 | 일본 | 영국 | 독일 | 미국 |
|---|---|---|---|---|
| 법적 기반 | 2005년 고령자학대 방지법제정,<br>2006년 시행<br>가정 · 시설 학대 분리 규정 | Care Act(2014)로 성인보호 체계 구축<br>취약 성인 전체를 대상으로 보호 | 노인학대 전담법 없음<br>형법, 가정폭력방지법, 성년후견법 활용 | 주별 노인학대 방지법 존재<br>Elder Justice Act (2010) 등 연방법 지원 |
| 노인학대 정의와 범위 | 가정(양호자), 시설에서 발생하는 신체 · 정서 · 성 · 방임 · 경제적 학대 포함<br>시정촌이 즉시 개입 | “abuse and neglect of adults at risk”로 포괄 정의 노인 포함 취약 성인 대상 | 형법상 폭행·재산범죄로 처리<br>전국적 통일성 낮음 | 연방 가이드라인에 따라 신체·정서·성·재정 착취, 방임·자기방임 포함<br>주별 차이 존재 |
| 신고체계 및 의무 신고 | 전 국민 신고 노력 의무<br>중대 위험 시 즉시 신고, 시정촌 현장 조사 권한 | 보건·복지 담당자 등 전문직 윤리적 신고 의무<br>강제적 의무 없음 | 전국 단위 신고의무제 없음<br>지역·시설별 자율적 운영 | 법정 신고의무자 지정(의료인, 요양시설 직원 등)<br>요양시설 내 사건은 2시간/24시간 규정(심각도 따라) |
| 가해자 처벌 및 예방 | 처벌보다 지원 병행<br>돌봄 부담 완화 및 재발 방지 초점<br>필요 시 법원 명령으로 분리 조치 | 형법·민법에 따른 처벌 가능<br>성인보호위원회가 모니터링<br>피해자 의사결정 존중 원칙 | 가정폭력 방지법으로 접근금지, 후견제도로 보호<br>시설 학대는 내부고발 · 품질 평가로 적발 | 노인학대 중범죄로 간주하는 주 많음<br>Elder Justice Act로 APS(성인보호서비스) 지원 |
| 부양자 지원 | 부양자 상담 · 지도 · 지원 규정 존재<br>지자체가 부양 스트레스 완화 서비스 제공 | Carer’s Allowance 등 가족돌봄자 지원 제도 운영 | 장기요양보험 통해 가정돌봄자 재정 지원, 단기 휴식 제공 | NFCSP(국가가족돌봄지원) 프로그램 운영, 주별 차 |

각국의 노인학대 정책을 비교하면, 일본은 노인학대 전담법을 별도로 제정해 가정학대와 시설학대를 구분하고 부양자 지원을 의무화했다는 점이 특징적이다. 영국은 노인만을 다루는 특별법 없이도 성인보호 정책을 통합적으로 추진하며, 신고보다 "전문직 윤리"와 "사후 보호팀 개입"에 중점을 둔다. 독일은 노인학대에 대한 중앙집계나 전담기관이 없는 대신, 장기요양보험을 통해 노인돌봄 환경 자체를 개선하려는 접근을 해왔다. 미국은 주정부의 성인보호서비스(APS) 체계가 오랫동안 발달해왔고, 연방 정부가 Elder Justice Act 등을 통해 재정 및 지침을 제공하면서 노인학대 예방과 처벌을 강화해 왔다.

이러한 해외사례가 한국에 시사하는 바는 크게 몇 가지로 정리할 수 있다. 첫째, 노인학대는 일반 가정폭력 문제와 긴밀히 연결되어 있지만, 노인이 처한 특수한 취약성을 반영하는 별도의 법·제도적 장치가 필요하다는 점이다. 둘째, 학대 발견과 신고만큼이나 가해자 지원이나 돌봄 부담 완화, 지역사회 자원을 통한 예방적 접근이 중요하다는 사실도 일본 사례가 잘 보여준다. 셋째, 시설 학대와 같은 집단시설에서의 문제는 요양시설에 대한 정기점검이나 인력 확충, 내부고발 보호, 교육 훈련 강화 등 종합적인 품질 관리 방안을 통해 다룰 수 있다는 독일과 미국의 경험이 참고할 만하다. 넷째, 학대 통계와 정보가 축적되어야 정책의 실효성을 높일 수 있으므로, 중앙정부 차원에서 일관된 자료 수집과 연구를 지속적으로 시행해야 한다는 필요성도 떠오른다.

한국은 이미 노인복지법으로 노인학대를 금지하고, 노인보호전문기관을 전국적으로 설치해 대응 체계를 어느 정도 확립한 상태다. 또한 장기요양보험과 치매안심센터 등 복지·의료 자원이 확충되면서 부양자의 부담이 과거에 비해 줄어들었다. 이런 기반을 좀 더 고도화하려면, 일본처럼 노인학대 발생 시 지방자치단체가 의무적으로 가해자와 피해자 모두를 조사·지원하도록 규정하고, 노인보호전문기관과 긴밀한 협력을 강화하는 방안이 제시될 수 있다. 영국이나 독일 사례에서 시사하듯이, 요양시설의 인권 침해를 막기 위해 시설 종사자의 근무환경과 교육 수준을 높이는 노력도 병행해야 하며, 미국처럼 시설 학대 신고를 의무화하고 빠르게 처리하도록 하는 체계도 살펴볼 만하다.

### (3) 한국 노인 인권 보호 정책의 발전 방향

한국 사회가 빠르게 고령화하면서 노인 인권 문제가 더욱 부각되고 있다. 앞선 논의에서 노년기 성과 인권 문제, 노인학대의 유형과 현황, 국내외 사례 비교를 통해 확인할 수 있었듯이, 노인은 여러 측면에서 신체적·정신적 취약성을 지니며, 사회적 편견이나 제도적 미비로 인해 인권을 충분히 보장받지 못할 위험이 크다. 고령층이 전체 인구의 상당 부분을 차지하게 되는 초고령사회에서, 노인의 인간다운 삶을 위한 권리 보장은 선택이 아닌 필수 과제가 될 것이다. 한국은 이미 노인복지법, 노인장기요양보험, 노인돌봄서비스 등 제도적 장치를 마련해왔으나, 여전히 노인학대가 지속적으로 증가하고, 노인 스스로의 성적 자율성이나 자기결정권이 사회적으로 뒷받침되지 못하는 면도 적지 않다. 노인 인권을 한층 더 강화하기 위해서는 어떠한 노력이 필요한지 몇 가지 측면에서 살펴볼 수 있다.

무엇보다 기본 전제는 모든 연령의 사람에게 공통적으로 적용되는 "인권"이 노인에게도 동등하게 보장되어야 한다는 사실이다. 사회 일반에 퍼진 연령차별적 태도(Ageism), 즉 "나이가 들면 아무것도 제대로 할 수 없다"거나 "노인은 주체적 결정을 하기 어렵다"는 편견이 사라져야 한다. 노인복지의 기본 방향은 "보호"와 "권리 보장"의 균형을 맞추는 것이므로, 노인을 단지 보호 대상이나 '취약한 존재'로만 보는 시각에서 벗어나 필요와 욕구에 맞는 지원과 권리 보장을 동시에 추구해야 한다. 노년기 성에 관한 부정적 통념 역시 그러한 연령차별적 편견과 결합되어 있어, 결과적으로 노인 스스로가 성적 권리를 침해당하거나 학대 피해를 호소하지 못하는 경우도 많다. 고령자를 존엄한 인격체이자 독립적 삶을 살아가는 시민으로 인식하는 문화가 확산될 때, 노인학대 예방과 노인의 성적 자기결정권 보장은 한층 수월해질 것이다.

한편, 노인학대가 신체적 폭력에만 국한되는 것이 아니라 정서적 폭력, 성적 폭력, 경제적 착취, 방임과 유기에 걸쳐 폭넓은 형태를 띠고 있다는 사실을 재확인할 필요가 있다. 노인복지법상 노인학대 유형이 법적으로 명시되어 있고, 노인보호전문기관이 전국에 설치되어 있지만, 실제 현장에서는 여전히 학대 은폐와 재학대가 빈번하게 나타난다. 가정에서 은밀히 벌어지는 상황이나 요양시설 내부에서 벌어지는 문제는 쉽게 외부로 드러나지 않고, 노인이 치매·우울증 등으로 의사소통 능력이 저하되어 있으면 학대를 자각하거나 알리기 힘들다. 그러므로 장기요양보험, 치매안심센터, 방문간호, 주간보호센터, 사회복지관 등 다양한 노인복지 자원과 노인보호전문기관이 연계해 '최전선'에서 노인을 관찰하고 조기에 위험을 발견해 개입하는 역할이 더욱 강화되어야 한다. 요양시설 종사자를 대상으로 한 인권교육과 스트레스 관리 프로그램을 정기적으로 시행하고, 시설 평가 및 감독을 통해 학대 신고가 제대로 이뤄지는지 모니터링하는 제도도 발전시킬 필요가 있다.

앞서 보았듯이, 일본은 "고령자학대방지법"을 통해 지자체가 노인학대 사건을 신고받으면 부양자(가해자)에 대한 상담과 지원까지 함께 진행하도록 했다. 이는 단순히 가해자 처벌로 끝나는 것이 아니라, 노인 부양에 따른 부담을 줄여주고 돌봄 능력을 높여

학대가 재발하지 않도록 하기 위한 것이다. 한국도 "학대 가해자는 처벌받아야 한다"는 관점에서 한 걸음 더 나아가, 부양자가 과중한 부담 때문에 폭력적 행동이나 방임으로 치닫는 경우 돌봄 지원 서비스를 확대하고 가해자 상담·교육을 의무화해 실질적으로 학대를 예방하거나 재학대를 막을 수 있는 제도적 안전망을 고민할 수 있다. 이는 학대 피해 노인이 다시 가족과 함께 살아갈 수밖에 없는 상황에서 더욱 중요해진다.

성적 학대와 관련해서는 노인복지법 내 노인학대 규정에서 성 학대를 명문화한 것만으로는 부족하며, 실제로 노인이 시설이나 가정에서 성폭력을 당했을 때 신고하고, 보호받고, 2차 피해 없이 법적 구제를 받을 수 있도록 하는 절차적 장치가 마련되어야 한다. 노년기 성을 터부시하는 사회 문화가 바뀌지 않는다면, 노인 성폭력 피해는 젊은 피해자보다 더욱 수면 밑에 잠겨 있을 것이다. 따라서 노인 대상 성교육이나 성폭력 예방교육을 전국 요양시설, 노인복지관 등에서 시행하는 방안을 검토할 수 있다. 노인이 자신의 성적 자기결정권을 인식하고, 원치 않는 성적 접촉을 분명히 거부하며, 피해 발생 시 즉시 도움을 청할 수 있는 정보를 제공받는 것이 핵심이다.

아울러 요양시설이나 장기요양병원 같은 집단시설에서 노인들이 성적 자기결정권을 누릴 수 있게 하는 것 또한 중요하다. 일부 선진국 요양시설에서 보이듯이, 노인이 합의된 파트너와 교제하거나 사적인 공간에서 성적 친밀감을 나누는 것을 "문제행동"으로 금지해선 안 된다. 다만 치매 환자 등 의사결정능력이 저하된 노인의 경우 어떤 행위가 자기 의사인지, 혹은 학대에 해당하는지 세심히 판단해야 하므로, 시설 차원에서 "성적 동의 능력" 평가 지침이나 윤리위원회를 운영할 필요가 있다. 이는 노인이 '부적절한 행동을 보였다'고 해서 곧장 제지하거나 약물로 억제하는 대신, 존엄과 권리를 존중하면서도 타인에 대한 침해가 일어나지 않도록 조정하는 방안을 강구하는 데 도움이 될 것이다. 이러한 방식은 노인 인권 신장을 넘어 인권존중적 돌봄 문화를 시설 전반에 뿌리내리게 할 것이다.

국가인권위원회나 정부 부처 차원에서 노인 인권 보호를 위한 전담 기구의 역할을 한층 강화하는 방법도 거론될 수 있다. 노인학대, 노인 차별, 노인 성폭력 등에 대한 진정 사건이 접수되면 보다 신속한 조사와 시정 권고가 이뤄지고, 이 권고 사항을 제도 개선으로 이끌어낼 수 있어야 한다. 현재 한국에는 노인 차별 금지를 포괄적으로 규정한 별도 법률은 없고, 고용상 연령차별금지법만이 일부 영역에 한정해 차별을 금지한다. 포괄적 차별금지법 도입 논의에서 연령을 명백한 차별 사유 중 하나로 규정하고, 노인을 대상으로 한 혐오나 학대를 금지하는 조항을 담을 필요가 있다는 주장이 힘을 얻고 있다. 이는 노인이 생활 전반에서 가지는 권리를 사회가 보장하고, 노인에 대한 부정적 고정관념이나 혐오표현을 제도적으로 규제하려는 시도이기도 하다.

노인 인권 보호를 실질적으로 강화하려면 법률, 제도, 문화 전반에서 개선이 필요하다. 가정이나 시설에서 발생하는 학대를 신속히 식별해 효과적으로 대처할 수 있는 현장 역량, 노인 스스로 권리를 요구할 수 있도록 Empowerment(역량 강화)를 지원하는 사회 분위기, 세대 간에 상호 이해와 존중을 높이는 교육 등이 종합적으로 뒷받침되어야 한다. 궁극적으로 중요한 것은 개인의 존엄성이 나이 때문에 훼손되지 않도록 하는 것이며, 초고령사회를 바라보는 현재 시점에서 이는 세대와 상관없이 누구나 언젠가는 직면할 수 있는 과제다. 지금의 젊은 세대도 결국 노년층으로 진입하게 될 것이고, 그때를 맞이해 "존엄하고 행복한 노년"을 보장받으려면 제도와 문화가 잘 갖춰져 있어야 한다.

"노년기의 성과 인권" 문제는 노인학대 예방과 직결되어 있으며, 노인 인권을 보호하기 위한 제도적·문화적 변화를 요구한다. 성적 권리를 부정당하거나 학대 위험에 방치된 노인의 삶은 빈곤이나 질병보다 더 깊은 차원의 고통을 야기할 수 있다. 가족과 시설, 지역사회, 국가가 노인의 기본 권리와 자율성을 지켜주는 체계를 마련해야 하는 이유가 여기에 있다. 더욱이 학대는 한 번 발생하면 재발 가능성이 높기 때문에, 노인의 생활 전반을 두루 살피고 위험에 선제적으로 접근하는 통합적 사례관리와 이행력이 뒷받침되어야 한다. 일본, 영국, 독일, 미국 등의 사례에서 드러나듯, 부양자 스트레스 완화, 시설 운영 표준화, 강력한 신고 의무 및 사후 조사, 학대 가해자 상담·교육, 노인 스스로의 권리 인식 제고 등이 상호 보완적으로 작동해야 실효성 있는 예방과 보호가 가능해진다.

# Chapter 22
# 고령사회와 치매

인구 고령화에 따라 치매는 현대 사회에서 중요한 사회문제로 부상했다. 대한민국은 2018년 65세 이상 인구 비중이 14%를 넘어 이미 고령사회에 진입하였으며, 2017년 기준 65세 이상 노인의 약 10%인 70만여 명이 치매를 앓고 있다. 이 수치는 2024년에는 100만 명을 넘을 것으로 예측된다. 치매 관리에 소요되는 사회·경제적 비용도 2017년 한 해 약 14조 원(국내총생산의 0.8%)에 이르는 것으로 추정된다. 전 세계적으로도 현재 5,500만 명 이상의 치매 환자가 있으며 매년 약 1,000만 명의 신규 환자가 발생한다. 알츠하이머병이 치매의 60~70%를 차지해 가장 흔하고, 치매는 노년층의 주요 사망원인 중 하나이자 장애와 의존의 큰 원인이 되고 있다. 2019년 기준 전 세계 치매 관련 사회경제적 비용은 약 1조3천억 달러로 추산되며, 이 중 절반 가량은 가족 등 비공식 돌봄 제공에 따른 비용으로 나타났다. 이러한 통계는 치매가 의료 문제를 넘어 가족과 사회 전체에 광범위한 영향을 미치고 있음을 보여준다.

### (1) 치매의 개념과 유형

치매(dementia)는 정상적인 노화 범위를 넘어서는 다양한 인지기능 장애가 지속적으로 나타나 일상생활 수행에 지장을 초래하는 임상 증후군을 말한다. 의학적으로는 기억력, 언어능력, 판단력, 시공간 인식 등 복합적인 인지기능의 전반적인 저하를 특징으로 하며, 기질적인 뇌 손상으로 인해 발생한다. 흔히 알츠하이머병과 같은 뇌의 퇴행성 질환이 치매의 원인으로 가장 많이 알려져 있으나, 뇌혈관 질환, 루이소체 병(Lewy body), 전두측두엽 변성등 여러 원인 질환에 의해 유발될 수 있다. 치매는 특정 질환명이 아니라 이러한 뇌질환들이 초래하는 인지장애 증상군을 총칭하는 개념이다. 임상적으로는 주요인지장애(major neurocognitive disorder)라고도 하며, 경도의 경우 경도인지장애(mild cognitive impairment, MCI)로 분류되어 치매의 전단계로 간주되기도 한다. 치매는 일반적으로 만성적이고 진행성이어서 시간이 경과함에 따라 증상이 악화되는 경향이 있으며, 완치가 어려운 반면 조기진단과 적절한 관리로 진행을 지연시키고 증상을 완화할 수 있다. 치매 자체는 의식장애를 수반하지 않는다는 점에서 섬망(delirium)과 구분되며, 기억력 저하 외에도 정서 변화, 행동 이상, 동기 저하 등의 증상이 동반될 수 있다. 치매는 개인의 신체적·정신적 건강뿐 아니라 가족의 심리, 사회, 경제적 측면에 이르기까지 폭넓은 영향을 미치는 복합적인 현상이므로, 이를 이해하고 대응하기 위해 다학제적 접근이 필요하다.

치매는 원인 질환에 따라 여러 유형으로 나뉜다. 대표적인 치매 유형으로 알츠하이머형 치매, 혈관성 치매, 루이소체 치매, 전두측두엽 치매 등을 들 수 있다. 각 유형마다 발병 원인과 뇌 병리, 증상 양상이 다르며, 이에 따라 돌봄 및 중재 방법에도 차이가 있다.

**표33. 주요 치매 유형의 비교**

| 치매 유형 | 주요 원인 및 병리 | 주요 증상 및 특징 | 유병률(비율) |
|---|---|---|---|
| 알츠하이머병 치매 | 베타아밀로이드 단백과 타우 단백의 뇌내 축적에 따른 신경퇴행 (알츠하이머병) | 초기 단기기억 상실과 실행기능 저하, 진행성 인지기능 전반 악화, 후기에 인지 전반 심각 저하 및 일상생활 불능 | 전체 치매의 약 60~70% |
| 혈관성 치매 | 뇌졸중 등 뇌혈관 질환으로 인한 뇌조직 손상 (다발성 경색 등) | 증상 발현이 갑작스럽거나 단계적으로 진행, 국소 뇌 손상의 위치에 따라 특정 인지기능 장애 (집중력 저하, 실행기능 장애 등), 보행 장애나 마비 등 신체증상 동반 가능 | 전체 치매의 약 15~20% |
| 루이소체 치매 | 루이 소체라는 비정상 단백질 응집체가 뇌신경에 축적 (주로 알파시누클레인) | 환각(특히 환시) 및 파킨슨병 유사 운동증상(느린 움직임, 경직), 인지기능의 심한 변동(각성수준 변화)과 REM 수면장애, 초기에 기억력보다는 주의력 · 시공간능력 장애가 두드러짐 | 전체 치매의 약 10~15% |
| 전두측두엽 치매 | 전두엽 및 측두엽의 신경퇴행성 변화 (픽병 등 포함) | 비교적 젊은 연령(50~60대)에 발병하는 경우 많음. 초기부터 성격 변화, 충동조절 장애, 사회적 행동 이상 또는 언어능력 상실(실어증) 등, 기억력은 상대적으로 초기에 보존되나 진행되며 저하됨 | 전체 치매의 약 5% 내외 (65세 미만 치매의 주요 원인 중 하나) |
| 기타 치매 | 파킨슨병 치매, 알코올성 치매, 외상성 뇌손상, 정상압수두증 등에 의한 치매 | 해당 기저 질환의 특성에 따라 다양한 증상 (예: 파킨슨병 치매의 경우 초기 파킨슨 증상 후 인지저하, | 개별 원인별로 드물지만 합하면 약 5% 내외 |

| 치매 유형 | 주요 원인 및 병리 | 주요 증상 및 특징 | 유병률(비율) |
|---|---|---|---|
| | | 정상압수두증은 보행장애·치매 · 요실금 등 삼징후) | |

혼합형 치매(예: 알츠하이머병+혈관성)도 흔하며, 특히 고령환자에서는 두 가지 이상의 병인이 함께 작용하는 경우가 많다.

알츠하이머병에 의한 치매는 전체 치매 환자의 과반수를 차지하는 가장 흔한 형태로, 기억력을 비롯한 인지기능의 광범위한 퇴행을 특징으로 한다. 혈관성 치매는 뇌졸중 후유증 등으로 발생하며 급격한 인지 변화와 국소신경학적 증상을 동반하는 경향이 있다. 루이소체 치매는 환시와 파킨슨증을 동반하는 것이 특징적이며, 인지기능의 기복이 심해 어느 때는 비교적 정상이었다가 어느 때는 매우 혼란스러워지는 양상을 보인다. 전두측두엽 치매는 비교적 이른 나이에 발병하여 초기부터 성격 변화나 언어장애가 나타나, 알츠하이머형 치매와는 다른 양상의 행동문제를 야기한다. 그 외에도 파킨슨병 치매(파킨슨병 진행 후 인지저하), 알코올성 치매(만성 알코올 남용으로 인한 인지장애), 정상압 수두증에 의한 치매등 특수한 유형들이 존재한다. 이러한 치매의 아형 구분은 환자의 증상에 대한 이해와 적절한 관리 방향을 결정하는 데 중요하다. 예를 들어 루이소체 치매 환자는 항정신병 약물에 극도로 예민할 수 있으므로 약물 선택에 주의해야 하고, 전두측두치매 환자는 충동조절 문제로 인한 사회적 위험을 관리하는 데 중점을 둘 필요가 있다. 따라서 치매의 정확한 진단 및 유형 파악은 개인별 맞춤 돌봄과 치료를 위해 선행되어야 할 핵심 과정이다.

### (2) 노인복지 관점에서 본 치매와 돌봄

치매 환자의 돌봄(care)은 단순히 의학적 치료에 국한되지 않고, 일상생활 지원과 심리사회적 관리까지 포괄하는 폭넓은 개념이다. 노인복지학적 관점에서 치매 돌봄은 전인적 돌봄과 사회적 지원을 강조하며, 이는 치매 어르신이 가능한 오랫동안 지역사회에서 존엄성과 삶의 질을 유지하며 생활할 수 있도록 돕는 것을 목표로 한다. 치매는 만성 진행성 질환이므로 장기간에 걸친 지속적 관리가 필요하며, 이 과정에서 가족만으로 감당하기 어려운 돌봄 부담을 사회가 분담하는 체계가 중요하다. 특히 핵가족화와 여성의 경제활동 참여 증가로 전통적으로 가족이 전담하던 노인 부양 기능이 약화됨에 따라, 공적 돌봄 서비스의 확충은 치매 관리에 필수적 요소가 되었다.

대한민국의 경우 2008년 노인장기요양보험 제도를 도입하여 치매 등 노인성 질환으로 일상생활에 도움이 필요한 노인들에게 공식적인 돌봄 서비스를 제공하고 있다. 노인장기요양보험을 통해 치매 환자는 공적 지원을 받아 시설 또는 재가 돌봄 서비스를 이용할 수 있으며, 2014년부터는 경증 치매노인을 위한 장기요양 등급(5등급, 인지지원등급)을 별도로 신설하여 신체기능은 비교적 양호하지만 인지저하로 일상생활에 어려움이 있는 경우에도 주간보호나 인지활동형 방문요양 서비스를 받을 수 있도록 하였다. 이는 비교적 이른 단계의 치매 환자까지 돌봄 체계에 포섭함으로써 가족 부담을 경감하고 치매 진행을 지연시키려는 복지적 노력의 일환이다. 장기요양보험을 통해 제공되는 재가 서비스로는 방문요양(요양보호사가 가정을 방문하여 신체 및 일상생활 지원), 방문간호, 주야간보호서비스(주간보호센터에서 낮 동안 돌봄 및 인지자극 프로그램 제공), 단기보호(일시적인 시설 입소를 통한 Respite care) 등이 있고, 시설 서비스로는 요양원 등 장기요양시설 입소 서비스가 있다. 이러한 공식 서비스는 비교적 저렴한 본인부담금(정액 또는 15%~20% 수준의 본인부담)으로 이용할 수 있어, 치매 환자 가족의 경제적·신체적 부담을 덜어주는 중요한 장치가 되고 있다.

치매 환자가 병원 치료 후에도 지역사회에서 안전하게 지낼 수 있도록 돕는 지역사회 중심의 관리체계 구축도 노인복지 측면의 핵심 과제이다. 한국에서는 치매관리법(2011) 제정을 계기로 중앙치매센터와 광역치매센터를 설치하고, 나아가 2017년부터 전국 각 기초자치단체 보건소에 치매안심센터(Community Dementia Reassurance Center)를 설치하여 지역사회 치매지원의 거점으로 운영하고 있다. 치매안심센터는 치매 환자 등록관리, 조기검진, 상담 및 사례관리, 가족지원, 쉼터 운영(낮동안의 임시보호) 등 종합적인 서비스를 제공하며, 보건소 내에 전문인력팀(상담등록팀, 조기검진팀, 쉼터 운영팀, 가족지원팀, 인식개선팀 등)을 두어 일원화된 치매지원 창구역할을 수행한다. 이를 통해 치매 환자와 가족들이 초기 진단부터 돌봄, 복지서비스 연계, 돌봄 정보 제공까지 원스톱으로 지원받을 수 있는 기반이 마련되었다. 예를 들어, 치매안심센터에서는 60세 이상 주민을 대상으로 정기적인 치매선별검사를 실시하고, 필요시 전문의료기관과 연계하여 확진을 받도록 돕는다. 진단 후에는 장기요양 등급 신청을 지원하고, 등급을 받은 경우 적절한 요양서비스(방문요양, 주간보호 등)를 이용하도록 연계한다. 또한 치매안심센터 자체적으로 경증 치매 어르신을 위한 인지재활 프로그램(미술치료, 회상요법 등)이나 치매환자 돌봄정보 제공, 가족을 위한 상담과 자조모임 등을 운영하여 의료 외적인 사회복지 서비스를 포괄적으로 제공한다. 이는 치매 환자가 가능한 한 자신이 살던 지역사회에서 계속 거주하면서도 필요한 보건복지 서비스를 누릴 수 있게 함으로써, 치매로 인한 삶의 단절을 최소화하려는 지역사회 중심 노인복지 실천이라고 할 수 있다.

치매 돌봄 서비스의 흐름: 치매 환자에 대한 돌봄 과정은 일반적으로 초기 진단 단계부터 장기 관리 단계까지 이어지는 돌봄 경로(care pathway)를 따른다.

**그림 4. 치매 노인 돌봄 서비스의 일반적 흐름**

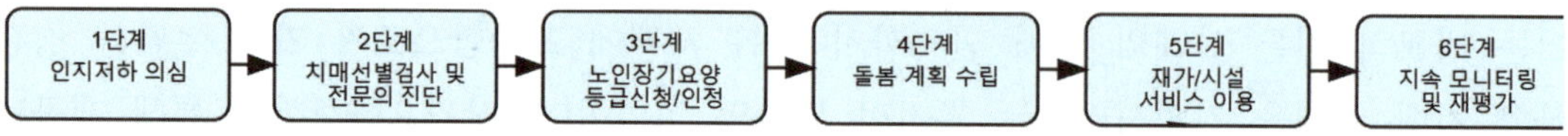


먼저 가족이나 본인이 인지기능 저하를 의심하게 되면, 가까운 보건소의 치매안심센터 등에서 간이인지검사(MMSE 등)를 통해 선별검사를 받는다. 선별검사에서 인지저하가 의심되면 전문 의료기관(신경과, 정신건강의학과 등)의 정밀검진을 통해 치매 진단을 확정한다. 진단을 받으면 노인장기요양보험 등급을 신청하여 공적 돌봄 서비스 대상자 자격을 얻는다. 등급 판정 후에는 개별 사례에 맞는 케어플랜이 수립되고, 이에 따라 재가요양서비스(방문요양사 파견, 주간보호센터 이용 등)나 필요 시 시설입소 등의 서비스가 제공된다. 이후에도 주기적인 상태 평가와 서비스 조정, 가족 상담 등이 이뤄져 환자의 상태 변화에 대응한다. 이러한 일련의 과정은 보건의료와 복지서비스의 연계를 필요로 하며, 노인복지 현장에서는 치매안심센터의 사례관리자(case manager)나 사회복지사가 중심이 되어 의료기관, 장기요양기관, 가족 간의 조정을 도모하게 된다. 이를 통해 치매 환자 개개인에게 적합한 서비스 조합이 이루어지고, 돌봄 공백이나 서비스 누락을 방지한다.

치매 돌봄에서는 약물치료 외에도 비약물적 중재가 매우 중요하다. 현실 감각을 돕는 인지자극 프로그램, 회상치료, 음악·미술치료, 운동요법 등이 치매안심센터나 주간보호시설 등에서 적극 활용되고 있다. 이러한 활동들은 치매 환자의 인지기능 유지와 문제행동(BPSD) 경감에 도움이 될 뿐 아니라, 사회적 교류를 촉진하여 우울감을 완화하고 생활 만족도를 높여준다. 또한 개인 중심 돌봄(person-centered care)철학에 기반하여, 각 환자의 삶의 역사와 선호를 돌봄 계획에 반영하려는 노력도 확산되고 있다. 예를 들어 요양시설에서는 환자별로 생활사 기록을 비치하고 개별 성향에 맞춘 활동과 일과를 제공하며, 가능하면 익숙한 환경과 루틴을 유지하도록 한다. 이는 치매 환자의 존엄성과 자율성을 존중하는 노인복지 실천의 일환이다. 더불어 치매친화적 환경조성도 강조되는데, 이는 물리적인 환경(안전하고 이해하기 쉬운 시설 구조, 적절한 조명과 색상 등)과 사회적 환경(치매에 대한 이해와 배려가 있는 공동체)을 모두 포함한다. 이러한 환경에서 치매 환자는 혼란과 좌절을 덜 느끼고, 보다 안정감 있게 생활할 수 있다.

노인복지학적 관점의 치매 돌봄은 치매 환자와 가족의 전반적인 삶의 질 향상을 목표로 의료-복지의 통합적 접근을 추구한다. 공식적인 복지 서비스 체계를 통해 가족의 부양 부담을 경감하고, 지역사회에서 지속적인 관리와 지지를 받게 함으로써 치매 환자가 지역사회 내 생존(survival)에서 지역사회 내 생활(living)로 나아갈 수 있도록 돕는다.

### (3) 치매 가족들이 겪는 어려움과 지원 필요성

치매 환자의 대부분은 병의 경과 중 상당 기간을 가정에서 보내며, 이때 주된 돌봄 제공자는 배우자나 자녀 등 가족인 경우가 많다. 가족 돌봄자는 사랑하는 이의 인지기능이 서서히 상실되어가는 과정을 지켜보면서 심리적으로 큰 스트레스를 받는 동시에, 신체적으로도 일상 돌봄 업무로 인한 피로를 겪게 된다. 더불어 경제적 부담과 사회적 고립감까지 겹치는 등, 치매 가족이 직면하는 어려움은 다차원적이다. 이러한 치매 가족 부담(caregiver burden)은 단순한 불편함을 넘어 가족 구성원의 건강과 삶의 질을 심각하게 저해하고, 돌봄의 지속가능성에도 영향을 미칠 수 있다.

**표34. 치매 가족이 겪는 주요 어려움**

| 구분 | 주요 어려움 |
|---|---|
| 심리적 어려움 | • 우울감과 불안 증상<br>• 극심한 스트레스<br>• 돌봄 과정에서의 죄책감<br>• 무력감과 정신적 고통 |
| 신체적 어려움 | • 만성 피로<br>• 수면 부족<br>• 장기 돌봄으로 인한 허리 통증<br>• 전반적인 건강 상태 악화 |
| 경제적 부담 | • 요양비, 의료비 등 직접적인 비용 부담<br>• 직장 휴직/퇴직으로 인한 소득 상실 |
| 사회적 어려움 | • 여가 및 사회활동 제한<br>• 대인관계 단절<br>• 가족 내 역할 갈등<br>• 의사소통 문제 |

먼저 심리적 측면에서, 치매 가족들은 돌봄 과정에서 상당한 정서적 고통을 경험한다. 지속적인 간호 스트레스와 수면 부족은 우울증과 불안장애의 위험을 높이며, 실제로 치매 환자 부양자의 30~40%가 임상적 우울증을 겪는다는 보고가 있다. 특히 배우

자가 환자인 경우 상실감과 고립감이 커서 우울 증상이 두드러질 수 있고, 성격 변화나 문제행동을 보이는 환자를 돌보는 가족은 분노와 좌절을 반복적으로 경험하기도 한다. 또한 치매 가족들은 때때로 환자를 돌보는 과정에서 충분히 인내하지 못했다는 죄책감이나 미래에 대한 불안, 사회적 낙인에 대한 두려움을 느끼기도 한다. 이런 정서적 부담은 부양자의 정신건강을 해치고, 심한 경우 돌봄 탈진(burnout)이나 환대증후군(부양자가 환자를 학대하는 현상)으로 이어질 우려가 있다.

신체적 부담도 간과할 수 없다. 장기간의 돌봄 노동은 부양자 자신의 건강을 소진시키는 결과를 낳는다. 예컨대 중증 치매 환자를 돌보는 가족은 일상적으로 환자를 부축하거나 옮기는 신체적 작업을 수행하면서 근골격계 통증을 호소하는 경우가 많고, 야간에도 반복적인 배회 감시나 배설 처리 때문에 만성적인 수면 부족상태에 놓이기 쉽다. 이에 따라 부양자의 면역력 저하, 고혈압 등 만성질환 악화, 우울증의 신체화 증상 등 건강 문제가 발생할 수 있다. 실제 연구에 따르면 치매 환자를 돌보는 중년 이상의 가족은 동년배에 비해 스트레스 호르몬 수치나 염증지표가 높고, 질병으로 인한 사망률도 일반인보다 유의하게 증가한다는 보고도 있다(Schulz & Beach, 1999). 이러한 신체적 위험 요인은 부양자의 건강 관리 필요성을 제기하며, 돌봄자에 대한 정기 검진과 휴식 지원의 중요성을 보여준다.

경제적인 어려움은 치매 가족 부담의 또 다른 큰 축이다. 치매는 장기간에 걸쳐 치료와 돌봄이 필요하기 때문에 경제적 비용 누적이 상당하다. 한 연구에 따르면 한국에서 치매 환자 1인당 연간 관리비용(의료, 요양, 간접비용 포함)은 약 2,074만원에 달한다. 장기요양보험 등의 지원이 있다 하더라도, 시설 입소나 추가 간병인 고용 등 보험 밖 지출이나 본인부담금 등은 가족의 몫이 된다. 특히 가족 중 한 사람이 돌봄을 위해 직장을 그만두거나 노동 시간을 줄이는 경우 기회비용형태의 경제적 손실이 발생한다. 이는 가계 소득 감소로 이어져 경제적 압박을 가중시키고, 남은 가족 구성원들에게도 재정적 부담으로 작용할 수 있다. 치매 환자가 집에 같이 살 경우 주거환경 개조(안전손잡이 설치 등)나 각종 관리 용품 구입에도 비용이 들며, 이러한 누적 비용은 가족에게 상당한 부담으로 다가온다. 경제적 어려움은 곧바로 부양 스트레스와도 연결되어 부양자의 정신건강을 악화시키고 궁극적으로는 환자 돌봄의 지속성을 위협할 수 있다.

마지막으로 사회적 고립과 역할 부담문제도 중요하다. 치매 환자를 돌보는 가족은 24시간 돌봄 체계에 묶여 사회활동 참여가 극히 제한되고, 친지나 친구와의 교류도 줄어들기 쉽다. 돌봄에 거의 전념해야 하는 상황에서는 여가를 즐기거나 휴가를 떠나는 것이 사실상 불가능해지며, 이는 부양자의 삶의 질을 크게 떨어뜨린다. 또한 형제자매

간에 부양 책임을 두고 갈등이 생기거나, 가족 내에서 환자 돌봄 방식에 대한 의견 차이로 마찰이 일어나는 등 가족관계의 긴장도 흔히 발생한다. 치매 환자 자신이 보이는 문제행동(반복적인 질문, 폭력 등)으로 인해 가족 구성원 모두의 일상이 스트레스를 받기도 한다. 아울러, 치매에 대한 낙인(stigma)이나 무지로 인해 주변의 이해와 지지를 충분히 얻지 못하면 가족은 더욱 고립감을 느끼게 된다. 일부 가족은 치매 사실을 숨기고 혼자 감내하려다가 더 큰 어려움에 빠지기도 한다.

이처럼 치매 가족이 겪는 다양한 어려움은 상호 작용하며 부양자의 삶 전반에 부정적 영향을 미친다. 이러한 부담을 해소하고 치매 환자와 가족의 공동 삶의 질을 높이기 위해서는, 가족에 대한 체계적인 지원이 필수적이다. 우선 심리적 지원으로서 치매 가족 교육 및 상담 프로그램이 중요하다. 전국 치매안심센터에서는 치매 환자 가족을 위한 정기 가족 상담과 자조모임을 운영하여, 가족들이 서로 정보를 공유하고 정서적인 위안을 얻을 수 있도록 돕는다. 이러한 모임에서 부양자들은 자신의 감정을 표현하고 전문상담사로부터 조언을 받으며, 돌봄 돌봄(coaching)기술과 스트레스 대처법을 배우게 된다. 또한 Respite care(일시적 휴식 지원)의 제공이 필요하다. 장기요양보험의 단기보호 서비스를 활용하면 치매 환자를 일정 기간 시설에 맡겨두고 가족이 휴식을 취할 수 있는데, 이런 기회를 정기적으로 갖도록 장려하고 이용 절차를 돕는 것이 중요하다. 일부 지자체에서는 부양자들에게 휴가비 지원이나 대체 간병인 파견 서비스등을 제공하여 가족의 돌봄 부담을 경감시키고 있다.

경제적 지원측면에서는 치매 환자 가족에게 의료비 및 요양비에 대한 직접적인 보조나 세제 혜택을 제공하는 정책이 필요하다. 현재도 중증 치매환자의 의료비 본인부담률을 경감시키는 제도(건강보험 산정특례 적용)나 저소득 치매가족에게 간병비를 지원하는 지방자치단체의 사업 등이 일부 시행되고 있다. 그러나 치매 환자가 있는 가정의 전반적인 경제적 부담을 완화하기 위해서는 장기요양보험 급여의 내실화와 함께 비급여 부담 줄이기, 돌봄 휴가제도의 활성화(가족이 돌봄을 위해 유급휴가를 얻을 권리 보장) 등이 고려될 수 있다.

사회적 지원망 강화도 핵심적인 과제이다. 치매 친화적인 지역사회 조성을 통해 치매 환자와 가족을 이웃 공동체가 함께 돌보는 환경을 만들어가는 노력이 요구된다. 예컨대 일본에서는 지역 주민이 치매 노인과 가족을 돕는 치매서포터(Dementia Supporter) 운동이 전국적으로 확산되어 2021년까지 1,330만 명 이상이 서포터로 양성되었다. 우리나라에서도 중앙치매센터를 통해 치매파트너교육 프로그램이 운영되어 치매 이해 교육을 받은 시민들이 일상에서 치매 환자와 가족을 배려하는 자원봉사자로 활동하고 있다. 이런 지역사회의 이해와 지지 기반은 가족들이 치매 환자를 돌보는 과정에서 느끼는 고립감과 심리적 부담을 경감시키는 데 크게 기여한다. 또한 응급 상황 시 이웃이나 지역사회 자원이 개입하여 위험을 줄일 수도 있다. 한편, 고령의 부양자가 고령의 치매 배우자를 돌보는 이른바 "노노부양" 가정이나, 가족 내 돌봄 자원이 전무한 독거 치매 노인의 경우에는 공공 후견인이나 생활지원사 등을 연계하여 돌봄 공백을 메우는 장치도 마련되고 있다.

치매 가족에 대한 지원은 다양한 차원에서의 접근이 통합될 때 효과적이다. 가족의 심리·정서적 안녕을 돌보고, 신체적 휴식을 보장하며, 경제적 부담을 줄여주고, 사회적 고립을 방지하는 복합적인 지원책이 필요하다. 정부와 지역사회는 이러한 다각적 지원이 실질적으로 작동하도록 관련 정책과 서비스를 강화해야 한다. 가족이 건강하게 돌봄을 지속할 수 있어야 치매 환자도 안정적인 환경에서 지낼 수 있으므로, 가족 지원은 치매 관리 정책의 중요한 축으로 간주되어야 한다.

### (4) 국내외 치매 정책 비교

치매의 효과적 관리를 위해 전 사회적인 대응 전략이 필요하다는 인식이 확산되면서, 여러 나라에서 국가 치매 정책을 수립·시행하고 있다. 이 장에서는 한국과 해외(특히 일본)의 치매 관련 정책과 노인복지 서비스를 비교함으로써, 고령사회에서의 치매 대응 체계의 공통점과 차이를 살펴본다. 한국과 일본은 모두 고령화 속도가 매우 빠르고 가족주의 문화 속에서 치매 돌봄 문제가 대두된 사회라는 공통점이 있지만, 제도 도입 시기나 접근 방식에서 차이가 있다.

**표35. 한국과 일본의 치매 대응 정책 비교**

| 비교 항목 | 한국 | 일본 |
|---|---|---|
| 공적 장기요양제도 도입 | 2008년 노인장기요양보험 도입. 치매노인을 포함한 노인돌봄 국가책임 기반 마련 | 2000년 개호보험(장기요양보험) 도입. 초고령사회 대비 돌봄 사회화 시작 |
| 국가 치매계획 추진 | 2008년 ‘치매와의 전쟁’ 선포 및 제1차 국가치매종합계획 수립<br>이후 2012년 2차, 2015년 3차 계획 시행<br>2017년 ‘치매국가책임제’ 선언으로 지역사회 치매관리 강화 (전국 치매안심센터 설치 등) | 2012년 치매대책 강화(영국 G8 치매정상회의 계기). 2015년 ‘신 오렌지 플랜’ 다부처 공동 수립(2017년 개정).<br>2019년 ‘치매대책 추진 정부간 전략(치매포괄계획)’ 발표 |
| 관련 | 2011년 치매관리법 제정 (국가치매책임 | 치매관련 개별법은 없으나 노인복지법, 개 |

| 비교 항목 | 한국 | 일본 |
|---|---|---|
| 법·제도 | 명문화). 중앙치매센터 및 광역치매센터 설치 근거. 치매환자 의료비 부담 경감 위한 산정특례 등 시행 | 호보험법 등으로 대응. 2004년 치매 용어 공식 변경(치호→닌치증)으로 사회적 낙인 완화<br>2018년 치매정책 범정부 추진을 위한 각료회의 설치 |
| 지역사회 지원체계 | 전국 256개 치매안심센터 운영 (모든 시군구). 광역·기초 치매센터 간 계층적 네트워크구축. 보건소 기반으로 조기검진, 상담, 쉼터(주간보호) 제공, 사례관리 및 가족지원 실시<br>장기요양기관(재가·시설)과 의료기관과의 연계를 통해 치매관리 통합지원 | 전국 약 4,000여 개의 지역포괄지원센터에서 치매 상담·초기지원팀 운영. 치매서포트 의사치매지원 코디네이터제도로 의료-복지 연계 강화<br>모든 도도부현(광역자치단체)에 치매센터 설치. '치매친화적 커뮤니티' 추진(팀 오렌지: 지자체 단위 치매지원 네트워크, 2025년까지 1,700개 목표) |
| 가족 지원 및 부양자 지원 | 치매환자 가족교실, 자조모임 전국 실시. 치매안심센터에 가족지원 전담인력 배치. 단기보호 서비스 연간 6일(최대 12일) 제공으로 부양부담 경감. 일부 지자체 가족휴가제 등 시범. 인지지원등급 신설로 경증 치매도 주간보호 등 이용 가능 | 알츠하이머 카페등 가족 커뮤니티 활발<br>조기발견 시 초기 집중지원팀이 가정 방문하여 6개월 집중 지원<br>청장년 치매(초발성 치매) 가족을 위한 상담창구 및 자녀 지원책 마련<br>가족에게 돌봄 기술 훈련 및 심리상담 제공, 직장 내 가족돌봄 휴가 장려 |
| 인지증 인식개선 | 매년 9월 '치매극복의 날' 캠페인 및 각종 대국민 홍보. 치매파트너(일반인 치매서포터즈) 양성: 중앙치매센터 주도로 교육 프로그램 운영, 2023년 기준 수만 명 이상 참여. 경찰·소방 등 공공 종사자 치매 이해 교육 필수화. 치매환자 친화적 마을 조성 시범사업 추진 | 치매서포터즈1천만 명 이상 양성 (전 국민 10% 이상 참여)<br>치매서포터에게 오렌지 배지 수여 및 지역사회 봉사 연결. 초중고 치매교육커리큘럼 운영으로 세대간 이해 증진. 「인지증 서포터」와 "치매친화 공동체" 슬로건 아래 전사회적 인식개선 캠페인 전개 |

한국과 일본 모두 치매 관리에 국가적 책무를 인식하고 정책적 노력을 기울이고 있다. 한국은 2008년 장기요양보험 도입과 함께 국가치매책임제를 단계적으로 구현해왔으며, 특히 2017년 이후 치매안심센터를 중심으로 한 지역사회 관리망 강화가 두드러진다. 이에 비해 일본은 한국보다 앞서 2000년에 개호보험을 시행하여 돌봄 사회화 기반을 닦았고, 2000년대 중반부터 치매서포터즈 운동 등 인식개선에 주력해왔다. 2015년 신오렌지플랜을 통해 "당사자와 가족의 관점 중시"를 원칙으로 제시하며, 치매 대책의 패러다임을 환자와 가족의 사회적 포용으로 전환한 것이 특징적이다. 특히 일본은

치매를 개인이나 가족의 부담이 아닌 공동체의 과제로 인식하여, 치매 당사자도 살기 좋은 지역사회를 만들기 위한 시민 참여형 프로그램(예: 치매친화 상점가, 인지증 서포터 교육 등)을 전국적으로 확산시켰다. 이러한 접근은 지역 주민이 치매노인을 이해하고 도울 수 있는 문화를 만들어, 환자와 가족이 사회에서 소외되지 않도록 하는 데 기여하고 있다.

한편 가족지원 정책에서는 두 나라 모두 부양자 지원을 중요하게 다루고 있다. 한국은 치매안심센터를 통해 가족교육과 상담을 제공하고, 단기보호 서비스를 통한 휴식 지원을 공식화하였다. 일본도 부양자가 돌봄 기술을 배우고 정보를 교환할 수 있는 알츠하이머 카페 모델을 전국에 퍼뜨렸으며, 정부 차원에서 기업들에게 직원의 가족돌봄을 지원하도록 권고하는 등 근로자 부양지원제도에도 관심을 기울이고 있다. 또한 일본은 젊은 치매 환자(초로기 치매)에 대해서는 가족의 경제활동 지속을 돕기 위해 근무 형태 조정, 자녀 상담 지원 등의 세밀한 대책을 마련하였다. 이는 치매 가족의 욕구가 환자의 연령대나 상황에 따라 다양함을 반영한 것으로, 향후 한국에서도 벤치마킹할 부분이라 할 수 있다.

인식개선 노력에 있어서, 일본의 치매서포터즈 숫자는 매우 방대하여 치매에 대한 국민 인식 수준이 상당히 높아졌다고 평가된다. 한국도 2010년대 이후 치매파트너 등 유사한 프로그램을 운영하고 있지만 참여 규모나 인지도 면에서 아직 일본만큼은 아니다. 다만 최근 들어 치매 친화적 공동체 만들기가 한국 지방자치단체들에서도 관심을 얻고 있어(예: 치매안심마을 지정, 치매친화학교 등), 점진적으로 확대될 것으로 보인다.

이외에도 치매 연구개발(R&D)투자 및 치료법 개발에 대한 노력, 국제 협력등에서도 두 나라 모두 적극적인 자세를 보이고 있다. 한국은 국가치매연구개발계획을 수립하여 2028년까지 약 2000억 원을 투입해 치매 치료제와 돌봄 기술 개발을 추진 중이며, 일본도 세계보건기구(WHO)와 연계한 국제 연구 프로젝트에 참여하고 신약 개발을 위한 산업 지원을 하고 있다. 이는 치매 극복을 위한 과학적 해법 모색과 동시에, 현재 환자와 가족의 삶을 개선하기 위한 사회복지적 지원을 병행한다는 이중 전략으로 이해할 수 있다.

### (5) 결론 및 제언

고령사회에서 치매는 개인과 가족을 넘어 사회 전체가 대응해야 할 복합적 도전이다. 본 장에서는 치매의 개념과 주요 유형을 고찰하고, 노인복지적 관점에서 치매 돌봄의 중요성과 가족 부양 부담, 그리고 국내외 정책 대응을 살펴보았다. 이를 통해 얻은 시사점을 바탕으로 몇 가지 결론과 제언을 정리하면 다음과 같다.

첫째, 치매에 대한 올바른 이해와 조기대응이 중요하다. 치매는 다양한 원인질환에 의해 발생하며 증상이 나타난 이후에는 돌이키기 어려운 경우가 많으므로, 조기검진과 예방적 관리에 힘써야 한다. 지역사회 차원에서 인지저하 위험군을 선별하고, 경도인지장애 단계부터 생활습관 개선과 인지훈련을 지원하는 프로그램을 강화할 필요가 있다. 이를 위해 일차 의료기관과 보건소, 치매안심센터 간의 협력체계를 공고히 하여 커뮤니티 케어의 전주기(예방-진단-치료-돌봄)에 걸친 서비스를 제공해야 할 것이다.

둘째, 치매 환자와 가족의 삶의 질 향상을 정책의 중심에 두어야 한다. 이는 환자의 치료와 안전뿐 아니라, 가족 부양자의 복지 증진까지 포함하는 개념이다. 가족이 지치지 않고 돌봄을 지속할 수 있도록 심리상담, 돌봄기술 교육, 자조모임 활성화, 일시휴식 지원 등의 서비스를 확대해야 한다. 특히 부양 의지가 있으나 경제적·신체적 한계로 어려움을 겪는 가족을 발굴하여 맞춤형 지원을 제공하는 것이 필요하다. 예를 들어, 부양으로 인해 직장을 그만둔 가족에게는 재취업이나 소득보전을 도울 수 있는 연계 서비스를 모색하고, 거동이 불편한 노인 부양자가 있는 가정에는 방문간호나 주치의 왕진 등을 통해 부양자의 건강도 함께 돌보는 패밀리 케어개념을 도입할 수 있을 것이다.

또한 가족 돌봄자의 헌신이 사회적으로 인정받고 보람을 느낄 수 있도록 상담사례 발표회나 표창 등 사기진작 방안도 고려할 수 있다.

셋째, 지역사회 중심의 치매 관리 네트워크를 지속적으로 강화해야 한다. 치매안심센터가 수행하는 사례관리와 서비스 연계 기능을 더욱 체계화하고, 장기요양기관, 주간보호센터, 방문요양서비스 간의 정보 공유와 연계를 원활히 하여 틈새 없는 돌봄을 구현해야 할 것이다. 아울러 치매친화적인 물리적·사회적 환경을 조성하는 노력이 계속되어야 한다. 치매환자 대상 주거환경 개선사업(예: 미끄럼 방지, 위치추적기 보급 등)과 더불어, 지역사회 주민과 공공기관 종사자 대상 치매 이해 교육을 정례화하여 배려 문화를 확산시킬 필요가 있다. 이러한 환경 조성은 치매 환자의 안전과 사회참여를 높이고, 가족의 불안을 경감시키는 효과가 있을 것이다.

넷째, 국가 치매 책임체계의 지속적 발전이 요구된다. 한국의 치매국가책임제와 일본의 치매대책은 모두 시대의 변화와 요구에 따라 진화해왔다. 향후에도 유병률 증가 추이에 대응하여 서비스 공급을 확충하고 인력 양성에 투자해야 한다. 특히 치매 관리 전문인력(간호사, 사회복지사, 작업치료사 등)의 양성과 처우 개선을 통해 양질의 돌봄을 제공할 수 있는 기반을 갖추는 것이 중요하다. 또한 치매 관리에 대한 재원 확보 전략을 장기적으로 마련하여, 노인장기요양보험 재정의 안정화와 공공의료·복지 예산의 효과적 배분을 도모해야 할 것이다.

다섯째, 치매 연구 및 혁신기술의 활용에도 관심을 기울여야 한다. 현재 진행 중인 신약 개발이나 치료법 연구와 더불어, 돌봄 로봇, 위치추적 ICT, 인공지능 모니터링 등 첨단기술을 치매 돌봄에 접목하는 방안을 적극 모색할 필요가 있다. 기술은 돌봄 인력의 부담을 경감하고 환자의 안전을 높이는 데 기여할 수 있으므로, 정부 차원에서 관련 시범사업과 표준 가이드라인을 마련해 확산을 지원해야 한다. 다만 기술 도입 시에도 인간 중심원칙을 지켜, 기술이 인간적 돌봄을 보완하는 수단으로 활용되도록 윤리적 고려가 병행되어야 한다.

마지막으로, 국제 협력과 모범사례 공유를 통해 치매 극복을 위한 지혜를 전 세계와 나누어야 한다. 치매는 전 지구적 도전으로서 한 국가만의 노력으로 해결하기 어려운 만큼, 선진적인 정책 사례와 연구 성과를 각국이 공유하고 협력할 때 시너지 효과를 낼 수 있다. 세계보건기구(WHO)는 2017년 글로벌 치매 행동계획을 통해 각 회원국에 국가치매전략 수립을 권고하였으며, 한국과 일본 역시 이러한 국제 흐름에 적극 동참하고 있다. 앞으로도 국제 컨퍼런스, 학술교류 등을 통해 치매 환자와 가족의 삶을 향상시키는 최적의 정책 조합(best practice)을 모색하고, 인류 공동의 문제인 치매에 함께 대응해 나가는 연대가 필요하다.

고령사회의 치매 문제는 의료, 복지, 지역사회, 가족이 함께 풀어나가야 할 과제이다. 치매 환자가 인간다운 삶을 영위하고 가족이 과도한 희생 없이 살아갈 수 있도록 하는 것은 사회복지의 중요한 책무이며, 궁극적으로 우리 모두의 미래를 준비하는 일이다. 노인복지학적 관점에서 치매에 대한 관심과 투자는 단순히 현재의 노인 세대만을 위한 것이 아니라, 장차 찾아올 자신의 노년과 우리 사회의 지속가능성을 위한 투자이기도 하다.

# Chapter 23
# 노년기의 죽음과 웰다잉

1. 노년기의 죽음과 웰다잉

## 1. 노년기의 죽음과 웰다잉

### (1) 죽음에 대한 사회·문화적 태도와 말기 환자 돌봄

전통사회에서 죽음은 삶의 자연스러운 일부로 받아들여졌다. 가족과 이웃 공동체가 임종을 지켜보며 의례를 함께했고, 죽음에 대한 두려움보다는 삶의 순환으로 인식되는 경향이 있었다. 유교문화 영향으로 임종 시 효(孝)를 다하는 것이 강조되었고, 사후에는 제사등을 통해 고인을 기렸다. 과거에는 대부분 집에서 생을 마감하였으며 임종 절차도 가정 중심으로 이루어졌다. 이러한 전통적 태도 속에서 죽음은 공개적으로 논의되기보다는 조용히 받아들이는것이 미덕으로 여겨졌다.

현대에 들어 의료 기술이 발달하고 죽음의 의료화가 진행되면서 죽음에 대한 사회적 태도에도 큰 변화가 나타났다. 가족 곁에서 생을 마치는 대신 병원 등 의료기관에서 임종하는 비율이 급격히 증가하였다. 우리나라의 경우 의료기관 사망비율이 1990년대 중반 25% 수준에서 2000년대 들어 가정 사망을 추월하였고, 2017년에는 전체 사망자의 약 76.2%가 의료기관에서 임종하는 것으로 보고되었다. 이는 많은 말기 환자들이 임종 직전까지 병원에서 집중 치료를 받음을 의미한다. 실제로 한 분석에 따르면 다수의 말기암 환자들이 임종 직전까지도 가정보다는 병원에서 적극적 치료를 받는 사례가 높게 나타났다. 이처럼 죽음이 병원 중심으로 옮겨가고 치료에 지나치게 의존하게 되면서, 죽음을 자연스러운 삶의 마무리로 보기보다 두려움과 금기의 대상으로 여기게 되는 현대적 경향이 강해졌다. 일상생활에서 죽음에 대해 이야기하는 것을 꺼리는 풍토가 생겨났고, 죽음 교육이나 대비는 등한시되어 왔다. 그러나 한편으로 고령화가 심화되고 삶의 질에 대한 관심이 높아지면서, 존엄한 임종과 웰다잉(Well-dying)에 대한 담론이 21세기 들어 본격적으로 대두되었다.

웰다잉 개념은 현대사회에서 등장한 좋은 죽음에 대한 추구로 정의된다. 이는 단순히 생물학적 죽음의 순간만을 가리키는 것이 아니라, 죽음에 이르는 과정 전체를 인간답고 품위 있게 보내는 것을 의미한다. 웰다잉은 죽음을 삶의 패배나 금기가 아닌, 완성의 단계로 인식하고자 한다. "웰다잉은 살아온 날들을 아름답게 정리하며 평안하게 삶을 마무리하는 것"으로 정의되며, 개인이 남은 삶의 시간 동안 의미를 찾고 삶을 긍정적으로 마무리하도록 돕는 철학을 내포한다. 이는 과거에 가족과 공동체 중심이었던 임종 문화가 개인의 존엄과 가치를 중시하는 방향으로 전환되고 있음을 보여준다. 궁극적으로 웰다잉은 삶과 죽음의 연속성 속에서 자신이 원하는 방식으로 생을 잘 마무리하는 것을 지향한다. 이러한 존엄한 임종을 실현하기 위해서는 단순히 수명을 연장하기보다 삶의 질과 환자의 의지를 존중하는 돌봄이 필요하다.

우리나라에서 말기 환자 돌봄체계는 호스피스와 완화의료의 발전과 함께 변화해왔다. 근대적 의미의 호스피스 운동은 서구에서 시작되었지만, 한국에서도 1960년대에 자생적으로 도입되었다. 1965년 강릉 갈바리 의원에서 가톨릭 마리아의 작은 자매회 수녀들이 아시아 최초로 말기 환자를 위한 호스피스 돌봄을 시작한 것이 그 효시로 알려져 있다. 이후 1980년대에 들어 서울성모병원에서 최초로 호스피스 입원 병동을 열었고, 1991년에는 한국호스피스협회가 창립되는 등 호스피스 운동이 체계화되기 시작했다. 1990년대 후반부터는 완화의료 개념이 의료계에 소개되어 암환자를 중심으로 말기 환자 돌봄이 전문화되었다. 정부도 2000년대 중반 이후 호스피스 시범사업을 실시하고 관련 제도 마련에 착수하였다. 이러한 노력의 결과로 2018년 시행된 호스피스·완화의료 및 임종과정에 있는 환자의 연명의료결정법(일명 웰다잉법)에 호스피스 이용 활성화 방안이 포함되고, 말기 환자의 치료의향에 따른 돌봄 선택권이 보장되었다. 현재 전국 여러 병원에 호스피스 완화의료 병동이 설치되어 있으며, 가정형·자문형 호스피스 등 다양한 형태로 서비스가 확대되고 있다. 다만 전체 말기 환자 중 호스피스를 이용하는 비율은 아직 높지 않은 편이다. 예를 들어 2022년 기준으로 암 말기 환자의 호스피스 이용률은 24.2% 수준에 그쳐 호스피스 이용이 보편화되었다고 보기는 어렵다. 이는 많은 환자와 가족이 여전히 적극적 치료를 택하거나 호스피스에 대한 인식 부족으로 인해 이용을 주저함을 시사한다. 그럼에도 불구하고 호스피스·완화의료 제도는 과거에 비해 상당히 발전하여, 말기 환자의 신체적 고통 경감과 정서적 지지를 제공함으로써 남은 삶의 질을 높이는 데 기여하고 있다. 요약하면, 현대 한국사회에서 죽음을 대하는 태도는 전통적인 공동체적 임종문화에서 개인 존엄성과 삶의 질을 중시하는 방향으로 변화하고 있으며, 호스피스 및 완화의료 제도의 발달은 이러한 변화를 뒷받침하는 중요한 기반이 되고 있다.

**표36. 전통사회와 현대사회에서 죽음을 대하는 태도의 비교**

| 구분 | 전통사회(산업화 이전) | 현대사회(의료화 시대) |
|---|---|---|
| 임종 장소 | 가정 (집안에서 가족과 임종) | 병원 등 의료기관 (전문의료 돌봄) |
| 돌봄 주체 | 가족 · 이웃 공동체 중심의 돌봄 | 의료진 중심의 전문적 돌봄 |

| 구분 | 전통사회(산업화 이전) | 현대사회(의료화 시대) |
|---|---|---|
| 죽음 인식 | 자연스러운 삶의 일부로 수용 | 두려움과 금기의 대상으로 회피 |
| 죽음 언급 | 공개적 논의 적음 (완곡어법 사용) | 직접적 언급 회피, 담론 부족 |
| 주요 가치 | 임종 시 가족 간 화합, 효행 | 환자의 존엄, 자기 결정권 |

전통사회에서는 가족이 임종을 지키고 공동체가 애도를 함께했으나, 현대사회에서는 대부분 병원에서 임종하면서 죽음의 사회적 가시성이 낮아졌다. 이에 따라 죽음은 점차 개인화·은폐화되어 사회적으로 잘 다루지 않는 주제가 되었으며, 이러한 변화가 웰다잉 운동이 대두된 배경이라 할 수 있다.

### (2) 웰다잉의 개념과 자기 결정권 존중

웰다잉(Well-dying)은 "행복한 삶만큼이나 행복한 죽음"을 추구하는 철학으로, 죽음을 삶의 한 부분으로 수용하고 좋은 죽음(good death)을 맞이하기 위한 신체적 · 정신적 · 사회적 준비 과정을 포괄한다. 웰다잉의 철학적 배경에는 생의 마지막 순간까지도 삶의 의미를 찾고 자율적 주체로서 존엄성을 유지하고자 하는 인간의 욕구가 자리한다. 고대부터 '아름다운 죽음(Euthanasia)'에 대한 담론이 있었고, 서양 중세에는 「죽음의 기술」(Ars moriendi)로 불리는 임종 준비 지침서가 등장하기도 했다. 현대의 웰다잉 개념은 이러한 전통을 계승하면서도 삶의 질과 자기 결정권을 강조하는 특징을 보인다. 예컨대 Choi(2016)는 "죽음에 대한 성찰은 삶의 의미를 재구성하게 한다"고 하여 웰다잉이 단순히 죽음 대비가 아니라 현재 삶의 태도 변화와도 연결됨을 지적하였다. 웰다잉은 또한 웰빙(well-being)의 연장선상에서 등장한 용어로 볼 수 있다. 잘 산 삶이 곧 잘 죽는 삶으로 이어진다는 인식 하에, 자신의 삶을 아름답게 정리하고 마지막까지 인간다운 가치와 존엄을 지키는 것을 목표로 한다. 궁극적으로 웰다잉은 죽음을 수동적으로 맞이하는 것이 아니라 능동적으로 삶을 마무리하는 과정이라고 할 수 있다.

이러한 웰다잉 철학이 현실에서 구현되기 위해서는 제도적 뒷받침과 법적 권리가 중요하다. 한국에서는 「호스피스·완화의료 및 임종과정에 있는 환자의 연명의료결정에 관한 법률」(이하 연명의료결정법)이 2016년 제정되고 2018년 2월부터 본격 시행됨으로써, 환자의 자기 결정권을 법적으로 보장하는 획기적인 전기가 마련되었다. 이 법의 목적은 "임종 과정에 있는 환자가 무의미한 연명의료를 받지 않거나 중단할 수 있는 기준과 절차를 마련하여, 국민이 삶을 존엄하게 마무리할 수 있도록 하는 것"이다. 연명의료결정법의 핵심은 말기 환자가 자신의 연명치료 여부를 사전에 결정할 수 있게 하고, 그 결정을 의료진과 가족이 준수하도록 의무화한 데 있다. 구체적으로 성인이라면 누구나 미리 사전연명의료의향서를 작성하여 본인이 회생 가능성 없는 임종 상황에 처했을 때 심폐소생술(CPR), 인공호흡기 부착, 지속적 투석, 항암제 투여 등의 연명의료 시행을 원하지 않는다는 의사를 공식 문서로 남길 수 있다. 건강할 때 작성해 두는 사전연명의료의향서는 공용 전산망에 등록·보관되어 위급 시 의료진이 확인할 수 있으며, 이를 통해 환자의 생전 의사를 최우선으로 존중하게 된다. 한편 말기 환자가 이미 의료현장에 있는 경우에는 담당 의사와 상의하여 연명의료계획서를 작성할 수 있는데, 이것 역시 환자의 연명치료 중단 의향을 기록하는 공식 문서이다. 이 법이 시행된 이후 현실적으로 많은 환자들이 무의미한 연장 치료 대신 자연스러운 임종을 선택할 수 있게 되었다. 실제 연구에 따르면 법 시행 이후 환자 본인의 연명의료중단 결정률이 증가하는 등 긍정적 효과가 나타났으며, 의료진 또한 환자 의사에 따른 치료중단에 대해 법적 보호를 받게 되었다. 연명의료결정법 시행 5년이 지난 현재, 제도는 안정적으로 정착되고 있다. 특히 사전연명의료의향서 작성에 대한 인식이 높아지면서 등록자 수도 꾸준히 늘고 있다. 제도 시행 한 달 만인 2018년 3월에 1만1천여 명이던 사전의향서 등록자는 1년 반 뒤인 2019년 8월에 30만 명을 돌파하였고, 2023년 10월 기준으로 누적 200만 명을 넘어섰다. 이는 국민들 사이에서 스스로 죽음을 준비하고 결정하겠다는 움직임이 확산되고 있음을 보여준다.

연명의료결정법은 환자의 자기 결정권을 존중하는 것을 기본 이념으로 삼고 있다. 환자의 자기 결정권이란 자신의 치료와 삶의 마무리 방식에 대해 스스로 선택할 권리를 의미한다. 이 권리는 현대 의학윤리의 핵심 원칙 중 하나로 인정되며, 웰다잉을 실천하는 데 필수적인 요소이다. 환자가 의식이 있고 판단 능력이 있는 한, 자신의 가치관과 희망에 따라 연명의료 여부나 호스피스 이용을 결정할 수 있어야 한다. 의료진의 역할은 이러한 환자의 결정을 돕고 전문적 조언을 제공하는 것이다. 구체적으로 의료진은 환자에게 질병 상태와 예후, 치료 옵션과 그 결과를 충분히 설명하여 정보에 입각한 판단(informed decision)을 내리도록 도와야 한다. 또한 환자가 고통 없이 편안한 임종을 맞이할 수 있도록 통증 조절 등 완화의료적 처치에 최선을 다해야 한다. 법적으로도 의료진은 환자의 연명의료 중단 결정을 확인하면 이를 이행할 의무가 있으며, 환자의 의사를 어긋나는 과잉치료를 지속해서는 안 된다. 한편 가족의 역할 역시 중요하다. 한국은 전통적으로 가족주의적가치관이 강하여, 임종국면에서 가족들이 중요한 의사결정을 대신해왔다. 때로는 보호자가 환자本人에게 병의 위중함을 알리지 않고 치료 여부를 결정하는 경우도 있었는데, 이는 환자를 슬픔과 충격에서 보호하려는 가족의 의도에서

비롯된 행동이었다. 특히 어르신 환자의 경우 자녀들이 "환자에게 희망을 주기 위해서" 완치 가능성이 희박한 사실을 숨기는 일도 흔했으며, 임종 여부에 대한 의논을 피하는 경향이 있었다. 그러나 이러한 관행은 환자의 자기 결정권을 침해할 소지가 있다는 인식이 커지고 있다. 연명의료결정법에서는 환자가 의식이 없고 사전 의향서도 없을 경우에 한해 가족 전원의 합의로 연명의료중단 등을 결정할 수 있게 하여, 가족이 환자를 대신해 결정하는 상황을 엄격히 제한하고 있다. 이는 어디까지나 환자의 의사를 추정하여 대리 결정하는 최후의 수단으로 간주되며, 가족 역시 가능한 한 환자가 평소 원했던 바를 따르는 것이 바람직하다. 가족들은 환자의 존엄한 죽음을 위해 정서적 지지를 제공하고, 환자가 내린 결정(예컨대 호스피스 전환이나 연명치료 중단)을 존중해 주는 역할을 해야 한다. 의료진과 가족이 환자의 자율성과 최선의 이익을 중심에 둘 때, 비로소 환자는 품위 있는 임종을 맞이할 수 있다. 결국 웰다잉을 구현하기 위해서는 환자·의료진·가족 모두의 인식 전환과 협력이 필요하다. 환자는 주체적으로 자신의 죽음을 준비하고, 의료진은 이를 지원하며, 가족은 환자의 뜻을 수용하는 협력적 파트너십이 형성될 때, 진정한 의미의 자기 결정권 존중이 이루어질 것이다.

### (3) 웰다잉 프로그램 및 가족·지역사회와의 소통 사례

웰다잉을 실천하기 위한 다양한 교육 및 프로그램들이 개발되어 노인들을 중심으로 시행되고 있다. 이러한 프로그램들은 죽음을 미리 준비함으로써 삶의 마지막을 보다 의미 있게 만들고, 남은 삶의 질을 향상시키는 것을 목표로 한다. 예를 들어 노인복지관이나 지역사회 평생교육 프로그램에서는 웰다잉 교육 과정을 운영하여 어르신들이 자신의 인생을 돌아보고 정리할 수 있도록 돕는다. 정성희 사회복지사는 한 웰다잉 교육 프로그램에서 "어르신들이 삶의 회고 및 정리, 품위 있는 죽음 준비, 가족과의 사별 이해, 행복한 노년 계획 수립 등을 교육했다"고 보고하였다. 이를 통해 교육에 참여한 노인들은 과거를 긍정적으로 정리하고 다가올 임종을 덤덤히 받아들이는 태도를 함양하였다. 이처럼 삶을 회고하고 미리 대비하는 과정은 막연한 죽음의 불안감을 줄여주고, 남은 여생에 대한 새로운 목표의식을 부여하는 효과가 있다. 최근에는 한국웰다잉협회 등을 중심으로 웰다잉 전문 강사를 양성하고 지역사회에 파견하여, 더 많은 시민들에게 죽음 준비 교육을 제공하는 노력도 이루어지고 있다. 웰다잉 교육에서는 죽음에 대한 철학적·정서적 논의뿐 아니라, 실질적으로 임종 전에 해야 할 일들에 대한 안내도 병행된다. 이를 통해 참여자들은 자신만의 아름다운 마무리를 그려보고 구체적인 계획을 세워볼 수 있다.

웰다잉 프로그램의 주요 내용으로는 사전 장례 준비, 회고 치료, 버킷 리스트 실행등을 꼽을 수 있다. 사전 장례 준비란 말 그대로 본인의 장례 절차를 미리 계획하고 준비하는 것이다. 과거에는 죽음에 대해 미리 준비하는 것을 금기시하는 문화가 있었으나, 요즘은 오히려 본인이 원하는 장례 방식을 사전에 결정해두는 경우가 늘고 있다. 예를 들어 어떤 상조회사들은 생전에 자신의 장례식을 미리 체험해보는 이색 행사도 제공한다. 실제로 수의(壽衣)를 미리 입어보기나 관에 누워보기같은 체험을 통해 죽음을 눈앞에 그려보게 함으로써 삶을 진지하게 돌아보는 계기를 마련해주기도 한다. 또한 참가자들은 유언장이나 엔딩노트(ending note)를 작성하여 남기고 싶은 메시지나 마무리하고 싶은 일들을 정리한다. 이러한 사전 장례 준비를 통해 개인은 막연한 두려움을 구체적인 계획으로 전환하고, 남은 가족에게 부담을 줄이는효과를 기대할 수 있다. 회고치료(回顧 치료)는 웰다잉 프로그램에서 핵심적으로 사용되는 기법으로, 생애 회상을 통해 자신의 삶을 되짚어보며 의미를 발견하는 활동이다. 교육 참여자들은 젊은 시절부터 최근까지 자신의 인생사를 이야기하거나 사진, 기념품 등을 함께 보며 추억을 공유한다. 전문 진행자의 지도 아래 이러한 회상 활동을 하면 삶에서 성취했던 일, 사랑했던 사람들, 극복했던 어려움 등을 떠올리게 되어 자아존중감을 높이고 현재 자신이 살아있음에 대한 감사를 느끼게 된다. 연구에 따르면 노년기 삶의 회고는 우울감을 감소시키고 임종에 대한 불안도 줄여주는 효과가 있다고 한다. 마지막으로 버킷 리스트(bucket list) 실행은 죽기 전에 해보고 싶은 일이나 이루고 싶은 소원을 작성하고 실제로 도전해보는 활동이다. 버킷 리스트를 적는 행위 자체가 자신의 욕구를 확인하고 삶의 의지를 북돋우는 과정이 된다. 예컨대 어떤 노인은 평생 만나지 못했던 옛 친구를 수소문해 재회하거나, 가보고 싶던 성지를 순례하는 등 버킷 리스트를 실천함으로써 미련을 덜고 삶을 충만하게 마무리할 수 있었다고 보고된다. 이처럼 사전 장례 준비, 회고 치료, 버킷 리스트 실행은 각기 다르지만 모두 웰다잉의 일환으로서, 남은 삶에 대한 주체적 관리와 정리라는 공통점을 지닌다. 특히 이러한 활동들은 단순한 개인적 차원을 넘어 가족과 주변에도 긍정적인 파급을 미친다. 가족들은 어르신이 스스로 죽음을 준비하는 모습을 보면서 죽음에 대해 자연스럽게 대화할 기회를 얻고, 남은 시간 동안 어떻게 더 잘 지지할지 고민하게 된다. 노인 당사자는 자신의 소망을 가족들과 공유함으로써 마지막 인생 목표를 이루는 데 가족의 협력을 구할 수도 있다. 예를 들어 버킷 리스트에 적은 일을 수행할 때 가족들이 동행하거나 지원하면서 추억을 함께 쌓는사례도 많다. 이러한 경험은 훗날 가족들의 사별(grief)과정에도 도움을 준다. 고인이 미처 전하지 못한 말이나 정리하지 못한 일 없이 평온히 떠났다는 확신은 남은 이들의 슬픔을 덜어주고 건강한 애도를 가능하게 한다.

한편, 웰다잉 문화를 확산하기 위해서는 가족 및 지역사회 차원에서의 소통이 활성화되어야 한다. 가족 내에서는 평소 죽음에 대해 터놓고 이야기하는 개방적인 분위기를 조성하는 것이 중요하다. 예컨대 중년 자녀가 노부모와 함께 연명의료계획이나 장례 절차에 대한 의견을 나눈다든지, 반대로 부모가 자녀에게 자신의 뜻을 담은 사전의향서를 보여주며 설명하는 것도 한 방법이다. 초기에는 어색할 수 있지만, 이러한 대화는 가족 모두에게 삶의 마무리에 대한 이해를 높여준다. 가족 구성원 각자가 원하는 바를 공유하면 막상 위급한 상황에서 혼란을 줄이고 일치된 결정을 내리기 쉽다. 특히 우리 사회의 지나친 가족 중심 문화는 오히려 웰다잉 실천을 주저하게 만드는 요인이 될 수 있는데, 가족 간의 원활한 소통은 이러한 문제를 완화해준다. 유경 사회복지사는 죽음 교육 현장에서 "웰다잉 실천을 어려워하거나 망설이는 이유 중 하나로 지나친 가족 중심 문화"를 지적하며, 가족들이 죽음을 터부시하지 말고 구성원의 자기결정을 존중하는 태도를 가질 필요성을 강조하였다. 지역사회에서도 웰다잉에 대한 공론화와 참여가 필요하다. 각 지자체의 노인복지관, 주민센터, 보건소 등에서 웰다잉 관련 프로그램을 정기적으로 운영하거나 상담 창구를 마련할 수 있다. 실제로 일부 지자체에서는 "웰다잉 문화만들기" 프로젝트를 통해 지역 주민들을 대상으로 한 죽음준비 강좌, 사전연명의료의향서 등록 캠페인등을 펼치고 있다. 또 하나의 방법으로, 커뮤니티 모임이나 동호회에서 데스 카페(Death Cafe)와 같은 자발적 대화 모임을 열어 죽음에 대한 생각을 편하게 나누는 움직임도 고려할 수 있다. 이렇듯 지역 단위에서 죽음을 일상적 대화 주제로 다루기 시작하면, 웰다잉에 대한 사회적 인식이 개선되고 더 많은 이들이 혜택을 볼 수 있을 것이다. 마지막으로, 사회 전반의 문화를 바꾸기 위해서는 미디어와 교육의 역할도 중요하다. 대중매체에서 임종과정을 왜곡 없이 보여주거나, 존엄한 죽음에 성공적으로 이른 사례를 조명한다면 웰다잉에 대한 긍정적 이미지가 확산될 수 있다. 학교나 직장에서 생애말기 돌봄과 웰다잉에 대한 기본 교육을 실시하는 것도 장기적으로는 바람직하다. 죽음교육을 받은 경험이 있는 사람일수록 임종 상황에서 환자의 존엄을 지키는 태도를 보인다는 연구결과도 있다. 따라서 전 생애에 걸쳐 죽음과 웰다잉을 자연스럽게 받아들이는 문화를 조성한다면, 가족과 지역사회에서 누구나 자신의 죽음을 잘 준비하고 맞이할 수 있는 사회 환경이 구축될 것이다.

### (4) 해외 웰다잉 정책과 법제화 사례

죽음과 웰다잉에 대한 태도와 제도는 문화권마다 다양하며, 해외의 여러 사례는 우리에게 중요한 시사점을 준다. 스위스는 세계에서 가장 이례적이고 진보적인 조력 죽음관련 제도를 가진 나라로 꼽힌다. 스위스 형법은 1942년 이래 자살을 돕는 행위(조력자살)를 특정한 조건 하에서 처벌하지 않고 있다. 즉, 의사가 아닌 일반인이라도 이기적 동기가 아닌 경우말기 환자가 스스로 생을 마감하도록 도울 수 있도록 법적으로 허용된다. 이는 스위스가 개인의 자기결정권을 극단적으로 존중하는 사회적·법적 전통을 보여주는 것이다. 다만 어디까지나 환자가 최종 행위를 스스로 수행해야 하며, 제3자가 직접적인 치명적 약물을 투여하는 적극적 안락사(active euthanasia)는 여전히 불법이다. 스위스에는 EXIT, 디그니타스(Dignitas)와 같은 비영리단체들이 있어 의료적 판단 아래 희망자에게 치사 약물을 제공하고 임종을 돕는다. 이러한 조력자살 제도는 환자에게 극심한 고통이나 무의미한 연명 대신 스스로 죽음을 선택할 권리를 준다는 점에서 찬성하는 입장이 있다. 실제로 조력자살을 선택하는 스위스 내 환자 수는 매년 증가하는 추세이다. 예를 들어 2022년 한 해 동안 스위스의 대표적 조력자살 단체인 EXIT를 통해 삶을 마감한 사람이 1,125명으로 전년 대비 15% 늘었다고 보고되었다. 이처럼 조력죽음을 원하는 이들이 늘면서 스위스는 타국 시민들까지 찾아와 조력자살을 시도하는 이른바 "죽음 관광"현상도 나타나고 있다. 영국이나 독일 등 조력자살이 불법인 국가의 말기 환자들이 스위스로 와서 임종을 선택하는 사례가 알려지며, 국제적 윤리 논쟁이 일기도 했다. 이러한 상황에서 스위스 국내에서도 남용 방지와 윤리적 통제에 대한 목소리가 있다. 예컨대 우울증 등 치료 가능한 정신질환 환자나 경제적 어려움 때문에 삶을 포기하려는 사람이 조력자살을 이용하려 할 경우를 우려하여, 절차를 엄격히 하고 사전 심사를 강화해야 한다는 주장이 제기된다. 그럼에도 불구하고 스위스의 기본 입장은 개인의 자기결정권을 최대한 보장하는 것이다. 이러한 정책 배경에는 개인의 삶과 죽음에 국가나 타인이 개입하지 말아야 한다는 자유주의적 전통이 깔려 있다. 스위스 사례는 웰다잉의 한 극단을 보여준다. 즉, 개인이 자기 삶의 마무리를 스스로 선택할 수 있도록 허용하는 것이다. 이는 존엄사를 법제화하지 않은 국가들에는 상당히 급진적으로 비쳐 여러 찬반 논란을 불러일으키지만, 환자 권리의 극대화라는 측면에서 중요한 참고 사례가 되고 있다.

일본은 한국과 문화적으로 유사한 점이 많으면서도, 죽음 준비 문화와 호스피스 분야에서 독자적인 발전을 이루어왔다. 일본의 호스피스·완화의료는 1980년대 이후 점진적으로 확대되어 왔다. 1990년에 시즈오카현 미카타하라 병원에 일본 최초의 완화의료병동이 개설된 이래, 2010년대 초반까지 전국에 200개가 넘는 호스피스 전문 병동이 생겼다. 2013년 기준으로 약 215개의 완화의료병동(호스피스)이 운영되어 전체 암 사망자의 8% 가량이 이곳을 이용하고 있었으며, 500여 개의 병원이 완화의료 팀을 갖추고 있었다. 이는 일본 정부와 의료계가 말기암 환자의 삶의 질 향상을 위해 전국적인 호스피스망을 구축한 결과이다. 특히 2007년에는 일본 후생노동성이 "생애 말기 돌봄에 관한 지침"을 발표하여, 암 환자는 진단 시점부터 통증 완화 등 완화의료를 받을 권리가 있음을 천명했다. 이처럼 제도적 지원과 병상의 확충으로 일본의 호스피스 이용은 꾸준히 증가하는 추세다.

한편 일본에서는 2000년대 후반부터 "슈카츠(終活)"라는 독특한 문화가 발달하였다. 슈카츠란 한자를 직역하면 "종활(終活)", 즉 인생의 마무리를 위한 활동을 뜻한다. 재미있는 점은 이 단어가 취업 활동을 뜻하는 "슈카츠(就活)"와 발음이 같아 언어유희적으로도 화제가 되었다. 일본에서는 고령화와 함께 엔딩산업이라 불리는 시장이 형성될 정도로, 노년층의 죽음 준비에 대한 관심이 높다. 슈카츠의 대표적인 예로 엔딩노트작성이 있다. 엔딩노트란 본인이 사망하기 전에 남기고 싶은 말, 자산 정리, 장례 방식, 디지털 계정 처분 등 다양한 사항을 적어두는 노트이다. 2010년대 초에 한 출판사가 낸 엔딩노트 책자가 베스트셀러가 되면서 많은 노인들이 직접 노트를 작성하기 시작했다. 또한 생전 장례식(生前葬)문화도 생겨났다. 이는 살아있을 때 자신의 장례식을 미리 치르는 것으로, 지인들을 초대해 감사 인사를 전하고 이별을 고하는 행사다. 일부 지역에서는 슈카츠 박람회가 열려 장례용 드레스 입어보기, 관 만들기 체험, 유골함 전시 등 죽음을 미리 경험해보는 이벤트도 큰 호응을 얻고 있다. 이러한 슈카츠 열풍은 "죽음은 준비하기 나름"이라는 인식을 일본 사회에 퍼뜨렸다. 실제 설문조사 결과, 일본 노인들이 죽음 준비를 하는 가장 큰 이유는 "가족에게 폐를 끼치고 싶지 않아서"인 것으로 나타났다. 이는 슈카츠 활동이 개인의 웰다잉일 뿐 아니라 남은 가족에 대한 배려행위임을 보여준다. 즉, 노인이 자기 물건이나 재산을 미리 정리해두고 장례를 계획해두면 가족들은 사후에 겪을 혼란과 부담을 덜 수 있다. 슈카츠를 통해 노인들은 죽음에 대한 주도권을 갖게 되고, 가족들은 이를 존중하는 분위기가 조성되고 있다. 일본의 이러한 문화는 비교적 짧은 기간에 정착된 것으로서, 죽음을 터부시했던 일본 전통과 대비된다. 과거 일본 역시 죽음 이야기를 꺼리는 경향이 강했으나, 정부 차원의 생애말기 돌봄 전략 제시와 언론 보도를 통해 사회 인식이 바뀌기 시작했다. 그 결과 현재는 많은 일본인이 노후 생활계획의 하나로 웰다잉을 고려하게 되었다. 다만 일본에서도 법률적으로 안락사나 조력자살은 허용되지 않는다. 대신 임종기 연명의료 중단에 대해서는 일본의료협회 지침에 따라 환자 의사를 존중하고 불필요한 치료를 하지 않는 방향으로 임상 관행이 형성되어 있다. 전반적으로 일본은 문화적 접근을 통해 웰다잉을 추진한 사례로 볼 수 있다. 제도적인 뒷받침(호스피스 확충)과 더불어 시민들의 의식 개선을 이끌어 냄으로써, 죽음 준비를 일종의 사회적 트렌드로 만들었다는 평가를 받는다.

한국의 웰다잉 정책도 앞으로 나아갈 방향을 모색할 수 있다. 먼저 호스피스·완화의료 인프라의 확충이 지속되어야 한다. 일본처럼 말기 환자의 10% 이상이 호스피스를 이용할 수 있으려면 병상 수와 인력을 대폭 늘릴 필요가 있다. 암 환자뿐 아니라 비암성 말기질환자(예: 말기 심부전, 루게릭병, 치매 말기 환자 등)도 호스피스 대상에 포함하여 웰다잉의 혜택을 넓혀야 한다. 이를 위해 호스피스 전문시설 지원, 가정형 호스피스 활성화, 완화의료 전문인력 양성 등의 정책적 노력이 요구된다. 둘째, 법·제도적 보완측면에서, 연명의료결정법 시행 경험을 토대로 미비점을 개선해야 한다. 예컨대 현재는 연명의료중단 결정만 다루고 있지만, 향후 환자의 고통 경감을 위한 완화적 치료(예: 진정요법)가이드라인을 법제화하거나, 회생 가망 없는 환자의 자의적 사망권에 대한 사회적 논의도 필요한 시점이다. 스위스의 조력자살 사례는 극단적으로 느껴질 수 있으나, 현대 의학기술로 생명이 지나치게 연장되는 부작용에 대한 반작용으로 이런 논의가 나왔다는 점을 참고해야 한다. 한국에서도 환자 자기결정권을 어디까지 인정할지에 대한 사회적 합의를 차근차근 이뤄나갈 필요가 있다. 셋째, 문화 및 인식 개선은 법과 제도만큼이나 중요하다. 일본의 슈카츠 문화처럼, 우리 사회에서도 죽음 준비를 자연스럽게 받아들이도록 대중교육과 캠페인을 강화해야 한다. 노년기뿐 아니라 전 연령대가 삶의 유한성을 인식하고 자신의 최후를 생각해보도록 돕는 교육 프로그램을 개발할 수 있다. 예를 들어 학교 교육에서 생명윤리나 임종 간호 체험 등을 포함시키고, 지역사회에서는 웰다잉 축제나 공모전을 개최해 죽음 준비 경험을 공유하게 하는 방법도 있을 것이다. 또한 정보 접근성을 높이기 위해 웰다잉 관련 상담 인프라를 확충해야 한다. 현재 국립연명의료관리기관을 통해 온라인으로 사전연명의료의향서 등록이 가능하고 상담도 제공되지만, 보다 많은 지역 거점에서 노인들이 쉽게 상담받고 서류를 작성할 수 있도록 지원할 필요가 있다. 마지막으로, 웰다잉 정책 추진에 있어 가장 기본이 되는 것은 인간 존엄성에 대한 확고한 존중이다. 삶의 마지막까지 인간으로서의 존엄과 가치를 지키는 것은 헌법적 권리이기도 하다. 따라서 정책 입안자와 의료 종사자는 어떠한 경우에도 환자의 최선의 이익과 의사를 최우선에 두어야 한다. 요약하면, 한국의 웰다잉 문화 정착을 위해서는 해외 사례에서 배운 법·제도적 장치의 도입, 의료 시스템 개선, 대중 인식 변화가 입체적으로 추진되어야 한다. 이것이 잘 이루어진다면, 노년기의 죽음은 더 이상 두려움의 대상이 아니라 삶의 아름다운 완성으로 받아들여지고, 모든 국민이 품위 있는 임종을 맞이하는 사회에 한 걸음 다가설 것이다.

표37. 주요 국가의 웰다잉 관련 제도 비교

| 국가 | 주요 웰다잉 정책 및 법제 | 특징 |
|---|---|---|
| 한국 | 호스피스·완화의료 및 연명의료결정법 (2018 시행) | 연명의료 중단 결정 및 호스피스 이용에 대한 환자 자기결정권 보장. 사전연명의료의향서 제도로 미래 의사 표현 가능. 안락사·조력자살은 불허. |
| 스위스 | 조력자살 합법 (1942년 형법상 허용) | 자살을 돕는 행위가 비이기적 동기일 경우 합법. EXIT 등 비영리단체를 통한 조력자살 실행. 안락사는 불법이지만 연 1천명 이상 조력자살 선택. |
| 일본 | 연명의료중단 지침 (협회 차원), 호스피스 확충 정책, 슈카츠 문화 | 법률로 연명의료결정 규정은 없으나 의료현장에서 환자 의사 존중. 200여 개 호스피스 병동 운영. 노년층의 자발적 죽음 대비 활동(엔딩노트, 생전장례 등) 활발. |
| 네덜란드 | 안락사 및 의사조력자살 합법 (2002년 안락사법) | 엄격한 요건 하에 의사가 약물로 생명 종결 가능. 환자 요청과 참을 수 없는 고통 등의 조건 필요. 국가 차원 안락사 심의위원회 운영. |

각국의 문화와 법 체계에 따라 웰다잉을 구현하는 방식이 다름을 알 수 있다. 한국은 소극적 존엄사(연명치료 중단)를 제도화한 단계로, 적극적 안락사나 조력자살에는 선을 긋고 있다. 반면 스위스는 세계에서 가장 자유롭게 조력자살을 허용하고, 일본은 법보다는 문화와 관행을 통해 웰다잉을 실천해 나가고 있다. 네덜란드 등 일부 국가는 의사조력죽음까지 합법화하여 국가 통제 하에 시행하지만, 그만큼 윤리적 기준을 엄격히 적용한다. 이러한 비교를 통해 우리나라는 현행 제도의 틀 내에서 환자 중심의 임종문화를 더욱 발전시키고, 동시에 사회적 합의를 바탕으로 미래의 정책 방향을 신중히 모색해야 함을 알 수 있다.

Chapter 24

# 최신 기술 및 디지털 포용

1. 노인의 디지털 소외 문제와 해결책

## 1. 노인의 디지털 소외 문제와 해결책

### (1) 노인층 디지털 격차의 실태와 원인

정보통신 기술이 발전하면서 전체 인구의 인터넷 활용률은 매우 높아졌지만, 고령층에서는 여전히 디지털 격차(digital divide)가 심각하다. 예를 들어 일본의 경우 2020년 기준 13~59세 인구의 90% 이상이 인터넷을 사용한 반면, 60대와 70대 고령층에서는 그 비율이 각각 약 59.6%와 25.6%에 그쳤다. 한국도 마찬가지로 2022년 조사에서 70세 이상 인구의 45%가 인터넷을 전혀 사용하지 않는다고 보고되었다. 유럽연합(EU) 지역에서도 고령층의 인터넷 활용률은 국가별 편차가 크고 대체로 젊은 층보다 낮다. 2020년 기준 EU 전체 65~74세 연령대의 약 61%만이 인터넷을 사용했고, 선도국인 덴마크는 94%에 달하지만 이탈리아 등 일부 남유럽 국가는 50% 미만으로 저조한 수준이었다. 이러한 통계는 고령층 상당수가 디지털 환경에서 소외되고 있음을 보여준다. 체계적인 교육을 통해 고령층의 기술에 대한 두려움을 줄이고 자기효능감을 높이면, 새로운 디지털 환경에 대한 적응력이 향상된다.

- 세대 간 기술 멘토링: 젊은 세대와 노인 세대가 함께하는 세대공감 기술교육 프로그램을 활성화한다. 정보에 밝은 청년들이 디지털 자원봉사자로 참여하여 노인들에게 1대1로 스마트 기기 사용법을 가르치는 사례가 효과적이다. 예컨대 해외의 Cyber-Seniors 프로그램처럼 학생들이 멘토가 되어 어르신들의 기술습득을 도와주는 모델을 도입할 수 있다. 이러한 세대 간 교류는 단순히 기술 전달뿐 아니라 소통과 정서적 유대 형성에도 도움이 되어 노인들의 사회적 고립감도 완화된다.

- 접근성 개선과 사용자 친화적 기술: 고령층이 쉽게 사용할 수 있는 유니버설 디자인의 기기와 어플리케이션 개발이 중요하다. 글자 크기를 키우고 인터페이스를 단순화하며 음성인식, 음성안내 같은 기능을 넣어 노인 친화적 UI를 구현해야 한다. 예를 들어 큰 글씨와 직관적 메뉴를 갖춘 실버폰(손쉬운 스마트폰)이나, 인공지능 음성비서가 장착되어 말로 명령을 내릴 수 있는 기기가 노인들의 접근성을 높인다. 정부와 업계는 웹 접근성 지침을 마련해 공공 웹사이트나 앱이 장애인뿐만 아니라 고령자에게도 사용하기 편리하도록 표준을 준수하도록 장려하고 있다. 오프라인 대안 병행도 필요하다. 필수 행정서비스나 은행 업무 등이 디지털화되더라도, 고령층을 위해 대면 창구나 전화 서비스 등 대체 수단을 유지하여 배제 없는 서비

스를 제공해야 한다.

- 심리적 장벽 완화: 노인들의 기술에 대한 거부감을 줄이기 위해 동기 부여와 성공 경험 제공이 중요하다. 가족이나 지역사회에서 어르신들의 인터넷 활용을 격려하고, 소규모 그룹 학습을 통해 서로 도와가며 배우도록 하면 자신감을 갖게 된다. 또한 온라인 안전 교육을 통해 개인정보 보호 방법, 피싱 사기 대처법 등을 가르쳐 신뢰 구축을 돕는다. 기술의 유용성과 필요성을 실제 사례로 보여주어 생활편의 개선이나 건강 관리 등에 도움이 된다는 점을 인식시키면, 고령층도 적극적으로 배우고자 하는 의욕을 가질 수 있다.

이러한 방안들을 종합적으로 추진함으로써 디지털 포용을 증진할 수 있다. 특히 교육과 기술개발, 제도적 지원이 함께 이루어져야 효과적이다. 접근(Access), 역량(Education), 디자인(Design), 신뢰(Trust) 등 여러 측면의 장벽을 동시에 낮추는 노력이 필요하다는 지적이 있으며. 예를 들어 핀란드와 스웨덴 등 북유럽 국가들은 일찍부터 고령자 대상 IT 교육을 정규화하여 현재 고령층의 인터넷 사용률이 매우 높다. 반면 이탈리아, 포르투갈 등은 비교적 낮은 편이어서, 최근 정부 차원에서 노인 대상 디지털 역량 강화 캠페인을 벌이고 있다. EU 집행위원회는 디지털 교육行动计划 등에 고령층 참여를 명시하고, ACTIVAGE 같은 프로젝트를 통해 각국의 고령자 스마트홈, e-헬스 실증사업 등을 지원했다. 또한 유럽 각지의 도서관, 시청 등 공공장소에서 무료 인터넷 kiosk와 IT 도움 서비스를 운영하여, 교육받지 않은 노인들도 필요시 디지털 서비스를 접할 수 있도록 하고 있다. 전반적으로 유럽은 법·제도적 장치와 사회적 지원을 결합해 고령층의 디지털 포용을 촉진하고 있으며, 이러한 노력들은 정보화 시대에 누구도 소외되지 않도록 하는 것을 목표로 하고 있다.

해외 사례를 통해 볼 때, 고령층 디지털 소외 문제는 전 세계적인 도전이며 이를 해결하기 위해 정책적 지원, 교육 강화, 기술 혁신이 함께 이루어지고 있다. 일본, 유럽 등의 경험은 한국에도 시사점을 주는데, 정부 차원의 꾸준한 투자와 민관 협력이 뒤따를 때 고령층의 디지털 참여율을 높이고 삶의 질 향상으로 이어질 수 있다는 것이다.

### (2) ICT 기술을 활용한 노인복지 서비스 발전

1) 의료 및 정서 지원 분야의 ICT 활용

첨단 ICT 기술은 노인복지 서비스에 혁신을 가져오고 있다. 특히 의료 및 정서 지원 분야에서 원격 기술의 활용이 두드러진다.

원격의료(Telemedicine)는 거동이 불편한 노인이나 만성질환 노인들에게 큰 도움을 주고 있다. 과거에는 병원 방문이 어려워 적시에 진료받기 힘들었던 노인들이 이제 영상통화나 원격 모니터링 기기를 통해 집에서 의료 서비스를 받을 수 있다. 예를 들어, 혈압계나 혈당계 같은 기기를 집에서 측정하면 그 데이터가 인터넷으로 병원에 전송되고, 의사는 이를 확인하여 상담해주는 식이다. 특히 COVID-19 팬데믹을 거치며 노인들의 원격의료 이용이 급증하였다. 한 연구에 따르면, 팬데믹 이전에는 70대 이상 노인의 6%만이 원격진료를 이용했으나 팬데믹 기간에는 그 비율이 24%로 크게 늘었다. 이는 짧은 기간 동안 4배 증가한 수치로, 위기 상황에서 원격의료가 노인진료의 중요한 대안이 되었음을 보여준다. 원격의료를 통해 노인들은 의료 접근성을 높이고 질병을 조기에 관리할 수 있으며, 거동 불편이나 거리상의 제약을 극복하여 건강 수발을 더 잘 받을 수 있다.

정신적·정서적 지원 측면에서도 온라인 플랫폼의 활용이 확대되고 있다. 고령자들은 사회적 고립과 우울감에 취약한데, 온라인 정서 지원 서비스를 통해 도움을 얻을 수 있다. 예컨대 화상 채팅으로 전문 상담사가 심리상담을 제공하거나, 그룹 화상 모임으로 또래 노인들과 대화를 나누는 프로그램이 운영되고 있다. 가족들과 떨어져 지내는 어르신들은 영상 통화 애플리케이션으로 손쉽게 손자손녀와 얼굴을 보며 대화함으로써 외로움을 덜 수 있다. 사회복지기관에서는 SNS 기반 커뮤니티를 만들어 노인들이 일상생활을 공유하고 서로 격려할 수 있게 돕는다. 연구에 따르면 인터넷 활용도가 높은 노인일수록 사회적 지지 수준이 높고 외로움이 감소하는 경향이 있다고 한다. 이는 온라인 정서 지원이 노인의 삶의 만족도와 정신건강 개선에 기여할 수 있음을 시사한다.

또한 평소 거동이 힘들어 대면 모임에 참석하기 어려운 노인들도 화상 모임 기술을 통해 종교 모임, 취미 동호회 등에 참여할 수 있다. 예를 들어 교회나 사찰에서는 고령 신도를 위해 예배나 법회 영상을 실시간 중계하고, 노인들이 채팅으로 소통하게 하여 사회적 유대를 유지하도록 돕고 있다. 이러한 온라인 사회참여는 노인들의 고립감을 줄이고 자아존중감을 높이는 효과가 있다.

2) 평생교육과 사회참여를 위한 디지털 플랫폼

고령사회에서는 평생교육과 사회참여를 통한 노인의 역량 강화가 중요하며, 디지털 기술이 이를 뒷받침하고 있다.

먼저, 인터넷과 온라인 학습 플랫폼은 노인들에게 평생교육의 기회를 제공한다. 과거에는 고령층이 교육을 받으려면 직접 학교나 평생학습관을 찾아야 했으나, 이제는 온라인 강좌(MOOC)나 유튜브 강의 등을 통해 언제 어디서나 배울 수 있다. 여러 대학과 기관들이 시니어 친화적인 강좌를 개설하여 스마트폰 활용법부터 인문학, 예술, 재무관리까지 다양한 내용을 가르치고 있다. 예를 들어 AARP 산하의 Senior Planet 같은 사이트에서는 노인 대상 무료 온라인 강의를 제공하고, GetSetUp과 같은 글로벌 플랫폼은 노인들이 서로 배우고 가르치는 인터랙티브 수업을 운영한다. 한국에서도 노인종합복지관 e-러닝 시스템이나 온라인 경로대학 등이 도입되어, 컴퓨터 기초부터 외국어, 음악, 요리 등 취미·교양 교육까지 폭넓게 제공하고 있다. 이러한 평생교육 참여는 노인의 인지능력 유지와 자기계발 욕구 충족에 도움이 되어 활기찬 노후를 보내게 해준다.

디지털 기술은 또한 노인들의 사회참여 활성화에 기여한다. 소셜 미디어와 온라인 커뮤니티를 통해 노인들은 세상과 연결되고 자신의 목소리를 낼 수 있다. 페이스북 등의 일반 SNS뿐 아니라 노인 전용 커뮤니티(예: 실버넷)가 생겨나 어르신들이 글을 쓰고 의견을 교환한다. 이를 통해 세대와 지역을 넘어 사회 문제에 의견을 표명하거나, 자신의 경험과 지혜를 젊은 세대와 나누는 지식공유 활동도 이루어진다. 일부 지방자치단체는 노인들을 디지털 자원봉사에 참여시키는데, 예컨대 과거 경력이나 취미를 살려 온라인 멘토로 활동하거나, 손주뻘 젊은이들과 함께 지역 이슈를 토론하는 화상 포럼에 참여시키기도 한다.

나아가 전자정부 서비스의 발전으로 노인들도 행정·정치 과정에 더 쉽게 참여할 수 있다. 예를 들어 온라인으로 국민청원을 넣는다든지, 전자투표 시범사업에 참여하여 선거에 투표하는 등 목소리를 낼 기회가 늘고 있다. 정보 접근성이 향상됨에 따라 노인들도 시사뉴스나 정부정책 정보를 실시간으로 얻고, 이메일이나 SNS로 지역 의원에게 의견을 보내는 등 시민 참여를 할 수 있게 되었다.

이처럼 디지털 기술은 교육을 통해 노인의 자기성장을 돕고, 사회와의 연결고리를 넓혀줌으로써 노인이 단순한 복지 수혜자를 넘어 능동적인 사회 구성원으로 역할하도록 지원하고 있다. 이를 바탕으로 노인 개개인의 삶의 질이 향상될 뿐 아니라, 세대 간 교류와 이해 증진, 나아가 사회 전체의 활력으로 이어지는 긍정적 효과가 나타난다.

### 3) AI 및 IoT 기반 건강 모니터링과 독거노인 돌봄

인공지능(AI)과 사물인터넷(IoT) 기술의 발달은 노인 건강관리와 돌봄 서비스에 새로운 전기를 마련하고 있다. 특히 혼자 사는 고령자를 위한 스마트 돌봄 분야에서 다양한 시도가 이루어지고 있다.

AI 건강 모니터링 기술은 노인의 신체 상태를 실시간으로 관찰하고 이상 징후를 조기에 감지하는 데 활용된다. 예를 들어 스마트워치나 웨어러블 기기를 통해 심박수, 수면 패턴, 걸음 수 등의 데이터를 수집하고, AI가 이를 분석하여 평소와 다른 위험 신호(예: 부정맥 징후나 활동량 급감)를 감지하면 미리 경고를 보낸다. 이러한 데이터 기반 헬스 모니터링은 노인 스스로 자신의 건강 상태를 관리하도록 도와줄 뿐 아니라, 의료진이나 가족에게도 정보를 제공하여 신속한 대응을 가능케 한다. 미국 등에서 상용화된 일부 스마트워치는 심전도 데이터를 분석해 심방세동을 조기에 발견하기도 하며, 낙상 감지 센서는 노인이 넘어졌을 때 즉시 보호자나 응급센터에 알림을 보내 골든타임 내 조치를 취할 수 있게 한다. 한국에서도 ICT 기반 안심서비스가 확산되어, 독거노인의 집에 움직임 센서, 화재·가스센서 등을 설치하고 IoT 플랫폼으로 24시간 감시하여 평소와 다른 움직임이 없으면 생활관리사에게 통보하는 시스템이 다수 지자체에서 가동 중이다. 서울시는 2022년까지 독거노인 가정 12,500곳에 IoT 센서를 설치하는 등 스마트 플러그 사업을 확대 시행하였는데. 이렇듯 AI와 IoT를 활용한 똑똑한 돌봄은 사람이 24시간 붙어있기 어려운 한계를 기술로 보완하여, 노인이 안전하게 독립생활을 이어가도록 지원한다.

소셜 로봇과 AI 비서 기술도 노인 돌봄에 도입되고 있다. 일본에서는 PARO라는 물개 모양의 감성로봇이 요양원 등에서 활용되는데, 치매 노인에게 정서적 안정을 주고 반응을 이끌어내어 우울증상을 완화하는 효과가 입증되었다. 또한 Pepper와 같은 인간형 로봇이 양로원에서 말동무가 되거나 간단한 운동을 함께 따라하게 함으로써 노인들의 정서적 안정과 신체활동을 돕는 실험도 진행되었다. 한국에서도 몇몇 지방자치단체가 AI 반려로봇을 독거노인에게 보급하기 시작했다. 이 로봇은 날씨나 뉴스 등을 음성으로 알려주고, 주기적으로 말을 걸어 안부를 확인하며, 응급 상황시 구조요청을 할 수 있는 기능이 있다. 노인들은 이를 친구처럼 대화하며 심리적 안정감을 얻고, 돌봄 공백을 메워줄 동반자로 느끼기도 한다. 한편 AI 스피커(인공지능 음성비서)를 활용한 서비스도 인기인데, 말벗 기능 외에 "불 끄기"처럼 음성명령으로 가전제품을 제어하는 스마트홈 기술과 연계되어 집안 환경을 편리하게 관리할 수 있다. 이렇듯 AI 로봇과 음성비서는 노인의 정서적 지원과 일상생활 보조를 함께 제공함으로써, 보다 품위 있는 노후를 영위하도록 돕는다.

4) 데이터 기반 예방의학과 건강수명 연장

디지털 기술이 축적하는 방대한 건강 데이터와 이를 처리하는 AI 기술은 노인의 예방의학과 건강수명 연장 분야에도 큰 잠재력을 보이고 있다. 과거 의료는 질병이 발생한 후 치료하는 데 초점이 있었지만, 이제는 사전에 위험을 예측하고 예방하는 방향으로 바뀌고 있으며, 특히 고령자의 만성질환 관리와 건강유지에 데이터 기반 접근법이 활용된다.

예를 들어 병원 및 보험기관에서는 빅데이터 분석을 통해 노인 환자의 진료 기록, 검사 결과, 생활습관 데이터를 종합적으로 검토하고 있다. AI 알고리즘은 이러한 데이터를 학습하여 개별 노인의 향후 질병 발병 위험을 예측하거나 악화 가능성을 경고한다. 한 연구에서는 빅데이터 분석으로 노인의 주요 위험인자를 조기에 식별하여 예방 조치를 취하는 것이 가능함을 보였는데. EU 차원에서는 각 회원국의 성과를 공유하고 재정적 지원을 제공하며, 유럽사회기금(ESF) 등을 통해 디지털 교육 프로젝트를 공동 financings한다.

이러한 정부의 전략적 개입은 인프라와 교육, 콘텐츠 전반에 걸친 체계적 접근을 특징으로 한다. 단순히 기기를 나눠주는 것을 넘어, 네트워크 인프라 확충, 교육 커리큘럼 개발, 민간 기업과의 파트너십을 포괄한다. 또한 정책 목표에는 단순 사용률 제고뿐 아니라, 삶의 질 개선과 사회통합 달성이 명시된다. 요컨대, 정부의 스마트복지·디지털 포용 정책은 고령층이 디지털 시대에 능동적 시민으로 참여하여 혜택을 누릴 수 있도록 돕는 것을 핵심 목표로 삼고 있다.

5) 개인정보 보호 및 접근성 강화

디지털 복지 정책을 추진함에 있어 개인정보 보호와 접근성 문제를 해결하는 것은 매우 중요한 과제다. 노인들이 안심하고 디지털 서비스를 이용하려면 신뢰할 수 있는 환경이 조성되어야 한다.

먼저, 개인정보 보호 측면에서 정부는 관련 법·제도를 정비하고 기술적 보호장치를 강화해야 한다. 노인들은 디지털 기술에 익숙하지 않아 피싱 사기나 개인정보 유출 위험에 특히 취약하므로, 강력한 보안 프레임워크가 뒷받침되어야 한다. 예를 들어 금융거래나 의료정보 조회 시 2단계 인증 등 본인확인 절차를 강화하고, 개인정보 활용에 대한 명확한 동의를 거치도록 규정한다. 또한 노인들이 많이 사용하는 복지 앱이나 건강 앱에 대해서는 보안성 사전 인증제를 도입하여 안전한 서비스만 보급되도록 품질 관리가 필요하다. 정부 차원에서 정기적으로 디지털 안전 교육 캠페인을 실시하여 노인들에게 스미싱 문자 식별법, 비밀번호 관리 요령, 개인정보 설정 방법 등을 교육함으로써 이용자 측면의 보호 역량도 높인다. 아울러, 개인정보 침해사고가 발생하면 신속히 구제할 수 있도록 피해 신고센터 운영 및 법률 지원을 제공하여 노인들이 안전망을 느낄 수 있게 해야 한다.

접근성(accessibility) 강화는 고령층 디지털 포용의 기본 조건이다. 정부는 웹 접근성 지침을 법제화하여 공공 웹사이트와 모바일 앱이 장애인과 고령자 친화적으로 제작되도록 의무화하고 있다. 한국의 경우 「디지털 서비스법」 등에서 고령자를 위한 폰트 크기 조절, 음성 안내, 자막 제공 등의 표준을 권고한다. 또한 정보통신기기 접근성 강화 표준을 마련해 TV리모컨, 키오스크 같은 기기에도 쉬운 모드나 보조 기술 연동을 지원하도록 유도하고 있다. 예를 들어 관공서의 무인 민원발급기에는 큰 글씨와 음성안내 기능, 휠체어 사용자도 이용하기 쉽도록 낮은 높이의 터치스크린 등이 적용된다. 민간 부문에서도 스마트폰 OS에 시니어 모드를 탑재하거나 은행 ATM에 음성 지원 기능을 추가하는 등 노인 고객을 배려하는 움직임이 확산되고 있다. 정부는 이러한 접근성 기준 준수를 인증마크 등으로 가시화하여 우수 사례를 확산시키고, 미흡한 기관에는 개선을 권고함으로써 포용적 설계를 장려해야 한다.

결국 개인정보 보호와 접근성 제고는 노인들이 디지털 세상에서 자율성과 존엄성을 유지하며 활동하기 위한 전제조건이다. 정부의 정책 설계 단계부터 이 두 요소를 중심에 두고, 이해관계자 (노인 당사자, 시민단체, 업계 전문가)와 협력하여 지속적으로 보완·발전시켜 나가는 것이 필요하다.

### (3) 3.3 세대 간 디지털 포용을 위한 협력 방안

디지털 포용은 한 세대의 노력만으로 이루어지기 어렵다. 세대 간 협력을 통해 젊은 층과 노년 층이 서로 배우고 가르치며 상생할 때 더욱 효과적으로 달성될 수 있다.

하나의 방안으로, 앞서 언급한 세대공감 디지털 멘토링 프로그램을 정책적으로 지원·확대할 수 있다. 예를 들어 정부나 지자체에서 청년 일자리 프로그램의 일환으로 디지털 서포터즈를 모집하여 노인 복지관, 경로당 등에 파견하는 것이다. 이러한 프로그램은 청년들에게는 사회봉사 및 경력 개발의 기회를 주고, 노인들에게는 친손주 같은 멘토를 제공하여 심리적 친밀감 속에 기술을 배울 수 있게 한다. 세대 간의 신뢰와 우정을 쌓으면서 자연스럽게 디지털 역량도 향상되는 일석이조의 효과가 있다.

또 다른 협력 방안은 가족 내 디지털 돌봄을 장려하는 것이다. 실제로 많은 경우 자녀나 손자세대가 부모·조부모 세대의 휴대폰을 세팅해주고 사용법을 알려주는 일이 일반화되어 있다. 정부는 이에 착안하여 가족 디지털 서약 같은 캠페인을 벌여, 젊은 세대가 일정 시간 어르신의 디지털 활동을 도와드릴 것을 독려할 수 있다. 예컨대 "주 1회 부모님께 디지털 가이드 해드리기" 같은 구호를 내걸고 참여자를 포상하거나 인증 배지를 주는 식이다. 또한 방학 동안 손자세대가 조부모에게 IT를 가르쳐드리고 그 경험을 학교에 제출하면 봉사활동 시간으로 인정해주는 제도도 고안해볼 수 있다. 이렇게 하면 자연스럽게 가정 내에서 디지털 격차 완화 노력이 이루어지고 세대간 유대도 강화될 것이다.

지역사회 차원의 협력도 중요하다. 지역 도서관, 주민센터 등을 세대 융합 공간으로 활용하여, 디지털 튜터링 데이를 개최하면 좋다. 이를테면 매주 특정 요일에 지역의 대학생이나 ICT 업계 종사자들이 자원봉사로 나와 동네 어르신들의 스마트기기 질문에 답해주는 오픈 상담실을 운영할 수 있다. 또한 지역 중·고등학교 동아리에서 실버 IT 교실을 정기적으로 열어 학생들이 교재와 커리큘럼을 준비해 어르신들을 가르치는 프로그램도 생각해볼 수 있다. 이러한 활동은 노년층에게 실질적 도움을 주는 동시에, 젊은 세대에게는 노년층에 대한 이해와 존중을 배우는 계기가 된다.

나아가 세대 간 공감의 문화를 조성하는 것이 중요하다. 미디어를 통해 노인이 디지털 기기를 배우는 감동적인 사연이나, 손자와 할머니가 함께 유튜브 채널을 운영하는 사례 등을 소개하여, 서로에 대한 긍정적 인식을 확산시킬 필요가 있다. 기업에서도 사내 봉사활동으로 임직원들이 노인 대상 IT 멘토링에 참여하도록 장려하면 사회공헌이자 세대융합에 기여하는 효과를 낼 수 있다.

결국 세대 간 협력은 디지털 포용 사회의 핵심 동력이다. 정부는 이러한 민간의 움직임을 지원하고 네트워킹을 돕는 플랫폼 역할을 수행해야 한다. 이를 통해 전 사회가 함께 고령층의 디지털 적응을 도와주는 분위기가 만들어지면, 보다 지속가능한 포용 사회로 나아갈 수 있을 것이다.

# Chapter 25
# 다학제적 접근과 협력

1. 다학제적 접근과 협력

# 1. 다학제적 접근과 협력

## (1) 노인문제 해결을 위한 다학제적 연구와 융합

고령화 사회에서는 의료, 복지, 심리, 공학, 경제 등 다양한 분야의 지식과 기술이 융합되어야 복합적인 노인 문제에 효과적으로 대응할 수 있다. 인구 고령화로 인한 노인의 건강, 심리, 사회적 어려움은 단일 학문이나 단일 산업만으로는 해결하기 어렵다. 예를 들어 노인의 삶의 질(QoL)은 신체적 건강뿐 아니라 심리적 안녕, 사회적 지원 등 여러 요인이 종합적으로 영향을 미치며. 이는 곧 노인 돌봄에 있어 다학제적 접근이 노인의 건강과 삶의 질을 증진시키는 데 크게 기여함을 시사한다.

다학제적 연구와 융합은 고령화로 인한 문제의 원인을 통합적으로 파악하고 창의적인 해결책을 모색하는 장점을 지닌다. 의료, 사회복지, 심리, 공학, 경제 등의 분야는 각각 전문성이 다르지만, 노인의 신체적 건강, 정신적 안녕, 사회적 지원, 생활환경 개선, 재정적 안정이라는 공통의 목표를 위해 협력할 수 있다.

**표38. 의료 · 복지 · 심리 · 공학 · 경제 분야별 노인복지 기여 영역**

| 전문 분야 | 주요 기여 및 역할 |
|---|---|
| 의료 | 질병 예방과 관리, 만성질환 치료, 재활을 통해 노인의 신체 건강 유지·증진. 노인의료 전문팀을 구성하여 개인별 건강상태에 맞는 치료 및 돌봄 계획 수립. |
| 복지 | 일상생활 지원, 사회서비스 연계, 경제적 지원 등을 통해 노인의 생활 안정과 사회적 안전망 구축. 사례관리 등을 통해 의료와 돌봄 서비스 통합 조정. |
| 심리 | 치매 예방 및 정신건강 증진, 우울증 완화 등 정서적 지원. 상담과 인지재활 프로그램을 통해 노인의 정신적 안녕과 대인관계 개선. |
| 공학 | 보조공학기기, 주거환경 개선 기술, 정보통신기술(ICT) 활용 스마트 돌봄 시스템 개발. 예를 들어, 낙상 방지 센서나 원격 모니터링 시스템 설계로 노인 독립생활 지원. |
| 경제 | 연금제도, 보험 및 고용 정책을 통해 노인의 소득 보장과 생산적 활동 지원. 실버산업 육성을 통해 노인 친화적 상품·서비스 개발 및 일자리 창출. |

각 분야의 전문성이 유기적으로 융합될 때, 노인 개인의 복잡한 문제에 대한 통합적 해결책이 도출된다. 예를 들어 의료 분야에서 노인의 만성질환을 치료하면서도, 복지 분야에서는 해당 노인이 지역사회에서 받을 수 있는 돌봄 서비스를 연계하고, 심리 분야에서는 정서적 지원을 제공하며, 공학 분야에서는 안전한 주거환경과 보조기기를 마련해주고, 경제 분야에서는 필요한 재정 지원을 해주는 식이다. 이러한 다학제 협력 모

델에서는 전문가들이 정기적으로 팀 회의를 통해 정보를 공유하고 협력적 의사결정을 내린다. 이를 통해 노인을 신체적·정신적·사회적 측면에서 전인적으로 이해하고 지원할 수 있으며, 각 분야 간 사일로(silo)를 허물고 공동의 목표를 향해 나아갈 수 있다.

다학제적 연구와 기술 융합의 가치는 이미 다양한 혁신 사례를 통해 구체화되고 있다. 한 가지 사례로 인공지능(AI)을 활용한 치매 조기진단 연구를 들 수 있다. 전통적으로 치매 진단은 의료 분야의 전문 영역이지만, 최근에는 공학 분야의 AI 기술이 결합되어 조기에 인지기능 저하를 감지하려는 시도가 이루어지고 있다. 예를 들어, 국내 연구진은 웨어러블 기기를 통해 수집한 생활 로그(lifelog) 데이터를 활용하여 AI 기반의 치매 예측 알고리즘을 개발하였다. 이 연구에서는 노인의 걸음걸이 패턴, 수면 데이터 등의 일상 데이터를 머신러닝으로 분석하여 고위험군에서 치매 발생 가능성을 높은 정확도로 분류해냈다. 그 결과 걸음걸이 데이터로는 약 87.9%의 정확도로, 수면 데이터로는 81.8%의 정확도로 치매 여부를 예측할 수 있었으며, 일상 데이터의 활용이 치매 조기진단의 접근성을 높이고 진단 효율을 향상시킴을 보여주었다. 이러한 성과는 의료(신경과학, 노인 의학)와 공학(인공지능, 데이터과학), 나아가 심리학(인지평가) 등이 융합된 다학제 연구의 산물로, 향후 치매 예방과 관리에 큰 기여를 할 기술로 평가된다.

또 다른 융합 사례로 노인친화적 도시 디자인(Age-Friendly City Design)을 들 수 있다. 노인 친화 도시는 도시공학, 건축학, 교통공학, 사회복지학 등이 결합되어 고령자에게 안전하고 편리한 생활환경을 조성하는 개념이다. 세계보건기구(WHO)는 노인에게 친화적인 도시의 핵심 요소로서 8대 생활영역을 제시한 바 있는데, 여기에는 야외공간과 건물의 접근성, 대중교통의 편의성, 주거의 적정성과 안전성, 사회참여 기회, 존중과 사회적 포용, 시민참여와 일자리, 커뮤니케이션과 정보 접근성, 지역보건 및 돌봄 서비스의 충분성 등이 포함된다. 예를 들어, 보행 친화적인 거리 조성, 무장애 설계의 건축물, 쉽게 이용할 수 있는 대중교통망, 공원 및 화장실 등의 편의시설 확충은 모두 노인뿐 아니라 모든 연령층에 유익한 도시 환경을 만들어준다. 이러한 설계 선택들은 결과적으로 노인의 외부 활동을 독려하고 사회 참여를 높이며, 고립을 예방하여 정신적 건강에도 긍정적인 영향을 준다. 실제로 맨체스터, 도쿄, 서울 등 여러 도시들이 WHO 노인친화도시 글로벌 네트워크에 가입하여, 주거 환경 개선부터 교통 접근성 향상, 세대통합형 커뮤니티 공간 조성에 이르는 다양한 다학제적 정책을 추진하고 있다. 이렇듯 도시 계획과 사회정책의 융합을 통해 노인에게 살기 좋은 환경을 만들고자 하는 노력도 다학제 접근의 중요한 사례이다.

### (2) 주요 협력 사례 및 정책 적용 방안

다학제적 접근은 학문 연구 차원을 넘어 실제 정책과 현장에서의 협력 모델로 구현되고 있다. 국내외에서는 의료와 복지, 지역사회가 연계된 다양한 통합 돌봄 사례와 정책이 시행되어 왔으며, 이를 통해 노인복지 서비스의 효과성과 접근성을 높이고자 노력하고 있다. 한국의 지역사회 통합돌봄 시범사업은 지역 단위에서 보건의료와 복지가 연계된 대표적인 사례이다. 이 모델에서는 지자체가 주도하여 지역 보건소의 방문간호사, 의료기관, 요양시설, 복지기관 간 협의체를 구성하고, 케어 매니저(사례관리자)가 노인의 욕구에 맞는 서비스를 조율한다. 그 결과 돌봄을 받은 노인이 병원을 이용하는 비율이 유의하게 줄어드는 등 노인의 지역사회 거주 기간을 늘리고 의료비를 절감하는 효과를 확인하였다. 이러한 성과에 힘입어 한국 정부는 통합돌봄을 전국적으로 확대하고 제도화하기 위한 정책적 노력을 기울이고 있다. 예를 들어 노인맞춤돌봄서비스와 의료기관 간 연계 강화, 퇴원환자 연속관리 프로그램 등이 추진되고 있으며, 지역 건강보험공단 지사를 중심으로 보건-복지 연계 사례회의를 정례화하는 등 의료와 복지의 연속적 연계를 제도화하고 있다.

일본의 지역포괄케어 시스템은 국가 차원에서 법·제도를 정비하여 다학제 협력을 구현한 사례이다. 일본은 세계적으로 유례없는 고령화 속도를 경험함에 따라, 2000년대 초반에 개호보험(노인장기요양보험)을 도입하고 지역 포괄케어 개념을 발전시켰다. 이 시스템 하에서는 의사, 방문간호사, 개호복지사, 케어 매니저 등이 한 팀처럼 협력하며, 지방자치단체는 주택 개조나 생활지원 서비스까지 묶어 제공한다. 정부는 2025년까지 모든 지역에 이러한 통합 시스템을 갖추겠다는 로드맵을 세웠고, “노인이 살던 지역에서 생을 마감할 수 있도록(local inclusive care)”이라는 슬로건 아래 의료, 간호, 복지의 유기적 연계를 촉진하고 있다. 예를 들어 혼자 사는 노인이 병원에서 퇴원할 경우, 병원 사회복지사가 지역 케어 매니저와 바로 연락하여 필요한 돌봄 서비스를 연결해 주고, 방문간호와 식사 배달, 데이케어 서비스가 통합적으로 제공되는 식이다. 이를 뒷받침하기 위해 일본은 노인의료 및 개호 전문인력을 양성하고 각 의료학교에 노년의학과 설치를 권고하는 등 인적 기반도 강화하고 있다.

스웨덴의 Mobile Geriatric Team은 의료와 사회서비스의 경계를 넘나드는 다학제팀 모델로서, 북유럽 국가들의 지역케어 전통을 잘 보여준다. 스웨덴은 1990년대 ÄDEL 개혁을 통해 의료는 주(州)정부, 장기요양 및 사회복지는 시(市)정부가 맡는 구조로 재편된 바 있다. 이런 분절을 해소하기 위해 도입된 것이 Mobile Geriatric

Team과 같은 협력 모델이다. 이 팀은 의사, 간호사뿐 아니라 물리치료사, 작업치료사, 영양사, 사회복지사 등으로 구성되어, 병원과 지역사회 사이의 틈을 메우는 가교 역할을 한다. 팀의 철학은 필요한 경우 병원에 입원시키지 않고도 집에서 통합적인 돌봄을 받게 하자는 것으로, 환자를 전인적으로 바라보고 의료적 요구뿐 아니라 사회적 지원, 가족 상담까지 포괄한다. 예컨대, 팀이 정기적으로 재택 환자를 방문하여 건강상태를 살피고 약물조정이나 재활치료를 제공하는 한편, 필요한 경우 지역 사회복지 서비스와 연결하거나 가족돌봄자를 지원해준다. 이러한 접근은 노인의 의료 서비스 이용을 최적화하고 가족의 부담을 줄여줄 뿐 아니라, 노인 자신도 더 오래 친숙한 환경에서 생활하도록 돕는다. 한 연구에서는 Mobile Geriatric Team으로 노인의 응급실 방문과 입원이 감소하고 환자 및 가족의 만족도가 높아졌다는 보고도 있다. 이처럼 다학제 팀 기반의 재가 돌봄은 고령화가 진행된 여러 국가에서 점차 중요한 모델로 자리잡고 있다.

이외에도 민관 협력을 통한 기술 개발과 산·학·연 공동 연구도 노인복지 분야에서 중요한 역할을 하고 있다. 정부 주도의 연구개발(R&D) 지원을 통해 치매 예방 기술, 돌봄 로봇, 건강 모니터링 시스템 등 다양한 혁신 기술이 개발되고 있으며, 여기에는 기업과 대학, 연구소의 협력이 필수적이다.

### (3) 미래 노인복지 정책의 통합적 방향성

고령사회가 심화됨에 따라 미래의 노인복지 정책은 다학제적 통합 전략을 더욱 강화하는 방향으로 발전해야 한다. 이는 단순히 의료와 복지 서비스를 늘리는 차원을 넘어, 정부의 여러 부처와 민간 부문, 지역사회와 국제사회에 이르는 거버넌스의 전면적 협력을 의미한다. 앞서 살펴본 바와 같이 노인 문제는 복합적이므로, 범정부적 협력, 민관 협력, 지역사회 중심 접근이 유기적으로 결합된 통합적 거버넌스가 필요하다.

첫째, 범정부적 협력 측면에서, 노인복지 정책은 보건복지부만 아니라 국토교통부(주거), 고용노동부(고용·연금), 교육부(평생교육), 과학기술정보통신부(ICT 기술) 등 다양한 부처의 협동을 통해 추진되어야 한다. 여러 부처와 기관이 각자 개별 정책을 펼치는 경우 중복이나 사각지대가 발생하기 쉽기 때문에, 중앙정부 차원에서 노인정책을 총괄 조정하는 컨트롤타워의 역할이 중요하다. 실제로 싱가포르, 일본, 독일 등은 이미 고령화 대응을 위해 정부 전체가 참여하는 전략을 채택하여 부처 간 협업을 정례화하고 있다. 예컨대 싱가포르는 총리실 산하에 인구고령화위원회를 두고 각 부처 장관들이 함께 종합대책을 수립하며, 일본 역시 내각부에 고령사회대책본부를 설치하여 범부처 정책을 조율한다. 이러한 "전정부적(whole-of-government) 접근"만이 고령화로 인한 빈곤,

주거, 의료, 돌봄, 교통 등 횡단적인 문제(cross-cutting challenges)를 효과적으로 해결할 수 있는 유일한 길이라는 지적도 있다. 미국의 경우도 최근 고령화 문제 해결을 위해 백악관 산하에 노화정책 전담기구를 설치하고 국가 노화전략을 마련하자는 제안이 나오고 있으며. 이러한 국제적 프레임워크 아래 여러 국가와 도시들이 네트워크를 형성하여 정책 정보를 교환하고 공동 연구를 진행하고 있다. 예를 들어 WHO 글로벌 노인친화도시 네트워크는 2010년대 이후 회원 도시가 급증하여 현재 전 세계 수백 개 도시가 참여하고 있으며, 정기적인 회의와 보고서를 통해 각 도시의 정책 경험을 공유하고 있다. 또한 OECD, UN 노인인권작업반 등 국제기구 차원에서도 연금, 장기요양, 연령차별 금지 등 다양한 노인정책 이슈에 대해 회원국 간 협력을 촉진하고 권고안을 제시하고 있다. 한국도 이러한 국제 논의에 적극 참여하여 일본, 유럽 국가들과 정책 교류를 하고 있으며, APEC 고령화 포럼, ASEAN+3 노인복지 협력 등을 통해 범국제적인 노인복지 아젠다 형성에 기여하고 있다. 국제 협력은 각국이 자국 내에서 해결하기 힘든 문제들 - 예컨대 노인 학대 예방을 위한 국제 가이드라인, 치매 연구를 위한 글로벌 데이터 공유 - 등에 힘을 모으고, 보편적 정책 방향성을 함께 만들어가는 데 중요하다.

둘째, 노인복지 정책 패러다임의 근본적인 전환이 요구된다. 즉, 노인을 더 이상 사회의 부양 대상이나 취약 계층으로만 보는 관점에서 벗어나, 사회적 자원이자 능동적 주체로 인식해야 한다. 앞서 국제적 논의에서도 강조되었듯이, 노인은 서비스의 수혜자일 뿐 아니라 자신이 삶의 주도권을 쥐고 변화를 일으키는 행위자(agent of change)이다. 따라서 노인복지 정책도 노인의 권리와 존엄성, 자율성을 최우선으로 존중하면서, 그들의 역량을 사회에 활발히 기여할 수 있도록 지원해야 한다. 예를 들어 건강이 허락하는 한 노인의 취업 기회를 늘리고, 세대 간 멘토링이나 노인 자원봉사 프로그램을 활성화하며, 지역사회에서 경험 많은 노인들이 의사결정 과정에 참여할 수 있도록 하는 것이 그러한 방향이다. 이미 많은 연구에서 사회 활동에 적극 참여하는 노인이 그렇지 않은 노인에 비해 행복감과 건강 상태가 더 좋다는 결과가 보고되고 있다. 이에 호응하여 각국 정부는 활동적 노화(Active Ageing)를 정책 모토로 삼아, 평생교육 기회 확대, 노인 일자리 창출, 사회공헌활동 장려 등의 정책을 펴고 있다. 이런 패러다임 전환 하에서 노인은 더 이상 사회적 부담이 아니라, 축적된 지식과 지혜를 가진 귀중한 자원으로 재조명된다. 궁극적으로 노인복지의 통합적 방향성은 "모든 세대를 위한 포용적 복지"를 지향한다. 이는 노인이 존중과 지원 속에 삶을 영위하면서도 동시에 사회에 능동적으로 참여하여 세대공동체의 일원으로 역할을 수행하는 사회를 말한다. 이러한 사회를 만들기 위해 정부와 민간, 학계와 지역사회가 경계를 넘어 협력하는 다학제적 접근은 앞으로도 더욱 강조될 것이다.

Albarqi, M. N. (2024). Assessing the impact of multidisciplinary collaboration on quality of life in older patients receiving primary care: A cross-sectional study. Healthcare (Basel), 12(13), 1258. https://doi.org/10.3390/healthcare12131258

Alzheimer's Disease International. (2015). Republic of Korea: The 3rd National Dementia Plan. 보건복지부 중앙치매센터 보고서.

Alzheimer's Disease International. (n.d.-a). Vascular dementia. Retrieved from https://www.alzint.org/about/dementia-facts-figures/types-of-dementia/vascular-dementia/

Alzheimer's Disease International. (n.d.-b). Dementia with Lewy bodies.

ANBOUND. (2024, November 23). Elderly care service industry in China's silver economy has enormous potential. Eurasia Review. Retrieved from https://www.eurasiareview.com/23112024-elderly-care-service-industry-in-chinas-silver-economy-has-enormous-potential-analysis/

Asia Health and Wellbeing Initiative. (2024). CARE-Net – A smart integrated care approach to reach older people in a depopulated area (Jeongeup City, Republic of Korea). Retrieved from https://researchbriefings.files.parliament.uk/documents/POST-PN-0539/POST-PN-0539.pdf

Atchley, R. C. (1989). A continuity theory of normal aging. The Gerontologist, 29(2), 183-190.

Atkinson, G., & Markovitz, G. (2025, January 15). The gap is widening between super-ageing and youthful populations. Experts explain the implications. World Economic Forum.

Baltes, P. B., & Baltes, M. M. (1990). Successful aging: Perspectives from the behavioral sciences. Cambridge University Press.

Bang, H. J., Yoo, A. J., Lee, H. J., & Choi, J. W. (2024). Impact of a pilot project for integrated care on hospitalization rate among older adults in

South Korea. International Journal of Integrated Care, 24(2), 20. https://doi.org/10.5334/ijic.7665

Berkeley East Asia Institute. (2022). Who Cares for Japan's Aging Society? (세미나 발췌).

Buettner, D., & Skemp, S. (2008). Blue Zones: Lessons From the World's Longest Lived. Circulation, 118(3), 213-215. https://doi.org/10.1161/CIRCULATIONAHA.108.818468

Cai, H. (2017, July 24). Japan's aging society prompts redefinition of the term 'elderly'. China Daily.

Carstensen, L. L., Isaacowitz, D. M., & Charles, S. T. (1999). Taking time seriously: A theory of socioemotional selectivity. American Psychologist, 54(3), 165-181.

Castruita, P. A., Piña-Escudero, S. D., Rentería, M. E., & Yokoyama, J. S. (2022). Genetic, social, and lifestyle drivers of healthy aging and longevity. Current Genetic Medicine Reports, 10(3), 25-34.

Center for Mental Health & Aging. (n.d.). 10 Myths & Facts About Aging and Mental Health. Retrieved from https://www.mentalhealthandaging.com/

Centers for Medicare & Medicaid Services (CMS). (2019). Nursing Home Compare Five-Star Quality Rating System (Fact sheet). Retrieved from https://www.cms.gov/Medicare/Provider-Enrollment-and-Certification/CertificationandComplianc/Downloads/FSQRS-FAQs.pdf

Chen, L. M., Inoue, M., & Buckley, N. (2024). Case studies on community care in Japan: considerations for mitigating social isolation and loneliness in older adults with dementia. Frontiers in Public Health, 12, Article 1411217. https://doi.org/10.3389/fpubh.2024.1411217

Cho, G. (2020). Suggestions for a Data-Based Community Care System in Korea. Annals of Geriatric Medicine and Research, 24(4), 313-315. https://doi.org/10.4235/agmr.20.0091

Choi, J. (2014). 한국 노인요양시설의 서비스 질 관리: 정부 규제와 평가 [Quality management of elder care facilities in Korea: Government regulation and evaluation]. 서울연구원.

Choi, S., & Kim, T. (2002). 고령화사회의 노후 소득보장 제도. 한국사회과학, 24(2), 1-41.

Cox, D., & D'Oyley, H. (2011). Cognitive-behavioral therapy with older adults. BC Medical Journal, 53(7), 348-352.

Cumming, E., & Henry, W. E. (1961). Growing old: The process of disengagement. Basic Books.

Dziechciaż, M., & Filip, R. (2014). Biological, psychological and social determinants of old age: bio-psycho-social aspects of human aging. Annals of Agricultural and Environmental Medicine, 21(4), 835–838.

EEOC. (n.d.). Age discrimination. U.S. Equal Employment Opportunity Commission.

Emmott Snell Solicitors. (2018). Safeguarding vulnerable adults: abuse of the elderly [Blog]. Retrieved from https://www.emmottsnell.co.uk/blog/safeguarding-vulnerable-adults-abuse-of-the-elderly

Encyclopedia.com. (n.d.). Age Integration and Age Segregation. Retrieved 2025, January 30, from https://www.encyclopedia.com/education/encyclopedias-almanacs-transcripts-and-maps/age-integration-and-age-segregation

Erikson, E. H. (1982). The life cycle completed. W. W. Norton.

Ferrucci, L., & Kuchel, G. A. (2021). Heterogeneity of aging: Individual risk factors, mechanisms, patient priorities, and outcomes. Journal of the American Geriatrics Society, 69(3), 610–612.

Finnish Centre for Pensions. (2023). Retirement Ages – International Comparison.

Ga, H. (2020). Long-Term Care System in Korea. Annals of Geriatric Medicine and Research, 24(3), 181–186. https://doi.org/10.4235/agmr.20.0036

Gallant, M. P., & Spitze, G. (2004). Help or hindrance? How older adults view relationships with adult children. Research on Aging, 26(5), 505–542. https://doi.org/10.1177/0164027504264677

Havighurst, R. J. (1961). Successful aging. The Gerontologist, 1(1), 8-13.

Heo, S. (2024, August 2). 기초생활보장 수급자 10명 중 4명은 '65세 이상 노인'. 한국경제. Retrieved from https://www.hankyung.com/society/article/202408027541i

Holt-Lunstad, J., Smith, T. B., & Layton, J. B. (2010). Social relationships and mortality risk: A meta-analytic review. PLoS Medicine, 7(7), e1000316. https://doi.org/10.1371/journal.pmed.1000316

IPSS Japan. (2002). Overview of Social Security System in Japan. National Institute of Population and Social Security Research.

Ishihara, M., Matsunaga, S., Islam, R., Shibata, O., & Chung, U. (2024). A policy overview of Japan's progress on dementia care in a super-aged society and future challenges. Global Health & Medicine, 6(1), 13-18.

Iwagami, M., & Tamiya, N. (2019). The Long-Term Care Insurance system in Japan: Past, present, and future. JMA Journal, 2(1), 67-69. https://doi.org/10.31662/jmaj.2018-0015

JACCW. (n.d.). English: About Certified Care Worker. Japan Association of Certified Care Workers.

Jang, I. Y., Lee, H. Y., & Lee, E. (2019). Geriatrics Fact Sheet in Korea 2018 From National Statistics. Annals of Geriatric Medicine and Research, 23(2), 50–53. https://doi.org/10.4235/agmr.19.0013

Jin, K. (2010). Modern biological theories of aging. Aging and Disease, 1(2), 72–74.

Jo, T. (2023, December 23). 세계 10위 경제대국인데…노인빈곤율 1위? [노컷체크]. CBS 노컷뉴스. Retrieved from https://www.nocutnews.co.kr/news/6068111

Jones, R. S. (2023, March 2). Improving Korea's Long-Term Care for the Elderly. Korea Economic Institute of America. Retrieved from https://keia.org/the-peninsula/improving-koreas-long-term-care-for-the-elderly/

Jung, H.-W., & Jang, I.-Y. (2021). Geriatrics fact sheet in Korea 2021. Annals of Geriatric Medicine and Research, 25(2), 65–71.

https://doi.org/10.4235/agmr.21.0063

Jung, S. (2018, September 28). South Korea shows highest elderly employment rate in OECD. BusinessKorea.

Kang, I.-O., Park, C.-Y., & Lee, Y. (2012). Role of healthcare in Korean long-term care insurance. Journal of Korean Medical Science, 27(Suppl), S41-S46. https://doi.org/10.3346/jkms.2012.27.S.S41

Kang, J. (2022). Inclusive aging in Korea: Eradicating senior poverty. International Journal of Environmental Research and Public Health, 19(4), 2121. https://doi.org/10.3390/ijerph19042121

Khaliq, R. (2024, December 24). S. Korea turns "super-aged" nation with 20% populace aged above 65. Anadolu Agency.

Kim, B., Kim, J. I., Na, H. R., Lee, K. S., Chae, K., & Kim, S. (2021). Factors influencing caregiver burden by dementia severity based on an online database from Seoul dementia management project in Korea. BMC Geriatrics, 21, 649.

Kim, H., Kwon, S., Choi, Y., & Hashimoto, H. (2023). Explaining variations in long-term care use and expenditures under the public long-term care insurance systems: A case study comparison of Korea and Japan. International Journal of Health Policy and Management, 12, 6640.

Kim, H.-R., & Lee, K.-Y. (2022). 노인관련 문제 해결을 위한 현행 법규정의 문제점과 정립방향. Law Journal, 76, 29-67.
https://doi.org/10.17248/knulaw..76.202201.29

Kim, M. S., Lee, Y. H., & Song, J. E. (2024). 가족돌봄자의 돌봄부담 유형화에 관한 연구: 노인장기요양보험 재가급여 수급자 가족을 중심으로. 보건사회연구, 44(1), 426-448. https://doi.org/10.15709/hswr.2024.44.1.426

Kim, S. A., Park, E. K., & Seon, H. Y. (2022). 비대면 노인상담서비스의 효과성 분석을 위한 기초연구.

Korea Labor Force Development Institute for the Aged. (2022). 2021 Senior Employment and Social Participation Support Program Statistics. 세종: 한국노인인력개발원.

Larsson, K., Wallroth, V., & Schröder, A. (2023). Efforts of a Mobile

Geriatric Team from a Next-of-Kin Perspective: A phenomenographic study. Healthcare (Basel), 11(7), 1038. https://doi.org/10.3390/healthcare11071038

Lazarus, R. S., & Folkman, S. (1984). Stress, appraisal, and coping. Springer.

Lee, C. (2024, December 23). One-third of Japanese companies keep workers employed until 70. The Dong-A Ilbo (English ed.).

Lee, G., & Kim, C. (2024). Social isolation and mental well-being among Korean older adults: A focus on living arrangements. Frontiers in Public Health, 12, 1390459. https://doi.org/10.3389/fpubh.2024.1390459

Lee, J. Y., & Lee, S. Y. (2024). Development of an AI-based predictive algorithm for early diagnosis of high-risk dementia groups among the elderly: Utilizing health lifelog data. Healthcare (Basel), 12(18), 1872. https://doi.org/10.3390/healthcare12181872

Lee, K. (2024, August 22). 연금 수급자 800만명 첫 돌파…월 평균 65만원 받는다. 한국경제. Retrieved from https://www.hankyung.com/economy/article/202408229252i

Lee, S. B. (2019). The Community Dementia Reassurance Center (Chime Ansim Center) in South Korea. Annals of Geriatric Medicine and Research, 23(2), 43-44.

Marshall, T. H. (1950). Citizenship and Social Class. Cambridge University Press.

Mathieu, E. (2024, April 8). Japan has the highest ratio of elderly people relative to working-age people globally. Our World in Data.

Meng, K.-H. (2008). Future prospect of the silver industry in Korea and physicians' participation. Journal of the Korean Medical Association, 51(11), 956-958. https://doi.org/10.5124/jkma.2008.51.11.956

MHLW & OECD. (2024). Enhancing labour market participation of older workers in Japan (Workshop summary). Ministry of Health, Labour and Welfare of Japan.

Ministry of Economy and Finance (South Korea). (2015, May 7).

Government announces peak wage system guidelines [Press release].

Moore, E. (1990). A social work practice model of case management: The case management grid. Social Work, 35(5), 444-448.

Myers, J. E. (1995). From "Forgotten and Ignored" to standards and certification: Gerontological counseling comes of age. Journal of Counseling & Development, 74(2), 143-148.

National Center on Elder Abuse. (2021). Defining Elder Abuse. Retrieved from https://ncea.acl.gov

New York University Center on International Cooperation. (2023). South Korea's senior employment program for those over the age of 65 years. Pathfinders for Peaceful, Just and Inclusive Societies (Policy Database).

OECD. (2013). A Good Life in Old Age? Monitoring and Improving Quality in Long-Term Care. OECD Publishing.

OECD. (2018). Reducing the high rate of poverty among the elderly in Korea. OECD Economic Department Policy Note.

OECD. (2020). Pensions at a Glance: Country Profiles – Korea.

OECD. (2021). Pensions at a Glance: Country Profile – Japan. OECD Publishing.

OECD. (2023). Pensions at a Glance 2023: OECD and G20 Indicators. OECD Publishing.

Oh, K.-M., & Warnes, A. M. (2001). Care services for frail older people in South Korea. Ageing & Society, 21(6), 701–720. https://doi.org/10.1017/S0144686X01008479

Osako, M., & Tsukada, N. (2017). Addressing elder abuse in Japan, the oldest country in Asia. Innovation in Aging, 1(Suppl_1), 284–285.

Park, J. (2023, December 20). South Korean seniors poorest in OECD: Report. The Korea Herald.

Park, M. J., & Park, E. K. (2023). 국내 노인상담 연구 동향: 2000-2022 10월까지 학술지 논문 중심으로. 학습자중심교과교육연구, 23(15), 815-831.

Pathfinders SDG16+. (2023, June 6). South Korea's senior employment program for those over the age of 65 years. Retrieved from https://www.sdg16.plus/policies/south-koreas-senior-employment-program-for-those-over-the-age-of-65-years

Pedersen, M. (2015). Senior cohousing communities in Denmark. Journal of Housing for the Elderly, 29(1-2), 126–145.

PHI. (2016). Nursing Assistant Training Requirements by State. Retrieved from PHI National website.

Population Reference Bureau. (2020, March 23). Countries with the oldest populations in the world. PRB.

Rau, J. (2023, November 14). What long-term care looks like around the world. KFF Health News/New York Times.

Republic of Korea. (2021). Senior-Friendly Industry Promotion Act (Act No. 8110, amended by Act No. 18410). Retrieved from Korea Law Information Service website: https://elaw.klri.re.kr/eng_service/main.do

Riley, M. W., & Riley, J. W. Jr. (2000). Age integration: Conceptual and historical background. The Gerontologist, 40(3), 266–270. https://doi.org/10.1093/geront/40.3.266

Rowe, J. W., & Kahn, R. L. (1997). Successful Aging. The Gerontologist, 37(4), 433–440. https://doi.org/10.1093/geront/37.4.433

Save the Children. (2022). 손자녀 양육하는 조부모 지원 필요성. 서울특별시 보도자료.

Selection, Optimization, and Compensation. (n.d.). In Medicine and Health Encyclopedia (JRank). Retrieved 2025, January 30, from https://medicine.jrank.org/pages/1549/Selection-Optimization-Compensation-model-selection-optimization-compensation.html

Siegler, E. L., Lama, S. D., Knight, M. G., Laureano, E., & Reid, M. C. (2015). Community-based supports and services for older adults: A primer for clinicians. Journal of Geriatrics, 2015, Article 678625.

Sloan, K. S. (2022, December 12). Bringing aging policy to the White House. LeadingAge. Retrieved from https://leadingage.org/bringing-aging-policy-to-the-white-house/

Song, H. (2024). Reorganization of Long-Term Care Insurance for

End-of-Life Care. Journal of Hospice and Palliative Care, 27(4), 167-171. https://doi.org/10.14475/jhpc.2024.27.4.167

Song, P., & Tang, W. (2019). The community-based integrated care system in Japan: Health care and nursing care challenges posed by super-aged society. Bioscience Trends, 13(3), 279-281. https://doi.org/10.5582/bst.2019.01173

Steger, I. (2017, August 31). South Korea is aging faster than any other developed country. Quartz.

Tartiere, A. G., Freije, J. M. P., & López-Otín, C. (2024). The hallmarks of aging as a conceptual framework for health and longevity research. Frontiers in Aging, 4, Article 1334261.

The Atlantic. (2016). What Aging Parents Want From Their Adult Children. The Atlantic Magazine (Mar 2016 issue).

The Korea Times. (2010, May 19). Korea ready to embrace multicultural society.

The Korea Times. (2025, February 11). Poverty hits older adults harder in fast-aging Korean society.

U.S. Department of Housing and Urban Development. (2021). Section 202 Supportive Housing for the Elderly Program. Retrieved from HUD Official Site.

UNECE & European Commission. (2015). Active Ageing Index 2014: Analytical Report. UNECE/European Commission.

United Nations Population Fund. (2024). Ageing. UNFPA.

United Nations, Department of Economic and Social Affairs. (2019). World Population Prospects 2019: Highlights. United Nations.

Walker, P. (2018, January 17). May appoints minister to tackle loneliness issues raised by Jo Cox. The Guardian.

Walker, R. (2019). Elder Abuse Legislation: Japan vs. The United States. Gerontology Program Blog, Missouri State University. Retrieved from https://blogs.missouristate.edu/gerontology/2019/01/13/elder-abuse-legislation-japan-vs-the-united-states/

World Health Organization. (2002). Active Ageing: A Policy Framework. World Health Organization.

World Health Organization. (2008). A Global Response to Elder Abuse and Neglect: Building Primary Health Care Capacity to Deal with the Problem Worldwide. World Health Organization.

World Health Organization. (2022). Mental health of older adults. Retrieved from WHO website.

World Health Organization. (2023, March 15). Dementia (Fact sheet). Retrieved from https://www.who.int/news-room/fact-sheets/detail/dementia

World Health Organization. (2024, October 1). Ageing and health - Key facts. Retrieved from https://www.who.int/news-room/fact-sheets/detail/ageing-and-health

Yang, Y. (2018). Aging in community and local NGOs: Empowering marginalized older women in South Korea. Journal of Women & Aging, 30(5), 330–347. https://doi.org/10.1080/08952841.2017.1392066

Yi, W. (2024, February 11). Poverty hits older adults harder in fast-aging society. The Korea Times. Retrieved from https://www.koreatimes.co.kr/www/biz/2024/02/126_391631.html

Yi, W.-W. (2024, September 26). 1 out of 3 elderly Koreans living alone have no one to talk to. The Korea Times.

Yonhap News. (2017, July 2). OECD "한국 노인빈곤율 최고".

Yonhap News. (2022, September 6). 향후 한국 노인부양률 세계 최고…노인 연령 상향 조정 불가피.

국가인권위원회. (2022). "노년기, 자기결정권과 의사결정 지원." 인권웹진.

국민건강보험공단. (2022). 노인장기요양보험 통계연보.

국토교통부. (2021, December 31). 맞춤형 주거복지와 지역사회 함께 가꾼다 [보도자료].

권중돈. (2012). 노인복지론. 학지사.

김세운, & 정현. (2022). 노인의 정신건강에 영향을 미치는 요인에 관한 연구: 가구특성 간 비교를 중심으로. 보건사회연구, 42(1), 335-355.

김숙경. (2024). 고령친화산업 현황과 정책 방향에 대한 고찰. KIET 산업경제, 2024

년 7월호(특집), 13-27.

김정석, & 김예린. (2020). 노인복지학 개론. XYZ출판사.

김주원. (2024, November 5). 국민의힘, 정년 60세→65세…2034년까지 단계적 연장 추진. 매일신문.

김형수. (2018). 노인장기요양요원의 전문성 강화 방안 연구. 노인복지연구, 70(2), 55-78.

뉴스1. (2024, February 14). 복지부, 요양보호사 교육 과정 확대… 표준교육 240시간→320시간. 동아일보.

박관희. (2024, January 8). 초고령사회 진입 현실화… 고령자 위한 주택 공급 확대돼야. 대한건축사협회 건축사신문.

박선숙. (2023). 주거 특성이 노인의 건강과 삶의 만족도에 미치는 영향: 가족관계 만족도의 조절효과를 중심으로. 미래사회, 14(3), 85-102.

백세시대. (2025, February 15). 대한노인회 중심의 노인복지전달체계. 백세시대신문. Retrieved from
https://www.100ssd.co.kr/news/articleView.html?idxno=39807

법제처. (2019). 고용상 연령차별금지 및 고령자고용촉진에 관한 법률 시행령 [대통령령 제29951호]. 제2조.

보건복지부 정신건강정보포털. (2021). 노인우울증. 노인 우울증의 역학 및 임상 양상.

보건복지부. (2007, April 3). 08년 7월 1일부터 노인장기요양보험제도 실시.

보건복지부. (2023). 노인복지법 시행규칙 일부개정령 [보도자료].

보건복지부. (2023, October 17). 2023년 노인실태조사 결과 발표 [보도자료]. 보건복지부 홈페이지.

보건복지부. (2024, February 2). 2024년 고독사 사망자 실태조사 결과 발표. 대한민국 보건복지부 보도자료.

보건복지부. (2024, June 28). 2024 노인복지시설 현황 발간 [보도자료]. 보건복지부 공식 홈페이지.

보건복지부·중앙노인보호전문기관. (2023). 2023년 노인학대 현황보도자료.

사회복지사협회. (2021). 미국 사회복지사 윤리강령 (NASW Code of Ethics) 주요 내용. 한국사회복지사협회 자료실.

사회복지사협회. (2023). 사회복지사 윤리강령. Retrieved from 한국사회복지사협회 웹사이트.

서울특별시 복지포털. (2019). 돌봄SOS센터 사업 안내. Retrieved from https://wis.seoul.go.kr/care/care_stop.jsp

세계보건기구(WHO). (2002). Missing Voices: Views of Older Persons on Elder Abuse. World Health Organization.

윤홍식. (2011). 보편주의를 둘러싼 주요쟁점: 보편주의 복지정책을 위한 시론. 한국사회복지학, 63(2), 57-79.

이강우. (2024, May 22). 초고령사회로 진입하는 대한민국… 고령자 복지주택 현황은? 시사위크.

이소정. (2023, December 20). 노인 일자리 만들어 고령사회 걱정 덜어야 [기고]. 동아일보.

이윤경. (2014). 노인의 가족형태 변화에 따른 정책과제: 1994~2011년의 변화. 보건복지포럼, 2014(5), 44-55. 한국보건사회연구원.

이준희. (2024, February 22). 한국인 삶 만족도, OECD 뒤에서 네 번째…"독거노인 증가·가구순자산 감소" [뉴스 기사]. 전자신문. https://www.etnews.com/20240222000120

이진아. (2022). 한국과 일본의 노인학대행위자 관련 요인 및 대응에 관한 탐색. 한국산학기술학회논문지, 23(2), 689-697.

정경희. (2011). 백세시대의 노인의 연령기준 관련 논점과 정책적 함의. 보건복지포럼, 2011(10), 16-27.

조유현. (2024, September 25). 한국 노인의 노동참여율이 OECD 회원국 중 1위인데, 노인 빈곤율도 최고 수준인 이유가 무엇일까 [뉴스 기사]. 더나은미래.

조윤지. (2022, November 23). 초고령사회(super-aged society). 국토연구원 용어사전.

질병관리본부 주간건강과질병. (2009). 노인우울증 관련인자 분석. 노년기 우울증의 특징과 유병률.

차학봉. (2024, April 29). '실버주택 천국' 일본 만든 비밀병기… "세금 아닌 정책 아이디어". 조선일보 땅집고.

천현숙, & 오민준. (2013). 노인주거문제와 지원방안. 국토연구원 정책 Brief, 417, 1-6.

최영순, & 김소윤. (2024). 복지국가 스웨덴 노인 돌봄시스템에 대한 소고. 노인의료복지연구, 3(1), 1-6.

통계청. (2021). 고령자 통계.

통계청. (2021). 노인 가구 유형의 변화 (1994~2020). KOSIS 데이터베이스.

통계청. (2022). 2021년 사망원인통계. 연령별 자살률 현황.

통계청. (2022). 노년부양비 및 총부양비. 인구추계 자료.

통계청. (2023). 고령화지수. 국가주요지표 (e-나라지표).

통계청. (2023). 장래인구추계.

통계청. (2024). 2024년 고령자 통계.

통계청. (2024, September 26). 2024년 고령자 통계 [보도자료]. 통계청.

한국토지주택공사. (2025). 주거급여 제도 안내. LH 주거복지사업 소개 페이지.

황남희. (2016). 한·중·일 고령친화산업의 정책현황과 시사점. 보건복지포럼, 233, 101-113. 한국보건사회연구원.